Michael Trowitzsch

Von der Treue Christi zur Welt

Vandenhoeck & Ruprecht

Bibliografische Information der Deutschen Bibliothek:
Die Deutsche Nationalbibliothek verzeichnet diese Publikation in der
Deutschen Nationalbibliografie; detaillierte bibliografische Daten
sind im Internet über https://dnb.de abrufbar.

© 2023 Vandenhoeck & Ruprecht, Robert-Bosch-Breite 10, D-37079 Göttingen, ein Imprint
der Brill-Gruppe (Koninklijke Brill NV, Leiden, Niederlande; Brill USA Inc., Boston MA, USA;
Brill Asia Pte Ltd, Singapore; Brill Deutschland GmbH, Paderborn, Deutschland;
Brill Österreich GmbH, Wien, Österreich)
Koninklijke Brill NV umfasst die Imprints Brill, Brill Nijhoff, Brill Hotei, Brill Schöningh,
Brill Fink, Brill mentis, Vandenhoeck & Ruprecht, Böhlau, V&R unipress
und Wageningen Academic.

Alle Rechte vorbehalten. Das Werk und seine Teile sind urheberrechtlich geschützt.
Jede Verwertung in anderen als den gesetzlich zugelassenen Fällen bedarf der vorherigen
schriftlichen Einwilligung des Verlages.

Umschlagabbildung: Graham Jones, Teil aus einem Fenster der Melanchthonkirche Dortmund;
Foto: H. Neumann, 2022.
Umschlaggestaltung: SchwabScantechnik, Göttingen
Satz: le-tex publishing services GmbH, Leipzig
Druck und Bindung: Hubert & Co. BuchPartner, Göttingen
Printed in the EU

Vandenhoeck & Ruprecht Verlage | www.vandenhoeck-ruprecht-verlage.com
ISBN 978-3-525-58182-7

im Gedenken an
Klaus-Peter Hertzsch und Eberhard Jüngel

Inhalt

Vorwort 13

0. Einleitung: Lob der Bibel 19
   0.1   Sie steht in unserem Heute. 19
   0.2   Wie lebt es sich in dieser Wahrheit? 23
   0.3   Der Himmel klart auf. 25
   0.4   In der Schule endgültiger Gewissheit 26
   0.5   Exerzitium der Menschlichkeit 29
   0.6   Ja, erst recht. 32

1. Von der Wahrheitsliebe 39
   1.1   Das Eine – und das Andere nicht 39
   1.2   Eroberung der Sorglosigkeit 42
   1.3   Zahllose Wohnungen, aber nicht für „Religionen" 43
   1.4   „Religion" und Offenbarung, false balance 46
   1.5   Religionen, Überwölbungen, einsturzgefährdet 50
   1.6   Waffenhimmel. „Allgemeine Wehrpflicht" 54
   1.7   Treue – oder Zurückschlagen der Liebe 57
   1.8   Den Zeitgenossen fragen, wie ihm Gott gefällt? 59
   1.9   Der Ich-Idiot entscheidet nicht. 63
   1.10 Soll sich der Schwarm durchsetzen? 66
   1.11 „Was wissen wir schon?!" 67
   1.12 Das „allgemeine Toleranzsüpplein" 72

2. Über das Wesen der Wahrheit ist entschieden. 77
   2.1   Wahrheit ist zur Welt gekommen. 77
   2.2   Vieles verdient keinerlei Respekt. 78
   2.3   In ungerührter Fraglosigkeit 81
   2.4   Österlicher Grundherr 83
   2.5   Jesus Christus / Wahrheit 84
   2.6   „Die Liebe heftet fleißig die Augen." 87
   2.7   Man kann darin versaufen. 88
   2.8   „Gehet hin!" 92

3. Ich möchte mich ja nur anschließen. 97

4. Lob des Herkommens, Bethlehem, Königsgeburt 101

5. Jesus Christus – unter den Armseligen 107
   5.1 Der „bleiche König" 108
   5.2 Totenvögel fliegen durch ihre Augen. 111
   5.3 Wer betet denn für sie? 114
   5.4 Die unzähligen Verwandten Hiobs 116
   5.5 „Man soll ihnen nicht dauernd dazwischenreden." 119
   5.6 „Über die Wasser weht's kalt." 121
   5.7 Sie verfügen über Gift zuhauf. 123

6. „Immer noch Sturm" 129
   6.1 „Wie einem Irrsinnigen" 129
   6.2 Der unmenschliche Ton 134

7. „Stirb!" 139

8. Die Rattenlinie 143

9. „Er liebte sie bis ans Ende." 147

10. Zu Tode erschrocken 151
    10.1 „Dein Tod wächst durch unser Herz." 151
    10.2 Ausatmen 155
    10.3 Karsamstag 158
    10.4 Der verfluchte Tod führt sich auf. 160

11. Zum Leben erschrocken 163
    11.1 Schnittfläche der Welten 163
    11.2 „Der Staub wird singen wie ein Vogel." 167
    11.3 Nein. 171
    11.4 „Wir sahen seine Herrlichkeit." 175
    11.5 „Gewebt in einem Stück" 177
    11.6 „Aus dem Schoß der Morgenröte" 178
    11.7 Das Angesicht Jesu Christi und das Antlitz Gottes 180

12. „Komm mit mir zu Atem!" 183
    12.1 „So wahr ich lebe", spricht der Herr. 183
    12.2 „Und dem Tod soll kein Reich mehr bleiben." 184

13. Neue Klarheit und Brechungen des einen Lichts 187
    13.1   Ein Beben durchläuft die Zeit. 188
    13.2   Er ist auferstanden, er war im Recht. 191

14. Bis zum Unheimlichsten 193
    14.1   Seine Bitte überwölbt die Zeit. 193
    14.2   Neue Mördergesichter 196
    14.3   „Dennoch die Schwerter halten" 198

15. Freiheit zum Wunderbaren und zur Dankbarkeit 203
    15.1   Reden wir sofort über Auferstehung! 203
    15.2   Wir sind ihm eine Unmöglichkeit wert. 205
    15.3   „Ist nicht alles wie nie?" 207
    15.4   Die Gesamtmerkwürdigkeit des Lebens 210
    15.5   „Ihn kennt – Der Dank." 213

16. Christustrotz, warum 217
    16.1   „Der Herr thront über der Flut." 217
    16.2   „Nous sommes embarqués!" 220

17. Der atmende Gott 223
    17.1   Die Pastorentochter singt. 223
    17.2   „Er hauchte sie an." 225
    17.3   Auferstanden ist sein gelebtes Leben. 227
    17.4   Der Gang des Offenbarers 231
    17.5   Im Atemraum Christi 233

18. In eins geblendet 237
    18.1   Geistesgegenwart, eine Liebe später. 237
    18.2   In seine Zeit eingesegnet. 240

19. „Christus ist hier." 243
    19.1   Ungegenwart und Tigersprung 243
    19.2   „Tode und Tore" 247

20. Die gottesdienstliche Predigt, die andere Predigt 251
    20.1   Was bringe ich in den Gottesdienst mit? 251
    20.2   Zuerst Grünewald 252
    20.3   Er will sich die Predigt zu eigen machen. 254

21. Perfekt. Punkt. Basta. Sela, Psalmende. Amen. ... 259
    21.1 Hiergeblieben! ... 259
    21.2 „Wahrlich, wahrlich …" ... 261
    21.3 Basta-Predigt und Gelassenheit ... 262

22. Auf den Tod schießen ... 265
    22.1 Der herrliche Stoff „Jetzt" ... 265
    22.2 Der in Liebe fällt ... 266
    22.3 Er wird uns vor Augen gemalt. ... 268

23. Der gottesdienstliche Mensch ... 271
    23.1 Ein Schiff hält auf mich zu. ... 271
    23.2 Vom Mal zu Mal. ... 272

24. Der Fürst des Festes ... 277
    24.1 Nach der Tiefe zu ... 277
    24.2 Rechts vom Herrn ... 279

25. „Du bist es!" ... 283
    25.1 Siehe! Schau auf! ... 283
    25.2 „Ein liebliches und lächelndes Gebet" ... 285
    25.3 „Auf seinem Gewand und auf seiner Hüfte" ... 288
    25.4 Verneigung ... 290

26. Ich – noch ehe ich geboren war ... 293

27. Gott arbeitet – „dass ihm die Haut raucht". ... 303
    27.1 „Die Wahrheit ist dem Menschen zumutbar." ... 303
    27.2 Dem ist nichts hinzuzufügen. ... 305
    27.3 Der Arbeiter-Mensch ... 306
    27.4 „Aber weh!" ... 309
    27.5 „An allem ist etwas zu wenig", heißt es. ... 311
    27.6 Das Fell dampft, die Haut raucht. ... 313
    27.7 „Du hast mir Mühe gemacht mit deinen Missetaten." ... 314
    27.8 Der Esel Balthasar stirbt. ... 315
    27.9 Ein armer Esel wird zum Gleichnis. ... 316
    27.10 „Gott wird durch Muße gedient." ... 317
    27.11 Der Sonntag ist der Christustag. ... 317

28. Pharisäer und Zöllner, heute ... 321
    28.1 Was wütet in seinem Kopf? ... 321

28.2	Paulus: aufgehörter Pharisäer	323
28.3	„Lasst mich eine Fratze malen!"	323
28.4	„Ich gehöre hinunter."	325
28.5	Ich stoße auf das widerwärtige Tier.	327
28.6	Krokodilstränen, Adamstränen	328
28.7	„Ihr habt es doch alles gewusst!"	330
28.8	Wie also anders?	333

29. Wie, wenn ich schon gestorben wäre?! 335
| 29.1 | „Komm mit durch meinen Tod!" | 335 |
| 29.2 | Wie vorbei das alles ist! | 338 |

30. Die Lichtung des Bergpredigers 343
30.1	„Der Bergprediger ist die Bergpredigt."	343
30.2	„Das Maß lächelt."	344
30.3	Hans Adam, John Adam, Ali Adam	347
30.4	„Ich aber sage euch …"	348
30.5	Ein „Riesenschritt der Menschheit"?	350
30.6	„… entwindet dem Herrn die Peitsche …"	352
30.7	Böse aus Vergessen	354
30.8	Der Bergprediger wird sich offenbaren.	357

31. Das Christus-Gebot und die Schlange 359
31.1	Christus allein	359
31.2	Der „Wille zur Christus-Macht"	360
31.3	Konkurrenz der Nützlichkeiten	361
31.4	Die Marktdynamik wird es richten.	364
31.5	„Beiß zu!"	366

32. Beauftragung 369
| 32.1 | So geht Macht. | 369 |
| 32.2 | Schafe mitten unter den Wölfen | 372 |

33. Umso mehr Buße im Großen. Verlust- und Untergangsbereitschaft 377
33.1	„Die abendländische Gottlosigkeit"	377
33.2	Bete dich selbst an!	380
33.3	Peristaltik des alten Äons	382
33.4	„Unaufhaltsamkeit", Totschlagewort	388
33.5	„Steh auf, Herr! Gott, erhebe deine Hand!"	389

34. Abgeräumt wird das alte Regime 393
　34.1　Während der Leviathan im Zimmer liegt oder
　　　　Das Gebet als Gefecht 393
　34.2　Aus der Totschlägerreihe herausspringen 396
　34.3　Von Rüstung durchschossen 399
　34.4　„Bis in die Träume flackert sein Gelächter." 401
　34.5　„Weh euch, wenn alle Menschen gut von euch reden!" 403

35. Vom Fährmann der Zeit 409
　35.1　„Herr, zürne nicht so sehr!" 409
　35.2　Doppelwertigkeit. Doppelschlächtigkeit 414
　35.3　„Wir haben die Geschenke falscher Götter
　　　　angenommen." 416
　35.4　Entmächtigung und Abrücken 418
　35.5　Mücke am Klebeband 419
　35.6　Ausweichbewegungen 420

36. Heimat im Himmel 427
　36.1　Wenn mir die Welt geboren wird 427
　36.2　Wenn die himmlische Heimat versprochen wird 430
　36.3　Wenn das irdische Glück zum Gleichnis wird 431
　36.4　Wenn die Bibel groß geschaute Bilder aufzieht 433
　36.5　Wenn Träume nach Hause zeigen 435
　36.6　Wenn wir aufgeweckt werden 439

37. Der Tau der Lichter 441
　37.1　Unter dem Scheiterhaufen meiner Sünden 441
　37.2　Verherrlichung 442

Personenregister 449

Vorwort

Liebe Leserin und lieber Leser!

Einige kurze Sätze können vielleicht als Einzelbilder ein wenig vorausdeuten – lediglich als Ausschnittsvergrößerungen, wie auf einem *touchscreen* mit zwei Fingern auseinandergezogen aus weiteren Zusammenhängen dieses Buches.

1. „Theologie" formiert das Rückgrat des Predigers, aber seine Augen heißen „Erstaunen". Ein in namenloses Staunen setzendes Endbuch, die Bibel, hat sich mit ihm befreundet. Dann belagert und bestürmt er es – und fragt auf es ein.

2. Lesen wir die Bibel mit Aufregung, mit stärkstem Affekt, in Demut vor ihrem Wortlaut, in „erweiterter Buchstäblichkeit" (eine Wendung von Botho Strauß), geistlich arm!

3. Lesen wir das Alte Testament konsequent im Licht des Neuen Testaments!

4. In der Person Christi wacht der neue Äon auf, eschatologisch neue Zeit.

5. Die Botschaft vom maßlosen Augenblick, dem Seinsmoment – die apokalyptische Auferstehungsbotschaft des Neuen Testaments – geht an Grundzustände und Grundstimmungen der Welt. Sie zeigt und verkündet die Schnittfläche der Welten, eine neue Geburt des Seins. Gott wendet sich ganz her. Christus lebt zu uns her. Der König der Augenblicke lebt sich unserem jeweiligen Jetzt zu – in bedingungsloser Treue (2. Thess 3,3).

6. Darf man Jesus Christus, allen Mut zusammennehmend, auf jede Gefahr hin, den Menschen- und Gottes-Flüsterer nennen? Flüsterton aus der Nähe.

7. Vollkommen bringt sich in ihm die Liebe zur Erscheinung: die Menschenliebe Gottes; die Gottes-, die Nächsten- und die Feindesliebe des Menschen. Bis zum höllischen Tod am Kreuz, dem Grundsturz, steht der große Liebende für die Liebe ein.

8. Sein gesamtes Sein ist Stellvertretung. Er steht in seinem Gegenüber zu Gott an der Stelle aller Menschen. Er steht im Gegenüber zu allen Menschen an der Stelle Gottes.

9. Vor Gott kann ich ein Kind sein, das nichts tun muss, um an Liebe satt zu werden.

10. Verteidigen wir gelegentlich unseren Kindergott. Wie sieht denn Euer Erwachsenengott aus? Unvorstellbar? Das ist unmöglich. Jedesmal steigen Vorstellungen auf. Ich glaube nach Maßgabe von Bildern, Anschauungen und Szenen. Zum Beispiel sehe ich Christus „bei uns im Schlamm" (Luther).

11. Wer den Glauben an Christus begründen will, meint Wichtigeres zu kennen. Nein.

12. „Wollt ihr auch weggehen?" (Joh 6,67)

13. Zuletzt läuft alles auf Treue oder Verrat hinaus. Es gilt Christus-Treue, totalen Respekt, bedingungslose Loyalität zu diesem Menschen und Gott.

14. Darum aber und daraufhin: Ich-Entfesselung; Entheiligung, durchdringender Unglaube und Abrüstung „des Menschen", Abrücken von ihm. Daraufhin: eine zutiefst erschrockene Theologie, Theologie aus der Fremde des dritten Tages, aus der Fremdheit ungeheurer Bejahung – welche zugleich ein unmissverständliches Nein in sich trägt. Leidenschaftliche, leidende Abstoßung. Feinderklärung. Sogar Verfluchung. Sätze mit messerscharfer Schneide. Eine Sündenlehre, die an die Wurzel geht (klingt harmlos; gemeint ist: die Sünde ist das Biest im Kopf; die Sünde schlitzt die Seele auf; Menschen werden zu Unfassbarem fähig).

15. Ganz Gallien will gegen die Gewissheit vorgehen. Ganz Gallien? Ein kleines gallisches Dorf …

16. Keineswegs ist die Christus-Offenbarung nichts als eine von vielen religiösen Wahrheiten.

17. Retten wir entschlossen, was diskriminierend „dogmatische Richtigkeit" genannt wird!

18. Wann reden wir wieder von Gott und nicht immer nur von „Religion"? Auch nicht nur von „Gottesbildern". Gott selber. Wie soll man seine Göttlichkeit beschreiben? Als die Christus-Göttlichkeit. Gott selber – ist der Christus-Gott.

19. „Religion ist Unglaube" (Karl Barth).

20. „Christus-Zeit"? Eine Zeit, die nicht vorüber ist. Das pochende Präsens. In eins geblendet sind unsere jeweilige Gegenwart und die Vergangenheitstiefe seines versöhnenden, befriedenden Weges – hinein in die ungeheuerliche Lichtung „Jetzt".

21. Das Sein wird richtiggestellt: Das Weltunheil, der Fluch, wird abgeworfen und kassiert. Der „Nachtwald" (Dylan Thomas), aus der Mitte der Nacht, geht in Rauch auf.

22. „Das tritt nach meiner Kenntnis … ist das sofort, unverzüglich."

23. Unbedingt ist die Geschichte Christi mit dem Menschen eine Unmittelbar- und Nahgeschichte – nicht etwa eine Botschaft aus dahingegangener Zeit an die Nachwelt. Christus ist ein wunderbar Anwesender.

24. Zeitgenauigkeit mit möglichst scharfer Abmessung auf die Gegenwart verwenden? Hinauf auf die Höhe der Gegenwart? Das Klima der Zeit abschätzen, die Temperatur des Tages? Hat zur Voraussetzung, dass ein Letztes identifiziert wird: die ernsteste fundamentale Religion, die neuzeitliche Menschen-Religion, die unverschämte Vergottung des Menschen, eine Art Selbst-Menschlichkeit, bis in den Grund in die Moderne hineingebrannt. Dass nicht Christus, Gott und Mensch, sondern – weil der unbedingte Hochmut in die Zeit gefahren ist – „der Mensch als solcher" als König, Priester und Prophet behauptet, allem vorgegeben und allem zum Maß gesetzt wird. Genau insofern liegt gegenwärtig die Welt „im Argen", auf einem Untergrund dieses besonderen Bösen.

25. Gerade indem man ihr widersteht, wird der Zeit genügt – weil sie gegenwärtig ein Schrecken ist.

26. „Als ich auf die Welt kam, war die Luft voller Schreie" (Shakespeare).

27. Die Neuzeit folgt einem totalitären Drang: dem scharfgestellten, bedingungslosen Willen zur Macht, deshalb einer anscheinend unwiderstehlichen Zunahme herbeigeführter und bereitgehaltener Tödlichkeiten.

28. Der Vergottete lebt und denkt in Form von „Rüstung" (Heidegger). Er will sich in Sicherheit rüsten. Unbedingt rekrutiert er sich selbst, erwartet lebensentscheidenden Beistand von nuklearen Vernichtungswaffen, weiß sich keineswegs in ihren Fängen, lebt vielmehr, immer am Rande eines Atomkriegs, einvernehmlich mit ihnen, flutet die Welt mit ihnen – in denen aber der rasende Tod wohnt, in denen schon, nur ist die Erledigung gerade noch aufgehalten, endlose Vernichtung und Verfluchung umgeht und ungeduldig wartet. Die Waffen: das Schlangenei. Durch die dünnen Häute kann man das fast völlig entwickelte Reptil deutlich erkennen, den Sieg des Bösen.

29. Was gegenwärtig „Rüstung" heißt, ist potentiell umfassendes Verderben. „Rüstungs-Wille", immer unterschätzt, zeigt sich als das Betriebsgeheimnis der modernen Welt. In ihren infernalischen Waffen, Götter des Bösen, stellt sie sich aus, präsentiert schamlos ihre Blöße, gibt sie ihre Kräfte aus, überfordert sich dabei zu Tode, häuft ein unermessliches Schuldkonto auf. Ihr Grauen, ihre böse Ausstrahlung, lässt den Atem stocken. „Unaufhaltsamkeit" und „also definitiv kein Rückweg" lautet die Vorentschiedenheit und scheinbar unwiderlegliche freche Lebenslüge.

30. Ich Heutiger, Kind meiner Weltzeit, Waffen-Zeit, zerborstener Zeit, ich Kind entfesselter, überschießender, fluchwürdiger Gewalt, „Kriegsknecht", Bellizist, ob ich will oder nicht – bemerke ich Heutiger, dass ich vom Diabolischen, von den verdammten Waffen-Götzen, dem Auswurf und der ekelhaften Ausgeburt der allerletzten Neuzeit, einer großen Kloake, ringsum umschlossen bin? Wieviel eng benachbartes Nirgendwo es gibt? In angstverwundeter Zeit. Wenn die Vorzeichen immerfort niederregnen und die Flut steigt.

31. Von der gigantischen Rüstung wird Seinsangst und Untergangsahnung in die Welt gepresst – die ich allerdings, weil beide herzzerreißend zustoßen und weil ich zerstörbar bin, auch nicht entfernt an mich herankommen lassen kann.

32. Während wir beansprucht, umstellt und gefangengenommen werden, uns verwickeln lassen, Vordergründe erschließen, vorrücken – wachsen hinter unserem Rücken die Riesen der Machenschaft auf, die Ungeheuer der immer weiter perfektionierten Vernichtungstechnologie (ein absoluter Schreckensraum um sie herum), der Auftritte des Bösen, der Welttodeswünsche (und reißen zusehends den Abgrund weiter auf). Sehenden Auges, hochmütig, irrsinnig wird das Weiterbestehen der Menschheit aufs Spiel gesetzt („glaubwürdige atomare Abschreckung", verrückter Glaube an die Verlässlichkeit der Angst, rigorose Tabuisierung des Versagens;

die Doktrin will vom Bösen absolut nichts wissen). Wenn das Schlimmste gesagt ist ... Sätze, die man kaum schreiben kann ... Heidegger: „Not der Notlosigkeit" ...

33. Mit ihren Teufeleien, mit ihren Waffen, einem unsagbaren Grauen, hat sich die modernste Menschheit verschmolzen. Absolut zum Fürchten ist ihre kollektive Euphorie, ihr von Kriegsförmigkeit wie von Metastasen durchseuchtes Bewusstsein, ihr seit Jahrhunderten eingeübtes, selbstverständlich gewordenes Sein-zur-Waffe. Ein Sein-zu ... Den unbedingt immer mörderischer zu entwickelnden Kriegsgeräten zu.

34. *„Ich will den schrecklichsten Ernst eben nicht heraufbeschwören und herbeireden – und lieber die Gefahr vergessen machen. Ich will keinen Aufschrei. Ich spreche es nicht aus."* – „Es verschwindet aber nicht, wenn man es ausblendet. Am wenigsten christliche Theologie darf vor dem Aufschrei zurückschrecken. Womöglich gibt es, in grenzenloser Verstörtheit, kurze, wirre Anfälle von Mut oder, mit gefalteten Händen, ein sehr besonderes Anschreien dagegen, ein Anrufen des allmächtigen Gottes."

35. „Gesellschaft" und „Menschheit" sind erweiterte Wiederholungen der Subjektivität. Durch die Sünde in Gewahrsam genommen sind auch sie, spielen sich ihrerseits allemal nur hoch, bestätigen sich selbst, feige, treulos, vereint im Töten.

36. Wort der Wandlung? Zerrissene Stunde der Buße, der kämpfenden Reue? Der informierten, der einfalls- und ideenreichen. Die die Hände vor das Gesicht schlägt. Die erneut wenigstens benennt, was niemand im Grunde hören will, was aber seit langem zum Himmel schreit: dass die Menschheit, merkwürdiges Nomadenvolk, sich auf seinem Weg mit Tod überhäuft.

37. Zweierlei Traurigkeit (2. Kor 7,10). Hier: die tödliche, nichtswürdige Traurigkeit der Welt, die Weltbitterkeit. Dort: die von Gott gewollte, gottgefällige Traurigkeit, sie „wirkt zur Seligkeit eine Umkehr, die niemanden reut".

38. „Wer weiß, ob Er nicht doch noch einmal verzeiht?" (Joel 2,14; Jona 3,9) „Vielleicht wird er gnädig sein" (Am 5,15) – der sich des Hoffnungslosen annimmt.

39. Hoffnung gegen alle Hoffnung, Hoffnung, da nichts zu hoffen ist (Röm 4,18) – ist die Axt für das gefrorene Meer in uns.

40. Zurück zum jedesmaligen Anfang von Zerwürfnis und Verwahrlosung: Ich, ich überhäufe mich mit Tod. Ich bin der unberechenbare Meister des Bösen (dem ich Raum gebe und das mich in der Sünde hält). Mit verschrammter und versehrter Seele? Ja, aber erwartungsvoll auf der Reede zur Überfahrt zum ewigen Leben und schon versöhnt mit Gott. Weil das Feuer, an meinen Namen gelegt, nicht mehr nach mir greift Es will mich nicht mehr. Amen.

41. „Schenk mir dein Herz, Nazarener!" „Längst geschehen."

42. Sehe ich – im Guten – meine Mutter wieder, mein verstorbenes Kind? Unversehrt?

43. Die Liebe wird mich finden. Ja, erst recht. Das Jüngste Gericht wird das Gericht vor dem Forum des Ja Christi sein.

44. Wir werden zu Menschen mit „schwarz-goldenen Augen" (Ingeborg Bachmann).

45. In dem Ruf „Er ist auferstanden!" fängt sich das Licht der Bibel. Die Folgen sind ungeheuer, wenn er unabgeschwächt gelassen und ernstgenommen wird. Dringlich und unbedingt ernst bleibt Theologie nur, wenn in den Zusammenhängen der Auferstehungsbotschaft gedacht wird. Für sie einzustehen bringt indessen niemand von sich aus das Gewicht.

Durchsetzt von Predigtsprache, als im ganzen wohl freundliche, aber, mag sein, etwas anstrengende „theologische Dogmatik", hoffentlich unbekümmert erbaulich, hoffentlich einigermaßen gradlinig („mit Salz gewürzt"), unter Verwendung durchaus aller Satzzeichen (Ausrufe- und Fragezeichen), auch ohne Angst vor hohem Pathos, vor dem „Altbiblischen", dem manchmal abfällig so genannten „seraphischen Ton" und dem „Pontifikalen", ohne Bedenken, ins ganz und gar Grundsätzliche zu gehen – ordnen sich die folgenden Kapitel nur zwanglos, aber nicht streng nach bestimmter Reihenfolge.

Man kann sie dementsprechend Zug um Zug lesen oder diagonal, am geöffneten Fenster, unter der offenen Luke, von Zeit zu Zeit, kreuz und quer, zügig, langsam oder sehr langsam, innehaltend, in schöner Gelassenheit oder mit aufmerksamem Beuteblick, mit dem Recht und sogar der Zumutung abschweifender eigener Assoziationen, womöglich das Bibelbuch daneben (darüber): das Neue Testament, einhergehend und verbunden stets mit dem Alten, im Aufblick zu den diademen, aufhellenden biblischen Texten, die allesamt nicht verbrennen können, die sich über den Himmel jedes Menschen wölben als ein Jetzt, als eine unermessliche Gegenwart.

Februar 2023   Michael Trowitzsch

Ungleich entschiedener als seine Vorfassungen (Christus allein. Vom Fährmann der Zeit, 2018; Die große Begebenheit. Biblische Szenen, Zeichen und Bilder, 2020) versteht dieses Buch das Evangelium, die Christus-Wahrheit, als heute treffendes, als reines Jetzt-Wort (das nicht etwa aus fernen Vergangenheiten zu vergegenwärtigen ist). Es beabsichtigt, Elemente einer Theologie des Jetzt bereitzustellen, damit sich christliche Theologie, markanter als bisher, insgesamt als ein Jetzt-Denken zu entwerfen vermag. Selbstverständlich werden in diesem Sinne in diesem Buch die biblischen Texte durchgehend als gegenwärtig genommen.

Zugleich soll auf diese Weise ein Durchblick auf Karl Barths „Lichterlehre" sowie auf seinen späten Hinweis auf eine Theologie des Heiligen Geistes gewonnen werden. Der Heilige Geist, das ist Christus jetzt: Zukunfts-Licht, von Erinnerungen durch-

setzt, zeittief, augenblicksmächtig, der, Mal um Mal frei aufkommend, den Moment durchatmet – die ungetrübte, vollständig freie Intuition des Augenblicks.

Rechnung getragen wird dieser Absicht in den folgenden Überlegungen mit dem Bemühen um eine Sprache, die nur Weniges an die Begriffsleine legen will. Die diesem ganzen Text eine genaue Gattungszuordnung oder irgendein Serienformat verweigert. In nervöser Formunruhe. Die wohl atemlos wirkt. Die sich um ein literarisches, aber nicht um ein biographisches „Ich" bemüht (dies nur beiläufig), also hofft, dass die Leserin und der Leser im „ich", so oft wie möglich, sich selbst wiederfindet. Die ernsthaft meint, vor allem sei Bildintelligenz auszubilden und Ästhetik dürfe ein starkes Argument sein. Ein Blendungsbild sei hochgefährlich. Eine neue Metapher sei ein neuer Gedanke und ein bisher unbekannter Bildgedanke ein Zuwachs an Bestimmtheit. Die ein wenig Freundschaft pflegen möchte mit den ungezähmten Texten der Dichter und Schriftsteller und sie ausgiebig zitiert und ohne große Umstände in Anspruch nimmt. Die aber die Sprache der Einfächerungen und Umfragen, des für empirisch Gehaltenen, des Funktionsdeutsch, der ablesbaren Wahrheiten, des Statistischen, Tabellarischen, Systemtheoretischen etc. für gänzlich ungeeignet hält, die Theologie zu regenerieren. Die, sehr anders, auf die Anschaulichkeit der Sprache und die Inständigkeit und ruhige Kraft sprachlicher Bilder setzt, ihrer Logik und ihren Denklinien folgt, sich vorwiegend biblischen Metaphern anvertraut, in ihnen neugierig unterwegs ist, nur ihren Raum ein wenig auszuschreiten versucht und ihnen dann vorsichtig entlangdenkt.

0. Einleitung: Lob der Bibel

Liebe Leserin und lieber Leser!

Was Sie auf den folgenden Seiten finden, geht in aller Freiheit von einer glücklichen Vorgabe aus: von der Maßgabe der biblischen Texte, ihren großen Lebendigkeiten und Faszinationen. Entgegen vieler Einwände – die ich nicht für ernsthaft ansehen kann – halte ich in aller Ruhe daran fest. Als zuständig und richtungsweisend und gegenwärtig zeigt sich die Heilige Schrift – die einmal wieder, wie im folgenden Abschnitt, ausführlich und dankbar gefeiert sein soll.

Hat sich unsere Zeit denn schon umfassend in ihr wiedergefunden? Wenn das geschähe, würde die Bibel allerdings der bis auf den Grund erschütterten Gegenwart beistehen können – ihr helfen, nicht immer nur sich selbst zu bespiegeln und, Mal um Mal abergläubisch, nichts als sich selbst zu besprechen: sich selbst-hysterisch zusehends in sich einzukrümmen, sich auf diese Weise aber grob misszuverstehen und von vornherein ganz und gar zu verfehlen. Sich selbst wird sie erst dann begreifen können, wenn sie die angemaßte Deutungshoheit über sich selbst aufgibt und endlich von sich ablässt: wenn ihr – um das Entscheidende sofort zu benennen – das Narrenspiel der verrückten Hoffnung auf „den Menschen" verleidet und ausgetrieben und unbedingte Hoffnung auf Gott gewonnen wird.

0.1 Sie steht in unserem Heute.

Häufig werden in diesem Buch darum biblische Texte zitiert. Ich hoffe, das geschieht auf ehrerbietige Weise. Es gibt keinen vernünftigen Grund, in Frage zu stellen, dass die Bibel das Entscheidende über Gott und die Welt, über dich und mich, bereits weiß, auch klar und unzweideutig festsetzt – in harter Zeichnung und guter Deutlichkeit. Sie grundiert, entwirft Grundstimmungen, verwirft, stößt ab, misst Abstand und Nähe aus, mehr als einmal mit ausgearbeiteter, überaus feiner Genauigkeit, aber durchaus bei Gelegenheit auch mit starken Strichen. Jedesmal, wie auf ein großes Blatt gezeichnet, zieht sie dabei, wenn es notwendig erscheint, von Gott und Welt scharflinige Profile und Konturen.

Denn in Verwahrung ist der Bibel gegeben, was „Evangelium" genannt werden darf: „ein wahres Wort von Mensch zu Mensch" (Kafka),[1] das ungebrochene, absolute Wort, das wahre Wort von Gott zu Mensch – weil, wie ein apokalyptisches

---

1 Zit. nach Reiner Stach, Kafka. Die Jahre der Erkenntnis, 2008, 593.

Leuchten, die Auferstehung Christi, sein österliches Wiedererscheinen, in ihr arbeitet, die einzige lichterlohe Sprachflamme der Welt, der leuchtende Quell. Die Bibel hält das Evangelium in Bereitschaft, ist nicht mit ihm identisch, spricht genau ihm aber hinterher. Mal um Mal leuchtet es aus ihr heraus, „treibt" sie „Christum" (Luther)[2] und ist in dem Maße, in dem sie das tut, wahrhaft „evangelisch" und wahrhaft „Heilige Schrift" zu nennen. Jeden und jede ermutigt sie dann, aus dem Vertrauen auf Christus zu leben, aus Überhang und augenblicklicher Fülle österlichen Vertrauens.

Liebe Leserin und lieber Leser! *An alle, die es angeht.* Christus geht ausnahmslos alle an. Frauen wie Männern mutet er sich zu, Kindern wie Alten. Wenn er verkündigt wird, geht es unbedingt um Gott, um die Liebe und den Tod, also wiederum um alles. Eben auch die Todförmigkeit der Welt wird durchgehend vorausgesetzt: erklärt, in schmerzhafter Klarheit manchmal, was es bedeutet, dass sich ein Sterbesturm auf der Welt erhoben hat, dass die „Nacht kommt mit dem Blut im Hals"[3] und der Tod von langer Hand vielfache Zeichen seiner wartenden Gegenwart in jedem Leben aufgerichtet hat. Vor Augen gestellt wird in der Heiligen Schrift aber umso mehr, und immer aufs neue, die unbegreifliche Einfachheit der Lebens- und der Todesfrage – deren augenblickliche Replik jedesmal „Gott", deren irdische Antwort im Neuen Testament jedesmal „Jesus Christus" heißt. Was gemeint ist, verhält sich dabei im Grunde nicht besonders kompliziert. Näher am Leben als die Bibel kann man nicht sein. In ihr sammeln sich Maße und Dimensionen des Irdischen, weil sie in Wahrheit der Welt inne ist (wie sie sich nämlich unter dem Himmel Gottes darstellt). Aber auch eine strengere Distanz zur Majestät Gottes ist nicht denkbar. Gott selber: so fern, so nah.

Weder der christliche Glaube noch christliche Theologie kann ja ohne das Erschrecken vor der Heiligkeit des Auferstehungs-Gottes irgendetwas bedeuten. Von Gott werden wir reden – nicht ohne die urtümliche Furcht, mit der man wohl bezahlen muss. Von Gott – möglichst, wenn es sein darf, einfältig, demütig, geistlich arm, geistlich in Lumpen (jeweils als armes, sterbliches Christenkind): womöglich aber doch zukunftsmutig und freimütig und gegenwärtig geworden durch die Bibel, durch dieses einzigartige Jetzt-Buch. Also nicht anders als in vorbehaltlosem Hiesigkeits- und Jetzt-Ton.

Denn nicht als ein Buch irgendeines Einstigen, sondern als das vollmächtig freisprechende, aber auch raumfordernde Gegenwartsbuch tut sie sich auf. Keineswegs kommt sie im Grunde von weither. Kulturelle Zuschreibungen („vormodern") spielen keine Rolle – weil ihre Sache, heutereich, in jede Zeit einzugehen vermag.

---

2 WA.DB, 7, 384.
3 Gottfried Benn, Sämtliche Werke, Bd. 3. Prosa 1, hg. v. Gerhard Schuster, 1968, 31.

Selbstverständlich ruft sie in die katastrophenträchtigen Räume hinein, in denen sich die Welt heute aufhält: in überschatteten Zeiten, in großer unterdrückter Gefahr, wenn von einer Stunde zur anderen bisher unbekannte Stichflammen hochschlagen können, wenn Pandemien und Seuchen die in rasender Eile gewachsene Menschheit unter Umständen dauerhaft in den Griff nehmen, bei namenloser, untergründiger Furcht und, bei alledem, immer noch grinsenden Hohns und, am steilen Hang des Zynismus, herablassender oder aggressiver Dauer-Ironie (mit der Einwänden zuvorgekommen werden soll und die Vieles kaltschnäuzig nicht weiter tragisch findet). Soll man ins Verstummen flüchten oder sich bemühen, sich in die Haltung von Unberührtheit und Überlegenheit zu retten? Können denn wirklich belustigte Ironien und Distanzierungsgesten dieser Art ein taugliches Mittel abgeben für offenbar als notwendig empfundene Unterbrechungen? Nein. *The Fire is Upon Us* (James Baldwin). Welches Feuer? Inzwischen ist das atomare Feuer in der Welt (und überall nah).

Wer vermag aus irgendeiner Erfahrung des Feuers zu sprechen? Lodern Brände in Dingen (die neuzeitlichen Waffen) und Denkweisen (die neuzeitlichen Welttodeswünsche), die sich womöglich nicht austreten lassen? Nur die biblischen Texte sind auf jedes Feuer gefasst, vom brennenden Dornbusch, wo das Unverlöschliche lodert, über den niederspringenden, schweren Feuerregen über Sodom und Gomorrha, über den züngelnden Feuerofen der Götzenverehrung (Dan 3,19-27), bis hin zu den Bränden und Großfeuern der sich unvermittelt auftuenden apokalyptischen Gesichte. Alles nur symbolisch, nur existential zu interpretieren, nur auf das Individuum zurückzubeziehen? „Heiliger Ernst" im Großen? Darf nicht immer nur ironisiert werden.

Wer sich aber verbindlich auf dieses Buch bezieht, muss mühsam einen sich Jahr um Jahr verbreiternden Graben überbrücken? Nein, in Wirklichkeit spielt die Bibel inmitten der Gegenwart. Man muss sie freilich ein wenig ausreden lassen. Gegenwarts- und jetztmächtig zeigt sie sich dabei den Kurzatmigen, Verworrenen, von sich Besessenen jederzeit überlegen. Dieses unbestechliche Buch weiß es besser. Seine Fragen und Antworten beschreiben eine gleißend helle Bahn: überraschender, fiebriger manchmal, auch berückender als Philosophie, Weltanschauung, Weltweisheit. Mit tieferem Atemholen redet es – bei diesem unerklärlich aufkommenden Atem, dem Geist, der sich wie ein Seufzer (Röm 8,26), wie ein nach uns greifender mächtiger Wind erhebt (Joh 3,8) zu großer Überfahrt. Wie ein Sturm (Jes 27,8; Nah 1,3), der sich gegen die Frevler wirft (Hiob 21,18), gegen die umgehenden obszönen Tages-Gespenster und bösen Menschen-Clowns, gegen das wütende Babylon (Offb 18,21). Wenn er wie die ausgestreckte Geisterhand des Todes über die Stadt streift. Der die fadenscheinigen, durchsichtigen, wesenlosen Anwesenheiten, die rasenden Schatten, davonjagt (Eph 2,2). „*So foul a sky clears not without a storm*" (Shakespeare).[4]

Gut ausgeleuchtete und illuminierte Vorderbühnen präsentiert dieses Buch, legt aber auch die verwahrlosten, bösen Hinterbühnen bloß (auf denen man die Wahrheit totbeißen will). Sichtlich nimmt damals wie heute das Böse seinen eigentümlich brutalen Verlauf – seit dem Eintreten des schauerlichen Zwischenfalls, mit dem der ewige „Adam" die Wahrheit sich selber einverleiben und, immer schamlos, Tisch und Bett mit der Ratte teilen will. Die Bibel weiß von den unmäßigen Dimensionen des Bösen: dass es keine archaische, animalische, bestialische, sondern eine für das widrige Menschsein nach Adam einfach nur systematische, es faktisch formende, sich ihm einprägende und deshalb immer unterschätzte Größe ist – böse Ewigkeit. Dass es also, soweit das Auge reicht, jederzeit an allen Ufern der Zeit seine Lager aufschlägt. Dass sein Regungszentrum, oft den Blicken entrückt, aber jedesmal aus der unzugänglichen Position einer im Hintergrund stehenden Macht seine Wirkung tut. Dass es sich von dort aus ausnahmslos durch alle Räume des Lebens treiben kann. Dass also in jeder Situation sein plötzliches Überhandnehmen für möglich zu halten ist – als könne es jederzeit durch eine für gutbefestigt gehaltene Wand platzen. Dass sich ihm die gut gemeinten Warnungen und Appelle (ohnehin zumeist ohne zustellbare Adresse) nicht gewachsen zeigen. Dass aber ein gellender Schrei ihm ins Herz trifft (Mk 15,37).

Damit nicht genug, sondern jetzt erst das Unvergleichliche: Nur dieses Buch kennt den allmächtigen „Auferstehungs-Gott" (ein unumschränktes Wort). Der alles, auch den gewohnten Lauf des Lebens, auch das Sterben, anders ausgehen lassen kann. Vor dem „die Grundfesten des Himmels und der Erde beben" (2. Sam 22,8; Jer 49,21 u. ö.). Der das Gewölbe der Höhe der Nacht einstürzen macht (das zeitlos Undurchdringliche mit seinem grenzenlosen Nein). Der die Toten auferweckt und das, was nicht war, überhaupt erst ins Sein ruft (Röm 4,17), ins Licht, in die Erscheinung, in Anwesenheit und Abwesenheit, in Zeit und Zeitenthobenheit, Sichtbares und Unsichtbares.

Ein wundersames Buch, das aus sich selbst leuchtet: zutiefst dankbar, weil solchermaßen angeschlossen an das Mysterium, an Auftritt und Erscheinen des Königs, erfüllt von Helligkeit und epiphaner Macht. Jeder Satz bei der Sache, fasslich, hellwach, weil er seinerseits etwas hört. Überall ist die Hauptsache augenfällig: das Einhellige im wörtlichen Sinne: dass sich die eine unabänderliche Wahrheit des Auferstehungs-Gottes, die ungestüme Lebenswahrheit als das nunmehr gelichtete Ungeheure über uns wölbt – im atemreichen Himmel, dem unermesslichen Ur-Geschenk des azurblauen, lichtblauen Kristalls.

---

4 Das Motto über Joseph Conrads Erzählung: Nostromo. Eine Geschichte von der Meeresküste, dt. 1967.

Dabei sind auch die Hilferufe der Bibel, die flehentlichen Bitten und Fragen auf Leben und Tod, immer noch dankbare, für Gottes Ansprechbarkeit voller Freude dankbare und eben darum erleuchtete Texte. Als ob ein sonst nicht vorkommendes Licht durch sie hindurchfiele und sie dadurch zu Zeugen einer machtvollen Wahrheit machte. Ein unerschöpflicher Jubel ruht ja in ihrer Tiefe – „wie auf dem opalenen Grund einer Flut".[5] Von vornherein wird deshalb dort ein von Wahrheit gehärteter Ton gesetzt, eine Grundstimmung – die sich dem Sein Jesu Christi verdankt.

Gott wendet sich ganz her. Weil die Wahrheit sich in Jesus Christus unabänderlich auftut. Weil sie sich in ihm leiblich, sichtbar, hörbar zur Erscheinung bringt. Weil Gott selbst, in einem jähen Jetzt, in Gestalt eines todgeweihten Menschen ins Offene getreten ist. Weil sich Christus, König der Augenblicke, dann Mal um Mal unserem Jetzt zuwendet.

0.2 Wie lebt es sich in dieser Wahrheit?

Geduldig unterweist die Bibel in dieser Wahrheit. Wie lebt es sich, fragt sie, in der scharfen Luft dieser Wahrheit: ausgesetzt dort einer tatsächlichen Unüberholbarkeit? Wo nach dem unerhörten Zeichnungs- und Deutlichkeitswechsel, der sprunghaften Verwandlung der Welt-Atmosphäre „am dritten Tag", „Auferstehung von den Toten" in der Luft ist: Überschreitung, der maßlose Augenblick, der Seinsmoment. Wie lebt es sich? Wenn der Gekreuzigte für allezeit lebendig ist und rettungslos Todgeweihte, dem Fluch der Sünde Geweihte, zu Menschen der Revolte, zu Abtrünnigen des Fluchtodes macht, des absoluten Unheils. Wenn eben dieser Auferstandene, der wiedererscheinende Christus, als unmittelbare Wahrheit mitgeht: hart neben uns, mittendrin in den Augenblicken des Lebens, unser Nächster im Vorgang eines geheimnisvollen Nahens. Wenn die große Begebenheit – Christi Leben, Sterben und Auferstehen, die hohe Welt – unsere Lebensmomente, unser Jetzt, aufsucht, wenn sie spricht und uns bei sich unterbringen will. Wie lebt es sich, wenn er uns, aus dieser unfasslichen Nähe, Nähe aus Fernher, dringlich herausfordert, uns wegzieht, uns ganz für sich fordert (Handeln, Denken, Gewohnheiten, Blickführung, das Gefühl, die Rührung, das Unbeobachtete), einen Lebensauftrag erteilt und zu einem ungeteilt liebevollen Lebensplan ermutigt?

Ein von Liebe durchdrungener Lebensentwurf – für mein fortwährend liebloses Leben? Wohin muss ich es bewegen, wohin mich drehen, wohin werde ich mich davonschleichen, welche Furten durch bitter gewordene Flüsse durchqueren, um

---

5 Marcel Proust, Auf der Suche nach der verlorenen Zeit, Bde. 1–13, dt. von Eva Rechel-Mertens, 1961. Bd. 6, 446.

meiner Schuld zu entkommen, um nicht im Inneren aufgelöst zu werden von dem seit je in meinem Blut schwimmenden Gift von kalter Verachtung und Neid, von Prahlerei, Dümmlichkeit, Gefühls- und Gedankenelend – in elenden Mäanderwindungen? Gelingt das? Indem ich das Vergangene irgendwie ruhen lasse? Durch ein Darüberhäufen von neuen, weitläufigen Erfahrungsschichten, um die unerträglichen alten zu ersticken? Nein, sie lassen mich nicht los. Immer noch werde ich in der Nacht aus schwerem Schlaf hochgerissen. Auch erlittene Verwundungen an Leib und Seele gleichen, wie ich mitunter meine, begangenes Unrecht nicht aus. Wer entlässt mich aus meiner Schuld? Bleibt mir genug Atem? Wann begegnet mir ebenjene Zumutung, der tiefe Lebensatem, der meine Lunge findet, der mich, wer weiß, unter Umständen unvermittelt wiedererstehen lässt und der dann vielleicht auch nicht aufhören wird, mich zu finden?

Heutigen Tages schon können sie Ruhe finden: mein schnellschlagendes Herz, traurig, in Nachtflügen, dunkel beunruhigt und bebend, mein Gewissen, mag sein mit altersbrüchiger Stimme, wie unter einer Decke, durchwirkt und besetzt von der Unförmigkeit und Schuldförmigkeit meines gegenwärtigen Seins (ich möchte es gern zum Teufel jagen). Denn heute bereits, mit dem nächsten Gottesdienst, diesem Ankunftsraum Christi, bekommt meine Sünde es mit Christi Seelsorge namentlich an mir zu tun, mit der genau mir zugedachten Zusage einer bedingungslosen Vergebung und der Zumutung der „Erneuerung des Sinns" (Röm 12,2). Ihm kommt ja auch alle Gewissensgewalt zu, das Hervorziehen und die Richtigstellung seiner Irrläufe, die Ersetzung seiner Stimme durch das Evangelium. Die Ersetzung dann umso mehr meines unausgleichbaren Seins, auf das ich niemals draufschauen kann und in dessen Dickicht einzig seine vollmächtige Sprache vordringt. „Denn die Finsternis vergeht, und das wahre Licht scheint schon." (1. Joh 2,8)

Nichts liegt meinem Verstehen ferner als meine Sünde (die den aus lauter Nichts geborenen, huschenden Ratten pfeift und sie herbeiholt), der dunkle, todesnahe Einschlag, der sich in die Existenz gestohlen hat, Skandal, der nicht vergehen will. Ein alter Verrat hinter Fassade und verdeckender Täfelung der brüchigen, zerfallenen Blendwerke meiner Selbstdarstellungen. Aber, widersinnig genug, näher als dieses angeblich „Menschliche" meiner Sünde, vor der ich mich schüttele und an der ich nur verzweifeln kann – näher kommt mir auch nichts. Was mich unbedingt angeht? Ich mich selber. Nichts geht mich verlockender an als ich mich selber, als das zitternde, zerkratzte, zusehends zergehende Spiegelbild meiner selbst – zu dem es mich zieht, das mich in die Irre lockt, doch unter dem kleinsten Windstoß zerfließt. Seit je erblicken Menschen im Wasser das Wunder der eigenen Augen (dazu bestimmt allerdings, einmal von Angesicht zu Angesicht den wahren Gott zu schauen). Doch meinen sie neuzeitlich immer selbstverständlicher, dass sich ihnen im Spiegelgrund ihrer selbst und nirgendwo anders das Letztgültige entgegenhebt, das Maß aller Dinge und das eigentlich Heilige.

Als dieser Schuldhafte, als dieser Verständnislose und nur zu gut Verstehende bin ich indessen in der jederzeitigen Bibel, lange vor meiner Lebenszeit, bereits gemeint gewesen. Umso mehr wird mir, diesem Gemeinten, auch heute, gegen meine Sünde, Trost und Trotz zugesprochen – wenn ich mich ein ums andere Mal plötzlich, zwischen zwei Herzschlägen, geheimnisbedrängt finde. Wenn das Mysterium mit einem Zauberschlag dasteht und ausgerechnet mir gewährt, in das Geheimnis zu blicken. Ab jetzt kann ich trotzig und getrost wandern durch das finstere Tal, kann ich dann auch vielleicht rauh meinen Todespsalm singen, mein Todeslied (EG 85,9), den ablaufenden Tag vor dem Abend loben und dann auch den Abend selbst, und dann vornehmlich denjenigen loben, dessen „Gnad und große Treu" „all Morgen neu" ist (EG 440,1).

0.3 Der Himmel klart auf.

Dessen Gnad und große Treu all Morgen neu aufklart, eigenartig und neu, in noch unbetretenen Arealen – seit sich der Ostermorgen erhoben hat, das Morgenwunder, die Macht der ungeheuerlichen Ostertatsache – seitdem der Herr der Hellung der Liebe, Christus, die *Liebe im Ernstfall*, ihr Schauplatz, seitdem die menschliche Spiegelschrift Gottes sich von sich aus und nach eigener Maßgabe offengelegt und gelichtet hat. Als die Wahrheit des Auferstehungs-Gottes einen irdischen Namen trug, den Jesu Christi, den des „Heiligen Gottes" (Joh 6,69). Als „die Zeit erfüllt war" (Gal 4,4). Im Vollzug des heiligen Lebens- und Todesweges dessen, der vom geheimen Rand der Welt kam, von einem definierten Ort in Palästina, zu einer bestimmten Zeit, im Vollmaß der Zeit … Seit es das Morgenwunder gibt.

Mit Recht sprechen wir darum von der „Heiligen Schrift", von der einen Hieroglyphe – die eben als einzige, als eine unmissverständliche Personenanzeige, Jesus Christus als den Unantastbaren verkündigt.

Liebe Leserin und lieber Leser! Die Heilige Schrift? Ja, als fehlbare Menschen zeigen sich ihre Autoren, der Gewalt der Eindrücke kaum gewachsen, ihre Briefe mitunter nicht mehr als Gefängnishefte, die Evangelien immer auch literarische Kompositionen, im späteren Kanon nebeneinander gestellt, sogar nahezu gegeneinander geworfen. Sie führen aber ihre Sache hoch und mutig an Wurf und Form. Sie sind Autoren des Zeitblitzes, der die kompakte Dunkelheit der Geschichte der Sünde abrupt durchschneidet, Zeugen der Zerreißung der Welt und des Weltaugenblicks, in den unendlich viel Eingang findet, Zeugen des Lidschlags und der zeittiefen Ewigkeit. Bei der aufschießenden Plötzlichkeit der Lichtung Gottes, wenn Gott „seine Hände mit Blitzen bedeckt" (Hiob 36,32), sind sie dabei, wo endlich dann der Anschluss an wahres Leben gewonnen wird – für die Düsteren, denen fortgesetzt die Sünde das Licht entzieht und die im Dunkel „tappen" (2. Petr. 1,9).

Weil es ihnen unmittelbar vor Augen steht, geben die „Apostel und Propheten" (Eph 2,20) aller Welt, Juden und Heiden, das Antlitz Christi vor (Gal 3,1; 2. Kor 4,4.6), die ungetrübte, schiere Herrlichkeit. Man kann sich dann zurechtfinden. Richtungssinn, so bezeugen sie, ergibt sich für die sinn-abhängigen Lebewesen und umso mehr für den Ablauf von Zeit und Sein selbst. Wie die Rauch- und Feuersäule dem Volk Israel die Richtung weist (2. Mose 31,21), wie dem Mose verheißen wird „Mein Angesicht soll vorangehen" (33,14), so, in der Folge des Neuen Testaments, „die Herrlichkeit Gottes in dem Angesicht Jesu Christi", die „Herrlichkeit Christi" selbst, Grundherrlichkeit der Welt.

„Viel mehr als Ziele braucht man vor sich, um leben zu können, ein Gesicht".[6] Wir sagen genauer: dieses Antlitz. Vorerst „wie in einem Spiegel, in einem dunklen Wort" (1. Kor 13,12). Dann aber, wenn das Leben sich vollendet haben wird, wird es direkt zugehen, wird der Auferstandene in direktem Gegenüber wiederum gesehen, werden wir, wiederum aufschauend, seinen Blick erwidern können. „Hell erscheinet sein Antlitz."[7]

0.4 In der Schule endgültiger Gewissheit

„Atemkristall, / dein unumstößliches / Zeugnis".[8] Mit der Bibel kommen auskristallisierte, ihrerseits unbeirrte, gewisse Texte auf uns zu, ein ausdrückliches Sonderbewusstsein, autoritative Worte, zu jeder Freiheit entschlossen, allem voran einer Freiheit zum Wunderbaren, auch Zeugnisse strengen, gelegentlich sehr wohl grimmigen Denkens und Andersdenkens, Andersollens und Andersfühlens – und, in diesen schroffen Höhen der Andersheit, Bildmacht und Wortmacht, nicht selten emotionale Wucht, grobe Gewitterkeile der Sprache, auch visionäre Benennungen eines blanken Entsetzens (die weithin gemiedene *Offenbarung des Johannes*). Die Bibel, man erschrickt jedesmal, hat viel von einem Schatten- und Dämmerungsbuch (das Dämmern der Welt), ist auch ein Buch voller Trauer, sie verströmt auch Blutgeruch, Geruch nach Ruß und Verbranntem. Allerdings: Zusehends, weiß sie, sinken die Schatten. Eindringlich sprechen die Texte mit dem Vernichtungsschmerz, der durch Menschen läuft – und heben die Trauer zuverlässig zu Gott auf (zu Gott, bei dem sie zum Schatten der Rettung wird).

Liebe Leserin und lieber Leser! Für jede Generation stehen diese Texte zur Erfahrung an, jeder werden sie zuteil. Es ist wahr, augenblicklich verlangen sie nach der Berührung mit den Menschen dieser irregewordenen, verwahrlosten

---

6 Elias Canetti, Die Fliegenpein. Aufzeichnungen, 1992, 45.
7 Friedrich Hölderlin, Sämtliche Werke und Briefe, hg.v. Michael Knaupp, Bde. 1–3, 1992/1993; Bd. 1, 320.
8 Paul Celan, Die Gedichte. Neue kommentierte Gesamtausgabe, hg.v. Barbara Wiedemann, 2020, 185.

Gegenwart – die nur mittels dieser fremden Texte durchdringend kritisch und unnachgiebig ausgelegt wird, nämlich nur dort die zuverlässige Wahrheit erfährt: dass der Entschlossenheit des unbekümmert Rücksichtslosen und Irren die stärkere Konsequenz Gottes entgegenschlägt. Ums Ganze wird dort gefragt, im ganzen wird Anspruch angemeldet auf einzelne Lebenspläne, aber auch auf groß zugeschnittene Lebensentwürfe, auf innere Absichten, Einstellungen und Hoffnungen – angesichts eines meist kümmerlichen Schauspiels eines Lebens, das sich, „niedriggepflanzt",[9] häufig nur noch in Halbheiten oder mit dem andauernden halsstarren Blick zu Boden inszenieren will.

Wie sind die Ergriffenen in die Welt gestellt? Nur eine einzige Stellung kommt für sie in Frage (Zurbarán hat es häufig gemalt): Untergeordnet befinden sie sich, unterhalb der biblischen Texte, auf Zehenspitzen (sofern sie, sagen wir: die „biblische Haltung" einnehmen), Kopf im Nacken, unter einem Schimmer, hin zum Hellen ohne Vergleich: dem Wiedererscheinen des Gekreuzigten. Lassen wir es uns nicht ausreden: Der Aufblick ist nun einmal die Haltung „an sich".

„Ich bin gewiss", schreibt der Apostel, „dass nichts uns scheiden kann von der Liebe Gottes, die in Christus Jesus ist, unserm Herrn." (Röm 8,38f) In welcher Form diese Christus-Gewissheit? In dem allein zu Christus die Augen aufhebenden Blick (dem Glauben). Schon den Jüngern auf dem Berg der Verklärung wird er zuteil: „Als sie aber ihre Augen aufhoben, sahen sie niemand als Jesus allein." (Mt 17,8)

Entsprechend werden die Glaubenden, die Christus-Menschen, von den biblischen Texten in eine überaus ernste Schule genommen, in die biblische Schule der jederzeit bedrohten, aber endgültigen Gewissheit. Lebenslang und Tag für Tag niedertreten will sie ein Anderer, der Verwirrer, der Diabolos, der im Interesse des Bösen Gut und Böse Durcheinanderwerfende, alles Zerrüttende, Ungeduldige, Unbeständige, Einschüchternde, Irremachende, der Gewissheitsräuber. Dass vieles uns vermeintlich von der Liebe Gottes scheiden kann, ruft er in Erinnerung (Paulus zählt auf, dass all das völlig unmöglich ist). Er ficht die Glaubenden an, will, dass der Blick gesenkt wird, will Ungewissheit, schlägt mit Sorge, Misstrauen, Skepsis, Verdacht, Lebenszweifel – gefährlich, aber im Grunde grotesk, immer zuletzt kraftlos vor Unwahrheit. Anfechtungen bietet er auf, die an der Gewissheit zerren, die es nicht ertragen können, lächerlich genannt zu werden, die darum heftig reagieren werden, weil sie unbedingt als etwas Erwägenswertes gelten möchten.

Nein, kein Bedarf, keine Neigung dazu, in die blitzenden Fangeisen der Anfechtungen zu stolpern, keine Zeit! Nur dazu Zeit, zu helfen, dass die Gedanken, Gestimmtheiten und Willenszwänge, die in den Fängen der frechen Zweifel festsitzen, befreit werden. Nur Zeit zu bewährter, unerschütterlicher Gewissheit (Proust nennt sie einen

---

9 Heinrich Heine, Sämtliche Schriften in zwölf Bänden, hg.v. Klaus Briegleb, 1976, Bd. 1, 183.

„guten Engel")¹⁰. *Anhaltend, unabgelenkt, vertrauens- und erwartungsvoll will ich die Blicke auf den Auferstandenen richten. Als der in diese biblische Schule Gestellter bemühe ich mich, Tag für Tag andächtig zu werden, den Blick frei zu halten, um diesen genauen Blick auszubilden, ihn zu heben auf das Gesicht Christi, wie es das Neue Testament unmissverständlich sehen lässt.*

In diese lautere, ernste hohe Schule der Gewissheit schicken die biblischen Texte. Unernst ist demgegenüber der sich klein- und hauchdünn machende Rückzug auf den freibleibenden Vorschlag, die so oder so aufgemachte Perspektive, auf den christlichen Standpunkt, den Einzelaspekt, das momentane Erkenntnisinteresse, auf das Angebot eines christlichen Deutungsmusters etc. etc. Wenn man die Texte nicht manipuliert, kann aber kein Zweifel sein, dass sie von einem „Seinswechsel" oder „Seinsereignis" reden. „Was wäre aus diesen Erzählungen geworden, wenn jeder sie mit seiner Deutung seinem Verstand hätte gefügig machen dürfen", schreibt Gerhard von Rad.¹¹ Denn nicht Bildachsen und Perspektiven haben sich gegeneinander verschoben oder irgendein Spiegelschliff hat neue Welt- oder Selbstdeutungen ermöglicht, sondern die Realität hat sich umformatiert. Mit Freude und entschlossen kommt der christliche Glaube diesem objektiven Systembruch nach.

Schon hört man Stimmen: *„Wie, ihr Christen habt die Gewissheit aufgegeben? Ihr ,deutet' alles nur anders? Ihr meint das alles nicht so ernst? Die Unbedingtheit? Wie alles, so relativiert ihr auch die doch bei Jesus Christus zweifellos vorgefundene absolute Verpflichtung? Ihr wollt Christus unbedingt schwachreden? Ihr wollt euren Auftrag schwachreden? Seid ihr wahnsinnig!"*

Mag auch im (unangenehmen) gegenwärtigen Gemeinbewusstsein unbedingter „Offenheit" der Gewisse und Unbeirrte oft schon als Irrer oder aus der Zeit gefallener radikaler *Amish* gelten. Offenheit bis zur Zerflossenheit? In Wirklichkeit hat sich dieses vermeintlich immer nur suchende und in endlosen Abwägungsschleifen vorgeblich nur Möglichkeiten abfragende Spätbewusstsein jederzeit vorentschieden, ist längst bestimmt von unterirdischem Gemurmel, von Vorentwürfen, Vorbehandlungen und Vorzeichnungen – die freilich in der Regel nicht als solche aufgemacht werden und meist nicht einmal offengelegt werden können. Fragt man nach und geht näher heran, stößt man, kaum dass es ernst zu werden beginnt, bei den Vertretern solcher bedingungslosen Offenheit und eines regelmäßig notwendig scheinenden Verflüssigens und Aushandelns schnell an festeste Mauern, an härteste Haltemarken und mit allen Mitteln gehütete Grenzbefestigungen (des auch nur Diskutablen).

Es wird zu zeigen sein, inwiefern auch der meist verborgene menschliche Wille sich früh verschlossen und abgedichtet hat. Hineingeboren in eine sich längst

---

10 S. Anm. 5. Bd. 1, 16.
11 Das erste Buch Mose (= ATD Teilband 2/4), 1964, 250.

in hybriden und verwirrten Stimmen aussprechende Welt (1. Mose 11,1-9), hat er auf seine Weise seine Ziele immer schon gefunden, hat Vorgängerprobleme rigoros ignoriert oder sie gar nicht zu Gesicht bekommen – und findet sich insofern jedesmal vorzeitig festgelegt. Seine Gründe teilt er ungern oder gar nicht mit. Umso mehr verweigert er sich der genauen Beschreibung.

Nein, beharrlich, unbeirrt christlich und dann unbeirrt christlich-theologisch, kann man das Lob der Zweifellosigkeit der Bibel singen – deren heilige Vorentschiedenheit von vornherein feststeht und aus der sie auch keinen Hehl macht. In jedem Fall muss sich dann allerdings derjenige, der so viel Gewissheit nicht erträgt, nach den eigenen unausdrücklichen, aber sehr wohl vorhandenen, stets starken und übermächtigen Gewissheiten fragen lassen: genau danach, wo seine Gedanken jäh enden und tatsächlich jene grimmige, härteste Verstockung beginnt, die für keinen Zuruf mehr erreichbar ist. Im folgenden wird genau diese Frage zu stellen sein.

0.5 Exerzitium der Menschlichkeit

Dieses jetztreiche, weil die Zeitläufte übergreifende Menschheits-, Zeitgenossen- und Simultan-Buch verfügt über Sprachen, Gebärden, Leuchtzeichen, Wasserzeichen ohne Zahl. Verfährt aber, der Sache nach, eben überall diskussionslos. Feiert in vielen Zungen die Unabsehbarkeit der göttlichen Bejahungen und sonderbarschönen Befürwortungen, Rettungen, Freiheitsverheißungen – die definitiv nicht zur Disposition stehen. Misst den vollen Anteil, die Spannweite des Daseins aus: vom Begehren nach irgendeiner Wärme und Lebendigkeit, nach dem Schmerzensglück der berührungslosen Träume, durch die es mich zieht, der hellen, die keinen Wahrhaftigkeitsdruck kennen und gar nicht unaufrichtig sein können, bis zu den bösen, finster gewalttätigen, die bezwungen werden müssen (hervorgekrochen aus den jedem bekannten Spinnwebkammern oder Blaubartzimmern). Schenkt womöglich ausgefallene, von Gott berührte, befreiende Gegenträume, ein gutes Nachtgetümmel hinter den Augen der Schläfer, und dadurch Orientierung durch unmissverständliche Gesichte oder ein sehnsüchtig erwünschtes Zerstieben der angstvollen Phantasmen, die den Wehrlosen überfallen haben. Benennt die Höhenlinien im Massiv der irdischen Geschichte, doch ebenso die des einzelnen Lebens. Lässt Ewigkeiten vorüberziehen (2. Mose 33,22). Sagt stolz und frei heraus, was groß und herrlich ist am Menschen. Zeigt sich als ein „Schutz über allem, was herrlich ist" (Jes 4,5). Weiß jedoch auch von seiner Verkommenheit – und lässt auch in dieser Hinsicht nicht mit sich handeln. Füllt hunderte von Buchseiten mit den Zeichen der vehement gegensinnigen und widerständigen Welt, doch nur, um desto mehr die unzerstörbaren Wunder Gottes zu feiern – an denen es wiederum keinerlei Zweifel lässt. Sporrnt dazu an, beim Lesen seiner Texte eigene Erfahrungen

Seite für Seite mitlesen zu lassen. Begleitet hinunter in den Schacht und das Stürzen (Mt 7,26f), aber auch hinauf in jede Flughöhe. Weiß von schöpfungsmäßiger Befristung und Stundung des Lebens, das durchaus auch vergehen darf, gehalten vom Schöpfer, für einen Wimpernschlag wenigstens, in kurzer, lichter Schwebe. Weiß aber auch vom verfluchten Tod, „der sein Maul aufsperrt und nicht zu sättigen ist" (Hab 2,5), sooft die gigantische, geifernde Zunge sich auf alles vorschiebt. Weiß eben erst recht – abermals und umso mehr mit Gewissheit – von der Verjagung und Zerfetzung des heißen Fluchs durch den Auferstandenen (Gal 3,13). Enthält Zerreißproben und Dossiers der Schande, die tiefe Verletzung und Verachtung des Maßes (1. Mose 11). Beherbergt Urvorgänge. Konzentriert menschheitsweite Lebensfragen und Lebensantworten auf den gnädigen Gott hin. Lässt die Kräfte zusammenschießen. Ermutigt durchaus auch, ihre „Lasterkataloge" für die brennende Gegenwart fortzuschreiben. Setzt schließlich die „christliche Zumutung" frei: sucht Konfrontation und Affront, indem es Befremdliches unbedingt zumutet und auffordert, das ganz und gar Unglaubhafte wahrzunehmen: dass wir für etwas vorgesehen sind, das nur der Auferstandene zu vergeben hat, für das ewige Leben, und dass dessen Seligkeit von sich aus auf uns zuläuft.

Darum dann rücken Kaskaden seiner Sätze in einer unvergleichlichen Unaufhaltsamkeit an, in Wort- und Bildgewalt. Oftmals gehen die Worte einem nach, halten den Schwindeligen und Trittunsicheren aufrecht, ermutigen zur Aufrechterhaltung eines geraden Rückens, beunruhigen, erregen oder trösten, lassen gewiss und dankbar und demütig werden – beben im Herzen nach oder senken sich, bei guter Wahrscheinlichkeit, als eine Lebensfreundschaft für immer in die Seele. Fest wird manchmal sogar das ganze Leben an sie geschmiedet. Abgeben können sie dann womöglich eine helle Zone (Domäne und Wallfahrtsort), in deren Machtgebiet man längst stand und fortan weiter stehen wird – in einem mächtigen Gefühl der Angewiesenheit, das aber nicht etwa beengt, sondern Vertrauen schafft. Einmal gelesen oder gehört, erscheint es unvorstellbar, sie jemals nicht gekannt zu haben. Mit vielen ihrer Verse kann man ein Leben lang neue Erfahrungen machen, etliche kann man liebgewinnen und möchte sie bei sich behalten – wie man, sagen wir, einen herzensklugen, warmherzigen Menschen nicht vergessen kann. (*„Ich hatte mich immer gefürchtet. Ihre Ruhe hatte dann etwas Beschützendes. Sie verstand so viel vom Leben. Die Angst schlief, wenn sie bei mir war."*) Manche, unberührbare Sätze dann, geben ein Leben lang Geleitschutz – gegen die kaum je ausbleibenden Anwürfe des Feindlichen. Als Lebenstexte, als evangelisches Brot und evangelische „Brocken", auch als starken Licht- und Schutzzauber kann man sie mit sich führen – unzählige Male auch gegen die eigenen, sich vielleicht beständig tiefer einlagernden Schatten. Manchmal radieren sie förmlich den eigenen schartig gewordenen Umriss aus, aus dem nicht mehr heraustreten zu können man gemeint hat. Angerührt werden kann man von der Unmittelbarkeit ihrer Menschlichkeit (Gott ergeht sich im Garten Eden in der Kühle des Abends; Joseph weint laut, als er sich den Brüdern zu erkennen gibt; Ruth, Noomi und Boas fliegen wunderbar zusammen; der Auferstandene fragt den untreuen Petrus: „Hast du mich lieb?", nachdem er vorher schon einmal die Jünger gefragt hatte: „Wollt ihr auch weggehen?"). Mitunter kann man dem, was sich so viel mächtiger und wunderreicher verhält, nicht mehr standhalten. Vieles kann man sich einverleiben (auswendig lernen). Zur Befestigung von Demut kann man sich von ihm erziehen lassen. Einigen ist die Bibel von früh an die eigentliche Erzieherin gewesen. Etliche Glückliche sind tatsächlich erfüllt und werden täglich angesprochen von segnenden oder warnenden Versen des großen Buches – die an ihr Herz gekommen sind: von denen sie geformt, beglückt, begrenzt, angeklagt, getröstet werden.

Manches hat sich mir eingepflanzt und hat mich unterwandert, eine neue herrliche Grundgestimmtheit. Das heftigste Gefühl, Gott sei Dank, hat mich durchdrungen, geht auch nicht mehr weg. Die Tröstungen der Bibel? Noch längst nicht kenne ich sie alle. Niemals aber, hoffe ich, werden die Sätze des Psalm 23 ihre Gewalt über mich verlieren („Der Herr ist mein Hirte"), niemals die erste Seligpreisung (Mt 5,3) „Selig sind die geistlich Armen", niemals die Ermutigung und zugesagte Tröstung, eine Feuerzeile (2. Kor 12,9): „Lass dir an meiner Gnade genügen, denn meine Kraft ist in den Schwachen mächtig!" Sie sind zu meinem Besitz geworden – sie haben von mir Besitz ergriffen. Manche erfüllen mich mit Liebe. In Christi wildbewegter, unmäßiger Geschichte kann ich mich mit ihrer Hilfe verlieren.

Im steten Blick auf Gott gibt die Bibel das Wirkliche der Welt nicht aus der Hand. Unbeirrt, durchaus ernüchternd in vielen Fällen, hält sie an der Bosheit menschlichen „Dichtens und Trachtens" (1. Mose 6,5) fest, fängt aber das Voranschreiten zum Unheil ein. Gerade die Zerklüftungen der Welt lässt sie in den Zusammenhang mit Gott kommen. Gott und Welt klingen dann gegeneinander.

Ebenso entschieden wie tröstlich spricht sie zu mir – Anklang des Jubels, vertrauter, heimatlicher Ton, Klang-Geborgenheit, Rückzugstiefe, Brevier der Nacht, eine trotzige Sprach-Zuflucht, wenn mich endlos feindliches, brütendes Schweigen verwirft. Sie spricht zu mir vom Gewicht, von Gespanntheit und Gegenläufigkeit des Lebendigen, von unbekannten Welten, auch von wortlosen Zwischenreichen und deren Zugriff. Dann umso deutlicher, keiner Illusion zugänglich, als eine Art Schwarzbuch des All-Menschlichen, mit Rabenaugen, von der systemischen Verzweiflung und Tobsucht im Menschen (die unversehens hervorbrechen können). Ausführlich verständigt sie mich darüber, was es mit der Heiterkeit der Fülle auf sich hat und dass ich im Blick auf alles Schöne keineswegs schon ausgelernt habe (es ist nämlich auch ohne mich schön).

Flügel verleiht sie den Begabungen, der Menschenlebenslust, der Weltklugheit, der Entschlusskraft (Mk 2,14), lässt, wenn nötig, aus den Bahnen der Überforderungen ausscheren, geradezu vom Leben ausruhen oder, sehr anders, fördert den Appetit auf neue Erfahrungsmöglichkeiten. Mit alledem entwickelt sie ein Exerzitium der Menschlichkeit (Jesus Christus zeigt sich als das Erscheinungsbild des Ur-Menschlichen), Erziehung des Verstandes, der Gefühle, absolviert indessen auch, in diesem Interesse, eine immer erneut zu durchlaufende Schule von Zorn und Grimm und, mag sein, auch Empörung und Erbitterung. Oftmals trifft ja die japanische Weisheit zu: „Die Tiger des Zornes sind klüger als die Rosse der Belehrung."

0.6   Ja, erst recht.

Liebe Leserin und lieber Leser! Ja, erst recht: Der Sohn Gottes brennt „die Werke des Teufels" nieder (1. Joh 3,8). Schonungslos wird „diese Welt" (Röm 12,2) abgeurteilt, die Verhängnisschleife, der Stoff dieser verkommenen Zeit („die Kröte wetzt den Bauch im Kies"[12]). Fluchwürdig zu weiten Teilen verhalten sich Weltgeschichte, Geistesgeschichte, Leidensgeschichte: als Nachtwald voller Leichen, als Revier der bösen, unzählige Male sogar ganz unauffälligen Zeitgeister, als Schlachtbank von Ausbeutung und Hunger. Und, man braucht gegenwärtig nicht einmal näher hinzuschauen: als zum Zerreißen gespannter Warteraum der unbedingt zum Einsatz gewillten, abrufbereiten, kaum zu bändigenden Vernichtungsmaschinerie (damit der Mensch den Menschen ausrottet) strategischer und nichtstrategischer Nuklearwaffen. Als solche – sichtbar ringsum als Exponent des Zynischen, wenn man sich nicht gegen sie blind macht – ist sie auch bloßzustellen und als fluchwürdig ausdrücklich zu benennen.

Vorgefasste Fraglosigkeiten des Zeitgeistes? Die nicht hervorgeholt oder langwierig erklärt zu werden brauchen. Meist ohne den geringsten Verdacht gegen sich selbst. „Eine ausgemachte Sache." „Man weiß das." Weiß man das? Kann man sie abschütteln oder niederschlagen, einfach so? Sicher nicht. Zu gezielter Zeitwidrigkeit und Unzeitgemäßheit hält diese Gegengeschichte darum an – dazu, nur desto heller gegenwarts- und jetztwach zu werden und zu bemerken, was Tag und Stunde diktieren. Nur bei genauem Zusehen stößt man auf die meist gerne geteilten Vorverständigungen, Gültigkeiten, Normalitäten, auch Suggestionen und Zudringlichkeiten dieser „bösen Zeit" (Gal 1,4; Eph 5,16; 1. Joh 5,19). Gleichsam um schwer jemals auszugrabende Wurzelsysteme mächtiger Baumwesen oder um ausgedehnte Rhizome handelt es sich. Sogar kann man den Boden, in dem die Selbstverständlichkeiten ihrerseits Grund fassen, möglicherweise überhaupt nicht ausfindig machen. Umso weniger verfügt das Böse seinerseits über einen „Grund" (es würgt sich aus sich selbst hervor).

Notwendig ist in diesem Sinne eine Ausweitung des Begriffs der „Religion". Um sofort darauf zuzugehen: Diese Religion verschlägt den Atem: die zutiefst heidnische Gegen-Religion, die neue ausdrückliche Vergottung „des Menschen", die

---

12 Gottfried Benn, Sämtliche Werke, Bd. 1. Gedichte 1, hg. v. Gerhard Schuster, 1968, 214.

seit Jahrhunderten mitgeborene unselige, gotteslästerliche Selbstapotheose und Selbstsakralisierung, die Idioten-Falle, der unsagbar traurige, dreckige Weg nirgendwohin – die fragloseste, furchtbarste Voraussetzung, den die westliche Welt heute kennt, schwerer als alle anderen zu erschüttern. „Menschenvergottung" (das Wort ist nicht unheimlich genug für eine über alle Maßen unheimliche Sache) mit ihren Sachzwängen in Gedanken, Bewusstseinslagen und Mentalitäten, maßlos in der Sünde, wird in der Neuzeit nicht nur tatsächlich vollzogen, sondern der Sache nach ausdrücklich und allen Ernstes gewollt. Unbedingter, ins Monströse ausgeweiteter Hochmut fährt in die Zeit: ein unerschütterliches Könnensbewusstsein samt Erfolgssteigerungen, der lästerliche, zum Götzen gewordene neuzeitliche Wissenschafts- und Gestaltungs-Glaube, die Menschen-Selbstgläubigkeit. Ausgebildet hat sich ein unverhohlenes, verderbtes Heilsdenken, das sich in den Dienst des Baals „Götzen-Mensch" und „Baal-Ich" stellt. Formuliert hat sich damit die Kunst des Menschen, nur sich selbst als die entscheidende Macht wahrzunehmen, als Berufungszentrum allemal nur sich selber geltend zu machen, damit alles mit ihm einhergeht, sich um ihn zusammenzieht, in seine Rechnung eingeht – damit er sich die Welt anmaßen kann. Als derjenige, der sich alles herbiegt und „her-blickt", als die „Bezugsmitte alles Seienden",[13] der überdies in jedem Bild, in jeder Wahrnahme der Welt, zwanghaft immer mit ins Bild muss (vgl. Velázquez, *Las Meninas*, 1656; dort raffiniert und gleichsam noch unschuldig). Der Mensch: unterwegs in der Moderne zusehends nur noch in schwereigener Sache.

Wie entwirft sich neuzeitlich also das Haus des „Seins"? Als zerbrochenes Haus. Als ein Gott gestohlener Raum, eine Verstärkung des Halls, die gigantische Echokammer, Widertonkammer „des Menschen", das Narrativ des axiomatischen „ich bin" (des „*cogito – sum*" des Descartes) – das sich umso mehr verstärkt, wenn das „Ich" zum „Wir" erweitert wird. „Ich" und „Wir" verknoten sich zu einem Verhängnis und ziehen sich fest. Ihr. Ich. Alle, die wir hier sind. „Sein" zeigt sich als Sein-zum-Menschen – der die Ordnung und den Grundriss der Welt bestimmt. Entsprechend kommt die Welt dann nur als Verwandlungszone in Betracht, als die „Domäne des Willens"[14] – der sie, wo immer möglich, als Beute zu eigen haben will, sich deshalb gegen sie in Stellung bringt, „sich rüstet" und sie auf diese oder jene Weise unterwirft. Alles Seiende, soweit nur möglich, ist an sich zu reißen und sich zuzuziehen – in einem bedingungslosen Weltbeherrschungsdenken: in ebenjener neumenschlichen Durchführung und Schnittfolge und Folgerichtigkeit, die alles auf ihn bezieht, auf den Weltensieger, der zu siegen nicht aufhören kann. Keinem, so kommt es ihm vor, hat je die Welt so umfassend gehört wie ihm.

---

13 Martin Heidegger, Holzwege (1935–1946) (= Gesamtausgabe 5), hg.v. Friedrich-Wilhelm von Herrmann, 2003², 88.
14 Karl Marx. Friedrich Engels, Gesamtausgabe, Ökonomische Manuskripte 1857/58, 2006², 400.

Um eine beharrliche Vorspiegelung handelt es sich offenbar, die, als Fackellicht und riesige, volle Truggeschichte, über den Menschen hinwegirrt und nur um den Preis des Eingeständnisses eines vollständigen Scheiterns zum Verschwinden gebracht werden kann.

Mit der Lernerfahrung der Neuzeit, dieser ihrer selbst vermeintlich bewussten, vermeintlich zutiefst ihrer selbst sicheren Zeit, sei endlich das „Goldene Zeitalter des Menschen", das der Menschenflut, das „Anthropozän" angebrochen? Oberhand gewinnt in Wirklichkeit weithin das sinistere Zeitalter des sich hochzüchtenden Affen Gottes (und seines unverschämten Gekreisches). Die Zeit des indiskutablen, angemaßten Menschen-Königtums (in dessen Gefilde – unsäglich albern – Gott als „tot" ausgegeben, aber die Lebensgrundlage für den Menschen auf der Erde Zug um Zug in Stücke geht oder ganz zerstört wird und zerbirst). Und dann folgerichtig des Regimes des anmaßenden, ideologischen „Kollektiv-Ich" (in dem, weil sie die Ohren besetzt halten, die eigenen Äußerungen ohrenbetäubend geworden sind). Weil alles durch den Wolf der „Menschen-Religion" gedreht wird. Das so Zubereitete fresse „ich" und frisst Unseresgleichen dann besonders gern.

Die verbreitete ich-hungrige, ich-gefrorene, lachhaft kurzatmige Selbst-Religion? Als deren triviale Variante präsentiert sich das unterhaltungssüchtige, hedonistische Ich-Vergnügen, die falsche Kindheit, die die Jedermann-Spaßstraße bevölkert („Warum so ernst? Her mit dem schönen Leben!"), der Allmachtsgenuss der Bildschirme, die die Welt tendenziell ins Infantile oder Scheinhafte ziehen.

Vor allem aber: jeden und jede für sich selbst öffnen? Für „sich selbst"? Für das prekäre, aufgetriebene „Ich", für fragwürdige Einheit: spätestens durch die neuere Literatur als komplett unterminiert durchschaut und dargestellt, Nietzsche: „die letzten Menschen",[15] Freud: „nicht Herr im eigenen Hause",[16] Benn: „Lemuren-Ich" oder „alles hatte den Wurm im Bauch",[17] Dylan Thomas: „Höhlenschädel / Eitergefäß und Jubelschale",[18] Peter Handke: „Scheiß-Ich" …[19] Nicht einmal ein Ich, das sich im Inneren ins Unbestimmte verliert.

Schon bei Paulus wird das Ich unerbittlich aufgedeckt (Röm 7,17.20): als Wohnort und Höhle der eiskalten, fischäugigen Sünde, des sichtbar-unsichtbaren Biests, dem Raum gegeben worden ist in Kopf und Herz, das sich hineingezwängt und eingefressen hat und das dann jedesmal von innen nach außen kriecht. Von dort aus wird dann das Böse herbeigerufen und wird es sichtbar, werden die Ansagen des Ich gemacht, erfolgen die unzähligen Eingemeindungen der Gedanken, Worte und

---

15 Friedrich Nietzsche, Kritische Studienausgabe, Bde. 1–15, hg.v. Giorgio Colli und Mazzino Montinari, 1980, 19f.
16 Zit. nach Peter-André Alt, Sigmund Freud. Der Arzt der Moderne. Eine Biographie, 2016, 613.
17 S. Anm. 3, 116. 135.
18 Windabgeworfenes Licht. Gedichte. Englisch und Deutsch, 7. Aufl. 2013, 221.
19 Bei einem Fernseh-Feature.

Werke. Wem fügen wir uns? „Wem gehorchen wir unverbrüchlich? Wahrscheinlich einem unaufklärbaren Tyrannen in uns."[20]

Indem wir den Anteil „Sünde" in uns annehmen und als uns ihr zugehörig befürworten, werden wir wahrhaft human? Nein. Sondern nur, indem in der Kraft Gottes bei Gelegenheit – auch im menschlichen Innern, auch im Herzen, in der Mördergrube – die äußerste Gnade „noch viel mächtiger" wird (Röm 5,20).

Die Welt aber, wenn dem Wesen nach als Domäne menschlicher Bearbeitung begriffen, hallt wider vom sinnlosen Selbstbetrieb, einem „Grollen tief unter den Wogen",[21] von egomanem, kleinem, gottlosem Menschengeschrei des Groß-Ich, das sich eine Seele geben und das es zu einer Welt bringen will, in der es „Gott" ist. „Leerer Wind" (Jes 41,29). Die Kuriere furchterregender Sinnlosigkeit jagen dann durch die Welt, durch die Medien, durch die Köpfe und Herzen, jagen ins Leere und ins Schweigen und machen die Welt vollends unlesbar.

Ist aber womöglich der Vorrat der Selbstgewissheit schon *à jour* aufgezehrt und deren Verfall zu erwarten? Sicher. Imperien altern nicht, sondern verrotten. Lange schon glänzt die Neuzeit nicht mehr vor Neuheit. Wann wird der Geschmack an ihr uns endlich vergangen sein? Womöglich hat die durchgesetzte moderne Zivilisation ihre Zeit schon gehabt? Wird sie komplett kollabieren? Die Ermattung des „Selbst" wird nicht auf sich warten lassen – sobald es, nach trostloser Raserei und Dauerverrücktheit, sich selbst langweilig geworden ist, seine unreinen Farben ausbleichen, sobald die sich ins Große formatierenden, goldgerahmten Zerrspiegel (Katzengold) sich für die hässlichen Spiegelgänger entleeren. Oder durch deren Todesatem vollständig beschlagen. Oder ihn in ein Spiegelbild auch nur aufzunehmen sich angewidert sträuben. Nur vorgeblich hat das Anthropozän „Neuzeit" den Menschen hoch hinausgetragen und hat es nunmehr eine hohe Meinung von ihm gewonnen und ist endlich der Sache des Menschen nachhaltig gedient. Mit Beize und Rauch von „Vernichtung" durchtränken und durchseuchen vielmehr die Vernichtungswaffen (die spezifischen Waffen der modernen Zivilisation) das menschliche Bewusstsein von Grund auf. Überscharf offenbaren sie das Systemversagen der Neuzeit im ganzen und geben es schamlos zu. Ihr objektiver schmerzloser Zynismus, mit dem wir mit jeder Etablierung eines neuen modernen Waffensystems kontaminiert und vergiftet werden, ist dabei, der Zeit noch den geringsten Respekt vor dem Menschen auszutreiben. „Wir sind wie Trinker, / Gelassen über unsern Mord gebeugt"[22], höllengebeugt, höllenwärts. Wann bricht der Götzendienst der ungeheuren Vernichtungsenergie in sich zusammen: die offensichtliche oder

---

20 Martin Walser, Meßmers Momente, 2013, 92.
21 Joseph Conrad, Lord Jim. Eine Geschichte, dt. 1964, 37.
22 Franz Werfel, Der Gerichtstag, 1919.

versteckte, unkenntlich gemachte freche Gotteslästerung (2. Petr 2,10), die Schändung der Schöpfung, das totalitäre, eskalierende, allenfalls zeitweise verlangsamte Wettrüsten? Ein Aufschrei: *„Wie lange, Herr?"* (Ps 6,4)

Wird die Moderne, wie man früher gesagt hätte, in ihr eigenes Schwert laufen? Nicht einmal den „großen Abklang" wird es geben, „welcher hinter fallenden Welten und sinkenden Zeiten herweht"[23] – weil jener Entwurf des Menschen-Gottes alles andere als „groß", nämlich nur hysterisch überzogen und jämmerlich und ehrfurchtslos war.

Genau von diesem Bösen aber nichts wissen und es nicht wahrhaben wollen? Die biblischen Narrationen, Zeichen und Wegzeichen, denen auf den folgenden Seiten nachgegangen werden soll, stellen sich hin und wieder ausdrücklich offensiv dar: als Momente einer alles andere als naiven (was eben bedeutet, vor dem Grundbösen die Augen zu schließen), durchaus penetranten Gegengeschichte – die aus Not unüberhörbar nach Gott, nach Christus, nach den Engeln ruft.

Ungleich wichtiger, als die Zornesklugheit der Bibel und ihre gegenhaltende Kraft hervorzuheben, ist indessen das völlig Andere: sie als Zukunftsort wahrzunehmen, ihre Ungeduld und straffe Gespanntheit zum Kommenden und Anrückenden. Viele ihrer Texte sind bereits im Begriff, ein „Lied im höhern Chor" anzustimmen. Als dunkle Laute, Texte im Abspann, in der Schwebe, drängen sie über sich hinaus. Nur noch ein Sturmschritt zur Vollendung, zur Ausnahmslosigkeit des Guten, zur lauteren Verehrung des Retters in vielen Zungen. *Dann endlich!* Wenn der Herr die Gefangenen Zions erlösen wird, dann „wird unser Mund voll Lachens und unsere Zunge voll Rühmens sein" (Ps 126,1f). Darum kann jetzt schon in Vorfreude „nach vorne" gelacht werden, in die Zukunft gelacht, schon vor Tage, auf dem Scheitelpunkt zwischen Nacht und Morgen, zum Morgen hinüber. Verweht werden dann unsere gegenwärtigen, denn doch leisen, allzu hilflosen Bemühungen der Rühmung sein, abgelöst von geräuschvollem „Dankgeschrei" (EG 361,11), desto mehr von den Stimmen des gewaltigen endgültigen Triumphes Jesu Christi. –

Liebe Leserin, lieber Leser! Genau genommen sagt nun im folgenden alles Einzelne immer aufs neue dasselbe. Als wäre es ein langer, einziger Satz über Gott und Mensch. Dass die Sterblichen in ewig währender Herrgottsfrühe unterwegs sind. Dass dem Sturz einer besessenen Zeit Einhalt geboten werden kann – von Gott, dem Jetzt-Gott, auf der Spitze eines von ihm vorgesehenen Augenblicks oder allmählich und unter der Hand. Dass es jederzeit für Kirche und Theologie das Vordringlichste ist, Kurs zu halten. *„Den Kurs",* heißt es, *„bestimmt allein der fauchende Meerwind, der Atem der See, die Zynismen des Lebens, die uralte Ananke, blinde Verhängtheiten,*

---

23 Horst Lange, Schwarze Weide. Roman, o. J. (1937), 49.

die mich irgendwie ereilen." Nein. Bestimmt und eingehalten wird der Kurs von dem, „dem Wind und Meer gehorsam sind" (Mt 8,27).

Bekräftigt werden soll bei allem nur dies: dass Menschen sich von Zeit zu Zeit nicht fassen können, wenn sie der Tod in Angst hält, voller Bangen im engen Angsthaus des Daseins, zusehends auch von eigenen Schatten überhangen, von Übertretung und schneidender Unbarmherzigkeit, „vergiftet durch den finsteren Zweifel des Grabes"[24] – „in tiefer Todesnacht" (EG 37,3), immer auf dem „Totenfeld (Hes 37), als Schuld- und Todesmenschen, vor denen sich, Tag für Tag, das Jähe und Unerbittliche aufrichten kann. Dass sie aber, im Leben noch so todentlang, getrost sein dürfen – weil ein Barmherziger da ist und unter allen Umständen dabeibleibt, weil er die Hand des aufs Meer Geworfenen ergreift (Mt 14,31). Weil er am Ende als getreuer Fährmann (*ferryman, barquero*) an jenem Ufer wartet, das fern schien, hinter der offenen See, ein äußerstes Land – und das doch angrenzend nah war. Weil er dann sofort ins Boot holt, ins göttliche Fremdboot – und übersetzt zu großer Überfahrt.

„Bleibe bei uns – am Abend des Tages, wenn wir weinen, am Abend des Lebens, da wir sterben, am Abend der Welt, da wir ewig dich rühmen" (Lothar Perlitt).

---

24 Joseph Conrad, Die Rettung. Ein Roman von den Untiefen, dt. 1965, 133.

1. Von der Wahrheitsliebe

Christus spricht: „Niemand kommt zum Vater denn durch mich."
(Joh 14,6)
„Wahrlich, wahrlich, ich sage euch:
Wer nicht zur Tür hineingeht in den Schafstall,
sondern steigt anderswo hinein, der ist ein Dieb und Räuber.
Ich bin die Tür;
wenn jemand durch mich hineingeht,
wird er selig werden." (Joh 10,1.9)
„Ihr sollt das Heilige nicht den Hunden geben." (Mt 7,6)

1.1 Das Eine – und das Andere nicht

Die Wahrheitsliebe der neutestamentlichen Texte? Man kann sie nur mit starken Affekten lesen. Weil sie lachen und sich an der Wahrheit freuen (1. Kor 13,6), sprechen sie zuerst von Christus, dem absolut Verlässlichen, dem Einen, dem „einen Wort Gottes", dem unbedingt „zu vertrauen und zu gehorchen" ist (*Barmen I*) – das vor Augen gemalt und dem Abwehrenden oder Zögernden verbindlich zugewiesen wird. Grammatisch geredet: In Frage kommt für die Texte nur der bestimmte Artikel, eben die eine Wahrheit. Die sich indessen, wie in der Bibel berichtet, in einem ausgreifenden, gewaltigen Erzählprozess selber Geltung verschafft. Nur sie bezeichnet das Verlässliche, unabhängig von unseren Bewertungen, Präferenzen, Deutungen (Unaufrichtigkeiten, uneingestandenen oder dreisten und scheinheiligen Lügen).

Weit über die Welt gespannt sieht das Neue Testament das eschatologische Geschehen: die zwingende Geschichte des Heils, die große Stellvertretung, die heilige, große Begebenheit, deren Tiefenschärfe und deren Wesentliches: Christus, der Eine (in keinem anderen das Heil), das neue Erste Gebot (Christus allein). Und christlicher Glaube, Christus-Zugehörigkeit, Kristallisation im Menschen, heißt dann, von der Begebenheit Jesu Christi bis auf den Grund mit Geheimnis gefüllt und überkommen zu werden. Unter ihr Licht zu geraten. Für das ewige Leben, jetzt schon freigegeben zu werden. Heraus aus der dunklen Chaos-Flut, dem irgendwie unbegreiflich fortdauernden Tohuwabohu, an dieses und kein anderes Land gezogen zu werden. Dann auch dessen innezuwerden, wo man ist und sein wird, und seine Seele selbstverständlich und fraglos dem Geist dieses heiligen Landes anheimzugeben.

Das Eine – und das Andere nicht. Keine andere Wahrheit „wird euch frei machen" (Joh 8,32) oder kann Menschen unausweichlich zur Rede stellen. In Vergleich kann sie nicht gezogen werden. Wer es ernsthaft unternehmen wollte, wäre schon mit Gott zerfallen, hätte dazu ausgeholt, sich gegen ihn unempfindlich zu machen und abzutöten. Wenn dieser Löwe brüllt, der furchtbare Jetzt-Löwe – „wer sollte sich nicht fürchten?" (Am 3,8). Von Gott aus, von Christus aus, findet sich eine Wahrheit eigenen, heiligen Rechts ohne unser Zutun bei uns ein. Die kann in ihrem eigentlichen Gehalt und in ihrer besonderen, rauhen, bitter notwendigen Unduldsamkeit auch gut verstanden werden.

Ich nenne nur wenige Stellen, Beispieltexte für diese neutestamentliche Selbstverständlichkeit, die christliche Zumutung. Weil dort verlässliche Sprache nicht nur gesucht wird, sondern gefunden ist. Weil kein Unterwerfungsanspruch, aber sehr bestimmte Wahrheit sichtlich in diesen Texten gearbeitet und sich durchgesetzt hat.

Der Eine, mit sehr bestimmter Wahrheit: „Niemand hat Gott je gesehen. Der Eingeborene, der Gott ist und in des Vaters Schoß ist, der hat es verkündigt." (Joh 1,18) „Niemand kennt den Vater als nur der Sohn und wem es der Sohn offenbaren will." (Mt 11,27) „Der Vater hat den Sohn lieb und hat ihm alles in seine Hand gegeben." (Joh 3,35) „Ich und der Vater sind eins." (Joh 10,30) „Ich bin der Weg, die Wahrheit und das Leben. Niemand kommt zum Vater denn durch mich." (Joh 14,6) „Wer mich sieht, der sieht den Vater." (Joh 14,9) „In keinem anderen ist das Heil, ist auch kein anderer Name unter dem Himmel den Menschen gegeben, darin wir sollen selig werden." (Apg 4,12) Das Wort vom Anfang „ward Fleisch und wohnte unter uns" (Joh 1,14). „Gott war in Christus und versöhnte die Welt mit sich." (2. Kor 5,19) „Alles ist mir übergeben von meinem Vater." (Mt 11, 27; Lk 10,22) „Mir ist gegeben alle Gewalt im Himmel und auf Erden." (Mt 28,18)

Gemeint ist im Neuen Testament jeweils die eine endzeitliche, unumstößliche, radikale Kritik an menschlichen Abtötungen übende Wahrheit (Mk 9,26): die ohne Wenn und Aber. Bei der aus vollem Herzen ausgerufen werden kann: „Gott sei Dank!". Aber eben das Eine, der Eine – und das Andere nicht. Irgend maßgeblich ist nicht der Geist des Korans oder der Buddhas, Platos, Nietzsches, Sigmund Freuds, C.G. Jungs oder gar „der Herren eigener Geist".

Nur ihm ist zu vertrauen und zu gehorchen. Dankbar in glücklichen Situationen, wo das Leben auf Fluthöhen getragen wird und auf der Höhe unbeschwert atmen kann, wo ein Tag unverhofft prächtig aufzieht und sich auch als ein solcher, mit Sehnsucht vielleicht später zurückbegehrt, in der Erinnerung befestigt. Umso mehr wo, in den Schmerzenskammern der Sorge, um Vertrauen und Ergebung gebetet wird: im dornigen Gestrüpp, den Nistplätzen für Vögel mit langen, scharfen Schnäbeln, in Zeiten des Irrewerdens, die wiederum nicht gefeit sind gegen die hoffnungslosen, abgesenkten Unterstimmen, die von allen Seiten anfliegenden Schrecken. Grausam kann ja die Vehemenz von der anderen Seite sein – vom

Bösartigen, das die abschirmende und Schutz gewährende Wand des Glaubens niederbrechen will. Nur dem Einen, der tröstet und durchaus auch befähigt, dass man sich wehrt, ist zu vertrauen und zu gehorchen.

Paulus, von durchlebten, rücksichtslosen Schlägen erschüttert, aber wunderbar gewiss, tröstet und wehrt sich:

> Wir sind von allen Seiten bedrängt, aber wir ängstigen uns nicht.
> Uns ist bange, aber wir verzagen nicht.
> Wir leiden Verfolgung, aber wir werden nicht verlassen.
> Wir werden unterdrückt, aber wir kommen nicht um.
> Wir tragen allezeit das Sterben Jesu an unserm Leibe,
> auf dass auch das Leben Jesu an unserm Leibe offenbar werde.
> (2. Kor 4,8-10).

Der Eine – und das Andere nicht. Nur Sterben und Leben Christi bieten Halt und Untrüglichkeit – die meiner Bedrängnis und Lebensfurcht mit ungeahnter Bejahung meiner Person entgegentreten, aber die sich auch, so dass kein Durchkommen ist, in den Weg stellen und alles durchkreuzen: die Unverbindlichkeit und angebliche All-Bestreitbarkeit, die Eigenmächtigkeit in der Setzung des Verbindlichen (wenn der Weg ins Gegenteil immer offengehalten werden muss), den Wortbruch. Halt und Untrüglichkeit – wenn das arme, kränkelnde Leben „trieft und schwer ist und stumpf und plump und süß und blöd" (Claes Oldenburg, mündlich). Wenn der Tod „mitten im Leben" erschreckend schon einmal an mir „Maß nimmt".[25] Wenn, angesichts ständiger Warnungen durch Krankheiten, mein Leben langsam einfriert vor Sorge – in der „Krankheit zum Tode", die diesen grausigen Tod herbeiführen wird, den „Tod zum nichtenden Nichts" (es ist ohne Eigenschaft und hat kein Aussehen). Wenn ich um Luft ringe und die Not mich *de profundis* flehen macht: dass Gott mich als den Todtraurigen, der ich jetzt bin, unbedingt sieht und nicht vergisst. „Aus der Tiefe rufe ich, Herr, zu dir." (Ps 130,1) Wenn ich seufze: „Was sind wir Menschen doch? / Ein Wohnhaus grimmer Schmerzen / Ein Ball des falschen Glücks, ein Irrlicht dieser Zeit …".[26] Wenn ich in Schmerzen zerfalle, ein Schmerzensbündel mitunter, und die „Sorge", die sich Gottes nicht sicher ist, keinesfalls einschlafen will und ich mich ihrer nicht erwehren kann. „Was ist dem

---

25 Tomas Tranströmer, Sämtliche Gedichte. Aus dem Schwedischen von Hanns Grössel, dt. 1997, 187.
26 Gryphius, zit. bei: Der neue Conrady. Das große deutsche Gedichtbuch, Von den Anfängen bis zur Gegenwart, hg.v. Karl Otto Conrady, 2000, 169.

Fleisch für Kummer eingeprägt!"[27] Kann ich jemals sagen: „Die Schmerzen sind nicht mein Feind" (Johannes XXIII)?[28]

„Wir sind von allen Seiten bedrängt, aber wir ängstigen uns nicht. Uns ist bange, aber wir verzagen nicht."

1.2   Eroberung der Sorglosigkeit

Nicht zuerst von mir, aber jedesmal auch von mir und meiner Sorge sprechen die Texte, ich will es wahrhaben oder nicht. Von mir, dem hilfesuchenden Sterbe- und Schuldwesen. Dem sich das weiße Laken auf das Gesicht legen wird. Dem aber auch, in äußerster Situation vielleicht, von einem Nächsten gesagt worden ist: „Geh mit Gott!" Dem Schutzbedürftigen. Dem gefährdeten, zitternden und sein Zittern mühsam unterdrückenden Schattengebilde. Der früh weiß, in welche Richtung es geht. Dem erbärmlich Feigen, der sich unter keinen Umständen irgendetwas von irgendwem vorwerfen lassen will. Dem Scharlatan, „herumsteigend auf lügnerischen Wort-Brücken".[29] Der den Einen in die Geisterwelt stoßen und totsagen will, der aber seinerseits, immer bald, den unerbittlichen Todeswink erhalten wird. „Der Zorn verdient hat" (EG 85,4). Der vor dem altbösen Feind in Sicherheit gebracht und geborgen werden muss, damit er nicht zu ihm übergeht, sich in ihn verliert und es ihn nicht weiter, jenem entgegen, wieder und wieder in die eigene Nacht treibt, in deren Mitte, in deren Verlorenheit. Ihn, den Schutzbedürftigen, meinen die Texte (meint der Eine).

Habe ich es denn also wirklich mit einem Untrüglichen zu tun, mit „der Wahrheit" – und also einer Eroberung der Sorglosigkeit? An Untrüglichkeit und Wahrheit glaubt allerdings die „Sorge" gerade nicht, vertraut und gehorcht dem Einen nicht.

Wie entkomme ich diesem Getriebenwerden: den wilden Anschlägen der offenbar dumm machenden Sorge auf meinen Kopf? Denn „selbst in den Schlaf tropft die Sorge und rinnt zum Herzen" (Aischylos, *Agamemnon*).[30] Sie verdirbt Gegenwart und Zukunft. Sie erweist sich, im Gefecht zum Tode, als kaum je niederzuhaltender Widersacher. „Man macht sich schon in der Gegenwart zum Kampfplatz der Zukunft, wie soll dann der zerwühlte Boden das Haus der Zukunft tragen?", fragt Kafka.[31]

---

27 Gottfried Benn, Sämtliche Werke, Bd. V, Prosa 3, hg.v. Gerhard Schuster, 1991, 236.
28 Zit. bei: Sigrid Landau, Gelassen leben – Die Lebenskunst eines Christen. Dargestellt in der Begegnung mit Johannes XXIII, 2005, 74.
29 Nietzsche, s. Anm. 15, Bd. 4, 372.
30 Zit. nach: Christian Meier, Athen. Ein Neubeginn der Weltgeschichte, 1993, 380.
31 Franz Kafka, Briefe an Milena. Erweiterte Neuausgabe, hg. Jürgen Born und Michael Müller, 2015, 99.

„Ich möchte, dass ihr ohne Sorge seid!", fleht der Apostel förmlich die sich zu Tode Sorgenden an (1. Kor 7,32). Er bittet „an Christi Statt" (2. Kor 5,20). Schon der Bergprediger hatte aufgefordert: „Sorget nicht!" (Mt 6,25ff). Warum kann er das? Er selber sorgt für uns (1. Petr 5,7). Mit weniger ist nicht geholfen. „Christus ist hier" (Römer 8,34), Fundament, Grundanlage, ruhende Tiefe.

Für die Glaubenden, die von Christus Getroffenen und in die Nachfolge Gerufenen, wird es dann ernster, als Beklommenheit und Feigheit es wollen. „Anbieten von fertigen Lösungen" (die nach den gegenwärtigen Selbstverständlichkeiten nicht zu dulden sind)? Doch, ja, gerade. „Christus ist hier." Endgültige Gewissheit (nicht angeboten, sondern mitgeteilt), fertige Lösungen (vom Offenbarer Christus zugesagt). Womöglich kommt es zu heftigen Momenten – bei denen es, weil man dazu nicht mehr bereit und nicht einmal mehr imstande ist, mit Diskussionen und Zugeständnissen vorbei ist. Wo dem eigenen Gewissen Unnachgiebigkeit auferlegt ist. Wo zwar das Gewissen Anderer unbedingt, aber nicht deren Frechheit und Arroganz zu respektieren ist („Ich kann mir jetzt kein Gewissen leisten"). Wo nicht jede Frage beantwortet werden muss. Wo eine rauhe Luft geht. Das sanft Unerbittliche. Wo es sein kann, dass selbst „unsere Überzeugungen" (die ja, augenblicksgegeben, ohnedies anderentags, morgen, andere sein können) abrupt nichts mehr wert sind. Wo nicht immer nur Meinungen gemeint werden und Wortmeldungen lau daherkommen, nachgiebig ohne Ende und schlapp oder sich anbiedernd an die Programme, die den Mehrheiten vorschweben. Stattdessen: die eine Wahrheit – „der wir im Leben und im Sterben zu vertrauen und zu gehorchen haben". Vertrauen: die ernsteste, stillste Art von Mut, wenn man ins Ungeschützte hinaustritt und das Unwesentliche endlich abfällt. Grund-Christusvertrauen, Grund-Gottvertrauen. „Der Welt Grundfesten sind des Herrn" (1. Sam 2,8).

1.3   Zahllose Wohnungen, aber nicht für „Religionen"

Aufklarung geschieht, eine von Gott herbeigeführte Schattenwende, die sich von sich aus begibt, in eigener Verfügungsmacht. Der Himmel, ein letzter Sinn, die Wahrheit, klart auf, lichtet sich, entbirgt sich, vertreibt den schwarzen Geist, öffnet die „gehaltenen Augen" (Luk 24,16.31). Sie widerfährt unterwegs, unvorhergesehen, auf dem Weg nach Emmaus, sogar „auf dem Weg Kains" (Jud 11), auf dem Irrweg, auf den sich nun einmal jederzeit jedermann früh begeben hat. „Es war inmitten unsres wegs im leben / Ich wandelte dahin durch finstre bäume / Da ich die rechte strasse aufgegeben".[32] Diese Wahrheit offenbart und verdeutlicht sich selber, findet auch keineswegs bereits vor, sondern schafft sich selber eine besonnte Lichtung,

---

32 Dante Alighieri, Die göttliche Komödie. Übertragungen von Stefan George, 2011, erster Satz.

auf die sie unerwartet tritt. Ein Schlag im Unbegangenen inmitten finsterer Bäume, eine glanzvolle, bunte Waldlichtung: die der heftigen Begegnung von Gott und Mensch, mitten im dichten Dunkelfeld der Zeit (in Piranesis Düsternissen). „Die Lichtung ist umschlossen von einem Wald, der sich selbst erstickt".³³ Anders gesagt: Aufklarung ist ein wunderbares Meeresleuchten, ein großer Schein, die überallhin großgemessene Weite eines nördlichen Meeres, die niemand überblicken kann, offene See (und, wichtiger als alles andere, das Leuchten des Offenbarers, des Fährmanns der Zeit).

Dieses Aufklaren, die Offenbarung, ist aber unteilbar: ein Geist, ein Herr, ein Gott (1. Kor 12,4-6). Nichts aus ihrem Bereich lässt sich – als „Schnittmenge" mit irgendeiner „Religion" oder Weltanschauung – herausstechen. Kann von einer Schnittmenge der „abrahamitischen Religionen" die Rede sein? Als ob man Gedanken-Kontingente, Versatzstücke, Äquivalente vor sich hätte, fließende Parameter oder Tortendiagramme. Als könne es in diesem Zusammenhang solche religiöse Geometrie geben. Als ginge es um „Gedankengut", um eine auflistbare Summe einzelner weltanschaulicher Optionen – die man Stück für Stück („Gott", „Mensch", „Gebet", was auch immer) nach Übereinstimmungen und Unterschieden miteinander abgleichen, einkasteln und gegebenenfalls bewerten könnte. Nein, in jedem Punkt macht es einen sofort aufspringenden Unterschied ums Ganze. Das Stichwort „abrahamitisch", das Unvereinbares zusammendrängt, aufgemacht aus der Zuschauer-, aber aus keiner Beteiligtenperspektive, eine Sprachregelung ganz von außen, sich inklusiv gebender blauer Dunst, ist eine Mogelpackung. Als hätte Paulus, dessen Gedanken brannten und der wahrhaft um sein Leben glaubte, nicht auf der Wahrheit bestanden: „Die aus dem Glauben sind, die sind in Wahrheit Abrahams Kinder" (Gal 3,7). Die aus dem Glauben an Christus sind. Die von der Berückungsmacht Gottes Überwältigten und Aufgewühlten, die Wahrgemachten. Weil allein der christliche Glaube „das werte Licht" ist (EG 37,3). Wo das Licht auf den Menschen eindringt – es ist nicht ihr Verdienst, sie haben kein Eigentum an ihm, ein Wunder, dass es dazu auf der Welt kommt. Sie sind aber diejenigen, „die nichts haben und doch alles besitzen (2. Kor 6,10), ihrer Sache allerdings mindestens ebenso gewiss wie Andere, von Anderem Überzeugte.

Hört man, um die Christus-Menschen „mit den eigenen Waffen" zu schlagen, den Einwand „In meines Vaters Haus sind viele Wohnungen" (Joh 14,2)? Ja. Aber es heißt nun einmal: „in meines (!) Vaters Haus". Im Haus dessen, der allein der wahre Vater genannt werden darf (Mt 23,9), in der „mütterlichen Nähe des göttlichen Vaters".³⁴ Ein elterliches Gehäuse, das einem womöglich schon einmal in einem erratenden Traum erschienen ist, hervorgespielt aus geistlich Unbewusstem?

---

33 Tranströmer, s. Anm. 25, 153.
34 Eberhard Jüngel, … ein bisschen meschugge … Predigten und biblische Besinnungen V, 2001, 33.

Lichtebenen, Wohnungen zuhauf, ja – für Menschen, aber nicht für „Religionen". „Personen-Toleranz", so möchte man vielleicht sagen, folgt daraus, aber keinesfalls „Sach-Toleranz". Im Bewusstsein solcher Pseudo-Toleranten müsste die einzigartige Offenbarung der Bibel ja geräuschlos kollabieren. Stattdessen: Unnachgiebigkeit in der Bezeugung.

Oberbegriff „Religion". Deutungshoheit, ganz oben. Begrifflich auf dem hohen Trapez in der Zirkuskuppel. Freisinn von hoher Warte. Schiefer Blick nach unten. Also der Plural „Religionen". Nämlich Judentum, Christentum, Islam. Und zum Beispiel „Bahai" (acht Millionen Anhänger)? Oder die alte mächtige Stimme des Voodoo (wohl ungefähr sechzigmillionenfach)?

Wie jede Religion, so heißt es, hundertmal gehört, enthalte das „Christentum" ein wucherndes, womöglich unzähmbares Gewalt- und Verheerungspotential. Zutiefst kompromittiert und „befleckt" (Ps 106,38; Hes 22,5), ziehe es Blutspuren durch die Geschichte: umgeben in den meisten seiner Erscheinungen von rußigem Dunst, irgendwie peinlich benachbart dem Esoterischen und Obskuren, mit mörderischer Geschichte befrachtet. Nur wenn man den christlichen Glauben als ein religiöses „Phänomen" zurichtet, sind sie aber dasselbe: „die heilige christliche Kirche", der Leib Christi (1. Kor 12,27) hier – und das „Christentum" dort (die geschichtliche Erscheinungsform, Gebrauch und Missbrauch, Skandal und Evidenz). Wie schon die Alten wussten, ist die *ecclesia visibilis* ein *corpus permixtum* aus meist denkbar undeutlichen, ungerichteten und oft zutiefst gottlosen Menschen. Christentums- ist immer auch furchtbare Adamsgeschichte. Und nur der offenkundige Missbrauch des Glaubens an Jesus Christus setzt „ein Gewaltpotential" frei. Beim Nazarener der bedingungslosen Nächsten- und Feindesliebe findet sich nichts dergleichen (das „Schwert" Mt 10,34 und das „Feuer" Mk 9,49 und Lk 12,49 sind offensichtlich bildhafte Rede, ähnlich wie Eph 5,11ff). „Keine Gewalt!" 1989 – das kommt von ihm. Und alttestamentliche Texte (Joh 5,39.46) sind entschieden nach der Maßgabe Christi zu sortieren, interpretieren ihn, verheißen ihn oder sind gegebenenfalls auch zu verabschieden.

Selbstoffenbarung Gottes, sein Hereinstürzen, Invasion, Lichtsetzung, dass er ins Offene tritt – ist etwas anderes als „Religion" (dieser zuletzt immer verschmutzte Begriff). Außer Wettbewerb, keineswegs im Gedränge zwischen allerlei vermeintlich gleichwertigen Gläubigkeiten, Unterwerfungen, Einwilligungen und Ergebenheiten, in welche Menschen roh hineingestoßen werden, Sirenenwelten, Zeichensystemen, Irrlichtern, Verheißungs-Ideologien (nur scheinbarer Schutz im durch und durch Falschen) und jenen Falschmünzer-Weltanschauungen, in denen man, sooft man hineingerät und ihnen zur Beute fällt, im Handumdrehen den Verstand verliert und auf dem Bauche liegt. Indessen heißt es: „Solange falsche Münzen umlaufen, sind auch die echten verdächtig." Diesen Verdacht muss man hinnehmen.

Selbstoffenbarung Gottes? Wie soll man in alledem die Göttlichkeit Gottes beschreiben? In aller Klarheit und Schärfe: als die Christus-Göttlichkeit. Gott selber

– ist der Christus-Gott. Von der Offenbarung Gottes, des Christus-Gottes, lebt das Neue Testament, der christliche Glaube, die christliche Theologie. Von dem nie Vernommenen, „das kein Auge gesehen hat und kein Ohr gehört hat und in keines Menschen Herz gekommen ist", das jetzt durch den Geist offenbart ist (1. Kor 2,9; vgl. Jes 48,6f). Zugesagt und zugemutet wird jeder Gegenwart diese eschatologische Erschließung, diese Ersichtlichkeit in Jesus Christus. Wird von diesem nicht diskursiv auflösbaren, aber sehr wohl bestimmten Arkanum abgewichen, muss, weil die Vorzeichen sich dann verdreht haben, alles falsch kommen.

Natürlich kann man auch jetzt von neuem versichern, es gäbe ungezählte „Selbstoffenbarungen Gottes". Dann wird ein weiteres Mal der Besichtigungsblick des Zugereisten auf den Auferstandenen geworfen, der Feldherrenblick, von oben herab, von der Kuppe des logisch-imperialen Feldherrnhügel herunter. Doch lässt sich eben die Frage nicht abweisen: *„Woher weißt du das? Weil du einen Flug nach oben ins Allgemeine unternommen hast? In der Zirkuskuppel, aber keineswegs ratlos. Hast du dich, reichlich sicher, auf himmlischem Balkon mit Blick nach unten, im Rat des Höchsten befunden (Hiob 15,8)? Bewaffnet mit einer Art Kran-Kamera. Und hast dann die herabstürzende Kamerafahrt unternommen, mit der Ungerührtheit des besichtigenden Blicks."* Offenbarungsansprüche? Nichts als Ansprüche? Vordergründig ja. Freilich widersprechen die einander, können also nicht alle gleichermaßen gelten (weil denn doch erkennbar gegeneinander gerichtet und gegeneinander anrennend). Vielerlei Wahrheit im emphatischen Sinn ist gleichbedeutend mit keiner Wahrheit. Dann muss eben ums Ganze gestritten werden, gewaltlos natürlich. Längst ist ja der Erisapfel auf die Welt geworfen. Im Extrem bei Paulus (wohl von der Art eines Menschen, mit dem man besser keinen Streit bekäme): „auswendig Streit, inwendig Furcht" (2. Kor 7,5); innerlich Ängste, aber äußerlich Kämpfe. Klarheit und Schärfe. Sehr wahrscheinlich, dass der Apostel, Sturmvogel christlicher Theologie, am Ende zerfetzt war von einem Leben in härtesten Konflikten.

1.4 „Religion" und Offenbarung, false balance

In der Welt der Nennungen, der Worte, die zu nichts verpflichten, und im Relativismus der Substanzen soll sich indessen, wie gesagt, ein Wahrheitsanspruch am besten überhaupt nicht blicken lassen. Und hinsichtlich unter Umständen zugestandener privater „religiöser Optionen" gilt nur noch der Plural. Die müssen sich dann gefallen lassen, als wählbare Optionen und allenfalls Teilwahrheiten auf ihre gegenwärtige Brauchbarkeit geprüft und dann ausgefiltert zu werden. Fast alle „religiös Begabten" folgen dem Plural-Dogma. Wer reißt es einmal nieder? Für Einwände ist es nicht erreichbar. Wer sie erhebt, wird nicht unbehelligt bleiben, die schrille Alarmglocke „religiöser Fundamentalismus" lärmt ihn auf der Stelle nieder. (Auch darauf ist später noch einmal zurückzukommen.)

„An allen Religionen ist etwas Wahres", heißt es. „Religion" jetzt im engeren Sinne. Wo „Offenbarung" war, soll „runder Tisch" (Stuhlkreis) oder „große Runde der Optionen" werden. Man muss doch „mit sich reden lassen". Geltungsansprüche müssen fortlaufend verhandelt werden. Sondierungsgespräche, dann Absprachen entscheiden. Haben wir es denn nicht mit dem bunten Wimmelbild der Weltreligionen zu tun? Nach Möglichkeit auszumerzen ist dabei allerdings zur Hauptsache ihr Gewaltfuror (erst recht allerdings doch wohl, halten zu Gnaden, die Gewalt, die die modernen Waffen in ihren Depots weltweit bereithalten). Als Nächstes werden dann diese Optionen, die „Gottesbilder" zuhauf, zu Religionsplasma, zu einer geschmeidigen, weichen Verhandlungssache, überhaupt nur vorgesehen für esoterisch Grundierte, religiös Begabte oder an indischen Intuitionstechniken und aromatischen Hölzern Interessierte, an wissbegieriger Kommunikation mit den Verstorbenen oder an Dämonien am falschen Ort (*Hannibal Lecter*). Ohnedies hat der aufgeklärte Mensch „Gott" ja längst hinter sich. Er hat, meint er, Gott abgetan (für ihn ein Wort ohne Dringlichkeit, ohne Glück, Erschütterung und Seligkeit, das nur noch peinlich berührt, Abrakadabra oder Gespensterwort, mit dem man sich den Mund verbrennt und das allenfalls noch durch die Kirchen geistert). Christus sieht er mit teilnahmslosem Blick an – bekommt ihn also gar nicht zu Gesicht. Ihn zu lieben hieße, meint er, sich vor einem uralt Okkulten zu verneigen.

„*Gott? Lange nichts mehr von ihm gehört. Ende einer Affäre. Weit hinter den Horizont gefallen. Längst in tiefe Vergangenheit geworfen. Jesus Christus? Eindrucksvoll, mag sein, altbiblisch. Schon recht, aber soll ich mich so weit zurückbiegen und einem Hauptdarsteller in einem Drehbuch folgen, das mehr als 60 Generationen vor uns geschrieben wurde? Hat es mit dem Leben, wie es ist, noch etwas zu tun? Irgendwie fault doch diese Geschichte. Vielleicht ist sie heute sogar faul bis ins Mark.*"

Oder: „*Es gibt in der Tat nur den einen Gott, der aber wird in den theistischen Religionen auf unterschiedlichste Art und Weise bestimmt. Die einen nennen ihn Allah, die anderen Jahwe, die anderen einen Gott, der sich in Jesus von Nazareth offenbart hat. Gott wird auf unterschiedliche Weise bestimmt und verstanden.*" (Die Zeit, 10.12.2015)

Es scheint zunächst, als gebiete die „weltanschauliche Neutralität des Staates" solche Sätze. Freilich kann schon die Aussage, dass es nur einen Gott gebe, nicht Sache des Staates sein. Der Satz will jedoch als theologisch gelesen werden, ist aber als solcher – ganz falsch. Denn das christliche Selbstverständnis, vorgegeben vom Neuen Testament (wovon denn sonst; doch nicht von gegenwärtiger Religionswissenschaft), spricht sich völlig anders aus, wird in jener Auslassung aber, im Interesse durchgeweichter Toleranz, gänzlich verfehlt. Nein, nur ein einziges Hellefeld kommt in Betracht: machtvolle Offensichtlichkeit Gottes und des Menschen in Jesus Christus. *Christus allein* – die reformatorische Formel aufzugeben und sich Anderes zu suchen hieße, sich über die Bibel zu stellen (was allerdings dem modernen Bewusstsein längst selbstverständlich geworden ist), hieße, schlimmer: den absolut Treuen zu verraten.

Luther singt es (Altes und Neues Testament verflechten sich dabei in schöner Zweifellosigkeit): „Fragst du, wer der ist? Er heißt Jesus Christ, der Herr Zebaoth, und ist kein anderer Gott" (EG 362,2). Er ist der Bekannte *sui generis*, nirgends einzuordnen oder im nachhinein einzulesen – der Namen und Bezeichnungen aufwirbelt, umbesetzt, neue Proportionen herstellt im bisherigen kranken Ungleichmaß. Der mit jungen, unmittelbaren Gedanken hervortritt und Ordnungen, Begriffe und Ideen umstürzt und unter sein Maß stellt, unter die Maßgabe Gottes. Weil sich Dimension und Bemessenheit der Person Christi allein von Gott herleitet. Allen anderen Richtungspfeilen sind darum die Spitzen zu brechen, die Wegweiser zu kappen, die weitläufigen Zusammenhänge, so gut es geht, zu lösen. Und umso mehr ist den Kartographen hart in den Arm zu fallen (die, um die Schiffe in die Klippen der Menschenvergottung zu locken, irreführende Karten für die Seefahrer herstellen).

Allen Dingen aber, wenn auf ihn bezogen, wird nicht nur ein geheimer Bedeutungsüberschuss verliehen, sondern sie wenden sich um. „In deinem Lichte", von nichts anderem illuminiert, nicht in selbstbewussten Eigenfarben, „sehen wir das Licht" (Ps 36,10): nehmen wir Ding und Unding in den Zusammenhängen der Welt wahr, nämlich alles, was sich hervorkehrt, leuchtet und scheint. Weil Ding und Unding „von ihm und durch ihn und zu ihm" sind (Röm 11,36), ist er es, Untergrund des Lichts, Versöhnungs- und Befriedungsschein, der alle Helligkeit, das Gewicht der Worte, die Reichweite und Sprachwahrnehmung sich vorauswirft und hinter sich herzieht. In seinem österlichen Wiedererscheinen, im maßlosen Moment, fängt sich alles Licht der Welt. Nur „mit stärkstem Licht", mit diesem Licht, „kann man die Welt auflösen",[35] lösen und fügen.

Man soll die christliche Deutlichkeit nicht an eine jedesmal nur mehr oder weniger gut ausgedachte Meta-Ebene verraten, an die Draufsicht der „theistischen Religionen". Niemand und keine Logik steht „über" der Offenbarung. Wer diese Draufsicht beansprucht, gestikuliert und fuchtelt dann nur nach „oben", zu einem rauchfarbenen, sinisteren Himmel empor. Umgekehrt: Er meint selbstsicher (frech, unverschämt), „den Überblick" zu haben.

Nein, einsortieren in das von hoher Warte vorgefertigte Format der „Religionen" lässt sich die Offenbarung in Christus nicht. Vielmehr gleicht „Religion" ohne die Offenbarung Gottes der Bemühung eines unwissenden Tieres, wie ein Mensch zu sprechen. Geurteilt von der Christus-Zeit her, und wie denn nicht, verhält sich jede „Religion" und ist jedes allgemeine Heilsdenken – heidnisch und abwegig. Die

---

35 Franz Kafka, Nachgelassene Schriften und Fragmente 2, hg.v. Jost Schillemeit, 1992, 125.

Offenbarung ist Unhintergehbarkeit, Anfang und Ende und Wendekreis – oder sie ist nicht.

False balance, false equivalency: Jesus Christus, der Offenbarer, befindet sich nicht „auf Augenhöhe" oder lässt sich vergleichen mit den Göttern und Propheten der „anderen Religionen". So bequem, bei sanften „allseitigen Umarmungen", wohnt der „Religionsfrieden" nicht („Unter stummer Wiederholung allseitiger Umarmungen fällt der Vorhang." Lessing, *Nathan der Weise*). Es findet sich kein Standpunkt ganz oben. Auf welchem Hochplateau meint denn derjenige zu weilen, der als ein Punktrichter Wahrheitswerte der Optionen verteilt und daraufhin, wenn die Umstände danach sind, der „Jesus-Option" vielleicht eine Teilwahrheit zuerkennt? Er hat sich eben nur hochgetrieben oder hochgespielt oder die Wahrheit auf sich selbst hin relativiert.

Wer Teilwahrheiten zugesteht, muss Entscheidendes vermissen, also womöglich die ganze, jetzt noch vermisste Wahrheit kennen, irgendwie, irgendwie. Aber wo zeigt sie sich? Bei der Vielgötterei? Beim Hinduismus (minus Kastenwesen)? Beim so oder so ermittelten Gemeinsamen der „theistischen Religionen", der „Weltreligionen"? Sind die, weil mitgliederstark, als „höher entwickelt" zu werten, wertvoller als ein beliebiger Schamanismus? Dort, wo sich irgendwie alle „Religionen" wiederfinden – die man deshalb alle gelten lassen muss? Auch wo Gebete für die Wasserratten in die hohen Tempel getragen, wo Menschen zu Ehren der Gottheit gehäutet werden, im kultischen Kannibalismus, bei „heiligem Grauen", beim Menschenopfer auf den geschnittenen weißen Opfersteinen der Azteken (handelt es dabei nicht um eine „Religion")? Warum nicht? Oder bei der in der Neuzeit endlich entdeckten Menschenwürde? Wer bestimmt verbindlich, was das ist? Die „Allgemeine Erklärung der Menschenrechte" (bei 8 Enthaltungen verabschiedet 1948 von der „Generalversammlung der Vereinten Nationen")? Tröstet es zu glauben, „dass sich Größeres anbietet, als wir selber es sind"? Irgendetwas Überschreitendes oder Umgreifendes oder Äußerstes? Ein unbestimmter „Gottesglaube"? Gott oder sonstwer. Überlebensgroß erscheinen allerdings auch die griechischen Götter und Titanen. „Das Übernatürliche"? „Das ungeformt Transzendente", das sich in luftigen Wolkenbänken verliert, unansprechbar, „ungeheuer oben"?

Unfassbar entsetzlich: Das „Unbenennbare", ein Etwas – könnte das grundlos Böse sein, wie in der grüblerischen oder sich zynisch gebenden „Literatur der Verdammnis", in immerhin großer Weltaufnahme, seit langem ausgesprochen, in düsterer und greller Ausdruckskraft, in entsetzter Dichtung (Jean Paul, de Sade, Lacenaire, Lautréamont, Rimbaud). Es könnte das große Daseinsding sein, das weder sprechen will noch kann, die schiere Totheit, unzähmbare Wildnis und grausige Barbarei, die Mündung des Kongostroms, fiebergrün bei Joseph Conrad (*Heart of Darkness*), die als ein sich windendes, lautloses Ungeheuer ihr Maul aufreißt (Hab 2,5), um dem „Horror" als dem Sterbenswort durch die Totenpforte seiner Lefzen

Eingang in die Welt zu verschaffen. „Das Nichts ist der zu gebärende Weltgott."[36] „Dämonie des Seins",[37] des Seins selbst, Menschenhass. Mit dem „Transzendenten" könnte dieses Weltinnere gemeint sein, Verdammnis und Grauen, die Hölle (die von Kafka erzählte „Verwandlung" von Gregor Samsa in „ein ungeheures Ungeziefer" ist der Übertritt in die nahe Hölle; wer aber hat die Verwandlung vorgenommen?).

Das „große Daseinsding" hier und Gott dort. „Religion" hier und Offenbarung dort. Rigorose Unterscheidung ist verlangt, die erkennbare Trennlinie und der sich scharf abzeichnende Rand. Denn allzu generelle Anerkennungen – wenn Unterschiede eingerissen und mit weichem Daumen alles ausgeglättet wird – geben verantwortungslos den Raum frei für das so oder so Erfolgreiche (das sich einfach nur durchsetzt). „Weltreligion" hat sich augenscheinlich durchgesetzt. Ist sie darum der Kritik und dem kalten Gegenlesen entzogen? Und warum war sie überhaupt erfolgreich? Ein Gottesurteil? Oder nur eine opportunistische Anpassung an den alten Äon, die böse Zeit, die alte Totalwelt? Womöglich können falsche Toleranzen den heißlaufenden Fanatismus befördern (todernst, gläubig, ausgezehrt), zuletzt den wahllosen religiösen Terror. „Offener Dialog" kann nicht heißen: Alles ist verhandelbar und steht zur Disposition, und die Wahrheit verhält sich als ein fluides Element. Nein. Was von Christus wegfließt, entfernt sich nicht nur irgendwie, sondern stürzt sofort und geradezu zum Bösen. Was über Christus hinweggesprochen wird, wird zum Teufel gesprochen.

1.5 Religionen, Überwölbungen, einsturzgefährdet

Noch einmal: Wahrheit und Gegenwahrheit. Der Offenbarer Christus, aber keine Überwölbungen. Kein Gewese im Himmel. Keine Religionen oder Religionsförmigkeiten. Kein Letztes oder letzte „Gründe". Kein irgendwie gearteter „Glaube". Der Eine – und Andere oder Anderes nicht. Beispiele: „Vernunft", „Werte".

Zunächst: Der Glaube an die Vernunft (Beispiel: *Culte de la Raison* der Französischen Revolution, bis heute der Sache nach verbreitet). Ist sie aber einfach gegeben? Müssen Einstellungen, Seinsgefühle, Vorstellungen, Gedanken nicht zur Vernunft erst gebracht werden? Wie? Die Vernunft als solche, wie Luther wusste, ist allerdings hilflos, kommt später, in gehörigem Abstand, tritt jedesmal erst infolge eines bereits Früheren auf, ist insofern niemals Garantie, verhält sich zudem korrupt und verführbar, verleitet zum Aufstieg in trügerische Höhen – definiert sich *de facto* immer schon wunschgeboren und interessegesteuert. Alles Denken muss

---

36 Georg Büchner, Dichtungen (= Sämtliche Werke, Briefe und Dokumente in zwei Bänden, Bd. 1), hg.v. Henri Poschmann, 2002, 86.

37 Gottfried Benn, Briefe an F.W. Oelze 1932–1956, Bde. 1–3, hg.v. Harald Steinhagen und Jürgen Schröder, 1979/1980, Bd. 1, 245.

vielmehr „gefangen genommen werden unter den Gehorsam Christi" (2. Kor 10,5), wo nämlich Vernunft, Verstand, Urteilskraft, Einsicht, Intelligenz, Klugheit, Weisheit ... in die Liebe laufen. Dem Interesse, das dem Gottessohn zugrunde liegt, der Liebe, muss all das eingefügt werden, dem Heiligen zugekehrt, in seine Hände befohlen (Ps 31,6) und also behütet und also entriegelt und befreit – „entrinnen wie ein Vogel" (Ps 124,7). Das sind dann die Augenblicke des besten Denkens. Er, er – muss den Lebensbewegungen Umrisse geben, muss christliche Urteilskraft und Entscheidungsschärfe und einen sicheren christlichen Instinkt für das Reale wecken und wachhalten, für Haupt- und Nebensachen, für „die Breite und die Länge, die Höhe und die Tiefe" (Eph 3,18). Die Vernunft ist zu „überschreiben". Mit fester Hand, damit sie den Namen verdient, ist sie fugenlos zu überschichten: ist der Name Christi über sie zu legen.

Oder, deutlicher vielleicht als Überwölbung zu erkennen, der Glaube an „Werte". Vor denen alles haltmacht. Die indessen immer nur momentan oder etwas länger von sich reden machen. Mit regelmäßig neuen Anerkennungsansprüchen und Ordnungsrufen. Manchmal mit der harschen Forderung, ihnen alles unterzuordnen und für ihre Durchsetzung zu sterben (oder das Leben auf der Erde zu zerstören). Bis sie sich entwerten wie ungültig gewordenes Geld, weil andere Vorstellungen auf den Plan gerufen worden sind. Bis die weltanschaulichen Parameter sich verschieben. Die wertebasierte Gesellschaft? Wertehimmel? Vorbild „Deutschland"? Nur: Immer stehen Staaten mit entgegengesetzten Werten gegeneinander. Der Kampf der Systeme als der große historische Wertekampf? Die verworrenen „russischen Werte" („Gottesträger-Volk"), die Werte Saudi-Arabiens, Simbabwes, Chinas? Wie die Erfahrung lehrt, lagern sich Wertesysteme sehr unterschiedlich in Gesellschaftsgefügen ab, steigen im Kurs oder werden bei gewandelten Verwertungsinteressen über Nacht widerrufen und verworfen (DDR 1989). Über kurz oder lang verraten sie ihren harten „Zeitkern". Heidnisch-viriles Herrenmenschentum gegen christlich-weibische Ethik (so die Nazis). Das verbogene Kreuz gegen das Kreuz. Der unbedingte Wille, zu den Vornehmen und Privilegierten aufzuschließen, von unten aufzusteigen, um von oben herabzublicken, die Rangfolgen der Verachtung (wie bei Proust in unerreichter Genauigkeit dargestellt). Das nur ethisch Angestrichene (Stendhals *Rot und Schwarz*).

Mit Bedeutung wird etwas versehen, Bedeutung wird ihm beigelegt. Werte werden immer nur gesetzt oder Gesellschaften auferlegt („sozialistische Werte", „Parteilichkeit"). Der Wertehimmel wird entworfen. Womöglich stürzen aber Überwölbungen kurzerhand ein und begraben deren Baumeister unter sich. Irgendwann, über kurz oder lang, kentert das Boot der Werte. Und natürlich werden auch die neuesten Standards und Maßgaben im Getriebe demnächst zermahlen werden, und, wie schon so oft, werden jene „rücksichtslosen Schreie" ans Ohr schlagen, „mit denen sich das Neue heraufbeschwört".³⁸ Ernüchterung überdies, wie anders, stellt sich jedesmal ein, sobald man sie nebeneinanderhält: die Ideale, das Moralhappening, die vor sich hergetragenen Moralmonstranzen hier – und dort die faktischen Verhältnisse und Verhaltensweisen. Werte zeigen sich als „drehbare Geschütze" (Metternich). Am genauesten erneut Nietzsche: „Werte: Waffen sollen es sein." ³⁹

Noch einmal, mit schärferem Zusehen: das Schwören auf die „westlichen Grundwerte"? Wie weit wird ihre Durchsetzung getrieben? Durchsetzung mit allen Mitteln? Dürfen sie in Frage gestellt werden? Denkbar streng wird dort Wache gehalten. Der „Wertekanon einer freien, offenen Gesellschaft"? Man hört eifernde, auf den Unschlüssigen wild zufahrende und ihn anherrschende Imperative, Geltungsansprüche und Hochwertworte und sieht Großbuchstaben und stechende Blicke. Schon die Diskussion gilt als Anschlag. „Westliche Freiheit", „Wissenschaft" und ihre „Wunder". „Technik als solche" (sie geistert „unaufhaltsam" durch die Welt; sie hält das Gewohnte in Gang, auf dem Trampelpfad des Tottretens, und perfektioniert sich unterwegs permanent). Als moderner Gotteslästerer und Technikfeind und Wertemörder gilt derjenige, der sich nicht den Großbegriffen und ihren Vorentschiedenheiten unterwirft und sich nicht bei „Drei!" zu ihnen bekennt, der Freiheits-, Wissenschafts-, Verteidigungsbereitschafts-, Waffen- und Atomwaffen-Lästerer. Eigentlich gehört er irgendwie verbrannt, jedenfalls aus dem vernünftigen Diskurs entfernt und weit weggespuckt. Pathetisch sind sie besetzt, aber sind sie wirklich auf die Dauer belastbar: die „Allgemeinen Menschenrechte", die „Selbstbestimmung des Einzelnen", die „Weltbürgerlichkeit", der „liberale Rechtsstaat", „Pressefreiheit", „bürgerliche Freiheiten", „Emanzipation", „Minderheitenschutz", „Wirtschaftswachstum", die „regelbasierte internationale Ordnung", die „menschenrechtsgebundene, rechtsstaatlich-liberale Demokratie"? Ein Letztes? Alternativlos? *Too big to fail*, zu groß, um scheitern zu können?

Wenn der Klimawandel desaströs wird, werden dann allerdings völlig neue Werte gelten und durchgesetzt werden müssen, vielleicht demnächst, vielleicht über Nacht.

Nein, selbstverständlich kann das ja nur täuschend Große in ungeheurer Beiläufigkeit straucheln und scheitern (*not with a bang, but with a whimper*). Wer allerdings auch nur mit den Augen zwinkert oder gar ernsthaft Bedenken erhebt gegen solche dogmatisierten, unbefragbar gemachten oder anbefohlenen Werte (säkulare Evangelien) und etwa auf ihre gar nicht zu bestreitenden Fluktuationen verweist, wird auf der Stelle moralisch-gesundheitlich umstellt und von Therapeuten umsorgt.

---

38 Horst Lange, s. Anm. 23, 49.
39 S. Anm. 15, Bd. 4, 130.

Zudem: Zweifellos fühlt sich die erdrückende tagespolitische Moral irgendwie beleidigt, dass solche Grundwerte nicht schon zu allen Zeiten gegolten haben und damals, in den Vor- und Entwicklungsstufen zu unserer heutigen angeblichen Herrlichkeit, nicht realisiert worden sind. So dass es deshalb unzählige Menschen der Vergangenheit und ihre Schicksale nur noch herabsetzt, schäbig ausnutzt, dass sie sich nicht mehr wehren können, und auf ihre Kämpfe und womöglich schwere Leiden einschlägt. Glücklicherweise, ist solcher Arroganz entgegenzuhalten – durchaus glücklicherweise hatten sie weder das Wissen noch das Unwissen unserer Zeit (in der Wissen im weitesten Sinne zuletzt bedeutet, der Natur und dem Geist brutal zu Leibe zu rücken, wenn es nicht gleich und vorab vor Waffen starrt). Als wäre es selbstverständlich, die Geschichte heutigen Maßen und Urteilsmustern zu unterwerfen, man müsse die Vergangenheit optimieren und Erinnerung sei so lange gut, als sie moralisch eindeutig ist. Geschichtsmoralisierung? Empörungsschaum, ein Schwall überall anbrandender rigoroser Außen-Moral? Der Vergangenheit den Prozess machen? So dass, nur zum Beispiel, ausscheidet, wer kein „Demokrat" war. Trunkene retrospektive Gerechtigkeit. Gefordert allerdings von den Heutigen, von Waffengläubigen und Allzerstörern, die hochmütig aus gänzlich unbußfertiger Gegenwart auf die vermeintlich Primitiven der Vergangenheit zustoßen.

Thema „Werte", wohl die schlimmste Variante: der Teufelspakt, die „atomare Abschreckung", die „gesicherte Zweitschlagsfähigkeit", die „massive Vergeltung" (inzwischen muss allerdings glaubwürdige Abschreckung auch hinsichtlich „konventioneller Waffen" geleistet werden; heißt, Krampf-Wort: „akkumulierende" Abschreckung)." Erschreckend weist dieser Pakt aus, wie weit Verwirklichung, Umsetzung und Durchvollzug bestimmter Werte getrieben werden (die „westlichen Werte", die „Freiheit", das „Selbstbestimmungsrecht", die „Souveränität und territoriale Unverletzlichkeit von Staaten", die „kulturelle Identität", „unsere Art zu leben" etc.). Dass sie jeden Preis verlangen. Um alles in der Welt gelten. Jedes Risiko wert sind, auf Leben und Tod (in ihrer Bedeutung aber kaum genau zu bestimmen sind). Dass sie mit allen Mitteln aufrechtzuerhalten oder durchzusetzen sind. Dabei muss im Kalkül dann bedingungslos zum Beispiel auf die „Rationalität des Überlebenswillens" vertraut werden und wird – buchstäblich auf Teufel komm raus – „Angst" zu einer letzten Größe. Aber gehört sie nicht zum Unverlässlichsten, was es gibt? „Friede", allerdings zutiefst angstgesteuerter Friede, soll gewährleistet werden. Durch ein bestimmtes Vertrauen. Durch Vertrauen auf eine vermeintliche Verlässlichkeit. Auf die Verlässlichkeit der Angst. Der Angst vor der Vernichtung.

Wenn aber „technische Fehler" auftreten, Fehleinschätzungen, Fehldeutungen des Verhaltens des Gegners, wenn sogar wie auch immer, auf dieser oder jener Seite, Angst und Überlebenswillen ausbleiben, muss unvorstellbare Verheerung eintreten, die inzwischen vorstellbare menschengemachte Apokalypse. Von einer Einmischung des Bösen (hier oder da, jetzt oder bald), die womöglich überraschend (diesem oder jenem) leicht von der Hand geht, will die Doktrin der „atomaren

Abschreckung" absolut nichts wissen. Der kleine Herostrat, der kleine Mitarbeiter? Und der angstfreie, skrupellose, zynische, dumme, böse Diktator (der russische, chinesische, amerikanische, nordkoreanische, iranische, israelische Präsident) – über welche Macht verfügt er? Absolute Macht korrumpiert absolut (den Diktator oder die Horde oder die Menschheit). Wie fühlt sie sich von innen an? Von teuflischer Macht der Nichtung muss die Rede sein, von *potestas annihilationis* (des Diktators oder der Horde oder der Menschheit).

1.6 Waffenhimmel. „Allgemeine Wehrpflicht"

Noch einmal: Thema „Überwölbungen". Wie lebt es sich unter dem Waffenhimmel, dem schmutzigen Götzenhimmel, „unter dem Gesetz" (Röm 6,14) – dem heutigen Nomos? In genauerem Sinn jetzt: *weapon-minded, war-minded,* gebeugt unter die moderne Weltenkunde, den Nomos von Rüstung und Munitionierung und eiserner Kampfmoral, „Allgemeiner Wehrpflicht" (im umfassenden Sinne), ständiger glaubhafter militärischer Konfliktbereitschaft (gesicherter Zweitschlagkapazität) statt eines „feigen verantwortungslosen, dekadenten Pazifismus" („*Wie naiv oder egoistisch ist das denn!*"). Wie lebt es sich im Bewusstsein der Tatsache, dass wir Heutigen auf der ganzen Welt Tag für Tag vom Diabolischen wie von einer überhängenden Wand überwölbt werden, vom Auswurf der Neuzeit, den Wellen der Cyber- und Hackerangriffe, von den Hochsicherheitslaboren, Arsenalen und Atombunkern, den bakteriologischen und chemischen und Hyperschallwaffen, den im Verbund gesteuerten Kampfdrohnen, den abertausenden Raketen und Weltraumwaffen „für den Frieden" – umlagert von den modernen Waffen-Götzen der „Zivilisation" (innerhalb von Minuten bereit, das Kommando zu übernehmen, „heiß" auf den Einsatzbefehl zu radikaler Vernichtung, nur noch nicht ganz am Zuge)? Nomos der apokalyptischen Waffen: Überwölbung, Waffenhimmel.

Aushalten, wenn der sich widerlich an ihn herantastet und ihn befingert, kann den Gedanken niemand. Aus Notwehr, damit er nicht aufkommt, tötet man sich schnell für ihn ab, weil er, wenn man ihn an Vorstellung und Gefühl herankommen ließe, alles blutig reißen müsste. Ein Vibrieren der Zeit wie beim Herannahen einer Katastrophe. Eine heranrückende steinerne Marmorwand? Welche Abstumpfungen und Abtötungen hat die Neuzeit unbemerkt oder bewusst in sich vorgenommen? Offenbar weitgestreckte und maßlose. Wenn die *Apokalypse-Blindheit* (Günter Anders, schon 1956) immer noch zunimmt. Sätze, die man kaum schreiben kann.

Wäre es das beste, mit einem Entsetzensschrei zu erwachen? Schon Heidegger spricht verzweifelt von der „Not der Notlosigkeit".[40]

„Notlosigkeit" herrscht: angesichts der aufgestörten seinslosen, seelenlosen Dämonen dieses Gesetzes, dieser Weltordnung: des flammendheißen, flüssigen Willensfeuers, das, systemisch geworden, herüberschlägt auf die Waffennarren, Waffenidioten und -untertanen. Notlosigkeit: angesichts des nunmehr bedingungslosen, sich zusehends tobsüchtiger aufführenden Willens zur Macht, des Machtbösen an sich, der Bewunderung der „Macht von unten" (vgl. Joh 8,23), von ganz unten heraufgeholt. Machtbewusstsein wird von diesem Gesetz in die Mentalitäten eingegraben, es bedient dann das atemlose Traumverlangen, übernimmt die unbegangenen Träume und langen Nachtspiele der Menschheit, überfliegt sie, dringt in sie ein, spricht mit ihnen auf seine Weise: nimmt eine tödliche Drohhaltung ein, verspricht viel, „liefert" durchaus so etwas wie „Lebensqualität", liefert aber auf jeden Fall Angst und vielleicht über kurz oder lang die Verheerung, durchstöbert mit rauchigem Fackeln das jagende Traumgeschehen der neuzeitlichen „Aufrüstung". Hat es womöglich den Zugang zu Gedanken und Verwirklichungen zuerst über gärende Utopien, Weltversprechen und andersfarbige Träume erzwungen, über diese engen Gefährten zur Nacht (und mehr noch bei Tag), denen man, eben traumbetäubt, sich nicht entziehen und die man keineswegs löschen kann? Widerliche Schwurhände recken sich hoch („Weltbeherrschung", Beherrschbarkeit der technischen Apparaturen, der „friedlichen Nutzung der Kernenergie", deren Folgen sich allerdings wie Geschwüre unabsehbar lange Zeit, Millionen Jahre, in die Haut der Erde fressen, in niemals zu sichernde, euphemistisch so genannte Endlager). Hat sich die Zeit früh dem Dämon verschrieben und ihm ihre totalitäre Phantasie zur Verwirklichung übergeben? Und sie vollzöge dann nur noch, was ihr von ihm aus erscheint: was von ihm aus wünschenswert ist, was er anordnet, bei Nichtbefolgung aber rigoros bestraft?

Schon vor Jahrhunderten haben sich die Dämonen, die „unsauberen Geister" dieses modernen Nomos, angerufen gefühlt und den großen glotzenden Kopf gehoben, als von einem neuen „Unbedingten" die Rede war: der nicht nur faktisch herrschenden, sondern nunmehr ausdrücklich theoretisch erklärten und praktisch dargetanen Inthronisation „des Menschen", des eitlen Tiers (dem geheimen aasfressenden „Bruder der Schakale", Hiob 30,29), das an alle Erdendinge ankriecht, „sich ein Bild macht"[41] und bedenkenlos in alles seine tiermäßigen Zähne schlägt. Kann man ihnen, damit sie Ruhe geben, ein wenig Gewährenlassen anbieten, sie

---

40 Z. B.: Martin Heidegger, Die Grundbegriffe der Metaphysik. Welt – Endlichkeit – Einsamkeit (= GA 29/30), hg.v. Friedrich-Wilhelm von Herrmann, 2004³, 243–249. Einer der vielleicht verzweiflungsvollsten Texte der Philosophie: Martin Heidegger, Überwindung der Metaphysik, in: Vorträge und Aufsätze (= GA 7), hg.v. Friedrich-Wilhelm von Herrmann, 2000, 67–98.
41 Heidegger, s. Anm. 13, 89ff.

durch Freundlichkeit und Anpassung zähmen, sie „ablenken" (Kafka, ohnmächtig, er glaubt selber nicht daran)?[42] Nein, als alt- oder neuzeitliche, sich so oder so aufwerfende und emporsteigende gehören sie, weiß die Bibel, in der Vollmacht Gottes einfach nur ausgetrieben. „Der Engel des Herrn stoße sie weg!" (Ps 35,5)

Indessen steht der heute in „Verderbnis" und „Auslöschung" Bewanderte, der heutige Sünder, dem Waffen-Götzen, der Ausgeburt der Rüstungs-Moderne, nicht einfach nur gegenüber – er ist vielmehr von ihm geliebt und umarmt und umso mehr stigmatisiert worden. Die Wildgebiete seiner Seele, schon immer von irgendeinem ungeheurem Verlangen verzehrt (Röm 7,7; 13,9), zeigen sich nun als konkret mit ihm verwachsen. Er tritt, schleicht und eilt ja Mal um Mal bereits aus dem Nomos der Waffen hervor: aus den vernichtenden Zeitumständen und ihrer Sphäre, aus dem gottlosen Raum, aus dem niemand heil zurückkehrt (die alten Märchen wussten von solchen Räumen).

Was machen die Waffen mit ihm? Total nehmen sie ihn in ihre Logik und in ihr Getriebe hinein. Sie entstellen die vorherrschende Mentalitäten, auch das Unbewusste und Abgelagerte – zum Ertrunkenen und Leblosen des Freund-Feind-Förmigen, des Rüstungsförmigen im weitesten Sinne. Ein von Metastasen durchseuchtes Bewusstsein. Von den spätmodernen Schandmalen zusehends tödlicherer Vernichtungsmaschinen (durch deren Tödlichkeit erkennbar der neuzeitliche Fortschritt schlägt) werden dann die Gewissen bearbeitet, gezeichnet, tief gekerbt und zerschnitten. Von offensichtlicher Schande besudelt. Nicht jeder Einzelne in jedem Moment, aber „wir": zum Fürchten. Im Selbstbild: Menschen, denen alles zuzutrauen ist, Kenner zahlloser Tötungsarten, auch (als Risiko verrückterweise in Kauf genommen) der totalen Vernichtung.

Rudolf Bultmanns berechtigter Hinweis auf die Bedeutung des menschlichen „Selbstverständnisses" muss übertragen werden – auf einen großen Zusammenhang. Wie beschreibt man das Selbstverständnis der Atommächte, genauer: der überwältigenden Mehrheiten in ihren Gesellschaften (also, wegen „nuklearer Teilhabe", unser – unser eigenes – gegenwärtiges Selbstverständnis)? Wie sind wir gegenwärtig in die Welt gestellt? Wer sind „wir"?

„Wir sind diejenigen Ungeheuer, denen der Zweitschlag zuzutrauen ist, die dazu auch jederzeit in der Lage und selbstverständlich bereit sind. Wir schämen uns dessen auch nicht. Das ist nun einmal so, dass Abschreckung nur als absolut glaubwürdige funktioniert. Wir sind diejenigen apokalyptischen Scharfmacher, die – im Interesse unserer Art zu leben – das Risiko der Verheerung der Erde, das Risiko der Abschaffung aller menschlicher Zukunft und Vergangenheit, einzugehen bereit sind."

Bei den monströsen Waffen, sofort einsatzbereit, nichts als bereit zu allen Vernichtungsschlägen, zu jeder Verfluchung, bei solchen offenkundigen „Werken des

---

42 S. Anm. 35, 38.

Teufels", liegt gegenwärtig die äußerste Bösartigkeit, „das Herz der Finsternis" (bei Conrad zeigt es sich noch als der schwarzgrüne Dschungel: die gierig schweigende oder Grauenvolles flüsternde gigantische *wilderness*, der man aber *faithfulness* entgegensetzen kann, ein tapferes, freilich in den Wind gesprochenes Trotzdem). Innen, in Glut und Magma der Zeit, schwelt und brennt es zusehends weiter. Nahezu Tag für Tag gebiert der trächtige Bauch (das fortgehende Wettrüsten) einen widerlichen Wurf nach dem anderen.

„Fluche Gott und stirb!" (Hiob 2,9). Baal und Dagon, die Hexe von Endor, Mammon, die verdreckten, schamlosen, „unreinen" Geister, Herz und Eingeweide von Finsternis und Niederungen, das irgendwie (aber nur irgendwie) subjekthaft Böse mit eigenem Maß, der Seinsbrand, die glotzenden Köpfe, die böse Verderbnis der Waffen, in denen endloser Tod umgeht, Geist, Logik und Praxis der Abschreckung, die Totschläger-Reihe, die anscheinend schmerzlose Schöpfer-Vergessenheit, das „Tor zu tausend Wüsten", die rabiaten Mächte der Verhunzung Christi, die Verhältnislosigkeit Gott gegenüber, das üble Missverhältnis, die Werke des aus dem Sein gefallenen Teufels (wo sie auch liegen) … „Dazu ist erschienen der Sohn Gottes, dass er die Werke des Teufels zerstöre" (1. Joh 3,8). „Wie stimmt Christus mit Beliar? Was hat der Tempel Gottes gemein mit den Götzen?" (2. Kor 6,15f) –

Transparenz der Gegenwart ist nicht ohne theologische Dämonologie zu gewinnen. Später in diesem Buch sind ausführlich einige ihrer Züge noch einmal in einer Art „apokalyptischer Theologie" näher zu erörtern. Käsemanns Urteil liegt dabei zugrunde: „Ohne die Apokalyptik lässt sich die Geschichte der Urchristenheit nicht verstehen"[43], umso weniger, muss man hinzufügen, die Gegenwart. In erster Linie muss dabei eben der entsetzte Blick in den neuzeitlichen apokalyptischen Waffenhimmel gehen.

1.7 Treue – oder Zurückschlagen der Liebe

Das Eine – und das Andere nicht. Zurück. Den Todesstoß „religiöser Fundamentalismus" wird indessen derjenige empfangen, der ungerührt sagt: „Die Bibel ist das Grund-Buch und die ‚Nähe Gottes' als ein großes Ja ihr machtvolles Grundgefühl, das alles durchzieht" und: „Ich habe nun den Grund gefunden" (EG 354,1), ich ruhe in einem Grund, unterhalb meines Lebens gelegt, unterhalb des „Flugsands der Stunden".[44] Noch ruhiger, gleichmütig, seiner Sache gewiss, seelenruhig: „Einen anderen Grund kann niemand legen außer dem, der gelegt ist, welcher

---

43 Ernst Käsemann, In der Nachfolge des gekreuzigten Nazareners. Aufsätze und Vorträge aus dem Nachlass, hg.v. Rudolf Landau, 2005, 2.
44 Rainer Maria Rilke, Sämtliche Werke. Bd. 2. Gedichte. Zweiter Teil, 1956, 159.

ist Jesus Christus" (1. Kor 3,11; vgl. 2. Tim 2,19) – welcher allein alles auf sich sammelt. Andere Gründe sind nicht bebensicher, nichtig, nichtswürdig (Jes 44,9), weicher „Staub" (Hiob 4,19). In jeder Lebenslage zeigen sich ihrerseits grundlose, prekäre Menschen darauf angewiesen, von bereits vorhandener und nicht erst zu erbeutender oder zu erarbeitender Wahrheit getragen zu werden (schon im Elementaren wird daran erinnert: wenn beim Erdbeben die Erde als ein unter den Füßen rumorendes, gigantisches wildes Tier empfunden wird).

Grundlegung „aus dem Ich"? Bedeutet, wenn eine Letztbegründung gemeint ist, eine schlichte Irreführung. Immer schreit der Ruf „Erde zu Erde und Staub zum Staube" aus dem Ich, wartet das Böse auf seinen Auftritt und bekommt ihn in Kürze. Nein. Stattdessen: „Getröstet-Werden ist ein Gehalten-Werden auf festem Boden",[45] auf dem Grund „Christus".

Daraufhin erst, wenn das entschieden ist, kann nämlich auf verlässlicher Grundlage gebaut werden (Mt 7,24-26): nicht das Felsenfeste selbst, vermeintlich stabile Granitblöcke von Grundwerten o. ä., jedoch gute, wenn auch durchaus vorläufige, auf Abbruch gebaute und behelfsmäßige Konstrukte des individuellen Lebens, Hilfsmaßnahmen auf Widerruf für die gebrechliche Einrichtung der Welt, vorbehaltliche Übereinkommen ohne Pathos, auf einige Dauer gestellt, aber provisorisch und niemals Gottesersatz: leidlich feste Institutionen, jedesmal in sich widersprüchliche, aber erkennbare, anerkennenswerte Identitäten, durch Anstrengung gewonnene Kulturen, die Menschenrechte, der Rechtsstaat, demokratische Verfahren … Jedesmal um abgemagerte, aber brauchbare Relativitäten wird es sich handeln (solange Besseres nicht zur Verfügung steht). Jedesmal gilt dabei dann allerdings Distanz allen Weltverhältnissen gegenüber: das befreiende paulinische „als ob nicht" (1. Kor 7,29-31).

Vor allem aber: das Eine – und das Andere nicht. Verständlichmachung ist nicht dasselbe wie Verständigung (oder sogar Übereinkommen um jeden Preis). Manche sichernde Tür, versteht sich, sähe man lieber nicht auffliegen oder zu einem Nichtigen hin aufgestoßen, sondern für immer versiegelt. Hier, im Verhältnis zum Gekreuzigten und Auferstandenen, gibt es nichts zu verhandeln. Öffentliche Beratschlagung ist nicht angebracht. Ultimativ gilt hier, wenn irgendwo, Treue und totaler Respekt – oder das Preisgeben Christi als das Zurückschlagen der Liebe (allemal im selben Augenblick: Verrat an der eigenen Seele). Nicht im Kleinsten darf man verleugnen oder sich von ihm wegreden (Mt 26,69-75). Vielmehr in das Richtige hineinlaufen. Kann es sich dann sogar zeigen, dass das menschliche Herz einen großen Schatz an Treue birgt? Freilich: ihm treu bleiben und nicht sich selbst (was nicht selten darauf hinausläuft, dass ein Treuloser nur seiner Treulosigkeit

---

45 Michael Beintker, EvTh 82, 2022, 74.

treu bleiben will). Manchmal können die Angefochtenen der ergreifenden Frage nicht ausweichen: „Wollt ihr auch weggehen?" (Joh 6,67).

1.8 Den Zeitgenossen fragen, wie ihm Gott gefällt?

Das Eine – und das Andere nicht. Versuch und Entwurf, sich mit sich selbst zu überwölben? Wenn es um Wahrheitsliebe geht, ist am wenigsten an die nichts als authentisch-subjektive Wahrheit zu denken – die sich unerheblich und unterlegen, aber unangreifbar macht (Beglaubigungsgestus: Hand auf die Brust). Niemand entscheidet, ob Christus für ihn gestorben und auferstanden und er selbst von Gott erschaffen und zum Glauben gerufen ist und offenbar werden soll vor dem Richterstuhl Christi. Wenn er es nicht wahrhaben will oder „anderer Ansicht" ist, bleibt es trotzdem wahr. Das ändert nichts. Rundheraus ist der Unglaube als geistliche Umnachtung zu definieren: Er geht mit den Finsteren durch – welche ausgerechnet von der Wahrheit glauben, sie sei Schimäre oder gelogen (dem Fremden, Christus, wird nicht geglaubt, gerade weil er die Wahrheit spricht). Von dieser Wahrheit will der sich selbst festfügende Sünder eben ausgeschlossen sein oder wenigstens, allenfalls, ihre Wahl sich selbst zuschreiben. Selbständiges Interesse oder nennenswertes Gehör, wie er dringend fordert, stehen ihm indessen keineswegs zu.

Die Wahrheit soll erläutert und, so gut es geht, ausbuchstabiert, soll aber nicht elendem Relativismus unterworfen werden. Schon gar nicht der herrschend gewordenen Selbst-Religion des Dafürhaltens (in unseligem Anrennen gegen Mi 6,8: „Es ist dir gesagt, Mensch, was gut ist"), der ichgeformten Diskurs- und Deutungsmacht, bei der der gerichtsitzende Autonome auf dem ausgewaschenen Pavianfelsen hockt (Gott zu seinen Füßen) oder sich ein brandrotes Herrschergewand überwirft, Nero, der den Daumen hebt oder senkt – der unanständigen Hemmungslosigkeit und Entsicherung von uns Modernen als den individuellen und kollektiven Subjektivitäts-Idioten, den vor Bedeutung bebenden Wichtigtuern, Bescheidwissern und Dummschlauen, selbst noch im Gegenüber zum Allmächtigen. Moralische Integrität? Nur sehr relativ. Und wo? Schon dem Propheten stemmt und krallt sich selbstgefällig der Ich-Götze entgegen, der sich Weisheiten und Wahrheiten immer nur selber machen und, zuvor schon, unbedingt die eigene Wahl wählen will und dann vollständig den hochgezogenen Ich-Gefühlen vertraut: „Das Wort, das aus unserem eigenen Munde gekommen ist, das wollen wir halten!" (Jer 44,17).

Steht Gott denn grundsätzlich oder irgendwie infrage? Kann man über ihn eine Meinung haben, so oder so „zu ihm stehen", zu irgendwelchen Schlüssen über ihn gelangen, ihn gelegentlich wie ein Gewand für Geist und Seele anprobieren, ob und wie weit er passt? Kann man zur Offenbarung in Christus gleichsam nur anreisen und dann gegebenenfalls wieder abreisen, sie wie ein interessantes Prisma in die Betrachtung des Lebens probeweise einhängen, um es bei Gelegenheit wieder auszuklinken? Erst einmal die Tür mit fester Hand geschlossen halten, dann, wenn's beliebt, aufstoßen und, nach dem Durchgang, enttäuscht wieder hinter sich zuziehen? Sobald er den Erwartungen unserer gefühlten Unbedingtheiten nicht entspricht, seine angebliche Bringschuld nicht recht einlöst, „können wir nicht mehr an ihn glauben", sprechen ihm die Existenz oder (irgendwie) die Daseinsberechtigung ab und treten missgelaunt aus der Kirche aus (viele sind „selbstverständlich" „längst" „ausgetreten"). *A good enough god?* Soll Gott sein, er muss genügen. Kann man das ernstnehmen?

Alles sei immer nur in den Trichter der Subjektivität zu kippen? Wie ja auch Kunst sich nur „in den Augen des Betrachters ereignet"? Nein, für diesmal – wie auch sonst – nicht. Wenn nicht alles täuscht, muss schon seit längerem die Geburt des kreativen Rezipienten mit dem Absterben des Werks bezahlt werden. Wo findet sich die künstlerische Kraft, wo ereignet sich Formvernunft und Kunst? Im Kunstwerk selber (das jedesmal eine ganze Welt um sich zu haben scheint). „Ein Gedicht bleibt ein Gedicht, auch wenn niemand es liest."[46] Im Objektiven, nicht im Subjektiven liegt die Wahrheit. Sie bleibt das nicht zu vereinnahmende Gegenüber. Sie hält die Hand über uns, sie erhebt auch die Hand gegen uns. „Wir können nichts wider die Wahrheit, sondern für die Wahrheit" (2. Kor 13,8).

Objektiv, als Wahrheit Gottes, gibt sich Befestigung und Sperrung vor, ein Haltesystem, eine Entwirrung, da sich ja seit eh und je gut Begründetes und dummes Zeug im Getümmel der Verbindlichkeiten durcheinandergeraten zeigt – für die Überbeanspruchten, wirr im Kopf, streunend allemal und irgendwie fahrig, befangen in innerer Unordnung und Selbstsorge (die degradiert und kränkt), im sicheren Wissen mitunter, ein Leben mit falschen Voraussetzungen gelebt zu haben, ein versäumtes oder enttäuschendes nicht korrigieren zu können oder die hochwehenden Fahnen wieder einrollen zu müssen. Wer fängt die Enttäuschten auf? Solide Grundmauern, die danach sind, zuverlässig Stand zu fassen, und zu deren Tiefen die Sünde nicht hinabreicht, kann sich eben niemand selber legen.

Man frage den Menschen nicht, wie ihm Gott gefällt. Gott fragt: „Adam, wo bist du?" Der Anruf genügt. Zu widersprechen gibt es da nichts. Ein Wort aus zweifelloser Primärsprache, Heimsuchung und Überfall, hervorgeholt und hervorgestritten, mag sein, aus einem ruhelosen Traum, in dem ich gegen eine Gegenströmung anzukämpfen habe, der dann aber in aller Schärfe zugreift: „Adam!" „Leser und Leserin!" „Sie!" „Du!" „Michael Trowitzsch!"

Auch mir selbst bin ich ein falscher Zeuge, mein eigener Mitläufer und mitgerissener Gefühls-Idiot, eben durch Hitze und Getümmel mehrstimmiger, widerstreitender Gefühle nicht selbstbestimmt, sondern selbstbefangen, bis ins Herz vom Vorgeblichen und Scheinbaren durchflochten und durchdrungen, von unruhigem,

---

46 Wolfgang und Marion Koeppen, „trotz allem, so wie du bist". Briefe, hg.v. Anja Ebner, 2008, 336.

gefährdetem Schweben – und der Unwahrheit meiner selbst. Welche Überheblichkeit und was für einen Unsinn muss ich mir bei meinen eigenen Einlassungen bisweilen anhören. Manchmal frage ich mich, wer da diese abgestorbenen Sätze gesprochen hat. Hat mir denn die Bibel nicht den Unterschied klargemacht zwischen einem kristallinen riesigen Engel und dem Narren, der sich auf der Eselswiese tummelt?!

Authentisch-subjektive Wahrheit? Unleugbar ist doch die unterirdische Gegenwart von Verschwiegenheiten, Winkelzügen und hässlichen Lügengeweben in meinem Sein. Maskenhaftigkeit und, bei unkenntlich gemachtem Hintergrund, Aufrichtigkeitstheater im Vordergrund. Die hinter dem Rücken gekreuzten Finger. Unlauterkeit. Die Zwänge (denen ich nachgebe), dies oder das fühlen zu sollen. Das stets zerbrochene Wort bei alledem, sobald die Dunkelheit von Unsinn, bewusstem Täuschungswesen oder staatlich fabrizierten Lügen in meine Sprache gedrungen ist. „Ein Hauch des Todes, ein Vorgeschmack von Sterben liegt in den Lügen"[47] – wenn ich im Zuge des Daseinskampfs meine „Zunge spanne wie einen Bogen" (Jer 9,2) oder mich sehenden Auges ins Unredliche gehen lasse und verliere. Noch und noch, selbst wenn ich um eine ehrliche Stimme ringe, redet es mit falschen Stimmen aus mir. Würde ich für mich selbst die Hand ins Feuer legen?

Kann ich denn etwa Besitzrechte an mir geltend machen? *„Ich gehöre doch nur mir selbst."* Keine Rede davon. Ich lebe und sterbe nicht „mir selber" – ich gehöre dem Herrn (Röm 14,7-9), sein Leibeigener, sein Seeleneigener, als solcher aber gerade entfesselt an Leib und Seele (auch von den eigenen Worten, Taten, Gefühlen, Zweifeln, Widerrufen, von meinen „Werken", losgemacht und nicht mehr an sie gebunden). Ins Freie gezogen. „Entsetzt" durch fremdes Heer aus der Belagerung. Ein freier Geist. Aber mit keinerlei Besitzsicherheit. Ich bin auch mir gegeben. „Alles ist euer" – ja. „Ihr aber – seid Christi" (1. Kor 3,22f). Ich kann mich nicht von mir abwenden? Kann ich mich ihm zukehren? Was macht mich aus? Dass ich sein Mensch bin. Sein Mensch, sein Todgeweihter, gestellt an die Reede zur Überfahrt, schon eingeschifft. Nicht einmal mein Sterben, Hingang meines Lebens, wenn meine Zeit um ist, gehört mir. Mich, meine Worte und Taten, meine Sorgen, meine Abstürze, mein Ende, mein Sein – werde ich ihm nicht stehlen.

Eben lachhafte Selbst-Religion liegt vor, wo alles um diese Frage „Wie kriege ich ein gnädiges Selbst?" herumgebaut wird, wo gemeint wird, Gott, der „König der Ehren" (Ps 24,10), dem Gottesfurcht gebührt, dessen Wege und Gedanken höher sind als unsere Wege und Gedanken (Jes 55,8), der „in einem Licht wohnt, da niemand zukommen kann" (1. Tim 6,16), der vorgeblich in Frage stehende Gott … sei eine Sache selbstischer, ungewaschen subjektiver Auswahl, meines Eindrucks, des Dafürhaltens und Abwägens oder gar der Modernetauglichkeit. Der heilige

---

[47] Joseph Conrad, Jugend. Herz der Finsternis. Das Ende vom Lied, deutsch 1968, 103.

Gott, als wäre er unseresgleichen, müsse in Haftung genommen werden für den Zustand der Welt? Und sich vor dem Gerechtigkeitsempfinden derer rechtfertigen (was schon in Hiob 9,2-4.12, Jes 10,15 oder dann in Röm 9,20f abgewiesen wird), die sich ihm gegenüber moralisch überlegen meinen, ihrerseits aber Weltkriege führen, „Verteidigungsausgaben" ins Unermessliche steigern, ein wahnsinniges „atomares Abschreckungssystem" in Betrieb halten (seit Jahren am Rande eines Atomkriegs), den „Systemkollaps" in Kauf nehmen und „Umweltkatastrophen" herbeiführen, die die Welt noch nicht gesehen hat? „Dein Volk spricht: ‚Der Herr handelt nicht recht', während sie doch nicht recht handeln" (Hes 33,17). Freundlich gesagt: „nicht recht handeln".

Überwölbungen. Die höhere, phlegmatische oder fiebrige, jedenfalls geschichtsbestimmende Systemgewalt des neuzeitlichen „Ge-stells" der Technik?[48] Die nicht auffordert, sondern sich alternativlos gibt, wenn sie sich in übermächtiger Dynamik einfach nur durchvollzieht. Aber wer hat sich ihr gefügt: hat sie erfunden, führt sie herauf, ist deren Täter, treibt sie blindlings und besinnungslos voran? Spricht von ihr aber durchaus auch mit Andacht. Im 20. und 21. Jahrhundert bekommt die Theodizeefrage etwas Monströses – gestellt von uns Verrückten, vom Jahrhundert verdorben, verwickelt, nun als besonders widerliche „Klumpen", in einen unheilvollen Streit mit dem „Töpfer" (Röm 9,21). Wir Verirrten, keine Gottesfurcht in den Augen (Röm 3,18), nur Gottes- und Christusverachtung, die Augen, als blickten sie durch Christus hindurch, zu toten Augen entstellt – laut beschweren wir uns („Wie kann Gott das zulassen!?"), lassen aber unsererseits nicht nur zu, sondern feiern die Vertilgungs-Macht als Sicherheitsgarantie (und sind deshalb, wenn wir uns in ihnen bewegen, im Bereich ihrer Denkweisen, Logiken und Konsequenzen hochwillkommen). Wir sehen der Höllenzunft aufs Maul („unter einem nuklearen Schutzschirm leben": eine der schlimmsten Beschönigungen der Zeit). Der „Schirm" Gottes (Ps 32,7; 91,1.4) aber – ist „Lyrik" („Lyrik" soll ein Schimpfwort sein). Und vorwurfsvoll wird über das „pessimistische" christliche Menschenbild gejammert – bei gleichzeitiger optimistischer Befürwortung oder Hinnahme atomarer Abschreckung (sie muss nur „glaubwürdig" sein), beim unbedarften, besinnungslosen Spielen mit dem Feuer (das vor dem Bösen der „Spielenden" die Augen verschließt).

Subjektive Wahrheit? Welcher Subjekte? Als was trete ich denn Gott gegenüber? Demjenigen, der „die Sterne zählt und nennt sie alle mit Namen" (Ps 147,4), „trete ich gegenüber" (absurd, es so zu sagen). Sand, aus des Sünders Hand gegen die Sterne geworfen. Ich bin ja nur ein schütteres und ständig unverschämtes Ich. Ich komme Gott rotzfrech. „Du fragst als der, der du bist; ich antworte als der, der ich bin", beschied schon Alexander der Große den Zweitrangigen, der wohl die Distanz falsch berechnet hatte. „So viel der Himmel höher ist als die Erde, so sind auch meine Wege höher als

---

48 Heidegger, Vorträge und Aufsätze (s. Anm. 40), 20ff.

eure Wege und meine Gedanken als eure Gedanken", heißt es bei Jesaja (55,9). Und der Choral bittet: „Drücke stets in meinen Sinn, was du bist und was ich bin" (EG 504,6). Uns Schwachsinnige und versierte Selbstbelüger (sofern man anspruchsvoller geworden ist im Hintergehen), bis in ein „falsches Selbst" fortgerissen, bis in Unsinn und Raserei, lacht die Wahrheit Gottes dann in Grund und Boden (Ps 2,4).

1.9 Der Ich-Idiot entscheidet nicht.

Ein Schritt zurück. Alles bisher Gesagte geht (naturgemäß irgendwie „ultrakonservativ") von der Geltung des reformatorischen *sola scriptura* aus. Muss aber nicht – lautet seit langem der Einwand – die Bibel für ein „heiliges" Buch unter vielen angesehen werden? Von einer Menschengruppe oder von „mir" für heilig gehalten – Letzteres gemäß ebenjenem eisenharten modernen Grundsatz: „Was heilig ist, bestimme immer noch ich, was nämlich mir heilig ist."

„Ich" – mit dem, was ich als sakrosankt aufgeworfen habe, mit meinem der Begründung unbedürftigen Dafürhalten – ich bin dann selber das Heilige und Unbelangbare. Die gute reformatorische Exklusivformel *sola scriptura* kollabiert und fällt ohne einen Laut dem modernen Ich zum Opfer, der verrückten, albernen Großsprechung „des Menschen" und, entsprechend, jeweils dem individuellen, sich selbst bestimmenden autonomen Ich (*solo meipso*).

Indessen, so kann man vorhersehen, wird solche menschenförmige Idiotie über kurz oder lang zu Bruch gehen. Weil „unreine Menschen" weder einen heiligen Tempel, das Heilige, ein heiliges „Selbst", zu bauen geeignet sind (Hag 2,10-14), noch, am Vorabend der Zerstörung, jenen gigantischen Turm errichten können, der ihnen einen Namen macht (1. Mose 11,4). Weil die Übermalung des Gekreuzigten (vgl. Gal 3,1) mit dem heiligen Bild des „Menschen an sich" – oder mit „meinem" heiligen Bild – eine widerliche Gotteslästerung darstellt. Weil uns jedesmal aus der Schrift, wo und wann Gott es will, der Heilige Geist Christi, der Christus-Geist, entgegen- und zuvorkommt – der jene ichförmige Umbesetzung des Heiligen rigoros austreibt und der uns zum unwandelbaren Grund zieht, zu Christus selbst. Weil die totale Verschreibung des Menschen an sich selbst irgendwann, wenn Gott uns „dahingibt" (Röm 1,24), die menschengemachte „Apokalypse" heraufführen muss, mit der „all unser Tun auf unseren Kopf kommt" (Hes 16,43, in grauenvoller neuer Bedeutung und Schärfe), so dass der Absturz des Hauses des törichten Mannes „sehr groß" sein wird (Mt 7,27), verschlingend, ein Desaster. „Es stürzt ein und reißt noch den Grund aus der Erde heraus." (Kafka)[49]

---

49 Franz Kafka, Briefe an Felice und andere Korrespondenz aus der Verlobungszeit, hg.v. Erich Heller und Jürgen Born, 1976, 595.

Entheiligt und komplett entweiht werden muss auch, und vorzugsweise, das plurale Groß-Ich „Menschheit" oder das als „künstliche Intelligenz" ja immer nur verlängerte menschliche Ich (in desto härterer Festschreibung genauso ein Ich-Idiot). Jedenfalls muss inzwischen die Spezies als „Modernisierungsverlierer" gelten und ist der Mensch „geringer" geworden. Bereits „in den Todeslagern", so George Steiner, „hat der Mensch als Spezies vielleicht auf Dauer die prekäre Schwelle seines Menschseins gesenkt."[50] Unmissverständlich beweisen dann die modernen Waffen, dass das Maß des Menschen „als Spezies" rapide abgesunken ist, dass das Heutige sich in einer Dekadenzgeschichte befindet und darum endlich für die Neuzeit als Ganze nüchtern (1. Kor 15,34; 1. Thess 5,6) eine Verlustrechnung aufgemacht werden muss.

Das Gejohle des sich selbst als heilig erklärenden Adamiten, der systemische Menschen-Krach (der ins Bewusstsein knallt, als Krachen und höllisches Rasen im Kopf; vgl. Büchners Lenz), die Geister, die ich rief und die mich verfolgen – ich bin es allerdings zuletzt alles selbst, sie sind die Angst, die ich in mir trage, und zeigen sich als meine häufig fehlschlagende Angstbändigung, als das chaotische Rudel meiner Weltmüdigkeiten (dass es mir mit Bangigkeit und Schauder nur recht geschieht). Überall, weil immer aufgehoben und allemal bereit und unschwer wachzurufen, kann Angst auf mich Ungeschützten einstürzen. Wie wird das Brüllen, die lautstarke neue Menschenlärm-Zeit, zum Schweigen gebracht, der Lärm-Helm, der sich um den Kopf spannt, abgeworfen und Stille befohlen? Stille, die auf ihre Weise den universellen, phänomenalen Willen zum Übertönen angreift – nämlich erweist, dass die Bemühung, alles mundtot zu machen, was die Großsprechung unterläuft, die Angst keineswegs niederhalten kann.

Auf dem Spiel steht bei alledem die Ehre Christi, des „Heiligen Gottes" (Joh 6, 69). Was folgt? Ihm die Ehre geben, ausdrückliche Gottesfurcht, genaue Christus-Furcht, Verrat oder Treue, Christus-Treue. Aber nicht Selbst-Treue. Nicht mehr immer nur auf sich bestehen. Von sich selbst aufgeatmet und von sich selbst abgelassen haben und endlich sich selbst davongeflogen sein. Heiligung Christi, Nachfolge und Entweihung des Unheiligen: Absage, Abkehr, Abwerfen. Was wird uns stattdessen zugeworfen?

„Ihr seid das Salz der Erde" (Mt 5,13), spricht er uns zu, wirft er uns zu, also sind wir es auch. Die Erde, „die menschlichen Dinge", mit dem Feuer des Heiligen Geistes „salzen" (Mk 9,49). Dieses Salz „bei sich haben" (Mk 9,50). Diesen Brand bewahren: Denn die Bibel ist ursprüngliches und unüberholbares Zeugnis Christi, Brandnest und Feuerstelle. Die Feuerstelle hüten (das alte Menschheitssymbol). Ja, ja – oder nein, nein (Mt 5,37). Aber nicht ekstatisch „Mensch, Übermensch" oder

---

50 Errata. Bilanz eines Lebens. aus dem Englischen von Martin Pfeiffer, 2002, 143.

gar, in rücksichtsloser Ichgeschichte, „Ich, Ich". Stattdessen: eine eigentümliche Ich-Entfesselung als Abwerfen jenes zweiten Ich.

„Ich" mit meinem Dafürhalten? Und die Sünde „in mir", abscheulich und widerlich wie eine Kakerlake (Röm 7,17.20 darf nicht abgeschwächt werden)? Die mir „bis ins Mark" geht. Ist dort, „tief drinnen" in mir, alles „gut"? Nein, die Sünde in mir ist zu böse für mich. Ich bin für sie von vornherein nicht ausgelegt. Ursprünglich bin ich anders erschaffen, als Kind des Paradieses. Wer legt die Selbstverletzungen und Geschlagenheiten dieses Kindes bloß? Welche „Axt" soll denn geschwungen werden und zuhacken auf das „gefrorene Meer" in mir,[51] den massiven, erbarmungslosen Frost, die „gefrorene" Seele? Welche Kraft soll den inneren Gewahrsam, die Niemandsburg, schleifen? „Ich elender, unglückseliger Mensch!" (Röm 7,24) – gleichgültig dann, ob Angehöriger einer dekadenten oder hochentwickelten oder gefährdeten oder bereits geschädigten, heute jedenfalls in Denkweise und Bewusstsein waffendurchtränkten, mit nie gekanntem Rüstungs-Schrecken vollgesogenen Spezies.

Authentisch-subjektive Wahrheit? Von der Sünde, einem schöpfungswidrigen „unreinen Geist", ist der Mensch durchtrieben. Bei jeder Gelegenheit aufs neue kommt er in Gefühlen und Taten von diesem Innen her. Kann er überhaupt nach innen wach sein? Dabei ist das Furchtbarste, dass sie die schöpfungsmäßige, erdhafte, gute Befristung des Lebens zum Bösen entstellt. Der Tod wird zum Sünden- und Nichts- und Fluch-Tod (Gal 3,13; 1. Kor 15,55), zum durch nichts Gerechtfertigten. Als ob er in den gewaltigen, unbeirrbaren Ernst von Röm 7 mitten hineingeschaut hätte, schreibt Ödön von Horváth: „Unsere Seelen sind voll schwarzer Beulen".[52] Voll nicht etwa von Fremdem. Vielmehr bestehen wir daraus. *„God help the beast in me."*[53]

Oder hast du noch nie einen Menschen von tief innen gesehen? Wenn er sich der Fesseln entledigt hat und, wie in den Vernichtungslagern, ohne Furcht vor Sanktionen unbeschränkte Verfügungsmacht über Menschen besitzt und auch exekutiert. Dass bei jedem ein böses unheimliches Etwas, „the beast in me", keineswegs so tief unter der glattgeschliffenen Oberfläche versteckt liegt, wie man gerne annehmen möchte.

Offenbar gibt die paulinische Einsicht eine sehr andere anthropologisch-theologische Maßgabe vor, als das die Orientierung an unserem modernen, vielfach abgetöteten Verlierer-Herzen vermag: die Orientierung an der vielbeschworenen „inneren Mitte" (hat irgendjemand sie zuverlässig gefunden?) und unserer meist kläglichen „Religion" (als Menschenmöglichkeit), an jener scheußlichen religiösen „Musikalität", der ozeanischen Entgrenzung, an einem „innigen Selbstfeld", der

---

51 Franz Kafka, Briefe 1902–1924, hg.v. Max Brod, 1958, 28.
52 Jugend ohne Gott, 2008, 20.
53 Johnny Cash, The beast in me.

geschichteten „Tiefe" des Lebens, wie es in der meist undichten Sprache der Selbst-Begeisterung heißt (wenn ich in meine Nerven hineinhorche, dort aber leider nicht viel höre).

1.10 Soll sich der Schwarm durchsetzen?

Die paulinische Einsicht: Gott und Christus sind jeder Abwägung entzogen, sind keine Optionen, die man sich auswählt, eine Sache menschlicher Positionsanmaßungen oder des Einvernehmens der überwältigenden Mehrheit – das ja ein moral-hysterisch erzwungener oder irregeleiteter Konsens sein könnte, also Komplizenschaft, ein geruchloses, süßes Gift, Wir-Benommenheit. Nicht jedes „Wir", diesen verschlingenden Plural, will jeder bedrohlich über sich haben, einem womöglich dunklen Reim ausgesetzt werden, ebensowenig von jedem untergehakt, kalt seitlich betrachtet und einvernommen und dann von der Seite verzehrt werden. Als könnte sich ein Unternehmen gesellschaftlicher Selbstverständigung – auf eine derartige Verrücktheit muss man erst einmal kommen – als könnten „wir" uns eine eulenhafte, scharfe Brille aufsetzen und uns aussuchen und entscheiden, was wahr ist, sakrosankt und heilig, und ob und wie weit er, Gott, jetzt unter Umständen dazugehört (wenn es beliebt, vielleicht nicht, vielleicht doch).

Die Wahrheit, die mit dem bestimmten Artikel, ist Weltwahrheit, für alle bestimmtes Weltevangelium, äußere und innere Weltforderung, in sich freie frohe Botschaft, gefasst ins glücklicherweise Unvermeidliche: etwas an und für sich. Aber keine Verhandlungssache (Verhandlung und immer wieder Neuverhandlung). Um nichts auf der Welt. Und auch keine begrenzte „Realitätsauffassung", keine „Option", kein „Angebot", das ein Religions-Konsument, wenn es ihm „etwas gibt" oder „etwas sagt", konsumnormal (konsumverrückt) dankend aufgreift oder bemängelt und ablehnt. Schon gar nicht bemisst sie sich nach Mehrheit oder Minderheit oder dem „besseren Argument" (der Seminarleiter entscheidet in der Regel dann doch oder der Stammtisch der erfahrenen Denker oder die führenden Journalisten oder gleich Jürgen Habermas). Zustimmungswürdig ist sie, aber keinesfalls konsenspflichtig. Masse, starke Meinung, gleich: Herrichtung und Manipulation. Argumente werden nachgeliefert.

Dabei müssen „Gesellschaft" und „Menschheit" lediglich als variierte, erweiterte Wiederholungen der Subjektivität gelten, dem Einzelnen gegenüber keineswegs als solche irgendwie im Vorteil, vielmehr auch sie in den Zähnen gehalten von der Sünde (vgl. Karl Barths Sündenlehre), hochmütig, träge, beharrlich lügenhaft, feige. Soll sich die Tyrannei des „Schwarms" durchsetzen, irgendeine vermeintlich überlegene „Schwarm-Intelligenz"? Oder ein „Lotsenfisch"? Welcher? Manches bedarf keiner vernünftigen Argumente (die eben nachgereicht werden können), sondern des „Erweises des Geistes und der Kraft" (1. Kor 2,4), des Heiligen Geistes und der Kraft Christi.

„Mit zweien beginnt die Wahrheit".[54] Nein. Wahr ist, was zwischen uns, sagt man, Knoten schlägt? So ist das nicht. Oder markiert in jüngster Zeit, im permanenten Werteverzehr, die Integration in das einnehmende „Wir", in den „gesellschaftlichen Zusammenhalt", den einen Superwert, der alles reguliert und miteinander verkettet, Konsenssystem als Konsensmaschinerie, den großen Zusammenzwang als globale Verschwisterung? Der indessen wiederum – in verschworener Affektgemeinschaft, Hartleibigkeit und Betäubung – gemeinschaftliche Angstverdrängung oder einfach Abtötung sein könnte, eine *de facto* abgöttisch waffenstarrende kollektive Einvernehmlichkeit, die furchtbare Nachtseite dessen, „was uns eint".

Von der Wahrheit Christi, einem Eroberer, der befreit, zugeneigt und unwiderstehlich, wird unsere Seele in Gänze eingenommen, das manchmal grausame Seelenlabyrinth (kein Ausweg, weil sich alles offen und leer zeigt). Keine Frage, dass sich Wahrheit, nichts Geringeres als Unverbrüchlichkeit, nachträglich dann auch als Seelenwahrheit durchsetzt, als Aufruhr und Machtwechsel in den Herzen und Köpfen. Jedoch hat sie sich – allem voran, ohne Einschränkung – als vorgelagerte, unabhängige objektive Wahrheit gesetzt (nicht jederzeit erfahrbar, aber allemal in sich wahr). Sie ist nicht nur mein Herkommen, sondern das Herkommen der Welt. Ist wahr nur, was wir wahrhaben wollen oder dann auch für wahr halten? Nein, keinesfalls darf Theologie, was an ihr ist, das Herunterkommen des Wahrheitsbegriffs zulassen.

1.11 „Was wissen wir schon?!"

„Kommt aber sogar", werden wir gefragt, „euch Glaubenden selbst – vor lauter schlingernder Relativierung und Einebnung oder vor lauter Feigheit – die bedingungslose, die mit Herz und Geist getätigte Ausrichtung an der Wahrheit abhanden? Warum blicken sich Manche von euch zusehends verschüchtert um? Legt ihr es regelrecht darauf an, euch zu verlieren? Seid ihr noch willens, freimütig von der einen, einzigen Wahrheit Christi zu reden, einer, wie es heißt, herrlichen ‚Frucht des Lichtes' (Eph 5,9)? Und haltet ihr dann auch daran fest, Gegenteiliges nicht im geringsten gelten zu lassen? Mit Mut und Willen, aus Gründen eines denkbar ernsthaften Spiels ums Ganze. Weil, ernst betrachtet, der ‚Christus-Gott' und kein anderer ‚Gott' genannt zu werden verdient? Sagt ihr mit Rudolf Bultmann: ‚Der Glaube ist nur ernstgenommen, wenn er als die Sicht verstanden wird, die Welt und Mensch so sieht, wie sie wirklich sind, wenn er also von jeder anderen Betrachtungsweise, die das gleiche beansprucht,

---

54 Nietzsche, s. Anm. 15, Bd. 3, 517.

getrost sagt, dass sie falsch ist'?[55] *Vielleicht todfalsch. Sagt ihr mit Karl Barth: ‚Religion ist Unglaube'?*[56] *Sagt ihr das: ‚Religionen' sind allesamt und unterschiedslos nichts als Menschenmöglichkeiten, Menschenmache, Vergewisserungsetüden? Keineswegs – haltet ihr daran fest? – sei die Christus-Offenbarung nichts als eine von vielen religiösen Wahrheiten. Sie sei die Wahrheit – und keine These. Begeben habe sich ein verheißenes, aber ansonsten ansatzloses, eschatologisches Widerfahrnis: das abrupte Hereinstürzen, ein Lichteinfall und eine Aura von außen her, von Gott her, die Große Offenbarung: der Große Offenbarer, Direktheit, Klärung bis auf den Grund, ein Aussprechen Gottes, seine Offenlegung. Wenn die Wahrheit, epiphane Macht, mit einem Mal losstürzt und auf der Welt erscheint. Sagt ihr das? Generell: Wer einen Tiger sucht, muss damit rechnen, einen Tiger zu finden. Wisst ihr das? Oder weicht ihr aus?"*

Als persönlich wahrhaftig gilt allerdings gegenwärtig der (vorgeblich) Desillusionierte, der jede Vorbehaltlosigkeit geringschätzt oder über die Schulter ansieht und jedes unumstößliche Gelten abweist, der vielleicht Gutwillige, der aber die Wahrheit zunächst behandelt, als wäre sie nicht die Wahrheit (sie dadurch bereits vorab leugnet). Ironie und Spott (als Verkleidung der bösen Verzweiflung), wenn das bittere Lachen angeschlagen wird, posieren manchmal als intellektuelle Überlegenheit (bei melancholischem Mitternachtsjazz, dem matten Schein der Trübsal oder unbedingt guter Laune, die die Tragödien um sich herum in die Luft spielt). Die unerlöste, oftmals hochpathetisch vorgetragene, nicht selten aggressive „agnostische" Position: „Perücken kann ich nicht leiden. Ich bin zu spät dran, um noch glauben zu können. Ich erkläre mich für definitiv nicht interessiert. In Sachen ‚Religion' habe ich es zu vollkommener Gleichgültigkeit gebracht. Das kindliche Zutrauen des Messdieners hielt nicht vor. So gut wie alles, was einmal gegolten hat, habe ich zerfallen gesehen. Was wissen wir schon. Ich bin ‚transzendental obdachlos', unbegrenzt lernfähig, nirgends vertäut, ungeborgen, religiös unbewohnt, um viele realistische Erfahrungen reicher als irgendwelche an Gott oder sonstwen Glaubenden, ohne Behausung und Verbleib, komme ohne alle Dogmen aus, bin vermutlich fähig, über kurz oder lang jeden Altar abzuräumen, führe, in Selbstmacht, ein nicht von Fremdem beherrschtes Leben – bin ein Luftgeist, halte mich in Schwebe, traue welchem ‚Gott' auch zusehends weniger zu als – dem Tod. Allerdings glaube ich, na ja, an unsere Art zu leben."*

Geäußert wird solche Position allerdings meist in Billig-Agnostik – die alles für „relativ", nichts für verpflichtend und das Grundlegende für unentscheidbar hält. Ungezählte Zeitgenossen teilen sie. Sie ist freilich Ausflucht, muss regelrecht davor geschützt werden, dass man sie zu Ende denkt. Das Herz „schwebt" nicht und vermag es nicht, an „gar nichts zu glauben". Man müsste sich umbringen.

---

55 Theologische Enzyklopädie, hg. v. Eberhard Jüngel und Klaus W. Müller, 1984, 196f.
56 Die Kirchliche Dogmatik, 1932ff, Bd. I/2, 327.

An gar nichts glauben? Was ist die letzte Verbindlichkeit, woran ich mein Herz hänge, heute oder ein Leben lang? Niemals unbesetzt und unberührt bleibt das nervöse Zentrum, das unruhige, schaudernde, angst- und hoffnungsvoll „religiös" empfindliche, überaus interessierte Forum in Herz und Kopf, das für die Stimme der Wahrheit. Manchen Fragen kann man nicht aus dem Weg gehen. Der Mensch leidet und jubelt, hält sich auf, lebt und stirbt zeit seines Lebens „religiös", traditionell altreligiös oder angestrengt neureligiös, in Beschlag genommen, zum Gefäß eines fremden Willens geworden, einer Weltanschauung, einer stillschweigenden Unverbrüchlichkeit, niemals noch im Vorfeld oder neutral oder bereits jenseits der Alternative. Prinzipielle Unvoreingenommenheit und Glaubenslosigkeit kann es nicht geben, jedesmal nur behauptete und zögerlich oder nachdrücklich versicherte.

„Ich kann nicht glauben." *„Du glaubst an etwas anderes. Du glaubst jederzeit an irgendetwas. finde heraus, woran. Nur Vertrauen zu Augen, Ohren und Händen? Das meinst du ja wohl nicht ernst. Worauf du unbedingt hoffst? Es kann erhaben daherkommen, gedankenschwer oder so roh und trivial, dass es schmerzt, festlich oder obszön. Frag dein Herz. Dein Trost im Leben und im Sterben ist dein ‚Gott': wenn du bei Gelegenheit merkst, wie verschwindend wenig alles andere noch zählt."*

Immer nur kommt es einzig zur Rivalität zwischen Glaubensrichtungen in jeweils neuen Abwandlungen und Zurichtungen. „Religiös ungebundene" Menschen kommen nicht vor. Ausnahmslos ist der „Himmel" für jeden Menschen auf diese oder jene Weise bevölkert. Durchaus an Anderes glaubt sehr wohl, wer sich als „grundsätzlich ungläubig" ausgibt. Wohl jedesmal empfindet er die ausdrückliche Frage danach als ausgesprochen unangenehm (wenn sich für ihn ein Letztes herausstellen ließe, wäre er eben, worauf er sich anscheinend viel zugute halten kann, kein echter Agnostiker).

Mag also sein, dass es flapsig heißt: „Glaube liegt mir nicht". Fragt man unbeirrt nach (regelmäßig gegen erhebliche, unter Umständen nicht zu brechende Widerstände), wird, gelegentlich in erschreckender Naivität, an irgendetwas Anderes als letzte Größe des Lebens geglaubt. Im Zweifel an „den Menschen" als den für gut geeicht gehaltenen Kompass in den Wirbeln der Lebensflut. Aber an welchen „Menschen"? Grundzweifel an ihm bleiben niemals aus. Nichts „ungeheurer" als er (Chorlied der *Antigone* des Sophokles). Die eine brandige Stelle der Welt. Stets verletzend treulos und verräterisch. Bereits in sich selbst ein Zerwürfnis, unvereinbar die Elemente seines Daseins. Von uneindeutigem Böse und Gut unterströmt. Vorausgeworfen, zurückgerissen und vertrackt. Unbegreiflichen, irgendwie amorphen und dickflüssigen Wesens. In fluider, angstvoller Geschlechtlichkeit. Dimensionslos. Extrem unterschiedlich definiert darum in den Überlieferungen der Menschheitsgeschichte. Von merkbar tierischer Abkunft, die ihn zutiefst ängstigt, in deren Gegenwart er sich aber unvermindert aufhält, auf die er nicht selten zurückgeworfen wird (beispielhaft: Kafkas Tiergestalten: seine charakteristische dichterische

Bahn als ständige Erniedrigung und Flucht durch den Menschen hindurch, als Ankommen, voll Entsetzen, im Nichtmenschlichen).

Man kann sich in spätmodernen Bewusstseinslagen radikal skeptisch geben, (maßvoll, nicht übertrieben) selbstmisstrauisch, multi- oder interreligiös, „religiös unmusikalisch" (eine Wortprägung, die den christlichen Glauben als Spezialbegabung denunziert) – und sich dabei, in breiten Schultern, souverän fühlen und mitreden wollen. Als ob es eine Sache der Entscheidung wäre und man sich dumm-, taub- oder totstellen oder sich abwenden könnte, wenn die Frage nach dem Sinn des eigenen Lebens, nach dem eigenen Tod ruft oder wütet, ins Gewissen bricht oder sich einschleicht (was nun einmal niemals ausbleibt).

Das eigene Böse, die zurechenbare Schuld? Finden sich Hartgesottene, die dafür keinerlei Gefühl besitzen? Unzuständig für die eigene Schuld (die, könnte man denken, ohnehin immer nur leicht aufliegt)? Entlasten sollen den Verhärteten jüngst aufgetauchte und gerne verwendete nützliche Sprachregelungen: „Schuldzuweisung", „sich ein Schuldproblem aufladen" oder „Riesenfehler". Gezielt eingesetzt, scheinen sie einen freien „Umgang" mit „Schuld" zu ermöglichen und, jedenfalls zu einem Teil, Verfügung über sie zu erlangen (so dass man sie in den Zähnen hält, in der Sprache). Die „absolute Schuldlosigkeit" des Menschen aber – kann man sich nur einreden. Alles nur „Spiel"? Auch in dieser Hinsicht „Pathos der Distanz"?[57] „Jenseits von Gut und Böse"? Bis an die Wurzel gehender Unglaube? Nein, unmöglich. „Glaubenslose" gibt es nicht.

Legion von Ansprüchen – weil jedem Menschen irgendetwas zum „Gott" wird: in dunstigen Sinn- und Glaubensbedürfnissen, Religionsversuchen und schweren, vermeintlich wärmenden Denknebeln (die aus fauligen Wassern aufsteigen). Weil etwas oder irgendwer seine tiefste Sympathie erregt, er sich von einer heimlichen, aber unbedingten Hoffnung führen lässt oder etwas auf den Tod verabscheut, Hass über ihm ausschüttet, vor ihm ausspuckt oder vor ihm die Knie beugt. Was hat sich bis in seinen Kopf, bis zu seinem Herzen – vorgebissen? Was will er wirklich, um alles in der Welt („Freiheit" und „Demokratie" um jeden Preis „verteidigen"; der „Preis" ist inzwischen allerdings absolut katastrophal)? Was will er insgeheim: wenn er an die eigenen Grenzen geht, wenn er ernsthaft „in seinem Herzen" spricht (Ps 53,2)? Zu welchen Gewissheiten hat er sich aufgeschwungen, welche hat er zu seiner Tröstung oder Erleichterung oder Sedierung um sich gruppiert – einer endlichen Ruhigstellung oder eines fernen Friedens wegen? Welches sind die „heiligsten Güter" (er sagt es nicht mehr so, aber so meint er es)? Welche Leidenschaft, welcher Elan, welcher Ingrimm hat sich in seine Urteilskraft, in seine Vorstellungen und Gefühle eingeschlichen?

---

57 Nietzsche, s. Anm. 15, Bd. 5, 259.

Die totalitäre Falle, der versucherisch angetragene Halt, die angeblich gültige Verbindlichkeit, das Heilsdenken, die Religion, die auf die Knie zwingt – sie zeigen sich als tiefer gegründet als alles andere und sind tatsächlich ursächlich für alles Entscheidende. Der Himmel selbst (theologisch: das Soteriologische) kann gar nicht zum Verschwinden gebracht werden. Irgendwann – jenseits der Jargons und Redensarten, wenn es ernst wird, todernst – zersetzen sich die bitteren, sich lustig gebenden oder vielleicht durch die Säure schon angegriffenen Gesichter der Ironie und der Skepsis. Existenz-Ironie wird man immer nur simulieren können. Als ob nicht jeder irgendwann keine Grimasse mehr zieht, eben doch an irgendetwas „sein Herz hängt" (Luther),[58] mit geheimem, gebieterischem Urmaß misst und, bei irgendeiner Währung, mit Goldstandard für ein zuletzt Gewolltes aufkommen muss, in irgendeiner unbedeutenden oder größeren „Kirche" ohne „Distanz" und ohne Anführungszeichen sicher verortet ist, etwas Unbezweifelbares unterstellt und eine innerste Absicht hegt. Insofern planmäßig oder unausdrücklich seinem Leben von Grund auf einen Richtungssinn gibt, sich von etwaig Gegenteiligem aber keinesfalls verletzt sehen will. Was gilt denn nun, wenn anscheinend „nichts" mehr gilt (irgendetwas muss denn wohl doch gelten)? Welche Sache ist dem Gottesbedürftigen „Gott"? In welchen Boden hat er sich eingegraben? Was denkt er sich oder hat er vielleicht halluzinatorisch vor Augen, wenn er voll Bestürzung sagen muss: „Alles – nur das nicht!"? Weiß er von dieser Vorstellung? Welcher Büßerstrick müsste ihm um den Hals gelegt werden, und er ist sich dessen auch bewusst? Vor welchem verborgenen „Gott" irgendwo zittert sein Atem, im geheimen und verstohlen – der er nun einmal angewiesen ist auf irgendeine Verbindung zu etwas Großem, das ihm seine Kleinheit nimmt? Vor wem steht der solchermaßen totalitär höchst Anfällige sofort auf? Welchem kann er sich nur durch reichlich gebrachte Opfer nähern – oder sich gar mit ihm, allerdings zu hohem Preis, verständigen? Wessen Koffer- oder devoter Wasserträger ist er wohl oder übel geworden? Um welchen Pfahl tanzt er? Wo befindet sich der vermutlich unkenntlich gemachte Vorhang, der den einen Schrein verhüllt, das eine versteckte Heiligtum? Welches? Wie kommt er zurande mit dem utopischen Feuerschein am Himmel und, umso mehr, mit den unabsehbar vielen Totenfeuern?

Dann der Einwand, vorgebracht fast ohne den Mund zu öffnen: *„Unseren Agnostizismus willst du uns rauben, in dem wir uns eingerichtet haben. Dass ‚der Geist nichts findet, wo sich niederzulassen'.*[59] *Dass wir es niemals mit irgendeinem ‚Heil', sondern immer nur mit einer großen ungefärbten Leerstelle zu tun haben. Dass der Mensch eine starke ‚Selbstbildfähigkeit' besitzt. Dass wir uns also irgendwie aus uns selbst*

---

58 Die Bekenntnisschriften der Evangelisch-Lutherischen Kirche. Herausgegeben im Gedenkjahr der Augsburgischen Konfession 1930, 2010[13], 560 (Großer Katechismus, Erklärung zum 1. Gebot).
59 André Breton, zit. bei Albert Camus: Der Mensch in der Revolte. Essays, dt. 1953, 77.

erklären müssen, aus immanenter Erklärungstiefe. Jedenfalls: Von einem Auswehen und Verlöschen jeder ‚Substanz' muss nun einmal ausgegangen werden. Unglaube, behauptest du, soll schon Irrglaube sein, und dessen Finsternis soll immer nur nach oben schießen? Ins Leere stoßen?"

„Ja. Irgendetwas, irgendeine Gläubigkeit, hat immer schon die angebliche Leerstelle ‚oben' eingenommen. ‚Was ist das? Was ist der Herr, dein Gott?', fragt der Streitsatz, Austragungsort des Glaubens, das Erste Gebot, das sich nicht verbieten oder abweisen und den Verweis auf angebliche Unentscheidbarkeit keinesfalls gelten lässt. Den ‚verehrenden Willen zerbrechen'?[60] Unmöglich. Es geht nicht. Beharrlich verehrt das Herz irgendetwas, ungebrochen, lässt sich von diesem oder jenem ins eingebildet Sichre führen. Ein Nullpunkt irgendwann, vor aller Prägung? Der findet sich nicht. Ein Urzustand der Unschuld? Fiktional. Herakles am Scheideweg? Im Entscheidenden immer zu spät. Keiner ist Herr seiner Prämissen. Niemandes Wille kann über seinen eigenen Willen gebieten (trotzdem können Taten natürlich zugerechnet werden).

Auch wer das kleine Praktikum namens ‚Aufklärung' tätigen und daraufhin ins Freie treten will, kommt zumindest vom Konfusen und Ungeklärten her und bringt es unweigerlich mit, vermag weder den Vorsprung der Unfreiheit aufzuholen noch die geistigen und seelischen, niemals mehr zu begradigenden Verwerfungen und Deformationen wegzuarbeiten. Denn doch auf unvordenklichen Vorbedingungen erheben sich die noch so verbissen individuell vermeinten Erfahrungen. Der sich bereits entschieden hat, läuft in die Situationen hinein, er weiß es oder nicht: als Adam, nicht als ‚lieber Bär von geringem Verstand', nicht als ein ‚krummes Holz'[61] oder ein brüchiges Rautenwerk aus Brandgeschwärztem, sondern als der alberne, dümmliche Sünder, der nie jemals unverbildet und ein gerades, festes Holz gewesen ist. Was schwelt dort vor ihm, greift zurück und greift auf ihn über? Die Sünde geht ihm voraus, windet sich ihm voraus, schwarz von Fäulnis und Schimmel, empörend nah – die sich, immer bereits, in hartem Zugriff Kopf und Bauch unterworfen hat, um jetzt die Richtung zu weisen."

1.12 Das „allgemeine Toleranzsüpplein"[62]

Der Skeptiker und Altliberale (mit seinem ausgeruhten Gesicht, seinem Vertrauen auf das Analogieprinzip und seinen jedes Wunder angeblich durchschauenden blauen Augen) zieht die Augenbrauen hoch oder ist über das obige Bultmann-Zitat

---

60 Nietzsche, s. Anm. 15, Bd. 4, 133.
61 Immanuel Kant, Ideen zu einer allgemeinen Geschichte in weltbürgerlicher Absicht (= Werke Bd. 6), hg.v. Wilhelm Weischedel, 1964, 41.
62 Karl Barth, Vorträge und kleinere Arbeiten 1914–1921 (= GA 48), hg.v. Hans-Anton Drewes, 2012, 334.

entsetzt: „*Aber, entschuldigen Sie mal, die Vielzahl der Wahrheitsansprüche, eine springende Zahl, ihr Nebeneinander und ihre harte Gegensätzlichkeit, ihre Kollisionen und, entsprechend, ihre Relativität? Schon in Lessings wunderbarer Ringparabel wird der Anspruch der Religionen relativiert. Die ‚Tyrannei des einen Ringes', eben nur des Einen, muss gebrochen werden, sagt Lessing, der Aufklärer, zu Recht. Niemals hat der Mensch es mit endgültiger Wahrheit zu tun – die immer nur gesucht werden kann. Einer im Raum muss doch der skeptische Erwachsene sein!"*

Antwort: „*Nein, stimmt nicht. Wer meint, immer nur zu suchen, weiß nicht, was er sagt, oder irrt sich oder lügt. Von irgendeiner anderen Wahrheit, er ist sich dessen bewusst oder nicht, ist er seinerseits ergriffen und gefunden worden – aber womöglich noch nicht von der einen endgültigen, die der allmächtige Gott selbst allen Menschen vorausgeschickt hat, der Wahrheit ohne Beiwort, die zur Welt gekommen ist, um zu bleiben und fortzubestehen, von der man Tag für Tag und von überallher ausgehen kann, vor der man reglos stillestehen, mit der man ernstmachen und an der man sich ein Leben lang freuen kann (1. Kor 13,6).*

Immer nur steht die Wahrheit aus? Nein. Nicht für den christlichen Glauben (der sich der Offenbarung Gottes verdankt und also auf dem Sein ruht). Wenn Christus seine Worte mit einem ultimativen, verschiedentlich sogar doppelten ‚Amen' einleitet (‚Wahrlich, wahrlich …'), nimmt er in der Kraft des Heiligen Geistes diese Vorgängigkeit in Anspruch, die unvordenkliche Wahrheit Gottes, sein Herkommen, die ewige Frühe mit ihrem singenden Ton. Die Wahrheit ist da, und lässt für die Christus-Menschen das quälende Abfragen der Welt nach ‚Sinn' und ‚Wahrheit' ausklingen. Die Worte Christi, so eingeleitet, als eine Strömung des Lichts aus dem ursprünglichen ‚Amen' Gottes, fluten dann in jede neue Situation der Suchenden und so oder so Herumgeschleuderten ein ‚Amen' hinein. Seinerseits kann es deshalb der in die Nachfolge Gerufene nun in seinen Tag, in sein ganzes Leben hineindenken, -fühlen, -leben, kann er, von ihm vorab gezeichnet und von ihm veranlasst, bereits von ihrer schönen Vorgängigkeit herkommen.

Und Lessings ‚Ringparabel'? Dort lautet eben der zentrale Verdacht ‚Der echte Ring vermutlich ging verloren.' Die ‚Religionen' Christentum, Judentum, Islam bleiben darum am Ende unverbindlich, provisorisch und behelfsmäßig – und alles läuft auf ‚Ethik' oder ‚Moral' hinaus. ‚Es eifre jeder …! Es strebe jeder …!' Aber welche Ethik? Sind diesmal, bei diesem Thema, Zweifel und Aufklärung nicht mehr angebracht? Schläft jetzt die Bemühung ein, alles skeptisch zu brechen? Der Hinweis auf das gute Handeln löst das Problem nicht. Ein ‚Weltethos'? Die eine Menschheitsidee? Gibt es nun einmal nicht. Stattdessen Moralkataloge. Moral konkurriert mit energischerer Moral, linksdrehend, rechtsdrehend. ‚Moralische Landkarten'?[63] *Stellen sich, unter schnell wechselnden Bezeichnungen, eben extrem verschieden dar. Jede Ethik wird*

---

63 Wikipedia-Artikel „Charles Taylor (Philosoph)".

von unterschiedlichen Dogmatiken untermauert, von bestimmter Theologie, Ontologie und Anthropologie. Die man ohne viel Mühe auch herauskennen und in ihren Gegensätzlichkeiten herausarbeiten kann (natürlich auch bei Lessing und Kant)."

Jene Wahrheits-Relativierung hat allerdings bis in unsere Tage, muss man feststellen, einen außerordentlichen Siegeszug angetreten. Mag der „religiöse" und „tolerante" Mensch dann sogar noch einen Schritt weitergehen: Wie die Vielfalt der Tier- und Pflanzenarten sei die Mehrzahl der „Religionen" geradezu von Gott gewollt. *Frage: Woher wissen Sie das? Allenfalls „religiöse Möglichkeiten" bieten sich? So dass man, zur Auswahl, „Optionen" (magisches Wort!) zuhauf im Schrank der Auffassungen und Werte vorfindet, keine aber einen verbindlichen Anspruch geltend machen darf – weil die Wahrheit selbst nun einmal verloren oder unerkennbar geworden ist? Kein ultimativer Ruf „Sei nicht ungläubig, sondern gläubig!" (Joh 20,27)? Also konsequenter Relativismus, Perspektivität, Abhängigkeiten von gewählten Standpunkten (wenn man sich dessen aber wenigstens klar bewusst ist, sei das Problem schon gelöst)?*

So einfach ist das? So einfach ist das nicht. Das Verbindliche der christlichen Rede von Gott (das notwendig Dogmatische) – das mitunter vor den Kopf stoßen muss – würde mit Füßen getreten, Textbausteine lägen herum, die Bibel würde zum fröhlich bunten oder auch fatalen Themenpark, zur Textfläche, weiß und unstrukturiert, freigegeben zu beliebig abrufbarem Bedienen oder Abweisen.

Nein, Jesus von Nazareth sagt es denkbar schroff: Das Heilige soll nicht „den Hunden gegeben werden" (Mt 7,6). Nein, „der echte Ring" kam nicht abhanden. Der wird vielmehr mit Freude dem verlorenen Sohn vom Vater angesteckt (Lk 15,22), den Söhnen und Töchtern, uns. „Wir" sind indessen schwerlich bereit, uns, obwohl zweifellos unter die Schweine gefallen, als wahrhaft verloren zu bekennen und möchten lieber mit kritischem Blick unter vergleichbaren und im Prinzip ebenbürtigen religiösen oder nicht-religiösen Optionen wählen.

Mit dem philosophischen Agnostizismus geht seine unbedarfte kleine Schwester einher, seine abgesunkene Form: wenn der öffentliche Raum kommunikativ vermessen wird. Diese Schwester (von nur bescheidener Größe) heißt „Verhandelbarkeit" oder „Offenheit" (in jüngster Zeit einer der angesagtesten wie zugleich weichen, molluskenhaften Begriffe). Sie ist zum unhintergehbar Autoritativen und selber religionsförmig geworden. Vertreten wird eine Art prinzipieller Offenheit, so dass, mit unverhohlener Lust, Gewissheiten zu zertrümmern und kleinzuhäckseln, Skepsis, das harte Licht des Misstrauens und Wahrheitszweifel regelmäßig den Vorzug verdienen, Normativität als solche abgewehrt und möglichst alles ins Ungewisse gezogen werden muss. Im Zweifelsfall, und wann wäre dieser nicht gegeben, sei jedesmal die Vorläufigkeit zu bevorzugen. Das universelle Gebot lautet dann: „Bleibe unter allen Umständen ein Suchender! Halte immer den Kopf schief. Zweifle. Im Zweifelsfall halt dich am Zweifel fest."

Kann das etwas werden? Immer nur schwankend womöglich (wegen der Bewegung, die du unter deinen Füßen spürst)? Kannst du beständig nur an den Zweifeln wachsen, die dringlich auf dich einsprechen – musst sie daher schüren und sorgsam kultivieren? Nicht in diesem Fall, sowenig wie die Liebe am Zweifel an der Liebe wächst. Die Liebe braucht sich weder zu analysieren noch in Frage zu stellen.

Jeder Lebensmoment sei Teil einer nimmer endenden, lebenslangen Suche? Wer ernsthaft mit Luther sagt „und ist kein andrer Gott", verfährt, heißt es, „ausgrenzend" und kommt für den kritischen Dialog nicht mehr in Betracht? Lessings „immer reger Trieb nach Wahrheit" sei zu bevorzugen gegenüber der „reinen", nur „für Gott gedachten" Wahrheit?[64] (Doch, weiß das Neue Testament, ist diese Wahrheit sehr wohl auch für den Menschen gedacht.)

Anders Picasso, in unangestrengter Beiläufigkeit, einem bekannten Wort zufolge: „Ich suche nicht, ich finde." Noch einmal anders, wunderbar, die Weisen der Weihnachtsgeschichte: Am Ende sind sie „hocherfreut" – nicht wegen ihrer Suche an sich, wegen ihres immer regen Triebs nach Wahrheit (weil Warten segensreicher sei als Ankommen), sondern weil sie zu ihrem Ziel finden, zur schattenlosen Wahrheit (Mt 2,10; vgl. Joh 1,41). Das Ziel: Wo ich sein kann, ohne weiter zu suchen. Ans Ziel zu gelangen und zu nichts anderem dient die Suche.

Zu erkennen geben kann sich daraufhin das Selbstbewusstsein der Christen als Entschiedenheit für diese Lichtung und diese Schattenwende, als heitere oder grimmige und zornige Deutlichkeit und Bestimmtheit, einfach so. Indem sie sich auf dieses Unwiderrufliche beziehen, das in keiner Hinsicht zur Diskussion steht und eine letzte Unentschiedenheit nicht erlaubt. Indem sie sich jener derzeit verbreiteten Einstellung in den Weg stellen, die Festlegungen scheut und jedesmal „möglicherweise" murmelt und „schwirig" und „bis auf weiteres", weil alles (nur die grundlegenden Prinzipien „Wissenschaft" und „Technik" und „Mensch" nicht) geeignet bleiben muss, im nächsten Moment von neuem zurückgenommen, zurückgefahren oder zurückgerissen zu werden.

---

64 Gotthold Ephraim Lessing, Eine Duplik [gegen Goeze]. Theologiekritische Schriften 3. Werke, hg.v. Herbert G. Göpfert, Bd. 8 (Bearbeiter Helmut Göbel), München 1979, 33.

2. Über das Wesen der Wahrheit ist entschieden.

„Ich bin der Weg, die Wahrheit und das Leben." (Joh 14,6)

2.1 Wahrheit ist zur Welt gekommen.

„Erschienen" ist der Sohn Gottes, Fleisch geworden in „Knechtsgestalt", „der Erscheinung nach als Mensch erkannt" (Phil 2,7). Ein Geheimnis hat sich geformt. Von dem Gedanken ist das Neue Testament überwältigt, dass Gott selbst, der Allmächtige, Schöpfer des Doppeljuwels „Himmel und Erde", sich als der Sohn tatsächlich in sehr diesseitiger, geschöpflicher Erscheinungsweise zugänglich gemacht hat, ereignishaft, erdegeboren, in irdischem, welthaftem Umriss und stofflicher Dichte, Schwere und Berührbarkeit. (In Klammern: Die manchmal begegnende Behauptung, dass Gott Mensch wird, „um die Erfahrungen, auch die Todeserfahrungen eines Menschen zu machen", stellt sich Gott wie einen *alien* vor.)

In ihren Standfesten durchgeschüttelt worden wie kein Mensch zuvor sind die Autoren dieser Texte durch den Erfahrungsschock, dass die Wahrheit selbst zur Welt gekommen ist, in die Atem- und Wortewelt, in den flutenden Hergang eines menschlichen Lebens, an bestimmtem Ort, in Israel, zur Zeit des Kaisers Augustus.

Die Wahrheit, wunderbar zu sagen, hatte einen Willen, Helligkeiten und Ströme der Seele, auch Stöße von Zorn, ein ausgeprägtes, individuelles Gesicht, Stirn und Schläfen, Hände, einen Namen, irdische Existenz in Jubel und Tränen, Geburt und Tod. Die Wahrheit war lebendig: Ihr Blick leuchtete hervor, sie blickte strikt geradeaus (Lk 9,52), nach oben (Mt 14,19), himmelan, verweigerte auch einmal den Blick (Joh 8,6); sie warf einen Schatten.

Und, so geben die Texte vor und so ist es nun auch die Erfahrung der Kirchengeschichte: Sie war einmal, und sie ist heute, sie findet Zugang zu den überfluteten Regionen unseres Selbst, sie kommt mit ihrer machtvollen Bezauberung, ihrem Grimm und ihrer Schärfe bis heute zur Welt, findet Eingang in die womöglich nicht nur unbefriedigenden, sondern schmerzhaften Relativitäten: in die zeitgemäße, allzu hastige Bereitschaft zum Ausstieg und Wiedereinstieg, in Kompromisse und Unverbindlichkeiten, in diese unruhevolle Welt, auch in unwegsame Regionen, in schwere See, bei der Meerfahrt ins Uferlose, in diese herrliche Welt mit Erlebnissen durchdringenden Verstehens (von Menschen, Sachverhalten, Texten), von Erhebungen, der freien Höhen und der Fährnisse, in deren Abenteuer der Seele und dunkle Lebenszauberei Menschen im Labyrinth der Texte verwickelt werden, in diese viele Unschuldige blutig reißende, maligne Welt, voll ungesühnten schreienden Unrechts (was macht die geschundene, altersmüde Mutter Erde mit all dem frischen Blut, das sie in sich zurücknehmen muss?). Vergleichbar manchen Bildern Rembrandts: Dreck und Gold; Magie, in Dunkel versenkt. Die Wahrheit Jesu Christi kommt zur Welt und findet Eingang in Dreck und Gold und Dunkelfelder des Lebens, in die Unwahrheiten der fleckigen Seele, in die armselige Leiblichkeit alles Menschlichen, in die räudigen „Werke des Teufels" (um sie restlos zuschanden zu machen). Die Wahrheit war einmal und ist heute.

Und die Bemühung des westlich spätmodernen Bewusstseins, diese angeblich aufgebrauchte Substanz „Wahrheit Jesu Christi" endlich auszuräumen? Die Grundlagen seien erodiert. Ihre Probleme scheinen allzu handlich. *„Leute sind das, die, mag sein, viel fühlen, aber wenig denken. Außerdem: immer nur den schwarzen Sargträgerhut in der Hand. Schon ein bisschen Philosophie hilft."* Allenfalls, heißt es, stößt man noch auf das ausgezehrte Schemen „ehemaliges Christentum": daniederliegend und innerlich erloschen, ohne Idee, ein hässlich gewordenes Gerinsel seiner selbst und interessant allenfalls noch als ein historisches Phänomen (mag es in Ausläufern bis in die Gegenwart reichen).

Umgekehrt: Der christliche Glaube wird eines Tages wie schon den „Kommunismus" so auch „die Moderne" in der Pfeife rauchen. Und (die Vorstellungskraft versagt) womöglich, um Gottes willen, wird die größenwahnsinnige, sich großtuende technische Welt in einer kalten Nacht mit einem Eisberg kollidieren.

2.2 Vieles verdient keinerlei Respekt.

Die „Toleranz"? Hat Grenzen – die man allerdings nicht immer trennscharf kriegt. Doch ist sie zu üben weniger dringlich als bei der Wahrheit zu bleiben. Die Händler und Wechsler im Tempel erfahren keinerlei Toleranz (Mk 11,15-17; ist die Erzählung uns peinlich?). „Der gebildete Mensch hat die Pflicht, intolerant zu sein."[65] Und der große Karl Barth schreibt mit dem hinreißenden Schwung des Genies: Christus „ist die Intoleranz selber. Er will herrschen. Er will siegen. Er will Alles."[66] Erst von dieser „Intoleranz der Offenbarung"[67] aus geben sich deutliche Bilder echter Toleranz zu erkennen und ergibt sich das Markieren und Abschreiten und Erleiden ihrer Grenzen.

Viele Fragen müssen kühl zurückgewiesen und draußen gehalten werden, manche Fragezeichen sind bereits unsinnige Vortäuschung und Schwindel, nicht allem

---

65 Nicolás Gómez Dávila, Es genügt, dass die Schönheit unseren Überdruss streift. Aphorismen. Ausgewählt und hg.v. Michael Klonovski, 2007, 97.

66 Der Römerbrief (Zweite Fassung) 1922 (= GA 47), hg.v. Cornelis van der Kooi und Katja Tolstaja, 2010, 599.

67 Rudolf Bultmann, Das Evangelium des Johannes, 1964, 288f.

ist Platz zu machen. Wir benötigen kein Kultur-Christentum mit wässrigen Augen (das mit den abendlichen „Kulissenverschiebungen"), sondern immer auch eine rauhe Ablehnungs- und Absagekultur („Absage an Geist, Logik und Praxis der atomaren Abschreckung"). Scheinprobleme und Leugnungen (als wäre Christus nicht auferstanden) müssen gegebenenfalls auch ausdrücklich abgewiesen werden. Sich aus einer falschen Welt herauskämpfen. Die versteinerte Miene, kluge Geringschätzung und Verachtung, Fernhalten, mindestens die Verweigerung des Segens (das Aussetzen der in verschiedenster Weise vorgenommener Segnung der Waffen). Wie setzt man die Nadel an, um brandige und verdorbene Luft aus Sinnblasen abzulassen? Nicht mit jedem Unsinn muss man sich befassen oder irgendeinen Sinn aus ihm herauspressen. Mitunter bleibt nichts anderes übrig als tiefe Gräben auszuheben oder anzuerkennen zwischen hier und dort („Religion" und „Offenbarung"). Kurz gesagt: „Behüte dein Herz mit allem Fleiß!" (Spr 4,23) Am Ende besteht dieser Fleiß darin, Abstand zu halten vom Krokodil. Nicht unter allen Umständen, natürlich nicht, ist dabei „Intoleranz" zu vermeiden.

Der mörderische Islamismus und sein Nährboden? Es sind die Füße derer, die, einmal wieder, „eilen, Blut zu vergießen" (Röm 3,15; Jes 59,7), weil sie keine Menschen sehen, sondern irgendetwas, Faschisten, Schemen, emanzipierte Frauen, Ungläubige, anonyme Angehörige eines Feindlichen – oder gar nichts erkennen. Die Heil-heiseren „Deutschen Christen", auf dunkler Scholle? Werner Finck in Zeiten des Irrsinns: „Man kann gar nicht weit genug zu weit gehen" und beim Erscheinen auf der Bühne (Komik tötet): „Heil – wie war noch mal der Name?" Die Politik der „Apartheid"? Gut, dass es, wenigstens zeitweise, ohne jede Toleranz und Gesprächsbereitschaft (an deren Aufrichtigkeit ohnehin am Ende kaum jemand glaubt), Abgrenzung und scharf gezogene Spaltungslinien gibt – mit entzweiender Kraft, mit Verrat an jener „Moralmeute", die Blut riecht, die nach Tod riecht, nach Billigtod, mit Abkehr vom massenhaften Ich, dem schmierigen Rauch. „Du sollst der Menge nicht auf dem Weg zum Bösen folgen." (2. Mose 23,2) Verheerend dann die fatale Überschüttung mit Sentimentalität: wenn sich jemand mit dem Appell „Nächstenliebe" vermittelnd zwischen die Streitenden wirft (zwischen Jesus und die Händler und Wechsler im Tempel, zwischen Jesus und „die Pharisäer und Schriftgelehrten").

Erscheint bereits fragwürdig, sich, bevor sie zerreißen, die Ohren zuzuhalten? „Wer nicht zürnen kann", so Barth in einer Predigt, „der ist ein Lump. Wer es mit Gelassenheit ertragen kann, was der Größenwahn der Menschen für Verheerungen anrichtet, der hat nichts Heiliges zu hüten."[68]

Der Glaube, weil er Menschen unmittelbar wird, zeigt sich als auch emphatisches oder drastisches, impressives Affektgeschehen, als Sprung zu Impulsivität, Über-

---

68 Karl Barth, Predigten 1919 (= GA 39), hg.v. Hermann Schmidt, 2003, 252.

mut, Spontaneität, aber auch zu Grobheit, Unfreundlichkeit, Härte, als Gang zu mentalen Orten, die man vielleicht ansonsten eher meidet. Keine Frage, dass nicht unterschiedslos jeder Zorn verwerflich ist und als solcher schon „Hassrede". Der absolute Hass auf den Krieg (der jedes Verbrechen kennt)? Darf man immer nur leise hassen, innerhalb der eigenen vier Wände? Dem Schandbaren, den „Methoden des Teufels" (Eph 5,11), den Teufeleien gegenüber – ist das zurückhaltend Formulierte verächtlich und Hass die höchste Lebensvernunft. Die hassenswerte Kumpanei mit gewerbsmäßigen Banditen. Der „Generalverdacht" (verpöntes Wort, aber ab und zu sehr angebracht) gegen die Rüstungskonzerne und die Waffenlobby. Der intuitive Widerwille muss ja gar nicht irreleiten, kann ja ganz im Recht sein. Ein informiertes, kaltes Verabscheuen, wie jeder weiß, kann geeignet sein, hellsehen zu machen und einen eigenen Scharfblick auszubilden. Ein extremes Beispiel, als die Mörder und Schlagetots umgingen: der Fluch auf den, der doch in Deutschland von vielen herzlich geliebt und verehrt wurde, der Fluch auf Hitler in einer Rundfunkrede Thomas Manns: „Gott im Himmel, vernichte ihn!".[69] Nicht weniger extrem: Luther sieht die Vergewaltigungen des Gewissens für verabscheuungswürdig an, das Schüren von Höllenangst im Interesse kirchlichen Willens zur Macht. Die Feindesliebe, die zur feindlichen Person, schließt Erbitterung und Widersetzlichkeit gegen den „altbösen Feind" (ihm, wenn menschenmöglich, wutentbrannt im Weg zu sein) nicht nur nicht aus, sondern verlangt sie. „Hasst das Böse!", ruft der Apostel (Röm 12,9).

„*Auch der Hass*", brummte der Weise, „*hat nun einmal seine Zeit, nicht nur das Familiäre und Gefühlsweiche, der Unwille zur Kontroverse. Sondern auch der Kältestoß, der frieren macht, auch das Ausreißen, das Wegwerfen der Steine, das Zerreißen und Zertrümmern, der Streit (Pred 3,1-8; Spr 8,13; Jer 1,10). Mag sogar sein, all das zeigt sich gerade als Wurf einer starken Liebe und geradezu als Trost. ‚Trösten ist etwas Weiches, Sanftes, aber auch etwas Hartes, Starkes, und eins nicht ohne das andere' erklärt Barth.*[70] *Selbstverständlich sind wütende Tränen, erbitterter Unwille und wenigstens Fernhalten in vielen Fällen das einzig Richtige. Vieles darf niemals toleriert werden und muss unversöhnt stehenbleiben. Regelmäßig nur das Gefällige zu bespielen und für jeden und jede Rosen streuen zu wollen, ist verächtlich. Dass ein christlicher Affekt diesen oder jene ‚seelisch verstören könnte', kann gar nicht vermieden werden, und manchmal wird es, wenn man deutlich wird, auch böses Blut geben und wehtun. Nur wer vor dem Bösen die Augen schließt, wird jedem Konflikt aus dem Wege gehen und jedem Fanatiker begütigend die Hand auf die Schulter legen wollen. Mancher Hass darf aber nicht ausbrennen.*"

Indessen ist das Publikum gewohnt, von der christlichen Kirche nicht verschreckt zu werden. Darf sie also nur auf das „Bauen" setzen, das „Weiche", das „Sammeln

---

69 An die gesittete Welt. Politische Schriften und Reden im Exil, 1986, 515.
70 Karl Barth, Predigten 1920 (= GA 42), hg.v. Hermann Schmidt, 2005, 36.

der Steine", das „Zunähen", die „Harmonisierung", das „Einvernehmen" etc., auf das öffentlich womöglich zwar nicht Konsensfähige, aber doch Akzeptierte, auf das politisch Opportune – oder darf sie auch nur einen Takt über das hinausführen, was ohnehin alle besseren Spatzen von den Dächern pfeifen? Wenn sie tatsächlich deutlich würde, müsste sie ihren doch ohnedies schwindenden Einfluss in der Politik und auf das (medial überzeichnete) Publikum, öffentlich-rechtlich, dann wohl aufs Spiel setzen. Zum Beispiel (Margot Käßmann, bereits 2010): „Alles ist gut in Afghanistan? Nichts ist gut in Afghanistan." Daraufhin ein kurzes Vibrieren der Öffentlichkeit, mehr nicht (dreizehn Jahre später ist alles nicht nur nicht gut, sondern schlimmer).

Wiederum nein: Ihrem Auftrag nach ist die Kirche weder Sozialtherapeutin noch verschämte, genieriche Anerkennungsbettlerin noch Selbstvermarkterin und Vertreterin partikularer Interessen, nicht darauf angewiesen, in der Agenda der Nachrichtenwelten, in irgendeiner Öffentlichkeit (als Pflegerin von deren meist übellaunigen Reizbarkeiten und Anwandlungen) vorzeigbar zu bleiben oder sogar Recht zu bekommen. Wie weit geht bei alledem ihre geistige Unerschrockenheit? Sollte sie nicht spätestens dann abdanken, wenn sie harmlos geworden ist? Kann es erforderlich werden, statt die Fahne „kulturbestimmender Kraft" aufzuziehen, im Nachrichtenschatten zu bleiben oder es sich mit der Öffentlichkeit zu verderben und sich die Freiheit zu nehmen, deutlich zu sagen, was sie keinesfalls hören will: dass, sagen wir, nicht nur der Preis der neuzeitlichen Technik zu hoch, sondern ihr von vornherein den Menschen vergötzendes, gewaltsames Wesen schon an sich schandbar ist. Dass die schwarze Masse der Vernichtungsmittel zum Teufel zu wünschen statt weiter anzuhäufen ist. Dass Christen, so sie solche sind, Gott selbstverständlich mehr gehorchen als den Menschen (Apg 5,29). Kaum noch können ja „Gott" und „Christus" als politisch gut und kulturell korrekt gelten. Allenfalls bezieht man sich noch auf ein „christliches Wertefundament" (wertvoll für den „Zusammenhalt des Landes") oder „das christliche Menschenbild" (meist kommt es freilich, wenn es als konkrete politische Orientierung näher bestimmt werden soll, auf Plattitüden hinaus, zum Beispiel auf die „Fehlerhaftigkeit" des Menschen).

2.3 In ungerührter Fraglosigkeit

Und – ein gutes Kriterium – der christliche Gebetsglaube? Das Wort „Gebet" auch nur in den Mund zu nehmen, wenn gefragt wird, was zu tun ist, stößt allerdings sofort auf höhnisches Lachen. „Die Welt" wird den Betern amüsiert den Rücken zukehren. Augenblicklich sind Spott und Häme zu erwarten, überall „in den Straßen der Stadt".[71] Die Betenden werden das auch in Kauf nehmen können. Doch, weiß der Glaube, die Welt wird eine andere, wenn sie im Gebet erscheint, und Gott, der allmächtige Gott, antwortet, auch den Gebeten derer, die, wie es unbarmherzig heißt, für die Gesellschaft nicht mehr von Bedeutung sind, die vielleicht nichts anderes tun (in Wahrheit sehr viel tun) als die Angst der Anderen mitzudenken, aufrichtig an ihr Anteil zu nehmen und ihren Gefühlen so gut es geht zu folgen. Zum gnädigen Gott, weiß der Glaube, dringt es vor, das Murmeln und Flüstern derer, die vollständig einsam dastehen (wenn das ringsum anzutreffende „Zion", alt und zerfurcht, das Kopftuch unterm Kinn zusammengebunden, gedrängt an Orte, an denen es sonst niemanden gibt, seine Hände ausstreckt; Klg 1,17). Das Flehen und Danken der Sterbenden (die von den Lebenden niemals verstanden werden können). Dávila: „Meine Überzeugungen sind die eines alten Weibes, das im Winkel der Kirche seine Gebete murmelt."[72] Gott antwortet, weiß der Glaube (Ps 34,5), und spricht hinein in den Winkel der Kirche.

Nicht jeder Angriff auf den christlichen Gebets-Glauben muss allerdings auch noch eine kirchliche Bühne bespielen dürfen, muss mit Aufmerksamkeit belohnt oder gar ernstgenommen werden. Überhaupt können sie unterbleiben, die verschreckten Bemühungen um die „Anschlussfähigkeit" der biblischen Botschaft an das herrische heutige Bewusstsein. Irgendwie denn doch eintauchen in den gesellschaftlichen Üblichkeitsfluss (mit seinem Bruchholz und seinem hochgespülten antichristlichen Gedankentreibgut)? Wie steht es jedoch – nur das ist die Frage – um die Anschlussfähigkeit der Gegenwart an die biblische Botschaft. Hat sie im geringsten schon zu ihr aufgeschlossen? Zeitweilig kehren sich ja die Verhältnisse um und wird der Hai zur Beute oder, wie bei *Moby Dick*, werden über Nacht die Walfänger vom Wal gejagt.

Sorgenvoller Befürchtungen jedenfalls bedarf das Evangelium nicht, sie verbieten sich. Die Kirche Christi, Christi tapfere Kohorte, legt der Zeit unerschütterlich das Evangelium Jesu Christi vor, weiß sich von ihrem Herrn gewollt und geheiligt, hat ihrerseits kompromisslose und folgenschwere Ansprüche, erträgt deshalb möglichst stoisch sogar drastische Geringschätzung, nimmt sie möglichst ungerührt hin: die Mitleidsbekundungen mit dem für entkräftet gehaltenen christlichen Glauben, dem hochbetagten (etliche Pathosrückstände in ihm aufbewahrt, heißt es), mit diesen Menschen, den Christen, aus dem Zeitalter vorneuzeitlicher Lichtlosigkeit, die mit ihrer Sache ja längst nicht mehr durchkommen und froh sein können, wenn sie heute überhaupt noch … etc. Ja, die Kirche Christi steht im Dienst eines seinerseits stets schon Angegriffenen und Abgelehnten, einer Hassfigur für maßgebliche Kreise, eines „Zeichens, dem widersprochen wird" (Lk 2,34; Joh 15,18f), und sie bringt

---

71 Uwe Kolbe, Psalmen, 2017, 8.
72 S. Anm. 65, 117

darum womöglich eine vielfach durchaus unerwünschte Wahrheit vor. Mag sein, schlimmstenfalls, aber wohl doch nicht selten: Sie steht geduckt unter schneidender Windpeitsche, dem aufrührerischen „Geist der Böe"[73] – wird aber auch dann umso mehr im Dienst am Evangelium bleiben, am Wort der Wahrheit, das sich nicht an Aktualitäten bindet, nicht um Geltung kämpft, sie nicht nur beansprucht, sondern sie mitbringt, in ungerührter Fraglosigkeit, zeitresistent, seinerseits anspruchsvoll, nicht gewillt, um Milde zu bitten, und darauf auch nicht angewiesen.

2.4 Österlicher Grundherr

Verfällt, wer Grenzen und Brandmauern der Toleranz markiert und stattdessen vorrangig das unbedingte Erfordernis tragender Sockel und Fundamente geltend macht, der Brandmarke „Fundamentalismus" (vermutlich fallen bereits die frommen Christen darunter, die ganz frühen, die Urchristen, und die ganz späten, wir)? Oder wird die Sprachfloskel im gängig gewordenen Sprachgebrauch nur gedankenlos verwendet, weil völlig anderes gemeint ist. Tötungswütigen Fanatismus, Terrorismus und Verblendung von Religionsverbrechern zu bezeichnen ist das Wort „Fundamentalismus" untauglich. Nicht darin kann ja das Übel bestehen, das Leben gegründet und nicht stürzend sehen zu wollen. Wer je in der Situation war, den Boden unter den Füßen zu verlieren, weiß, wovon ich spreche. Welch unbeschreibliche Erleichterung es bedeutet, sich nicht selber tragen zu müssen (weil dort nichts Tragendes vorhanden ist), sondern aufgefangen und auf neuen Grund gestellt zu werden.

Natürlich muss niemand in die Tiefe hinunter, solange er getragen wird. Wenn aber unter mir der Boden nachgibt? „Gott, hilf mir, denn das Wasser geht mir bis an die Seele. Ich versinke in tiefem Schlamm, da kein Grund ist" (Ps 69,2). Ich lebe „über einem Dunkel", unheimlicher: über dem Inferno, mit einer „durch den Boden gedrungenen Spitze einer Höllenflamme".[74]

„Ich bin sinnloses Selbst, nicht fasslich, wie unter einem Schleier, ein Leben ohne Klang, geladen nur mit irgendeiner Hysterie von irgendeinem Außen, ohne Anhalt und Grund. Ein Tag stößt mich in den anderen. Kann es sein, dass mir überhaupt nichts auferlegt ist? Dass die Erde mich nur hingespielt hat? Dass Kazantzakis recht hat: ‚Ich erhoffe nichts. Ich fürchte nichts. Ich bin frei'.[75] Wirklich ‚frei'? Eher nirgends.

---

73 Dylan Thomas. Aus dem Gedicht „Und dem Tod soll kein Reich mehr bleiben" (Arbeit am Wortwerk. Gedichte und Geschichten, Leipzig 1985, 173), Übersetzung von Adrian Nichols, Frankfurter Anthologie, FAZ 26.4.2019.
74 Franz Kafka, Tagebücher, hg.v. Hans-Gerd Koch u. a., 1990, 572.
75 Wikipedia-Artikel „Kazantzakis".

Ich bin wie ins reißende Wasser geschrieben. ‚Here lies one whose name was writ in water' (Epitaph des John Keats).[76]"

Unbegründet durchs Leben zu gehen, bodenlos, also gar nichts als verbindlich anzuerkennen und aufrechtzuerhalten, der ernsthafte Grundsturz – ist unmöglich. Bei Bedarf auf ein gutes Fundament und ein Aufruhen der Existenz ausdrücklich zurückzukommen, darf nicht verboten sein (unausdrücklich geschieht es ohnehin). Der hochbesetzte Ausdruck „Fundamentalismus", nimmt man ihn im Wortsinn, passt nicht, weil er nichts von der wilden Unterströmung wissen will. Er führt in die Irre. Man sollte ihn aus dem Verkehr ziehen.

In endgültiger Gewissheit vertraut sich das Neue Testament einem tragenden Boden an. Es ist ein unfassliches Wunder vor den Augen seiner Autoren, dass sich die Auferstehung Jesu Christi der Welt als eine ewige Grundierung unterlegt hat. In der Tiefe ist Wahrheit? Nein, „Tiefe" als solche bleibt ambivalent, kann auch die Grundlosigkeit des Bösen sein – wo ein Kältestrom die Welt mitreißt, als wäre sie eine Masse treibenden Schutts. Vielmehr ist von Ostern an, von Jerusalem und Galiläa an, von Gott selbst dieser bestimmte österliche Grund „gelegt" (1. Kor 3,11), Jesus Christus, der Auferstandene, der Grundherr. Menschen finden sich dann in neuer Voraussetzung und betreten lebenslang den „Grund der Erden": „Dein Wahrheit bleibt zu aller Zeit / gleichwie der Grund der Erden / durch deine Hand bereit" (EG 295,4). Nur die Christus-Wahrheit, jenseits (*extra nos*), gibt ein Fundament ab, das man nicht mehr untergraben, auf dem man dann auch die Angst des Ausgesetztseins überwinden kann, wo im gegenwärtig zu beobachtenden Verfließen der Geltungen eine Reihe von sichtbaren großen Bojen in aufgewühltem, schäumendem Meer der Ungewissheiten ausgebracht werden kann: vorgegebene Stromlinien dann auch für ruhige Vernunft und Augenmaß im Abschätzen der Wirbel, Driften und Strömungsumkehren.

Aber sich selbst in sich selbst befestigen? Ein Schiff, das sich in sich selbst verankert? Absonderlicher Vorgang – der zudem, wenn irgendwie scheinbar gelungen, mit Sicherheit rückgängig gemacht werden kann: Oft mühelos können solche Selbst-Anker gelichtet werden. Nicht so der „Anker unserer Seele" (Hebr 6,19).

2.5 Jesus Christus / Wahrheit

Kann man aber darlegen, was „die Wahrheit" ist? Ja. Wenn man ernstnimmt, was „Offenbarung" sagt. Wenn man weit genug in biblischen Grund zurückfragt. Die Wahrheit – ist diese endgültige Person, der Offenbarer. „Ich bin der Weg, die Wahrheit und das Leben" (Joh 14,6). Sie ergibt sich nicht, theoriestreng, als

---

76 Wikipedia-Artikel „John Keats".

Übereinstimmung von Aussage und Sache, markiert keine logische Figur oder eine Eigenschaft von Sätzen (all das in abgeleiteter Form im Nachhinein). Über das Wesen der Wahrheit ist entschieden. Leibhaftig gibt sich mit dieser Person die unfehlbare Wahrheit und Unverborgenheit – Gottes. Jesus Christus ist der göttliche Wahrheitsmensch. „Seine Wahrheit", die Christus-Wahrheit, „ist Schirm und Schild" (Ps 91,4), schirmt den Weg, erlöst vom Bösen.

Nebenan atmet sie alle Tage, auch noch, wenn ich werde gehen müssen, bis zum ganz und gar lichten Tag, „bis an der Welt Ende". Man kann sie lieben. Sie verhält sich mir zugewandt, sie schaut, sie spricht und ist ihrerseits ansprechbar. Weil ich allezeit auf Wahrheit und Liebe warten darf, hebe ich meinerseits sehnsuchtsvoll dem Gekreuzigten und Auferstandenen, dem Lebendigen, mein Gesicht zu – und renne dann gleichzeitig unentwegt an gegen das Böse, das Hochmögende, das Schwindelerregende und Sich-Verhehlende. Gegen die Unerbittlichkeit und Gemeinheit des von einem herausfordernd missgünstigen Schicksal Gegebenen und Verhängten, seiner Willkürmacht (wenn seine großäugigen Würfel unvorhersehbar rollen, wenn die Schwächsten achtlos, nach Belieben, gefressen und aufgezehrt werden können). Gegen das „wunschlose Unglück"[77], das nach einem wahren Leben zu fragen sich gar nicht mehr traut, zufrieden schon, wenn es nicht viel beachtet wird. Gegen das dem Leben unbegreiflich innewohnende, manchmal unvorbereitet hervorkriechende nackte Entsetzen – eine Plötzlichkeit, eine Diagnose, ein Anfall, wie „ein Dieb in der Nacht" (1. Thess 5,2).

Den neutestamentlichen Zeugen bietet sich eine Einsicht, die den Atem raubt: Die Wahrheit Gottes hat einen irdischen Lebenslauf, sie präsentiert sich als Daseinsspanne und Ereignisfolge aus Möglichkeitsbedingungen, Umständen, Gelegenheitsfenstern. Das Ewige ereignet sich – nicht als das Zeitfremde und Unzeitige, sondern als Geschehnis und einzigartige Begebenheit. In Gestalt dieser heiligen, großen Begebenheit tritt Gott hervor, Gott selbst – als flutende Bewegtheit des Lichts, als ewig farbiger, anbrandender Ozean: in der fließenden Geschichte des wahrheitlichen Menschen Jesus Christus. Deutlich dramatisiert er sich: in einer Lichtader, in einer Biographie der Wahrheit, ihrer szenischen Lebensbahn: des Kindes von Bethlehem, des Sterbenden und Auferweckten. Eben dort, nur dort, lässt sich die Kontinuität gleitender Tableaus und Szenen der Wahrheit entdecken, ein Bildteppich, das Drama der Tiefe (mit entsprechender Fallhöhe) – die große Stellvertretung durch eine vollendete Lebensbahn.

In Menschengestalt zieht mit ihm „die Klarheit des Herrn" in der Welt auf, das fremde Licht, schön und berückend und verstörend in seiner lichten Anmutung, grundanders und verlockend. Es widerfährt, es verläuft und stürmt dahin – die Klarheit des Herrn nimmt Gestalt an, gestaltet sich als eine Geschichte, als eine Folge von Klarheiten. Auf den Auferstandenen, auf seine Lebensbahn, stürzt die Flut des

---

[77] Peter Handke, Wunschloses Unglück. Erzählung, 1972.

Lichts (Offb 1,16), heller als die Sonne (Apg 26,13), eine Brandungszone. Erblickt wird in der *doxa* des Auferstandenen, in der Neuen Klarheit, nicht ein einzelner Lichtfunke oder ein gesondertes Bild. Sondern vor Augen tritt die Erhabenheit seiner Person, das ist: die Herrlichkeit des Weges, der Wahrheit und des Lebens, der ewigen und zugleich irdischen, ausgebreiteten, erzählbaren heiligen Begebenheit Christi.

Durch sein österliches Wiedererscheinen klart sein Leben als Wahrheit auf: Es erscheint jetzt unverborgen. Sein dramatisch bewegtes, konfliktbefrachtetes Geschick: die Fülle der Narrationen, mächtige, beseligte Bewegungen, Prozesse und Läufe, Lied und Sang seines Lebens in Gänze, der Chor der Geschichten, vollmächtige Worte und vollmächtiges Schweigen, manchmal überwältigende Empfindungen, Affekte oder deren Verweigerung – es ist alles, samt und sonders, aus dem „Stoff, aus dem die Wahrheit ist". Bleibend hat sie in diesem Leben Wohnung genommen. Jedes Wort von ihm bedeutet „Wahrheit". Sein Geschick ist Wahrheit. Im mächtigen Fluss der Ereignisse zeigt sich, jetzt als sinnlich erkennbar, das Sein Christi: helle, fassliche Wahrheitssequenz, Neuwahrheit, mit in ihr wohnender existentieller Wucht und Nachdrücklichkeit, die vollendete, in einem Zeitengang ausgebreitete, alles durchblendende, „allerneuende"[78] Klarheit Gottes, ein Hervorbrechen eigener Freude an der Wahrheit (1. Kor 13,6), anlässlich jeder Begegnung und jedes Widerfahrnisses. Als der, der er zu Zeit und Zeiten schon war, ist Gott aus sich selbst hervorgetreten und hat sich in großem Geschehen neu und eigenartig dargetan.

Unsererseits bei der Wahrheit zu bleiben, heißt dann jedesmal, bekennen: Jesus Christus, Christus allein, ist der klare Gott und Mensch vom Anfang und dann auf der Bahn von Bethlehem und Nazareth und Jerusalem und Galiläa (und „Galiläa" geht auf und öffnet sich und reicht bis zu uns und bis in die Ewigkeit).

Die Behauptung einer personalen, je jetzt begegnenden Wahrheit bleibt umgangssprachlich kaum vollziehbar. Ausgeschlossen mit der Anerkennung dieser Akut-Wahrheit wird aber jede Flucht in die abstrakte Erörterung, das Ausbrechen aus meinem konkreten Jetzt – wenn ich nicht bleiben will, wo ich bin. Flucht überallhin? „Hiergeblieben!", bittet sie, ruft sie, „genau hier, in die herrliche Lichtung ‚Jetzt' gestellt, in das ‚Glaubens-Jetzt', das ‚Christus-Jetzt', in volle Gegenwärtigkeit." Bei Christus geblieben – der den Zeitflüchtling geistesgegenwärtig haben will. „In dir ist Fortgehen genug."[79]

Wer für die Wahrheit gewonnen ist, orientiert sich dann nicht lediglich an einer auf Ethik angelegten Utopie und deren Verhaltensregeln (hält das Ideal „Nächstenliebe" hoch), wird sich vielmehr gerade darin zurechtfinden, dass er dieser Person Treue bewahrt, sich getreulich im Umkreis Christi, also in der Unverborgenheit

---

78 Hölderlin, s. Anm. 7, Bd. 1, 356.
79 Botho Strauß, Vom Aufenthalt, 2009, 43.

Gottes am Leben hält, rings um ihn her. Mk 3,34: „Er schaute rings um sich auf die, die um ihn im Kreise saßen, und sprach: ‚Siehe, das ist meine Mutter, und das sind meine Brüder.'" Die ihrerseits jederzeit die Wahrheit beugen und verformen, hat er zu sich herangeschaut und herangerufen. Die Kirche, von der Unwahrheit weggezogen, für die Wahrheit gewonnen, bleibt bei ihr, ist „aus der Wahrheit" (Joh 18,37), existiert von Christi Gnaden (und nicht von Gnaden einer Verabredung von Gleichgesinnten). Sie lebt als die ringsumher in sein Blickfeld, in ein Nähe- und Wahrheitsfeld zusammengerufene, dort hineingelaufene oder -gestolperte und sich auch dort wissende Gemeinde. Gemeinde um Christi willen, Gemeinschaft der Heiligen und dann Kirche im dankbaren Dienst. In seinem Umkreis bewegt sie sich, um ihn her, von ihm angesprochen und in Anspruch genommen, im Hallraum seiner Stimme, in Christus-Sphäre und Christus-Milieu.

2.6 „Die Liebe heftet fleißig die Augen."

Liebe geht los und zeigt jetzt ihre Farben. Ihre Sphäre? Einfach genug: die Sphäre seines Blicks. „Er schaute rings um sich auf die, die um ihn im Kreise saßen."

„Von dir kommt mir ein Freudenschein, / wenn du mich mit den Augen dein / gar freundlich tust anblicken" (EG 70,4). Im Lichtkegel, gesehen jetzt vom Auferstandenen, bin ich umso mehr der „Christenmensch" (Luther), der Christus-Mensch, leider häufig furchtsames Christenkind, aber ein „Kind des Lichts" (Eph 5,8), Kind unverlierbaren Gesehenwerdens, in einer Augenblickswelt. „Du bist ein Gott, der mich sieht", heißt es (1. Mose 16,13), und: „Eines jeden Wege liegen offen vor dem Herrn" (Spr 5,21). Entdeckt ist der Schöpferblick auf das Geschöpf „Mensch" – auf ein Kind, das nichts tun muss, um an Liebe satt zu werden, das eingefangen wird, umfriedet, beschützt von einem elterlichen Blick.

„Dich habe ich erschaffen, dich habe ich von Anfang an gewollt. Niemals wird diese Frühe dich verlassen, mein Bundespartner und Sorgenkind, mein Freudenschein. In ungezählten Augenblicken, in unerwarteten, schieren Intuitionen des Augenblicks, werde ich dich bei deinem Namen rufen."

Vom „reichen Jüngling" heißt es: „Jesus sah ihn an – und liebte ihn". Ein Blick, der ihn allerdings mitsamt seinem Götzen hätte zerbrechen können. Sah ihn an, mit reinem brüderlichem Blick, der sich nicht abkehrt, der jeden verdreckten Götzen aufzufinden weiß, der sich auch dem Toten im Menschen zuwendet. Als wenn er sich erklärte: „Ich seh dich trotzdem gern" – Christus, der sehende Gott, voreingenommen von wunderbar „fleißiger" Liebe. „Die Lieb auch heftet fleißig die Augen", heißt es bei Hölderlin.[80]

---

80 S. Anm. 7, Bd. 1, 475.

„*Sie wird auch auf meine Todesstunde die Augen heften. Tröstend der Choral (EG 476,4): ‚so blicke mich mit deinen Augen an, / daraus ich Licht im Tode nehmen kann.' Blicke mich an, den götzenhaft Aufgestellten, Kain, Aaron, den reichen Jüngling, den reichen Mann aus dem Gleichnis, den Pharisäer. Nimm mich dann gefangen.*"

Der Glaube ist dann Augenblicksbewusstsein und Augenblicksstätte, der Unglaube aber hat das Gesehenwerden verloren. Außerordentlich schön ist Bonhoeffers Wendung: „Glauben heißt gefangen sein von dem Blick Jesu Christi".[81]

Christus, die Liebe, senkt nicht den Blick zur Erde: wie in Erich Kästners traurigen Gedichtzeilen: „Manchmal schaut dich einer an, / bis du glaubst, dass er dich trösten werde. / Doch dann senkt er seinen Kopf zur Erde ..."[82] *Nein, er nicht. Getrost kann ich erwarten, was kommen mag. Er versteht alles. Sonderbarer Bannkraft – einer in schweren Bann ziehenden, glücklichen Befreundung – konnte ich mich nicht entziehen. Ich sehe mich gesehen und kann mich der Zusage anvertrauen: „Ich will dich mit meinen Augen leiten" (Ps 32,8). In die Christus-Sphäre und das Christus-Milieu, in sein Gesichtsfeld, bin ich einberaumt, in seine Obhut hineinverwirkt und in die unbeirrte Stetigkeit seines gnädigen Blicks, in ein engmaschiges unsichtbares Fischernetz oder eine Fischreuse, bei der es kein Zurück gibt. Ich habe mich fangen lassen von Menschenfischern (meinem Vater, der Großmutter, dem Pastor am Dom) – einsichtsloses, dummes, nichtsahnendes, korruptes Ich, der dümmste oder tatsächlich farbloseste aller Buntfische, der „Zertrümmerer" Seewolf mitunter. Ich war und bin Kind und Eingefangener: einer, dem unerwartet frühe Ahnungen und Witterungen, Zeichen und Bereitschaften zuteilwerden, dem verlässliche Zusagen gelten; ansehnlich, ungeachtet innerer Hässlichkeit; der in Liebe fällt, der bei ihr unterkommt – der, mit Raumfühlung und Raumwissen des Glaubens, ruht in der großen Begebenheit.*

2.7 Man kann darin versaufen.

Mich, den Unwahren, der ich mich mir im Grunde verhehle, kennt und sticht diese Wahrheit heraus, zieht mich fort und setzt mich um, in dieses Blickfeld. Ich bin dann „in" der Wahrheit. Christus: von überallher, allbezüglich. Ich ruhe in ihrem magischen, belichteten Tiefenraum, in mir leben Kraft und Vermögen eines ganz eigenen, erleichterten und stolzen Sphärengefühls. Von allen Seiten umzieht und umfließt sie mich (Ps 139,5). „In" dem Herrn freue ich mich und lache (Phil 4,4), werde ich dazu begabt, dass sich mein Leib und meine Seele freuen (Ps 84,3). „Im" Lied des Lebens Christi klinge ich mit. Wie beim Hören von Musik: Erlebt wird ein In-der-Musik-Sein, bei dem ich am ehesten wahrhaft gegenwärtig bin. Ich habe es nicht,

---

81 Dietrich Bonhoeffer, Ethik (= DBW 6), hg.v. Ilse Tödt u. a., 1992, 138.
82 Doktor Erich Kästners lyrische Hausapotheke. Gedichte für den Hausbedarf der Leser, 2017, 24.

ich bin darin, in die hohe Flut gerückt, entäußert, wenn es sich in einer Verzauberung des Momentanen ausbreitet und mich umfängt. Erleben, aber keineswegs erklären kann ich Musik und das Gefühl der Sicherheit im Glück – und am wenigsten den christlichen Glauben. Das ist auch unnötig. Zwei Stimmen dazu: Christian Lehnert: „Im Glauben gibt es kein Ufer."[83] Als ob die Ufer sich von selbst zurückzögen. Und Ilse Aichinger: „Man darf nicht darüberstehen, man muss darin versaufen."[84] Nicht, welche Richtung er immer einschlägt, in den Strömungen des Zeitgeistes, aber im zielgerichteten Fortgang der Versöhnung mit Gott, im Heiligen Geist, in unglaublicher Zweifellosigkeit. „Glaube macht würdig, Zweifel macht unwürdig." (Luther)[85]

Ertrinken kann der dunkle Mensch im ganz Hellen, in Milieu und Erscheinungsmacht Christi, in seiner Anwesenheit. Wen sie berührt, dichterisch gesagt, der „steht jetzt auf und geht im Licht davon"[86] Vollständige, traumhafte Präsenz, eine neue Präsenz ohne Vergleich, geht ja von seiner Person aus, von den Anwesenheits-Worten, den Anwesenheits-Taten – selbst seinem Anwesenheits-Schweigen. Der christliche Glaube ist Anwesenheits-Glaube, zeigt sich als Sein auf dem Gegenwarts- und Jetztgrund Christi, als innerer Brand, Dramatik, Elan, Freude und Leidenschaft des Herzens angesichts seiner Nähe, pochendes Präsens. Überraschend hat Heidegger den Geschehenscharakter (das verbale Wesen) der „Anwesenheit" herausgestellt. Christus „west an", sein inneres Wesen kommt auf die Glaubenden zu, er „naht sich" (Lk 24,15). So sehr ist Gott im Dornbusch nichts als da („Ich. Bin. Da. Ich bin, der ich bin", hört Mose), so sehr ist Christus einfach nur da, dass man sich an seiner ewigen, seiner zu allen Zeiten jetzigen und hiesigen Gnade genügen lassen kann, in völliger Genugtuung des an sich unvermögenden Herzens. Es gibt und braucht für den „Insassen" kein Darüberhinaus. Der Vermögende gibt „Stärke genug dem Unvermögenden" (Jes 40,29).

Ich bin nicht nur Beobachter, wechselwarm wie ein Reptil, mit der Geste des Darüberstehens, seelisch faul womöglich, der sich selbst außerhalb der Sache fühlt, der sich gelangweilt in die eigenen Hände schaut – komme vielmehr in Berührung mit dem Geheimnis, werde von ihm angefasst, anders bewegt und, weil es mir eingegangen ist, verwandelt, weil aus Anderem herausgezogen. Von woher rede ich denn? Von innen her. Alternativlos? Ja, alternativlos. Es geht nicht anders. Kann ich aus dem unabsehbaren Raum Gottes herausfallen und mich in der Hölle betten (Ps 139,8)? Unmöglich. Kann ich mir einbilden, machtvoll belangt vom Evangelium, darüberzustehen? Ja, einbilden. Auf Distanz bedacht? Nein. Mysterium hier und bloße Meinungen dort. Was geht mich die geheimnislose Sprache der Meinungen an? Ich bin erwählter Insasse, ich will sie nicht hören, auch in mir selber nicht.

---

83 Christian Lehnert, Korinthische Brocken. Ein Essay über Paulus, 2013, 133.
84 Film und Verhängnis. Blitzlichter auf ein Leben, 2001, 191.
85 Ausgewählte Schriften, hg.v. Karin Bornkamm und Gerhard Ebeling, Bde. 1–6, 1982; Bd. 2, 28.
86 Tranströmer, s. Anm. 25, 25.

All das, versteht sich, unter einer Bedingung. Dass es sich um Gott handelt, den Allmächtigen, den Verwandler des Seins, den Schöpfer der „sehr guten" Juwelen „Himmel" und „Erde" (1. Mose 1,31), fähig, den Gekreuzigten von den Toten aufzuerwecken, die Zeit und das Sein heraufzurufen, Adam aus dem Staub zu heben, die Raben anzuweisen, den Elia zu versorgen (1. Kön 17,4.6), mächtig genug, dem Abraham Kinder zu erwecken aus Steinen (Mt 3,9). Hier hat jemand recht und ein anderer unrecht.

Man soll nicht am falschen Ende oder mit verdrehtem Vorzeichen zu denken beginnen (christuslos, gottlos, zusammenhanglos, vermeintlich jenseits oder diesseits von Böse und Gut). Wann gelingt Denken? Wenn es der Glaube ist, der sich dem Denken zuträgt, wenn der Glaube mit Gedanken eng umzogen wird. Wenn das Denken von der dergestalt vorhandenen Wahrheit nicht lassen will und sie, schwierig genug, widerstandslos einfach nur gewähren lässt. Sofern nämlich nicht mehr die Frage ist, ob Jesus Christus die Wahrheit ist, vielmehr nur, inwiefern er sie ist. In dieser Hinsicht können wir gar nicht „zurückschauen" (Lk 9,62) oder zurück in den Schatten irgendwelcher Mauern dummer Ignoranz treten. „Wir können's ja nicht lassen, von dem zu reden, was wir gesehen und gehört haben" (Apg 4,20). Weil das auferlegt und zugemutet und anvertraut ist. Es gibt hier keine Entscheidung, es gibt nur Bestimmung. Dem Evangelium dienen, ihm untergeordnet, sich seiner nicht schämen, es predigen. „Ich muss es tun" (1. Kor 9,16), schreibt Paulus, Abkömmling vom Stamm der flammenden, ungebändigten Menschen, dieser lebenslang beharrliche, trotzige Fürsprecher der Wahrheit, aus aufgebrochenem Leben, öffentlich, vor aller Augen. Er braucht sich für sie auf (*payer de sa personne*). Er existiert nur, indem sie durch ihn durchgeht. Zum Glück sind die Rückwege abgeschnitten. „Weh mir, wenn ich es nicht täte." Wenn ich es tatsächlich nicht täte? Dann müssten, sooft ihnen je Sprache abgefordert würde, noch die Steine schreien bis ans Ende der Welt, das graue Totenreich, und diese Wahrheit mit ihren Rufen in die Welt schicken (Hab 2,11; Lk 19,40). Sie sind ja nicht eigentlich stumm, sie bewahren nur ein gleichmütiges Schweigen und lassen, sagen wir, erst einmal dem Menschen den Vortritt, damit der beim Reden etwas mehr einsetzt, als sie das können, nicht weniger als ein menschliches Leben.

Ich stürze hinein. Ich kann nicht anders. Ich will auch nicht anders. Ich habe ein Flüstern gehört. Es reichte aus. Nicht zu glauben habe ich überhaupt kein Recht. Mögliche Widerlegungen oder Begründungen bringe ich ohnedies regelmäßig durcheinander. Aus mir selber werde ich sowieso nicht klug. Man frage nicht. Nach Wozu und Woher und ob überhaupt. Ist das wichtig, und muss man sich das anhören? Verzichten wir auf das Palaver. Wozu das Getöse und Stimmendurcheinander? Manches kommt ohne Rechtfertigungen aus. Ich schreite meinen kleinen Kreis ab, einfach so. Keineswegs würge ich an unernsten, übellaunigen atheistischen Fragen. Die stören mich nicht. Eigentlich gehen sie mich nichts an. Auf manche pfeife ich. Manche Debatten kann ich mir sparen (besonders, wenn Imponiersprech laut wird), an manchen Problemen kann ich ohne langes Zögern kurzerhand vorübergehen und Themen fallenlassen, besser gar nicht erst aufnehmen. Längst ist ja das Bewusstsein, das Vor- und Nach-Bewusste, übergelaufen zu Christus. Um stürzendes Wasser handelt es sich. Weh mir, wenn ich aufhören wollte, Luft zu holen, die Liebe Gottes zu atmen. Wenn ich jede Liebe in mir abtöten und immer nur mir selbst widerfahren wollte. Wenn ich irgendwie abwerfen wollte, ein Zerbrechlicher und Sterblicher und Abgängiger zu sein – der aber, ohne lange zu fragen, beten darf.

Es handelt sich ja um die Wahrheit „von oben" – die die Gesichter pfingstlich emporreißt,[87] bei der mir längst keine Begründungen mehr abverlangt werden wie auch weitere Nachfragen sich erübrigen. „Man glaubt ja auch nicht an Bäche und Bäume, es gibt sie eben."[88] Den Duft der Hecken gibt es eben, Prousts Weißdorn, die Störche mit den schwarzweißen Schwingen, die weißen Kämme der Brandung des Meeres, wild oder schläfrig, die den Fluss begleitenden Baumalleen – nicht anders die Wahrheit Christi.

Von der Gewissheit des Glaubens, komme was da wolle, von der Berührung mit dem fortdauernden Geheimnis, muss man sich nicht abbringen lassen – wenn die wütende Böe des Bösen Sturm läuft und zwischen den Angefochtenen und die Worte des Evangeliums fahren will. Wobei diese Gewissheit sich durchaus mit „dritten Positionen" vereinbaren lässt, mit Resistenz gegenüber den wiederum sturmgetriebenen weltlichen Ansprüchen, Tröstungen und Zumutungen. Sogar mit dem Zweiflerischen oder verschiedenerlei Weltungewissheit („Wir / wissen ja nicht, / was / gilt …"),[89] mit einer „Philosophie der Grenzen, der gezielten Wissensverweigerung und des Wagnisses",[90] der „Skepsis als einem Werkzeug der Wahrheit", wie Conrad schreibt.[91] Vielem ist sein Recht auf Vieldeutigkeit zuzugestehen, wohl nur Weniges sofort zu begradigen. Ungezähltes ist verschärft gegenzulesen und überhaupt erst kritisierbar zu machen. Jener Gewissheit zufolge ist dann für Selbstkritik (der besten Kritik) überhaupt erst der Weg frei, für den Umgang mit Unsicherheiten und sich gleichsam bis aufs Blut streitenden Ambivalenzen, für das Unterbödige und Unlösbare, das wir mit uns herumschleppen. Erst dann. Wenn Herz und Kopf frei sind. Erst dann freie Hand dazu, sich selbst fragwürdig zu bleiben.

Sich aber die Begeisterung ausreden lassen? Angst vor Kalligraphie, der Großmetaphorik, den großen Worten? Bei anderer Gelegenheit ist sie so gut wie immer berechtigt. Hier fehl am Platz. Nicht immer sind Einschränkungen und Vorbehalte

---

87 Sibylle Lewitscharoff, Das Pfingstwunder. Roman, 2016.
88 Martin Walser, Liebeserklärungen, 1983, 46.
89 Celan, s. Anm. 10, 131 (mit dem Zögern im Zeilenbruch).
90 Albert Camus, s. Anm. 59, 234.
91 Zit. bei: Joseph Conrad, Die Schattenlinie. Ein Bekenntnis, hg. und übersetzt von Daniel Göske, dt. 2017, 332.

schon der Beweis „intellektueller Redlichkeit". Die einzig in Frage kommende Einstellung sei demgegenüber, erklärt Barth mit dem besten Grund, „die diamantene, die diskussionslose, die schlechthin fröhliche Gewissheit".[92] „Ich habe", heißt es beim Propheten, „deine Stirn so hart wie einen Diamanten gemacht, der härter ist als ein Kieselstein" (Hes 3,9; vgl. Jes 50,7). Von Festigkeit des Herzens spricht der Hebräerbrief (Hebr 13,9). Beschrieben ist damit die harte Liebe, die unverbraucht fortbesteht, sogar ihr gelegentlich notgedrungen unerbittlicher Zorn.

Manches kommt jetzt definitiv nicht in meinen Kopf – den ich freihaben will für das Entscheidende, für die Auferstehungsbotschaft, den Monolithen, diesen, wie geboten, eigentlichen Seraphen, diesen Lebens- und Himmelskristall, benetzt von Zukunfts-Licht. In ihr fängt sich das Licht der Bibel. Sie in Zweifel zu ziehen hieße, sich aufzugeben.

Zum Glück stößt der freche Zweifel an das massive Hindernis der biblischen Texte. Keinen Zentimeter weicht der Glaube darum zurück. Weil Einlenken und Nachgiebigkeit in dieser Hinsicht alles verderben müsste. Weil der schroffe Ton, die Härte, die dem Betroffenen zuerst unnachsichtig oder gnadenlos vorkommen mag, wie nichts anderes gerade angebracht sein kann. Ähnlich ja, mit freier Stirn, Martin Luther bei zahlreichen Gelegenheiten. Oft, wie man weiß, hat er mit Leidenschaft bekräftigt, dass diese Gewissheit lichterlohe Augenblicke bereithält und, sooft sie sich einstellt, dann keinerlei Raum mehr für ernsthafte Zweifel lässt (der nicht den Adel oder die Wachstumsbedingung des Glaubens, vielmehr dessen Bedrohung ausmacht). „Zweifel": schon durch das Wort fährt der Zwiespalt, den es bezeichnet. Er überfällt jeden. Aber kein Anlass, ihn auch noch auszuzeichnen oder sich seiner zu rühmen, als könne man sich auch noch zugute halten, ihn jederzeit zu hegen, als sei er allemal Ausweis strenger Wahrhaftigkeit.

2.8 „Gehet hin!"

„Gehet hin als Herolde und mutige Überbringer der Wahrheit!" – jedesmal auch als „Kirche für Andere".[93] Betont wird „für Andere" und gemeint: Kirche ist kein Selbstzweck. Jedoch sagt die Formel noch mehr. Christen können „für Andere" sein, indem sie für sie „Kirche" sind – also ihnen das Evangelium nicht schuldig bleiben, die christliche Invasion, dieses einzige Wort von hohem Ruf, das Wort von der Auferstehung des Gekreuzigten.

---

92 KD IV/1, 834.
93 Dietrich Bonhoeffer, Widerstand und Ergebung (= DBW 8), hg.v. Christian Gremmels u. a., 1998, 560.

Dort traut sich ja die Wahrheit der Sprache an und geht in Worte und jetzige konkrete Nennungen. Ohne die Osterbotschaft wären die kirchlichen Worte sämtlich hinfällig, die Hilfen ersetzbar, der Einsatz „für Andere" ohne geistliche Kraft. Stattdessen wird man bei diesem Einsatz, in vollkommener Ruhe, von der einfachen Voraussetzung ausgehen, dass diese Botschaft wahr ist. Von nichts anderem als dem maßlosen Moment, von der Ostertatsache, wächst ihr ihr Vermögen zu. So wenig die Christen es selber sind – ihre Botschaft ist machtvoll. Der „Christus-Code", der aus jedem Vergleich herausfällt, bezeichnet ja die Sache der Kirche (warum sie sich dem Ungeheuren entgegenhebt, auf hohem Ort erbaut, als die Frühlingsstadt, die Stadt auf dem Berge im leuchtenden Farbendurcheinander, weithin sichtbar wie ein Bergfeuer).

Diese Städter können sich zwei Jahrtausende lang über ihr Ausgezeichnetwerden nicht beruhigen, wissen, dass die Osterbotschaft namentlich ihnen gilt, wissen aber unbedingt auch „Dich" gemeint (womöglich zuallererst). „Gott", ruft die Liebe, ist nicht irgendwann nachträglich, sondern seit je der „Gott für dich".[94] Es geht Gott, wie ich bei jeder Gelegenheit gleich anfangs wissen muss, immer schon um meinen Nächsten. Bonhoeffer verfasst Gebete für Mitgefangene.[95]

„Kirche" für Andere, die Sorge für das Gewissen Anderer, Gott für dich, Mission. Leider mangelt es nicht an Anzeichen, dass manchen in unserer Kirche Mission allen Ernstes peinlich zu werden beginnt. Zu fürchten ist, dass wir eine rasant abschüssige Ebene betreten, sofern wir im geringsten zulassen, dass „Mission" auch in der Kirche selbst zum Unwort wird – als ginge es darum, Andere mit „Christentum" zu traktieren oder mit seiner eigenen religiösen Meinung zu behelligen. Nur wenn Jesus Christus die eine Wahrheit ist, des ewigen, wahren Gottes eigene Entbergung, das Heil der Welt, muss Mission sein, unbedingt. Nur dann haben diejenigen, die „in Christus" sind, eine Mission und nur dann verbietet es sich, das Evangelium, das reine, heilende Jetzt-Wort, irgendjemandem auf der Welt vorzuenthalten.

Wozu mögen die Christen denn überhaupt noch berufen sein? Zur Beförderung „religiöser Deutungskultur", die zu Selbstdeutung und Sinnfindung der Individuen zu verhelfen vermag? Sich generell einen Zugang zu „mehr Bewusstheit" zu bahnen? Zu Bewusstheit als solcher (aber auch zu einem Bewusstsein, ein Sünder zu sein)? Man müsse sich immer nur bewusstmachen, was man will? Den Bewusstseinsgläubigen entgeht, dass Uneinholbares unvermeidlich jedesmal vorangeht und er immer schon zu spät dran ist, wenn sich die Dinge ins Bewusstsein wenden. „Bewusstsein" als solches, ein *aprèslude* und eine Spätfarbe, kann dem Leben sichtlich weder Glück noch Kraft noch Hoffnung erobern. Entscheidend ist vielmehr sein

---

94 Ernst Fuchs, Glaube und Erfahrung (= Gesammelte Aufsätze 3), 1965, 201f.
95 S. Anm. 93, 204ff.

Inhalt: Jetzt-Bewusstsein als Christus-Bewusstsein als Bewusstsein funkelnd neu beginnender Zeit.

Kirche für Andere. Wozu sind die Christen also berufen? Zu etwas „neu-ethischer Beratung" und zu einem freibleibenden Angebot der „Sinndeutung des eigenen Lebens" (wie selbstverständlich einsortiert in die Reihe der weltanschaulichen Sinnfinder und -stifter und -hebammen)? Das wird in allem Ernst vorgeschlagen. Der Kirche würde dann sehr bald der Atem stocken, und sie würde „wie ein Schakal nach Luft schnappen" müssen (Jer 14,6).

Von Anbeginn und von selbst ergibt sich die Mission im Namen Jesu Christi, mit Berufung auf ihn – wie auch anders? Weil er es ist: das eine Wort Gottes, das am Anfang bei Gott war und das Gott war (Joh 1,1). Grund dafür ist die Unumgänglichkeit und Vehemenz dieses aus Ende und Anfang gefügten Menschen und Gottes. Zu diesem einen Wort Gottes übertreten heißt ja nicht, zu einer anderen „Religion", sondern zum atmenden, sprechenden großen Liebenden überzugehen, zum Gekreuzigten und Auferstandenen. Mission zeigt sich dann als ein verwegener Wurf: Eroberung für die Liebe, wie Hinführung zum liebenden göttlichen Anfang so auch Hoffnung auf das liebende göttliche Ende.

Christus selbst, die Liebe selbst, sendet die Überwundenen, schickt dann auf gefahrvolle Ausfahrten: die auf die liebesfeindliche Welt ausgreifen, bei denen bei den verschiedensten Gelegenheiten das Netz ins Ungewisse ausgeworfen wird. Er sendet auf den Weg in die Ferne (zerstückt dieser Weg möglicherweise von Abzweigungen und Scheidewegen), auf die nicht vorhersehbare Reise ohne Gepäck, hinein in die mutigen Jahre – bei welcher Abenteuer des Geistes locken, die des versuchenden, sich zum Unerwarteten aufmachenden wirklichkeitshungrigen Gedankens, der Ahnung einer freien, noch unentdeckten Ferne, sprunghafte Wendungen, Umwuchtungen. Robinsonade und „Waldgang" (Jünger).[96] Bei der aber auch die Begegnung mit dem Fanatischen und Götzenhaften nicht ausbleiben kann (deren Vertreter vielleicht nicht im geringsten fanatisch oder götzenhaft aussehen). Und bei der dann auch wiederholt zum Streit gerufen wird – der sich schon entzündet, sofern nur getreulich bei der Wahrheit geblieben wird, sofern nur, in der Macht dann vielleicht auch zornentbrannter Gewissheit, der Feuersäule, dem Stern, der Gotteshuld gefolgt wird. Der Mut dazu wird unterwegs kommen. „Doch wandert nun mit allen der Stern der Gotteshuld" (EG 16,4) – von dem nun alles Licht kommt.

„Vertäute Segelboote, die an die Mole schlagen? Jetzt auslaufbereit. Geruch von Schlick, Teer, Algen. Auf die Schiffe! Die Schiffe sind seeklar. Gute Fahrt! Meerfahrt. ‚Durch das „Meer der Zeit' (EG 612,1). Bunt gewirkte, gebauschte Sturmsegel. Leinen

---

96 Ernst Jünger, Essays 1. Betrachtungen zur Zeit (= Sämtliche Werke 7), 1980, 281–374.

los. ‚Kolumbus, es ist alles noch zu entdecken!'*97* Christusleute, es ist alles noch zu entdecken! Gewinnt Menschen auf ihrer Lebensreise für die Liebe, gewinnt für die Liebe das Kommandodeck, das Steuerruder: Stromlinien und Kurs, den Geist, den Willen, die verzehrenden, mitreißenden Gefühle, ihren Aufruhr, ihre Gewalt, ihren Schrecken. Steuert sie an: die Sehnsüchte, Gelüste und Ängste, das jedesmal bestürmte ‚Daimonion' des Einzelnen, aber die empörend ungerechten Verhältnisse unbedingt auch, die extremen Umschläge des Wetters in der Politik, die ungehemmte Kriegsrhetorik, bereits die wetterwendischen Mentalitäten, sogar die Untiefen des Zeitgeistes. Vor allem aber haltet an am Gebet: ‚Bleibe bei uns, Herr, denn sonst sind wir allein auf der Fahrt durch das Meer!'".

Die Fahrt durch den glitzernden oder verschlingenden Ozean, Segeln vor einem starken Wind, zum Beispiel die „gute" Reise, die „Missionsreise" – weil das Evangelium überall hin will. Paulus unterscheidet die Menschheitsflügel „Juden" und „Heiden" und setzt ihnen die an Christus Glaubenden gegenüber. Er geht gleichermaßen in die Synagogen (zu ihren Verheißungen) wie in die „griechische" Welt (zu den zu Boden gesenkten Fackeln), nach Kleinasien, nach Europa. „Es ist hier kein Unterschied zwischen Juden und Griechen. Es ist über sie allzumal der eine Herr" (Röm 10,12; vgl. auch 1,22f). Der Apostel sagt Menschen jene unvergleichliche Vollendung der Liebe zu, die sich im Geschick Christi zugetragen hat – mit der Neuen Sprache, noch nie gesprochen, dem Evangelium als der allein hilfreichen Botschaft (Gal 2,5). Mit dem Lockruf, der die Widerstrebenden einfängt und überwindet. Dem Sprachwechsel und der Neuerfindung der nunmehr endlich angemessenen Weise, über Gott und die Welt zu sprechen. Im Auferstehungssturm treibt es Paulus, den leidenschaftlichen Apostel, um die Welt. Nach Wittenberg, nach Safenwil und Basel, nach Finkenwalde, nach Berlin und Moskau und Washington, in die Ferne, in die Nähe, in die Verständigung, in die Kollision. Nicht nur ist er persönlich „von seiner Mission durchdrungen". Sondern ein Gegenüber, über das er keinesfalls verfügt, sendet ihn.

Indem sie aufblickt, zieht diese Botschaft schwer errungener Befreiung, der Versöhnung und des Friedens mit Gott, die Unfreien, Unversöhnlichen und Friedlosen hinauf zum Heil der Welt – damit die „Furcht Gottes" und Gottes „Herrlichkeit unter die Völker gebracht wird" (Hes 39,21), damit die „Herrlichkeit des Herrn" „um sie leuchtet" und sie „sich sehr fürchten"(Lk 2,9). Mission muss sein – weil die Erhabenheit des Schöpfers, Versöhners und Erlösers, die Herrlichkeit des „Friede-Fürsts" (Jes 9,5), weil ein unvergleichlicher Friedensschluss zwischen ihm und dem Menschen den Völkern zu bezeugen ist.

Schon der weihnachtliche Ruf verlangt sie den Christus-Menschen ab: „*Große Freude – aller Welt! Sie bricht über euch herein. Als eine Invasion. Der Heiland! Da*

---

97 Ilse Aichinger, Werke. Bde. 1-8, hg.v. Richard Reichensperger, 1991; Bd. 1, 74.

das ewige Licht eingelassen wird nach Bethlehem" (Lk 2). Da Gott geboren wird, der „Rein-Entsprungene", in der Sternstunde des Himmels, im Morgensturz einer neuen Zeit. Da Gesichter emporgerissen werden zu einem Himmel voll gewaltiger Engel, einem Himmel hinter dem Himmel. „Zehn Himmel übereinander, und in jedem die Engel beredter".[98] Da ein als Mensch Geborener eine geheimnisvolle Freude ausstrahlt, gesalbt von Gott mit dem „Öl der Freude" wie niemand sonst (Hebr 1,9; Ps 45,8). Hier – und nirgendwo anders. Das Eine, der Eine – und Anderes nicht.

Große Freude – aller Welt! Von Bethlehem her. Der Himmel, hoher „Abgrund der Liebe" (EG 66,6), voll von Verheißungen, die er in die Welt trägt. Die gute Unendlichkeit, immense Umschlaghöhe. In täglicher Lebenswendung „sei zur Freude gewandt!",[99] *zur Freudensonne gewandt (EG 1,3; 346,4), in der Nachfolge dessen, der seine Freudenbahn (EG 450,4) ziehen wird. Folge nur seiner Lebenslinie! Sei frei! Sei deinerseits zur Freude bereit, mit dankbar ausgebreiteten Armen, soweit die Arme reichen!*

Die Freude, als solche Grenzberührung, ist das gute Grenzland der Welt, Gestade schon des Unaufhörlichen. Lernt der Mensch, sooft die Freude in sein Leben vorbricht, bereits für die Ewigkeit?

Von dieser wunderlichen Unruhe wird die Welt erfasst, geheimnisbedrängt und -getrieben. Jetzt kommen weitblickende, kluge Magier aus dem Unübersichtlichen, von fernher (sie sprechen also etwa Arabisch, Indisch oder Mandarin), und beten an (Mt 2,1-12). Denn die alte Zebaoth- und Adonai-Seligkeit der Wahrheit, die Menschen bis in die Tiefe Atem schöpfen lässt, das glückselige Ziehen in der Brust wegen des Sterns und der aufflammenden Zeichen – das findet jetzt hier in Bethlehem statt. Töricht genug heißt es jetzt, als Wort und Erregung des Augenblicks, kategorisch „Tatsächlichkeit" und „Jetzt" und „Hier" und damit Deutlichkeit – und nicht (wie in Kafkas überaus eindrücklichen *Türhüter-Parabel*) lediglich quälend und uneindeutig „Möglichkeit, jetzt aber nicht".[100] Unbedingt ist die Geschichte des Menschen mit Christus eine Unmittelbar- und Nah- und Tatsächlichkeits- und Jetzt- und Hiergeschichte.

Kein anderer Gott und keine andere Wahrheit kommt in Betracht. „Er heißt Jesus Christ, der Herr Zebaoth, und ist kein andrer Gott" (EG 362,2). Die 95 Thesen – kraftvoller Beginn – eröffnet Luther mit den Worten: „Aus Liebe zur Wahrheit …".

---

98 Elias Canetti, Die Provinz des Menschen. Aufzeichnungen 1942–1972, 1981, 215.
99 Hölderlin, s. Anm. 7, Bd. 1, 284.
100 Franz Kafka, Der Prozeß, hg.v. Malcolm Pasley, 1990, 292.

3. Ich möchte mich ja nur anschließen.

„Mein Herr und mein Gott!" (Joh 20,28)

Eben aus Liebe zur Wahrheit, sagen die Texte, darf von Gott, von seiner Offenbarung, geredet werden – weiträumig, dimensional, wechselvoll, manchmal in Katarakten von Worten. „Ein Wort – ein Glanz, ein Flug, ein Feuer."[101] Erzählt werden von Schattenwäldern und ihren Schneisen, vom brennenden Wald (Jak 3,5), vom „Brunnen" (Offb 9,1) und „Engel des Abgrunds" (Offb 9,11), vom Übermaß an Licht (Mt 17,2f), von Seilen und Stricken der Liebe (Hos 11,4), von starken Ecktürmen der Gewissheit (Röm 8,38f), von Torgewölben, den Gängen und Freitreppen, den Sälen (Mk 14,15), Zimmerfluchten und Kammern – von unvorhergesehenen Weiterungen und Untiefen (Röm 10,7; Eph 3,18; 4,9). – Darf ich, in irgendeinem Winkel, irgendwie dabei sein?

In der Kraft des Offenbarungs-Geistes lassen sich Menschen einnehmen, von Melodienfolgen, Weisen und Fugen des Geheimnisses, in pfingstlich unerschöpflichen Erzählvarianten, in literarisch unterschiedlicher Formensprache, in Formerweckungen (die Gattung „Evangelium" war vorher unbekannt), in Phasenverschiebungen, verschiedenen Geschwindigkeiten, Brüchen, Anschlüssen und Neuansätzen, in Leidenschaften der Empfindung und Temperamenten, in Lyrik und Prosa, vielstellig, hymnisch, in Selbstbescheidung, aber auch emphatisch und bis zum Grandiosen, oder alltäglich und eingespielt schlicht, in „Gebrauchstexten",[102] in weiträumiger oder knapper, episodischer, aber nichts als nachdenkender, der Offenbarung nachkommender, lediglich ablesender Theologie, auch einmal atonal, in Aktendeutsch, alchemistisch oder dahinfliegend in einem Assoziationsgewitter – immer aber in unbändiger, unabhängiger Sprache, im erstaunten Durchschreiten der Wortfelder der Unverborgenheit Gottes. – Wie kann ich denn dabei sein?

Unfassbares, so weist das riesige Panorama der biblischen Texte aus, ist geschehen, geht vor sich und wird sein, in Räumen und Zeiten, Brüchen und Übergängen, auf stets neuen Wegen – die auffordern, dass man sich ihnen anvertraut (EG 395), weil der Ewige uns auf ihnen auf ungewohnte Weise entgegenkommt. Manchmal dann „überraschen" sie – „wie in seinem Bett in der Nacht die einen Augenblick lang weitgeöffneten Augen und das Lächeln eines Kindes, das man nicht wach geglaubt".[103] Darf ich es erleben? Ohne dass sie dadurch an Geheimnishaftem

---

101 S. Anm. 12, 198.
102 Klaus-Peter Hertzsch, Sag meinen Kindern, dass sie weiterziehn. Erinnerungen, 2002, 263.
103 Proust, s. Anm. 5, Bd. 6, 513.

einbüßten, berichten die neutestamentlichen Texte in menschlichen Worten von der Versöhnung, vom Lebenslauf der Liebe, malen, zeichnen, tuschen, beschreiben sie die Klarheit des Herrn, die neue Klarheit der österlichen und pfingstlichen Wiedererscheinung Christi, schildern sie bis ins Einzelne Worte, Taten und Leiden, durchdenken ihre Bedeutung. Durchaus diese menschlichen Worte lassen das Geheimnis bestehen, hüten und wahren es desto mehr. Jedesmal sehen sie die landläufigen Todesgeschichten niedergetreten – die daraufhin nichts mehr zu sagen haben (wenn zum Beispiel im Gleichnis eben nicht eintritt, was sicher schien: dass der Vater den verlorenen Sohn abweist). Eine kleine Erzählung, der Vater und die beiden verlorenen Söhne (Lk 15,11-32), erzählt eben bereits vom Ungeheuren – wegen dieses Erzählers. In dem sich die Welt bricht. Mit dem ihr Gesetz der Lieblosigkeit von Mal zu Mal in sich zusammenfällt. In jeder seiner Parabeln und Gleichnisse und Bildworte erscheint vor allem er selbst. Alle erklären deshalb ausdrücklich: Die Liebe ist nicht aussichtslos, sondern herrlich. So wird es vom Auferstandenen beglaubigt.

Eine Meerfahrt der Texte? Ich möchte ja nur dabei sein bei dieser Fahrt. Was taucht auf in diesem uferlosen Ozean, dem herantragenden wie entziehenden, strömenden, fortreißenden wie freigebenden Erzähl-Meer, im großen Atem der Gezeitenströme Gottes? Zuerst, elementar, die Urschenkung „Atem": dass das kreatürliche Leben, Dasein aus lauter Nichts, vom Schöpfer gewährt wird, vom Herrn des Atems, eine Hauchung, welche vom Nichts in den Atem leitet. Dann, in der Weltgeschichte, im Alten Testament, von Abraham an: der von den alten Sternen überströmte Himmelsozean (wie mitunter die entfernten Schiffe im Himmel zu schwimmen scheinen), er nennt sie alle mit Namen (Ps 147,4), das himmlische Geschwader überbordender Verheißungen (1. Mose 22,17), entsprechend: leidenschaftliche Erwartungen, dunstige Brise und zerrissener Nebelmantel des Ozeans, Untergänge, ein Korb auf dem Nil, das ägyptische Schilfmeer, Jona, der härtere Pulsschlag der offenen See, die das Ufer verloren hat, Gott selber „geht auf den Wogen des Meeres" (Hiob 9,8). Wohin? Flutende Geschehnisse, von Anfang an, ein gewaltiger, ausgreifender Erwartungssturm, der die Schiffe vorantreibt. Wohin? Dorthin, weiß das Neue Testament, wo in der Geschichte Christi der Fluchtod in tiefem Schlamm versinkt, „da kein Grund ist" (Ps 69,2), sich ergießen muss in die zeitlose, gestaltlose Urflut des von Gott Verneinten. Herrliche Erfüllung jetzt. Die Sünde, Rückgrat des Leviathan (Hiob 40,25ff), wird gebrochen, am Haken gezogen der Drache, getötet (Jes 27,1), sein Maul gestopft, der Panzer ihm ausgezogen (Hiob 41,5). Lediglich der Rest – solange es noch nicht Zeit ist – hockt stumpf, drängend und fressend im Wirtswesen: in Leib, Geist und Seele (Röm 7,17f). Schließlich: Ohne vom Kurs abzukommen, steuert das Schiff, „das sich Gemeinde nennt" (EG 612), in Richtung auf die Festung über dem Licht, als die die Welt in Erscheinung treten wird, auf den Palast der Freundlichkeit Gottes, seiner „Menschenfreundlichkeit" (Tit 3,4). Denn: „Die letzte Wahrheit ist uns freundlich".[104]

Und ich, das kleine, krumme Ich? Eben: Ich möchte mich ja nur anschließen: „Ich will dein Tun je mehr und mehr / aus hocherfreuter Seelen / vor deinem Volk und aller Welt / solang ich leb, erzählen" (EG 497,14). Auch die einzelne Seele, so sehr umschattet und versehrt, vermag das ein wenig. „Drum jauchze, meine Seele, hell aus der Sündennacht! Verkünde und erzähle die tiefe Wundermacht" (EG 213,5).

Kann ich aber sogar, voller Furcht, mein Gesicht Christus selber zukehren, dem Heiligen, dem äußersten Vordergrund und schieren Anwesen? Er spricht ja seinerseits jederzeit auf mich zu – und will auch von mir unmittelbar angeredet werden. Der ich mich unter seinen Augen weiß, vor ihm, herzerschrocken – darf ich sogar nach Vertrautheit (Ps 25,1) verlangen? Ich suche ja für ihn „liebende Namen",[105] behutsame, ehrfürchtige Anrede. Was will ich? Den liebenden Namen aussprechen und darin „Dich / dich sein lassen, / ganz dich".[106] Besonders innig Joh 20,28: „Mein Herr und mein Gott!"

Ich will mich ja an ihm „sattlieben" (erklärt der Großvater Hermann Hesses, der Indien-Missionar).[107] Kann ich auf der Stelle, ansatzlos, damit beginnen? Ja. Mit Zittern, das mich befällt. Desto mehr mit österlichem Vertrauen, mit Sorglosigkeit und Dankbarkeit für meine Geschöpflichkeit. Mit der, wie man weiß, manchmal ungeheuer schweren Ergebung in seinen Willen. Mit Verneigung vor seinem großen Namen, der ruhigen Freude, der Vorfreude, der kleinen Seligkeit.

Was darf ich mir zutrauen? Womöglich, allen Mut zusammennehmend und mit maßloser Erwartung, kann ich ihn fragen: „Und du – was liebst du denn, wunderbarer Fremdling?"[108]

---

104 Klaus-Peter Hertzsch, Das Selbstverständliche und das Erstaunliche. Predigten, Reden, Texte, 2014, 41.
105 Hölderlin, s. Anm. 7, Bd. 1, 369.
106 Erich Fried, Es ist, was es ist. Liebesgedichte. Angstgedichte. Zorngedichte, 1989, 34.
107 Zit. bei: Peter Handke, Das Gewicht der Welt. Ein Journal (November 1975 – März 1977), 1977, 148.
108 Charles Baudelaire, Pariser Spleen. 22 Gedichte in Prosa. Übersetzt von Camill Hoffmann, 2016, 4 (hier christologisch gewendet).

4. Lob des Herkommens, Bethlehem, Königsgeburt

Und der Engel sprach zu ihnen: „Fürchtet euch nicht!
Siehe, ich verkündige euch große Freude,
die allem Volk widerfahren wird!
Denn euch ist heute der Heiland geboren,
welcher ist Christus, der Herr, in der Stadt Davids." (Lk 2,10-11)

Ist es denn gefährdet? Muss man Weihnachten verteidigen, wenn man gegenwärtig „dieses Wort ausbreiten" möchte wie die Hirten der Weihnachtsgeschichte (Lk 2,17)? Es in Schutz nehmen, vor anderen und vor sich selbst? Nein, mit Rechtfertigungen und Absicherungen muss man sich auch dieses Mal nicht aufhalten. Jedesmal nimmt Schaden, wenn man verteidigt, was der Verteidigung nicht bedarf. „Bethlehem" soll nicht beeinträchtigt werden, das Unverständnis kann es nicht treffen, die Liebe wird es finden. Es soll und wird ruhig und sanft für sich sprechen, nach eigenem Maß. Mehr, nicht weniger „Bethlehem". Für die Liebe soll gedankt werden, für die ein für allemal dieser Ortsname gutsteht, anschaulich, klar, so für alle Zeit. Gott wird Mensch. Geboren wird er – zur Passion hin. Geboren wird – der von den Toten auferstehen wird. „Wunder über Wunder." Die Hirten „priesen und lobten Gott." Sie werden nichts vergessen und Freude durch ihre Lebensgeschichte tragen. Immer dankbarer vielleicht werden sie es hören: „Gehe ein zu deines Herrn Freude!" (Mt 25,21). Von „großer" Freude spricht der große Engel, das ist, ungeachtet dessen, was kommen wird, Freude „immer erst recht". Nicht anders der Apostel: „Freuet euch in dem Herrn allewege! Und abermals sage ich euch: Freuet euch!" (Phil 4,4; zwischen den beiden Sätzen: die Böe der Anfechtung, Freude dann umso mehr).

Eine geheimnisvolle Reinheit geht durch die alte, liebe Weihnachtsgeschichte. Man kann sie nur lieben, die Tiefe ihrer Gefühle und Rührungen, ihren andächtigen, stillen, doch desto mehr lauten Jubel, ihre Schlichtheit, die das Herz anrührt – so etwas wie eine unverletzliche Güte, die sie in sich versammelt. Vorgelesen wurde sie, als die Ältesten von uns Kinder waren, in brennenden, bösen Zeiten damals. Man wird sie vorlesen, wenn die Jüngsten unter uns alt sein werden, in hoffentlich, hoffentlich besseren Zeiten. Gott wird Mensch, Gott wird ein Kind. Wer kann das fassen, was hier in großer Zartheit erzählt wird? Ältere Menschen werden von ihr angesprochen, doch Kinder auch. Haben wir sie als Kinder besser verstanden, mit empfindlicher, ungestümer Seele, und haben sie mit Ernst und Unschuld in unsere Kinderarme genommen? Und wussten dann etwas, was wir nicht sagen konnten. Aber das Kind und seine Unmittelbarkeit wohnt ja unvermindert in uns. Es hört die Weihnachtsgeschichte heute mit. Sie klingt dort, in unserem Herzen, noch anders als für den Erwachsenenverstand. Können wir uns vielleicht Jahr um Jahr neu mit diesem Kind verbünden? Wie gut, dass das kindliche Wissen und Hören nicht verloren ist, dieses ursprüngliche Aufhorchen, und tröstlich, dass manche von uns diese Sätze in ihrem Inneren seitdem als einen Schatz unversehrt gehütet haben.

Ja, meine Seele wird von dieser Geschichte bewohnt. Als wären sie für mein fünfjähriges Ich erzählt, das immer noch in mir lebt und von dem ich zehre. Und als hielte jemand meine Hand, während er erzählt – in meinem Inneren höre ich bis heute diese Worte: „Es begab sich aber zu der Zeit …" Gründe kommen immer schon zu spät. Stattdessen: Bethlehem in meiner Nähe. Mein Großvater (er ist hier auf dem Friedhof begraben) hielt einen Weihnachtsgottesdienst im Krankenhaus für die Patienten und für alle, die dort beschäftig waren. Die Ärzte in den weißen Kitteln. Krankenhausbetten standen auf den Fluren. „Die Schwestern singen immer so laut", flüsterte meine Mutter. Und auf dem Nachhauseweg, in klangerfüllter Luft, begleiteten uns die Weihnachtslieder: „Stille Nacht, heilige Nacht". Heute gesungen, schlagen sie für den Altgewordenen jedesmal noch den Ton eines tiefen Heimatgefühls an.

Die Königsgeburt. Gott wird Mensch, Gott wird ein Kind. Etwas Unerklärliches geht von diesem Kind aus, ein Ergriffenwerden von ursprünglicher, herzlicher Freude. Das erstreckt sich über die Zeiten hin. Die Weihnachtsgeschichte ist unaufhörlich schön. Überall spürt man in ihr diese Freude, herannahende, aufleuchtende, erinnerte, im Herzen bewahrte – ja, einen „seraphischen Ton". Manche, mag sein, entsinnen sich einer festlichen Atmosphäre, glücklicher Tage „von einst".

„Siehe, ich verkündige euch große Freude, die allem Volk widerfahren soll. Denn euch ist heute der Heiland geboren", triumphiert der mächtige, zeittiefe Weihnachtsengel. Entfacht wird mit seinem Auftreten ein Freudensturm – der sich niemals mehr legen wird. *„Ein unsagbar herrlicher Geburtstag!"* Er fliegt zu Hilfe, das schwebende Wunder, Himmelspracht, Wesen, auf das in der Kraft Gottes Verlass ist, um sich den Atemraum der Fraglosigkeit. Und die Hirten sehen und hören „die Menge der himmlischen Heerscharen" jubeln, dort am Himmel, inmitten jenes herrschaftlichen Tores, das der Himmel über der Erde aufgetan hat. Mit ihrem Jubel und mit der Gewissheit, deren unaufhörliche Boten sie sind, werden sie tatsächlich nicht zu Ende kommen, bis heute.

Verstehen wir, erwartungsvoll zu hören (wie ein alter Mensch: die Hand am Ohr), aufzuhorchen (wie ein neugieriges Kind), so dass wir hineingelangen in diesen Atemraum der Gewissheit des Ungeheuren – in einer Verstehensfreude, die dann sogar, wie in einem Vorgang menschlicher Reifung, in die Tiefe wachsen kann? Mit einem Atemzug kann man hineingelangen.

Geboren ist ja der Heiland, der jedesmal heutige, ewige Heiland. „Heiland" – das in kirchlichen Zusammenhängen langvertraute, sobald man es genau nimmt, außerordentlich reiche, klangvolle Wort. Man darf es nicht verlorengeben. Ein „schlimmes Herz", eine Seelenwunde wird versorgt, ein angeschlagener, gebrochener Mensch, weil er von neuem Fuß gefasst hat (Ps 26,12), wird gründlich heil (und nicht nur wiederhergestellt). Dieser Heiland lässt Menschen, die Schaden genommen haben an Leib und Seele, von Grund auf gesunden (EG 449,8). Traut ihnen das ewige Leben zu. Will sie allezeit wiedersehen „im Paradiese" (Lk 23,43). Stattet sie aus – weil Ewigkeit, durchdringende Jetztmächtigkeit, von ihm ausgeht – mit Licht auf ihrem Weg (Ps 119,105), mit Hoffnung für Zeit und Ewigkeit, wenn nahe Tage und Stunden kommen, mit heutiger Unmittelbarkeit zu seinem wunderbaren „Demnächst" (zur Tiefe seiner Wiederkunft am Jüngsten Tag, demnächst).

Vor allem: keine Angst vor diesem Licht! Der Engel des Herrn trat zu den Hirten, und die Klarheit des Herrn leuchtete um sie. „Gute neue Mär! Euch ist heute der Heiland geboren." Ein Übermächtiger, der Seraph, bricht die lange Welt-Nacht um. Für jetzt und für immer erliegt sie ihm, dem himmelweiten, flügelrauschenden, wundersamen Engel des Herrn (der Engel ist das „fließende Licht der Gottheit").[109] Gotteshell, betörend, schwebend, leicht wie das Licht. Er „tritt zu ihnen", ich sehe es vor mir. Und der finstere, hochgewölbte Himmel klart auf, „gibt der Welt ein' neuen Schein" (EG 23,4), aufflammend, damit sie scheinen kann, in göttliche, ewige Helle getaucht.

Starke Worte? Ja. Keine Angst! Eine kleine, auf einmal aufschießende Plötzlichkeit im Weihnachtsgottesdienst, ohne dass du dich versiehst. Ein Atemzug.

Es ist, als ob die alte Weihnachtsgeschichte, weil sie genau dir gilt, nach dir suchte und dich auch genau dort fände, wo du gerade bist. „Denn da ist keine Stelle / die dich nicht sieht",[110] *keine Stelle der Weihnachtsgeschichte, die dich nicht meint. „Fürchte dich nicht!", ruft der Engel. „Hab keine Angst vor dieser mächtigen Freude: vor altem und neuem Glück."*

Durch das Neue Testament zieht sich durchaus kriegerischer Triumph, der in Ewigkeit nicht verhallen kann, sagen wir: Jubel bei hochgeworfenen Armen, aber auch heimlicher Jubel, der im Verborgenen fortbesteht (Lk 2,19). Denn von Bethlehem aus macht ein dramatisches, zauberisches Lied seinen Anfang, ebenso glücksmächtig wie trauer- und mitleidsvoll. Trauer und Freude. Denn eben auch die erbarmungswürdige Welt wird dort hörbar, Klagen und Flehen (Mk 10,47; Lk 23,42). Doch wird der Sohn Gottes dieses Lied kraftvoll singen und keinesfalls überschrien werden (Offb 13,5f) – auch nicht von den Stimmen aus den Städten, wo die „Weisen und Klugen" wohnen, von ihrer Unbußfertigkeit, auf die er vielmehr nur desto mehr mit Lobpreis „antwortet" (Mt 11,20-27, bes. 25).

Die große Freude. Weil bedroht von Angst und Hohn und Irrtum, wie es die Zeit heute rigoros verhängt, kommt nur der unbedingt gedämpfte Ton in Frage?

---

109 Mechthild von Magdeburg, „Das fließende Licht der Gottheit" und Kommentar von Gerhard Wehr, 2010.
110 Rainer Maria Rilke, Gesammelte Gedichte, 1962, 313.

Überhaupt dürfe sich das Bedeutende nur als Andeutung bemerkbar machen. Bei jeder Gelegenheit seien Relativität und Ambivalenz hervorzukehren. Nein. Nicht in bezug auf dieses gewaltige Wort vom Engel des Herrn.

Die Sätze geraten mir groß. Aber ich kann mich mit ihnen nicht übernehmen, selbst wenn mein Herz ihnen nicht gewachsen ist, ich nicht im geringsten das Gewicht bringe und nicht selten sogar meine, sie müssten mir eigentlich im Halse stecken bleiben. Die starken Worte geringachten (weil großtuerisch), die „höchsten Töne" vermeiden (weil Erbaulichkeitskitsch, triefende Ölfarben)? Meist, bei anderen Gelegenheiten, ist das sehr berechtigt. Doch nicht beim Christfest.

Skeptischer Einwand, der von der Seite auf mich einspricht, nachsichtiges Lächeln: „Leichtgewicht! Regelmäßig dieser heilige Ernst! Nichts als Erhabensheitswille. Steile Anspruchshöhe. Überheben Sie sich nicht! Enthusiastischer Rentner von schmächtiger Größe. Nicht immer im hohen Predigerton reden! Besser nebenbeigesagt und gutgelaunt als tiefernst! Kommen Sie runter. Kommen Sie sich bei den großen Sprüngen und maßlosen Worten nicht ein bisschen verloren vor? Haben Sie es nicht ein bisschen kleiner?"

Antwort: *„Nein, habe ich nicht. Nicht in dieser Sache. Die große Sache, die große Person, der große Gott – muss nun einmal definitiv groß gedacht und auch groß gesagt werden. Aber nicht verschreckt und kleinlaut und tonlos: wenn die Dinge schon kleingemacht werden, bevor man ihre einfache Größe auch nur ermessen hat. Überhaupt, auf die Glaubwürdigkeit des kleinen Rentners kommt es dabei nicht an. Ist doch egal, wenn ich mir verloren vorkomme. Wer bin ich denn? I am only the piano player. Sparen Sie mich einfach aus! Meinen Aufstellungen, so ist es nun einmal, bin ich menschlich und sprachlich nicht im geringsten gewachsen. Nutzen Sie meine Jämmerlichkeit aber nicht, um in der Sache auszuweichen! Pathos kann an der Zeit sein. Sich immer nur vor ihm fürchten? Tonlos und kleinlaut werden, in der Meinung, dann kein Risiko einzugehen? Dann holt einen unweigerlich der Frost, und mit dem Kind von Bethlehem und dem Gekreuzigten wird der Auferstandene verraten. Man darf keine Angst davor haben, sich mit dem großen energischen Bekenntnis zu dem Gott, der Mensch geworden ist, mit der großen leidenschaftlichen Anerkennung seiner Liebe lächerlich zu machen. Es braucht sie, wenn es um das Heil der Welt geht, weil das Bekenntnis ‚Das Wort ward Fleisch' und das mächtige, endzeitliche, apokalyptische Wort ‚Auferstehung von den Toten' nun einmal unverhofft in die Zeit der Todesworte gestürzt ist und das auch jederzeit als die Hauptsache gesagt sein will. Als die Hauptsache. Das geht nun nicht anders. Sicher und gesichert ist nur das Wort Gottes. In diesem Fall, bei diesem Evangelium, bei der Christus-Wahrheit, bei der Rede von Gott werde ich keinesfalls die Heftigkeit der Emphase und die Lächerlichkeit scheuen. Meine Harfe werde ich nicht an die Weide hängen (Ps 137,2). Nein, ‚kleiner' habe ich es nicht."*

Wir fassen uns ein Herz. Keine Sorge! Es passiert nichts. Es kann nur gutgehen. Weil eine unfassliche Anerkennung wahrgenommen werden will. „Seit Anbeginn ehrte nichts die Menschheit so wie die Menschwerdung Christi", schreibt der Student Hölderlin in einem Predigtentwurf.[111] Wie nichts sonst wird die Menschheit erhöht. Weil in die mörderische Horizontale des Weltgeschehens – in der der Mensch dem Menschen die Ehre abschneidet und ihm die Achtung entzieht, in der der Sterbliche dem Sterblichen ein Feind ist – ein Blitz gefahren ist, die göttliche Vertikale, die Auszeichnung: dass das Wort Fleisch wird und unter uns wohnt. Wollen wir das verschweigen? Weil die Worte an der Zunge festkleben und nicht hinauswollen? Müssen wir uns verloren vorkommen mit unserer armseligen, für diese Gelegenheit nun offensichtlich unzureichenden Sprache? Nein, im Gegenteil. Überschwang und Überfluss haben jetzt ihre Zeit, das sehr wohl wahrhaft Hochtrabende, sogar Freude am Pathos. „Fürchte dich nicht, du von Gott Geliebter!" (Dan 10,19) Fürchte auch nicht den hohen Ton. Die Texte sprechen ihn auch. –

Das Weihnachtsfest will uns treffen, durchdringen und trösten: mit dieser großen, unvergleichlichen Freude, dem Siegel der Wahrheit. Der Freude aus der Christnacht. Die man weiter durch die Tage tragen kann. Der aus dem Atemraum der Gewissheit. Der vom flammenfarbenen, sich himmelan haltenden, gotteshellen Engel. Der vom staunenswerten, trotz allem ganz ungefährdeten, maßlosen, wunderbaren Weihnachten.

---

111 S. Anm. 7, Bd. 2, 43.

5. Jesus Christus – unter den Armseligen

Da er das Volk sah, jammerte ihn der Menschen,
denn sie waren verschmachtet
und zerstreut wie die Schafe, die keinen Hirten haben. (Mt 9,36)

Liebe Leserin, lieber Leser! Wir werden, sehr anders jetzt, in den ausufernden folgenden Abschnitten eine beschwerliche Strecke zu gehen haben, durch die Texte, durch die Situationen, gestern und heute, vorbei eben an den vielen, meist kleinen, manchmal groß erscheinenden „unsauberen Geistern", durch niedrige, wiederum verdreckte Korridore und vermüllte Räume, Grotten und verwahrloste Hallen. Wenigstens Einiges vom Bösen und vom Übel soll genannt sein. Als ob, ein um das andere Mal, nur die Hände ausgestreckt werden und nichts bleibt als Flehen oder Aufschrei: *„Jesu, du Sohn Davids, erbarme dich mein!"* (Mk 10,47).

Christus in der Tiefe. Jedesmal bei den folgenden Beispielen werden es Gebetsanliegen sein (seine und unsere): werden die menschlichen Dinge fixiert und nach oben gespielt. Mögen sie bedeutungslos und ganz und gar unerheblich erscheinen. Was wissen wir denn? Wie viel ist mit ihm in Verbindung zu bringen: unmittelbar vor ihn zu bringen, damals und heute! Vor ihm auszubreiten: das anarchische, das vielleicht gewittrige Leben, wie es Menschen zum Vorwurf wird. *La vie et rien d'autre* (Bertrand Tavernier). Nichts anderes als Hintergründe des Daseins, Symptome der Sünde, „Trauer und Licht"[112], durchaus, ungleich seltener, dann und wann auch Glücksmomente. Wie viel ist möglichst schonungslos und möglichst unbefangen zu benennen! Damit von der jeweiligen Sache aus ein fester Blick jedesmal nach oben gehen kann. Wie viel bringen exemplarisch auch hier die immer wieder in Anspruch zu nehmenden Psalmen vor, Lieder der Misere manchmal: die klagen und sich trösten lassen, warten und aufschauen.

Liebe Leserin, lieber Leser! Verstanden werden soll auf diese mühsame Weise ja nur, in wie viel Jammervolles und Erbarmungswürdiges hinein, in wie viele heillose Verstrickungen und Tiefen hinunter der Hohe sich erniedrigt – sich aber bis heute dem schweren, hässlichen Leben vor Gott und den Menschen aussetzt. Die Bitten und Klagen der Menschen verwandelt er. Ohne große Umstände sollen in den folgenden Abschnitten dabei biblische und heutige Belege durcheinandergebracht werden, sich übereinander schieben oder ineinander übergehen. „Bis heute leidet das Himmelreich Gewalt" (Mt 11,12), bis heute. Legion sind die Fälle. Die Heilige Schrift präsentiert sich als ein Buch der Überblendung, als ein Jetzt-Buch, zeittief,

---

112 Benn, s. Anm. 37, Bd. 1, 362.

augenblicksmächtig. Zeitliche Ferne ist überhaupt nicht zu überbrücken, wenn in den folgenden Kapiteln unterschiedslos frühere und spätere Details eingesammelt werden (wenigstens einige).

Seltsamerweise schließt sich diesem Blick auf „das Volk", wie Markus berichtet, eine „lange Predigt" Jesu an (Mk 6,34). Vielleicht kann man sagen, ebendiese Predigt dauert bis heute an.

5.1   Der „bleiche König"

Nein. Es kann nicht so bleiben. Was breitet sich vor ihm aus? Das Leben Vieler in unzähligen Schonungslosigkeiten. Anscheinend ist der Fall des Menschen immer wieder leidvoll oder böse und endgültig hoffnungslos. Was sieht er? Das höhnische Bewusstsein, Demütigungen, Entwürdigungen, aber auch feige Anpassungen und üble krumme Wege. Die Krüppel des Lebens. „Die keine Stimme haben als den Wind / [...] Die keine Rede haben als vom Tod"[113]: die Austherapierten und Unheilbaren. Denen auf Erden anscheinend nicht zu helfen ist. Brutalitäten, Unbarmherzigkeiten greifen wahllos auf sie zu – oder werden von ihnen verübt. Wo wächst ein Kraut gegen die Trübsal? Viele leben in Tränen dahin. „So lebte er hin ..." (Büchner, *Lenz*) – Bilanz unzähliger Leben. Wie ein Blick auf die windschiefen Hütten und krummen Dächer (die windschiefen und krummen Menschen) der Bilder Chagalls. Welche Geschichten erzählen sie? Von Lebensverletzung, Verbannung, Menschentrauer, von „Welttraurigkeit".[114] In das primitive, unverschämte, klobige „Schema dieser Welt" (1. Kor 7,31; Röm 12,2), erklärt der Apostel, ist alles eingezwängt.

„Es jammerte ihn": ein Aufruhr des Gefühls, eine tiefe Neigung zum Leben hin. Es jammert ihn, und es empört ihn. Er ist ganz schlagendes Herz. Nie mit der Macht, aber mit der Not ist er im Bund. Uneingeschränkte Liebe trägt er durch die Begegnungen. Liebe, seltsam zu sagen, ist das „Interesse", das seiner Person zugrunde liegt. Dorthin wo die Sünde ist und das manchmal bitterste Erleben, führt ihn darum der Weg, zum gebeugten, vielleicht den Tod herbeisehnenden, zum leidenserfahrenen, womöglich für immer wunden Menschen. Denn von dort treffen ihn die zehrenden Blicke, schreit es ihm dann bald aus vielen Kehlen zu, der Jammerschrei, ein Geheul: „Jesu, du Sohn Davids, erbarme dich mein!" (Mk 10,47). Er sucht die Armseligen, die Narben- und Rattengesichter, die Fluchenden, stellt sich vor sie und geht furchtlos hinein ins Chaos, in das bis zur Niedertracht

---

113   Dylan Thomas, s. Anm. 18, 45.
114   Durs Grünbein, Nachwort zu: George Steiner, Warum Denken traurig macht. Zehn (mögliche) Gründe, 2006, 84.

Wirkliche. In radikal heruntergebrochener, in die Tiefe gezogener Existenz. Nicht getrennt von dir und mir. „Ich seh ihn in der Menge nicht getrennt / Von dir und mir und Wind und Ratte"[115] – der vielleicht oft auf der Erde schlief (die Erde, eine seiner stummen Zeuginnen), bei Wind und Ratte. Es jammert ihn der Menschen, ihrer allemal drohenden und in Kürze eintretenden Auflösung, der abstoßenden Hässlichkeit der Rattenlinien ihres Lebens, der Zerstörung ihrer Würde und dass sie, Ewigfliehende, sich aus Vorsicht kleinmachen vor den Geistern, die unaufhörlich anrücken. Er ist der Idiot der Liebe, auch mit Hässlichkeits-Mut: indem er sich Menschen zuwendet, die nicht einmal über eigenen Trotz verfügen. Denen man das Rückgrat gebrochen hat. Die man ungestraft mit Füßen treten kann oder die ihrerseits treten. Denen vielleicht kaum jemand jemals ein gutes Gefühl zugewandt hat. Die sich in Verruf gebracht haben. Die im Rinnstein enden oder aus ihm kommen. Die am Boden hocken und wortlos vor sich hin starren. Die Rechtlosen. Die manchmal nicht mehr gesehen werden wollen. Die zu allem fähig sind, der Slum nistet in ihnen, und sie werden ihn womöglich nicht aus sich herausbringen. Dort findet man ihn, wo es widerwärtig wird, schmierig und stinkend (Joh 11,39), wo die schadhaften Zähne normal sind, die zahnlosen Münder und gespaltenen Kiefer, der säuerliche Armeleutegeruch, der den Atem benimmt, die Buckligen, die Krüppel und Siechen (Mt 4,24), die krummen Rücken (Lk 13,11), die verfaulende, von schwarzem Aussatz zerfressene Haut (mag sein hinter den Blendwerken der Macht; 2. Kön 5,1), die schäbigen, verrotteten, besessenen Seelen. Beim Erbarmenswürdigen findet man ihn, dem Verwachsenen an Körper und Geist, beim „bucklicht Männlein", dem „unbegreiflichen Ich",[116] nicht einmal in Gegenläufigkeiten zu erfassen, schwimmend von Zeit zu Zeit, wie Treibeis, im grenzenlosen Ungefähr. Wer ist denn dort noch außer ihm?

Zeichen und Wunder werden von dem Zimmermannssohn gesetzt, Unterbrechungen, Erlösungen, außerordentliche Anlässe zur Dankbarkeit in aufrichtiger Freude (Lk 17,16), Lichtungen im Dunkel zuhauf. Fleisch, Geist und Seele. Alle, die ihm begegnen, stellt er aber ins Gegenlicht Gottes, hinüber zum Licht, in die neu beginnende Zeit.

Mit dem Auftreten des Nazareners bemächtigt sich zeichenhaft das Reich Gottes, die Herrschaft Gottes, des Fleisches, des Geistes und der Seele der Zeit, heilt und rettet, wirft darum auch Vieles in die „große Kelter des Zorns" (Offb 14,19) – Unermessliches: „Sünde, Tod und Teufel", Götzendienst und Erniedrigung von Menschen, Gotteslästerung. Seltsam, gerade des Hoffnungslosen nimmt sich der Nazarener an – als ob er zahllose stärkste Zeichen setzen wollte für diese ungeheuerliche „Hoffnung, da nichts zu hoffen ist" (Röm 4,18). „Herbeigekommen" ist

---

115 Dylan Thomas, s. Anm. 18, 95.
116 Kleist, vgl. Günter Blöcker, Heinrich von Kleist oder Das absolute Ich, 1977, 118f.

damit das Reich Gottes (Mk 1,15), eine ganz neue Befehlsgewalt, aber eben auch die Kelter des Zorns, der jetzt beginnende Grundsturz – weil der ganze alte Äon, die ganze alte Unrettbarkeit und Aussichtslosigkeit, das wüste Stück Zeit, wegmuss. (Im ewigen Leben wird Neues sein.)

Ein im Grunde aussichtsloses Gefecht? Ein Unternehmen, das Meer zu pflügen? Weil dieser Gefährte von Abgerissenen, Gebetsverweigerern und Sündern, Jesus von Nazareth, der „bleiche König",[117] es mit übermächtigen Widersachern zu tun hat – denen er zuletzt erliegen muss? Sind dem Gottesknecht (Jes 53) dabei Tapferkeitsgrenzen gezogen? Nein, er wird nicht aufhören, wenn es wehtut (Joh 11,35). In die Qual wird er gerufen (Joh 11,3) und geht er auch hinein, in Preisgegebenheit und Verzweiflung. Indem er sie, als seine eigenen, vor Gott bringt und ausbreitet, hat er wie niemand sonst Platz und Kraft für die sichtbaren und für die vielen verborgenen Qualen Anderer. „Er lud auf sich unsere Schmerzen" (Jes 53,4) – in furchtbarster Begegnung mit der Marter, sobald, wie dann am Ende, in seiner Passion, „des Unheils Einhörner den Leib durchbohren".[118]

Du bist es – der, damals und heute, nicht hinwegsieht über die andauernd wehe Zeit. Du bist es, der uns erblickt, Hybride aus einem rätselhaften Stoff von Zeit und Unzeit, wenn wirkliche Verwundungen und falsche Freuden durcheinanderwirbeln. Niemand wird uns aus deiner Hand reißen. Du bist es, du bist der Weg, die Wahrheit und das Leben, das Licht der Welt, der gute Hirte, das Brot des Lebens, die Auferstehung und das Leben, der Erste und der Letzte und der Lebendige. Du sagst „Ich bin's" (Joh 8,24; 13,19) und alles ist damit gesagt. Du bist es, das Geheimnis Gottes. „Bist du es nicht, Herr, unser Gott, auf den wir hoffen?" (Jer 14,22)

Über alle Maßen viel ist vor dich zu bringen! Tue ich's denn? Maßloses ist zu erbitten: Vergebung, Vergessen, Verlernen, Verwindung der Niederlagen und Verluste. Tue ich's denn? Du, „die tiefe Krone mit dem düsteren Licht",[119] der König der Armen, selber arm, auf schmalem Grat, auch du „Quintessenz von Staub" (Hamlet),[120] auf der Welt ohne Bleibe (Mt 8,20), der Fremdling unter uns, der Lumpenkönig. Die lautlosen Tragödien bekommst du zu Gesicht: die harte Hand der Verbote und Abweisungen, wie sie sich dem Verlierer von Beginn an auflegt, die Elendsgestalten: das arme Opfer, den reichen armen Mörder, die unsichtbaren Abel- und Opfergeschichten. Bekomme ich sie auch zu Gesicht?

Vor allem von ihm gilt dann: „Das sind die Lippen, welche das Wort Erbarmen gesprochen"[121] Sein priesterliches Amt. Grenzenloses Erbarmen. Ja. Er wird davon

---

117 David Foster Wallace, Der bleiche König. Roman, 2013.
118 Dylan Thomas, s. Anm. 18, 86f („And the unicorn evils run them through").
119 Else Lasker-Schüler, zit. bei: Gottfried Benn, Sämtliche Werke, Bd. VI, Prosa 4, hg.v. Holger Hof, 2001, 57.
120 Akt 2, Szene 2.
121 Büchner, s. Anm. 36, 60.

aber nicht weggeschwemmt. Er fühlt mit? Ja, aber weit mehr. Die menschliche Misere weht ihn nicht nur an – er nimmt sie in sich hinein, er lässt sie in sein Herz vor. Immer kostet es ihn sein Äußerstes. Er schreibt sich alles aufs Herz und nichts vom Herzen. Und jedesmal, bei jeder Begegnung, tritt dabei Liebe ein (wie etwas eintritt, was lange vorhergesagt worden ist). Da er die Menschen sieht, mit unerfüllten, schmerzvollen Träumen, da er ihr Flehen hört, blutet ihm das Herz. „Es jammerte ihn der Menschen."

Wie übt er sein priesterliches Amt aus? „Auf der Freitreppe des Tempels kniet ein Priester und verwandelt alle Bitten und Klagen der Gläubigen, die zu ihm kommen, in Gebete."[122] Und Handke schreibt: „Der Lehrer, dessen Kind an Leukämie gestorben ist, hat während der ganzen Jahre der Krankheit, wenn er Unterricht hielt, in den Sprechpausen still gebetet."[123] Wie weit wird er kommen in dieser schier endlosen Begegnungsgeschichte mit dem Bösen, im Affront, in der Gebetsverwandlung, in der Ausübung seines priesterlichen Amtes, auf weitestem Weg? Nicht nur gelegentlich handelt es sich um das nackte Elend, die Hässlichkeit des Daseins, um „die Leiden dieser Zeit" (Röm 8,18). „Alle Bitten und Klagen" verwandelt er.

5.2 Totenvögel fliegen durch ihre Augen.

„Er sah das Volk, und es jammerte ihn." Schon mit der Teilnahme, die dieser Blick verrät, nimmt sein Leben eine Richtung, in die keiner ihm folgen kann. Wie kein Sterblicher sonst hat er den Teufel gesehen (Mt 4,1-11), den Unbarmherzigen, die Weltratte, die einen an das Widerwärtigste denken lässt: die die Kralle über das Gesicht zieht und die nur Lebendiges nimmt. Wie kein Sterblicher sonst wird er die Gottverlassenheit sehen.

Benannt, sofort genau, wird der emphatische „Augenblick" Christi, der Gegen-Blick im Namen Gottes: auf erklärtermaßen „seine" Menschen, sein Eigentum (Joh 1,11), die verlorenen und manchmal nahezu verloschenen Menschen, die dabei sind, sich an das Übel und das Böse zu verlieren (Lk 15,4-10). Von denen die meisten ihn nicht „aufnahmen" (Joh 1,11). Bis in die Tiefe schaut er seine Menschen an, bis hin zu dem, das widerlich wie ein *alien* in jedem Einzelnen siedelt, die rotzgelbe Hässlichkeit (Röm 7,17.20), verschieden in jeder einzelnen Seele, dann auch in jedem einzelnen Gefühl, in jeder Willensregung, doch immer dasselbe Böse. Weil auf „Herzenshöhe" mit uns, „kennt er unseres Herzens Grund" (Ps 44,22): dass eben in der Tiefe jedes Menschen etwas schreit, das endgültig den Verstand verloren hat, verrückt geworden ist und sich, hingegeben und besessen, ausleben

---

122 Kafka, s. Anm. 35, 312.
123 S. Anm. 107, 232.

will (trunken von Waffen zum Beispiel). Im Namen Gottes, mit urfremdem Blick – weil Liebe auf dem Grund seiner Augen liegt – schaut er in die undurchdringliche Menschentiefe, in die Sünde, auf das Biest.

Dabei ist es, als ob der im Namen des Herrn Kommende (Mt 21,9) im Namen Gottes eben auch – sähe. Mit Lauterkeit – sähe (Mt 6,22). In seinem Gegen-Blick, mit dem er Augenmaß nimmt wie niemand sonst, lebt deshalb bereits eine trotzige Liebe. Die alles erfasst, um von Fall zu Fall umzugestalten, was schwerfällige Menschen bewegen und in Fluss bringen kann oder was den Dünkel der Unbußfertigen stürzt (Mt 11,20-24). Die auf diese oder jene Weise die verschüttete Person hervorholt, herauszieht „aus dem Schutt ihres Anscheins"[124] – und Licht vor ihren Weg legt. Erst mit diesem, wie man vielleicht sagen kann „Augenmaß", als wäre es das überhaupt Erste, kommt Wort und Tat Christi auf.

Er schaut ihre Augen an, die Spiegel, Spiegel des Lebens: „In unseren Augen funkelt das Leben. Und in unseren Augen fängt es an zu erlöschen."[125] Der „das Volk sieht", zahllose kleine Leute (selten Große), hat von Anbeginn seine Blicke für Unberatenheit und Unhaltbarkeit dieser Welt gleichsam freigemacht: für das Erlöschen, die Armseligkeiten und Schläge des Daseins. Was müssen seine Augen gesehen haben, gestern und heute, ohne verbrannt zu werden, auf furchtbarer Augenhöhe mit dem Bösen. Sie „stehen offen über allen Wegen der Menschenkinder" (Jer 32,19), auch über dem grauenhaften „Weg Kains", der nach dem Mord in die Wüste flieht (Jud 11), der sich aber dadurch selber hinmacht und sich in monströse Hässlichkeit verliert. Niemanden von den Kindern Kains, eben von „seinen" Menschen, ehedem wie heute, in namenloser Wildnis oder Leere oder Teilnahmslosigkeit, fluchterfahren, wird er aber verlorengeben, abgeben ins Unerhebliche und den Blick abwenden. Er „lässt den Sünder nicht" (EG 16,5), den Kain mit dem Mörderblick (1. Mose 4,5) – der doch im Notfall jedesmal bereit ist, wahllos zu töten, in Gedanken oder in der Tat, in der Ferne oder in der Nähe, im Einzelnen oder weltweit.

Schwarze Augen, viel Schlimmeres als „totenaugenhafte Ernsthaftigkeit"[126], als wären Raben, Kafkas Dohlen, hässliche Toten- und Mördervögel, durch sie hindurchgeflogen, blicken den wunderbaren Fremdling an. Von Sucht, den grausigen Vögeln des Deliriums, von Krankheit, die jahraus, jahrein ein metallenes, schneidendes Netz über Tage und Nächte zieht, kann ein Leben zerfetzt werden, als wäre es schon tot (Mk 9,26). Und die ausgelöschten Augen der Zwangs-Prostituierten, deren Würde man gebrochen hat (Mt 21,31f; Lk 7,36f; heute: weltweiter Menschenhandel, „Frischfleisch")? Die „Augen voll Ehebruch" (2. Petr, 2,14). Die Totenaugen,

---

124 Botho Strauß, Oniritti Höhlenbilder, 2016, 169.
125 Jüngel, s. Anm. 34, 13.
126 S. Anm. 31, 71.

die „abgöttischen Augen" (Hes 6,9), die „hoffärtigen Augen" (Jes 2,11; 5,15). Ihre Augen sind verblendet (2. Kor 4,4), keineswegs lauter (Mt 6,22), sie halten sich nicht etwa vor dem Bösen die Augen zu und sehen sehr wohl nach ihm (Jes 33,15), sie sehen aber nicht, was vor Augen liegt (2. Kor 10,7), den Splitter sehen sie in des Bruders Auge (Mt 7,3), ihre Augen sind aus „auf unrechten Gewinn und unschuldiges Blut" (Jer 22,17), sie funkeln gerade dann, wenn sie sich gegen Gott richten (Hiob 15,12), Dreck ist in ihre Augen geflogen (Tob 2,11) ... Die Bettelblicke, die Blicke der Verlorenen, wie sie nur von Kranken ausgehen können, die von den Ärzten schon aufgegeben wurden, Augen, die „vergehen vor Elend" (Ps 88,10) ... „Auf den Wimpern liegt Dunkelheit" (Hiob 16,16). Wer betet denn für sie?

Vor Augen hat er das von Traurigkeit übergossene Menschenherz, die von Kindheit an Blinden (Joh 9,1), ihr Suchen mit der Krücke, auch die nicht Wenigen, die, blind für die eigene Finsternis, von ihrer Augenlosigkeit, vom eisigen Wind gegen ihre Augen, nicht wissen und die desto mehr nur ihre eigene fürchterliche Sicht der Dinge pflegen. Der entsetzte Blick auf die daliegenden Leichen. Und am schlimmsten: die verzerrten, wahnsinnigen Blicke.

Grauen und Schauder der Welt starren sich dem Fremdling gerade ins Gesicht, Getriebenheit, Vergänglichkeits- und Vergeblichkeitsschreck (Ps 39,5-7), verwitternde Zeit, Vorbeiflug von Allem und jene schiere Angst, die „unwiderstehlich wie das Totenreich" einschießt (Hld 8,6) und sich vom Tod erfasst fühlt – „zum Tode gefordert" (Luther),[127] gefordert zum Augenblick des Sturzes, wenn er das Ganze des Lebens in sich hineinzieht, beklemmend genug, um lange im voraus Tage und Nächte unter den Druck der Nachtmahr-Gesichte zu setzen und schon den Atem der unbekannten Macht zu spüren. „Und heftig schnürt sich mir das Herz zusammen, / Denk' ich, wie Alles in der Welt vergeht",[128] Angst-Mensch (Joh 16,33), der vor Augen hat, dass er bei angelehnter Todestür lebt und nur für die Dauer einiger Atemzüge in Schwebe gehalten wird. Flucht? Nein, kein Ausgang aus der Raumangst, aus dem Angsthaus – kein Ausstieg als der zum Tode hin. Alles ist voll vergehender Zeit. „Um und um schreckt ihn jähe Angst, dass er nicht weiß, wo er hinaus soll. Unheil hungert nach ihm" (Hiob 18,11f). Scheu und Furcht der Bloßgestellten und schutzlos Nackten, der Schamhaften, hat er vor Augen (Joh 4,18), schaut aber, nicht zu vergessen, auch in die Augen, in Seele und Leben, der Großzügigen und Hochherzigen, der Hochgemuten (Joh 1,47).

Noch einmal: Er übt in alledem sein priesterliches Amt aus. „Alle Bitten und Klagen" verwandelt er. Er rückt sie alle ins Gegenlicht, denkt sie zu Gott hinüber, stellt sie unter Gottes Maßgabe. Zutage fördert er in den Begegnungen seines Lebens in

---

127 S. Anm. 85, Bd. 1, 271.
128 Giacomo Leopardi, Canti e Frammenti / Gesänge und Fragmente, italienisch/ deutsch (Reclam), 1990, Nr. 13: Am Abend eines Festtages.

Wort und Tat das Urteil, das schon seit Beginn der Zeiten feststeht: wie Gott die gut erschaffenen, aber sich abartig aufführenden Menschen jederzeit meint. Ungeachtet der Würdelosigkeit, die sie an den Tag legen, dürfen sie, die knochenlosen, fleischigen „Gierigen der letzten Tage", immer noch als „zertrümmerte Meisterstücke der Schöpfung" gelten (so in Shakespeares *König Lear*),[129] adelt er sie mit seinem Blick, lässt er bereits auf diese Weise Gott an sie herankommen, trägt er, so dass „das Licht des Morgensterns" über ihr Gesicht gehen kann (EG 16,4), Würde in ihr Leben (der Besessenen und der Befallenen und Behinderten, der Aussätzigen, der Frauen), in das Labyrinth der verworrenen und ziellosen Lebensläufe – so dass sie, wie für alle Menschen vorgesehen, hervortauchen aus der Sünden-Nacht (EG 213,5). Aus dem Schatten, in den sie gedrückt worden sind, holt er sie heraus. Bewaffnen will er sie mit Dankbarkeit und Geduld und Hoffnung, mit Aufschauen zu Gott: mit „erleuchteten Augen des Herzens" (Eph 1,18). Er macht sie zu Auferstehungsmenschen, zu dem, was sie sind. Mit allgemeiner Vergebungsbereitschaft? Nein, mit jeweiliger, fallweise angezeigter Vergebung.

Konsequenz: Indem er sie ins Gegenlicht stellt, schaut er sie zu Ende. Bis in ihre Zukunft kennt er sie, bis in die „Gegensphäre des Todes",[130] bis in ihre Auferstehung. Niemand ist endgültig verloren. Fremdzeit, Gegenzeit, wird dann wieder und wieder in das irdische Sein einschlagen, Lichtblitze, Gegenblitze, manifest zum Beispiel beim „Schächer", beim Übeltäter von Lk 23,43.

Den reichen Jüngling, der, statt dazubleiben, seinerseits zuletzt irgendwohin fortblickt und dann fortgeht, sieht er an, „und er liebte ihn" (Mk 10,21) – ist dieser zunächst Gutwillige doch, wie jeder Mensch, von vornherein für diesen Blick bestimmt, zur Erwiderung erschaffen, zur Gegenliebe, von Gott her auf Gott hin. Vom Götzendienst werden die Augen Christi beleidigt, aber sie wenden sich nicht ab. Was bewegt ihn, weiter hinzusehen? Eine geheimnisvolle Zusammenschau (eine Synopse), sein nie unterbrochener Aufblick zum Vater. Hinter ihrem Leben erblickt er ihr demnächst aus der Sünde herauszuhebendes Sein. Er denkt sie zu Gott voraus. Mit illusionslosem Blick kann er ihnen darum ins Gesicht sehen, auch wenn sie ihrerseits, voller Scham (vgl. 1. Mose 3,8), seinem Blick ausweichen. (Im ewigen Leben werden sie schauen von Angesicht zu Angesicht.)

5.3 Wer betet denn für sie?

„Des Menschen Sohn ist gekommen, zu suchen und selig zu machen, was verloren ist" (Lk 19,10). Jesus Christus – unter den Sündern und Armseligen, ausgesetzt

---

129 Akt IV, Szene 6.
130 Botho Strauß, Die Expedition zu den Wächtern und Sprengmeistern. Kritische Prosa, 2020, 162.

den „Leiden dieser Zeit" (Röm 8,18). Er sieht, wie sie „verschmachtet" sind, „zerstreut wie Schafe, die keinen Hirten haben", „zerstreut ein jeglicher in das Seine" (Joh 16,32), in das Seine und nochmal in das Seine, geweht, gewütet in das Kampffeld der Winde, „in alle Winde" der Lieblosigkeit, wie nach Babel die Menschen und ihre Sprache (1. Mose 11,7ff). Jeder ist starr in das Seine geneigt, in ein aufgerührtes, giftiges Wasser.

„Kommt her zu mir! Zu mir! Ich bin für euch da" (Mt 11,28), ruft er. „Mit alledem – kommt her zu mir! Ich gebe keinen Moment eures Lebens verloren, keinen wütenden Gedanken, kein Hassgefühl, wenn ihr den Gehassten beschädigen oder irgendwie beseitigen wollt, keine Furcht, weder verachtenswerte Schuld noch tragische Schuldverlorenheit und Verstrickung, keine Sekunde eines armseligen Sterbens. Alles hebe ich auf. Mit allem befehle ich euch dem Vater an und trete für euch ein. Ich verwandle die Bitten und Klagen. Ich rufe in Vollmacht: ‚Gott befohlen!'"

Gott befiehlt er es an: die Unhaltbarkeit der Welt, die unhaltbaren Menschen und ihre Gefühle: die Bewegtheit der Herzen, deren harte Stöße, ein Ausgeliefertsein über die Kraft der Empfindungen hinaus, das Erstorbene und Abgetötete, die Scham über das Angerichtete (Mt 26,75), das Bloßgestelltwerden (Joh 4,17f), die Nachtgedanken (wenn die Schatten des ehemals Geliebten reden), krank vor Zwängen und Sehnsüchten. Niemals entgeht ihm, wie jemand weint, stockend und unbeholfen, wie man es bei Männern sieht, die sich für stark halten; wie jemand, den der Partner wieder und wieder geschlagen hat, nur noch wimmern kann. Zu Herzen gehen ihm die anklagenden Blicke der Kinder (unentwegte Augensucher), die sich verzweifelt dagegen wehren, verlassen zu werden, weggeworfen oder missbraucht, ihre Seele von frühem Wissen verschattet, für immer vielleicht. Die Schutzbedürftigen, für die niemand betet, will er ummantelt und getröstet und geborgen sehen.

„Schlage Deinen Mantel, hoher Traum, um das Kind!"[131] *Schlage deinen Mantel um die Einsamen und Bekümmerten und besonders um die, die mit dem tödlichen Gedanken umgehen (aber niemand sieht vielleicht einen Grund oder kann es irgendwie begreifen).*

Auf welche Weise können Einsamkeiten, heimliche Krankheiten des Herzens, erstarren machen? „Ich bin Gottes einsamster Mann", murmelt der Taxifahrer in Scorseses Film *Taxi Driver*. Und Robert Walser berichtet von einem Verzweiflungsausbruch: „Ich lebe nicht, schreit er."[132] Wer beschirmt und beschützt ein bekümmertes Leben? Wie kommt man an gegen das absonderliche Gefühl, glücklos und näher an der Erde als andere geboren zu sein und schneller dann von ihr verschluckt zu werden? „Meine Seele ist so wund."[133]

---

131 Kafka, s. Anm. 35, 21
132 Erzählungen (1907–1916), Romane und Erzählungen Bd. 5, 1984, 11.
133 Kleist, zit. bei Blöcker (s. Anm. 115), 87.

„Das Leben kennt uns nicht",[134] stellen sie manchmal entsetzt fest. (Erst im ewigen Leben wird uns das Leben kennen.) Mit Bangen singen sie Lieder in abweisende Stille hinein. Gebete sollen das in den meisten Fällen gerade nicht sein. Aber wen erreichen sie? Ihre Stimme bleibt mit ihnen allein. „Der Monolog geht dem Tod voraus".[135] Der Priester, Christus, sucht aber eben die, die gar nicht wirklich leben. Die nicht als Gebet gemeinten Lieder und Monologe, die dem Tod vorausgehen, lässt er nicht auf sich beruhen, gerade sie wendet er Gott zu, spricht sie zu Gott hinüber, „alle Bitten und Klagen" verwandelt er, lässt sie dem ewigen Leben vorausgehen. „Gott befohlen!", veranlasst er, weist er an, sieht er vor, verfügt er, legt er fest.

5.4 Die unzähligen Verwandten Hiobs

Wir gehören zu den Verwandten. Deine Menschen, dein Eigentum. Wir wissen nicht mehr weiter. Wir bringe es vor dich, was uns verzehrt. Seltsam: Es gehört uns dann nicht mehr. Das aufgehäufte Unrecht trägst du dann ab (Joh 4,18) – wenn Schuldlasten übersteigen, was noch getragen und abgegolten werden kann (Lk 18,13). Wenn die erlittenen Demütigungen nicht absinken wollen und sich bei allen möglichen Gelegenheiten in die Gegenwart einspringen. Wenn gerissene Wunden ewig weiter bluten. Wenn Worte in eine Seele hinabgetaucht und dann wie fauliges Abwasser geworden sind. Wenn über Generationen hin weitergegebene Gefühlserbschaften weiterwirken, nur sehr langsam oder überhaupt nicht herauswachsen und darum immer aufs neue Überfälle und Versehrungen eintreten: aus einem Überkommenen, nicht Vergessenen und Verlernten. Schuld von weither. Was haben wir eigentlich damit zu tun? Wenn das eiserne Schweigen der Familie das Träumen schwer und schmerzvoll macht, wenn es manchmal Albträume gebiert. Wenn jemand „sich das Gedächtnis ausreißen" möchte[136] – weil seine Erwartungen an das Leben ein übles, widerliches Gewesensein hinter sich her schleppen und tagaus tagein nur an der eigenen fortwirkenden Vergangenheit weitergebaut werden, man allemal nur sich selbst fortsetzen kann. Wenn ein Einstiges verbrannt werden soll, sich aber so schlecht anzünden lässt. Wenn die Verhaltensformen des Ich (dass ich immer wieder an den Falschen gerate) sich keineswegs einfach verlieren, sondern einverleibt bleiben. Wenn man sich von Beginn an als derjenige erfährt, der sich doch gewollt, der sich doch nicht vom Leben betrogen fühlen möchte – der aber sicher leer ausgehen wird. Häufig ist einer der

---

134 Joseph Conrad's letters to R.B. Cunnighame Graham, ed. C.T. Watts, Cambridge 1969, 65.
135 Camus, s. Anm. 59, 229.
136 Robert Walser, s. Anm. 132, 13.

Liebesverlierer. "Einer ist immer der loser." (Nein, in Wirklichkeit ist er ein Verwandter Hiobs, Eigentum Christi.)

Angelegenheiten des Gebets, die Dinge nach oben gespielt ... Wir bringen es vor dich. Sieh es an. Es gehört dann nicht mehr uns. Du hebst dann den Dürftigen aus dem Staub (1. Sam 2,8; Ps 113,7; Ps 119,25), die Ehebrecherin, den mitgekreuzigten Mörder, den toten Lazarus, die Tochter des Jairus. Du rufst sie zu dir: „Her zu mir!" Es jammert dich der Kinder (Mt 18,5f). Aber die Alten siehst du auch: die in die Jahre gekommen und schwerfällig geworden sind, die verkümmerten, kranken schwarzen Vögel mit den ernsten Gesichtern – die, sagt dann der Apostel ausdrücklich, nicht geringschätzig behandelt werden sollen (1. Tim 5,1). Denen von vielen hämisch vorgeführt wird, wie tief vergangen ihr Leben ist. Auf ihre Weise fragen sie: „Ach du, Herr, wie lange?" (Ps 6,4)

Wir bringen es vor dich. Wir haben nichts als deinen Blick: der sich immer, Gott sei Dank, auf unser Sein unter unserem Leben richtet: auf unser aus Sünde und Leid entbundenes Sein. Du „erforschst mich und kennst mich" (Ps 139) – um dich mit allen unseren festen oder brüchigen Wirklichkeiten und auch mit all unserem lügnerischen Schein zu beladen. Vollständig bringst du uns vor den allmächtigen Gott. Genau uns meinst du. Du kennst unseren Fall. Unsere Begeisterung, die uns, bei guter Zeit, aus uns heraussteigen lässt, aber ebenso Stumpfsinn, Desinteresse, Apathie, die wir uns oft und oft zuschulden kommen lassen. Dass wir Ausschau halten und auf das Menschen-Unmögliche warten, das aber bei dir möglich ist. Die mächtigen, unter Umständen langgehegten Hoffnungen, die wir nähren, die uns beflügeln, erforschst du und kennst du, erfüllst sie oder wandelst sie um. Umso mehr hast du eine unbeschreibliche, neugierige, ahnungsvolle Hoffnung in uns geweckt und haben wir aus deinen Augen gelernt, dass diese Hoffnung auf ungeheuerliche Erfüllungen warten darf.

Noch einmal: Es liegt so nahe, die Leiden der unzähligen Verwandten Hiobs zu vergessen. Menschen, die sich vorkommen „wie ein Tier" (Ps 73,22), wie ein „Skorpion von einem Menschen".[137] Nein, sie sind seine Menschen, sein Eigentum. Das sind „arme Schweine", seufzen Mitleidige gelegentlich und müssen dann eingestehen: „Ich bin es auch." Nicht selten können sie nicht voreinander lassen, leben und lieben aneinander vorbei. Sie recken die Arme, um einander zu umschlingen – und zu fressen (indem sie vom Anderen gierig sich selbst erwarten, sich gespiegelt sehen wollen als diejenigen, als die sie sich träumen). „Mich liebt keine Sau", rief der Betrunkene im Zugabteil und legte den Kopf auf den Tisch zwischen den Sitzen. Nicht einmal verschmachtet und liebesunfähig, nur unbeholfen mögen sie sein, in einem unebenen, vorsichtigen Dasein. Wenn ein schenkender Engel des Lebens einfach nicht kommen will und man sich schon lange verloren gegeben hat, zu Ende

---

137 Heinrich von Kleist, Die Familie Schroffenstein. Ein Trauerspiel in fünf Aufzügen, 4. Aufzug, 4. Szene.

verloren, in lebensmäßiger Abwicklung, zu spät, das Leben neu zusammenzusetzen (Joh 4,18). Im ungeschickten Angelwurf nach etwas Glück. Wenn gelebt wird mit dem Gefühl, auf der angeblich nach oben offenen Glücks-Skala nichts als unten gewesen zu sein, dass jedenfalls das Glück Mal um Mal in den Flattersekunden des Lebens als eine Sturm- und Zufallswolke vorbeizieht (Hiob 30,15) oder unversehens, wenn man sich vom Leben etwas nehmen will, im Gedränge zerrieben wird.

„Hätte es nicht auch anders kommen können? Ein Irrtum des Schicksals – das keineswegs in meiner Hand ruht, das man eben nicht verhören und zur Rechenschaft ziehen kann. Ich bin meines Glückes Schmied? Aber es steht mir doch auch irgendwie zu, oder? Und was kann man schon umschmieden? Hätte nicht ein Zufall mir Überraschendes zuwerfen können?"

„Ihre Herzen müssen die Last der Gaben des Himmels tragen: den Fluch der Gegebenheiten und die Segnungen der Illusionen, die Bitterkeit der Erkenntnis und die täuschende Tröstung unseres Wahns".[138] Wer betet genau für sie? Das erbärmlich fragile Menschenleben: „Selbst wenn es glücklich ist, kann ein Schatten es verwandeln"[139], kann eine Dunkelheit es erheben, erniedrigen, verschönern, verformen. Muss man sich denn, fragen sie bitter, das Genick brechen, um hoch über den Bäumen die schönen, schnellziehenden Nachtwolken und wenigstens etwas vom funkelnden Staub der unzähligen alten Sterne zu sehen? Genügt es – um dem Dasein eine Elle hinzuzusetzen (Mt 6,27) – ihm Erlebnisse erweiterten Bewusstseins oder nie gesehener „Transzendenz" hinzuzufügen? Oder gibt er auch dann nur Rätsel auf und erblickt das undurchschaubare, verwüstete Gesicht der Sphinx seiner selbst? Hilft (noch einmal Conrad) „ein gegen das Schicksal gespannter Bogen oder eine Geige gegen die Nacht"?[140] Gegen die Verwicklungen der Schuld, des Zufalls, der durch die Welt zieht, des Wahns und der Leidenschaft? Nützt Wachs in den Ohren, um Verführerisches gar nicht erst zu hören? Tragik, in Chöre gegliedert (die griechischen Tragödien) – und das Blau des ägäischen Meeres, Meer der Menschheitsgeschichte, gibt die Kulisse ab? Immer nur hinzunehmen: die Schicksalhaftigkeit aller Verhältnisse, ihre Schlangen-Umarmung und ihren Schlangenbiss (Am 5,19), die Erfahrung, dass von ihr „mit vollem Maul" (Jes 9,11) genommen und verschlungen wird, was strahlend und grandios ist am Menschen – der doch manchmal auffällt durch hinreißende Anmut, Bewegungsgeschick und körperliche Eleganz (1. Sam 9,2), durch Sanftmut, durch Tapferkeit, mit der er zuweilen das über ihn Verhängte, eine unverständliche Gebanntheit in Tragik, auf-

---

138 Joseph Conrad, Almayers Wahn, deutsch 1964, 374.
139 Aischylos, zit. bei Meier (s. Anm. 30), 380.
140 S. Anm. 91, 343.

zubrechen sucht (Ps 73,23). Immer nur hinzunehmen? Nicht einfach hinzunehmen. Sondern Angelegenheiten des Gebets. Die Dinge fixiert und nach oben gespielt ...

Er, „Priester in Ewigkeit" (Hebr 5,6), bringt es alles vor Gott. Neben den unzähligen Schwestern und Brüdern Hiobs dann auch den Hiob selbst im Lande Uz: der wünscht, er wäre „verscharrt" worden „wie eine Fehlgeburt" (Hiob 3,16). Den geschlagenen Menschen: die Tochter, die den erhängten Vater auffindet, die Menschen, denen der Himmel aufbricht und denen „die Sonne vom Himmel fällt" (Hiroshima, 8:16 Uhr, 6. August 1945; Nagasaki, 11:02 Uhr, 9. August 1945). (Im ewigen Leben wird der Tod nicht mehr sein, noch Leid noch Geschrei noch Schmerz.)

5.5 „Man soll ihnen nicht dauernd dazwischenreden."

Die Opfer, die wahrhaft „Mühseligen und Beladenen" (die Worte dulden keine Verharmlosung), in irgendein Abseits, in die Würdelosigkeit getrieben – können sie sich überhaupt jemals ins Leben zurückkämpfen? Wenn das jedoch nicht gelingt? Noch einmal: Wer betet für sie? Für das Eigentum Christi? Und „die Haut, die reißen kann, und die Ungeheuer quellen durch die Risse heraus".[141] Manche werden gejagt vom anfallenden Heute, von der „Meute der bösen Stunden"[142] – die sich gegen sie kehren und sie zu zertreten suchen. Die Liebe – unstet, irgendwie tief verloren, allemal irgendwann gesperrt, dazwischengeworfen. Ihre Stimme, damals wie heute: „traurig und erschreckend wie der Seufzer eines durch den sternelosen Weltenraum wandernden riesigen Geschöpfs".[143] Wen sucht er? Den Patienten, der jetzt, sobald er den Weg geht, den er nicht wiederkommen wird (Hiob 16,22), das Wesentliche seines Lebens in den Blick nehmen muss.

Welchen Schmerzen, welcher Hilflosigkeit, Gebrechlichkeit und Pflegebedürftigkeit werden sie entgegengetrieben, welchem Scheiden, vielleicht dem entsetzten Flüstern „Du darfst nicht sterben!" (die bewegendsten Worte der Liebe)? Eines Tages, mit einem Mal bemerkt, waren die Spuren hervorgetreten, abzulesen vom Gesicht des geliebten Gegenübers. Und dann das „Dunkel der Schläfen".[144] „Jeder Mensch ist sehr allein".[145] Ungerührte Tyrannei der Zeit, die Nachtflüge, die mit hundert Abschieden durchmessenen Welt, die immer nur wegrennenden Augenblicke.

---

141 Christa Wolf, Störfall. Nachrichten eines Tages, 1987⁴, 86.
142 Botho Strauß, Die Fabeln von der Begegnung, 2013, 211.
143 Conrad, s. Anm. 24, 57.
144 Georg Heym, in dem Gedicht „Der Gott der Schlacht", abgedruckt bei: „Beständig ist das leicht Verletzliche". Gedichte in deutscher Sprache von Nietzsche bis Celan, hg.v. Wulf Kirsten, 2010, 295.
145 Proust, s. Anm. 5, Bd. 6, 423.

Was hat der Priester Christus also in ein Gebet zu verwandeln? Immer erneut mit entsetzlichem „Warum?". Die Furcht vor dem Verlust des geliebten Menschen und dem Weiterlebenmüssen danach. Die Vor-Trauer dessen, der sich gefasst macht auf den Trennungs-Tod und der in dessen wortloser Erwartung durchs Leben gehen muss. Die Überlebensschuld. Sich nicht einmal von dem geliebten Menschen verabschieden oder ihn würdevoll bestatten dürfen? Der Moment, in dem eine unheilvolle Tür aufliegt und man von einem Tag auf den anderen in dunkle Einsamkeit stürzt und die Bemühung, zurückzukehren, zum Scheitern verurteilt sein wird (die Lieben und die Nahen, mag sein, sind dann alle fort). Man wird alles mit sich selbst abmachen müssen. Abschied? Eines der leisesten Worte der Welt. Zwang zu Kälte und Gefühlsfrost? „Wie war der Abschied? – Wir gingen auseinander."[146] Warum verwischt sich die Zeitspur so hastig (statt eine kleine Lichtspur in die Dunkelheit zu schreiben)? Warum, warum. Die Liebenden, die für immer voneinander lassen müssen. Die Liebe: immer unfehlbare Mitwisserin der Endlichkeit, Mitwisserin des unaufhörlichen Zugs der Karawanen. „Die Karawanen gehen ihren Weg dahin, sie gehen hin ins Nichts und verschwinden" (Hiob 6,18). Was laden sie auf? Weshalb, Kinderfrage, reißen sie erbarmungslos auf ihrem Beutezug auch die Liebe mit? Kann man Vorkehrungen treffen? Offenbar muss man die dahineilenden Menschen zur richtigen Zeit lieben und unbedingt für sie beten. Sie leben mit leichtem Gepäck und wehendem Mantel und stürmen so voreilig davon, von einer Stunde zur nächsten. „Menschen sterben, man soll ihnen nicht dauernd dazwischenreden".[147] Der ablaufende Tag, kurz und fieberhaft, wird nicht zögern, Enttäuschung einzuflüstern: *„Das wird nichts mehr mit euch."* Ist doch in alles, was man liebt, die Abschiedswahrheit schon eingelassen. Reißt sie, insgeheim, immer schon zwischen dem Liebenden und dem Geliebten eine Kluft auf? Oder macht gerade die Befristung das Menschliche der Liebe aus? (Im ewigen Leben werden aber die Liebenden beisammen sein.)

Abgesang, natürlich, zeigt sich als das Wesen der Zeit, die unausgesetzte Flucht der Formen und Gestalten und Architekturen und Menschen. Angelegenheiten des Gebets, die Dinge nach oben gespielt …

Wie oft wird er gerufen „Herr, wie lange?" (Ps 6,4; 13,2 u. ö.)! Panikwellen sieht er, Sturzwellen, die Attacke, die wie ein Schlag die Seele sofort verdüstert und sich in rasender Eile durch den Leib frisst, die, ein Feind, in die Tage und in schwere Nächte einfällt, die den Atem abschneidet. Das sichere Vorgefühl, dass der letzte Atem einem Fürchterlichen als Beute zufallen wird, dem menschen-hungrigsten Fresser von allen. Menschen mit stärksten Ängsten sieht er, mit Furcht vor der Demenz: vor dem aufgehörten Menschen, der sie vielleicht sein werden, wenn sich,

---

146 Benn, s. Anm. 27, 78.
147 Botho Strauß, Der Fortführer, 2018, 21.

wie eine Sargplatte, langsam das grausame Vergessen über die Wachheit schiebt, wenn ihre Schübe Gemüt und Seele erstarren lassen, die dann quälend langsam oder ruckweise lautlos niederzubrennen drohen, wenn ein lebendiger Mensch der Welt und vielleicht der Liebe seiner Nächsten verlorengeht.

Ja, „die Schatten werden lang" (Jer 6,4). „Wie lange verbirgst du dein Antlitz vor mir?" (Ps 13,2) „Herr, wie lange willst du zusehen?" (Ps 35,17) Wann endlich wirst du abwischen alle Tränen, und der Tod wird nicht mehr sein noch Leid noch Geschrei noch Schmerz wird mehr sein (Offb 21,4)? Wann steigt das Land herauf, aus dem die „vielen Seufzer" (Klg 1,22) geflohen, wo dann am Ende die Mühseligen und Beladenen absolut geborgen sind?

„Nun ist es still", sagt der Trauernde, wenn er den Weg allein zurückgegangen ist. Für lange vielleicht wird der Gestorbene gegenwärtig sein. Womöglich aber auch – Unverlässlichkeit auch der Trauer – wird das Leid sich abnützen, wird das Bild des Geliebten unversehens aus Gedanken und Gefühlen herausfallen.

5.6 „Über die Wasser weht's kalt."

Jesus Christus – unter den altgewordenen Menschen. Einem reißenden Ausströmen ihres Seins, Fluss ohne Botschaft, mit Eisschollen bedeckt, sieht er die Menschen ausgesetzt. In Verlorenheiten mögen sie leben, die die Arme ausstrecken und auf Erklärungen drängen, die sie nicht bekommen können, mit zitterndem Herzen, die am Ausgesetztsein kranken, an der schutzlosen Alleinheit, in die sie abgeglitten sind, voller Furcht, in der Todesstunde getroffen zu werden von dem dann absolut nicht mehr zu Begreifenden, das aber seit eh und je in ihnen gewohnt hat: Figuren Giacomettis: schmal, ausgemergelt, kontaktlos. Betet jemand für sie?

„Und über die Wasser weht's kalt",[148] über das Totgewässer. „Ihr Alten seid doch schon verloren", flüstert es jeden Tag, Menschheitserfahrung von alters her. Unüberhörbar werden sie von ihrer Schwäche befragt. Selber fragen sie leise. Vielleicht sind es nicht nur falsche Fragen.

Darf denn nicht irgendwann einmal endlich alles gut sein? Darf ich, alter Christ, denn jetzt von den Aufgeregtheiten und vom Tragen der Schwere ausruhen? Habe ich denn nichts gesehen und nichts bemerkt? Doch. Verlorene Zeit? Nein. Alles war von Zeichen angefüllt. Habe ich also genug gesehen? Ja. „Auch wenn ich schon das große Schloss der Nacht betrete, / schlägt noch mein Herz, dass ich noch bete, / es möge eines Tages friedlich stille stehn. / Noch kann ich's nicht, doch lass mich, wenn es Zeit ist, friedlich gehn." Ein Abendpsalm von Uwe Kolbe.[149] In später Zeit, auf

---

148 Joseph von Eichendorff, Gedicht „Die zwei Gesellen", abgedruckt bei Conrady (s. Anm. 26), 392.
149 S. Anm. 71, 16.

einen Hintergrund von Nacht gestellt, soviel Fäden in den Händen, die nicht verknüpft sind. Ich darf aber beten und muss keine Eile haben. Ich kann mein Lebendigsein feiern. Weil ich, unbegreiflich, einmal aus lauter Nirgendwo behutsam emporgehoben worden bin, ein atmendes Werk Gottes, ein Geschöpf von Hause aus, das sich (dann ganz und gar überwältigt) mitunter als ein solches auch empfinden kann. „Herr, sei gepriesen, weil du mich erschaffen hast", flüstert Klara von Assisi im Sterben.[150]

Ja, Christus trifft auch Menschen an, die, statt es immer wieder sinnlos umschmieden zu wollen, ganz in ihrem Schicksal stehen (Hiob 2,10), den Kopf heben und am Ende aufrichtig dankbar zurückblicken, auf im Dank fühlbar gemachte gewesene Zeit, in ernstem Lebensdank (Lk 17,16) ohne bitteren Unterton. Erhörung ging den Bitten voraus. Womöglich wird gesagt: „Ich habe es erfahren: ‚Ich will euch tragen, bis ihr grau werdet' (Jes 46,4). Es war ein gutes, verwunderliches Leben, mit Schuld und Not und guten Beständigkeiten – und auch, weil reichgeschmückt und dicht gewoben, ein fliegender Teppich. Genug für einen Menschen." Am Ende von Joseph Roths *Hiob* heißt es: „Und er ruhte aus von der Schwere des Glücks und der Größe der Wunder."[151]

Andererseits: Er trifft auch die bitter Klagenden an (Lk 8,52; Joh 11,33). Dürfen sie nicht klagen? Weil die Jungen und Hellen und Gesunden es ihnen verbieten? Weil andere Alternde es aus durchsichtigen Gründen nicht hören wollen? Trifft es zu: „Alte Männer sind gefährlich, ihnen ist die Zukunft gänzlich gleich"?[152] Kaum.

Schon, ich kann jetzt geduldiger abwarten. War ich denn wirklich einmal ein spitzer Stein, abgeschliffen erst viel später? Vielleicht doch nicht, und ich entsinne mich der Zeit nur schlecht. Habe ich einmal ein Lied gesungen? Ein misstönendes? Möglicherweise. Mit den Linien in meinem Gesicht bin ich geworden „wie ein zerbrochenes Gefäß" (Ps 31,13), verbrauchter alter Mann, bitter gewordene Frau mit bösen Augen, unerfüllt, reif für Schweigen oder Umlügen von Debakeln, die Uhr hat die Zeit totgetickt, die Jahre sind dahingezogen, steuerlose, schlingende Schiffe, die der Strom mit sich reißt (Hiob 9,26). Ja, bei niemandem geben sie Ruhe: „die stillen Herzen der alternden Menschen" (Hölderlin),[153] die Enttäuschungen, die sich ihnen auflegen. Ja, Goethe: „Ich besaß es doch einmal, was so köstlich ist."[154] Und Dylan Thomas: „Ich war jung und laut und am Leben."[155] Leidige Menschheitserfahrung seit je. Welke,

---

150 Johannes B. Freyer, Klara von Assisi, 1997, 44.
151 Hiob. Roman eines einfachen Mannes, 2015², 154.
152 George Bernhard Shaw, zit. bei Benn (s. Anm. 122), 132.197.
153 S. Anm. 7, Bd. 1, 320.
154 Gedicht: An den Mond, Goethes Werke in zehn Bänden, 1961, 71.
155 S. Anm. 73, 28.

liebesuchende Hände. Die Schmerzen: „Man kann sie würdig und so oder so fruchtbar ertragen lernen" (Barth).[156]
Verwundert über die zurückgelegte Strecke siehst du die eigenen Wegspuren, und schämst dich vielleicht für das, was aus dir geworden ist. Nach und nach entkräftet sich das Leben in dir. Altersgerechtes Unglück. Von den Tagen sagst du: ‚Sie gefallen mir nicht' (Pred 12,1). Seltsame Lektionen hast du jetzt zu absolvieren, wenn man dir durch den Tag helfen muss. Deine Altersweisheit ist den Meisten lästig. Kann sie die Bitterkeit mildern? Flut und Ansturm deiner wirren Erinnerungen staust du schon lange in dir zurück. Niemand wird die sterbende Mutter erleben wollen. „Ich lebe nicht mehr gerne."[157] *Selbstmitleid? Bei Hölderlin?*

Erledige ich jetzt nur noch irgendwie den Rest, in Vorkabine und Vorkammer, und jammere mich zurück. War ich ein Gekritzel, mit belanglosem Menschenlos (ich weiß: hinzunehmen, über mich hereinbrechend, hart zugreifend, schäbig, in oft blutiger Schrift auf den krummen Linien der Geschichte)? Jetzt ohne noch irgendwelche Forderungen an das Leben? Muss ich jetzt das Hinfällige, so gut es geht, im Verborgenen halten? Kann ich zum Einverständnis gelangen mit dem Flackern und mit den Gebrechlichkeiten, denen ich ohnehin nicht entkommen kann? Wie kann ich mich abfinden und bestehen?

5.7 Sie verfügen über Gift zuhauf.

Jesus Christus – unter den Bösen. Er beansprucht sie für sich. Wiederum: Es sind seine Menschen, sein Eigentum. Von denen aber die meisten ihn nicht „aufnahmen" (Joh 1,11). Es soll auch für sie gebetet werden.

Die Sünde. Jede Brut, der aus dem Schoß des Bösen hervorgezogene Sünder, nimmt ihn nicht auf, greift den Gottessohn an, wehrt Anspruch und Verfügung ab. Er muss aber an Allem nah dran sein. Im Unerbittlichen (Mt 14,10f), der bösen Ausstrahlung des alten Äons im Verlorenheitsraum der Adams-Welt. Ausgesetzt. In die Wirbel des Weltlichen gezogen (Mk 12,13-17). „Unter das Gesetz getan" (Gal 4,4), wie Paulus mit scharfer Prägnanz formuliert. Geworfen unter die Gottlosen und ihr komplizenhaftes Verschlungensein mit ihresgleichen, in die Ansteckungsgemeinschaft. Im Geleitzug der Meute (Mt 27,22f). Mitten im Gelächter, in vervielfältigtem Menschen- und Urhass (Joh 7,7; 15,18), wie ins Dickicht geschlagen. Bald untragbar geworden für alle Welt. Von Schande gezeichnet, hinuntergestoßen. Er schirmt sich nicht ab, auch nicht, wie er es könnte, unter Aufbietung des Vaters im Himmel

---

156 Zit. bei Eberhard Busch, Karl Barths Lebenslauf. Nach seinen Briefen und autobiographischen Texten, 2005, 492.
157 Hölderlin, s. Anm. 7, Bd. 1, 919.

(Mt 26,53). Unvermittelt, wie niemanden sonst, geht ihn das Böse an, windet sich ein auf Unschuld hungriges, ekelhaftes Tier auf ihn zu – fährt dann unmittelbar auf ihn zu.

Man kann es ja ahnen, und er weiß es offenbar und sieht es überdeutlich: „Jeder Mensch ist ein Abgrund; es schwindelt einen, wenn man hinabsieht" (Büchner, *Woyzeck*).[158] Der Untergrund des menschlichen Seins (Joh 8,23)? Das Grundböse mit eigener Verfügung? Philosoph Nietzsche, in dieser Hinsicht Schüler des Theologen Paulus (Röm 1,18-3,20; 7), erschrickt zutiefst – eine Einsicht überfällt ihn: dass „auf dem Erbarmungslosen, dem Gierigen, dem Unersättlichen, dem Mörderischen der Mensch ruht".[159]

Bis zum letzten Atemzug aber wird sein Herz sich empören, wird er streiten in dieser Auseinandersetzung um Gottes Ehre, um die zerbrechliche menschliche Würde, bis in die Tiefen dessen, was sich in die Seele hinabgestoßen und eingelagert hat: gegen Besessenheit und Verformung des erschreckend biegsamen menschlichen Seins und – elende Voraussetzung für all das – gegen Anspruch und menschlichen Willen, selber Gott sein zu wollen (er wird dann immer nur ein Monstrum gebären).

Regelmäßig zuerst das höhnische Bewusstseins (Häme besonders gegenüber der Unschuld), der böse, amüsierte Zynismus, wird von diesem Willen erbrochen – den es, heute wie seit eh und je, nicht im geringsten „jammert": der „Heidenspaß", die spaßige, absichtsvolle Demütigung und Entwürdigung des Menschen, die närrische Welt- und Gottesverwerfung (die das Nichts bereits in sich enthält), wo, *Dummkopf*, die Opfer nicht zählen, nur langweilen. „*Hilfloses Wälzen vergangener Schuld – dass ich nicht lache!*" Jedesmal greift der Zynismus nach fremdem Schmerz und frisst sich an ihm lustig und satt. „Gott" und „die Wahrheit" – ein doppelter Witz. Alles – „Gott", „der Nächste" – ist immer schon auf verächtlich gestellt und, versteht sich, ist „wert, dass es zugrunde geht". Weil am Leben selbst offenbar Vergeltung geübt werden muss. Jedem Wort werden unlautere Motive unterstellt, Menschlichkeit für eine lachhafte Erkrankung gehalten, unterschiedslos alles in den Schmutz gezogen, genauer: als schon aus Schmutz geboren gesehen – und vor Lachen gequiekt. „Um jedes Mysterium abzuschaffen, genügt es, die Welt mit den Augen eines Schweins zu betrachten"[160] – auf Kirkes schweinischer Felseninsel. Wo ist die aber nicht?

Kirkes Insel, primitive Walpurgiswelt: jene Schamlosigkeit, für die jeder als identisch gilt mit seinem inneren Schweinehund. Dass der Mensch eben nichts ist als eine miese Ratte, zu Recht gedemütigt zu einer auf den Arm tätowierten Nummer. Man soll ihn, in höhnischer Zustimmung, dann folglich auch so behandeln. „Ich

---

158 S. Anm. 36, 200.
159 S. Anm. 15, Bd. 1, 877.
160 Gomez, s. Anm. 65, 14.

bin ein abgebrühter Charakter? Die Wirklichkeit ist es", heißt es dann, „und mich zu schämen habe ich mir abgewöhnt. Wer schämt sich denn heute noch?" Man kann sich sogar daran weiden, dass die Realität nun einmal angeblich einfach säuisch ist und der Mensch nicht einmal Schreckliches, sondern nur Ballast, jedenfalls untenzuhalten. Gelächter über die menschliche Erbärmlichkeit, von tief unten, eben: wie Erbrochenes (Mt 27,29). Man lacht sich tot – der Hölle entgegen.

Nein. Im Namen Gottes hält sich der Gottessohn auf den Straßen der Würdelosigkeit auf, auch auf den unrettbar schweinischen Inseln. „Da blies mir der Dreck ins Gesicht",[161] es riecht nach Menschenblut, nach Dung, nach Angst und unbedingtem Überlebenswollen. „Er erniedrigte sich selbst" (Phil 2,8), er lässt sich zu Boden drücken. Das Furchtbare fasst er an (die Aussätzigen), gemein dann mit jedermanns Schlechtigkeit und Hässlichkeit (Jes 53,2f), mit dem gewollt oder ungewollt Verwerflichen (Röm 7,15), wo er, der Heilige, nicht das geringste zu suchen hat (Phil 2,6), wohin er bei Gott nicht gehört. Nichts reimt sich im Sünder, der, allemal böse, sich selbst für sich selbst vorbehält, auf Jesus Christus: der sich, Mensch bedingungsloser Verausgabung, an Gott und die Menschen vollständig dahingibt.

Oder – frühere Zeiten haben das mitunter gemeint – bleibt der Gottessohn womöglich ganz unangerührt, ganz unbefleckt von jenem Dreck der Welt, wie er Menschen besudelt und in ihnen von innen her hochkommt? Der absolut Reine, ein Ideal, hoch über den Erdendingen? Blickt er, mit dem Rücken zur äußeren Welt, nur in sein eigenes Selbst, ist nur für sich, im „Fest der Seele", ohne Lebensdruck jedenfalls, ohne das jedem aufliegende irdische Angstgewicht, das „Entsetzen des Lebens". Hält er sich leidlos und todlos in der Welt auf und stirbt, weil gegen den Tod gefeit, nur zum Schein? Nein. „Er war einer von uns" (vgl. Conrad, *Lord Jim* und *Sieg*; dort jeweils mehrfach). Das Wort ward Fleisch. „Der versucht worden ist in allem wie wir, doch ohne Sünde" (Hebr 4,15).

Sündlos, doch einer von uns. Dem unser Glück und unser Unglück nahegehen. Der einen Blick aufbringt und durchhält, welcher die Täuschungen und Trugschlüsse aufgekündigt hat (die Gültigkeit angeblich elementarer oder nie in Zweifel gezogener Werte; Mk 2,27). Der sich vorbehaltlos dieser labyrinthischen, mit sich selbst überworfenen, manchmal widerlichen Wirklichkeit stellt, der Wirklichkeit der Kloaken (Phil 3,8) und Abgründe, doch auch den Himmeln des Menschen, seinen mitunter schmerzhaft schönen und berückenden Räumen und Lebenszeiten, den Zeiten des Atmens, dem Wohlgefühl, der Lust, doch wiederum ebenfalls dem Grauen, den Süchten, Benommenheiten und Besessenheiten, den unverdienten Zuwürfen glücklicher „Zufälle", aber eben genauso den Versehrungen.

---

161 Ror Wolf, Die Gedichte, 2017, 421.

Den abwegigen Menschen tut er sich an und beansprucht er, den Sünder, der, weil er meint, sich nur so behaupten zu können, Gott in kaltem Urhass beseitigen will (Luthers entsetzliche Gedanken im Erfurter Kloster). Mit brennender Anteilnahme kehrt er diesem Totmacher „Mensch" aber seinerseits seine Unruhe, Besorgnis, Liebe zu. Dem Widrigen – mit scharfer Klinge schneidet es in die Brust – stemmt er sich entgegen, in jeder drängenden Situation. Indem er dem Feind von Mal zu Mal seine Existenz entgegenhält, seine ganze zerlumpte Christus-Macht. Frei wird er sich für den Sünder verlorengeben (Mk 10,45). Himmelschreiend sind für ihn dabei die Verhöhnungen der Leiden, die offenen oder versteckten Gotteslästerungen: „Wer dem Geringen Gewalt tut, lästert dessen Schöpfer" (Spr 14,31). Der Konfrontation mit dem Bösen weicht er nicht aus. Soweit das Auge reicht, zeigen sich dessen Erscheinungen, Entstellungen, Katastrophen. Sehr reale Gespenster stelzen frech herum oder paradieren auf Straßen, Hohen Gerichten und Heiligmäßigen Tempeln. Jedesmal haben sie leichtes Spiel. Er weiß sich mit alledem in einer Arena voll kaum mehr menschlichen Geheuls, nimmt das Gefecht auf mit dem Tier, ruft es seinerseits laut herbei.

„Kommt her zu mir alle – ihr Zyniker mit der zerbrochenen Seele, ihr Besessenen, an euch selbst Hingegebenen, ihr wissenden Anwälte der verrottenden Welt. Ich bin trotzdem für euch da, entgegen allem bin ich euer Freund. Ihr müsst der Besessenheit abschwören!"

Sie blicken allerdings kaltäugig. Sie schauen ihn fremd an, mit Tierblick. „Plötzlich stehen sie auf und beißen" (Hab 2,7). Sie verfügen über Gift zuhauf. Er lässt sich auch vergiften. „Fremd ist sein Werk, seltsam seine Tat" (Jes 28,21). Er ist zu liebevoll, um nicht zu heilen (auszubrennen die unsauberen Geister, die sich in den geschlagenen Wunden niedergelassen haben). Zu aufrichtig, um nicht die Wahrheit zu sagen und zu tun. Zu rauh und zornig, mit dunklem Angesicht, um die Sünde nicht aufzustören, sie eisig klar zu benennen und an seiner Güte auflaufen und zuschanden werden zu lassen. Zu liebevoll, zu aufrichtig, zu zornig. Groß in Liebe und ungeheurem Grimm (Mt 11,21-24). „Freundlichernst den Menschen zugetan".[162] Das Böse, unheimlicher als dass man nur irgendwie an ihm krankte, wird Mal um Mal an ihm zergehen. Wie Wasser, das dahinfließt" (Ps 58,8), wie ein Sturzbach, der die Welt als eine hohe, schmutzige Woge durchzieht, wird sich der Wahrheitshass verlaufen (giftig wie in Verwesung begriffene Liebe). „Es fließt nur fort, indem es fällt".[163]

Mit Niedertracht bekommt er es zu tun, nicht nur dem falsch gekommenen, peinigenden, aber immerhin zu bearbeitenden Schuldgefühl. Sondern der unleugbaren, menschlich oft als ganz und gar aussichtslos erscheinenden tatsächlichen

---

162 Hölderlin, s. Anm. 7, Bd. 1, 362.
163 Kleist, Brief vom 28. Juli 1801 an Adolphine von Werdeck, zit. bei Blöcker (s. Anm. 115), 55.

Schuld vor Gott und den Menschen: der Sünde aus kompakter, zurechenbarer Objektivität. Zum Beispiel mit dem Einträufeln von „gutem Gewissen": „Mein Herz so weiß" (sagt *Lady Macbeth*).[164] Oder mit der absichtsvollen Fesselung in der Schlinge des gequälten Gewissens. Da es schon nicht mit rechten Dingen zugeht, soll es wenigstens mit falschen irgendwie zugehen. Sie sprechen auf das Schändliche an, entfesseln es, wild nachtretend, mit Vergeltungshunger und Racheblindheit, die sich Genugtuung verschaffen will, die Rache an Rache reiht (man bekommt aber nicht zurück, was man verloren hat). Nur die eigenen Wunden sind warm. „Wir sind alle stark genug, das Leiden der Anderen zu ertragen".[165]

Dabei haben „die da unten", die so oder so Zerlumpten, in Sachen Zynismus von den Mächtigen und Notablen „da oben" nicht viel zu lernen. In der Mehrzahl der Fälle können sie das genauso gut. Moralisch höherstehend sind jene nicht (wie eindrücklich zum Beispiel Bunuels alter Meisterfilm *Viridiana* vorführt), können nicht schon deshalb beanspruchen, „bessere Menschen" zu sein, weil es ihnen schlecht geht. Der Größenwahn passt in die kleinste Hütte. Alle, in jedem Milieu, treiben in fortreißenden Vergehenszusammenhängen, in Verantwortungslosigkeit und Schuld ohne jeden Begriff. Nicht selten, gerade indem sie sich, in einem unbegreiflichen inneren Gewaltakt, gegen Gott abtöten, ziehen Manche, „unten" oder „oben", einen zitternden, leeren Raum um sich und versuchen widersinnig, sich selbst ein unlebbares, alle Hoffnung aussperrendes Leben aufzubürden (1. Thess 4,13).

Wozu bin ich fähig? Der ich überfällig bin und anrüchig, auch mir selbst manchmal zuwider (Hes 36,31). Der ich ein Feind bin (mein eigener Blick härtet sich) und Feinde habe (in dem Gesicht, das eben noch zugewandt schien, machen mich tote Augen frieren). Da begegne ich jemandem – und ein fürchterliches Gericht über ihn läuft in mir ab (vgl. Jer 9,7). Mein Lachen ist Tarnung mit Hilfe meines kreidigen Maskengesichts, unter dem ich Scham und Schadenfreude verstecke. Ich verfüge über ins Fleisch wachsende Masken, über eintrainierte Rollenspiele, Verkleidungen und schmutziggraue, ins Gesicht gezogene Mönchskapuzen. Kann ich denn auf die nützliche Kapuze verzichten und die Maske abnehmen? Verlöre ich dann aber überhaupt meine Bedrohlichkeit – mit der ich immer schon geschlagen scheine, aber deren ich mich auch fallweise erfolgreich bediene?

Von Zeit zu Zeit geht es mir ja auf: Es ist mein böser Schatten, das Schattenhaft-Zerrissene meiner Person, das dein Gesicht trifft. Kann das Unheimliche, das von mir ausgeht, in Wort und Tat und Aura, so dicht sein, dass es dein Gesicht dunkel macht? Dein furchtsames oder hochmütiges Angesicht erzählt auch meine Geschichte. Und mein eigenes Gesicht? Soweit kenne ich es, als ich weiß, dass ich es nicht verdiene,

---

164 Macbeth, 2. Akt, 2. Szene.
165 François de La Rochefoucauld, Maximes et réflexions morales. Maximen und Reflexionen. Französisch/Deutsch, hg.v. Jürgen von Stackelberg, 2012, 15.

eines zu haben, es ist voller Schande (Ps 69,8). „Jesu, du Sohn Davids, erbarme dich mein!" (Mk 10,47)

6. „Immer noch Sturm"

> *Der Kriegsbogen soll zerbrochen werden. (Sach 9,10)*
> *Er zerbricht die Pfeile des Bogens, Schild, Schwert und Streitmacht. (Ps 76,4)*
> *„Alle meine Gebeine erschraken." (Hiob 4,14)*

6.1 „Wie einem Irrsinnigen"

Die Leiden der Zeit: auf den zur Schau gestellten Vorderbühnen bis tief in die zertrampelten Hinterbühnen, wo immer sie liegen ... „Immer noch Sturm" (Regieanweisung in Shakespeares *Der Sturm*; Erzählung und Theaterstück von Peter Handke). Auch die Gegenwart liegt unter den Augen des Lebendigen – der sich, eben gestern wie heute, mit eigenem Anspruch als des Gesetzes Ende erweist. Liebe Leserin, lieber Leser! Wir müssen die Reise fortsetzen, nun noch einmal, ausdrücklicher als bisher, hinein in die hässlichen und erbärmlichen Tiefen der Gegenwart, zu den neuen Nebukadnezarschriften und Menetekeln. Was sind Gebetsanliegen heute? Dass unbedingt die derzeitigen Dinge nach oben gespielt werden; dass heute (für uns, für die heute Verlorenen) das priesterliche Amt Christi ausgeübt wird.

„Des Menschen Sohn ist gekommen, zu suchen und selig zu machen, was verloren ist" (Lk 19,10). Christus, heute. Ihm ist es jedesmal nicht verloren, was verzweifelt genau so aussieht. Weil die von Gott anscheinend oder scheinbar Abgerissenen dort zu finden sind, geht er seinerseits hindurch: durch das finstere Tal, auf den unmarkierten Wegen, durch die verrufenen Gassen, auf den zerstückten, aufgebrochenen Pflastern (Jerusalems, Moskaus, New Yorks und Berlins) – durch die tödlichen „Dinge des Lebens" (*Les choses de la vie*; Claude Sautet). Er fände Platz auf der unsagbar traurigen „Straße" Cormac McCarthys (*The Road*, 2006).

Christus, heute „unter das Gesetz getan", ist heute von Fall zu Fall „des Gesetzes Ende" (Röm 10,4) – das als fortschreitende Verrohung waltet, als Idiotie und Ressentiment. Was immer auf Menschen einstürzt, fährt auch auf ihn zu. Gnadenlosigkeit ist ja die Erfahrung, das eigene und fremde Heimtückische, das einfach nur Gemeine (ohne Regungen irgendeiner Hochherzigkeit) – seitdem die Sünde, das Seinsgift und Seins-Nichts, in das menschliche Gehäuse eingequollen, aber, aufgestaut und gestockt, nicht mehr abgeflossen ist.

Er kennt die offenkundige Schweinerei (die mit dem fetten Gesicht und der enormen Körperlichkeit), auch desto mehr die infame, hinterhältige, die einen Menschen zerbricht (über die dann womöglich nicht hinwegkommt, wer sie begangen hat). Er weiß von den Barrabas-Rufen und, ganz nah (Judas), vom bitteren Verrat an der Liebe. Erleben wird er das diabolische Verwerfen, das Verneinen, das Verschlafen, das Verleugnen. Er bemerkt auch die Stimmen (sie überschlagen sich), die von vornherein jeden menschlichen Anstand roh verhöhnen, die alles, jedoch am hartnäckigsten die Liebe, verächtlich machen, die sich gnadenlos darüber lustig machen, wenn jemand – was für ein Wort – wenn jemand ein Herz hat. „Vornehmheit trennt, Schweinerei verbindet" – nicht selten mag das ja zutreffen. Höhnisch Benn: „Sie wollen alle ran an das Geld, sie wollen alle ran an die Liebe."[166] Ran denn auch an beliebiges Blutgeld und seine Ausschüttungen, an Geld und Gewalt, an eine Handvoll Dollar, an erpresste oder gekaufte Liebe. Jeder und jede, weil davon infiziert, erfährt das Erbärmliche, das unauffällige, nebenbei begangene (das kein Aufsehen will), öffnet die untersten Schubladen (wenn es sich, sagen wir, um den kleinen Vorteil handelt oder, in der geldgetriebenen Gesellschaft, um die kriminelle Steuerschonung), sieht oder erfährt oder begünstigt den Kapitalismus als tobenden Überfall über Drittweltländer und Finanzsysteme, die jüngste Fratze: Dollarzeichen in den Augen, die Geldflüsse, das globale Rattenrennen (allerdings, wie man weiß, verbluten die Ratten schnell). Wenn auf den Finanzmärkten das Geld nur noch Selbstgespräche führt und überall den ohnedies Reichen in die Tasche kriecht (wo es doch, heißt es, immer noch am besten aufgehoben ist).

Dem Abscheulichen ist er ausgesetzt und widersteht er: dass sie erfindungsreich gegen ihn und gegeneinander vorrücken, die Sünder, im unwiderstehlichen Sog Adams, Kains, der Leute von Sodom und Gomorrha, der „Kriegsknechte" der Passionsgeschichte (Mt 27,27 u. ö.). Macht-, Abschreckungs- und Waffengläubige treiben sich ihm entgegen (Treibende und Getriebene), rücken an, wir, neuerdings mit weltweiter Plattform, zum Fürchten, Atom-Kriegsleute (ob auch sie „im seligen Stande" sein können?), die so oder so die Waffen segnen (wofür es jedesmal gute Gründe zu geben scheint). Ein Wir, aus dem man sich schwerlich verabschieden und zu dem man nennenswerte Distanz kaum gewinnen kann. Nicht unmittelbar jeder Einzelne, aber wir, mindestens mittelbar, tragen es mit, als Mittäter, sind Nutznießer, fortgesetzt völlig ungerührte Ego-Tiere, beispiellos mächtige neuzeitliche Kriegsknechte (wie immer sie heute heißen) – die doch nur ebenso sklavisch wie hilflos dem Gebot der Weltstunde folgen.

Christus, heute. Und die Menschen, die doch sein Eigentum sind und die er unbedingt beansprucht. Er weiß von dem, was man später „Verbrechen gegen die Menschheit" (*crime against humanity*) nennen wird, von Weltverbrechen: begangen oder, wenn nicht angeheizt, so wenigstens zugelassen von „uns", von der Bestie Mensch, den Weinerlichen, den Bruchkanten in der erschreckend dünnen Kruste

---

166 S. Anm. 122, 200.

der modernen Zivilisation. Zivilisation? Globalisierung? Zeigt sich jedesmal zugleich und nur desto mehr, manchmal zuerst, als Globalisierung des Bösen. Sogar Ausgriff in das Weltall? Meint zur gleichen Zeit ein unentwirrbares Ineinandergreifen von wissenschaftlicher Neugier und der Zurichtung des Weltraums als militärisches Operationsgebiet.

Mag sein, dass es jetzt gutgelaunt heißt (und dass er es wenig abgewandelt so gehört hat): *„Sie wissen immer noch nicht, junge Frau, geschwärzter Alter, unterkomplexes Dummerchen, wie das Leben ist? Dass nicht nur der Einzelne, sondern desto mehr die Menschheit eben zum Fürchten ist. So geht aber die Welt. Bestand hat Gewaltlosigkeit, die es irgendwie ‚gut' meint mit der Welt, letztlich nur von Gnaden unbändiger Gewalt. Waffen, wenn man es recht bedenkt, zeigen sich, mit ihrer robusten Suggestion, als erstaunlich starke Argumente. Man kann sie, dank ihrer besonderen Überredungsmacht, sehr schnell sehr überzeugend finden. Leichthin erschlagen sie jedes Argument. Sie sollten zu ihnen aber ein entkrampftes Verhältnis gewinnen! Und sie unter die regelmäßig unwiderstehlich klingenden Überschriften ‚Notwehr' und ‚Verantwortung' und ‚Verteidigung' stellen. Bildet denn die von einem Bajonett durchbohrte Friedenstaube nicht die Wirklichkeit ab? Oder, wundermilder Friedensfreund, Gutgesinnter, Pazifist, Herzchen, Schwachkopf, glauben Sie an die Menschenliebe der heiligen Krokodile? Die doch bekanntlich auch noch weinen, während sie sich fettfressen. Frage: ‚Welches Tier ist das politischste?' Antwort: ‚Das Krokodil.' Beschreibt Kafka den Menschen nicht höllisch genau: ‚Wir haben nur das Gebiss; für alles, was wir tun wollen, bleibt uns einzig das Gebiss'?*[167]"

So mag der vorurteilsfreie Waffenhändler oder -lobbyist zu bedenken geben, der obendrein womöglich „wertemäßig" Gott an seiner Seite glaubt und ihn, den Allmächtigen, „in seiner Faust führt" (Hiob 12,6). „Er hat so viel Geld, dass ihm die Bomben aus der Hand fressen",[168] Schweinefraß allemal.

Hatte Jesus, der Unkriegerische, getan unter das Gesetz, „damals" keine Kenntnis von schnappenden Krokodilen (vom Schlage gewöhnlicher Menschen), von „Kriegen und Kriegsgeschrei" (Mt 24,6), der hemmungslosen Gewalt der Mächtigen (Mk 10,42), der allgemeinen Bereitschaft zum Zuschlagen? Desto ungeheuerlicher sein Gebot der Feindesliebe. Der Krokodilsliebe. Waffen sind auch nichts als Geschäftsgüter? Waffen bluten nicht. „Gewehre rechts – Gewehre links – das Christkind in der Mitten".[169] Freilich kann das sarkastisch Gemeinte auch, in neuem Sinn, zutiefst hoffnungsvoll angesehen werden (Christus hält stand, inmitten des Höllischen rechts und links).

---

167 Drucke zu Lebzeiten, hg. v. Wolf Kittler u. a., 1994, 273.
168 Canetti, s. Anm. 98, 138.
169 Kurt Tucholsky, zit. bei Walter Jens, Einspruch. Reden gegen Vorurteile, 1992,

Waffen – einstweilen noch warten in ihnen gierige, entblößte, infernalische Möglichkeiten, nur schamlos aufgemachte Möglichkeiten, die sich aber, hochnervös, um jeden Preis bereithalten müssen, sofort (innerhalb von Minuten) in die Wirklichkeit zu springen. Sie verharren ein wenig, bis sie mit Toten gefüttert werden. Irgendwann erst – später oder binnen kurzem, was wissen wir denn – stoßen sie unvermittelt in die Verwüstung vor. Waffen: der gerade noch unsichtbare Krieg, den sie zu allen Zeiten, über kurz oder lang, auch finden – dem geht der Atem nicht aus, dem wissenden, „todnahen Dämon", als wäre er jemand, der „seine Flügel aus rostigen Messern über die Erde schleift" (García Lorca).[170] Waffen müssten, wünscht sich Canetti (frommer Wunsch), „so sein, dass sie sich ganz unerwartet gegen den richten, der sie gebraucht"[171] (was sich unter modernen Bedingungen allerdings nicht weniger katastrophal auswirken müsste).

Wer den modernen Stand der Dinge resümieren will, wird die utopischen, weltverlangenden Epochentexte von künftigen Morgenröten nicht nur für illusionär, sondern für brandgefährlich ansehen. Wird vielmehr von einem Amoklauf reden, der sich durch die letzten Jahrhunderte zieht, von „objektiver Dämonie".[172] Muss sich, verflucht, mit den Zerstörungsmitteln, mit der enormen Vernichtungstechnologie befassen (mindestens deren Baupläne wir den Ungeborenen nicht nur als Erblast, sondern als einen unentrinnbaren Fluch vererben). *You cannot disinvent weapons,* lautet dort die triumphale Teufelei (eine fiebernde Klarsicht, die ins Nichts zeigt). Authentisch kommentieren sie nicht nur den neuzeitlichen Menschen, befallen ihn nicht nur von außen, sondern bilden ihn zuverlässig ab – der sich an die große Kloake angeschlossen, sich ihren Waffen unterworfen und mit ihrer Zerstörungsenergie mental verschmolzen hat. Auch nur deren gefräßiges Maul sehen und deren Beschwörungsformeln hören zu müssen und die eigene geheime Einvernehmlichkeit keineswegs abschütteln zu können, macht dabei die noch leidlich Nüchternen verrückt. Der „Weltkrieg"? Noch nicht lange her. Hochamt des Bösen. Vorhut? Völlig versagt das Vorstellungsvermögen hinsichtlich eines dritten, weltweiten, endgültigen.

Zudringliche, wilde, hungrige moderne Forschungsfrage, sie bleibt nie aus, sie hält sich überall am Leben: Wie können wir etwas „in kriegsrelevanter Weise" beherrschbar machen? Nach Belieben bedient sich der Krieg dabei aus großmäuliger Wissenschaft. Eins spielt sich dem anderen zu. Sie paktieren miteinander, bündeln und koordinieren sich, indem sie einander Ketten der Anerkennung um den Hals legen, Krieg und Krieg und Krieg. Und Wissenschaft und Wissenschaft und Wissenschaft. Der Bogen wird geschlagen und wölbt sich von dort nach hier, von

---

170 Zitiert nach Blöcker (s. Anm. 115), 13.
171 S. Anm. 98, 20.
172 In einem Brief Celans an Max Frisch. In: Ingeborg Bachmann – Paul Celan. Der Briefwechsel, hg.v. Bertrand Badiou u. a., 2008, 173.

hier nach dort. Wann zerbricht Gott dann den monströsen, riesigen „Kriegsbogen" (Sach 9,10)?

Die Ursachen aber bleiben möglichst außer Betracht, sollen nicht kenntlich werden, ein versteckter Kadaver, Giftiges und Totes genug, eingesenkt in die Unterkellerung des Hauses. Im Hause selbst riecht man allerdings denn doch die Schuldverpestung der neuzeitlichen Zivilisation. Sie riecht nach Abgestorbenheit und Tod. Frühere Zeiten sprachen vom „Pesthauch". „Schwarzer Schleim".[173]

Dabei muss man nicht jedesmal Eindrucksvolles oder gar den Schein finsterer Eleganz und Magie suchen, keine „Blumen des Bösen". Weil das Böse völlig alltäglich daherkommen mag, aber auch als verbilligtes – in winzigen Humpelschritten oder wenn es „kleine Leute" benützt, den einfachen Wähler, den irgendwie indirekt Beteiligten, unbedeutende chinesische oder russische oder US-Präsidenten, unbedarfte Militärs oder Wissenschaftler – Heftigkeit genug besitzt, gegebenenfalls die Welt in Trümmer zu legen, und dazu keiner besonderen Würfe oder Anstrengungen bedarf. Wohl regelmäßig tritt es in „Schafskleidern" auf (Mt 7,15), ab und zu allerdings denn auch in glitzerndem, ordensgeschmücktem Gewand.

Nur manchmal richtet es sich wie eine sichtende Schlange zu seiner ganzen Größe auf: Zu den Opfern herab „sprechen" dann die Waffen, artikulieren sich mit guter eigener Atemtechnik, erbrechen ihren brachialen Rede-Text. Entwickelt wird dabei dieses verhetzte, von vornherein um den Verstand gebrachte Sprechen in den Sprachlaboren verschärfter diabolischer Intelligenz, verdorbenen Denkens. Die modernen Techniken, wie umso mehr die Waffen, erlösen den Willen zur Macht von seiner Dumpfheit. Zweifellos hohe technische Intelligenz wird allerdings von übergeordneter Dummheit unterworfen. Schon einmal in den Köpfen der intelligenten Erfinder haben die Baupläne der Maschinen die Hölle vorgezeichnet. Die dann nur noch zur Anwendung kommen und umgesetzt werden müssen.

Bis, leergewütet „in böser Zeit" (Ps 27,5), nichts mehr da ist, was aufs Spiel gesetzt oder weggeschleudert oder zersetzt und verseucht werden kann (die Welt- oder Zeit-Brache, in der nichts mehr „aus Ruinen auferstehen" kann). Sobald die böse Zeit lediglich ihr innerstes Wesen hervorkehrt. Kaum wird sie dabei unmittelbar sich selbst gefährden. Bestimmte Schlangenarten schlingen zwar andere Schlangen in sich hinein oder beginnen, sich selbst zu fressen. Doch gleicht die jüngste Globalgeschichte, kontinuierliches Höherschrauben der Tödlichkeiten, Zunahme der Finsternis, nicht dem altägyptischen Ouroboros und kann man das Katastrophale keineswegs einfach auf sich selbst zurückwenden.

Wer sagt also uns Banditen, was wir sind? Die Macht des Bösen, des Teufels, des Exkrementenfressers, beruht auf der unglaublich albernen Dummheit von uns

---

173 Albert Camus, Hochzeit des Lichts. Heimkehr nach Tipasa. Impressionen am Rande der Wüste, dt. 1954, 29.

waffengläubigen, dreckgläubigen, dann ihrerseits dreckfressenden und sich das Ekle bedenkenlos umtuenden Sündern. Die „das Fluchwürdige anziehen wie ein Hemd" (Ps 109,18). Unverzichtbar ist es uns „wie einem Irrsinnigen sein Wahn".[174]

6.2 Der unmenschliche Ton

Christus, heute. Die irdischen Finsternisse. Die „ausgenüchterte" Moderne? Nein, eine besessene, zugrunde gehende Zeit. Ein Schreckensthema, das zusehends weiterläuft und durch die Generationen geht. Wie redet die Zeit heute? Nicht, wie Menschen reden. Eine wahnsinnige Stimme.

„Ich bin nicht verrückt, ich bin nicht verrückt" (Conrad, *Almayers Wahn*).[175] Wandeln wir den ersten Satz von Büchners *Lenz* ab: Den 20. ging ich durchs Gebirg, ich, der heutige Adam. Nietzsche, durchlässig und unmittelbar erreichbar für die Stimme der Zeit (wie auch Kafka), prophetisch, älter als er selbst in diesen Sätzen und sich voraus, wird wahnsinnig. Eine Notiz aus seinem Nachlass erschüttert: „Was ich fürchte, ist nicht die schreckliche Gestalt hinter meinem Stuhle, sondern ihre Stimme: auch nicht die Worte, sondern der schauderhaft unartikulierte und unmenschliche Ton jener Gestalt. Ja, wenn sie noch redete, wie Menschen reden."[176] Nietzsche, der Elifas von Teman: „Alle meine Gebeine erschraken. Und ein Hauch fährt an mir vorüber; es stehen mir die Haare zu Berge an meinem Leibe. Da steht ein Gebilde vor meinen Augen, doch ich erkenne seine Gestalt nicht; es ist eine Stille, und ich höre eine Stimme" (Hiob 4,1.14-16).

Wenn das Neue Testament rigoros zur Prüfung und Unterscheidung der Geister aufruft (1. Kor 12,10; Hebr 5,14), schärft es die Schneide des Ersten Gebots wie ein Skalpell. Betrifft nämlich Glauben oder Ideologie (Grundsatzfieber und Weltheilungstheorie), Wahrnehmung der Wirklichkeit oder Wahnsinn (das Besetztsein von Vorstellungen und Ängsten, die unheimlichen Verblendungen und überwertigen Ideen, am Rand der Wildnis). Schließlich: Geist Christi – oder todbringender, bösartiger Geist der Welt. Nach den Evangelien gehören Wahnsinn und Besessenheit zur absurd verwilderten Welt – die, auf Leben und Tod, an Jesus Christus andringt. Die Heilung von Besessenen, die Vertreibung von den Menschen entstellenden Dämonen, ist sichtlich ein unverzichtbares Merkmal des Wirkens des Gottessohnes. In seiner Vollmacht werden die quasi-subjekthaften „unsauberen Geister" ausgetrieben. Häufig wird darüber berichtet. Gleich im ersten Kapitel des Markusevangeliums, beim ersten Auftritt Jesu in Kapernaum (Mk 1,23ff), wird

---

174 Kafka, s. Anm. 51, 431.
175 S. Anm. 138, 479.
176 Zit. bei Carl Paul Janz, Friedrich Nietzsche. Biographie, Bde. 1–3, 1981, Bd. 1, 265.

von einer Dämonenaustreibung berichtet. Von Jerusalem angereiste Schriftgelehrte bestätigen dann, dass Jesus offenbar die Macht der Dämonen zu durchbrechen vermag, führen das aber darauf zurück, dass er mit dem Obersten der Dämonen im Bunde steht (Mk 3,22). Menschen, innerlich von eklen Erscheinungen überflutet, erstorben schon, hausen zwischen Gräbern, in Verstecken der Not, schreien und schlagen sich mit Steinen. Ihren eigenen Tod leben sie vorweg (Mk 5,1-20). Lk 11,20: „Wenn ich aber durch den Finger Gottes die Dämonen austreibe, so ist ja das Reich Gottes zu euch gekommen." Und Lk 13,32: „Siehe, ich treibe Dämonen aus und mache gesund heute und morgen." Heute und morgen.

Doch sieht das Neue Testament die unsauberen Geister nicht lediglich in, wie wir heute sagen würden, mentaler, seelischer und geistiger Erkrankung am Werk. Vielmehr erkennt es überindividuelle „Ereignisse und Mächte, Gestalten und Wahrheiten" (*Barmen I*), Herren der Welt, universale Ansprüche, Geister, die „in der Luft" herrschen – die Gott bedingungslos zuwider sind. Eph 6,12 (vgl. 2,2): „Wir haben nicht mit Fleisch und Blut zu kämpfen, sondern mit Mächtigen und Gewaltigen, mit den Herren der Welt, die über diese Finsternis herrschen, mit den bösen Geistern unter dem Himmel."

Fratzenhafte Besessenheit zeigt sich in Fanatismen und ihren absurden Erregungshöhen, in Ideologien (die dem Ungepanzerten und Wehrlosen zuerst das Herz stehlen), Maschinerien, massiven Sachzwängen, Unvermeidlichkeiten, Unaufhaltsamkeiten. Sie übergreift die Individuen – welche ihren eigenen Wahnsinn dann dem Faktischen mitteilen: dem großen politischen Gefüge, den Institutionen, Strukturen, Wirtschaftsordnungen, dem totalitären Staat, der nicht weniger als die menschliche Existenz grundstürzen und umarbeiten will. Am unmissverständlichsten lässt sich Besessenheit an der permanenten Optimierung der quasisubjekthaften, weltbeherrschenden Vernichtungstechnologie ablesen. Starke Botschaften gehen von ihr aus. Wie entwirft sie die Welt? Indem sie sie für Vernichtung herrichtet. Welcher Anthropologie folgt sie? Wie lautet ihre Lehre? Sie folgt der einfachen Anthropologie, dass Menschen beides sind: Kriegstreiber, ob sie wollen oder nicht, und Kriegsmaterial, massenhaft tötbar. Womit sich das faktisch herrschende, wenngleich verleugnete Menschenbild der Zeit furchtbar in einem Wort der Passionsgeschichte zusammendrängt: Gegenwärtig sind Menschen „Kriegsknechte". Natürlich ist das genau das Selbstverständnis von uns Gegenwärtigen. Wir verstehen uns als die jederzeit zur Vergeltung (zum Zweitschlag, zum Krieg, zur Verheerung) Bereiten, die keinen Zweifel daran lassen dürfen, dass es ihnen zuzutrauen ist.

Machtvoll hat sich diese Waffenbesessenheit in Mentalitäten, Gesinnungen, Weltauffassungen – in das In-der-Welt-Sein des Menschen und seine Gestimmtheit – bis auf den Grund eingetrieben und kommt jetzt mit der Selbstverständlichkeitsschwere von Jahrhunderten daher. Ein rasender Wille zur Macht, hetzend gleichsam durch den Eiskanal, luziferisch kalt (wie nicht wenige der Protagonisten des Nationalsozialismus), durchfährt die Neuzeit wie ein Wahnsinnsanfall. Unverzichtbar ist er für ihr Wohlbefinden, „wie einem Irrsinnigen sein Wahn". Er bestimmt bereits, wer was dürfen darf. Seine beiden Werkmeister (Programmierer) stehen in intimem Bündnis: Wissenschaft und Technik. Mit ihren Vernichtungsmitteln dann stürmt die eben nur vermeintlich ausgenüchterte Moderne in den blanken Irrsinn. Längst hat sich der Zeit Verrücktheit eingeimpft. Unwiderstehlicher als jede individuelle Psychose breitet sich die eisige Grundgestimmtheit der Epoche aus, das Wahnhafte, das alles durchzieht. Es durchschlägt die Individuen, greift hindurch durch die wütenden, benommenen Mentalitäten einer verluderten Zeit, wird von ihnen in die Weltverhältnisse und -umstände delegiert, ist dann Weltzustand und Merkmal des derzeitigen „objektiven Geistes": heißt dann hemmungslose Waffenproduktion, Waffenexporte überallhin, Wannseekonferenz; Führerbunker, Terror, Neokolonialismus; weltweite Ausbeutung, Slums, Ku-Klux-Klan, unbedingt Zweiter Verfassungszusatz, widderhörniger QAnon-Schamane im *Capitol* etc. – ein metaphysisches Massiv. Die kleinen Freiheiten im Schatten einer übergroßen Unfreiheit. Besessenheit, roh oder unbewegt sachlich, wirft sich über die Verhältnisse und will kein Ende nehmen.

„Nicht ohne Grund", so Käsemann, „nehmen Bekenntnisaussagen auf, was in den Evangelien in typischen Einzelfällen geschildert wird. Sie geben damit diesen Einzelgeschichten metaphysische Tiefe und kosmische Weite. Diese Welt liegt im Argen, wird dort behauptet. Das aber äußert sich psychologisch und pathologisch, religiös, gesellschaftlich und politisch." Und er fügt hinzu: „Was würde unsere Wirklichkeit – und zwar weltweit – besser klarstellen als dies?" Und: „Niemand kann ernsthaft Besessenheit bestreiten, wenn Hunderte von Milliarden, statt für die Beseitigung des Elends in der unterentwickelten Erde und in ganzen Kontinenten, für Kriegsrüstungen ausgegeben werden" (so in einem Vortrag schon 1978).[177] Das unermessliche Schuldkonto der modernen Welt.

Weithin wird diese Gestalt des Bösen heute allerdings in Kirche und Theologie nicht zur Kenntnis genommen, wird der antiken Weltanschauung, einem primitiven Aberglauben oder einem trüben weltanschaulichem Pessimismus zugerechnet oder rationalistisch bagatellisiert (immer nur Psychosomatik). Doch wird auf diese Weise der Abgründigkeit moderner macht- und waffenförmiger Dämonenmacht nur entsetzt ausgewichen. Genauer und realistischer als in der Sprache der biblischen Apokalyptik, also durchaus in ausdrücklicher Dämonologie, kann der heutige Weltzustand aber nicht bezeichnet werden. „Die Tiere des Endes sind los."[178] Die Zeit selber ist es, die in „schauderhaft unartikuliertem und unmenschlichem Ton" spricht. Sie zittert: „Alle meine Gebeine erschraken. Und ein Hauch fährt an mir

---

177 Ernst Käsemann, Kirchliche Konflikte, Bd. 1, 1982, 193.199.
178 Kolbe, s. Anm. 71, 30.

vorüber; es stehen mir die Haare zu Berge an meinem Leibe". Allerdings schreit sie erschrocken dagegen an, wie unter Wasser: „Ich bin nicht verrückt, ich bin nicht verrückt".

7. „Stirb!"

Er überantwortete ihn. (Mk 15,15)

In die Tiefe der Sünde wird er hinuntersteigen. In sein großes wildes Herz lässt er die Verdorbenen vor, die besessen-begeisterten Gottes- und Menschenmörder und -zerstückler. Eingehalten wird dabei die Rattenlinie: Keinesfalls wird die Sünde akzeptiert oder auch nur darüber hinweggesehen: über die jedesmal haarige, verklebte Traube von Ratten. Doch zerreißt es ihm das Herz (Lk 19,41). Bis zu denen kommt er, die ihn mit geringschätzigen oder hasserfüllten Blicken messen, denen er zuwider ist, die nur noch die Achseln zucken: Sie finden ihn „identitätsverwirrt", seinerseits besessen (Mk 3,21; Joh 10,20), schlimmer und hässlicher: Er ist „ein Sünder" (Joh 9,16.24). Bis zu den Fanatikern kommt er, den glattgesichtigen, zweifelsfreien Pharisäern, die sich über ihn lustig machen und, wie sie das professionell können, sein Verhalten theologisch herunterdeuten, ihn theologisch unter sich treten, bis zu den bösen Geistern: dass er die Dämonen mit jenem Beelzebub austreibe (Mt 9,34; 12,24), der doch Menschen immer nur desto grausamer anfällt.

Schließlich – wenn die Dramatik der neutestamentlichen Erzählung zunimmt, ihr Griff zusehends fester und beklemmender wird – verschlagen die Brutalitäten und Feigheiten der Passionsgeschichte den Atem (wenn der Sünder seine klebrigen Finger am Gottessohn abwischt). Zug um Zug, mit der herben, schmucklosen Präzision eines Berichts, der unmittelbare Zeugenschaft beanspruchen darf, berichtet sie von den Zynismen, macht allerdings kein Aufhebens davon, als ob all das, am Ende das definitive Niedertreten, die Auslöschung des Lauteren und Reinen, zu erwarten gewesen wäre.

Petrus, der Felsenmann: erst einigermaßen großmäulig und dann schäbig. Judas, sagen wir in schon vorab blutbeschmiertem Mantel, der den wahren Gott verkauft, der ihn mit dem grausamen Kuss anfällt, dem Kuss, in dem der Tod steckt (und den neuere Theologie, überaus wohlmeinend, nichts als „retten" will). *„Hallo, Judas! Hallo, Verräter! Interessant bist du nicht. Höchstens für Aufführungen im Stadttheater an einem Sonntagnachmittag."* Die Jünger, der Liebe nah, die ihn doch von nahem gesehen und täglich und stündlich seine Stimme aus der Nähe gehört haben: „Da verließen ihn alle und flohen" (Mk 14,50). Der „Hohe Rat", die oberste religiöse Gerichtsbarkeit, schon vor der Verhandlung zur Verurteilung entschlossen, nimmt ihn ins Verhör (ein Scheinverhör) und spricht das Todesurteil aus. Pilatus, der zynische Römer, fragt grinsend, mit übergroßen Zähnen (Dan 7,7): „Wahrheit, ach Gott. Was ist Wahrheit?" (Joh 18,38). „Dass ich nicht lache: die Wahrheit, die gute alte Wahrheit, Blödsinn." Und dann braucht der Gewalthaber, zurückweichend vor der rasenden Mehrheitsmeinung, zurücksterbend gleichsam, seinen Zynismus nur noch zu vollstrecken und das Unannehmbare hinzunehmen. Das Böse spricht dem Feigling Pilatus den Tod in den Mund, dem Abfälligen, der schlechten Obrigkeit, so dass er ihn „überantwortet" (Mt 27,26). Wie Schlangen kommen seine Hände unter dem kostbaren obrigkeitlichen Tuch hervor, und er wäscht sie in einer Unschuld, die es nicht geben und die er am wenigsten beanspruchen kann. Pilatus? Wer heißt nicht Pilatus? Er hat viele Namen.

Die Kreuzigung wird dann von der Menge herbeigegrölt, die weltöffentliche Liquidierung des Gottessohnes. (Die Bemühung, die Rolle des jüdischen Volkes und der jüdischen Repräsentanten herunterzuspielen, wiederum besonders gut gemeint, geht am Sinn der Texte vorbei oder will es besser wissen als sie.) Man fällt über ihn her, eben „man", *consensus omnium*. „Die Welt" schändet ihn. Um sein Bild zu schwärzen, wirft ihre Sünde einen undurchdringlichen Schlagschatten auf ihn. Grausig einzugestehen: Die endgültige Entfernung des Gottessohnes – dass er endlich verendet, ein von Menschen angezündetes Tier (ein Schwan, ein Pferd), ein in Flammen gesetzter Engel – ist ersichtlich das Interesse aller Menschen, von Oben und Unten, religiös allzu Nahen und Gott-Fernen, Frauen und Männern, der Verantwortungsträger und der Leute von der Straße, der Narren und der Weisen, derjenigen, die Zeichen fordern, und derjenigen, die nach Weisheit fragen (1. Kor 1,22).

Demütigung und erschöpftes Weiterkriechen (vgl. Mk 15,21)? Das genügt nicht. Sie wollen nicht, dass es ihn gibt, und am wenigsten, dass in seiner Person irgendwie die Liebe vorliegt. Sie wollen sein Genick brechen. Im Gesicht der Menge, in dem des Hohen Rates, in dem des Pilatus – versammeln sich die bereits durchsichtigen, wächsernen Elendsgesichter aller Menschen.

Besessenheit: Der Gottessohn wird nach unten durchgereicht. Wenn man ihn schon nicht im Steinhagel umbringt (Joh 10,31), dann kreuzigt man ihn. Man muss ihn jedenfalls aus der Menschenfamilie herausbeißen. Der Heilige wird den Hunden gegeben (vgl. Mt 7,6). Sie wollen ihn tot, die Totmacher, die Totschläger Gottes, er muss weg. „Der menschliche Geist ist als Totschläger entstanden",[179] nicht entstanden, aber geworden und in der Passionsgeschichte offenbar. Frage, über die man ohnehin jedesmal kurzerhand hinweggehen muss: „Wo ist dein Bruder Abel?" (1. Mose 4,9). Wo ist der von Mose totgeschlagene und verscharrte Ägypter (2. Mose 2,12)? Und zuletzt: Wo ist der gekreuzigte Gott? Die Welt ist zu klein für beide, für Christus und Adam (den Christus-Hetzer). Den Nazarener hätte es gar nicht geben dürfen, man muss ihn jetzt abwickeln. Wenn man genau hinhört, schlägt aus der Passionsgeschichte Christi überall ein Geschrei ans Ohr: „Ein

---

179 Gottfried Benn, Ausgewählte Briefe. Mit einem Nachwort von Max Rychner, 1986, 30.

gehetztes Wild! Das langgesuchte. Jagt ihn, hetzt ihn zu Tode!" (schreien sie, die doch sein Eigentum sind).

„Alle Finsternis ist für ihn aufgespart" (Hiob 20,26), jetzt erst vollzieht sich die riesige Aufwallung der Finsternis. Schon aus dem Herzen der Frau Hiobs hat die Mördergrube gesprochen: „Fluche Gott und stirb!" (Hiob 2,9). *„Häng dich auf, Hiob!"*

Unaufhaltsam steht im Sünder die Mordnatur Kains wieder auf – über die Menschheitsgeschichte hin. Der in Kubricks Film (*2001. Odyssee im Weltraum*) hochgeschleuderte Knochen des Brudermords wird einfach nur fortgesetzt und in ein Raumschiff übergeführt, in dem eben gleichermaßen, und umso überraschender, das Böse nistet. „Ich bin Kain".[180] Ich bin Judas. Die Sünde geht mir nicht aus. Ich gehe der Sünde nicht aus. Jeder Krieg ist hungrig nach Menschen, nach Brüdern und Schwestern. Bietet sich überhaupt eine Sprache für diese grauenhaften Auferstehungen? Kann man sie bannen? Wenn niemand sich aufhalten lässt, Isaak zu jeder Stunde zu schlachten, wenn die Schwangeren „aufgeschlitzt" (Am 1,13) und die Kinder „am Felsen zerschmettert" (Ps 137,9) werden und ein entsetzlicher, mit modernsten Waffen ausgefochtener Krieg in Europa aufsteht und wütet. Schon solches Entsetzliche wiederzugeben, sträuben sich die paar nicht sehr widerstandsfähigen menschlichen Worte.

---

180 Carl Friedrich von Weizsäcker, Wahrnehmung der Neuzeit, 1984^5, 312.

8. Die Rattenlinie

Alle Finsternis ist für ihn aufgespart. (Hiob 20,26)

Und am Ende die „Kriegsknechte": die Teufelei. Auch sie, wie schon die Mitglieder des „Hohen Rates" (Mt 26,67), schlagen ihm mit Fäusten ins Gesicht, ins Antlitz des Königs der Wahrheit. Die geschändete Wahrheit. Wie diesem Hass standhalten?

„Ich bot meinen Rücken dar denen, die mich schlugen, und meine Wangen denen, die mich rauften. Mein Angesicht verbarg ich nicht vor Schmach und Speichel." (Jes 50,6)

Sie setzen ihm die Narrenkappe auf, die Dornenkrone. Ins Fleisch, in den Kopf eingestochen wird die Botschaft „Das hat man davon, wenn man sich ‚König der Juden' nennen lässt". Sie sind vom Schlage derer, die dem am Boden Liegenden noch ins Gesicht treten (in Gottes Antlitz) und noch dem Toten bedächtig das Gesicht zerschneiden. Man hört satanisches Gelächter. Und die „Obersten" – wiederum nicht „sie", sondern „wir", unseresgleichen (ein „wir", dem man das „ich" nicht austreiben darf) – werden sich vor Lachen kaum halten können über den mit der Dornenkrone: „Du bist erbärmlich. Du bist ja auch nur von irgendeinem Nirgendwo abgeschüttelt. Du bist auch nur ein Misthaufen. Du Leiche. Warte nur ein Weilchen. Warte nur weiter auf Godot. Anderen hast du geholfen – dir selbst kannst du nicht helfen!" (vgl. Mt 27,42).

Ein rachsüchtiger Tod rast dann auf ihn zu, wirft sich auf ihn, bei ganz und gar höhnischer Hochzeit von Schwäche und Fluch. Das „Herz der Finsternis" ist erreicht, das Nächtigste, massive Seinsfinsternis wie vor der Erschaffung der Welt. Höllische Gottverlassenheit, als hätte sie nach ihm gehungert, legt sich auf ihn und erdrückt ihn. Er ist „um unserer Sünde willen zerschlagen, auf dass wir Frieden hätten." „Durch seine Wunden sind wir geheilt." So sieht es aus, wenn Gott der Herr „unser aller Sünde auf ihn wirft" (Jes 53,5f), auf den Einen, den Sündlosen, „für uns zur Sünde gemacht" (2. Kor 5,21). Wenn Gott der Vater aber auch die furchtbaren Sünder nie mehr ohne diesen Sündlosen in den Blick bekommt – uns anschaut nur noch im Durchgang durch Ihn.

Das Weltunheil, der ganze Fluch, ist für ihn aufgespart (Gal 3,13) und geht auf ihn nieder. Tollwütig triumphiert der „Fürst der Welt" (Joh 14,30), ihr leeres Zentrum, der vermeintliche „Herr der Horizonte". In Tagen und Stunden drängt sich alles zusammen und wird in der Passionsgeschichte sichtbar: die Zerrüttung des menschlichen Herzens, seine Nichtswürdigkeit, die schamvolle oder schamlose moralische Blöße des Menschen, die schwarz gewordenen Augen, als hätte jener „Fürst der Welt", der absolute Feind, sie angeblickt und verfinstert, die Skrupellosigkeit von ganz unten, wo der Mensch heruntergekommen ist und an das Höllische stößt. Sichtbar wird, dass sich keine Tierart so ungezügelt grausam verhält wie der Mensch (*porcus magistralis*, das thronende, spitzschnauzige, flinke oder träge Schwein, wie bei Hieronymus Bosch) – wenn die Macht sich durchwindet, ansetzt und dann durchführt und zwingt und exekutiert. Am Ende: das Inferno, Zynismus und schauderhafter Gestank der Wirklichkeit, der des Regimes des Reptils, des uralt-alten Äons, „dieser Welt" „von unten her" (Joh 8,23): der geschwätzigen, sabbernden Groß-Erzählung, der schnell alternden, sich ausblutenden Zeit. Gegenwärtig: das durch nichts gerechtfertigte Großgetue des Heutigen. Der, vielleicht, doch noch lange Zeit zum Verenden braucht. „Wenn auch sein Hochmut in den Himmel reicht und sein Haupt an die Wolken rührt, so wird er doch für immer vergehen wie sein Kot, und die ihn gesehen haben, werden sagen: Wo ist er?" (Hiob 20,6f) Er beginnt zu faulen, der dem Krieg in die Hände spielt: der erhitzte fanatische Kriegstreiber oder Kriegsführer, Kriegsunterstützer, -hinnehmer, -zuseher, weil er, wenn die Welt in Schande untergeht, mit beiden Beinen in Fäulnis und Kot des alten Zeitwesens steht (was seine persönliche Schuld nicht aufhebt).

Zeit für eine neue, von Gott gewährte Menschheitserzählung, für Verfügung und Anspruch Christi. Für ein Zeitalter, nicht nur weitab, sondern eine Ewigkeit von der alten Geistergeschichte entfernt. Für eine neue Weltbeschreibung. Zeit-Kampf endlich mit andern Mitteln! „*Maranatha!*"

„Er trug unser aller Feind in der treuen Brust".[181] Wie weit wird er kommen, mit Lichtworten und Lichttaten gegen das Finstere, wenn er streitet mit einer Lanze aus Licht (wie im Altarbild Cranachs in Weimar)? In widersacherischer, liebesfeindlicher Zeit, in so liebesbedürftiger Zeit, in der meist das bescheidene Leben bald fortgejagt wird. „Vom Jenseits ist das Nichts übriggeblieben, sein gefährlichstes Erbteil"[182] – das es nun aber mit dem unbeirrbar Liebenden zu tun bekommt, dem Unglaublichen mit seiner unglaublichen Geschichte.

Für die Adamskinder hält der neue Adam der verwahrlosten Welt Kopf und Herz hin, Leib und Seele, Vernunft und alle Sinne. Sein Leben in Gänze gibt er dran, die „klare Gottheit" (EG 27,4), seine Worte, seine Taten in Vollmacht und Zeichenhaftigkeit. Der Adams-Welt entwindet er ihre Zeichen. Der verwirkten Zeit hält und schlägt er sein neues Sein entgegen, „von Gnaden stark, von Wahrheit mächtig" (EG 147,2). Der verfluchten Sünde seine Lauterkeit, die nicht das Ihre sucht (1. Kor 13,5). Dem Bösartigen seinen funkelnden Zorn (Mt 3,7), der das Menschenunwürdige von Mal zu Mal aburteilt und rigoros abtut. Dem Tod sein Leben, so dass der Tod mit der gewaltigen, gewaltsamen Gebärde der Allmacht, die

---

181 Joseph Conrad, Der Nigger von der „Narzissus". Die Schattenlinie. Ein Bekenntnis „meiner unauslöschlichen Achtung würdig", dt. 1971, 352.
182 Canetti, s. Anm. 98, 141.

Todesenergie, die in den menschlichen Seelen umgeht, in den Sieg verschlungen wird (1. Kor 15,55). Sein neues Sein, seine Lauterkeit, seinen hellen Zorn, sein Leben – die Gottesreinheit.

Die gierige Urflut der bösen Geister ereilt und durchfließt ihn. Das „Giergierigste."[183] Von Flutwellen des Bösen überschwemmt zeigt sich auch er, der sich nicht entziehen will (Mt 3,15). „Unter das Gesetz getan." Unter das Gesetz des Erstickens. Unter das Gesetz der Ölpest. Ein ölverschmierter Kormoran. „Für uns zur Sünde gemacht."

---

183 Benn, s. Anm. 3, 117.

9. „Er liebte sie bis ans Ende."

Die Liebe duldet alles. (1. Kor 13,5)

Vorrangig diese Liebe. Ihre ständige Verhöhnung kann ihr nichts anhaben. „Die Liebe duldet alles; sie lässt sich nicht erbittern" (1. Kor 13,5.7), erkennt Paulus mit festem Blick auf den groß Liebenden – in Versen, deren Übersetzung durch Luther wohl der höchste Ton war, der je in deutscher Prosa erklang. Vers für Vers zeichnet sich dabei in diesem Kapitel ohnegleichen diese Person ab: Gott von Gott, Mensch unter Menschen, unfassbares Inbild und Inbegriff des Menschlichen, blutgeboren, „Gott mit dem Antlitz des Menschen" (EG 153,4). Er ist es, der Liebende, der sich langmütig verhält und freundlich. Er sucht nicht das Seine, er rechnet das Böse nicht zu, er freut sich der Wahrheit. Beschwert mit unendlicher Bürde, preisgegeben, inmitten stickigen Qualms von maßlosem Hass (Joh 7,25; 15,18; vgl. 2. Mose 20,5; 5. Mose 7,10; Ps 81,16), duldet er alles: die schamlosen Feind-Lügen, die Verwünschungen, die vielmals gehässige Zeit. Vorrangig diese Liebe.

So zieht er zu Felde. So verausgabt er sich. Wie lange kann er, der radikal Demütige, aber durchhalten – wenn die Sanftmütigen von den Hochmütigen jedesmal achtlos zertreten werden (Mt 11,29), wenn regelmäßig der Gerechte um der Gerechtigkeit willen verfolgt wird (Mt 5,10)? Bedingungslos überhäuft er, trotz allem, Menschen mit Liebe. Er gibt sein Leben dahin, wie ein Hirte sein Leben gibt für die Schafe (Joh 10,15). Er hat den Geruch seiner Schafe. Er stinkt: nach Schaf, nach Mensch, nach Sünder. Nicht vorzeigbar? Anrüchiger Umgang, nicht bukolisch, sondern einigermaßen widerlich. „In der Nähe der Stallungen."[184] Geruch nach Not. Er schämt sich nicht dieser Gesellschaft (Hebr 2,11). „Er liebte sie bis ans Ende" (Joh 13,1), mit allen Fasern seines Herzens. Er lässt sein Leben auch für seine Feinde. Er nimmt sie nicht beim Schuldwert, sondern beim Versöhnungswert – in wissender Freude an dem, der zu einigender Versöhnung von sich aus nicht imstande ist, am von Gott gut gegründeten Menschen, mag der sich restlos ins äußerst Bösartige gewandelt haben und dann unerträglich absurde Feindschaft sein zwischen ihm und seinem Schöpfer, Todfeindschaft gegen Gott (Röm 5,10), trostloses Steinwälzen in der Folge.

„Er liebte sie bis ans Ende." Sie sind dann zu Liebenswerten geworden. „Der Herr denkt an uns" (Ps 115,12). Die unglaubliche Verheißung sieht sich erfüllt: „Wie sich ein Bräutigam freut über die Braut, so wird sich dein Gott über dich freuen"

---

184 Kafka, s. Anm. 167, 344.

(Jes 62,5), und es soll dann geradezu „Gottes Freude sein", seinen Geschöpfen „Gutes zu tun" (Jer 32,41).

Man kann sie drehen und wenden – die Sätze über die Freude Christi am Menschen zeigen sich von jedem Gesichtswinkel aus ungeheuerlich und wahr.

In ein paar Worten nun kehrt der Gekreuzigte das Gottfeindliche als die Gottesdummheit hervor, überwältigt es aber augenblicklich – wenn die Liebe dem Liebenden jetzt alles abverlangt und auch dem Entsetzlichsten trotzen muss. Man hält den Atem an. Der ans Kreuz Geschlagene legt die Tiefe seiner Existenz offen – während er in einem einzigen Atemzug die ganze Geschichte der menschlichen Sünde durchmisst, sie der Gnade des Vaters anheimgibt und ihn bittet, sie wesenlos zu machen, sie zu zerhauen und sie auf diese Weise, mit restloser Nichtung, zu Ende gehen zu lassen. In ein paar Worten begibt sich der Grundsturz des alten Äons.

Er betet für Adam, Kain und Judas, für die Hohenpriester, Pilatus und die Kriegsknechte, für uns Heutigen, die Kriegsknechte, die Einsichtslosen und Böswilligen. *„Vater, vergib ihnen, denn sie wissen nicht, was sie tun!"* (Lk 23,34; vgl. Apg 7,60; Jes 53,12)

Er ruft in Vollmacht die Verheißung des Vaters auf: „Ich tilge deine Missetat wie eine Wolke und deine Sünden wie den Nebel" (Jes 44,22). Da ist unvermindert Hochachtung. Müsste er die Nichtmenschen, die doch im Grunde bereits Leblosen, nicht längst endgültig „dahingegeben" haben (Röm 1,24.26)? Nein. Letzte Liebesnot: die Liebe bietet die breiteste Angriffsfläche. „Die Liebe duldet alles" (1. Kor 13,7). Sie hält an der Hoheit des Geliebten fest. Trotzig schützt sie und lässt sie beim Sünder fortbestehen, was er seinerseits mit allen Mitteln immer nur abwerfen will: dass er ein Wesen von ursprünglicher Würde ist, das sogar die uneingeschränkte Wahrheit verdient.

Reden wir jetzt aber wiederum genau, also von „mir". „Ich, mein Herr Jesu, habe dies verschuldet, was du erduldet" (EG 81,3). Gott in der Tiefe, „niedergefahren zur Hölle": der sich in jene unabsehbaren Fernen, jene Niedergänge und Abgründe begibt, die das Unsägliche meiner Schuld, meines „gottlosen Wesens und der Ungerechtigkeit" (Röm 1,18), aufgerissen hat. Meinetwegen musste Christus zum „großen Ungeziefer" werden (Kafka). Das schließlich „weggeschafft" wird.[185]

Auch mich Jetzigen – spätes, unverkennbares Kind Goliaths – sollte er sehenden Auges, ungeachtet meiner Hässlichkeit und Niedertracht, lieben? Eine unbegreifliche, geradezu absurd schöne Anrede und Begründung: „Weil du teuer bist in meinen Augen und herrlich und weil ich dich lieb habe" (Jes 43,4). Er sollte mich „in die Hut nehmen", mich behüten, seinen Augapfel (5. Mose 32,10)? Ich sollte ihm unentbehrlich sein, in seinen Gedanken wohnen, ihm ans Herz gewachsen? Weil ich „teuer" bin und

---

[185] S. Anm. 167, 198.

„herrlich"? Unverbrüchliche Zuneigung? Sogar veranlasst er, dass ich Ohren bekomme, genau für diese Zuneigung wahrhaft hellhörig zu werden (Mt 11,15), dass ich dann allerdings auch Böses ungehört verhallen lassen kann, weg- und überhöre – weil Herz und Kopf ihn jetzt finden und ich mich in seine Geschichte hineinhöre und wahrhaft an ihn glaube. Für Gott soll ich ein Anlass zur Freude sein? „Für andere ein Anlass zur Freude zu sein – das ist mehr als Glück. Aber für Gott ein Anlass zur Freude zu sein – das ist Seligkeit."[186] Wie kann das wahr sein? Mein Licht, das wirklich mir zugedachte Licht, kommt. Und die Herrlichkeit des Herrn geht auf über mir (Jes 60,1). Wer bin ich denn? Ich begreife es nicht.

Er selber lehrt mich, es wahrhaben zu wollen, sich ihm zuzukehren und sich ihm zu überlassen, nicht nur teilzuhaben, sondern auch teilzunehmen – er, der selber im Vernehmen lebt und vom Hören zehrt (Joh 4,34). Er macht mich hören (Jes 50,4). Er selber bewirkt, dass ich mich bereitfinde. Er veranlasst mich. Sein Heiliger Geist, der Christus-Geist, macht mich glauben. Am Ende befähigt er mich zu einem vollendeten Empfangen: wo ich alle meine Kraft in einer Wahrnehmung und einem Verstehen versammeln kann, wo mir – als zöge sich ein Lichtvorhang auf – unverhofft aufgeht, dass ich gemeint bin. „Hier bin ich", sage ich dann (so häufig im Alten Testament). Wo ich mich im Gegenüber erfahre: tatsächlich mich und tatsächlich dort. So unwiderstehlich liebt er mich, dass meine Seele ihn wiederliebt.

„Hast du es nicht gemerkt?" „Doch."

Der Grundsturz: „Vater, vergib ihnen!" Gott der Vater erhört seine Bitte. Er bestätigt ihn, wie schon, um die Tausendfältigkeit der Gnade zu erweisen, die Fünftausend gespeist wurden, der böse Sturm gestillt, der Zweifel und seine bissige Meute zerschlagen wurde. Er wird von den Toten auferweckt. Der Vater erweist das Recht des Fürbittenden. Der Bitte der Liebe ist der Fluch nicht gewachsen. Niedergemacht vom Auferstandenen wird der fluchträchtige Tod: wo eben „Tod" und „Nichts" soviel sind wie „Hölle" (Offb 1,18; 1. Kor 15,55) – wenn bereits mit dem Tod „die Hölle einherzieht" (Offb 6,8), der Tod sich als Abgesandter von lauter Nichts hervorkehrt und unwiderstehlich durchschlägt. Der Fluch, die Verstoßung, die selbstverschuldete Unmöglichkeit zum Gottes- und zum Christuslob, geht in Rauch auf – eine eiskalte, leckende Flamme, sie verzehrt sich selbst (Mk 3,26).

---

186 Eberhard Jüngel, Unterbrechungen. Predigten IV, 1989, 88.

10. Zu Tode erschrocken

*Und als der Sabbat vergangen war,
kauften Maria Magdalena und Maria, die Mutter des Jakobus, und
Salome wohlriechende Öle,
um hinzugehen und ihn zu salben.
Und sie kamen zum Grab am ersten Tag der Woche, sehr früh,
als die Sonne aufging.
Und sie sprachen untereinander: „Wer wälzt uns den Stein von des
Grabes Tür?" (Mk 16,1-3)*

10.1 „Dein Tod wächst durch unser Herz."

Vor Morgen, noch bevor die frühe Dämmerung heraufzieht und den Tag berührt. Am dritten Tag, sehr früh, ohne die kleinste Hoffnung auch nur auf die „Wimpern der Morgenröte" (Hiob 3,9): der Gang zur Grabstätte. (Aber noch am Morgen wird ihnen die Liebe begegnen.) Den Frauen stößt es zu: „Dein Tod wächst durch unser Herz" und „mäht den Morgen".[187] Wie soll man, ohne Aussicht auf irgendetwas Sinnvolles, weiter durch das Leben gehen? Wenn nichts mehr bevorsteht oder zu erwarten oder der Mühe wert ist. Wie soll sich etwas wie „Leben" zurückmelden? Die Tage werden hingehen, ins Leere und Teilnahmslose laufen, und nichts mehr wird für sie zutreffen – weil mit jedem Bemühen, sich aufzuraffen, Mut zu fassen und mit den eigenen Gefühlen aufs neue etwas zu wagen, sofort die grausame Vergeblichkeit zufasst und alles tottritt. Als ob die Welt jede Kraft verloren hat und, was immer geschieht, leer ausgehen wird. Der Himmel aber verhält sich wie „ein silberner Schild gegen den, der von ihm Hilfe will".[188]

Indessen, ohne dass sie es im geringsten wissen können, ist es der Morgen, an dem sich plötzlich offenbaren wird, dass die Hemisphären geborsten, dass das Urböse, dass Verfinsterung und Grimm und Auflösung hinfällig sind. (Noch am Morgen wird ihnen die Liebe begegnen.)

Maria von Magdala, Maria, die Mutter des Jakobus, und Salome. Sie hatten von ferne die Kreuzigung verfolgt (Mk 15,40), die Liquidierung des Gottessohnes auf Golgatha, der räudigen Gegend, der „Stätte des Totenkopfs",[189] als die heilige

---

187 Dylan Thomas, s. Anm. 18, 289; s. Anm. 73, 372.
188 Kafka, s. Anm. 167, 444.
189 Walter Jens, Am Anfang der Stall – am Ende der Galgen: Jesus von Nazareth, 1972, 118.

Unschuld gekreuzigt wurde, Gott weggebissen, die Wahrheit selbst, der Wahrheitsmensch. Der Sterbende hatte laut geschrien (Mk 15,37). Die entsetzlichste Stelle der Bibel, Aufriss der Hölle, Grauen, tiefster Dunkelgrund.

Wo war der ungewiss „Allmächtige", wo war der ungewisse „Gott" gewesen? Sie hatten wohl darauf gewartet, dass irgendetwas passierte, die Welt innehielte, der Ablauf der Stunden mit einem Ruck stillstünde. War womöglich doch nur eine grausame Schattenmasse über das Himmelsgewölbe geflutet, für einen Moment nur (Mk 15,33)? Jedoch ging alles weiter, entlang der Vorgaben der Großmacht: all der eingefressenen, furchtbaren Todes-Gewohnheiten. Immer noch war „die Welt" da, wie sie ist. Nun einfach ohne ihn. Wutentbrannt hatte sie ihn abgeschüttelt. Der Schrei zum Vater, von unendlicher Trostlosigkeit, war verhallt, gefressen von aggressiver Teilnahmslosigkeit.

Eisige Stille danach, ebenso voll Entsetzen wie der Schrei selbst, als ob man sie hören konnte, hatte sich über das Feld von Golgatha geschüttet. Was war aufgetaucht aus dieser Stille? Etwas vollends Furchtbares, man konnte es denkbar einfach sagen: Er, der Nazarener, war wie Jedermann gewesen. Auch er war in die Auswegslosigkeit des Todes gezerrt worden, und auch ihm konnte der Tod etwas anhaben, auch in seiner Brust hatte – dann doch offenbar unbezwingbar und von Anfang an – der Feind gewohnt.

Christus-Hiob: Gott selbst „hat meinen Weg vermauert, dass ich nicht hinüberkann, und er hat Finsternis auf meine Steige gelegt. Er hat mir mein Ehrenkleid ausgezogen und die Krone von meinem Haupt genommen" (Hiob 19,8f). Aufgesperrt hatte sich ein schweres Tor, das jetzt klaffend offen stand gegen jene fluchwürdige, sich stumm windende Nacht hinter der Nacht – in der kein Morgen mehr zu erwarten ist, offen und sich vertiefend zu anderer, absoluter Nacht. Die Pforte zur Hölle hatte sich entriegelt: die riesige Flügeltür zu dem tosenden Nichts, das in der Geschichte des Menschen von alters her irgendwie gekannt wird, nur irgendwie, nur sehr von ferne, geahnt wird als das Nichts, als „König der Schrecken" (Hiob 18,14) – das das Wort „König" aber nicht verdient und Unheimlicheres als „Schrecken" verbreitet.

Und nun, am dritten Tag, sehr früh, eine Szene, die aufsteigt aus dem Zwielicht, dem noch trüben, widerwilligen Licht, aus dem Morgengrauen, in dem die Konturen verschwimmen und sich Menschen und Schemen, Anwesendes und Abwesendes als verwechselbar zeigen, als furchtbarerweise nicht auseinanderzuhalten. Vor Tage, sonst unter Umständen die Zeit des sehnsüchtig erwarteten Morgens oder der Sterbestunde, wenn der Kranke den Tod schon im Gesicht hat, oder der Zeit des in die Seele schneidenden Schmerzes um einen geliebten Toten (die Endgültigkeit des Morgens danach, wenn Trauer den Verlassenen niederschlägt).

Nicht mehr zu leugnen ist jetzt der erbärmliche Stand der Dinge. Lügen gestraft ist für die Frauen die Gotteszuversicht „Gott hilft früh am Morgen" (Ps 46,6), mit der das Leben einmal angegangen werden konnte, unsinnig geworden die Bitte „Sei unser Arm alle Morgen!" (Jes 33,2). Und selbstverständlich in Geltung nun auch für Jesus von Nazareth: „Man kommt, man schreit, / und das ist das Leben. / Man schreit, man geht, / und das ist der Tod".[190] Wer nimmt diesem Gellen seine Kraft? Sinnlose Frage. Der geboren wird, jeder, jede, erstirbt, zeigt sich als schon für den Tod zurechtgelegt und windet und zwängt sich bis dahin irgendwie durch die Tage.

Kann das denn sein, dass auch für ihn zutrifft, was jedem Sterblichen schrecklich vertraut ist: dass Alle am scharfrandigen, ewig umkämpften Küstensaum siedeln und niemals Gewähr ist, dass das Meer sich nicht gierig weitere Stücke der Küste holt. Dass von einem Tag auf den anderen die Dinge umschlagen und unerwartete Schläge immer heute schon treffen können, oder nachher, oder morgen. Dass alles, was Halt bieten könnte, mit Leichtigkeit zerbrechen kann. Dass sie Mal um Mal zu Tode erschrecken: der Knochenmann, die Knochenfrau, wenn ihnen unvermittelt die „gestundete Zeit",[191] Niedergang und Absterben des Körpers, ihre „verwelkliche Seele"[192] bewusst werden. Dass jeder umgeben ist von den Pforten und Ausgängen zum Plötzlichen, zum Jähen und Stoßartigen, zum ganz und gar Verlorenen. Dass jeden, furchtbar zu sagen, ein ganz nahes Nirgendwo umschlingt. Dass die Erde alles Leben kurzerhand zurücknimmt – und der Feind im Menschen oftmals seine Stunde angekündigt haben wird. Dass für jeden – in absehbarer Zeit, morgen schon, heute nacht, nachher – „der Tod hereinsteigt in sein Fenster", hereingrinst ins Fenster, und vielleicht „die Kinder würgen" wird (Jer 9,20). Dass Menschen immer nur sie selber sind – als ihr eigener jetziger und späterer Leichnam. Radikal Joseph Conrad, mit grausigem Witz: Der Körper von „Kurtz" (*Herz der Finsternis*), dem sich irgendwann der Dämon in den Weg geworfen haben muss, wirkt bereits „exhumiert" (ähnlich „Mr. Jones" in *Sieg*).

War dann auch für den Nazarener lebenslang der Tod ein Anwesender, aus dem Nichts gekommen, seit eh und je und Tag für Tag „grausig anwesend bis zur Unsichtbarkeit"?[193] Galt auch für ihn der Tod als „der Sünde Sold" (Röm 6,23), als pünktliche, gehörige Heimzahlung, nicht etwa „ungerecht", sondern verdient, also unerträglich bitter – wie anders? Weil er von der todeswürdigen und -trächtigen Sünde seine Stoßkraft hat, rohe, ungeschlachte Verwünschungs- und Verstoßungsgewalt. So dass jeder an seinem eigenen Sein stirbt, sich selbst Erstorbenheit und Tod beschert, in der Konsequenz sich selbst zum Opfer fällt. Den Hang zum Nichts, den „Tod zum Nichts", zur endgültigen Verwesung, hatte auch er in sich getragen (Röm 1,21), es geschah ihm also recht? Auch auf den Hingebungsvollen hatte sich der Zorn ausgeschüttet, die uralte, nihilistische Seins- und Beziehungsentstellung,

---

190 Zit. bei Mathias Mayer, Samuel Beckett: „bis zum Äußersten", Frankfurter Anthologie, FAZ 16.11.2019.
191 Ingeborg Bachmann, Die gestundete Zeit. Gedichte, Neuausgabe 1983.
192 Hölderlin, s. Anm. 7, Bd. 1, 732.
193 Brigitte Kronauer, Die Tricks der Diva. Die Kleider der Frauen. Geschichten, 2010, 61.

die nicht etwa ein „Zurückfallen in den Stand der Unschuld"[194] oder deren Wiederaneignung bedeutet, sondern Festsetzung der Schuld, Ausgeburt der Sünde, der einen „unmöglichen" Wirklichkeit? Ein zwingendes Niedersinken nicht in irgendeine, sondern in die Dunkelheit des eigenen Schattens (weil bereits aus Schein gemacht wie jeder Mensch). Auch er, wie jeder, war in eigener Person der Gebärer dessen gewesen, was ihn getötet hatte? Der zu allen Zeiten seines Lebens einen todbringenden Bund mit seiner Sünde geknüpft und sich deshalb selber auf dem Gewissen hatte? Nicht mehr in Zweifel zu ziehen ist jetzt, dass all das den Gekreuzigten zerbrochen hatte – wie es jeden Menschen lächerlich schnell durchstreicht und davonfegt, binnen kürzester Frist, ohne in der Regel auch nur einen Schatten von ihm zurückzulassen.

Für die Frauen legt sich eine unbegreiflich schwere Bürde auf die Seele. Aussichtslos und unbedarft erscheint fortan die Bitte „Fülle uns frühe mit deiner Gnade!" (Ps 90,14). Das Herz findet keinen Halt. (Doch wird ihnen noch am Morgen die Liebe begegnen.)

Indessen wird, Gott sei Dank, auch nicht anfallsweise die Verzweiflung der Frauen jemals wiederkehren. Sie bringt nahe an einen Stillstand des Lebens heran, den niemand ertragen könnte. Jetzt, beim Gang zu dieser Totengruft, ist irgendetwas, ein nie gekanntes Nichtendes, im Begriff zuzugreifen, eine durch nichts mehr gemilderte Trostlosigkeit. Das Sinnlose, als wäre es eine Bestie, verfügt, scheint es, über gewaltigere Macht als der wehrlose Mensch, schlägt in seine Wehrlosigkeit hinein, führt Menschen über Nacht gnadenlos vor, wenn sie engstirnige, dumme Hoffnungen hegen, quält und drangsaliert mit Fragen, verhöhnt mit kalter Antwortlosigkeit und ist immerfort im Begriff, Zweifel an der eigenen Lebensberechtigung zu säen und, auch noch in den Gefühlen und Empfindungen der Schutzlosen und Ausgelieferten, die Liebe niederzutreten.

Die Liebe selbst – in einem Moment, zwischen den Zeiten, mit anscheinend enormer zerstörerischer Wucht zerschlagen – muss jetzt verlorengegeben werden. Niemand mehr braucht die Arme nach ihr auszustrecken. Nach einer fliehenden, bereits entflohenen Gestalt? Was kann aufrechterhalten werden? Nur die leeren Aufregungen, die fröhliche Unterhaltung, die schmerzlose, absurde „leere fröhliche Fahrt" nach dem „Ausreißen der Riemen", furchtbarer noch als die Bemühung, durch das Anspannen immer noch stärkerer Pferde das Böse aus dem Fundament zu reißen.[195] Nicht „die Liebe", sondern die Demütigung wird „bleiben", weil sich die Liebe, sichtlich doch nur vermeintlicher Adel des Menschen, als unwahr herausgestellt hat. (Aber eben die Liebe wird ihnen als Wahrheit noch am Morgen begegnen.)

---

194 Vorletzter Satz in Kleists „Über das Marionettentheater".
195 Kafka, s. Anm. 35, 56.

Muss nicht, absurd zu sagen, die Welt jetzt von irgendeiner Macht fortgehauen werden? „Wär' er nicht erstanden, so wär' die Welt vergangen" (EG 99). Jetzt, in einer Zeit des Zerbrechens und Zerstückens, bersten die Schalen des Zorns (Offb 16). Mit der Liebe scheint Gott sein Gesicht verloren zu haben. Liebe war offenbar nicht sein Gesicht. Womöglich war es das Böse? Schreckliche Verständigung zwischen ihm und dem Menschen – nur noch über den „Tod zum Nichts" und das Zerbersten.

Die beiden Marias und Salome, wie zuschanden gemacht und innerlich zerstört – die dem Leben nicht mehr trauen, die auch Gott nicht mehr trauen nach dem Tag jenes Bösen, das die Welt nun vollends eingeholt zu haben schien. Der Feind hatte ja dem Mann aus Nazareth das glühende Eisen der menschlichen Sünde in Seele und Leib geworfen. Langsam steigen sie hinab zum Grab der Hoffnungslosigkeit – wo die Liebe verwest. Man kann sie nicht mehr vorwärts leben. Man mag darum den Blick nicht erheben. Er würde sie ins Entsetzliche ziehen. Sichtlich waren sie einer kindischen oder gar bösartigen, unentschuldbaren Illusion verfallen, einem um Hilfe rufenden, aber von vornherein toten Traum.

Die Frauen. Todmüde, weltmüde, gottesmüde, unwillig und außerstande, diesen Gott zu loben. Man muss ihn verfluchen. Eisige Christ-Nacht waltet vor. Die Zeit selber wird ausgesetzt, friert ein. Nur noch Wege durch eine stillstehende Zeit. Der Tag wird nicht hell werden können. Als Ort der vielen Totenköpfe und Gebeine, so sieht es aus, zeigt sich nicht nur der Felsen von Golgatha, die ausgesonderte Stätte „draußen vor dem Tor" (Hebr 13,12), sondern die Welt insgesamt, die Schädelwelt: durchdrungen von unten herauf, von wo die widerwärtigen Schatten rufen und von wo aus das Böse der Welt ein ums andere Mal – besonders in Krieg und Kriegsgeschrei – Menschen unter seiner Wut begraben will. Dem Anschein nach hat jeder und alles nur „draußen" seinen Ort, wenn man das Sprechen mit Gott, gebetslos, gänzlich verlernt hat, im schrecklichen Exil, jenseits von Eden, gesteuert von einem Bösen in Niemands- und Nichtsländer hinein. (Nein, noch am Morgen wird ihnen die Liebe begegnen.)

10.2 Ausatmen

Es war ja die Existenz des Nazareners etwas Nieerlebtes gewesen. Eine dunkle, eine irgendwie unverbrüchliche Gestalt. Ein wunderbarer Fremdling. Es hatte etwas mit ihm auf sich. Etwas tat sich mit seinem Erscheinen. Was? Eine Stärke ging von ihm aus. Provozierend, direkt, auf merkwürdige Weise. Bislang unbekannt die Art seiner Überlegenheit und Vollmacht. Eine große, machtvolle Hand. Etwas höchst Unheimliches an ihm. Einem stürmischen Ozean entstiegen, einer heiligen weißen Insel und ihrem Tosen aus Sonne und Wind oder einer seit je geweihten Stätte in der Schlucht? Die Einlösung eines alten Heilsversprechens? Versprechen und schon Vollendung. Oder nur ein wildes Gerücht? Einfachen Zuschreibungen verweigerte er sich. Aus welchem Hintergrund war er hervorgetreten? Der Heilige einer unentdeckten Religion? Mönch eines sonderbaren Ordens, aufgetaucht jetzt aus tiefer Vergessenheit? Ein Gottes-Flüsterer? Jede seiner Taten und jedes seiner Worte hatte eine dem liebenden Gott zugewandte Seite: gaben Auskunft über die Liebe. Wurde ihm aber früh eine tödliche Krankheit der Seele übertragen? Ein unerklärlicher Blick? Sollte er in Höllenwirbel hineinsehen müssen? Weshalb? Ein Schamane? Irgendwie ein Irrläufer? Cherub der Unterdrückten? Ein über alle Maßen Gesegneter – im Schmutz? Kinder-Versteher. Blinden- und Aussätzigen-Versteher. Was es noch nie gab und was eigentlich nicht sein konnte: Toten-Versteher. Pharisäer und Schriftgelehrte gehen gegen ihn vor. Meister einer bestürzenden Kunst: der eine liebende Sprache gerade gut genug ist. Musste er diese Sprache von weither heranholen? Von wo? Einer, der in Wort und Tat die Liebe gebiert? Die Liebe sei unendlich teuer, rief er. Ein Verzückter und Erleuchteter. Was schien ihn aber „von außen" an – und, genauer, von wo aus? Ein Leben, das Vollendung in Aussicht stellte: das zu jeder Stunde ein ungeheures Versprechen in die Welt trug.

In Wort und Tat und Erdulden nahm Unerhörtes, etwas gleichermaßen Abwegiges wie auch unglaublich Hoffnungsvolles Gestalt an: ein Leben im Namen Gottes, genauer: im Namen Gottes als im Namen der Liebe. Wie eine Botschaft aus dem Reich bislang unbekannter Andersheit – mit unerhörtem Einsatz von Leib und Seele. Er war damit unterwegs, und er lebte es dar: Gott und Liebe. Ein wilder Gedanke, ein leidenschaftliches, dramatisches Wahrheitsprojekt. Bei dem Nazarener rissen sie nicht auseinander. Er weigerte sich, Gott im geringsten lieblos aufzufassen. Sein Reden und Handeln, aus innerem Brand, stand ein für diese Unbedingtheit. Die Liebe hatte einen Namen. Er war ihr Gesicht. Er war also auch das Gesicht Gottes?

Auszugehen schien von ihm ein überwältigender Anfangszauber, eine unerklärliche Aura und Flutung von Geheimnis und Vollmacht. In neuer Sprache, Gangart und aufsehenerregender Tat vollzog er, der dunkle Ur-Fremde, diese riskante Identifizierung, auf jede Gefahr, auf Leben und Tod (auf Liebe und Tod). Er riskierte den Todesstoß: Er ließ sich verbrauchen, weil er für die Liebe brannte. Kann man in solcher Verrückung denken und fühlen? Kann man sie vollständig ausleben? Unter Umständen, aber wie lange? Wer verliert das Gesicht – Gott oder die Liebe? Die Zeichen standen wohl schon am Anfang auf Widerruf. „Ein Kreuz ist dem Kind auf die Brust tätowiert, / Auf den Schädel ein Scharlachdorn genäht".[196] „Weinen und Heulen" zu Beginn, die Bethlehem-Morde (Mt 2,16-18).

Der waghalsige Bau dieses „als" (im Namen Gottes als im Namen der Liebe) scheint nun, nach seiner Kreuzigung, kurz und klein geschlagen. Zweifellos geht es

---

196 Dylan Thomas, s. Anm. 18, 121.

so eben nicht. Mag Gott sein, was und wer er will – die einschränkungslose Liebe ist er nicht. Der Christus-Gott ist nicht Gott.

Sichtlich hatte das Gewicht der übergroßen Vision den Zimmermannssohn erschlagen – der doch so nichts Vergebliches und Vergängliches an sich hatte, weil er niemanden auf der Welt ins Leere stieß, weil irgendeine „Ewigkeit" von ihm auszugehen schien. War also die Liebe selbst, mit einem hinausgeschleuderten Schrei, gescheitert? Geschunden, bis das Herz brach, bis ein Schwert durch die Seele drang (vgl. Lk 2,35). Hatte man doch in Reden und den Taten der Barmherzigkeit, selbst in den Momenten, in denen er „Wehe" rief, Mal um Mal das unfassbare Bild rückhaltloser Bejahung vor Augen bekommen. Vollkommene Liebe war in seinen Worten und Taten zu erfahren (sofern man denn Augen hatte, zu sehen). Ihr Vermögen, ihre Ereignis- und Umwandlungskraft, wurde in Wort und Tat glaubhaft – gegen die scheinbar allmächtige Not. Angesichts schrecklicher Begegnungen weinte er (Lk 19,41; Joh 11,35), „wilde Tränen",[197] brachte aber jedesmal die Zusicherung einer hellen Zeit mit sich, eines Zeitalters, einer Ewigkeit dann auch ersichtlicher Wahrheit. Anders als bei jedem anderen Menschen lag, selbst „zur Nachtzeit", ein friedvolles, rätselvolles Licht der Deutlichkeit auf seinem Gesicht – von dem sich anscheinend unmittelbar die Vertrauenswürdigkeit Gottes ablesen ließ.

In seinem Gedicht *Maria* benennt Bert Brecht, was für die Mutter Jesu mit dem Gesicht des Sohnes erschien: „All dies / Kam vom Gesicht ihres Sohnes, der leicht war / Gesang liebte / Arme zu sich lud / Und die Gewohnheit hatte, unter Königen zu leben / Und einen Stern über sich zu sehen zur Nachtzeit."[198] (Darüber hinaus: Für den, der Augen hat zu sehen, bleibt der diademe Bethlehemstern, die blendende Helligkeit der Erscheinung der Liebe, beständig stehen über dem Menschen- und Gottessohn.)

Kann das sein (hatte man sich wohl gefragt), dass denn doch nicht das Grausige in der Welt an der Macht ist und auch niemals diese Macht abgeben wird, sondern der Liebe gegeben ist alle Gewalt im Himmel und auf Erden? Eine denkbar andere Himmelskunde und deshalb auch Erdkunde? Kann also von einer hellen Seite der Macht (die sich denn auch in der Tat durchsetzt) die Rede sein? Darf man triumphieren: *„Nicht auf alles fällt die Asche. Eine große Hoffnung lernt gehen. Unaufhörlich trägt sie sich von diesem Nazarener her zu. Und unter Umständen nimmt sogar die große Hoffnung die kleineren an die Hand. So dass man mit gutem Grund oftmals hoffnungsfroh sein kann, heilfroh"*? Oder geht es der Liebe in der Welt denn doch so, dass sie, wo sie überhaupt einmal aufkommt, bald ausatmet, keinen Ort findet, stirbt, verendet, ein verwundetes Tier, das sich in irgendeine Höhle zurückzieht. Weil sie immer schon in schnellem Niedergang ist.

---

197 Dylan Thomas, zit. bei: Bill Read, Dylan Thomas, rowohlts monographien 143, 1989, 115.
198 Die Gedichte von Bertolt Brecht in einem Band, 1981, 122.

Es ging in Aufstieg und Fall des Jesus von Nazareth um die Reichweite, um Macht oder Ohnmacht der Liebe, um ihr Geschick in der Welt, ihre helle Macht, aber ihre Schmerzen und Torturen auch. Vielleicht auch um ihre souveräne Ohnmacht. Bahnt sie sich ihren Weg – als den überhaupt einzigen Königsweg? Schlägt sie diese Schneise? Oder unterliegt sie denn doch rasch einem Stärkeren und gerät in zusehends tiefere Unwirklichkeit.

Schluss mit den Fragen. Ohne viel Aufhebens erlosch sie, eine lautlose Tragödie, entsprungen einem unwirklich schönen Traum. Hochgekrochen am Kreuzesstamm, ein Tier, war der Hohn über die Liebe bis zur Kreuzesinschrift (mit der er sich allerdings seinen wahren Namen geben ließ). Elendig, auf der Schädelstätte, fand sie ein schauerliches Ende: die verkörperte, gelebte, erlittene Liebe, Belanglosigkeit am Wegrand, zertretener Käfer (vgl. Hiob 4,19).

Was mochte das Leben Jesu gewesen sein? Ein Fetzen Hoffnung oder vielleicht eine schmale helle Sandbank zwischen unruhigen nächtlichen Wassern, schwarz und glitzernd, ein kurzer Lichtflug. Aber was für ein dreckiger Untergang, nach plötzlichem Hochschlagen. Allerdings – hätte man wirklich anderes erwarten können. Hatten die Anhänger, die ihm mehr oder weniger begeistert hinterhergelaufen waren, zeitweise zu hell gebrannt? Hatte dieses Ende nicht seiner Botschaft von der reichen Unmittelbarkeit des Reiches Gottes hohngesprochen? Sichtlich passt diese Liebe, irgendwie aus Fernen kommend, nicht in die Welt. Nicht nur wird sie fortlaufend unter Feuer genommen, sondern geht jedesmal schnell in Rauch auf. Sie ist eigentlich nicht zu verstehen und ohnedies allemal zuletzt aussichtslos. Auch sie, weiß alle Lebenserfahrung, ist des Todes. Der nimmt regelmäßig überhand im Leben, bereitet gierig zu und frisst weg, was herrlich ist am Menschen – indem er kannibalisch den Menschen selbst frisst. Das scheint der erbarmungslose „Lauf der Welt", das Leben, wie es „nun einmal ist". Es gibt wohl keine andere Geschichte zu erzählen.

10.3 Karsamstag

„Jesus", mag berichtet werden, „ein Mensch ohne Falsch. Als ob wir jetzt erst jemandem begegnet wären, den das Leiden der Gequälten bis tief in die Seele schmerzte, ein wirklicher Nächster, der uns, unvermutet allmächtig, Gutes tat. Dem Fleisch, dem Geist, der Seele. Wie erst jetzt von herrlichem Leben angefasst kamen wir uns vor. Unvergleichliche Jetztdichte war um ihn. Die Liebe um ihn gab ja Rätsel auf: Sie war ungesäumt, sofort, wie ohne Ende. Die große Liebe war sein Gedanke, er sagte sie, er tat sie. In ihm war sie ganz und gar frei und war in vollen Zügen auf den Plan gerufen, sein Leben von ihr geflutet. Was Liebe bedeutet, hatte man gar nicht wissen können, bevor man ihn, diesen Liebenden, erlebt hatte. Er hat uns geachtet. Er hat uns das Gefühl gegeben, dass wir selbstverständlich sind. Das ungeheuer Erwartungs-

volle, das mit ihm den Raum betrat! Ja, irgendeiner unbekannten großen, königlichen Seligkeit lief diese Erwartung entgegen. Als hätte sich ein Sehnsuchtswind erhoben, ein drängendes, von Ängsten genährtes Verlangen nach wiedergewonnener Unschuld. Das Zurückholen eines verloren geglaubten Traumes? Erzähl mir aber nicht noch einmal, wie diese zuletzt todtraurige Geschichte geendet ist. Ich will es nicht hören."
„Doch. Mit Straucheln und dann mit vollständigem Scheitern des Liebes-Idioten."

Wem gehört die Welt, die unheimliche Heimat, diese mal faszinierende und zauberhafte, mal furchterregende und entsetzliche Welt? Wem fliegt vom spitzen Kopf der Hut? Wer schlägt wem die Krone vom Kopf oder reißt ihm die Maske ab (das Gesicht geht mit)? Welche Maske verkleidet nicht, sondern enthüllt? „Wer schlägt den Reif aus deiner Stirn?"[199] Man tut gut daran, nicht wahr, sich in die aufsteigenden Sieger einzufühlen, sich mit ihnen auch an schmählichen Triumphen zu freuen und mit ihnen herzlich zu lachen. Wer siegt zuletzt? Die Liebe jedenfalls – kann für die Frauen auf dem Weg zum Grab daran ein Zweifel sein? – nicht.

Aufs Geratewohl scheint sie manchmal zu wachsen, naiv, tapfer und ohne Zukunft. Dann und wann ist sie unversehens da, wie bei diesem so ungeheuerlich hoffnungsvollen Liebenden, im Vorüberflug dann aber doch. Sie bewirkt nicht viel. Am Ende, wie man sehen konnte, macht sie keinen großen Unterschied. Haben wir sie nur bestaunt, wussten wir dabei, dass sie dahingeht und unvermeidlich, vielleicht von heute auf morgen, zu Grabe getragen werden muss? Die verrückte Hoffnung war aber eine andere gewesen. Dass sie sich am Leben hält. Stattdessen bleibt jetzt dieses Lebensverzweifelte, das trostlos und vergraben macht, die Umnächtigung am Ende, aufzuschieben allenfalls, und auch das nur für kurze Zeit, doch nicht abzuwenden, auf Teufel komm raus. Jedenfalls wird es sich jetzt, nach jenem Scheitern, ein weiteres Mal einstellen: das sorgen- und nicht einmal selten gewalterfüllte Bewusstsein (das binnen kurzem Raum und Betätigung finden wird), unter Umständen das knochige Gesicht und mitleidlos kalte, in der Mitte der Existenz eingefrorene Ich.

Karsamstag: „Die Angst ist alles und die Liebe nichts." Kein „stiller Tag", sondern der Tag der Christus-Leiche, der Tag der Gottlosigkeit. Herrschaft des Karsamstag auch heute: Angst spricht nicht, sondern greift zu, lässt mit den Zähnen knirschen, frisst Hoffnung auf, pfeift, mag sein, nur laut, um sich Mut zu machen. Die Angst vor Kontroll- und Statusverlust (aussortiert zu werden) schlägt durch. Dann herrscht dieser Tag: wenn auch die Gedanken, das Auffassen selbst, das Fühlen, das Wollen, in die Totengasse getrieben werden. Weil dann schon der Grundriss Enge zeigt, der Tunnel zum Sterben hinführt und der Tod zur endgültigen Verwesung. In Nichts versinkt, was irgend anwesend war im Himmel und auf Erden. Faktisch, weil nichts zurückgerufen werden kann, bleibt es jedesmal im Recht mit dem, was es uns angetan haben wird. Vor einem festen Schritt eines Starken zieht das

---

199 Benn, s. Anm. 3, 116.

Nichts sich denn doch ab und zu zurück? Nein. Unheimliches, Drohung und Unausweichlichkeit beschädigt ein Leben lang wie die Hilflosen so auch die Starken. Erlösung (aus dem Dunkelfeld wie mit einem Messer herausgeschnitten zu werden) ist nicht vorgesehen. Kann jeder Sterbliche als widerwilliger Zeuge des Karsamstags aufgeboten werden?

Seine Rache hat er jedenfalls gehabt. Gegenstandslos geworden ist die Frage „Wächter, ist die Nacht bald hin?" (Jes 21,11). Eine andere Nacht präsentiert sich, ein anderer Tag, der erwartungs- und hoffnungslose Tag – der nichts tut, als das bösartige Schweigen von Golgatha fortzusetzen. Hatte denn überhaupt seitdem irgendetwas stattgefunden? Worauf soll die Hoffnung denn noch ruhen? Jetzt, am Karsamstag, dem Schattentag, an dem die Sonne sich verschließt, an dem sie „sich schämt" (Jes 24,23; Hiob, 9,7) und „die Erde finster ist vor Angst" (Jes 5,30), spielt sich der Tod als verfluchter Tod auf, nachdem er vor Zeiten durch die Sünde in den Hergang der Welt gefallen ist. Noch das Beste bringt er zur Strecke, zertrampelt es oder zehrt es aus – und wirft es ins höllische Nichts. Tod und Hölle scheinen jetzt für immer einander zu widerfahren (vgl. Offb 1,18; 1. Kor 15,55). Tag der Christus-Leiche.

In nie gekannter Trübnis werden die Frauen fortan jedesmal die Augen aufschlagen müssen. Und sooft jemand allen Ernstes von „Liebe" anfangen will, werden sie entgegnen: „Das haben wir schon durch. Uns kann man nichts mehr erzählen." Für alle Zeiten verfinstert scheint das Wort „Liebe". Dunkel hat sich der Tod des Nazareners davorgehängt. Kann das sein, dass das Leben taub wird für das erschütternde menschliche Barmen um Liebe, für jeden ihrer Anrufe, und dass es sich die Regung des überhaupt tiefsten menschlichen Wunsches, zu lieben und geliebt zu werden, versagen muss, weil mit der Kreuzigung des Nazareners die Liebe niedergetreten worden ist? „Das Wünschen verblutet".[200]

10.4 Der verfluchte Tod führt sich auf.

Die drei Frauen – ihre und unsere Erfahrung. Bis wohin stimmen sie überein? Eine kleine Wegstrecke?

Irgendwann zeigen sich die Schimären, die Gefühls- und Gedankengespenster durchschaut, die Worte zerfallen „wie modrige Pilze". Was soll das also heißen „Gott"? Projektion, sehr überschaubarer, furchtsamer Entwurf, verstiegene Wunschgestalt, Konstrukt, das Wort besudelt durch „mich", der ich es verwende und mit dem ich mir und anderen etwas vormache. Nichts als eine Bildschrift, eine frühere. Aus Sommerkindheit (könnte man denken). Überkommen jedenfalls aus alten

---

200 Hölderlin, s. Anm. 7, Bd. 1, 326.

Zeiten, als seinetwegen noch Schockwellen durch die Welt liefen (es muss sehr lange her sein). Gebrannt in die Höhlenwand der Nacht, in der Höhlung des Scheins, der offenbar lange aufrechterhalten werden kann. Aber jetzt lächerlich hinfällig ist.

Was bleibt übrig? Dass man sich in den von alters her gegebenen grauenvollen Festkalender irgendwie einpasst und mitfeiert: „Einer nur hat seine Feste unter euch, das ist der Tod" (Hölderlin)?[201] Oder, schlimmer, geradezu mit der Huldigung dieses freigiebigen Festherrn: „Ich stütze mich auf den Tod, der unangreifbar ist und keine Hemmungen kennt", bekennt der „Professor" in Conrads *Der Geheimagent*.[202] Mit fürchterlicher Umbesetzung dann Wolfgang Borchert: In seinem Stück *Draußen vor der Tür* gesteht „Gott" dem „Tod": „Du bist der neue Gott. An dich glauben sie. Dich kann keiner leugnen!"[203] Ein Karsamstag-Stück. In Becketts *Endspiel*, ein Schritt weiter, nur noch Geräusch eines kaum hörbaren Schrittes auf karger Bühne, ist dann das Absurde selbst der Festherr, ein Ungeheuer, ohne sichtbare Zähne und Klauen, aber absolut erbarmungslos – wie dann auch Gott nichts weiter als ein „alter Lump".

Dem verfluchten Tod, seiner Überredung und seinen Suggestionen ist zu weichen. So scheint es, so wäre es – wenn die Zeit mit dem Karsamstag erstarrt wäre, niemals mehr zu erlösen aus ihrer Unbeweglichkeit, wie festgesteckt in einem endlosen, schreienden Angsttraum, zwischen den Welten. Falls die Welt – in ihrer Mitte – ihr Entsetzen behalten hätte. Ausgebrochen sind mit dem Karfreitag und auf den Karsamstag haben sich geworfen: undurchlässige Schwaden von Gottesfinsternissen als Christusfinsternisse.

Maria Magdalena, Maria, Mutter des Jakobus, Salome: „Schwarze Milch der Frühe wir trinken sie abends / wir trinken sie mittags und morgens wir trinken sie nachts / wir trinken und trinken." (Celan, *Todesfuge*) Was bleibt nach Golgatha, nach dem lodernden Gottes-Hass, dem Urbösen? „Die Sterne am Himmel scheinen nicht hell, die Sonne geht finster auf, und der Mond gibt keinen Schein" (Jes 13,10). Es ist alles zu spät. Das Licht verhält sich wie tot, die Sprache selbst wie nicht gesprochen, allenfalls entringt sie sich. Schatten ziehen auf, *tenebrae*. Bewegungslosigkeit, ein Bann, legt sich über Zeit und Gezeiten. Man hat ihn vom Kreuz genommen und begraben. Nur noch bleibt, furchtbar zu sagen, ein Waschen der Leiche, ein letzter Dienst der Pietät im „Tal der Leichen und der Asche" (Jer 31,40), am „Ort des Schweigens" (Ps 94,17).

Hier, Markus 16: „Meine Seele ist sehr erschrocken" (Ps 6,4). Die Zeit stirbt. Nichts Lebendiges bleibt. Stattdessen: Das Christusdunkel. Abbruchkante der Zeit,

---

201 S. Anm. 7, Bd. 1, 650.
202 Joseph Conrad, Der Geheimagent. Eine einfache Geschichte, dt. 1967, 77.
203 Das Gesamtwerk, 1989, 104.

und die Bruchstellen passen nicht aufeinander. Die eigentliche Unzeit. Scharfkantige Geröllblöcke. Das Felsengrab. Der „Rabenfelsen", wo der „Schlag gegen Midian" erfolgt (Jes 10,26). „Schmerz versteinerte die Schwelle".[204] Der „unendliche Schmerz", ein schwerer Block, eine Substanz, die festgehaltene „Arbeit des Negativen".[205]

Kafka beschreibt, dass Prometheus, an den Fels geschmiedet, vor lauter Qual und Tortur in den Felsen einwächst.[206] Erscheint jemand auf der Welt „härter als der Fels und geduldiger als der Geier"?[207] Da ist dieser eine Tag zwischen Karfreitag und Ostern– zum Zerreißen gespannt. „Hören Sie denn nichts, hören Sie denn nicht die entsetzliche Stimme, die um den ganzen Horizont schreit und die man gewöhnlich die Stille heißt?"[208] Das Gellen und Tosen der Grabesstille. „Der Herr wird aus Zion brüllen und aus Jerusalem seine Stimme hören lassen" (Joel 4,16; Am 1,2). Höllische, unauflösliche Stille, den furchtbarsten Schrecken lässt sie mit ein: „Bitter ist der Tag: Grimm, Trübsal, Angst, Unwetter, Verwüstung, Finsternis, Dunkel, Wolken, Nebel, Posaune, Kriegsgeschrei, Zorn" (Zeph 1,14-18).

---

204 Georg Trakl, zit. bei Conrady (s. Anm. 26), 598.
205 Georg Wilhelm Friedrich Hegel, Phänomenologie des Geistes (= Theorie-Werkausgabe, Bd. 3), hg.v. Eva Moldenhauer und Karl Markus Michel, 1970, 24.
206 S. Anm. 35, 70.
207 Camus, s. Anm. 173, 77.
208 Büchner, s. Anm. 36, 249.

11. Zum Leben erschrocken

Sie sahen hin und wurden gewahr, dass der Stein weggewälzt war;
denn er war sehr groß. Und sie gingen hinein in das Grab und sahen
einen Jüngling zur rechten Hand sitzen,
der hatte ein langes weißes Gewand an, und sie entsetzten sich.
Er aber sprach zu ihnen: „Entsetzt euch nicht!
Ihr sucht Jesus von Nazareth, den Gekreuzigten. Er ist auferstanden,
er ist nicht hier.
Siehe da die Stätte, wo sie ihn hinlegten.
Gehet aber hin und saget seinen Jüngern und Petrus, dass er vor euch
hingeht nach Galiläa;
da werdet ihr ihn sehen, wie er euch gesagt hat."
Und sie gingen hinaus und flohen von dem Grab;
denn Zittern und Entsetzen hatte sie ergriffen. (Mk 16,4-8;
vgl. Lk 24,1-9)

11.1 Schnittfläche der Welten

Anders glänzen die Erscheinungsgeschichten: in denen das Wiedererscheinen des Gekreuzigten, das streitbare Wunder einer neuen Geburt des Seins, unvermittelt zum Zuge kommt: unvermittelt, als Widerfahrnis, als direkte Begegnung mit dem Herrn über Tod und Teufel. Wo er in eigener Person machtvoll hervortritt. Wo jene nur ihm eigene Klarheit Gottes um ihn leuchtet: der der Krieg, den er geführt hat, anzusehen ist, in der er die Wundmale an sich trägt (Joh 20,20.24ff). Wo die Gesichter der Jünger dann von dieser neuen Klarheit bestürmt werden, die alles übersteigt, was Menschen je erlebt haben. „Wir sahen seine Herrlichkeit" (Joh 1,14; 2. Petr 1,16), die Herrlichkeit des Gekreuzigten, „voller Gnade und Wahrheit".

Anders der Bericht von der Auffindung des leeren Grabes. Sehr indirekt, in Widerschein und Schattenwurf wird dort das gewaltige Geschehen wiedergegeben. Diese Leere – ein stumpfes, konturloses Weiß gleichsam, offen für alles Menschen-Mögliche? Nein. Aber noch „schlagen die Frauen die Augen nieder" (Lk 24,5).

Im Nachhinein, bei Licht besehen, wird dann klar, dass schon diese Abwesenheit erfüllt ist von Verheißung. Gestocktes Licht, ein diamantweißes „Jetzt", ein Aufblitzen, kein Schlaf der Farben, vielmehr bunt und regenbogenfarbig genug (vgl. Brockes *Kirschblüte bei der Nacht*),[209] die Summe neuer Farbenspiele, ein neues Welt-Prisma – nämlich Abwesenheit als Vorausweisung, als deutliches Vorausleuchten seiner Anwesenheit. „Gott malt in vielen Farben, aber er malt nie so prächtig, so flimmernd bunt, als wenn er in Weiß malt" (Chesterton;[210] vgl. Mt 17,2; Offb 1,14), als wenn er malte in fließendem, frühem, dichtem österlichen Leuchten. Wie Umriss und Silhouette verhält sich das leere Grab – als ob sich ein Schatten auf einer kristallenen Freitreppe abzeichnete. Er, dem „gegeben ist alle Gewalt im Himmel und auf Erden", findet sich von sich aus ein, kommt herbei, von dieser „Gewalt" her, von Gottes Vollmacht her. „Der Herr ist nah" (Phil 4,5). „Unser Gott", der Sohn, „kommt und schweigt nicht" (Ps 50,3).

Im Nachhinein kann verstanden werden, dass bereits dieses Jerusalemer Felsengrab wortmächtig geredet hat, in unbedingter Sprache, in evangelischer Verheißung. Dass es, im weißen Augenblick, die Ewigkeit aufruft: „Er ist nicht hier. Er ist auferstanden" (Mt 28,6). Keineswegs irgendwie gar nicht gestorben (das wäre trivial), sondern auferstanden von den Toten. In keiner Hinsicht darf ermäßigt werden, dass es heißt: Gott geht „mit diesem Volk wunderlich um, aufs Wunderlichste und Seltsamste" (Jes 29,14). Absonderlich und verstörend: „Die glocken läuteten, / als überschlügen sie sich vor freude / über das leere grab".[211]

Engelwesen (Lk 24,4), göttlich Sonderbare, deren Herkunft Gott selber sein muss, herrliche Fremdländer, lichtumflossen, Lichtgleichnisse, bilden den vorausdeutenden, vorscheinenden farbigen Schatten der Anwesenheit des zukünftigen Königs – gehüllt in wilden Strahlenglast von durchaus erschreckender, harter, klingender Schönheit, Bewegtheit und Unheimlichkeit, gehüllt in ewige Unerreichbarkeit. Seraphische Boten, Zeitengel, vom unermesslichen Zeitbeben durchlaufen, eine Schockwelle für menschliche Wahrnehmung. In göttlicher Vollmacht tun sie Ungeheuerliches (was kein Mensch vermag): Sie spotten des Todes. „*Galiläa! Zauberwort. Galiläa-Wahrheit! Gnade! Jesus Christus, den ihr gekannt habt, der Gekreuzigte, er kommt herbei und wird erscheinen. Er wird euch finden. Ihr werdet sehen!*", rufen sie, Wesen des hell lachenden, glänzenden, namenlosen Ernstfalls, in Gott eingefaltet und eingehüllt, jetzt aber hervortretend, gegenwartshell, formgewordenes Licht aus Glanz und Schimmer, Engel der Frühe, „Enthusiasten der Frühe"[212]. Im Vergleich mit dem „Licht der Welt", dem lebenden Licht, mit dem Auferstandenen selbst, aber wiederum lediglich vorausgeschickte schöne Schatten und armer Schein.

Der „deutende" Engel, sagt man. Allemal bedeutet es potentiell Machtausübung, wenn etwas zur Ausdeutung offensteht. Eigentlich möchten eben „wir" souverän alle Deutungen übernehmen – in ewigem Deutungsspiel, der Verfügung über das

---

209 Zit. bei Conrady (s. Anm. 26), 209.
210 Gilbert Keith Chesterton, Kopfstände, dt. Leipzig 1980, 101.
211 Reiner Kunze, auf eigene hoffnung. eines jeden einziges leben, 2000, 162.
212 Strauß, s. Anm. 130, 72.

Gedeutete. Als ob es jedem bis zuletzt freistünde, je nachdem, welches Wichtigkeits-Maßband er verwendet, nach Belieben Rang und Wert zuzumessen oder abzuerkennen, herabzusetzen und zu genehmigen oder hochzuhalten. Nein, weder die Deutlichkeit und Unmissverständlichkeit der Texte noch gar die Klarheit des Auferstandenen selbst gehorcht menschlichen Zuschreibungen und Zurechtlegungen, keiner Beurteilung, Verwerfung oder Gutheißung. Vielmehr gibt Gott zu erkennen, was ist und gilt – und ein mächtiges Tor geht auf (dasselbe beim Petrusbekenntnis: „Fleisch und Blut haben dir das nicht offenbart"; Mt 16,17; Christus öffnet die Schrift; Lk 24,25-27.45). Die Zeitengel sind es, die auf göttliches Geheiß die unfassbare Botschaft verkünden: *„Er ist auferstanden".* Unfassbar, weil in ihrer Bejahung gleichsam nach oben offen. Zu ewiger Bejahung, dem Ankommen bei Gott. Befremdlicheres als dieses Wunder kann nicht gedacht werden.

Die Auferstehungsbotschaft ist darum der Grund der Kirche (der *articulus stantis et cadentis ecclesiae;* vgl. 1. Kor 15,14). Mit ihm „steht oder fällt sie." „Es summiert sich alles und jedes, was das Neue Testament zu sagen hat, in der Botschaft: ‚Christus ist auferstanden' – ‚Der Herr ist wirklich auferstanden'. Und alles, alles steht und fällt mit diesem Evangelium." (Barth).[213]

„Er ist auferstanden" – im Griechischen ein einziges Wort: das übermächtige Ersichtlichkeitswort des Neuen Testaments (das einzige Wort, das nicht die Möglichkeit der Widerlegung in sich trägt und dem zuletzt alles erliegen muss). Der Seinsmoment. Der große Ruf. Das die ganze Welt zusammenfassende Bewusstseinswort. Die Kräfte schießen zusammen. Gerufen wird eine kurze Geschichte der Offenbarung: die Geschichte des Offenbarers. Aus steilem Winkel fällt sie ein – weil sie auf Hervorbrechen und Epiphanie des Ungeheuren verweist, auf die Subversion der Welt, Triumph einer Verrückung zum Guten hin. Durchschlagen wird der Kokon der bisherigen Realität. Die Zeit scheint zu brechen. Ein Schnitt in gehöriger Tiefe wird durch die Welt hindurchgelegt. *„Er ist auferstanden. Er ist wiedererschienen. Er findet sich wunderbar ein. Er kommt auf euch zu. Ihr werdet sehen!"*

Nichts ist deutungsbedürftig an diesem glücklichen Wort. Nur geben jene Lichtgestalten wieder, was das leere Grab selbst verkündet: die eine frohe Nachricht der Welt, das Gute Wort. Aus der feindselig schweigenden Nacht – der Nazarener sollte ja in ihren Fluch hineingeworfen und in ihn verstrickt werden (Gal 3,13) – stürzt eine rettende Stimme herbei. Ende der Verleumdung der Liebe, ihrer Herabwürdigung. Der Liebevolle war im Recht gewesen. „Es ist so!"[214]

„Erzähl mir Ostern!", mag vielleicht jemand sagen. *„Vom Tag der Liebe, dem Karfreitag, wie dann auch vom Tag des Lichts, der Offenbarung: wenn die Berechtigung*

---

213 Gespräche 1964–1968 (= GA 28), hg.v. Eberhard Busch, 1997, 33.
214 Die letzten gesprochenen Worte in Thomas Manns „Buddenbrooks".

der Liebe aus dem ursprünglichen Ratschluss Gott hervorgeholt und überwältigend offenbart wird. Von Beschlagnahme und Platzgreifen und Neueroberung der Welt. Wenn die Seele der Zeit wiedererstehst und erneuert wird. Niemals ist doch der Sinn aller Dinge derart ohne Vergleich anders und ohne Vergleich lebhaft geworden, himmelweit anders, bestätigend, aber auch aburteilend, am weltweiten Himmel, auf der Erde, in weltweiter Unterwelt, in Jerusalem, in Galiläa, in gedrängter Topographie, zu genauer historischer Stunde. Die Zeit ist auseinandergebrochen, mit einem Schlag gealtert der sich abnutzende, vergehende Äon (1. Kor 7,31), die Adams-Welt – der nicht einmal mit einem traurigen, düsteren und faltigen Alters- und Todes-Wissen beizukommen war. Die unsäglich Traurigen sind jetzt von Glück befangen. Seinen Verlauf hat genommen, was keineswegs in die Rechnung der Adams-Welt eingehen konnte. Gott hat das Morgenrot geweckt (Ps 108,3). Erzähl mir von der Grabstätte, aber dann vom Entscheidenden, vom Auferstandenen!"

„Was sucht ihr den Lebendigen bei den Toten?!", fragen die Engel (Lk 24,5) – mit überlegenem Spott, aber auch mit denkbar scharfer Aufforderung: „Kehrt euch jetzt vom Grab ab!". Sie schicken die Frauen fort. „Empört euch jetzt! Stoßt ab von dem, was war! Lasst euch wegziehen! Lasst euch bekehren! Seht hinaus! Auf und davon! Fort!" Als Abtrünnige des Todes. „Geht weg, sondert euch ab!" (2. Kor 6,17) Ja, es wird eigenwillig und unbeirrbar ernst gespielt. Mit einer Welt, für die er nicht erschaffen war, hatte ja die Sünde den Menschen in Berührung gebracht. Doch zerbirst jetzt das Bisherige. Die Welt verhält sich als neu gezeitigt. Ein Ansturm rätselhafter Fremdheit. Was vor sich geht, hat unabsehbare Folgen. Es setzt neue „Erfahrungen mit der Erfahrung",[215] neue Bedingungen, Erfordernisse, Schlüsse – eine neue Seinsverfassung, deshalb auch eine neue Wahrnehmung, Kenntnisnahme und Zustimmung, ein bisher unbekanntes Vertrauen. In Galiläa wird es sein. Er wird in eigener Person erscheinen. Ein Sehen, ein Hören, Fangnetze, zum Trocknen ausgelegt, aufs neue ausgeworfen, ein großer Fischfang, ein prasselndes offenes Feuer, Brot, ein Mahl (Joh 21,1-14) ...

„Gelobtes Land! Er wird mich finden. Ich werde genug geliebt werden. Werde ich unter dieser Liebe vergehen? Ich bin unreiner Lippen. Wie kann ich die Fremdheit dieser Bejahung aushalten? Sie ist nicht maßvoll. Kyrie eleison."

„Was sucht ihr den Lebendigen bei den Toten?!" Gefragt wird im Namen Gottes – der ersichtlich umstürzt, was gegolten hat, und der mit einem Mal den Anlass und inneren Grund des großen Schöpfungsreichs freilegt, der „Welt", ihre ungeheure Frühe, die Segnung ihrer Erschaffenheit, die grundlose Liebe als den seligen Ursprung des Anfangs des Universums, die Bejahung, die sich bereits dem Schöpfungsmorgen entlehnt und sich jetzt offenbart.

---

215 Eberhard Jüngel, Erfahrungen mit der Erfahrung. Unterwegs bemerkt, 2008.

"Ihr seid Zeugen einer ungeheuren Gerichtsverhandlung geworden. Jetzt ergeht das Urteil ‚im Namen Gottes'. Hier im Grab ist er nicht. Hier gehört er nicht hin. Sinnloseres und Abwegigeres kann niemand unternehmen, als ihn nun gerade hier zu suchen. Diese Grabstätte hier müsst ihr hinter euch lassen, sollt sie aber nicht vergessen! Was seht ihr? Absonderliches: Offenbar hat Gott den Tod ergriffen und, seltsam vorzustellen, ihm den Fluch abgeschlagen. ‚Das Horn Moabs ist abgeschlagen, und sein Arm ist zerbrochen, spricht der Herr' (Jer 48,25). ‚Tod, wo ist dein Stachel?', darf dann stolz gefragt werden. Werdet darum abgewendete Menschen, wahre Christus-Menschen! Kehrt euch ab vom Fluch! Die Voraussetzung ist weggebrochen. Lasst den Karsamstag hinter euch! Aber vergesst diesen Tag nicht! Flieht! Lasst euch mit Fliehkraft ausstatten! Mit geistlicher Fliehkraft. Die man nämlich unbedingt braucht. Neues ist ausgebrochen zwischen euch und dem Leben. Was sucht ihr den Lebendigen bei den Toten?! Der Gekreuzigte – ein unseliger Leichnam? Nein. Schluss mit dieser Täuschung und diesem fürchterlichen Irrlicht. Für alle Zeiten. Vorhang gesenkt. Neues ist geworden. So ist das nun. Basta. Amen."

11.2 „Der Staub wird singen wie ein Vogel."

Bis heute hören die biblischen Texte (die Engel) nicht auf, nichts anderes als diese unbedingte Frage in alle Welt zu schicken und diese herbe und unerbittliche Aufforderung „Vergesst ihn nicht, aber lasst den Karsamstag hinter euch!" für jede Zeit zu wiederholen. Das Morgengrauen war ja auch der Morgen des Unwillens. Der zu Asche verbrannten Sünde, zum Verwehen bestimmt. Des heißen, unendlichen Zorns über den höllischen Versuch, die ursprüngliche Liebe niederzubrennen.

Natürlich – jeder weiß, dass alles gegen jenes „Basta" und „Amen" spricht. Gleichwohl. Ungeachtet aller Erfahrung, gegen die gemeinen Beweise und gegen den Augenschein (Luther: *contra experientiam*). Trotz dem alten Drachen (EG 396,3)! Mit Berufung auf Christus: „Rahab zerhauen, der Drache durchbohrt" (Jes 51,9; Hiob 26,12; Ps 89,11). Ein Amen wider besseres Wissen? Nein, sondern wider verzweifelte Erfahrungswucht und -gewalt. Wider unser auf den eiskalten Zeitenwind und auf raschen Abruf gestelltes Weltverhältnis, auf die wie ein Raubtier blitzschnell zuschnappende, malmende Zeit, sooft wir fortgetragen werden von der Strömung der Tage, gefasst darauf, „von der Weltmühle zermahlen zu werden" (Silke Thoemmes), nichts als eine „Scherbe unter irdenen Scherben" (Jes 45,9), zersprungen, scheinhaft, mit störrischem Glanz. Wider den eisernen, nicht aufzusprengenden Reifen um das Herz. Wider die Todesgewissheit, die Wahnsinnstraurigkeit, die nichtswürdige „Traurigkeit der Welt" (2. Kor 7,10), hundertfach erhärtet. Die dieses Eine weiß oder zu wissen meint: Mögen Erstorbenheiten sich beleben – aber niemals stehen die Toten auf, niemals kehrt ihre endlose Prozession ins Leben zurück. Weil der episodische, flüchtige Mensch nun einmal „davonmuss wie das Vieh"

(Ps 49,13.21; Pred 3,19). Weil er wie „Wasser" ist, „auf die Erde geschüttet, das man nicht mehr fassen kann" (2. Sam 14,14). Nahezu unmöglich deshalb, angesichts der banalen Landläufigkeit des Todes, an sich zu halten. „Es ist ein Weinen in der Welt, / als ob der liebe Gott gestorben wär".[216] „Ich elender Mensch!" – der Schrei wäre dem Apostel an die Kehle gegangen, wenn ihn Christi Erlösung nicht ereilt und gestillt hätte (Röm 7,24f). Kafka, ohne Trost, wiederholt ihn wörtlich in seinem Tagebuch.[217]

Muss es nicht dabei bleiben, dass die in die Verwesung Gestoßenen ihm nicht mehr danken (Ps 30,10) und ihn nicht mehr loben (Ps 115,17)? Dass Gott für immer die Toten leichthin vergisst und der nunmehr endgültig Gebetslosen nicht mehr gedenkt (Ps 88,6)? Nein, nichts wäre falscher. Die Treue Christi zur Welt umschließt auch sie. Ist also dieser Tod, der das Loben und das Gedenken abbricht – am Kreuz gestorben? Ja. Vorbei, erledigt. Amen. Von Gott selber kommt die Unwiderstehlichkeit dieses Amen – das in eine unbekannte Zeit entführt: weil jetzt ein anderer Tod von Gott erschaffen worden ist, weil sich umgeschaffen zeigt, was früher „Tod" hieß. Die böse Weltuhr ist kaputt, die Welt aus den Fugen: doch ersichtlich – grundstürzend, grundgebend – zum Verheißungsvollen hin, zur Freude hin versetzt, zu drängender, sogar zur vollkommenen Freude (Joh 15,11). Hölderlin fragt (allerdings mit wunderbarem Ausrufezeichen) und kommt dabei von der Auferstehung Christi her: „Licht der Liebe! scheinest du denn auch Toten, du goldnes!"[218] Der Einwand, noch einmal: Sind nicht die Toten immer noch und für alle Zeiten tot? Und lauter Nichts wird aus ihnen? Antwort: Nein. Nur den menschlichen Blicken entzogen. „Ihm leben sie alle!" (Lk 20,38). „Das Totenreich ist in Bewegung"[219], in einem auf Gott gerichteten Leben. Gott zu loben, in seinem Licht zu leben, dort vorhanden und anwesend und aufgehoben zu sein – wird auch ihnen vom Auferstandenen erlaubt.

Ausnahmslos sucht er sie alle. Auch sie behält er seinem Erbarmen vor (Joh 11,41; 1. Petr 3,19; 4,6): die Unerreichbaren, die schon als Kinder verstorben waren oder die ein hohes Alter erreicht hatten – die „im Staub der Erde schlafen" (Dan 12,2). *Fellows of the Grave.*[220] Die Toten im Wüstensand (2. Mose 2,12), in einer Wüste von Staub, im menschenleeren, steinigen Land. Die auf den Schindangern Begrabenen (Erde über die Toten und noch mehr Erde!), als Selbstmörder außerhalb der bröckligen Friedhofsmauern, in den Felsengräbern oder Leichensäcken, im Armen- und Massengrab (Mozart), in der schlechten, lichtlosen, trauernden Erde.

---

216 Else Lasker-Schüler, zit. bei Conrady (s. Anm. 26), 575.
217 S. Anm. 74, 571
218 S. Anm. 7, Bd. 1, 292.
219 Kornelis Heiko Miskotte, Das Geheimnis der Geschichte, hg.v. Heinrich Braunschweiger, 2011², 47.
220 Dylan Thomas, s. Anm. 18, 132.

"Ruhestätten"? Die in den tobenden Ozean Abgegebenen oder, nicht auszudenken, in den Friedhof, den es nicht gibt, in das „Grab in den Lüften".

Auch bei ihnen – Hoffnung gegen alle Hoffnung – findet der Blick Christi Halt. Sie werden seine Stimme hören (Joh 5,25), die Stimme der Treue. Verheißungen des kommenden Gottes sind auch für sie aufgespart – als wären sie gänzlich verwischte Namen, Reste einer zerschlagenen Schrift, unleserlich gewordene Felder auf einem Grabstein oder auf einem von Steinfraß befallenen Wappenschild gewesen, jetzt aber bereit für ein gestochen schönes, magisches neues Signum. Auch sie, zu denen menschlich kein Durchkommen mehr ist, werden Gnade finden und nicht, furchtbarer Gedanke, von sich selbst um das Heil betrogen werden. Aus der Fülle Christi wird Gnade um Gnade empfangen (Joh 1,16). Keinen Schrei einer Seele wird es geben, der es versagt geblieben wäre, ihren Frieden mit Gott zu machen (2. Kor 5,20; 1. Petr 3,19), zu leben von diesem denkbar überraschenden und unvergleichlichen Friedensschluss. „Das Totenreich ist aufgedeckt vor ihm" (Hiob 26,6). Herausgeben muss der Tod die Toten, damit sie gerichtet werden vor dem Forum des göttlichen Ja (vgl. Offb 20,13): dem allerkürzesten, gnädigsten Gerichtswort. Niemand, auch die „dem Staube Gleichgeachteten" nicht (Hiob 30,19), der nicht von ihm angeblickt, vorbehalten und aufgenommen würde, unabänderlich ihn zum schattenlosen Nächsten hätte, längst hatte und jedesmal haben wird. Ja, „im Grabe wird man seine Güte erzählen und seine Treue bei den Toten" (Ps 88,12). Wunderbar darum Dylan Thomas: „Der Staub wird singen wie ein Vogel."[221] Auch den Toten hält er die Treue. Glückselig darf man ihn erkennen und anreden: „Deine Treue ist um dich her" (Ps 89,9). Treue Christi zur vergangenen, gegenwärtigen, zukünftigen Welt.

Erzählt wird vom ungläubigen Entsetzen der Frauen am Grab, wenn unter dem Druck dieser Auferstehungswahrheit die grundlegenden, todsicheren Ordnungen der Welt zu Bruch gehen. Die Frauen – als der Morgen mit seinem Grauen zerfällt, vor der aufgelichteten Grabstätte, entsetzt – sind zum Leben erschrocken. „Mit Furcht überschüttet" (Hes 7,18), wissen sie nicht, wie ihnen geschieht. Sie kehren sich jetzt vom Grab ab. Sie werden abgewendete Menschen. Ihr Weg wird sie, zur Freude hin erschrocken, dem kommenden Herrn, dem sonderbar Ankünftigen (wie auch später tagaus tagein Ankünftigen) in die Arme führen. Mag sein, dass ihnen ein Leben lang von den Worten des Engels die Tage und Nächte brennen werden. „Er ist nicht hier!", so behauptet sich die Wahrheit, legt fest, was ist, und macht der vermeintlichen Immer-Unverbindlichkeit und All-Bestreitbarkeit ein Ende. Sie läuft an der Auferstehungsbotschaft auf, die man nur scheinbar abtun und beiseitelassen kann. In Wirklichkeit ernennt sie jeden Menschen, weil „das Alte vergangen ist", in neuer Schöpfungssituation, zu einer neuen Kreatur (2. Kor 5,17).

---

221 S. Anm. 73, 369.

Kein Mensch kann tatsächlich den Folgen ausweichen – mag das Denken und Fühlen regressiv jedesmal rasch in das alte Todesbewusstsein zurückschnellen und der doch schon Ergriffene sich in sich selbst zurückversenken wollen. Zuletzt ist diese Botschaft aber die einzige Entgegnung auf das verzweifelte Kälte-Trauma, auf jene nicht einmal ausdrücklich feindselige Verneinung, die nur eisige Gleichgültigkeit ringsumher zu verstehen gibt: „Der Tod ist die Mitteilung des Universums an das Individuum, nicht geliebt zu werden".[222] „Verhaltenslehren der Kälte"?[223] „Geist der Schwermut, dieser Abend-Dämmerung-Teufel"?[224] Zwang abwärts? In einem Bild Courbets stürzt der Verzweifelte in die Ungestalt: in nahezu ganz ungemalte Wirrnis rechts unten. Muss es bei solcher Verzweiflung bleiben? Dass, wie Bloch schreibt, „die Kiefer des Todes alles zermalmen"?[225]

Tragik also des Christentums (das aus der Geschichte weichen sollte)? Der aufgeklärte Mensch, heißt es, muss es endlich aus den Kleidern schütteln. Die „diskursive Großwetterlage". Verdüsterung und Melancholie seiner Endphase – die sich spürbar über das „christliche Abendland" gesenkt hat? Die Leidenschaft ist aufgebraucht? Dann und wann verfasst das Ressentiment der Gegenwart Konjunkturberichte über den Stand des christlichen Bewusstseins (dass da draußen, im Winter dieser Religion, noch Leute herumirren, wenige, Verlierer der Geschichte, die sich längst selbst aus dem Diskurs herausgenommen haben, die partout nicht willens sind, sich den verrauchenden christlichen Glauben rauben zu lassen, die man aber, weil „Christentum" gegenwärtig zu Recht überall abfließt, schnell abwickeln und in die Bedeutungslosigkeit schicken sollte). Vielleicht sollte der Christenmensch auf Konjunkturberichte dieser Art pfeifen?

Jedenfalls kann die Gegenwart mit dem Ton dieses inbrünstigen, himmelan lodernden Aufbegehrens der Engel offenbar überhaupt nichts anfangen. Gerade er allerdings hilft, dass bei den Christen, den eben abgewendeten Menschen, weder Tragik noch Weltschmerz aufkommen, vielmehr das Wissen, nicht beleidigt werden zu können. Demut. Einfalt. Zurücktreten. Die einfache Respektierung der über die Jahrtausende wie nichts sonst glaubwürdigen und unantastbaren Auferstehungsbotschaft, die Worte des wiedererschienenen Jesus Christus: „Du lässest mich erfahren viel Angst und Not und machst mich wieder lebendig und holst mich wieder herauf aus den Tiefen der Erde" (Ps 71,20), oder: „Ich bin in Sicherheit und fürchte mich nicht. Denn meine Stärke und mein Loblied ist Gott der Herr, und er ward mir zum Heil" (Jes 12,2).

---

222 Wolfgang Herrndorf, Arbeit und Struktur, 2015.
223 Helmut Lethen, Verhaltenslehren der Kälte: Lebensversuche zwischen den Kriegen, 1994.
224 Nietzsche, s. Anm. 15, Bd. 4, 370.
225 Ernst Bloch, Das Prinzip Hoffnung, 1970, 1301.

11.3 Nein.

Über Nacht: Eine Verwerfung, die nicht weniger als das Sein richtigstellt, eine abrupte Zeitigung, unter dem nichtigen Nichts hervorgeholt, im Erweis des Geistes und der Kraft hereingebrochen. In der Person Christi wacht der neue Äon auf, er setzt ihn in Gang. Der Welt wird das Sicherste und Furchtbarste entrissen, was sie hat: der Tod, der Fluchtod, der „Tod zur Verwesung" als dem letzten Wort, Zeichen und meist unhörbarer, erschütternder Schrei der Adams-Welt. Ihr todsicheres Ordnungsprinzip: ihr auf das Nichts angelegte Gefüge, die gewaltsame Struktur des menschlichen Seins, das „Sein-zum-Tode" (Heidegger), diesem furchtbaren Tode zu, auf ihn gerichtet, das immerwährende Umkommen am eigenen schuldhaften Sein – das dann in jeden Moment Hereindunkelnde. Mein Mörder ist mir voraus, mag mitgelaufen sein, läuft eine Weile vor mir her, dreht sich dann um, kommt dann von vorne direkt auf mich zu.

Das Zugrundegehen vor mir. Sie alle hinter mir, denen ich etwas schuldig geblieben bin oder denen ich etwa angetan habe. Und lebenslang in mir: die unruhigen, friedlosen Wünsche oder erbarmungslosen Verwünschungen der Toten, „die wilde Klage / Ihrer zerbrochenen Münder".[226]

Nein. Da war es eine andere Zeit. Da war es der neue Äon, ewige Neuheit. Umkehr der Laufrichtung. So muss es gewesen sein beim „Drehn der Erde" und Drehn der Zeit, der anderen Zeitigung, als die Jünger zu dieser Morgenstadt mit flammender Zinne, nach Jerusalem, umkehrten „mit großer Freude" (Lk 24,52) und „auf die Felder des Jubels liefen", als der Kämmerer „fröhlich" seine Straße zog (Apg 8,39). „So muss es gewesen sein nach der Geburt des einfachen Lichts / Beim allerersten Drehn der Erde, wenn die verzauberten Pferde warm / Aus wieherndem grünem Stall / Auf die Felder des Jubels liefen."[227]

Nein, seit der heiligen Begebenheit von Leben, Sterben und Auferstehen Jesu Christi entwirft sich unser „Sein-zum-Tode" desto mehr als Sein-zum-Leben – in fremder, nie dagewesener Zeitrechnung. Nicht der Fluch, „das Nichts", sondern Jesus Christus „sitzt uns als letzter Gesellschafter gegenüber" (anders eben der Text bei Bert Brecht).[228] Neue, weltstürzende Erschütterung wird jetzt in die alte, greisenhafte Menschen-Verwirrung gebracht, in der die Welt fortlaufend weiter anarchisch in die Unwahrheit hineinirrt und hineinwelkt, ein „Tor zu tausend Wüsten", zum inneren geisterhaften Malstrom (wie nicht nur Poe und Nietzsche wussten, wie nicht nur van Gogh und Francis Bacon vielfach malten), zur wütenden

---

226 Georg Trakl, Das dichterische Werk, hg.v. Walter Killy und Hans Szklenar, 1992, 94.
227 Dylan Thomas, s. Anm. 73, 390.
228 S. Anm. 198, 99.

Anarchie, wo sie auch liegt: die nicht ohne Grund den Menschen für einen der ihren hält.

Paulus spricht von der tödlichen „Traurigkeit der Welt" (2. Kor 7,10), der Weltbitternis. Die weiß, dass sich alles ungewiss verhält im Strudel der Zeit, in Wirrsal, Schreck und Flehen, dass eben der Fluch, die schwarze Milch der Frühe, das Absurde, ein „Gott" (sagt man), sich in sie gießt und alles verseucht. Dass nichts als der Grundsturz gewiss ist, der Tod, lateinisch: *omnia incerta, mors certa* (so lautet seit je das furchtbarste Allerweltswissen des nicht etwa gottesfürchtigen, sondern todesfürchtigen, in seinem Sünden- und konkreten Zeitwesen bereits ertrunkenen Menschen). Dass zu allen Zeiten „die Rede eines Verzweifelnden im Wind verhallt" (Hiob 6,26). Dass sich bedrohlich um jede Lebendigkeit herum, als ein Feuerkreis, der Bann einbrennt und Wehrlose in der Hörigkeit der urtümlichen Furcht hält – die dann „aus Angst vor dem Tod ein Leben lang Knechte" bleiben (Hebr 2,15). Dass der Überfällige versklavt wird, weil er den Blick nun einmal nicht abwenden und dem Engeschmerz nicht entrinnen kann – zu Zeiten dann, wenn sich die Welt zusammenzieht, wie von Sinnen und krank vor Angst und großer stummer Unheilserwartung. „Wo ist jemand, der da lebt und den Tod nicht sähe?" (Ps 89,49) Dass sich der bedrängte, zusehends fällige Mensch in den absolut verlässlichen Tod und dessen „Energie" (2. Kor 4,12) gefügt hat, in den Urstoff der Angst (die niemals Anderes enthüllt als eine Totalität von Dunkelheit). Dass sich kein Mensch auf sich selbst verlassen kann, doch darauf desto mehr, dass es ein furchtbares Ende haben wird mit ihm, dem jedesmal demnächst endgültig zu Beseitigenden – der womöglich die Liebe als für immer unausgeschöpfte, als niemals tief empfundene oder nie von einem Anderen angeforderte zurücklassen wird, der vielleicht sehr viel Liebe übrig haben wird. Sie scheint ihn eben nicht beachtet zu haben. Irgendeine Bedeutung hat das allerdings wiederum auch nicht.

Nein. Über Nacht ist alles anders geworden. Die neue Unordnung, in die der Auferstandene die Welt gestürzt hat … Etwas ist zersprungen. Jemand ist dazwischengegangen. Todesweisheit? Man kann jetzt sehr Anderes wissen: Der allmächtige Gott hat es mit dem Nichts. Strafwürdigkeit? Der allmächtige Christus hat es mit der Hölle, der ewigen Strafe, der vormals siegreichen (1. Kor 15,55). Mit dem strafbewehrten Irrsinn und Gegenirrsinn. Weil er, die helle und einzig wahre Seite der Gerechtigkeit, damit die Irrsinnigen entrinnen, das Unheimlichste erlitten hat. Weil der Fluchtod sich in sein Gesicht gekrallt, zugestoßen, ihn erstickt hat. Flammen hat der Unschuldige auf sich gezogen: das Feuer des abgetan Gewesenen. Doch wird auch der Brand jeder Zukunft auf ihn springen. Denn – so die Osterbotschaft (die Abbruch- und Galiläa-Formel) – der geschundene Erlöser lebt als der Unverlorene, Versehrte, doch nicht Verbrannte, als der vom Vater auf ewig ins Recht Gesetzte, als die Liebe, die, durch das fressende Feuer (Jes 43,2) hindurch, sich als stärker erweist als der zuletzt ungesäumte Tod (der aber jedes endgültige Vermögen jetzt – jetzt – jämmerlich verloren hat).

Endlich, als wäre „der Strang" ein widerliches Wesen, eine Schlange, abstoßend fett, ihr Kopf in ihrer Masse versteckt – endlich „erwürgt ein Gehenkter den Strang".²²⁹

Angefasst, um ihn zu erwürgen, hatte den Sündlosen das alte Weltalter- und Sündenweib, die grimmige Zeit, die Schuldigen und Unschuldigen die Kehle zugeschnürt. Nicht der Gegenmächtige hat ihn aber geholt, der Teufel, groß wie die Welt (Joh 12,31), von dem Gott aber sein Gesicht abgewandt hat und der aus dem Sein gefallen ist, der Erniedriger, der noch jede Gegenwehr zur Seite fegt, eine unermüdlich achtgebende Harpyie, jedesmal nur Ausschau hält nach Anzeichen von Abgestorbenheit und Tod und Fluch. Sondern er, niedergefahren zur Hölle (Eph 4,9f; 1. Petr 3,19f), hat den Teufel geholt und ihn „vorgeführt" (Kol 2,15) – so dass er, ein wunderbar sarkastisches Bild, das der Prophet findet, „Staub lecken musste wie die Schlangen" (Mich 7,17).

*Bis heute weist du sie zurecht und trittst du den Schuldhaften und Erschütterten mit Liebe entgegen: den Verehrern des Gegenmächtigen, den Anbetern von Schlangen und Skorpionen, den Todverfallenen, den schwer Greifbaren, Undeutlichen und Ungefähren, in denen quälende Gegenläufigkeiten arbeiten, den komisch Torkelnden, den Rittern von der traurigen Gestalt, den kuriosen, nicht nur gelegentlich brutalen, klobigen Figuren, auch den Exoten mit dem vielleicht über und über mit Bibelzitaten tätowierten Körper, auch den Pierrots mit den tragischen Schatten, weißgepudert, mit dem roten, verwundeten Mund, den gegen Gott Aufbegehrenden mit ihren verlogenen Ruhmesgeschichten, den kläglichen Zweiflern und Untröstlichen, auch, denkbar anders, den mit Besitzstandswahrung und Luxusproblemen Beschäftigten, den betrübten alten Pinguinen mit ihrem spaßigen Gang, die trauern, ihre Toten beklagen und über kurz oder lang selbst betrauert werden, umso mehr den einzelnen, bescheidenen, kraftlosen Seelen, so sehr umschattet und versehrt, gebrannte Kinder, verletzt an Leib und Seele, aber mit schlechter Wundversorgung, die sich immer aufs neue den Verband aufreißen, eingebildet frei, nur sich selber suchend auf fremderem Boden, auf den finsteren Inseln ihrer Gottes- und Nächsten- und Lebens- und Begebenheits-Blindheit, mit verklebten Augen, dürstend nach Erdenschönheit (dass sie sich endlich einmal ohne Makel zeigt), an sie verfallen und ihre Vorbedeutung womöglich ahnend – am genauesten aber paradoxerweise noch erkennbar, wenn man sie als ein unidentifizierbares, unvorstellbares, absurdes Ding oder Wesen oder Unmöglichkeit darstellt (Kafkas „Odradek").*²³⁰

Bis an der Welt Ende, bis zum Verenden der bösen Zeit, des alten Drachenweibs mit Hexenblick und Hexenhand, wirst du bei ihnen sein, sie hören, sie mit Gewissheit und Trost und Hoffnung stärken, ihre Schmach vor den barmherzigen Gott bringen.

---

229 Celan, s. Anm. 8, 43.
230 S. Anm. 167, 282–284.

Bruchlinie des Seins, Seins-Verkantung und -Verwirrung. Wie durch verschlossene Türen in den Raum der Zeit vorgedrungen ist die göttliche Macht der Stunde. Die Welt hat sich erneuert – zu nie gekannter Weltform, zur Möglichkeit unverhoffter Erfahrungen, auch gezielter Erfahrungsverweigerungen, zu Ausfällen und Absagen. Lichtdurchkreuzt das unentwirrbare, finstere Konvolut der Zeit. Alles ist auf andere Weise gewiss, auch der Tod. Eine Realitätsverschiebung – Lebens- und Todverschiebung – hat die Welt ergriffen. Widerrufen ist die bisherige Lebenserfassung. Die gewohnten Weltgefühle (wie sich die Welt anfühlt) sind umzuschreiben. Eine neue Kartographie der Weltverhältnisse hat Gültigkeit erlangt.

Durch Katastrophen aber wird keine Zeit gereinigt. Kein Krieg fegt zu gutem Neuaufbau die Erde blank. Keine Verunreinigung läutert zur *tabula rasa*. Zuerst, wenn man säen will, alles niederbrennen? Gut kann nur werden, was ins Feuer gegeben worden ist, weil nichts ohne Blutvergießen geschichtlich gültig ist? Nein. Stattdessen: Unterbrechung und Sperrung dessen, was sich brachial aufzwingt: der alternativlosen Macht- und Radikalisierungsmaschinen – durch die erneuernde Kraft Jesu Christi. Durch sie, durch nichts anderes.

Kann es denn sein, dass das Todesgrauen, das wie ein Stein auf dem Menschen liegt und die Seele schon begräbt, jetzt aufgehoben werden kann? Dass sich am Auferstandenen die Menschheitsfrage bricht und, weil jetzt gegenstandslos geworden, ihre Stücke in sich zusammenfallen. Dass der böse Zeitfluss, Zug um Zug, vom Herrn der Zeit ausgeschüttet wird wie Dreckswasser. Dass die Sünde ihre Fassung verliert und versinkt, ihre Zeit auf Kante gestellt wird und umstürzt. Wie von einem Sprengmeister wird die bisher bruchlos erscheinende Einheit von Gewissheit und endgültigem Tod aufgesprengt. Gebaut wiederum wird von dem *tekton* Jesus, von diesem sonderbaren Baumeister ohnegleichen (Mk 6,3; Ulrich Fentzloff, mündlich, macht auf diese Übersetzung aufmerksam) – gebaut und gelegt wird ein Grund, werden Basis und Fundament.

Kann es denn sein? Es gäbe, umso mehr auf der heutigen Welt, errichtet auf trügerischen Gründen, in den Grundfesten darum ins Schleudern geraten, nichts als diese Gewissheit – als grundständige Macht? Nicht selten ist ja ein bisschen Gewissheit das „Verlangen der Elenden" in der Nacht – wenn die Nacht sich dem doch allemal kleinen Glauben gegenüber durchsetzt, ihn eindunkelt und verhängt und keine Gegenwehr zulässt. Aber die Loyalität dem lebendigen Christus gegenüber wäre eine Grund-Justierung für ein allerdings beständig gefährdetes, hin und wieder durch die fürchterlichen Verwirrungen des Menschenherzens aufgerissenes Leben?

„Das Verlangen der Elenden hörst du, Herr – du machst ihr Herz gewiss (Ps 10,17). Du machst mein Herz gewiss, verwandelst mein Lebensgefühl, mein Todesgefühl. Wohin immer ich mich verirrt habe, ich verirre mich auf allen Wegen – du wirst mich finden. Wenn es mich von neuem in die Nacht ziehen will, erzähl mir Ostern! Auch in den Träumen – mit Erzähl-Atem aus der Christus-Zeit, mit Szenen aus Christus-Licht

und Christus-Deutlichkeit. Die Auferstehung der Toten soll mich überkommen. Lass sie das rätselhafte Erstorbenheits- und Todes-Massiv in meinem Inneren zerschlagen. Lass sie heraufscheinen, ‚mit Blitzen in die Nacht geschrieben'.[231] *Wunderbare Zerreißung und endlose Unterbrechungen in der dunklen Welt."*

„Mitten entzwei" riss fauchend der Vorhang des Tempels (Lk 23,45). Ein Riss, aus dem die Finsternis flutete. „Mitten durch sie hindurch" war er gegangen (Lk 4,30).

11.4 „Wir sahen seine Herrlichkeit."

Halten wir inne. Sprechen wir langsam. *„Er ist wahrhaftig auferstanden."* Eigentlich ist das schon die vollständige Geschichte. „Dies ist der Tag, den der Herr macht; lasst uns uns freuen und fröhlich an ihm sein" (Ps 118,24). Der Tag begabt die Glaubenden dazu, sich zu freuen. „Den Abend lang währet das Weinen, aber des Morgens ist Freude" (Ps 30,6). Wie kann das sein: „Wir sahen seine Herrlichkeit" (Joh 1,14; 2. Petr 1,16), das „Angesicht seiner Herrlichkeit" (Jud 1,24), Flutung durch die Anschaulichkeit Gottes, das „Ebenbild Gottes" (2. Kor 4,4)? Schon in Kana gibt er, fast eher im Verborgenen, seine Herrlichkeit zu verstehen (Joh 2,11). Später bittet er den Vater darum, dass die Jünger die Herrlichkeit, die der Vater ihm gegeben hat (Joh 17,24), mit eigenen Augen sehen. Der Gekreuzigte leuchtet: „wie die Sonne scheint in ihrer Macht", „seine Augen wie eine Feuerflamme" (Offb 1,16.14). Schon das Angesicht des Verklärten „leuchtete wie die Sonne, und seine Kleider wurden weiß wie das Licht" (Mt 17,2). Über allem: Er zeigt sich als der „Herr der Herrlichkeit" (1. Kor 2,8; Jak 2,1). Unzweifelhaft ist für die Apostel, dass in den Ostertagen, den „vierzig Tagen" (Apg 1,3), der Mensch Jesus in der Weise Gottes unter ihnen gewesen war.

Eingetreten, als sei alles genau für diesen Moment vorbereitet worden, wird in das alte Wort des Psalms (Ps 104,1f; Hes 43,2): „Herr, mein Gott, du bist sehr herrlich; du bist schön und prächtig geschmückt. Licht ist dein Kleid, das du anhast." Denn er ist es, „der ihn auferweckt hat von den Toten und ihm die Herrlichkeit gegeben hat" (1. Petr 1,21), griechisch: die *doxa*, das Seltsamschöne, den reinsten Ton, den Zusammenklang des Sagbaren mit dem Unsagbaren (wenn die Sprache dem Größeren nachstürzt, das sich nicht mehr auf menschliche Worte bringen lässt). Schon in der Grabeserzählung wird auf die *doxa* des Verherrlichten gewartet.

Weder das Alte noch das Neue Testament können höher greifen als zu diesem Wort. Gemeint sind blitzende Feuer, Augenblicke des Unbegreiflichen, das flutend Geheimnishafte: eines, wie es biblisch heißt, unausdenkbaren „Jemand" aus

---

231 Kleist, Penthesilea. Ein Trauerspiel, 24. Auftritt.

Edelsteinen (Offb 4,3), monolithisch, „unter seinen Füßen eine Fläche von Saphir" (2. Mose 24,10). „Schönste Zier und Kleinod" (EG 473,1).

Bieten sich Gleichnisse dieser *doxa* (hebräisch *kabod*)? Vielleicht eben die Erscheinung der Schönheit. Der im jähen Moment der Erfahrung vollkommener Schönheit schon zur Erscheinung gebrachte, ihr förmlich innewohnende und dann entführende Weg in ein wunderbar Unbekanntes. Die leise, unanrührbare Magie von Architektur und Form (die sich im vollendeten Kunstwerk selber vergessen haben). Beliebige Beispiele: natürlich der Parthenon, natürlich Johannes Vermeer, vielleicht ein in die Tiefe führendes Stelenfeld, berührende Anmut (Schadows *Prinzessinnengruppe*). Maßlose Farben. Sogar Glorie? Nichts steht aus. Eine kleine Änderung wäre eine Einbuße (bei Mozart). „Mehr als schön ist nichts".[232] Sichtlich oder hörbar ist das Schöne auf die Erlösung gefasst, für sie offen, unverborgen, zugänglich, heißt sie willkommen – Hinweis und Vorbedeutung. Augen und Ohren suchen es festzuhalten und zu feiern. „Vielleicht, dass euch dann einmal, inmitten dieser brausenden Musik und der Überfülle der Lichter jene Erstarrung, jenes tiefere Erstaunen überfällt, in dem sich dies alles wie ein geheimnisvoller Schleier, wie ein Vorhang des Wunderbaren leise bewegt – vielleicht, dass es euch sehr rätselhaft und doch auch so sehr beglückend erscheint, dass dieses Leben möglich sein kann und ihr in ihm."[233] Hinweis auf eine sich jetzt nur ankündigende, erst später zu erwartende, dann große Musik, die über der Welt liegen wird? Als ob es riefe und aufforderte: „Bereitet euch auf ungeheures Licht!"?[234]

Auch das Schöne muss sterben (Venedig: die gleichnishafte Stadt), trägt ein trauriges, aber kein tragisches Gesicht, zeigt vielmehr in seinem Grund Festlichkeit, Bereitschaft zur Seligkeit, verhält sich als Aufschub und Vorgriff, will auf etwas hinaus, beherbergt Anfang und Debüt einer Erzählung in sich, bedeutet das Schmücken zum Fest, zur „Hochzeit des Lammes" (Offb 19,7), ein Stimmen der Instrumente. Was hält sich auf und geht vor sich – hinter dem Vorhang des vollendet Schönen? Lobpreisend kann man davon berichten. Kol 2,15: „Er hat die Mächte und Gewalten ihrer Macht entkleidet und sie öffentlich zur Schau gestellt und über sie triumphiert in Christus." Ein phantastischer Konvoi, Bewegung, Prozess und Lauf, ein Corso. Sooft Gegenwehr und Widerläufigkeit des Unglaubens, sooft die ungültigen Gedanken niedergeschlagen sind, lässt dabei die Bereitstellung und dann der Transit in diese jetzt erst offenbare Geschichte, in diesen Festzug und Triumphzug, bis ins Mark erschauern.

---

232 Martin Walser, Ein sterbender Mann. Roman, 2017, erster Satz.
233 Ernst Jünger, Essays 3. Das abenteuerliche Herz (= SW 9), 1979, 93.
234 Das Salzburger große Welttheater, in: Hugo von Hofmannsthal, Gesammelte Werke in zehn Einzelbänden, Bd. 3, 1979, 163.

11.5 „Gewebt in einem Stück"

Auftritt des Körpers. Auch Transzendenz des Körpers. Laut 1. Joh 1,1-3 zeigt sich Jesus Christus in seiner Auferstehung als der in aller Sinnlichkeit Lebendige, als der Erhöhte – den seine Jünger, in österlicher Zeit, überwältigt „gehört haben, mit ihren Augen gesehen, beschaut und mit ihren Händen betastet haben: das ewige Leben, welches war bei dem Vater und ist ihnen erschienen". Auferstanden und wiedererschienen ist er nicht ohne seine Leiblichkeit, nicht etwa wahrgenommen als eine flüchtige Vision oder Halluzination, als körperloser Wiedergänger in sonderbarem Spuk. Sinnfällig und scharf umrissen vielmehr, in der Einheit von Leib und Seele, der Rock, „gewebt in einem Stück" (Joh 19,23). „‚Seht meine Hände und meine Füße, ich bin's selber. Fasst mich an und seht; denn ein Geist hat nicht Fleisch und Knochen, wie ihr seht, dass ich sie habe.' Und als er das gesagt hatte, zeigte er ihnen seine Hände und Füße." (Lk 24,39f) Wie schon auf dem Wasser ist es nun desto mehr Jesus Christus selbst („Ich bin's"; Mt 14,27; Mk 6,50; vgl. Jes 48,12) – nicht Ausdruck für Anderes und Eigentliches, für einen Gedanken oder eine abzuschöpfende Idee, einen Wert, den er repräsentiert, oder eine ethisch-moralische Einsicht, nicht Symbol eines Sachverhalts oder ein in den Himmel geworfenes Prinzip oder Ideal (ebensowenig Urbild des „Gottesglaubens"). Nichts als sich selbst stellt er dar. Keine „Sache", die „weitergeht"[235], und wäre es die beste, ersetzt ihn. Sondern unverkennbar erscheint den Jüngern der, den sie mit Namen kennen, die Person: Fleisch, Geist, Seele, Dasein.

Keineswegs wird von der Vollkommenheit der Person des Auferstandenen das „sehr gut" des immer körperhaften menschlichen Geschöpfs (1. Mose 1,31) gleichsam zurückgenommen. Mit Vollmacht tröstet Paulus: Christus wird „unseren nichtigen Leib verklären, dass er gleich werde seinem verklärten Leibe" (Phil 3,21), und: „Es wird gesät ein natürlicher Leib, und es wird auferstehen ein geistlicher Leib" (1. Kor 15,44).

Mindestens auf geschöpfliche Realität blicken die Zeugen – in dieser Weile nach Ostern, der ganz eigenen Gunst des Augenblicks, den Tagen des Lichten und der Verklärung (Apg 1,3), den Vorgängen der erfüllten Tage, dem Durchzug des Ewigen in der Zeit, Verstehenszeit von Vernunft und Augenmaß (Lk 24,27; Apg 8,30-35). Mehr als menschliche Schöpfungs- und Naturhaftigkeit erschließt sich in der Erscheinung des Auferstandenen. Göttliche Wesensfülle offenbart und erklärt sich in einem Menschen. Eine ontologische Mächtigkeit, die welthaften Raum gefunden hat. Nichts verhält sich nur wirklich, alles zeigt sich als real und surreal zugleich, immer auch ist Licht sein Medium.

---

235 Willi Marxsen, Die Sache Jesu geht weiter, 1976.

Eine eigentümliche Rückkehr ins geschöpfliche Leben geht vonstatten – im Atem gewaltiger Neuschöpfung: „Sehnen, Fleisch, Haut, Odem" (Hes 37,6.8), in voller Lebensgröße, kompakt und figürlich, in Stofflichkeit und in Erdenschwere. Aber eben ungleich Größeres noch tritt hervor. Überboten wird die Wirklichkeit des Diesseitigen – die aber nicht etwa verdunstet im armen lediglich Ersonnenen, Herbeigewünschten, in bloßem Utopiegerede, das hilflos nach fernen Erfüllungen ruft, in irgendeinem abstrakten weltverlorenen „Wert" als dem eigentlich Gemeinten und hier nur bildhaft und szenisch Veranschaulichtem („Das Gute ist stärker").

Berichtet wird ja, dass sich der österlich Wiedererscheinende zwar wunderbar licht und verklärt (Phil 3,21), verherrlicht, mit einem geistlichen Leib, aber unleugbar menschlich zur Erscheinung bringt. Wenn man das wegredet, legt sich das angeblich Gemeinte jedesmal als jämmerlich abstrakt oder trivial bloß – man kennt das dann zur Genüge bereits von woanders her (als ob es sich bei den Texten um Bilder für große Kinder und verträumte Gemüter handelte, die sich fortwünschen oder panisch angstträumen oder anklagen). Barth spricht von einem „raumzeitlichen Geschehen". Auferstehung habe sich „leiblich, sichtbar, hörbar, greifbar" vollzogen.

Eingelassen ist in diese geschöpfliche Sichtbarkeit allerdings: das Unsichtbare. In diese diesseitige Hörbarkeit: das Wort Gottes. In die irdischen Tage der Erscheinungen: die Ewigkeit. Auf der ganzen Linie, mit auch dringlich körperhafter Realität – nicht nur mit hilflosem Protest und Anschreien – werden Erstorbenheit und Tod angegriffen. Gott der Schöpfer und Neu-Schöpfer wird mit der Auferstehung Jesu Christi offenbar. Die leibliche Auferstehung Jesu Christi zu bestreiten, ist sträfliche Schöpfer-Vergessenheit, ein klein gedachtes Vergessen des Allmächtigen und Eschatologischen.

11.6 „Aus dem Schoß der Morgenröte"

Anderntags also. Das Zeitgerüst bricht auseinander. In geistlicher Weltsekunde. Umschrift der Zeit. Ein mächtiger Morgen in der Morgenstadt Jerusalem zieht auf, taucht empor, erhebt sich, damit er scheinen kann, leuchtet hinein in den Tag. Morgensturz des Lichts. „Das ewig Licht geht da herein, gibt der Welt ein' neuen Schein" (EG 23,4). Eine neue Zeit wird aus der Verdüsterung gerissen (wie aus Piranesis zwanghaften *Carceri*).

Als hätte das Schiff der Zeit – mit genauer Zielsetzung – die Anker gelichtet. Sehr anders als bisher wird die Zeit dann auf See vergehen.

Dem „Tod zum Nichts" ist was passiert. Es gibt ihn jetzt nicht mehr: als Absturz, Überantwortung in ein Vergessen, das kein Erbarmen kennt, als ein Abhandenkommen des Gestorbenen sogar für Gott (Ps 88,6). Mit dem Wiedererscheinenden kann endlich das furchtbare Seinsdunkel aufgehellt werden, das Andersseitige, das Jenseits. Weil Jesus Christus das Jenseits des Menschen ist.

Mit einem Mal ist ein unerhörter Oberton da. Ein neuer Weltklang. Der Vorauston, der den Ton angibt für die Zukunft. Eine Verstörung, eine Abwendung – die aber tagaus tagein wiedererstehen wird – zieht in die Welt ein. Wie kann das sein? Auf dem Weg zum Grab, als die Nacht den Atem anhielt, sind die Frauen einem Undenkbaren entgegengegangen. Zu einem Wunder, zum inneren Grund, zur herrlichen inneren Ausstattung der Zeit, waren sie ahnungslos unterwegs. In Wirklichkeit ist ja das Morgengrauen Herrgottsfrühe, Silberglanz, Frühlicht, vorzeitig: sobald der Tag steigt, der langwährende. Ein Licht-Raum. An einen Ort sind sie geraten, an dem niemand je war. Bald wird der Morgen scheinen.

Ekler Verwesungsgeruch? Nichtigkeit voll Entsetzen? Der Nichtigkeit wird von einer Leiche eine besonders geeignete Gestalt angeboten. Das Gesicht zerschnitten? Untiefen und Abgründigkeit nicht nur an den Rändern des Lebens, sondern in der Mitte der Welt? Ausgeschlossen. Nein, das Grimmige ist „aus der Mitte gerückt" (Kol 2,14), ist abgetan, es herrschte nur eine abgrundtiefe Schrecksekunde lang, als Widerspiel von Sekunde und Bestand, im Wendekreis der Nacht.

Wer war er also gewesen zwischen Bethlehem und Golgatha – er, der Liebes-Idiot. Ein Tag war er gewesen, ein Tag noch vor seinem Anbruch. Es gibt noch eine wunderbare andere Geschichte zu erzählen. *„Erzähl mir Ostern! Von dem Tag, wenn er anbricht!"* Diese Geschichte, Leuchtzeichen und Wort, offenbart sich als eine Kraft, aufgestellt gegen das Unheilvolle und Finstere, als ein Affront gegen jenes von der Erfahrung unfehlbar Beglaubigte – weil sie die Endgültigkeit des Todes niedergestoßen weiß. Unglaubhaft, aber eben von Gott muss die Rede sein: Gott hat es getan. „Aus dem Schoß der Morgenröte habe ich dich geboren wie den Tau" (Ps 110,3). Die Landung am Gestade des Großen Menschen-Unmöglichen, ein von der Morgenröte bestrahltes Land. „Sollte dem Herrn etwas unmöglich sein?" (1. Mose 18,14) Heraufgekommen ist der Werdetag, der herausgefunden hat aus der Todes-Realität, möglicher als alles, was wir für möglich halten, Mysterium der Ankunft in einer untrüglichen Wirklichkeit jenseits aller weltlichen Gelegenheiten, ins göttliche Leben entführt.

„Meine Gedanken sind nicht eure Gedanken, und eure Wege sind nicht meine Wege" (Jes 55,8) – auch falls du töricht „meinst, ich sei wie du" (Ps 50,21). Ein Riss, niemals mehr zu schließen, der fortan durch die Todeswelt läuft – der die Nacht zerreißt.

„Gottesfinsternis" aber als gemeines geschichtliches Los zu beklagen, als habe Gott sich zurückgezogen, verweigere sich und habe einer sich unabsehbar fortsetzenden, zitternden Leere Platz gemacht, heißt, sich vom Karsamstag würgen zu lassen. Gott hat uns „verlassen"? „Nur zu Zeiten erträgt göttliche Fülle der Mensch"?[236] Gott ist „tot" in der Seele der Zeit, der Himmel ausgestorben, untergegangen „die Götter Griechenlands" (Schiller, mit schönem Fieber)? Die Wahrheit macht sich unsichtbar? Also, die fallende Linie ausgezogen, in strengster Konsequenz: „Das Nichts ist die Wahrheit" (Mallarmé)?[237] Nein.

Nein, nur in der Zeit des Karsamstags. Und in der folgenden Zeit nur dann, wenn man sich von ihrer furchtbaren Heimsuchung festhalten lässt, wenn man Gott ohne Glauben und „die Götter" lediglich in irgendeinem allgemeinen religiösen Bewusstsein haben will. In Wahrheit vermag keine „dürftige Zeit" die vollmächtige Anwesenheits-Zeit Christi niederzuhalten oder fortzureißen und ganz vergessen zu machen. Nur kann man sie sich als gottverlassen, christusfern, geistlos zurechtlegen. Dürftigkeit" stellt sich vielmehr ein, wo die menschliche Sünde, wo die schändliche, unheilvolle Christus-Vergessenheit überhandnimmt – weil Menschen sich ihrerseits in ein Erdreich von „Gottesfinsternis" eingraben, also aus der Wirklichkeit der Christus-Zeit austreten wollen. Verzweifelt hat man sich dann bemüht, Christus, die Wahrheit seiner Auferstehung, so vollständig vergessen zu machen, dass sie als Offenbarung, als Seinskampf und eschatologische Kehre des Seins, absinkt und verdämmert. Oder sich wenigstens nach Möglichkeit nur noch uneigentlich und deformiert hervorkehrt: mythisch, geistes- und ideengeschichtlich, als Deutung eines Allgemeinen, eines Höchsten auf der Stufenleiter der Werte, als Sinnbild, Projektion ohne Halt, verachtungsvoll: als tote Halluzination (als etwasloses Gewese des Gehirns). Psychiatrisch das Ganze? Semio, Sozio, Ethno, Mytho. Distanznahmen, die den Blick „von außen" nehmen wollen, blenden aus und machen verschwinden, was gerade durch Herangehen und Näherkommen und Ausleuchten und Eintauchen verstanden werden will.

„Warum kommt er nicht?" „Er ist schon hier."[238]

11.7 Das Angesicht Jesu Christi und das Antlitz Gottes

Ein frühes Gemeintsein. Wie eine erste gute Nachricht, als eine menschliche Urerfahrung, schenkt das erste liebende Gesicht ein wunderbares, anfängliches Bemerktwerden. Ein unbegreifliches Ding: ein Gesicht. Zur Welt kommen heißt, Gesichtern zu begegnen und aus ihnen abzulesen, dass ein rätselvolles, lebendiges Gegenüber auf einen zukommen und man so oder so gemeint oder nicht gemeint sein kann. Gesichter verhalten sich als Sprache oder Text. Unablässig entschlüsseln

---

236 Hölderlin, s. Anm. 7, Bd. 1, 378.
237 Zit. bei: Hugo Friedrich, Die Struktur der modernen Lyrik, 1956, 124.
238 Tranströmer, s. Anm. 25, 176.

wir dann ein Leben lang den besonderen Gesichtsausdruck, Miene und Grimasse, Augen und Mund, Kopfhaltung und Körpersprache – manchmal auf Leben und Tod. Bücher gleichsam werden bei jeder Begegnung aufgeschlagen, die man nicht weglegen kann: Gesichter, narbig, überschminkt, blind, nach innen gekehrt, schweißnass, in denen Menschen womöglich offen in den Vordergrund treten oder sich verdecken und verblenden und alle Welt irreführen.

Was bedeutet die Erschütterung durch das traumschöne Gesicht? „Ein schönes Antlitz ist der schönste Anblick."[239] Wie kann ich mich davor schützen, irrtümlich eine Einstellung, ein Gefühl oder eine unzweideutige Empfindung in ein Gesicht hineinzulegen? Wer ist dieser dort – unter dem Schleier seiner Blicke? Ein weher Mund, schwere, herabgelassene Augenlider, eine Ferne, die aber nicht feindselig wirkt? Aber was ist zu erwarten? Was läuft über seine Züge? Solidarität, Schutz, Anspruch auf Dominanz, Desinteresse, Zuwendung? Wird er sich gleichgültig verhalten und mich übergehen, weil ihm nichts an mir liegt, mich leben lassen, mir in der nächsten Minute die Faust zeigen, die Diagnose stellen und den fürchterlichen Befund eröffnen, mich fortschicken, ungerührt oder hysterisch? Was muss ich tun, um, wenn ich denn schon hässlich bin, wenigstens eines zweiten Blickes gewürdigt zu werden? Wird er dreinschlagen, wird er mich lieben, mit mir leben wollen?

Im Neuen Testament richtet sich die Aufmerksamkeit auf das Gesicht dieses Menschen Jesus Christus (vgl. 2. Mose 34,29ff) – der, wie zutage tritt, Gott von Gott ist, vom Himmel her durchleuchtet, Licht von Licht, wahrer Gott vom wahren Gott. Unbegreiflicherweise bringt ein menschliches Angesicht – der Apostel weiß, was er sagt – die Herrlichkeit Gottes zur Erscheinung (2. Kor 4,6). Gott gibt sich ein irdisches, wahrhaft hehres, heiliges Antlitz, indem er sich gerade in den Zügen eines eigentümlich verwüsteten Gesichts, in das der Fluch seinen Schatten gräbt, selbst klarstellt, unmissverständlich, scharf geschnitten, mit unerfindlichem Geheimnis. Tatsächlich offenbart sich – in einem irdischen Schein – das zu einem menschlichen Ich gewordene Gesicht Gottes selbst, weil das Angesicht Jesu Christi und das Antlitz Gottes ineinanderfließen.

Ein Gesicht und ein Blick. Welchen Blick richtet Gott in Jesus Christus auf die Welt, auf das Los des einzelnen Menschen, auf mich – Gott selber, der Allmächtige, Schöpfer Himmels und der Erde? Auch auf mich? Der ich manchmal meine, von vornherein verkehrt ins Leben gebaut zu sein, in ein „falsches Leben" gezwungen – eine vom fauchenden Wind des Geschicks geschüttelte, schiefgewehte Existenz, und mehr und mehr Dunkel weht nach. Der Anspruch ist ungeheuer: Er kümmert sich auch um die Bagatelle, selbst um den ins Böse verdrehten Niemand, der demnächst davonmuss. Kann man das überhaupt begreifen?

---

239 Jean de la Bruyère, Weisheiten und Torheiten über die Liebe, hg.v. Doris Probst, 2001, 58.

„Was glaubst du denn, wer du bist?" „Ich weiß. Trotzdem: Ich bin der Mensch, an dem der allmächtige Gott Anteil nimmt. Ich kann es gar nicht glauben. Bin ich denn verrückt? Ich stehe ja selbst fassungslos davor. Das ändert allerdings nichts. Ich glaube an die Dennoch-Liebe Christi. Wenn ich aber dieser todgeweihte, erlöschende Mensch bin, sein einzelnes Fundstück, ein Schöpfungsgedanke, der also nicht vergebens sein kann, was habe ich zu erwarten? Willkür, Trost, Gerechtigkeit? Sein Gesicht vor mir. Wird er mich leben lassen, mich mit Verachtung strafen, mir Übermenschliches abfordern, mein Herz prüfen – wird er mich lieben?"

Zug um Zug wollen die neutestamentlichen Texte den Blick Gottes, das Gesicht dieses Nazareners verstehen und lesen: sein Wesen, seine Sache, sein einmaliges Sein: was von ihm zu erwarten ist und was er seinerseits erwartet. Wie er auf die Welt zugeht, auf die Unberatenheit der Zeit. Wie er furchtlos ihre Steine umdreht. Wie er offenlegt, welche Zukunft für die von Gott abgerissenen Sünder vorgesehen ist. Ein historischer Bericht: wie sich Jesus von Nazareth, Mann von Damals, verhalten hat, unter den alten Himmeln? „Es war eine Zeit." Nein, dieses Gesicht gibt den gnädigen „Jetzt-Gott" und „Hier-Gott" zu verstehen, und es meint regelmäßig, verstörenderweise, glücklicherweise auch das zweifellos heutige Niemandlein.

12. „Komm mit mir zu Atem!"

„Ich lebe – und ihr sollt auch leben!" (Joh 14,19)

12.1 „So wahr ich lebe", spricht der Herr.

Die Wahrheit soll ans Licht. Das Eigentliche erscheint. Sehen lässt sich der Auferstandene, tatsächlich gezeichnet in aller Schärfe, der klare, lautere eindeutige Gott. Ihm ist widerfahren, was niemand außer ihm erleiden muss, das Ausgetilgtwerden durch Gottverlassenheit, Ruß-Schwärze von Leib und Seele, die Erfahrung der verfluchten Stunden, des Abgrunds von der sechsten bis zur neunten Stunde, die Hölle – wo Gott Menschen „von seinem Angesicht wegtut" (Jer 32,31) und sie ihn nicht mehr loben können. Sein Kreuz zeigt sich als „die große Kelter des Zorns" (Offb 14,19), als der Moment, in dem regelrecht „ein Abgrund den anderen aufruft" (*Abyssus abyssum invocat*; Ps 42,8). Ein unermesslicher, zwingender, beispielloser Moment – zugleich ein „kleiner Augenblick". „Ich habe dich einen kleinen Augenblick verlassen. aber mit großer Barmherzigkeit will ich dich sammeln. Ich habe mein Angesicht im Augenblick des Zorns ein wenig vor dir verborgen, aber mit ewiger Gnade will ich mich deiner erbarmen, spricht der Herr, dein Erlöser" (Jes 54,7).

Erbarmen und ewige Gnade. „Ich lebe!", meldet sich die Wahrheit zu Wort (Joh 14,19). Erfüllt wird die im Alten Testament häufig begegnende Schwurformel *„So wahr ich lebe", spricht der Herr*. Als wäre dieser Schwur unter Verschluss gehalten worden bis zur Erfüllung in Christus, dann aufgedeckt in ihm und hervorgezogen (2. Kor 3,14). *So wahr ich lebe!* „Zukunft gesprochen" wird ja vom Alten Testament, von diesem unwiderstehlich strömenden Text. Seine Fließrichtung zeigt auf nichts anderes als auf die Auferstehung Jesu Christi.

Und die „Decke vor den Herzen" (2. Kor 3,14-16)? Eigentlich „muss den Juden in jeder Kirche die erste Bank freigehalten werden".[240]

„So wahr ich lebe!" Derjenige lebt und hält sich in jeder Gegenwart auf, der in Nächsten- und in Feindesliebe er selbst war. Jedesmal war er bedingungslos der Nächste. In Worten des Heiligen Geistes wird nun zugesagt und zugeschworen: *„Und du sollst auch leben! – dem ich Mitmensch geworden bin. Du ebenso, jetzt schon mit mir in unvorstellbarer Seins-Höhe über dem Tod, entschlussloser, schwacher Mensch, ‚aufs Feld geworfener Säugling' (Hes 16,4-6), Kind Gottes mit zweifelhafter*

---

240 Robert Spaemann, Gott ist kein Bigamist, F.A.Z. 20.4.2009.

Wirrnis, unverständlichem Gemurmel und immer blutbefleckten, tötenden Händen. Schwester, Bruder. Eigentum, Auferstehungsmensch. Meine Auferstehung begründet die deine. Ich werde dir bleiben. Ich lasse dich in mein Leben übergehen. Das ewige Leben – hier hast du es."

Auf mich wird übergegriffen. „Komm mit mir zu Atem", fordert der Auferstandene, „Komm mit mir zu Atem. / und drüber hinaus".[241] Er hat mich in seine Hände gezeichnet (vgl. Jes 49,16), ich halte den Atem an: gezeichnet in die durchbohrten Hände. Überfangen wird ein Abgrund: von seiner Liebe zum „niedriggepflanzten",[242] ungesehenen, unbeachtet gebliebenen, seufzenden, wie ersterbenden Menschen. Es wird eine Zukunft geben, in der ich nicht mehr vorkomme? Ja und Nein.

12.2 „Und dem Tod soll kein Reich mehr bleiben."

Eine neue Zukunft klart auf. Dieser Mensch und Gott wird dich abberufen, wird auch bei einem schweren Sterben auf dich zukommen. Ein Leben lang schon, heißt es schön, kam ein Engel auf dich zugeflogen. „Geh also getrost vorwärts!" wird dir zugesprochen (Lk 9,62), ihm entgegen. Also jetzt schon: Frontmachung, mutiges In-See-Stechen, mit dem stürzenden Schaum der Bugwelle.

Nichts will der Apostel bei den Korinthern wissen als ihn (1. Kor 2,2) – der auf uns zuhält, den Herrn des von Sternen durchschwommenen Himmels, des funkelnden Friedens, uns voraus, außer uns, fern von uns, den Herrn der Lichter über dem nächtlichen Ozean, der Meerstädte (Hes 26,17), „dem Wind und Meer gehorsam sind" (Mk 4,41). Nur ihn will Paulus wissen, ihn, der ihn gerettet hat, als er „einen Tag und eine Nacht auf dem tiefen Meer trieb" (2. Kor 11,25), der veranlasst, dass ein starker Engel „seinen rechten Fuß auf das Meer setzt" (Offb 10,2) – dass der Herr die Toten „aus der Tiefe des Meeres herausholt" (Ps 68,23) und „das Meer die Toten herausgibt" (Offb 20,13). „Wenn sie sinken ins Meer – solln sie auferstehn." Dann „jauchzen sie vom Meer her über die Herrlichkeit des Herrn" (Jes 24,14). Die Liebe – mag sie stocken im Leben oder angegriffen werden – die Liebe fällt nicht. Ihre Wahrheit wird mit Augen gesehen. Kein Raum wird dem Tod bleiben.

Wenn sie irr werden – solln sie die Wahrheit sehn.
Wenn sie sinken ins Meer – solln sie auferstehn.

---

241 Celan, s. Anm. 8, 271.
242 Heine, s. Anm. 9, Bd. 1, 183.

Wenn die Liebenden fallen – die Liebe fällt nicht.
Und dem Tod soll kein Reich mehr bleiben. (Dylan Thomas)[243]

Man kann „auf Gottes Zeit warten" (Bonhoeffer): darauf, dass das „Vollkommene kommt" (1. Kor 13,10). „Bis dahin wird die Sache der Christen eine stille und eine verborgene sein […]."[244] Beharrlich halten dann die in die Nachfolge Gerufenen Nachtwache – im Wolkendunkel (Jes 21,8).

Die Schiffbrüchigen, in den Leichentüchern der Tiefsee, warten darauf, wieder auftauchen, von neuem atmen zu können und in die Heimat zurückgebracht zu werden. Die Wahnsinnigen, dass fremde Wahrheit sie einholt und ganz Besitz von ihnen nimmt. Die Liebevollen, dass eines Tages, in allem, Moment für Moment, nur noch die Liebe fortbesteht. Wir werden ernannt – zu etwas, das wir von nun an für alle Zeiten sind, zu Auch-Wesen, zu Mit-Wesen, gehalten in das österliche Licht seines Geheimnisses: die alles diesem Auch und Mit verdanken, den Grund und die Ordnung ihres Lebens, die Unterströmung, die langgestreckte Tiefwasserdünung, die Wegbereitung der Zukunft. Den Ausblick schlechthin, weiter noch als das Auge reicht, Anwartschaft, Berechtigung, brennendes Vorgefühl, Vorschein und Vorkommnis nennt dieser kurze Satz: „Und ihr sollt auch leben!" Was für ein „Und"! Eine ungeheuerliche Pause vorher. Er tut sich mit uns zusammen. Eine maßlose Liebeserklärung.

Und dann das Stolzeste, was gesagt werden kann: „Wir werden bei dem Herrn sein allezeit" (1. Thess 4,17), wir sind beinahe schon da. „Wenn es um den Glauben geht, dann sei so stolz wie du kannst." (Luther)[245] Als ihr Bote sagt der Auferstandene uns die Zukunft zu, er lebt sie uns zu. Mit Macht fliegt sie uns entgegen, fliegt sie uns jetzt schon über die Augen, über den Himmel, ein Kranichzug. Die Verhangenheit durch den Tod – weil jedesmal Verlorenheit sich um uns schließt – kann jetzt schon von unseren Augen genommen werden. Der Wahrheit werden wir für wert gehalten. Zum Leben und zu einem begütigten Hingang genügt dieses „Auch" und „Mit" als unserer inneren Wahrheit. In „Auch" und „Mit" werden wir hineinsterben.

Regelrecht bebt das Neue Testament angesichts dieser Bejahung. Jubel geht durch die Texte, die – wo sie erlaubt haben, dass man ein wenig in sie hineinwächst – zu schützenden Geleitbriefen für das Leben werden. Er spricht mit dem in mir durchaus mehrfach verborgenen Kind (das ich war und sein werde), Kind der Stunde Null, mit ihrer Unmittelbarkeit. Anstrengungsloses Sein-Dürfen wird dann gewährt, eine kindliche Gewissheit, die rufen lässt: „Abba, lieber Vater!" (Röm 8,15),

---

243 S. Anm. 73, 173.
244 S. Anm. 93, 436.
245 Zit. bei: Eberhard Jüngel, Schmecken und Sehen. Predigten 3, 1983, 53.

„Auferstehungsgott, Gott des Aufwachens und Wiedersehens". Trotzig sind die neutestamentlichen Autoren, unter dem greisenhaften, schnell ersterbenden Gelächter der Hölle, geworden wie die Kinder. Sie wissen, was es heißt, einfältig, unbändig, wahrhaft lebhaft geworden zu sein: dass der Glaube, die Christus-Zugehörigkeit, sie aufnimmt und willkommen heißt, dass sie bis auf den Grund gesegnet sind.

Ich denke an einen kurzen Text von Canetti, ein feinster Blitz.[246] Wiedergegeben wird ein Gespräch zwischen einem Erwachsenen und einem Kind. Der erste Satz: „'Man schläft ein', sagt er zum Kind, 'aber man wacht nicht wieder auf.'" Das klingt zunächst rätselhaft. Es handelt sich wohl um ein Gespräch über den Tod. Das Kind hat danach gefragt. Der Erwachsene gibt zurück: „Man schläft ein, aber man wacht nicht wieder auf." So soll dem Kind das Sterben erklärt werden. Und jetzt die wunderbare Stimme des Kindes, nur scheinbar naiv, in Wirklichkeit sich erhebend mit Flügeln der Auferstehungswahrheit: „'Ich wach immer auf', sagt das Kind fröhlich."

Heiterkeit mag durch ein Kind hindurchlaufen, nicht zu bändigen mitunter. Mühelos passt dann der „liebe Gott" in ein Kinderherz. Mag sich die Welt verschworen haben – gegen ein solches hohes und sogar traumverloren fröhliches Aufwachen. Aber er, Gott, bricht den Bann, mit dem österlichen Werdetag.

---

246 Elias Canetti, Das Geheimherz der Uhr. Aufzeichnungen 1973–1985, 1990, 56.

13. Neue Klarheit und Brechungen des einen Lichts

"Was ist das: auferstehen von den Toten?" (Mk 9,10)

Die Jünger hatten gefragt: „Was mag das heißen: auferstehen von den Toten?" (Mk 9,10). Wie soll man sich auf ein Grundstürzendes gefasst machen (Lk 1,37). Kann Unmögliches, geradezu wie ein hoher Seegang, über das Mögliche fluten? „Wie schwer sind für mich, Gott, deine Gedanken!" (Ps 139,17) – wie überraschend überwältigen sie, als stürzten sie mit Macht über mich. Wie begreift man es, wie spricht man darüber? „Meinst du, einer stirbt und kann wieder leben?" (Hiob 14,14) Und an Gott gewandt: „Wirst du an den Toten Wunder tun?" (Ps 88,11). Nicht weniger als dieses Ungeheure wird er tun: an dem einen Toten. Das Wunder einer „Überschwelligkeit",[247] eines Übermäßigen, dem Zeit und Sein erliegen müssen, zu groß zugeschnitten, um im geringsten erfasst werden zu können.

Geistesgegenwart flutet die apostolische Zeit. In ihrer Kraft werden jetzt von Grund auf die großen Erinnerungen noch einmal durchgegangen, im Licht der neuen Klarheit geordnet und gruppiert und auch die Fragen völlig anders gestellt. Verkennung und Unverständnis – ständige Begleiter der Worte und Taten des Nazareners – sind endlich aufgehoben. Die Auferstehung Christi lenkt jetzt die Hand der Autoren. Welche Geschichten formen sich? Die Bedeutung alles Einzelnen zeigt sich. Dem Vorangegangenen graviert das österliche Wiedererscheinen jetzt seine eigene Ordnung ein. Es offenbart das Geheimnis des Kommens, Lebens und Sterbens und Auferstehens des Menschen Jesus von Nazareth.

Jedenfalls wird mit dem Schlusssatz des Matthäusevangeliums „Ich bin bei euch alle Tage bis an der Welt Ende" (Mt 28,20) nichts abgeschlossen. Vielmehr tun alle vorangegangenen Worte des Evangeliums sich jetzt auf und münden ein in die Zeit des Geistes, in die Wirklichkeit der unzählig vielen Geistesgegenwarten des getreuen Christus, in die Wirklichkeit der vielen Lieben später, des vielen Verstehens später, der neuen Klarheiten und Brechungen des einen Lichts. Die heilige, große Begebenheit hebt sich mit ihrem Einfürallemal über die Zeit, um jeweils in ihre Augenblicke einzugehen.

---

247 Günter Anders, Die atomare Drohung. Radikale Überlegungen, 1983, 96f.

13.1 Ein Beben durchläuft die Zeit.

Ein hohes Welt-Portal sperrt sich auf, und es ergießt sich daraus das Licht der Befriedung: die strenge „Klarheit des Herrn" (streng wie ein Engel), eine verzehrende Flamme, das Ausbrennen des absolut Giftigen: der Entzweiung und Unversöhntheit zwischen Gott und Mensch – die, solange nicht besiegt, den Menschen verrückt macht. Nicht etwa nur seelische Belebung von Erstorbenheit und Niedergeschlagenheit, sondern ersichtliche Auferstehung vom tatsächlichen, nunmehr entmachteten Tod (1. Kor 15,55) – ein Epochenbruch – tritt ein. Zeit und Sein werden jetzt zurechtgebracht. Nicht nur „Erdstöße" erschüttern, sondern ein „Himmelsbeben"[248] stellt Zeit und Sein richtig.

Ein Zeitbeben durchläuft – das Sein. Gott erweist sich als mächtiger Verwandler – der Zeit.

Eine Welterschütterung tritt ein – die dann die Betroffenen und Nachfolgenden auch ihrerseits weit fortreißen kann in Vorstöße und unbekannte Risiken des Lebens, in Illusionslosigkeit und neuen Mut, in Unbekümmertheit, in scheinbare Weltunklugheit, aber tatsächlich vernünftigen Wirklichkeitssinn, in eine Naivität zweiter Ordnung, in die Fülle österlichen Vertrauens, in neue himmelreiche geistliche Armut, vermöge deren man sich Gott gegenüber als bestürztes und überwältigtes Geschöpf und unbedingt im Unrecht weiß. Ein Himmelsbeben, ein Zeitbeben, ein Herzbeben.

Etwas äußerlich Erscheinendes ist vielleicht geeignet, einen vorläufigen Hinweis auf diesen Grundsturz zu geben: Unterschiedlichkeit und Widersprüchlichkeit in den Texten. Beispiel: die Auferstehungsberichte. Gedränge, Aufhebung und heftige Schwankung sind unschwer zu erkennen. Ist der Wiedererscheinende zuerst den zwei Frauen (Mt 28,1.9) oder lediglich der Maria aus Magdala (Joh 20,16) oder den Emmaus-Jüngern (Lk 24,30f) begegnet? Bei Jerusalem (Lk 24,13) oder in Jerusalem (Joh 20,16)? Erschien bei der Auffindung des leeren Grabes ein Engel (Mt 28,2, Mk 16,5), oder waren es zwei Engel (Lk 24,4; Joh 20,12)? Findet Maria Magdalena zusammen mit zwei weiteren Frauen vor, dass der Leichnam sich nicht mehr im Grab befindet (Mk, 16,5), oder lediglich, dass der Stein fortgeschafft ist (Joh 20,1)?

Widersprüche, Spannungen, Ungereimtheiten etc. bieten sich viele im neutestamentlichen Textbestand (man muss sie nicht alle aufzählen). Undenkbar aber, dass die frühen Sammler der Schriften die Überschreitung roter Linien, die den heutigen Lesern sofort auffallen, ihrerseits nicht bemerkt hätten. Allerdings – da diese Texte, gegenzügig zuweilen, sich als Staffelungen und Ringe um ein heiliges Mysterium legen – hatten sie offensichtlich ein zuverlässiges Bewusstsein von Dimensionssprüngen, von Grenzüberschreitungen als Zeichen eines Überbordenden.

---

248 Tranströmer, s. Anm. 25, 182.

Offenbar verlangt dieses Geheimnis förmlich Wiederholungen, sogar Abwandlungen, Lesarten, Synopsen. Ganz entsprechend geistesgegenwärtig sind dann später diejenigen verfahren, die den Kanon, wie er ist, lediglich festgestellt, aber nicht Inhalte und Texte irgendwie zusammengeschoben und aufeinander abgestimmt haben.

Dass die Verfasser unvermeidliche Zeitgebundenheiten, auch ihre persönlichen Begrenztheiten und selbst ihre Schatten in ihre Texte werfen, liegt auf der Hand. Mit leidenschaftlich pfingstlicher, aber nicht historischer Genauigkeit verfahren sie bei alledem. Nicht nur die neuzeitlichen, sondern auch die antiken, eben alle „Horizonte" menschlichen Begreifens und Verstehens (Kurzsichtigkeiten, Dummheiten, Widersetzlichkeiten) werden ja mit der Auferstehung des Gekreuzigten wie mit einem mächtigen Schwamm weggewischt. Geradezu könnten die Autoren mit Nietzsche fragen: „Stürzen wir nicht fortwährend? Und rückwärts, seitwärts, vorwärts, nach allen Seiten? Gibt es noch ein Oben und ein Unten?"[249] Doch bietet dieser Sturz diejenige anspruchsvolle Freiheit, die das Gegenstrebige nicht glätten muss, sondern es hinaussprechen kann in ein Unerhörtes. Ungleich Bedeutsameres und Wesentlicheres, als die Verfasser selbst wissen, geben ihre Worte ja zu verstehen (Röm 11,33-35). Sie wissen von einer Welterschütterung, die unbedingt wiederzugeben ist, die sie aber völlig überfordert. Als ob sie sich Kafkas Bitte anschließen (oder er sich ihnen): „Verstehen Sie mehr, als ich sage!", schreibt er an Milena.[250] Die „eigentliche Ehre" der neutestamentlichen Autoren, so ganz zu Recht Gadamer, liegt darin, „dass sie von etwas künden, das ihren eigenen Verständnishorizont übertrifft – auch wenn sie Johannes oder Paulus heißen."[251]

Nichts ist auserzählt, Unerschöpfliches liegt also vor, unerzählte Geschichten bleiben durchaus verborgen – ein Geflecht mit vielen losen Enden. „Es sind noch viele andere Dinge, die Jesus getan hat. Wenn aber eins nach dem anderen aufgeschrieben werden sollte, so würde, meine ich, die Welt die Bücher nicht fassen, die zu schreiben wären" (Joh 21,25). Denn „wer kann die großen Taten des Herrn alle erzählen?" (Ps 106,2) Wer kann von den Gedanken Gottes berichten (Ps 139,17f), die von ihm gekannten Sterne am Himmel (Ps 147,4) und die Sandkörner am Meer zählen (Jer 33,22), Zug um Zug und bis ins einzelne die Geschichte der Wolken am Himmel vortragen, wo doch „die Wahrheit Gottes so weit reicht, wie die Wolken gehen" (Ps 36,6).

Gerade darin zeigt sich das vor Freude bestürzte Zeugnis des Neuen Testaments, Möglichkeitsfülle und -überhang und heilsame Seins-Verwirrung. Als habe sich, irgendwann einst, ein Knoten festgezogen, jetzt aber löse sich die uralte Todesstarre

---

249 S. Anm. 15, Bd. 3, 481.
250 S. Anm. 31, 29.
251 Hans Georg Gadamer, Neuere Philosophie I: Hegel, Husserl, Heidegger (= Gesammelte Werke 3), 1987, 207.

der Welt und setze zu Undenkbarem, zu neuem Leben, in Bewegung, hinüber zu einem freien Sein. Hinausgehoben werden die Autoren, fortgetragen aus dem todesförmig Festgelegten und für unerschütterlich Gehaltenen. Entsprechend zeichnen sich die Texte durch kristallinisch harte, unrhythmische Fügung aus, durch Brechungen des einen unendlich reichen Lichtes, das „Leben aus dem Tode" heißt – in einem Akkord aus Kontrasten, kontrapunktisch, nicht immer miteinander auszugleichen, asymmetrisch in der Abfolge.

Heranzuziehen als Gleichnis und Hinweis ist die Kunst, aber eben nicht die Geschichtsschreibung. Wechselgesang statt Widerspruch der Fakten. Gegengesänge. Schwierige, fragwürdige Magie, Wahrheit in stürmischer Bewegung (der aufblitzende, vor blauem Licht sprühende Flug des Eisvogels; Barths „Vogel im Flug"; der rote Papagei), in morgendlichen und nachtlangen Traum- und Möglichkeitsgezeiten, dem Atmen und Pochen und Stocken der Wirklichkeit. „Bedenke das Widersprüchliche!"[252] Das von Gegenläufigkeiten Durchzogene. Wo Beides, wo Vieles sich als wahr offenlegt und die Werke gerade deshalb von Zauber und Geheimnis überwältigt werden. Kampfesschönheit (nach dem Kampf): Rembrandt, van Gogh, Gauguin. Die meerweiten imaginativen Flüge. Köpfe von Romangestalten werden märchenhaft vertauscht, bei Thomas Mann, bei Proust.

„Wenn mir Blau ausgeht, nehme ich einfach Rot", habe, heißt es, Picasso gebrummt. Natürlich, wenn die Dinge in „Kunst" aufgehoben werden, können sich ihre Werke Ungereimtheiten erlauben: nicht lediglich hinzunehmende, sondern womöglich erforderliche Dissonanzen und ungleiche Choreographien, die aber das Ganze gerade in seinem Einklang vorführen. Möglicherweise eine riesige Zahl widerstreitender Formatierungen und sehenden Auges erspielter, kaleidoskopisch ungerichtet und unsortiert funkelnder Facetten. Das unwirklich Schöne im vieldeutig Besonderen, mit sich selbst zerfallen, mehrstimmig. Das einzelne Fundstück, gekleidet sogar (wie bei Kleist) in die strenge, sinistere Pracht seiner möglichen Aufhebung. Unterschiedliche Lasuren der Schwermut eines alten Gemäldes mag es geben, die dem Ganzen Tiefenschärfe verleihen. Sogar, manchmal, das mit Schwarz Übermalte (Arnulf Rainer).

Offensichtlich liegt den Zeugen nicht an historischer, sondern an besserer, ungleich anspruchsvollerer, eben an pfingstlicher, vielsprachiger, sei es denn gegenstrebiger, allsprachlicher Genauigkeit. Ihr Gewissen redet und schweigt ausschließlich aus strenger Geistesgegenwart – die aber gerade Vielfalt, Abweichungen und Überhang der Spielformen eingibt, ein geistliches „Sowohl-als-auch". Diese nur äußerlich Armen, wie Jeremia in Lumpen hochgezogen (Jer 38,11f), die in Wahrheit bunt gekleideten (ich sehe Josephs Rock im Stoff- und Farbendurcheinander), nicht genug zu verehrenden Mandarine des Geistes, diese leidenschaftlichen Pfingstler – sie

---

252 Peter Stein, zit. bei: Strauß, s. Anm. 130, 112.

brechen durch. Im Feld einer kaum glaublichen Freiheit zum Wunderbaren setzen sie den Fuß auf. Dergemäß sogar zugestanden wird, nicht lediglich wandlungsreich und aufgefächert, sondern unbesorgt widersprüchlich zu berichten.

Nicht etwa liefert die Vielgesichtigkeit der Traditionen also den Beweis, dass dieses Buch nur verworren Ausgedachtes anzubieten hat. Sichtbar wird vielmehr die Mehrstimmigkeit eines Einzigartigen – das auf dem Feld eines gewaltigen Überschwangs berichtet, bewundert und preist, spielt, streitet, träumt – dem des göttlichen Ausgleichs von Spruch und Widerspruch, von Harmonie und Disharmonie, des unerschöpflichen Geheimnisses namens „Auferstehung von den Toten". Sie jedoch zu schütteln wie Lügner, denen mit Gewalt jene historische Wahrheit entrissen werden soll, die sie partout nicht hergeben wollen, führt zu ihrem augenblicklichen Verlust, sie setzen sich zur Wehr, wenden sich ab und verweigern das Gespräch.

Verfehlt erscheint deshalb die moderne „Pluralisierung" der Bibel: die die Momente ihres Reichtums auseinanderfallen lässt oder in Gegensatz und Kollision bringt, was sich, recht verstanden, umso mehr gerade zusammenfindet. Auch hier zerschlägt das moderne Ich gezielt wesentliche Einheitlichkeit und holt sich, zur Selbstbehauptung, Verstärkung in Pluralitäten (die sich dann womöglich gegenseitig erheblich relativieren, wiederum erwünschte Wahlmöglichkeiten eröffnen und weitere Optionen, endlich nach eigenem Ermessen, nahelegen). Wiederum – er nennt es „Emanzipation" – stellt sich der Ausleger arrogant über die Texte, nachdem er sie entsprechend vorbehandelt hat.

„Wenn es sich um ein solches Ereignis handelt", fasst Barth zusammen, „dass es da verschiedene Traditionen gibt und dass die Berichte wie in einem Erdbeben wackeln und sich widersprechen, das ist doch kein Wunder! Aber alle schauen in die gleiche Richtung."[253] „Wenn die Erde bebt, grollen die Berge" (japanisch), als polterndes Muttergestein von Riesenhand durch unterirdische Schächte. Zerklüftet sehen die Texte wohl aus, nach dem Erdbeben – aber um ein Zentrum gruppiert. Um den lebendigen Auferstandenen. In seine Richtung schauen die Traditionen, auf Reichtum und Unerschöpflichkeit, sein heiliges Geheimnis, die heilige Seinsverfassung des Neuen und eben auch, nicht allzu verschieden von dem der Kunst, auf seinen Überraschungsraum.

13.2 Er ist auferstanden, er war im Recht.

Er, er – soll bezeugt werden. Er ist nicht „bei den Toten zu suchen". Er ist da. Gott selber war in ihm (2. Kor 5,19). Der Karsamstag ist vorbei. Es ist aus. Nichts

---

253 S. Anm. 213, 43.

erweist sich als vergleichbar fern und erledigt und dahin wie der Karsamstag, von der neuen Klarheit und Eindeutigkeit abgetan, tot, begraben. „Wir sahen seine Herrlichkeit!" – nämlich „was kein Auge gesehen, kein Ohr gehört hat und in keines Menschen Herz gekommen ist" (1. Kor 2,9). Wir hören: „Fürchte dich nicht! Ich bin der Erste und der Letzte und der Lebendige. Ich war tot, und siehe, ich bin lebendig von Ewigkeit zu Ewigkeit und habe die Schlüssel des Todes und der Hölle" (Offb 1,17f; Jes 44,6; 48,12). Er hat die Schlüssel zum Gotteslob. Er preist die Glaubenden selig: „Selig sind, die nicht sehen und doch glauben" (Joh 20,29). Er erst eröffnet die Schrift, seiner Auferstehung entgegen (Lk 24,25-27). Er ist anwesend im Abendmahl (1. Kor 11,23-26).

Der die Liebe lebte – der ist auferstanden, niemand anderer: für den Gott und Liebe nicht nur zur Deckung gelangte, sondern von vornherein ein und dasselbe war. Dem ebenso vertraute wie ganz unbekannte Liebe einfach vom Gesicht zu lesen war. Nicht zu sagen, woher die kam. Von Gott? Auf der ganzen Linie hatte er recht gehabt. In Ewigkeit wird er auch recht behalten (Offb 5,12). Auferweckt worden ist Jesus von Nazareth, der „helle Morgenstern" (Offb 22,16), Morgenbeginn voller Weltversprechen, umso mehr endloser Morgenglanz der Ewigkeit (EG 450), endloser Blitz der Ewigkeit, Geistesblitz, die Mächtigkeit der Herrgottsfrühe. Nicht Johannes der Täufer, die scharfe Buße im Flammenwurf, ist auferstanden. Nicht Sokrates, die verstörende attische Weisheit. Schon gar nicht einer der weltlich „Gewaltigen". Eine Entmachtung findet vielmehr statt: Der Vater Jesu Christi stürzt die Gewaltigen vom Thron (Lk 1,52). Nun erwürgt er den Gewaltsamen, den bösen Tod. Er erhebt den „aus Schwäche" Gekreuzigten, die gütige Liebe, in die Höhe der Ewigkeit – in die Höhe unüberwindlicher Jetztmächtigkeit.

„Zeit", „Leben", „Buße", „Weisheit". Nichts Namhaftes bleibt unberührt, wird angefasst, neu geatmet, weggeatmet, bekommt einen neuen Namen zugeworfen – vermöge ebenjenes neuen Atemraums, den das Zugegensein des Königs der Augenblicke auf weitem Raum (Ps 31,9) aufgehen lässt und für die in die Enge Getriebenen von überallher zugänglich macht.

14. Bis zum Unheimlichsten

Ich bin bei euch alle Tage bis an der Welt Ende! (Mt 28,20)

14.1 Seine Bitte überwölbt die Zeit.

Er bleibt bei mir? Dem Unwahren? Dem Toten-Menschen? Der der Fürbitte bedarf. Wegen aller Abtötungen, die ich in unerklärlichen inneren Gewaltakten vornehme: wenn ich Gott und meine Nächsten aus mir verbanne, indem ich mein Denken, meine Gefühle, mein Gewissen für sie unerreichbar mache, wenn sie mir nichts sein dürfen, mir widerwärtig, gleichgültig oder, damit ich sie sogar irgendwie unter die Toten mischen kann, schon so gestorben wie möglich sein müssen. Beängstigend gut verfängt das Wegsperren. Warum bin ich absolut nicht für sie zu haben? Weil ich meistens Eines gerade nicht bin, der Vertrauensvolle, der Nächste. Angesichts meiner Rohheit und Kälte (damals, als es gerade darauf ankam; jetzt, wo es darauf ankommt) erschrecke ich. Wie kann ich das: mich so leichthin dem anderen Menschen, den guten Worten, die doch mir gelten, vor allem aber dem barmherzigen Gott zu verweigern und mich für die Wahrheit unerreichbar zu machen? Am wenigsten mich persönlich soll die Wahrheit aufrufen? Gemeint bin nicht ich? „Jetzt nicht. Ich will nichts hören. Lass mich zufrieden!" Gewissermaßen verweise ich mich selbst aus der Begebenheit Christi – von der doch überall Freiheit und Geborgenheit ausgehen. Wo sich doch „eine Freiheit" bietet, „so groß wie der Tod",[254] gewaltiger als der Tod, der doch „verschlungen ist in den Sieg" (1. Kor 15,55). Weshalb werfe ich mich schon einmal in den alten Tod? Aus Verrücktheit. „Die alltäglichste Art, Selbstmord zu begehen, ist in unserer Zeit die, sich eine Kugel durch die Seele zu schießen".[255] Ein zerschossenes oder wie in einzelne Eisschollen zerbrechendes Leben – warum?

„Vater, vergib ihnen!" Im Atemraum dieser Fürbitte Christi, in ein paar Worten, berge ich mich und flehe und schreie ihm zu: „Herr, erbarme dich!" Aufs neue kann mich dann die Gewissheit der Vergebung der Sünden wieder erreichbar und „verhältnismäßig" machen. Ohne sie würde die Welt auseinanderschießen oder kollabieren (wie ohne Abbitte und Verzeihung menschliche Gemeinschaften auseinandertreiben).

„Vater, vergib ihnen!" Er wird nicht aufhören, den verfluchten Tod „wegzufegen mit dem Besen des Verderbens" (Jes 14,23), ihn niederzumachen – und so von vornherein das arme Sterben unbegreiflich zu begütigen (dass sich Menschen ins

---

254 Dylan Thomas, s. Anm. 73, 360.
255 Dávila, s. Anm. 65, 53.

Nichts verlieren, „vom Licht hinweggefegt, vom Schatten zertreten"). Lediglich werden wir, heißt es ganz zutreffend, von einer Hand Gottes in die andere fallen. Hinstürzen in seine Hand wird aber nicht nur die „Letztgestalt", sondern das ganze Leben, Kindheit und Alter. Jeder Lebensmoment wird noch einmal und dann endgültig vor ihm erscheinen, keinen wird er gehen lassen.

„So muss man sich auch im Sterben auf die Angst gefasst machen und wissen, dass danach ein großer Raum und Freude sein wird" (Luther).[256] Eine unausdenkbare Gnade wird es sein, sich darauf wahrhaft gefasst machen und in diesem Augenblick letzter Erwartung dieses Wissen wahrhaft einholen zu können.

Die Furcht vor dem hoffnungslos Unbekannten – wenn in mir nur noch Platz für Angst ist? Nein, ich kenne ihn ja, den Gnädigen, der mir entgegenkommen wird. Ist er mir nicht wahrhaft vertraut geworden? Das ist wunderbarer, als ich denken kann, dass er auch meiner Todesbetrübnis und Todesangst und auch meinem womöglich würdelosen Sterben in Barmherzigkeit nahe sein wird. Und die Furcht, im entscheidenden Moment denn doch von Anfechtung und Zweifel überwältigt zu werden? Mag es dann so sein. Er, der Gnädige, wird darüber hinweggehen. Näher wird er mir sein, als ich mir selbst bin, heftiger und gewisser als meine Anfechtung – barmherzig umgehen mit meiner Schmächtigkeit, Kraftlosigkeit und Finsternis. Auf ihn hoffe ich, aber nicht auf meine Tapferkeit (mag gerade sein, dass sie dann ganz und gar abhanden kommen wird).

Unter Umständen, wer weiß, wartet aber, wenn der Tod kommt, ein sanftes Sterben. Auf jeden Fall wird es – wenn ich in die entsetzliche Enge getrieben werde, da mir jetzt noch jeder Augenblick den grausamen Stoß versetzen kann – ein Abberufenwerden im Beisein Christi sein, des verborgenen Nächsten. Vielleicht, hoffe ich manchmal, ein Gerufenwerden mit leiser, so gut wie unmerklicher, einnehmender Stimme, wenn das Herz seine tiefste Gegenwart fühlt. Ein neuer, nun endgültiger Ruf in die Nachfolge. „Ach bleib doch noch, sagte ich lächelnd, ich habe ein bisschen Angst".[257] Ich brauche jetzt diese Hand als Trost. Sich dann noch umsehen, zurück ins gelebte Leben? Nein. Das Sterben: eine Wunde, die anderswo heilt. Nachdem sich eine bisher nicht bemerkte Rückwand geöffnet hat. Rettungszauber. Rettung: nicht vor dem Tod, aber aus dem Tod. In Sicherheit gebracht werden. Ich lasse es mir sagen: „So reißt er auch dich aus dem Rachen der Angst in einen weiten Raum, wo keine Bedrängnis mehr ist" (Hiob 36,16).

„Mach's nur mit meinem Ende gut" (EG 530). Gib uns ein kluges Herz: lehre du uns bedenken, dass wir sterben müssen, auf dass wir klug werden (Ps 90,12)! Eigenmächtiges Bedenken hilft nicht. Erst wenn du es uns zu bedenken lehrst, geht uns das Begütigende auf: dass das Feuer, an unsere Namen gelegt, unsere Werke will

---

256 S. Anm. 85, Bd. 2, 17.
257 Handke, s. Anm. 107, 74.

und tatsächlich ergreift, aber uns selber nicht mehr kriegt (1. Kor 3,12-15). Dass wir – gerettet, vor dem ungeheuren Zorn „wie ein Brandscheit aus dem Feuer gerissen" (Am 4,11) – mit dir leben werden und die Reise dorthin nicht weit ist. Lehre du uns, auf die neue gute Voraussetzung zu vertrauen, auf den guten österlichen Grund und den gnädigen Ausgang, den Weg hinüber zum ewigen Leben. „Lass nur den Weg mich, der noch bleibt, / an deiner Hand zu Ende gehen."[258]

„Auf nichts war Verlass. Nur auf Wunder".[259] Halt dich an das Wunder der Auferstehung des Gekreuzigten – schon beim Blick auf jene „schwarzen Rößlein": „Sie werden schrittweis gehn / Mit deiner Leiche; / Vielleicht, vielleicht noch eh / An ihren Hufen / Das Eisen los wird / Das ich blitzen sehe!". „Denk es, o Seele!"[260] Gewonnen wird dann gegründete Klugheit. „Klug" verhält sich, „wer ihn kennt", diesen Herrn (vgl. Jer 9,23).

„Halt dich also, mit Bedacht und Gefühl und Willen, an die Zugehörigkeit zu dem, der ‚hinfort nicht mehr stirbt' (Röm 6,9), den der Tod unbedingt flieht. So grenzenlos neu und eigenartig für deine alten Ohren trägt sich die Zusage dieser Beteiligung zu, dass du mitunter ja kaum auch nur zuhören kannst. Mitgenommen sollst du werden? Ihm nachfolgen? Unvereinbar mit dem ewigen Christus scheint dir dein hinfälliges, noch selten übersichtliches Leben mit seiner verfliegenden Zeit, und wenn vorbei, dann ‚so gut, als wär' es nicht gewesen' (Mephisto), der Teufel wird sich um es scheren. Wie ein unbedarftes Geschwätz mutet es ja an (Ps 90,9), nicht der Rede wert, weil du in lächerlich kurzlebiger Episode zeitweilig zu Gast auf Erden bist (Ps 119,19), ‚zu Gast im Labyrinth',[261] aber ohne ausgelegte Ariadne-Fäden, vergessen dann über Nacht, hinterlassenschaftslos, ein am Meeresufer in den Sand gemaltes Gesicht. Nein, als ob er dich auf Schritt und Tritt wie eine bewaffnete Eskorte flankierte, weicht er nicht von deiner Seite."

Den Toten-Menschen geht er zur Seite, bis zu jedem Entsetzlichen? Ja. Die Randständigen trifft er an, die Küstenbewohner, in den Grenzbezirken, genauer: an einem Wundrand, im rauchigen Licht, nur „Dunst, der eine kleine Zeit bleibt und dann verschwindet" (Jak 4,14), genauer: irgendwie schon in salzweißer Woge, auf einem Boot inmitten von Hokusais *Welle von Kanagawa* – bedrängt aber umso mehr von den „Fluten Gottes" (Ps 88,8). Die Ausgesetzten sind ihm ja zugehörig und unentbehrlich. Ihnen gelten seine „Gedanken" (Jer 29,11). Er hat auf sie zu gelebt. Er ist auf sie zu gestorben. Ihnen, den Unbehüteten, den Fälligen, und dann den schlaflosen Stunden der Sterbenden und Todesnahen kommt er entgegen – von jenseits der Linie, von der anderen, menschen-unmöglichen Seite her, in souveräner

---

258 Kolbe, S. Anm. 71, 72.
259 Mascha Kaléko, Mein Lied geht weiter. Hundert Gedichte. Ausgewählt und hg. v. Gisela Zoch-Westphal, München 2009, 9.
260 Mörike, zit. bei Conrady (s. Anm. 26), 427.
261 Günter Kunert, Zu Gast im Labyrinth. Neue Gedichte, 2019.

Grenzüberschreitung. Er ist ihr Jenseits. Christus behütet. Er, der König, sagt Worte voll von Untergang und voll von Auferstehung. Er will sie „wiedersehen" (Joh 16,22), will sie für alle Zeit nebenan haben (Phil 1,23; 1. Thess 4,17), wie er Mose und Elia neben sich hat (Mt 17,3), die leidenschaftlichen Patriarchen: Abraham, Isaak und Jakob (Lk 20,37f), alle Väter und Mütter, die Verstorbenen alle. *„If we do meet again, why, we shall smile"* (Shakespeare, *Julius Caesar*).[262] In Ewigkeit passt der König der Wahrheit auf sie auf, behütet sie, kennt sie, zieht und reißt sie heraus – mich auch, so dass jetzt schon, „in allen meinen Taten", mir nichts geschehen kann, „als was er hat ersehen und was mir selig ist" (EG 368,3). Er zieht mich an seine Seite. Er geht mir zur Seite.

Kann das denn sein? „Siehe, auch jetzt noch ist mein Zeuge im Himmel, und mein Fürsprecher ist in der Höhe" (Hiob 16,19). Sieh! Schau auf in die Höhe! Von dort wird der Fürsprecher zu meinem Todeskampf hinzutreten. Lös, wenn es geht, bis zuletzt den Blick nicht von der Bibel! *„Und er löste seinen Blick nicht von der Bibel, als er nach vorn sank, sanft, immer tiefer, bis sein schneeweißer Kopf auf den aufgeschlagenen Seiten ruhte."*[263]

14.2 Neue Mördergesichter

Wie weit wird er kommen, der Unfassbare, wunderbarer allemal als man denken kann (der tatsächlich alles Wunderbare auf sich vereinigt)? Aufgekommen zeigt sich ja mit Ostern seine eigene Unaufhörlichkeit. Seine Wiedererscheinung zu Ostern, auf ewige Dauer gestellt, durchflutet von prophetischem Licht, greift in die Zukunft über. Die Bitte „Vater, vergib ihnen" spannt sich über die Zeit, über ihre fortschreitenden Schrecknisse im Auf und Ab der Zeitläufte: über das Gespinst aus Menschenblut, Gier und Schuld, „die Verdichtung und Zunahme der Finsternis" (Barth),[264] Mal um Mal, bis zum Unheimlichsten, bis heute. Fortan ereignet sich sein Zeit-Gefecht auf Leben und Tod ringsum: überall in jenem wüsten Gelände des Lebens, das, in ein Gefälle gebeugt, in schamloser Macht zu Erstorbenheit und Tod hin abfällt. Über die Zeiten hin nimmt er mit dieser Fürbitte den Kampf auf. Bis zum Ende der Welt ist sein Prozess anhängig, seine Agonie (Blaise Pascal), sein Ruf zur Buße, das Wort der Wandlung, sein Angriff auf Urteile und Standpunkte. In ihrer Gegenwart halten wir uns auf.

Der Vollmächtige, der die Sünde zertritt, kommt wieder und wieder zur Welt: mit seinem Blick auf die Menschen, mit seinem durch die Jahrhunderte hingehenden

---

262 5. Akt, Szene 1.
263 Conrad, Nostromo, s. Anm. 4, 624.
264 KD IV/3, 453f (durchaus die Einsicht in eine Verfallsgeschichte).

Todesseufzer. Gerade dann findet er sich ein, wenn das Weltgeschehen sich in das Entsetzliche hineindreht, beim „Greuel der Verwüstung" allen Seins (Mt 24,6.15), bei anhaltender Verstockung von Juden und Heiden, beim Überhandnehmen der Sünde im gedrängten, dekadenten, übervollen Kokon des alten Äons (der, scheinbar in die Unendlichkeit gebrannt, unter einem bösen Stern steht): zu verrottet längst für die Bemühung, die Wärme zu halten, dem Erlöschen der Augen der Liebe zu widerstehen, ihrem Erkalten (Mt 24,12), der Eiseskälte und Gefühlsstumpfheit. Das Böse „weiß, dass es wenig Zeit hat" (Offb 12,12), hetzt sich umso kriegsbereiter dem Ende zu und blutet aus. In aller Schärfe Käsemann: „Im 20. Jahrhundert wird ernsthaft wohl niemand mehr bestreiten wollen, wie es vielleicht unsere Großväter noch tun konnten, dass die Welt auf ein Ende zuläuft."[265]

Darin aber bestehen demgegenüber Langmut und Toleranz Christi: dass er, jederzeit ruhelos unterwegs, Menschen durch den gehetzten alten Äon und seinen Zeitentaumel hindurchträgt (1. Kor 13,7); dass er in allem, was er tut und erleidet, sich auch von Grauenhaftem nicht aufhalten lässt. Unbegreiflicherweise geht er nicht nur auf den unschuldig gepeinigten Menschen zu, nicht nur auf den sich nach Unschuld Verzehrenden. Sondern, sehr anders zwar, ruft er auch diejenigen zu sich, die sich und Andere ins Elend stürzen, Krieg führen, morden, die Unmenschliches tun, dummstolz womöglich noch auf ihr Vermögen zur Grausamkeit (Himmler in seiner berüchtigten Posener Rede von 1943)[266], die meinen, „lebensunwertes Leben" vor sich zu haben, einen (KZ-Sprache) „Muselmann"[267] und „Untermenschen", ein „ungeheures Ungeziefer" (Kafka). Er ruft die Täter zu sich. Gibt es das für ihn: ein Tier von einem Mensch, das wegen seiner Verbrechen jede Menschenwürde verwirkt hat? Nein.

Wie überwölbt Christi Bitte unsere Zeit? Weltweit: Ganze Regionen brechen unter der Walze einer entfesselten Gewalt zusammen. Eine „Theologie der Gewalt" findet Unterwerfung und Selbstgleichschaltung. Barbaren stehen mit Kalaschnikow und Vorschlaghammer im Weltkulturerbe. Auf Synagogen wird geschossen. Man rät Juden ab, in der Öffentlichkeit Kippas zu tragen. Im Netz heißt es: „Wir kriegen dich. Wir wissen, wo du wohnst." Ehemals belebte öffentliche Plätze haben ihre Unschuld verloren.

---

265 S. Anm. 43, 5.
266 Zitiert und kommentiert bei: Joachim C. Fest, Das Gesicht des Dritten Reiches. Profile einer totalitären Herrschaft, Neuausgabe 1993, 161f.
267 Viktor Frankl, … trotzdem Ja zum Leben sagen. Ein Psychologe erlebt das Konzentrationslager, dtv 1982, 22. Auflage, 39f.

14.3 „Dennoch die Schwerter halten"

Zurück zur Fürbitte des Gekreuzigten. Wie weit wird er kommen mit seiner Vergebung und dem Ruf zur Buße, zur kämpfenden Einsicht und Reue – über Zeiten, über ausgestorbene Menschheiten und ausgestorbene turbulente Liebesarten hin? „Dennoch die Schwerter halten"?[268] Dennoch hält er die Schwerter vor die Stunde der Welt, er (niemand sonst). Er sucht, was verloren ist, die unbußfertige, rückzugs- und untergangsunvermögende Welt, die nichts einsieht und faul auf ihrer Sünde beharrt.

Bis zum Schlimmsten. Sind wir denn „raus aus dem letzten Jahrhundert"? Ist es tot? Wird das Zeitgesicht – noch einmal anders, verzerrter noch als im 20. Jahrhundert – wiederum das Mördergesicht sein? Bis zum Grauenhaften, das wir möglichst gar nicht mehr aussprechen. Bis zum abwärts taumelnden, demütigenden Fortschritt der Tödlichkeit, von der Steinschleuder, dem assyrischen Streitwagen und der athenischen Phalanx bis zu tollwütigen, lästerlichen Menschenvernichtungswaffen (massenhaft vom Tod erbrochen, menschenfresserisch-modern, regelmäßig wie vorwärts gepeitscht; die Schnauze des Oger: „ich rieche, rieche Menschenfleisch", „ich liebe den billigsten Tod"). Keine Frage, dass ihre Existenz bereits Menetekel und Omen genug ist. Und die gigantische Angeberei von grundsätzlichem „zivilisatorischem Fortschritt", von dem das Innere der gesellschaftlichen Verhältnisse angetrieben wird, das Bewegungsgesetz der hypermobilen Multioptionsgesellschaft der Gegenwart? Versprechen für weiteren Fortschritt? Ach, eine Schwurhand, schon abgestorben, reckt sich aus der Erde. Die besinnungslosen Theorien von „nachholender Modernisierung"? Bei jeder Sonntagsrede den gleißenden Silberstreifen am Horizont aufziehen? All das weitere optimistische Faszinationsvokabular, kaum zu ertragen. Ein in Kauf genommenes Zurückspringen in der Schöpfungswoche bis zur menschengemachten „Finsternis, die auf der Tiefe" liegt (1. Mose 1,2) – von der Gott doch gerade freigesprochen hat (Schöpfung als die Botschaft der großen Freisprechung vom Nichtigen). Das gut Erschaffene überhäuft sich mit Erstorbenheit und Tod, wird zur Ungestalt und droht hinter sein freies Gewolltsein durch Gott zurückgeworfen zu werden, zum von Gott Verneinten. Fortschritt: überstürzt, prinzipiell schneller als Einsicht. „Fortschritt" („Alles Wichtige ist am Besserwerden"), das Hochwollen, bekommt ein Fratzengesicht, ihm sind längst die Gesichtszüge entgleist. Geschichte lässt sich zusehends zuverlässiger als Geschichte des Bösen erzählen (in der sich das mörderische Getier drängt). *Domestique*, Sohn oder Tochter der Epoche sein – oder ihr Gegner? Canetti: „Die Menschen danach beurteilen, ob sie die Geschichte akzeptieren oder sich ihrer schämen."[269]

---

268 Benn, s. Anm. 12, 174.
269 S. Anm. 98, 33.

Moderne Zivilisation oder Kultur als Gegengift? Ganz und gar nicht. Krass kann sich manchmal die Nachbarschaft von Horror und Kultur hervorkehren (Heydrich, in dem nach Joachim Fest „der Nationalsozialismus sich selbst begegnete", spielt sehr gut Geige).[270]

Ein Toben in der Zeit. Das neue Jahrtausend – und Fürbitte und Bußruf des Gekreuzigten, auch für diese Zeit, für die Gewalthungrigen im Gewaltgewitter, für diejenigen, die da hungert und dürstet nach der Gewalt. „Wenn ihr Mund sich verzieht und sie in die Faust lachen".[271] Benn, der vom Zynismus etwas verstand und gern mit dessen Säure „das Seraphische" übergoss, hat gelegentlich festgestellt: „Erst benehmen sie sich wie die Schweine – und dann wollen sie erlöst werden."[272] So kommt manches, Freudianisch gesagt, „zum Vorschwein", zum Beispiel so: „Wer beim verheerenden Zustand unserer Welt noch an Gott glaubt, ist ein Ferkel".[273]

Wie weit wird Christus kommen? Die Glaubenden, die von ihm Veranlassten und ihm Nachfolgenden, wie weit werden auch sie kommen? Sie können sich an ihn festklammern, die Mitgerissenen, können ein wenig mittun und als Unbewaffnete Front machen gegen den Rüstungs-Willen und dann gegen die Vollstreckungen von Fanatismus und Zynismus: gegen die sich frisch und feierlich fühlende, planmäßig ins Werk gesetzte „Göttlichkeit des Menschen" und den Tag für Tag auf Jungsein getrimmten „Fortschritt", seine „Speerspitzen", Vortrupps und schwarze Patrouillen. Ohne weiße Fahnen und vorlaufende Kapitulationsbereitschaft vor den starken Posen oder der offensichtlichen Raserei. Ihm nach Kräften (offenkundig mit schwachen Kräften) im Weg sein. Mit Krallen von Gegensinnigkeit und Widerläufigkeit. Solche Krallen, soweit möglich, ausfahren. „Der steine sind genug, die krallen / freundlich zu schärfen"[274] – vielleicht nicht jedesmal „freundlich".

Um wenigstens das Leidliche und Unansehnliche zu tun. Selber hilfsbedürftig, doch mit all der Barmherzigkeit, zu der sie imstande sind. Mit christlichem Instinkt für das, was dran ist. Mit Anspannung der Verstandes- und Gefühlskraft. Und wissen ihr eigenes Leben doch als eine einzige Bagatelle, beladen und bedroht, nur Wasserstaubfahne, „verwehendes Blatt" und „dürrer Halm" (Hiob 13,25). Als die Gefühls-Chaoten, die erschüttert, als die Verbiesterten, die geordnet und verfasst werden sollen. Früh, wenn der Wind ihn zutreibt, den Geruch der Kanalratten, des faschistisch und stalinistisch und nihilistisch Bösen, der Groß-Ideologien und Groß-Lügen in der Nase, um sich ihrer rechtzeitig zu erwehren. Wo sind heute die

---

270 Fest, s. Anm. 266, 144.
271 Dylan Thomas, s. Anm. 18, 217.
272 Gottfried Benn, Sämtliche Werke Bd. 4, Prosa 2 1933–1945, hg.v. Gerhard Schuster, 1989, 292.
273 Herbert Achternbusch. Zit. bei Franz Sieder, Der Gott des Friedens und der Gerechtigkeit, in: Söldner, Schurken, Seepiraten; hg.v. Österreichisches Studienzentrum für Frieden und Konfliktlösung, 2009, 327.
274 Kunze, s. Anm. 211, 16.

Ratten zu Hause, die sehr großen mit dem verklebten Fell? Wie geht das aber: Weggezogenwerden, radikale Entheiligung und durchdringender Unglaube, Abrüstung „des Menschen"?

Schützen soll sich die Liebe davor, vor Sentimentalität den Kopf zu verlieren, und vor unbedarfter Gutgläubigkeit, aber nicht vor Klugheit. Auch die noch so informierte, ausgeformte und geschärfte Intelligenz kann ja von der Liebe in ihren Bann geschlagen werden. Vernunftwillig, verpflanzt jetzt erst auf den Boden der Realität, in ihr bleibend befestigt und verwurzelt, sollen die Nachfolgenden sich an Christus halten – mit sozialer und mit emotionaler Intelligenz, mit Kopfverstand und mit Bauchgefühl, einfältig aus Überzeugung, lebens- und herzensklug. Mit der aufrichtigen Bemühung, den Schmerz Anderer wirklich zu verstehen. Um nicht immer nur mit betretener Stimme „Liebe" sagen zu müssen. Alle Hände voll zu tun? Keine Frage. Aber nie selbständig, immer nur als mit kleiner Kraft Mit-Kämpfende, nichts als dabei, nachgeordnet und nachträglich, dazugeholt, in Dienst genommen.

All das braucht man nicht auszuführen. Das meiste liegt auf der Hand. Wie eingeschränkt unsere Mitwirkung sein wird, haben wir längst gelernt. Bricht uns aber das Böse jedesmal über kurz oder lang die wie von Nesseln verbrannten, unreinen Hände (auch sie, wie die Augen, seltsame Fenster zur Seele)? „Reinigt die Hände, ihr Sünder", heißt es im Jakobusbrief (4,8). „Reinigt euer Tun!" Anspruch und Verfügung. Sind wir zum Helfen weitgehend untauglich, meist außerstande, „einzugreifen" und uns auf eine Weise „einzumischen", die das Übel nicht noch verstärkt? Können wir denn jemals mit Victor Hugo sagen: „Nimm du das Glück und lass den Kummer mir"?[275] Das *bona fide* für sich geltend machen? Dabei bleiben die Zweifel an der eigenen Aufrichtigkeit nicht aus. Einigermaßen mühelos können sie mich heute oder morgen zur Strecke bringen.

Und doch. Ungeachtet aller Unverlässlichkeit und nicht selten schandbaren Untreue, muss mitgekämpft werden. Man kann ja Christus ernster nehmen als die eigene greinende Erbärmlichkeit, man kann ihn beherzigen, nach Kräften ein wenig getreu. Biete die Stirn, der Name Christi wird eines Tages an ihr geschrieben sein (Offb 22,4). „Dennoch bleibe ich stets an dir" (Ps 73,23). „Gott ist dennoch Israels Trost" (Ps 73,1).

Keine Frage wiederum: „Wir werden es nicht sein, die diese böse Welt in eine gute verwandeln" (Barth).[276] Nennenswert verbessern wird unser Tun die Welt nicht. Sie unter Umständen, vielleicht, geringfügig hier und da erträglicher machen. Das Grimmige – ein Hereinbrechen eines Wahnhaften aus dem Nichts, unerfindlich ins Dasein gezogen – ein wenig eindämmen und in Zaum halten. Einiges, wenn

---

275 Zit. bei Proust (s. Anm. 5), Bd. 13, 461.
276 K. Barth / J. Daniélou / R. Niebuhr, Amsterdamer Fragen und Antworten (= TEH. Neue Folge 15), 1949, 9.

es schon nicht beseitigt werden kann, wenigstens kleinhalten. Denn auch nur auf die Integrität der Verantwortungsträger, der noch so weltweit Agierenden, auch nur auf deren gute Absichten, kann niemals Verlass sein. Gesinnungs- oder Verantwortungsethik? Oftmals ist beides nicht erkennbar. Und wenn eines, dann nie für lange. Falls aber länger, dann hart angefasst von dem Gefühl, einem furchtbaren Aufprall entgegenzusehen, widerlich angegangen und befallen zu werden von dem panischen Gedanken, dass wir uns am Tischbein festklammern, während der Tsunami heranrollt.

Unsere beschränkte, wohl eher armselige Mitwirkung wird nicht selten, wie die Therapie eines unfähigen Arztes, die Sache verschlimmern oder dann erst gänzlich unheilbar machen. Niemals wird sie das Wirken Christi ersetzen können – als habe er, wie die gedankenlose Formel lautet, keine Hände, nur unsere Hände und sei in diesem Sinne, schmeicheln wir uns, zutiefst unser bedürftig. Keine Frage, dass unsre Hände und die kleinen Fußtritte ganz unwesentlich sind, nachrangig oder unwürdig, und unsere kurze Lebensspanne, nicht nur gelegentlich, voll Wortbruch und Feigheit. Wenn es aber einmal hilft, geht es „durch unsre Hände, kommt aber her von Gott" (EG 508,2).

Wie weit wird er kommen? Bis zum Jüngsten Tag, dem lichten, dem Deutlichkeits- und Vernehmlichkeitstag, bis zu dem durchdringenden Blick in mein eingefallenes Gesicht, wenn mein ganzes Leben anwesend sein wird, das Abgegoltene und das Unabgegoltene (wie wird es auf mich zurückfallen?). Bis zu dem endgültigen und dann auch erkennbar unwiderstehlichen Wort „Vater, vergib ihnen!" Dass mir vergeben wird, der ich gut erschaffen bin, aber Verfluchtes und Unheilvolles über mich selbst gebracht habe. Denjenigen birgt er in seinem Sein, der ich geworden bin und also bin.

Da liege ich nachts wach, lausche aber, hoffe – und weiß um die verborgene, festliche Straße, den Durchbruch mit seinen Lichtflüssen, der an meinem Fenster vorbeiführt, in das Geheimnis Gottes, ins künftige Anschauen der Wahrheit: in die Unmittelbarkeit, wo ich das unvergleichliche Gesicht des Auferstandenen, des Herrn allen Wiedersehens, antreffen werde (1. Kor 13,12; vgl. Ps 11,7). „Mein Herz mahnt mich des Nachts" (Ps 16,7). Nicht heiser und mit zugreifender und schüttelnder Anklage, als ob es mich vor Gericht brächte. Sondern tröstlich mahnt es mich: an das Wiedersehen im fraglos Guten, an die Lust Christi auch an meinem Gesicht. Kann das denn sein? Selten kann ich das glauben. Es wird mir aber von Bibel und Verkündigung zugesagt.

„Schenk mir dein Herz, Jesus von Nazareth!" „Längst geschehen."

15. Freiheit zum Wunderbaren und zur Dankbarkeit

Der Herr ist wahrhaftig auferstanden. (Lk 24,34)

15.1 Reden wir sofort über Auferstehung!

Wenn es keinen Widerstand findet, gießt sich das Bewusstsein von der Absurdität des Daseins wie ein Gift in Kopf und Herz. Gegen das Lebensende begehrt es erbittert auf (*Rase, rase wider das Sterben des Lichts*).[277]

Reden wir – demgegenüber, heute, erst recht und sofort, *contra experientiam* – von der eigentlichen Empörung und Rage, von der Auferstehung Christi. So phantastisch anders und abseitig erscheint diese Rede, dass seiner Behauptung förmlich alles, die Wucht und die ganze Gewalt der erwachsenen Erfahrung, entgegengehalten werden kann. Ungeduldig haben sich deshalb die meisten Zeitgenossen vom Christus-Wunder ab- und sich selbst zugekehrt.

Dagegen schaut das Neue Testament auf dieses Unfassbare – das jedesmal umso mehr mit Wucht und Gewalt aufkommt, in Licht und Geist und Brand. Es berichtet, ruft, legt sich quer, schärft die Weigerungen, lädt die Verlorenen mit Gegenwehr und Widerstand auf, hört nicht auf, genau diese Botschaft zu lieben, diese Worte, diese ungeheure Gedrungenheit und Aushärtung: „Er ist wahrhaftig auferstanden!" (Lk 24,34). Weil es darin das Flüstern der Ewigkeit hört. Hier, auf einer Handbreit Sprache nur, in kristallener Dichte, unter unerhörtem Druck des Bösen, laufen alle Linien dieses Endbuches zusammen, in diesem verrückt erscheinenden Satz. Muss man ihn zurechtrücken und überhaupt erst zugänglich machen? Sollte er nur in übertragenem Sinne zu begreifen sein und wäre in eigentlich Gemeintes zu übersetzen (als wäre die Zuversicht gemeint, dass Menschen ihre Ohnmachtsgefühle abschütteln und aus ihrer Betäubung geholt werden können)? Gerade nicht. Dieser Gottesruf – „ein Flammenwurf, ein Sternenstrich"[278] – zeigt sich schon selber als der Klartext. Er bringt genau zum Ausdruck, was er meint. Ich brauche ihn nicht hinzubiegen. Ihn besser zu verstehen, als er sich selbst versteht, will ich nicht und kann ich nicht. Wer bin ich, mir solche Überlegenheit anzumaßen.

Dem Christus-Wunder verdankt sich die Unbeugsamkeit und Besonderheit, die Autorität, die unerbittliche Herausforderung und der Affront des Neuen Testaments. Einer Menschen-Unmöglichkeit (aber Tatsächlichkeit) ruht dieses Buch auf – für

---

277 Dylan Thomas, s. Anm. 73, 177.
278 Benn, s. Anm. 12, 198.

das Menschen, weder Narren noch Weise, sich folglich zu keiner Zeit hinreichend bereitstellen können. Aus dem Nichts hereingestürzt, als Schöpfung aus lauter Nichts, erscheint dieses Wunder, die österliche Ersichtlichkeit: dass der Gekreuzigte augenfällig hervorgetreten ist – als der ein für allemal Lebendige, den die Autoren, im Herzen getroffen, entsetzt, außer sich, jetzt loben und überschwänglich rühmen und feiern können.

Mag alles im Leben ungefüg bleiben, umwegig und umständlich, ein bisschen zum Lachen, ein bisschen zum Weinen, ein wenig zum Fürchten und meist nur zum Weglaufen. Einer ist nicht zum Weglaufen. Sondern zum Hinlaufen. Nur das ist zu tun, Hinlaufen zum Auferstandenen und österlich Wiedererscheinenden. Denn der zerrissene, zerschundene, zerhauene Jesus von Nazareth, von Aussatz bedeckt, von der Sünde geschlagen, preisgegeben von Feind und Freund, der verurteilt wurde von Juden und Heiden, von beängstigend normalen Leuten, der verzehrt werden, dessen Seele und dessen Andenken eingeschwärzt werden sollte durch den dunklen Fluch der Verwerfung und der Nichtung (Gal 3,13) – der hat das Reich inne und die Kraft und die Herrlichkeit in Ewigkeit. Dem jede Zukunft zerschlagen werden sollte – der ist „bei uns alle Tage bis an der Welt Ende" allseitig gegenwärtig in seinem guten Heiligen Geist. Darin genau besteht jedesmal die Widersetzlichkeit gegen die Absurdität des Daseins, gegen den Albdruck des Bösen: im Christus-Wunder, im Flüstern der Ewigkeit, in einem Flüstern, das für die Ewigkeit ausreicht.

„Was sucht ihr den Lebendigen bei den Toten?!", spotten und lachen die Lebens- und Ewigkeits-Engel (Lk 24,5). Weil er nicht versunken ist in die Verwesung und in die erstarrte Vergangenheit der gefrorenen Zeitblöcke, wo nichts ungeschehen und ungesagt gemacht werden kann. Eingesenkt in das Totenreich – ja (Erde zu Erde, Asche zu Asche, Staub zum Staube). Aber. Aber, so zeigt es sich, nicht einmal die Ausnahmslosigkeit des Todes ist vor seiner Liebe sicher. Wenn einer „hinfort nicht mehr stirbt" (Röm 6,9), ist dem Tod mit einem Schlag sein bisheriges Wesen entrissen: Aufgehoben wird dann die alles Lebendige leichthin wegwischende Nichtung für alle Zeit: die tut, als wäre alles nie gewesen. Unmittelbar erleben die Jünger jenen Ansturm (Lk 24,52), den, als er sich vom Himmel zur Erde neigte, der Engel von Bethlehem schon angekündigt hat (Lk 2,10).

Die Freude zu beschreiben greifen die Texte so hoch es geht. Nichts ist so schön, so offenbart sich jetzt, um nicht in der Erscheinung des Auferstandenen auch vollendet wahr geworden zu sein. Als ob jedesmal mitgesagt würde: *„Eine größere Erlebensfülle oder Helleres gibt unsere, doch immer zögernde, menschliche Sprache jetzt nicht her, die armseligen Worte und Nennungen, die uns jetzt zu Gebote stehen. Doch müsste die Sprache eigentlich, wie geboten, hinaufstürzen zu Bilderfluchten, zu einem mit Bildern bestellten Raum, zu Bildern und noch mehr Bildern, zum zusehends Lichteren. Namen müsste sie wissen für die unzähligen Schattierungen des Lichts. Mag sein, es wird einmal möglich."*

Die glänzenden Engel lachen dem Fluch ins Gesicht (vgl. Ps 2,4; 59,9): dem Fluchtod, der, mit der katastrophischen Sünde, den natürlichen Tod nahezu restlos überlagert und verhängt hatte, dessen Härte und Schwere unangreifbar schien – und der jetzt in Trümmern liegt. Der Fluchtod, Freund Hein, Feind Hein, ist nicht „natürlich", ebensowenig „des Lebens Bruder". „Der Moderne glaubt, der Tod sei ‚natürlich', solange er nicht an der Reihe ist".[279]

Ostern fällt den Fluchtod an, zeigt sich als Einfallstor des Unbegreiflichen: dass der Auferstandene ihn niedergemacht hat. Bestürzung, ein Geschütteltwerden, bemächtigt sich der Frauen („Zittern und Entsetzen hatte sie ergriffen"; Mk 16,8). Sichtbar ist eine gewaltige, ausgreifende Trotzkraft auf der Welt, Weltfremde, eine Gegenwelt, Systembruch, Zerwürfnisse, Unwillen und heiliger Zorn und Empörung, das härteste „Trotzdem" der Welt: das gegen ein indifferentes Schweigen und die endgültige Belanglosigkeit allen Seins. Ostern kehrt sich ab von dem, was der liebeselende, abgerissene, für alle Zeit nackte Adam allzu gut kennt: vom grausam vertrauten Weggefährten, der nicht nur allem, was leben will, wahllos die Axt an die Wurzel legt, sondern der, vor allem, die Stimmen des Gotteslobs untergehen lassen will (Ps 115,17) – der uns verrückt anstarrt mit den Augen toter Tiere.

15.2 Wir sind ihm eine Unmöglichkeit wert.

Die neutestamentlichen Autoren schauen auf, sie ringen um Fassung (manchmal unterlaufen dem Briefschreiber Paulus Satzbrüche). Es ist um sie geschehen: weil es nicht zu begreifen ist, dass es ihn geben kann, diesen Menschen und Gott. „Unwahrscheinlicher als Jesus Christus ist nichts".[280] In keine einfache Gekanntheit kann man ihn je zurückholen. Erschütterung und Erschrockenheit ziehen durch das Neue Testament – wegen seiner Deutlichsprechung und Klarsprechung Gottes. „So ist es mit Gott. Eindeutig!", hält es mit Bestimmtheit fest, doch nicht ohne innezuhalten und ungläubig nachzufragen: „Aber inwiefern kann es überhaupt so sein?" Ein grenzenloses Staunen ergibt sich – wie beim Anblick eines Neugeborenen (meines Kindes).

„*Unserem Gott*", bekennen die Zeugen, „*sind wir eine Unmöglichkeit wert, das ewige Leben. Wir sollen auch leben, gleichgestaltet mit ihm, in Vereinigung unserer Schicksalslinie mit der seinen – ihm entsprechend, in Resonanz, ja, in neuer Körperlichkeit und Erdhaftigkeit, verklärt, erblickt und, mit gewaschenem Gesicht, selber schauend von Angesicht zu Angesicht, ihn leibhaftig erfahrend, in vollkommenem In-*

---

279 Dávila, s. Anm. 65, 48.
280 Botho Strauß, Die Fehler des Kopisten, 1997, 136.

newerden und vollkommener Freude. Das Vollkommene wird sein (1. Kor 13,10). Und ganz und gar erstaunt fragen wir: ‚Warum bist du so zu uns?! Warum so liebevoll?!'" Ganz und gar erstaunt. Erstaunt wie ein Kind. „Ein Kind von sieben Jahren ist ganz aufgeregt, wenn man ihm erzählt, Tommy habe die Tür geöffnet und einen Drachen gesehen. Ein Kind von drei Jahren aber ist schon aufgeregt darüber, dass Tommy eine Tür öffnete." (Chesterton)[281] Gibt es manchmal ein die Brust weitendes Entzücken? „Der Hauptgenuss ist Überraschung", schreibt Chesterton an anderer Stelle,[282] ein unverhofftes Entzücken darüber, dass die ins Dasein geholten Dinge sind, wie sie sind, dass sie antworten – mitunter vielleicht mit richtigen Erwiderungen auf falsche Fragen. „Man kann", heißt es, „ein Interview mit einer Gorgo oder einem Vogel Greif beschreiben, mit Wesen, die es gar nicht gibt; etwas ganz anderes aber ist es, die Entdeckung zu machen, dass das Rhinozeros existiert, um dann Spaß an der Tatsache zu finden, dass es aussieht, als ob es gar nicht existierte."[283] Und an anderer Stelle: „Soll ich euch das Geheimnis der ganzen Welt verraten? Wir haben nur den Rücken der Welt gekannt. Wir sehen alles von hinten, und es sieht brutal aus. Das ist kein Baum, sondern die Rückseite eines Baumes. Seht ihr nicht, dass alles ein Gesicht versteckt? Wenn wir nur herumgehen könnten, um es von vorn zu sehen!"[284] Denn: „Alle Güter sehen besser aus, wenn sie wie Geschenke aussehen."[285] Wunderbar sein Vorschlag, „die Tatsachen als Wunder zu empfinden".[286] Der Staunende „ist froh, dass das Blatt grün ist, gerade weil es scharlachrot hätte sein können. Er hat den Eindruck, als ob es eben erst grün geworden wäre, einen Augenblick, bevor er es anblickte. Jede Farbe birgt in sich die kühne Eigenschaft einer Wahl."[287]

„Wir müssen es wohl", so Barth, „unser Leben lang erst lernen, hier zu staunen, um dann zu wissen, was Staunen überhaupt ist." Folgerichtig setzt er das Staunen als Kennzeichen überhaupt nennenswerter Theologie an: „Ob dieses Staunen in ihr enthalten ist, daran scheiden sich die Wege eines ernsthaften, auferbauenden christlichen Denkens und Redens von denen eines nur scheinbar erbaulichen, im Grunde banalen, trivialen, langweiligen christlichen Sinnierens und Geredes. Und es fragt sich, ob diese Scheidung nicht tiefer geht als alle konfessionellen und richtungsmäßigen Scheidungen christlicher Theologie und Kirchlichkeit."[288]

---

281 Gilbert Keith Chesterton, Das Abenteuer des Glaubens. Orthodoxie, hg.v. Peter Schifferli, dt. o. J. (1947), 89.
282 S. Anm. 281, 52.
283 S. Anm. 281, 19.
284 Gilbert Keith Chesterton, Heitere Weisheit, ernste Späße, dt. 1988, 24f.
285 S. Anm. 210, 42.
286 S. Anm. 281, 101.
287 S. Anm. 281, 97.
288 KD IV/3, 331.

15.3 „Ist nicht alles wie nie?"

Mein Staunen kann sich zur Dankbarkeit klären. Es führt dann meinem Dank, dieser womöglich hellsten, lautersten Zone meines Ich, das Dankenswerte zu. Anlässe, die Zeit eben durch Dankbarkeit auszukaufen (Eph 5,16; Kol 4,5), den Augenblick zu pflücken wie eine Frucht, findet es genug. Canetti: „Allmählich begreife ich, wieviel da ist."[289] Das Beste meiner Seele ist die Dankbarkeit – die tiefer reicht, als es je ein Gefühl kann. Einfache Daseinsverwunderung kann sie sein. Dass ich da bin. Auf einmal habe ich die richtigen Augen. Zahlreiche „Hauptpersonen", kaum noch zu zählen, mir geschenkte und aufgegebene Menschen hält mein Leben vor, wahrhaft interessante, mächtige Dinghaftigkeiten und Reichtum und Dichte von Situationen ebenfalls und sogar – erkennbare Gottestage und -stunden.

Ausgekauft werden kann durchaus auch das Gewohnte und Eingeübte, in dem das Leben in einer Schleife doch nur festzuhängen scheint, der breite Streifen „Alltag" – der aber dann und wann, wie von Aufmerksamkeit angestrahlt, zu erkennen geben kann, besonders gesegnet zu sein. Das Durchdringen des täuschenden dünnen Films der Dinge, der Worte, der Erscheinungsbilder von Menschen, spricht sie dann los von einer Fraglosigkeit, die sie nicht verdient haben. Vielmehr haben sie Würdigung verdient, den Gruß der Aufmerksamkeit auch für das Beiläufige (des armen Vincents Bauernschuhe der Ewigkeit). Ehe sie da sind, hat man nicht von ihnen wissen können, ob und wie genau, in welchem veränderten Licht oder in Unschärfe entrückt sie ins Spiel treten. „Die alltäglichen Dinge sind schön und reich genug",[290] als hielten sie hinter sich unentdeckte Reserven vor. Unendlichkeit, zusammengefügt und zusammengeweht aus allerkleinsten Endlichkeiten. Sie können überrascht wahrgenommen werden, sooft der Verwunderte bis in ihre Nähe gelangt ist und ihre Details erst jetzt gewissenhaft auffängt. „*Jetzt!*", rufen sie ihn an und fragen: „Was zeigt sich heute anders? Andersfarbig, anders rufend, Anderes bedeutend. Und bemerkst du das Wandelhafte und Geheimnisvolle des Lebens? Und die Deutlichkeit dieses Jetzt? Wie auch dich selbst als den Unverwechselbaren?"

Auch in den Dingen – mag ein geringfügiger Anlass dazu genügen – zeigt sich ein Warten, dem aufmerksamen Vorgefundenwerden offen. Als ob sie, von einer eigenen Seele bewohnt, sich selber sagen und ihr Gesicht sehen lassen wollten – im Augenblick ihrer höchsten Sichtbarkeit und Epiphanie, wenn sie nicht nur „wie Geschenke aussehen", sondern eben als solche auch entgegengenommen werden. Ein Wunderbau der Welt. Dem Menschen zugewiesene Weltgeheimnisse. „Muster der Schöpfungstiefe auf der Außenhaut der Welt."[291] Tiefe und Wesentlichkeit von

---

289 S. Anm. 98, 192.
290 Robert Walser, bei: Carl Seelig, Wanderungen mit Robert Walser, Leipzig 1989, 9.
291 Ernst Jünger, Tagebücher 6. Reisetagebücher (= Sämtliche Werke 6), 1982, 304.

Oberflächen. Unübertroffener Meister der umständlichsten und eindringlichsten Registrierung des Wirklichen und einer zum Äußersten getriebenen Achtsamkeit für Menschen und Dinge, Atmosphären und Geheimnisse, Vollendungen und Gebrochenheiten: Marcel Proust.

Sicherlich, ich weiß, dass ich die Wunder, die die Tage und Stunden mir zutragen, dem Schöpfer verdanke. Aber selten genug, wenn kostbare Zeit vergeht, werde ich ihnen gerecht, werfe vielmehr das Jetzt fort, lebe über es hinweg, besser unter ihm hin, und treibe schnell ab von seinem Leuchten, seinem Schein und seinem möglichen Zugriff auf mich. Der unbewältigte Augenblick. Unzählige Schattierungen entgehen mir, dem unachtsamen, fieberhaften Zeitverbrenner und Zeittotschläger. Der jedesmal allerdings mehr als die Zeit totschlägt. Der, trotz wiederholter Versuche, das „Auskaufen" nicht richtig begreift, die Einmaligkeit der Augenblicke, ihre besondere Intuition, nicht selten gedankenlos verkennt und die Stunden verbrennt. Allenfalls Träume oder vage Erinnerungen halten sie dann ein wenig fest. Wo die Welt es doch jedesmal zuließe, „im Gemeinen einen hohen Sinn, im Gewöhnlichen ein geheimnisvolles Ansehen, im Bekannten die Würde des Unbekannten, im Endlichen einen unendlichen Schein" zu bemerken. Dieses „Gemeine" (des Novalis),[292] in Augenblicken illuminiert, bedeutungsfähig, mag ein Kristall sein, an dessen durchsichtigen Bildungen dem Blick zugleich Oberfläche und Tiefe einleuchten.

Hochgefühle? Ja. Wenn nämlich der überhaupt lichteste Dank eine Seele durchfährt, in den Momenten der Gottes- und der Anwesenheitsgewissheit.

„Wach auf, der du schläfst, und steh auf von den Toten, so wird Christus dir leuchten" (Eph 5,14). Auch Voraus-Gewissheit: Nur einen kleinen Schritt wird mir der Auferstandene voraus sein und dann, beim äußersten Transit, von drüben her meine Hand nehmen, meine alte Hand, die sich jedesmal festkrallen wollte. Ich werde dann sofort aufwachen. „Ich will satt werden, wenn ich erwache, an deinem Bilde" (Ps 17,15), und der geliebte Mensch auch, der Nächste und der Feind auch. Ich kann mich daran halten: *„Ich soll auch leben, er auch, sie auch!"* Denn sein „Auch" und „Beinahe schon" hat nach mir gegriffen, hat mich einberufen und mir, Gott sei Dank, keine Wahl gelassen – mich schon hinübergesprochen, eingezeichnet in das Gemälde seines Lebens und hat damit zugleich die Teufelsbilder, die in mir gespukt haben, wirksam übermalt.

Einstweilen nichts als ein schadhaftes, hoffnungslos verworrenes Knäuel, geflochten schon in Erstorbenheit und Tod, in angstvoller Erwartung dessen, dass „der Faden abgeschnitten wird" (Jes 38,12), präsentiert sich mein Leben, die Zeit innerhalb wie außerhalb meiner selbst, als auf das ewige Leben hin angelegt. *„Du lässt mich auf dich zukommen – ich danke dir, Vater, Uralter, ganz Neuer, Gott, ich*

---

292 Zit. bei: Rüdiger Safranski, Romantik. Eine deutsche Affäre, 2007, 13.

danke dir von ganzem Herzen, von ganzer Seele, von allen Kräften und von ganzem Gemüte."

Hat sich der Dankbare jedoch im Christus-Wunder gefunden, erheben sich Schwärme von rauschenden kleinen Dankbarkeiten in den Himmel. „Ist nicht alles wie nie?"[293] Unstete, wechselvoll atmende Farben- und Schattenspiele von Landschaften, Kinder-Blicke, ein Kinder-Lachen, der Geschmack einer Madeleine, der Vergangenheiten heraufruft, nehmen wunder und sind Anlass zur Dankbarkeit: das Fluidum eines Festes, ein Nachthimmel, in den schon Hiob schaute im Lande Uz (Hiob 22,12), eine „Flamme von Sternen" (Weish 10,17), ein fein bronzefarbener Leuchter (Mt 5,15), ein Buch, das ich wieder und wieder lese, ein Lebensmoment, den ich nicht vergessen werde, als wäre er ein aufmerksames Geschenk von unerwarteter Seite, ein Wiederfinden der alten Liebe (in der immer noch ein Traum ruht), die Aufklärung eines frühen erstarrten Missverständnisses, eine glückliche Versöhnung. Signale der alltäglichen Dinge, mit denen man schon so lange lebt, dass man sie nicht mehr sieht – jetzt als zugeschickt erlebt. Die großen Momente, verpackt in kleine, sprühende Augenblicke. Kleines darf Großes meinen. Für Hölderlin ist das Wort „Welt" gleichbedeutend mit: „dort, wo die Wunder sind".[294]

Unser Gott, der „niedrig wird und gering" (EG 27,3), macht eigens das Niedrige sehen, gibt auch das harmlose Vergnügen und den kleinen Genuss ins Herz hinein, schenkt auch, zwei, drei Herzschläge lang, die ungeahnten Lichtblicke – die ja als unerhört gesegnet erfahren werden können. Etwa als Rücknahme von Überbürdungen, als Zuspruch von überraschender Seite, auch als schlichte Lebenszufriedenheit (mit seiner Lebensreise zufrieden sein). Als „das Sanfte und das Gute",[295] wo es uns in Momenten in Gestalt deutlicher Menschen förmlich überkommt. Wenn uns Sprache und Gedanken zugezaubert werden. „Das Leben ist übersät mit solchen Wundern."[296]

Anders gefragt als üblich: Wie kann Gott so viel Schönes und Glückliches, Erfreuliches, wie kann er Wunder zuhauf „zulassen"? Oder ist das selbstverständlich, und jeder und jede kann einen Anspruch darauf geltend machen? Das wäre nichts als finsterer Undank, wäre ganz und gar verdrehte menschliche Gerechtigkeitserwartung. Aus Gottes Gerechtigkeit fließen Freude und Hingerissensein, Zufriedenheit und die richtigen Augen – von ihm, dem „Brunnen aller Güter" (EG 447,6), der uns mit dem Dahingegebenen „alles" schenkt (Röm 8,32). („*Es wird einem auf der Welt nichts geschenkt.*" – „*Es wird einem auf der Welt von Gott alles geschenkt.*")

---

293 Strauß, s. Anm. 151, 17.
294 S. Anm. 7, Bd. 1, 370.
295 Benn, s. Anm. 12, 301.
296 Proust, s. Anm. 5, Bd. 3, 100.

15.4 Die Gesamtmerkwürdigkeit des Lebens

Überallhin entdeckt die Bibel Spielräume: vom Hochgefühl und von der großen Freude hin zu der verschwiegenen, leisen Beglückung – wenn die „Gesamtmerkwürdigkeit" des Lebens[297] gerade nicht als unglückbringend, sondern als Reichtum erfahren wird.

Als ob vorwegnehmend herausklänge aus dem Alten Testament, was dann in der Menschwerdung Gottes, wenn Gott sich in die Zeit lenkt, seine Erfüllung findet, in Bethlehem und seinen Folgen: Wonne, Jubeln, Jauchzen, Frohlocken, fröhliche Gesänge, Freude als ein Geäder, von dem das Leben durchzogen wird. Wir haben Frieden mit Gott (Röm 5,1). Manchmal kann man vielleicht, zu Gott in ein neues Verhältnis gesetzt, in den Tag hineingehen wie beim ersten Ausgang eines Genesenen, in ein zweites demütigeres Leben.

Suche Freude, kehre dich ihr zu, Befriedeter, Versöhnter, Dankbarer, Genesener! Siehe! „Sehet, was vor Augen liegt!" (2. Kor 10,7)

Banalität des Guten? Sentimental? Vielleicht. Unter Umständen ist es gar nicht genau zu unterscheiden: Erntefreude, Siegesfreude, Hochzeitsfreude, Festfreude, Oster- und Weihnachtsfreude (im Gewirr der weiß durchwehten Straßen der kleinen Stadt, ein Meeresarm durchschneidet sie, ein Kindertraum, kindliches Glück), die großen oder die schönen kleinen Wunderwerke und Vorfälle des Lebens, der Falke auf der Faust, das freie Atmen, Weltneugier und aufgeregte Wissbegier, das heiße Licht eines Vormittags in einem Sommeraugenblick, meine Hand ergreift einen sonnenwarmen Stein, die Rührungen: das Gedicht „Andenken", auch der traurige Turm am Neckar, schlafender Wächter, von schwirrenden, krächzenden Unglücksvögeln umkreist, das Violett der Disteln, dieses Wunder von Herbstfarben, „Herbst, dies Zögern, das so rührt".[298] In gleißendem Schneelicht über den unberührten Januarschnee laufen (seine weiche Dämpfung), die gute Mattheit, zu guter Kindheitsmüdigkeit zurückkehren, sich gern aus der Hand geben: der Schlaf (Ps 4,9; Schlaf sogar „mitten im Meer" oder „im Mastkorb" Spr. 23,34), der bunte Staub, der die Schmetterlingsflügel färbt, der gesunde Appetit, der knisternde Speck in Großmutters Pfanne, dem Schmatzen eines Igels zuhören, genug Nordmensch sein, sich gegen den kräftigen Wind, den Atem des Meeres, zu lehnen, auf der Nordseeinsel auf das rätselhafte Raunen der Brandung lauschen, am Ufer an kurzem Strick den schnaubenden Esel führen, dessen Hufe ein wenig Seetang mitschleppen, mit dem Ausritt am Strand und der Ausfahrt. Möchte es immer so weitergehen am Meer, die Segel liegen ja alle schon nebeneinander, die von Salamis, die von der *Mayflower*, die von Joseph Conrads *Nellie*. Möge es immer so

---

297 Wilhelm Genazino, Ein Regenschirm für diesen Tag. Roman, 2003, 94.
298 Benn, s. Anm. 27, 67.

weitergehen, wenn William Turner das von Blau gesättigte Licht in große Linien setzt, bis hin zum Himmel. Dann auch der blaugekleidete Sommerflirt (ein junges Mädchen des Vermeer van Delft), die Bezauberung durch ihre bloße Gegenwart, die Albernheit mit ihr, die kleine Ladung Kunterbuntes, der selige Kitsch (weil man manchmal auch ihn lieben darf). Sehen und nicht mehr vergessen, wie „Baptiste", Jean-Louis Barrault, an dem vermeintlich Blinden vorbeischleichen will (*Die Kinder des Olymp*), wie der „Fürst von Salina", Burt Lancaster, ehrfürchtig in die Knie geht (*Der Leopard*), lesen, dass Thomas Buddenbrook zum Senator gewählt wird, das hohe g des Cellos, des symbolischen Lichts in der Nacht, mit dem Thomas Mann im *Doktor Faustus* das Oratorium Adrian Leverkühns ausklingen lässt[299], mit Entzücken bei Proust von den „jungen Mädchen in ihrer Blüte" lesen, die, ewig vor dem gleichen grünen Meer, lachen und schwatzen (die „kleine Schar" der Mädchen: ein „Fluktuieren einer in Bewegung befindlichen Schönheit"[300]; Anmut, um die man bangt, die auch in absehbarer Zeit vergeht), dass es, scheinbar beiläufig, heißt: „Er neigte sich aufmerksam ihrer Schulter zu".[301] Bei Tranströmer lesen „Die Lupinen recken sich, als wollten sie das Meer sehn".[302] Vom Schwung erfasst werden, wenn der Stehgeiger spielt, das ausgelassene Schlagen der Trommel hören, die eigentliche „Doktrin" ungefähr begreifen: „Schlage die Trommel und fürchte dich nicht, / Und küsse die Marketenderin!" (Heine, *Doktrin*).[303]

„*Sehet, was vor Augen liegt!*" Freigelegt hat der Dank die Seele der Dinge. Jetzt erst kennt er sie wirklich. Sie können wie Wesen sein – wenn sie als anerkennens- und dankenswert ausdrücklich wahrgenommen werden. Als ob sie harren und abwarten – und dann, enthüllt, ihr Aussehen verändern und sich ins Wirkliche wenden. Weder kann man ihnen näher kommen noch sie fester und herzlicher gleichsam umarmen, als wenn man sie als Zuweisung und Schenkung würdigt. Dietrich Bonhoeffer schreibt: „Dem Dankbaren wird alles zum Geschenk." Die wache Dankbarkeit „umschließt alle Gaben der erschaffenen Welt. Sie umfasst auch den Schmerz und das Leid. Sie durchdringt die tiefste Dunkelheit, bis sie in ihr die Liebe Gottes in Jesus Christus gefunden hat. Danken heißt ja sagen zu allem, was Gott gibt, ‚alle Zeit und für alles' (Eph 5,20)."[304]

Wie ein Weberknecht über die glitzernde, silbrige Haut der Wasseroberfläche zu gleiten, unbekümmert um das, was sich darunter aufhält, wird dann allerdings nicht mehr möglich sein. Der tief erschrocken wissende Satz „Gott hängt die Erde

---

299 Doktor Faustus. Das Leben des deutschen Tonsetzers Adrian Leverkühn erzählt von einem Freunde, Stockholm 1947, am Ende von Kap. 46.
300 S. Anm. 5, Bd. 4, 479.
301 Conrad, s. Anm. 4, 54.
302 S. Anm. 25, 222.
303 S. Anm. 9, Bd. 7, 412.
304 Konspiration und Haft 1940–1945 (= DBW 16), hg.v. Jürgen Glenthøj u. a., 1996, 491.

über dem Nichts auf" (Hiob 26,7) erinnert daran – lässt aber womöglich, wenn die Gehaltenheit in das Nichts mit einem Mal erkannt wird, nur desto mehr diese unermessliche herrliche „Oberfläche" würdigen, den zarten Schleier über schwarzen Tiefen. Womöglich stellt sich ein Gefühl für die Kostbarkeit der Daseinsaugenblicke ein, für die wesensmäßige Geheimnishaftigkeit auch des Vertrauten, des scheinbar Oberflächlichen: für jeden Tag, „den Gott werden lässt". Dessen Zuwendungen, unvermittelte Dringlichkeiten und Aussichten, die das Alltägliche bereithält, mag sein auch nur Irritationen oder Verstörungen, werden nicht mehr übergangen. Für Sekunden vielleicht wird den Lebensaugenblicken etwas Unverzichtbares und Unausweichliches entlockt. Tröstlich sogar, wer weiß, ein besonderer Wind, der durch unsere hilflosen Worte geht und sie sich greift: „Ich meine manchmal, wir schreiben für den Wind, der unsere Blätter braucht, sie auf seine Weise einem uns unverständlichen Weltbau zuzutragen".[305] Muss ich denn den Weltbau tiefer begreifen? Nein.

Wie fühlt sich die Welt an? Die Gegenwart des geliebten Menschen, seine „herrliche Fremdheit"[306] nimmt der Dankbare als unwahrscheinliche wahr. Sogar – in neuem Lebensgefühl – gewinnt vielleicht das Leben in seiner Gesamtheit eine eigene Fraglosigkeit und Unglaublichkeit und kann man ein Entzücken spüren, weil die Dinge so sind, wie sie sind? Ein freier Flügelschlag der Weltempfindung? Ich weiß ungefähr, was ich fühle, aber ich kann es nicht in Worte fassen. Barth spricht von Augenblicken des Lebens, in denen „etwas aufblitzt an Erfüllung, in denen durch alles Laufen, alle Anstrengung, allen Kampf und Krampf hindurchbricht die Dankbarkeit dafür, dass er es leben darf"[307] – blitzhafte Präsenz, welche die Fährten und empfindlichen Wegspuren des eigenen Lebens ausleuchtet und vielleicht sogar ein wenig verstehen lässt, Seufzer einer ungeahnten Erlaubnis und Gewährung. Die Dinge – erfahren eben als ihm vorgelegt, ihm nahegelegt – haben sich dann dem Dankbaren zugewandt. Er führt Zwiesprache mit ihnen. Kann man ihnen ansehen, dass sie jederzeit aufblühen können? In mythischem Glanz mitunter? „Alle leben sie noch, die Heroenmütter, die Inseln, / blühend von Jahr zu Jahr",[308] die aus dem glitzernd bewegten griechischen Meer herrlich aufsteigenden Inseln. „*Leukée* – die weiße Insel des Achill",[309] vielfältig weiß, in leuchtenden Stufen.

„Siehe!" – das bezwingende biblische Wort, es ist durchaus als entschiedene, verbindliche Aufforderung zu hören.

---

305 Wolfgang Koeppen, Gesammelte Werke in sechs Bänden, hg.v. Marcel Reich-Ranicki, 1990, Bd. 5, 249.
306 Mascha Kaléko, Das lyrische Stenogrammheft, 1974, 50.
307 KD III/4, 430.
308 Hölderlin, s. Anm. 7, Bd. 1, 296.
309 Benn, s. Anm. 12, 192.

15.5 „Ihn kennt – Der Dank."

Nein, damit nicht genug. Es darf eine menschliche Erwiderung geben, einen bereiten Widerhall, für Gott gedacht, unsere eigene, persönliche Antwort, mit vollem Anteil: „Wir können nur mit uns selbst danken"[310] – im einem ausdrücklichen, umfassenden Dankgebet, in dem wir ganz enthalten sind.

Allerdings: „Ich, Bettler, der ich bin, sogar an Dank bin ich arm" (*Hamlet*).[311] Sichtlich taugt das Vokabular der Zeit zum Ausdruck von Dankbarkeit erbärmlich schlecht. Sie hat dafür keine Sprache (nichts erscheint dafür untauglicher als der überall geübte Sarkasmus, das Verliererlachen dessen, der sich für den Sieger hält). Vornehmlich aber: Sie weiß nicht, an wen sie sich wenden soll – wenn man nur „Glück gehabt" hat, einfach so. Wenn man gerade noch „dem Tod von der Schippe gesprungen ist" (unzählige Male verschont, ohne es zu merken). Nicht in die Massenkollision auf der Autobahn geraten. Wenn die Atomraketen doch nicht in Marsch gesetzt worden sind (weil ein sowjetischer Offizier sich halbwegs sicher war, dass es sich um einen Fehlalarm handeln müsse). Wem ist zu danken? Der Politik „gegenseitig zugesicherter Zerstörung" (*Mutually Assured Destruction*; MAD)? Die sich vom Dämon, der allerdings lange warten kann, fast 80 Jahre prekären Frieden garantieren lässt und sich das selber als Verdienst zurechnet. Wem ist zu danken? Denn doch einer dem eigenen Überleben verpflichteten Rationalität der aufgeklärten Menschheit?

„Je glaubwürdiger wir einander atomar abschrecken, je weniger der Gedanke an Konfliktscheu und ‚Abschreckungs-Impotenz' aufkommt, desto sicherer sind wir. Allerdings darf es keine Missverständnisse geben, Zwischenfälle, Alarmauslösungen etc., dürfen sich keine Fehler einschleichen oder durch die Systeme durchfressen."

Kein irgendwie Böses darf eine Rolle spielen bei denen, die irgendeinen Zugriff haben, keine Verrücktheit, weder bei Machthabern noch bei Mitarbeitern. Und terroristische Gruppen? Darf man ihr Eingreifen ausschließen? Nicht auszudenken, wenn sich ein Diktator, hier oder dort, nicht abschrecken lässt und aus dem System ausbricht. Ist das extrem oder doch nur relativ „unwahrscheinlich"? Offenbar muss die Unwahrscheinlichkeit genügen.

Wem ist zu danken? Dem Räderwerk des unbegreiflichen Schicksals? Das „ein Einsehen" hatte? Einer Ursache oder einem Urheber? Alles von Gnaden Gottes oder von Gnaden des Menschen als des „Geschäftsführers der Weltvernunft"[312] oder des aufdringlich hässlichen, blinden Dämons? Kommen Heil und Unheil von ungefähr oder von Gott?

---

310 Heidegger, zit. bei: Hannah Arendt / Martin Heidegger, Briefe 1925 bis 1975 und andere Zeugnisse, hg.v. Ursula Ludz, 2013⁴, 13.
311 Zweiter Aufzug, 2. Szene.
312 Benn, s. Anm. 3, 135.

„Dankbarkeit sucht über der Gabe den Geber".[313] Danken kann man nur Gebern. Kein freies Gegenüber aber, kein allmächtiger Gott („der Wolken, Luft und Winden gibt Wege, Lauf und Bahn"; EG 361,1), kein Christus, natürlich nicht, scheint dem modernen Menschen entgegenzukommen, ihm zu widerfahren oder in den Weg zu treten. Anderes, das ihn umso einsamer macht und ihm jedesmal den Preis seiner Seele abverlangt, nimmt diesen Platz ein, Blendendes, Nichtiges, er geht in die Irre und reißt andere mit, ein Blindenführer mit weißen, leeren Augen voll Entsetzen (Mt 15,14), angewiesen auf ideologisch betreutes Sehen und Wollen – und muss trotzdem alle Zeit sich selbst, die Dekadenzgestalt, für klug halten (Röm 12,16). Er will nicht die schmutzigen, schwefelgelben Hände zum Gebet falten und sie auf diese Weise „reinigen" (Jak 4,8; Hiob 9,30), sondern immer nur tätig (und bald überfordert und unbemerkt abhängig geworden von seinen Produkt-Welten) in die Hände spucken, um alles selbst zu machen, „pragmatisch", als „Macher" (der aber vor allem Gott totmachen will).

„Hilf dir selbst, dann hilft dir Gott" (es geht allerdings, wenn einmal ausgetestet, auch ohne ihn und besser ohne ihn). Ps 108,13 bricht damit: „Menschenhilfe ist nichts nütze." Deshalb: „Danket dem Herr, er ist freundlich, sein Guttun an uns währet ewig" (Ps 106,1).[314] Nur abwegig klingt ein solcher Ruf unter den Bedingungen gegenwärtiger Herkömmlichkeiten (auf deren Grund aber die Bitterkeit liegt). Für das Dankgebet, eben nur für Gott gedacht, hat der eitle Geist der Zeit nichts als Geringschätzung und Missachtung.

Kann man sagen, wohin diese Schritte dann davontaumeln? „Wo bist du, Adam? Wo gehst du hin?"

Das Dankgebet atmet, spricht, singt – gelangt damit aber in eine Klang-Sphäre der Singweisen, Tonfarben, Melodien, sieht sich zugehörig einem über den Einzelnen weit hinausreichenden, durchtönten Raum, findet Anschluss an ein „Tremolo / von verborgenen Instrumenten",[315] an eine geheime, helle, entführende Sphärenmusik, die die Geschöpfwelt, meerweit, himmelweit, in Gänze einbegreift, Himmel und Erde – die alle, schon ohne Zutun des Menschen, ihm voraus, Gott loben (Ps 19,2), dem Herrn ein neues Lied singen (Ps 96,1), „singen von der Gnade des Herrn ewiglich und seine Wahrheit verkündigen" (Ps 89,2), nicht vergessen haben, was er ihnen Gutes getan hat (Ps 103,2), in Fluss geraten, sich auf ihn zu bewegen, auf ihn zu stürzen, auch tatsächlich zu ihm gelangen, ihn erkennen, wie er ist. Selbst die Hügel, so singt wunderbar enthusiastisch der Psalm, „gürten sich mit Jubel" (Ps 65,13). Der Psalm begeistert sich an Gott, ebenso der Choral: „Himmel und Erde, erzählet's den Heiden: Jesus ist kommen, Grund ewiger Freuden" (EG 66,1).

---

313 Bonhoeffer, s. Anm. 304, 491.
314 So gibt Kolbe (s. Anm. 71, 41), den Vers wieder.
315 Tranströmer, s. Anm. 25, 18.

Auch „des Nachts wird deine Wahrheit verkündigt" (Ps 92,3), wenngleich die Nacht mit ihren fremden Lauten von sich aus nur von uralter Einsamkeit und Grenzenlosigkeit spricht und „Finsternis" sich als die einzige „Vertraute" zeigt (Ps 88,19), wenn ich Trost brauche, Gespenster um mich her: wenn „mich von Herzen verlangt nach dir des Nachts" (Jes 26,9). Auch die Verstorbenen, die schaurig Gebetslosen, werden Gott danken (Ps 88,11). Ausnahmslos werden „alle Zungen bekennen, dass Jesus Christus der Herr ist" (Phil 2,11). Herrlich dann Hölderlins Wendung: „Ihn kennt / Der Dank."[316] Wenn der Dank sich unmittelbar Gott zukehrt, meint er ihn nicht nur, sondern erreicht ihn (Mt 7,7) – mitunter bei jubelndem, nahezu körperlichem Erkennen (dem nichts entgeht). Gott will uns ja mit allem ihm zugekehrt wissen. –

Wir haben in diesem Kapitel einen weiten Weg zurückgelegt: vom Osterwunder bis zum Dankgebet für Alltägliches. Natürlich, viel mehr wäre zum Thema „Gebet" auszuführen und zu rühmen. Das Gebet erweist sich ja als die einzige wirkliche Ekstase des Menschen, der eigentliche, von Gott gewollte menschliche Atem, es lässt aus sich heraustreten und versetzt an den Ort des Geheimnisses der Sprache. Doch bleibt es darum immer auch Streitraum und für alle Feinde offen zugängliche, heikle, womöglich brandgefährliche Gefechts-Arena.

Aufgetragen ist die dem Beter alles abfordernde Fürbitte: mit Liebesneugier, mit guter Neugier auf die Seele des Nächsten, mit dem minutiösen Blick auf das, was er liebt und braucht und was von ihm abgewendet werden muss (bei Sturm sagte sie: „Man muss jetzt an die auf dem Wasser draußen denken!"[317]) und dann vielleicht auch mit der Frage an ihn, welches Leiden ihn quält, das Bittgebet und die ihm folgende Erwartungsstille. Ekstase und Aus-sich-Heraustreten ist auch der rauhe Klagelaut beim alten Menschenleid, der nicht unterdrückt, aber womöglich überstiegen sein will, umso mehr schließlich das Gottes- und Christuslob der reinen Anbetung, die nach den Engeln ruft, die vielleicht mehr singen als sagen möchte, Ungeschützteres, Wahreres, Mutigeres, und in der dann die hohen wie die tiefen, die jungen wie die alten Stimmen sich zum „unendlichen Lob"[318] verflechten.

Herr, Christus, schreib deine Auferstehung ein in meine Gebete!

Der unablässige Dank für das Christus-Wunder (Röm 12,12), für das Sein-zum-Leben, in dem allein gut sein ist. Der Herr des Seins setzt ins Leben ein. Der Dank zeigt sich als durchdringendes, lauteres Bewusstsein und verleiht dem Dankbaren eine Anwesenheit sondergleichen. Wir haben wunderviel zu danken. Wer soll damit zu Ende kommen? „Wir sind Bettler, das ist wahr" (Luther).[319] Wunderviel ist zu

---

316 S. Anm. 7, Bd. 1, 331.
317 Tranströmer, s. Anm. 25, 138.
318 Rilke, s. Anm. 110, 492.
319 WA 48, 241f.

danken: auch mit jenem „Dank, der öfters umso wahrer ist, je ungeschickter er sich ausdrückt",[320] mit dem kleinen großen Dank, also etwa für diesen Tag, einen Tag zum Verwundern.

---

320 Hölderlin, s. Anm. 7, Bd. 2, 833.

16. Christustrotz, warum

Tod – wo ist dein Stachel? Hölle – wo ist dein Sieg? (1. Kor 15,55)

16.1 „Der Herr thront über der Flut."

Ein Brand verzehrt die alte Welt – den Fluch (Gal 3,13), das Höllische, die ewige Marter (Lk 16,23ff). Niemand vermag die geöffneten Türflügel wieder zuzuschlagen (Offb 3,8). Nie wieder wird die schwere Golgatha-Finsternis gewaltsam gegen das zerbrechliche Haus der Welt schlagen. In grauenvoller Spanne, von der sechsten bis zur neunten Stunde (Mt 27,45), hatte sie die zahllosen, endlosen Finsternisse der Sünde zusammengeworfen in die Hölle der Gottverlassenheit. Dem Todes-Fauchen (1. Kor 12,3), dem Lästern-zum-Tode (Lk 23,39), dem Insistieren auf der Fäulnis (Mt 8,22) und der unausweichlichen Verwesung des Lebens (Joh 11,39) setzt Gott den Auferstandenen entgegen, den Menschen, in dessen Herzen und Verhalten von jeher ein Feuer brannte, von dem deshalb Feuertaufe und Taufe ausgehen (Lk 12,49; Hebr 12,29), weil er mit seiner Auferstehung „die Werke des Teufels" buchstäblich niederwütet (1. Joh 3,8).

Allesamt berichten die neutestamentlichen Texte von der Erfüllung der prophetischen Verheißung: „Zu der Zeit wird der Herr heimsuchen mit seinem harten, großen und starken Schwert den Leviathan, die flüchtige, die gewundene Schlange, und wird den Drachen im Meer töten" (Jes 27,1). Denn der Mächtige „zerbricht die Köpfe der Drachen über den Wassern, zerschlägt die Köpfe des Leviathan und gibt ihn zum Fraß dem wilden Getier" (Ps 74,13f).

Der Fluchtod, Zutreiber zum Nichts – war gestern. Seiner Wirkung ist er jetzt beraubt, der Fluch ist ihm entrissen, er muss das Feld räumen, er hat dem Triumph (1. Kor 15,55) nichts mehr entgegenzuschlagen, seine Hegemonie ist gebrochen, die unartikulierte, unmenschliche Stimme erstirbt, Hoffnung findet sich entschränkt, zum ewigen Leben hin. Insofern gewinnen Sehnsucht, Bitten und Erwartung neuen Mut, weil mit Christus, dem Auferstandenen, dem hellen Wasser des Lebens (Joh 4,14), die verfluchte Verwesung in die Gottferne – weggeschwemmt wird. Fortgerissen wird das alte Regime mit seinem unaufhörlichen Vernichtungstreiben, seinen Giften und dem zuweilen tief abgetauchten Leviathan („Auf seinem Nacken nächtigt die Stärke, und vor ihm her tanzt die Angst." Hiob 41,14). Wie das tobende Wasser der fauligen Sintflut läuft die alte Zeit ab. Das Perverse, „die Erde, verderbt vor Gott und voller Frevel" (1. Mose 6,11), ersäuft. Der Herr aber „thront über der

Flut" (Ps 29,10). „*Hölle – wo ist dein Sieg?*" Paulus ruft es dem reißend abfließenden Strudel des Bösen nach.

„Wie können Sie so etwas ernsthaft sagen?! Bringen Sie das Gewicht? Überheben Sie sich nicht, Zeltmacher, Paulus von Tarsus!" „Was liegt an Paulus von Tarsus. Darum kann ich es sagen, halten zu Gnaden, weil es die Wahrheit ist."

Entgegen allem: trotziger Neubeginn. Christustrotz. Richtungsgewissheit. „Komm! ins Offene, Freund!"[321] Endlich wird das Jetzt befreit. Die Verfluchungen von gestern zwingen zu nichts („Ich werde dir niemals verzeihen"). Keinesfalls müssen sie aus eigener Wucht und Schwungkraft weiterlaufen. Ihnen kann von der Vergebung der Sünden alle Kraft entzogen werden – so dass nichts aus ihnen folgt. Allein für ihn vorgesehene Anfänglichkeit wird dann für den Einzelnen freigegeben: so dass er beginnen kann, einen neuen guten Anlass für sein Leben zu gewinnen, „seines Weges" zu gehen (was bedeutet, auch einmal kurzerhand abzubiegen), seine eigene Notwendigkeit zu finden und genau auf den ihm bestimmten Stern zuzugehen. Für Lebenserfassung und Weltwissen erschließen sich unentdeckte, unbetretene Areale, die vorher unzugänglich erschienen. Jedes Jetzt bleibt geeignet, zum Ort starker, unbelasteter Erfahrung zu werden, kann Unentdecktes und Unbekanntes zu fühlen, zu erleben, aufzufassen geben. Den Freigegebenen mag der Neubeginn dann unter eine belebende Daseinsspannung aus Krise und Erwartung setzen, aus welt- und erfahrungshungriger Lebensneugier. Füllen will er seine Augen mit neuen Bildern. Vielleicht warten nicht geheure Begegnungen, womöglich denkbar ferne, unentdeckte, tropisch grünverhangene Inseln, Archipele wie Festländer der Freiheit in den bedrohlichen, launenhaften Meeren der Unfreiheit.

Doch kann sich bei alledem der ins Offene Geschickte, „unter dem Schatten" der Hände Gottes (Jes 51,16) wissen, unter Begütigung, in wunderbarer Weile und Geborgenheit. Diesen Ruf „Komm! ins Offene, Freund!" kann er als Bitte dessen vernehmen, der die Sünden vergibt – weil dieses „Offene" die genaue Offenheit nach oben meint, den freien Ausblick zum Vater, wenn emporgetaucht wird, heraus aus der Erstarrung der Umnachteten (die jedesmal nur finster und dümmlich den Blick zu Boden sinken lassen).

Wollen wir seiner Bitte folgen, Nachfolgende werden, wie Durstige trinken, ihn hören, passioniert, unersättlich hören, wie er von außen und dann auch in uns selbst spricht? Was hören wir? Die unerbittliche Aufforderung, unser ganzes Wesen vom Tod abzukehren. Was zeigt sich denn überhaupt als ein „Anfang"? Dies: „Trotziger Neubeginn! Ich bitte dich zu mir. Komm! Gehen wir. Freund! Gehen wir gemeinsam fort. Hinüber zu diesem geheimnisvoll illuminierten Saal – dort drüben. Es ist nicht weit. Trinken wir dort von einer anderen Schale!"

---

[321] Hölderlin, s. Anm. 7, Bd. 1, 308.

Von der Lebensgründung des Auferstandenen, von neuer Seinsverfassung, einem Morgenreich, wird alles Sein überkommen. Mit einer Initiative, die die alten, verdammten Schlüsse sistiert, trägt es sich zu. Die Schalen des bisherigen Lebens werden zertrümmert? Ja, damit es in neuen Schalen aufgefangen wird. In menschliche Lebensgeschichten, in ihre Gesetze und Gebete schreibt sich ja die Auferweckung Jesu Christi ein – wird in sie hineingegeben, hineingeboren, greift sie auch an. Sie lässt auf diese Weise ungezählte einzelne Initiationsgeschichten anbrechen, wie unverhofft auftretende Zonen des wieder Heilen auf verbrannter Haut.

Jetzt ist eben neue Frühe vorhanden, Herrgottsfrühe, weil der Tod von Grund auf sein Wesen umgewandelt hat. Initiation findet statt, ein Losbinden, so etwas wie die Erlösung der Ankünfte und Anfänge. „Engel, auf den Urgefilden / die ihr den Anfang losbindet".[322] Nelly Sachs entwirft ein Bild von eindringlicher Schönheit, doch sprechen wir genauer vom Auferstandenen, von dem einen Hüter tatsächlicher Anfänge nicht nur, sondern sogar von dem Herrn der Andersanfänglichkeit selbst: als einem neuen Vorfeld, als der Weise, wie überhaupt Einsatz, Eröffnung und Ursprung stattfinden können: ewige Neuheit, Aufbruch in ein nie erprobtes Leben, Aufbruchsgestimmtheit. Er, auf den „Urgefilden", bindet das Neue los: als der Erfinder maßlos guter Anfänge, maßlos neuer Kreatur (2. Kor 5,17) – in dem die Herrgottsfrühe schon anhebt, der neue Äon von weither. Alles präsentiert sich als umgegründetes, jetzt erst unbedrohtes Christus-Land, abgedichtet gegen das Nichts und das grausam Widersinnige, „die Pflöcke fest" (Jes 54,2), „die Mauern auf Edelsteine gestellt und der Grund mit Saphiren gelegt" (Jes 54,11), der harte Diamant, geschliffen, um dem Licht im Stein hundert Wege zu bahnen.

Dieser Erfinder erweist sich als der Lebenstrost, „mein Tröster früh und spat" (EG 1,3; Jes 51,12), der „Trost Israels" (Lk 2,25), eine Stärkung des Herzens (sich als ein Ich wiederaufzurichten). „Du höchster Tröster in aller Not, hilf, dass wir nicht fürchten Schand noch Tod" (EG 124,4). „Fürchte dich nicht, du von Gott Geliebter! Friede sei mit dir! Sei getrost, sei getrost!" (Dan 10,19)

Zugegriffen wird vom Schöpfer der neuen Kreatur dann auf meine Unterstellungen vorgeblicher Zwangsläufigkeiten, eingebildet unentrinnbarer, reißender Konsequenzen, Nachvollzüge und Ausläufe, wo alles in einen Sog gezogen zu werden und immer nur fortzuarbeiten scheint. Anfänglichkeit wird losgebunden und – weil niemand sich selbst neu anfangen kann – die Hoffnung begründet, einfach nur vom Auferstandenen abgeholt und mitgenommen und mitgerissen zu werden.

Um Neubeginn kannst du beten, als einzelner oder in der Fürbitte der Gemeinde im Gottesdienst, um Wandlungen bereits des Wollens: um Inbrunst eines wirklich guten Willens, seine Anfachung, dass endlich Öl ins Feuer gegossen wird. Unter Umständen

---

322 Fahrt ins Staublose. Gedichte, 1988, 145.

brauchst du aber, im Gegenteil, im Moment nichts dringender als gerade ein Aufhören, das Versagen des Willens, ein einfaches Nicht-Wollen (über das du eben keine Macht hast). Nötig ist womöglich das erschrockene Abbrechen einer sinnlosen Willensanstrengung: dass du dich aus ihrer rätselhaften Klammer löst, aus von vornherein ungültigen Gedanken, Vorstellungen, Lebensplänen, utopischen Zielen. Mal um Mal jedenfalls bedarf deine Entschlusskraft der Berührung mit der Anfänglichkeit Christi (Mk 2,14). Womöglich ihr Zufließen in dieser Stunde. Auf der Stelle, unverzüglich dann die Segel reffen und ohne Eile an die Anlegestelle gleiten – oder sofort in See stechen, nichts Eiligeres zu tun.

Und gegen sich selbst trotzen? Endlich zum Erliegen kommt mit dem „anderen Anfang" unweigerlich das leidige, nur schwer je niederzuhaltende Anfangen des Menschen mit sich selbst, dieser merkwürdige Eingangsirrtum. Womöglich kann er erst, wenn er von sich absieht, seinerseits denjenigen fest in die Arme nehmen und trösten, der das besonders braucht: der dort aufgelaufen ist, wo nichts mehr zählt und der Blick ins Leere geht, in eine kahle Unendlichkeit (jeder Sinn, wie er meint, „von den Gespenstern ausgetrunken").[323] Mag sein, er darf dann den Hüter der Anfänge anrufen, Kraft zum Trösten bekommen und sogar behutsam, sagen wir: den blauen Zaubermantel von Zutrauen und Gottesfurcht über den traurigen Nächsten breiten.

16.2   „Nous sommes embarqués!"

Den auf den treuen Christus Hoffenden trägt eine mächtige Lebenswelle. Auch er gehört hinein in jenen flutenden Zeitengang der Initiation, der selbst noch den Tod als offenes Meer erkennen lässt, als Überfahrt zum Leben in der Vollendung, zum Eingehen in den fernen Glanz der Lichter über dem langgestreckten Wellengang vor den Riffen. Wir sind ja schon an Bord. *„Nous sommes embarqués!"*[324] Christustrotz. Trotziger Neubeginn. Und die „Flotte der tausend Schiffe" ist unterwegs, die große Flotte der Hoffenden.

Du bist doch schon an der Reede oder sogar schon eingeschifft, unterwegs zu dem „großen Ziel" (EG 612). Seeklarheit für dich. Seeklarheit für das Geschwader, für die vielen gedrungenen, der Macht der See trotzenden Schiffe, auf einem von ihnen befindest du dich bereits. Wo? Wo Gott es will. Auf einer Hansekogge mit Krähennest und Elmsfeuer, einem kleinen Dingi an der Vorleine zum Leichter, einem über die Toppen geflaggten Dampfer, einem großen weißen Trajekt, einem grauen Schlepper

---

323 Kafka, s. Anm. 31, 302.
324 Blaise Pascal, Über die Religion (Pensées), hg.v. Ewald Wasmuth, 1963, 122 (Fr. 233: „Sie sind mit im Boot").

in langen winterlichen Nebelfahnen, die das Licht mildern, mit Nebelhorn, auf einem brandrot gestrichenen Feuerschiff. Wo bist du? Noch einmal: wo Gott es will. Auf „jener See, die überall hinführt, alles bringt und so vieles mit sich fortnimmt".[325] *Wenn der Morgen vielleicht mit dem treibendem Nebel ringt, mit Härte und tristesse. „Abfahrt der Schiffe" (Paul Klee).*

---

325 Conrad, s. Anm. 138, 571.

17. Der atmende Gott

Er hauchte sie an und spricht zu ihnen: Nehmt hin den
Heiligen Geist! (Joh 20,22)

17.1 Die Pastorentochter singt.

Geschenke des Lebens? Ein Choral erinnert den Vergesslichen: *„Dass unsre Sinnen wir noch brauchen können und Händ und Füße, Zung und Lippen regen, das haben wir zu danken seinem Segen"* (EG 447,3; Klaus-Peter Hertzsch zitierte es gern). Von Entdeckungen und Findungen berichtet das Gesangbuch: von „der schönen Gärten Zier", der „hochbegabten Nachtigall". Unscharfstellung (Gerhard Richter), Verhüllung (Christo) des Vertrauten und Landläufigen – macht erst sichtbar. Die Selbstverständlichkeitsschwere hebt sich auf. Umgekehrt: Eine „unerträgliche Leichtigkeit" und Kurzsichtigkeit wird endlich unmöglich.

„Kurt, ich seh das Grün der Bäume so gerne", freute sich meine Großmutter. Und dann fing sie an zu singen, die liebe Pastorentochter. Sie ist lange schon tot. Doch ich erinnere mich gut an ihren Gesang: „Alle Birken grünen in Moor und Heid …". Es war ihr anzumerken: Regelrecht liebte sie den Flieder, die Rapsfelder – die Musik des Sommers, wie wenn Klänge geflogen kämen aus der gestundeten Zeit.

Der Sommer spannt die Segel. Auch Sommernachtserwachen. „Nacht ist es: nun reden lauter alle springenden Brunnen."[326] Dass die Welt, nachts wie tags, manchmal unzweifelhaft recht hat und unfassbar schön sein kann. Etwas wird mir zugespielt, an dem ich mich nicht satt sehen kann, das zu erleben die Kraft meiner Sinne und Gefühle nicht ausreicht. Das „Leuchten der Natur" (wenn die ganz eigene Majestät der Natur die große Kunst in sich enthält und immer schon längst unendlich überboten hat). „Schön ist, Mutter Natur, deiner Erfindung Pracht, auf die Fluren verstreut".[327]

Die unverdienten Geschenke? Bin ich ihnen gewachsen? Das Übersehene. Die Lust an satten Farben. Färben sie sogar mich selbst? Wann? An dem einen Tag gestehe ich: *„Die grellen Farben auf den Narrenjacken der Harlekine gefallen mir. Wahrscheinlich habe ich als Kind zu viele Schwarz-Weiß-Filme gesehen. Aber die Farben, die über die Welt laufen und mit denen sie gleißend prunkt, in hartem Licht*

---

326 Nietzsche, s. Anm. 15, Bd. 4, 136.
327 Friedrich Gottlieb Klopstock, Oden, hg.v. Michael Holzinger, 2017, 46 („Der Zürcher See").

oder unauffällig – die Farben als solche erlebe ich als ein Wunder: dass sie, lichtgetränkt, die bunte Gnade Gottes (1. Petr 4,10) widerspiegeln, dass sie den Überraschten wie in einem Eklat überfallen und heimsuchen können, dass sich die ganze Welt in Farben gehalten zeigt, ‚in Farben geht'. Das Farbenspiel der frommen, vom Sonnenlicht erleuchteten hohen Kirchenfenster. Deren Lichtteppiche und stille Sonnenbahnen im Innenraum, ausgebreitet auf den unleserlich gewordenen Grabtafeln des Kirchenraums. Der Klatschmohn, die kupfer- oder bernsteinfarbenen herbstlichen Bäume und ihr weites Schattenrund, der sommerwarme, warmrote norddeutsche Klinker, als ob man ihm ansehen könnte, wie er gewärmt wurde, als das Glück vom Himmel schien. Doch auch die malerische Lust am Licht, die Kunstwerke, „durchleuchtet bis auf den Grund von einem Lächeln der Kunst",[328] die Lichthochzeiten und Lichtwunder in holländischen Stillleben (Willem Kalf, Willem Heda; wenn sich die Stille belebt, die Kunst über das Selbstverständliche staunt, das Licht gemildert wird zu einem sanften Glanz) oder bei den impressionistischen Malern (Renoirs Bal du moulin de la Galette; Schätze von Licht), nicht lediglich dienendes Kolorit, sondern sich frei behauptende Verweise, eigene Ereignisse, Durchschein. Nicht selten machen sie stumm, so schön sind sie. Will jedes Licht Ewigkeit? Es scheint das ‚Licht der Welt' willkommen zu heißen. Freilich muss es wie alles geheilt werden (Offb 22,5). Die Erscheinung des Auferstandenen zeigt noch ein anderes Licht als das der Schöpfung (Apg 26,13)."

Und an dem anderen Tag sage ich: „Dass ich frei atmen kann, das empfinde ich als das Ur-Geschenk. ‚Deine Obhut hat meinen Odem bewahrt.' (Hiob 10,12) Der Schöpfer erweist sich als der Hüter meines Atems. „Du bist mein Atem" (EG 382,3). Von ganzem Herzen danke ich für diesen Segen. Tagaus tagein bemühe ich mich, es bewusst wahrzunehmen. Mein Atem, wenn ich auf ihn achte, hält mich im Hier und Jetzt. ‚Ich habe noch alles zu eratmen.'[329] Leidenschaftlich gern atme ich und nie genug. Es scheint so selbstverständlich. Ich habe erfahren, dass es anders sein kann. Doch besonders gern atme ich, zusammen mit der Windsbraut, Seeluft. Wenn der Wind aufkommt, unruhig macht und das Leben, windbewegt, aufs neue angegangen werden muss (Le vent se lève. Il faut tenter de vivre).[330] Wenn Land schon dann für sich einnimmt, wenn es eine Küstenlinie besitzt. Wenn ich, Meer als Grenze rundum, das jugendliche Glück der Inseln erlebe (Ps 97,1), Glück und Gefahr, durchweht von Nebeln und den zwölf Winden auf den sieben Meeren, mit dem ‚Geradeausblick der Nordleute',[331] als sauvage du nord, folgend dem Polarstern, dem Leitstern des Gewissens, mit der Offenheit des Blicks, die man in dieser Landschaft beigebracht bekommt, unter dem maßlosen Himmel, dem zweiten Meer, wenn Himmel und Meer verschmelzen. Wenn ich mich dann seltsam ‚andernorts' befinde. Wenn ich, von

---

328 Proust, s. Anm. 5, Bd. 3, 23.
329 Canetti, s. Anm. 98, 272.
330 *Paul Valéry*, Motto bei: Hermann Stresau, Joseph Conrad. Der Tragiker des Westens, 1937.
331 Conrad, s. Anm. 135, 75 („Northern straight-away-there look").

noch so fern, zur aufgerührten Brandung reise. Und das nördliche Meer ‚schnaubt / Schaum über den Strand'.[332] Wenn ich dem Wind ausgesetzt sein will, und er mich, nachsichtig, vertraulich behandelt. Wenn die Fäden des niedergehenden Regens Himmel und Erde zusammennähen und ein graues Regenlicht auf die Dünen fällt. Wenn nicht zu leugnen ist, dass nichts an Lautstärke das Meer übertönen kann, ich aber desto mehr weiß, dass allein ‚der Herr es schilt' (Nah 1,4), der ‚die Wasser des Meeres zusammenhält' (Ps 33,7), der mitunter nur ‚seine Hand ausreckt über das Meer' (2. Mose 14,16), der ‚das Brausen der Wellen' nicht anders als ‚das Toben der Völker stillt' (Ps 65,8). Wenn sich herausstellt, dass es das Wichtigste auf der Welt ist, Kurs zu halten und selbst auf dem noch so kleinen tuckernden Schiff einen Lotsen mit grauen Meer-Augen zu wissen (das Urbild des Vertrauenswürdigen). Wenn ich mich erinnern lasse an Barths Metapher ‚Submarin ist die Insel der Wahrheit',*[333] *an Hölderlins ‚Am Wasser halte dich auf / Und was du hast, ist / Atem zu holen'*[334]*, an Gottfried August Bürgers ‚Ich darf getrost nach allem Schönen blicken, / Und atmen darf ich jeder Würze Kraft'.*[335]

17.2 „Er hauchte sie an."

Urerfahrung: das menschliche Atmen. Der Atem eines ruhig schlafenden Kindes. Nun beugt sich der Vater über das Kinderbett. Das Kind, den glatzköpfigen Bären im Arm, atmet ruhig und gleichmäßig. Die Augenwimpern zittern ein wenig im Schlaf. Es träumt wohl. Ein Bild des Glücks. Und ab und zu ist noch lange Baby-Geruch oder Schlafwärme in seinem Bett zu spüren. Oder (*tempi passati*): Ich liege mit meinen beiden kleinen Kindern auf dem Sofa, beide schlafen, leise Schlafgeräusche. Ein leichter Hauch, mir unbegreiflich gütig zugesandt. Er nimmt das Herz mit. Das sind Momente, in denen ich nichts brauche, da umhüllt uns – die Liebe. Darreichung und Beschenkung, zugeschickt vom gnädigen Gott: „kundig der Atmenden".[336] Eine hohe Dünung des Segens, Fluthöhe des Lebens, noch das Wort „Glück" zeigt sich als unzureichend und als ein Verlegenheitsname.

Nach der Einsicht der Bibel ist die Welt von Anfang an Gottes Atem-Welt. Schon in der Schöpfungsgeschichte heißt es: Gott haucht dem aus Erde Ausgeformten, dem Lehmling „Mensch", Odem ein. Diesseitiges, welthaftes, atmendes Leben verleiht er ihm damit: Lebenszeit als Zeit des Atmens. Es ist, als ob er ihn aufforderte: „Komm zu Atem. Und dann atme zuversichtlich! In diesem Hauch ist ein junges Werden

---

332 Tranströmer, s. Anm. 25, 8.
333 S. Anm. 66, 534.
334 S. Anm. 7, Bd. 1, 471.
335 Naturrecht. Sonett. Abgedruckt bei Conrady (s. Anm. 26), 263.
336 Hölderlin, s. Anm. 7, Bd. 1, 368.

ausgespannt." Und der letzte Vers des abschließenden Psalms 150 lautet (es ist, als ob der vielstimmige Chor der Psalmen auf diese Weise ausatmete): „Alles, was Odem hat, lobe den Herrn!" Der Odem: geschöpfliche Gnade. „Gnade"? Dasein aus dem Nichts,[337] Kraft der Auferstehung. Erkannt als ganz unfasslich. Und die Erschaffung des Menschen? Seine ihm unverlierbar eingeprägte „Geburtlichkeit", seine Natalität?[338] Zu einzigartiger Anschauung gebracht in jedem Neugeborenen: ein wunderbar gewährter Gang vom Nichts in den Atem. Der Mensch, Geschöpf von Hause aus: atemfähig, wahrheitsfähig, der Freigelassene des Atems. Gelegentlich definiert Hölderlin den Menschen als „den Atmenden".[339] Angewidert schaut der Dämon dem Menschen beim Atmen zu.

Doch wird von einem noch viel verstörenderen, leisen Wunder berichtet: dass die heilige, große Begebenheit sich Menschen nahezu lautlos und wie im geheimen mitteilt. Der Lebensatem Jesu Christi selbst schenkt sich, das ist: der Heilige Geist, nicht weniger als Christi Sein, der Geist seiner Geschichte, also seine beispiellose Person mit allem, was er für die Welt ist. Jesus Christus: Atemzug für Barmherzigkeit und Treue, der atmende Gott, nah. In den österlich-pfingstlichen Hauch Christi geht der „Odem des Allmächtigen" (Hiob 32,8) ein.

„Er hauchte sie an und spricht zu ihnen: ‚Nehmet hin den Heiligen Geist!'" (Joh 20,22)

Als ob der Text einen Vorhang wegzöge, eröffnet er eine Szene zartester, behutsamster, geheimnisvollster Begegnung. Indem er sie nur anhaucht, der ewiger schöpferischer Gott ist und atmender Mensch, spricht er sie mit sich selbst an – wie es bei ihm nicht anders sein kann: in einem Wehen inniger, lauterer, heiliger Liebe, in Eingebung, unvermittelter Selbstmitteilung, ins Leise und Verhaltene zurückgenommener und zugleich machtvoller Mitteilung lauterer, herzlicher Wahrheit. Die gebraucht wird, die tröstet, weil im Leben unzählige Male das Andere erfahren wird: „Kalt ist der Abendhauch" und „Alles Leben ringsumher atmet schwer, atmet schwer". Die Kälte und den jagenden Atem haben die Jünger allerdings erlebt. „Weinend" sind sie gekommen, um jetzt „getröstet zu werden" (Jer 31,9) – wenn sie auf ihrem Gesicht diesen Atem spüren. Sie erfahren den jetzt offenbaren und offensichtlichen Jesus Christus, seine Person, sein Dasein – mit ihm Unterbrechung, Neubeginn, neue Welt, Reich Gottes.

Ein Gegenbild. Im *Faust* wird der Doktor Faust von der „Sorge" angehaucht und erblindet daraufhin.[340] Selbst für das Offensichtliche werden die Augen von der Sorge verhängt. Unheimlicher, wenn auch noch der schwere Atem versiegte: „Wie wäre es, wenn man an sich selbst erstickte?", fragt Kafka, sucht einen Nächsten und

---

337 Lehnert, s. Anm. 83, 19.
338 Hannah Arendt, Vita activa oder Vom tätigen Leben, 1998[10], 18, 21.
339 S. Anm. 7, Bd. 1, 368.
340 Faust II, 5. Akt. Mitternacht.

erklärt (es ist freilich ein verzweifelter Wunsch), „dass man den anderen durch sein Dasein retten kann und sonst durch nichts"[341]. Eben durch sein Dasein, verkündet nun das Neue Testament, rettet der Auferstandene, dieser Nächste. Er wirft uns sein Dasein zu, sich selbst, im Anwehen des Geistes. Wie wenn er flüsterte: „Sei ohne Sorge!"

In einer Geste vollzieht er die Todes- und Lebensgemeinschaft mit den Seinen. Todeshauch, Lebenshauch. Indem er sie anhaucht, verleiht er ihnen den Heiligen Geist, seinen Geist: lässt er sie mit sich zusammensein, haucht und fügt er sie mit sich zusammen, ihre Zeit mit seiner, ihr Leben mit seinem Leben, ihren Tod mit seinem: versieht er sie mit Bedeutung und mit dem Inhalt seines eigenen für sie gedachten Lebens, übergibt er sein Sein an sie: was er tut und sagt, was ihm widerfährt und bis wohin es mit ihm gehen wird. Er atmet eine bis in den Abgrund und bis in den Himmel reichende, göttliche, alles Sein überspannende Geschichte. Sie erfahren auf diese Weise, wie es mit ihnen gemeint ist: Sein Dasein, sein Todesweg, seine Person zeigt sich als für sie gedacht; an ihn können sie sich verlieren; namentlich stehen sie unter seinem Schutz. Sie schöpfen aus seinem Atem.

Erzählt wird ein plötzlicher Übergriff, ein leises Wunder, das neue Geheimnis des Menschen – Unmittelbarkeit. Wenn er sich mit ihnen zusammenhaucht und -spricht, zusammenschwört und -lebt, atmet er ihnen Unmittelbarkeit und Nähe zu, den Heiligen Geist, ein heiliges „Auch" und „Beinahe schon": dass sie für die Ewigkeit vorgesehen sind und ihnen unverdienter, unvergänglicher Aufenthalt gewährt ist, die Zusage einer Verschwisterung mit ihm: „Ich lebe – und ihr sollt auch leben!" (Joh 14,19).

Aber wer ist er? Was geht vor sich, wenn er sein Dasein hergibt?

17.3 Auferstanden ist sein gelebtes Leben.

Denken wir noch einmal an die Pastorentochter. In welches Leben war sie gestellt, wie hat sie es geführt? Wer war sie? Diejenige, als die wir sie zuletzt erlebt haben? Weitaus mehr. Alles findet sich zusammen: „Geburtlichkeit" und „Sein zum Tode", ihr ganzes Leben, Ursprung und Ausgang, eine gleitende, schier endlose Aufeinanderfolge wechselnder Augenblicke, von Aufflackern und Vergehen. Sie war auch das Kind und das junge Mädchen im Pfarrhaus auf Rügen – und dann auch die alte Frau mit dem immer noch hell glitzernden Blick, der sich einmal so gern aufs Meer gerichtet hatte. Unter ihrem Gesicht schimmerten am Ende all die anderen Gesichter, die einmal die ihren waren und die man alle zusammensehen konnte.

---

[341] S. Anm. 74, 910; s. Anm. 31, 166.

Die Wirklichkeit ihres Seins war ihre ausgebreitete Geschichte. Unzähliges hatte sich ihrem Leben eingeschrieben. Auch all das Ungelebte und Versäumte, das unbewusst Aufgefangene, die Innenwege, die nicht ausgebildeten oder nie formulierten Talente, ihre Träume, die Gefühlserbschaften, die nicht abgerufenen schicksalhaften Daseinsmöglichkeiten. Nebeneinander stehen, sobald wir sagen wollen, wer sie war, ineinander verschwimmen die junge und die alte Gertrud, die vielen Gertruds, ihre unzähligen Versionen. Was hat sie ausgemacht? Alles miteinander, als ginge es Hand in Hand, der Gesamttraum ihrer Person, ihre Selbstgeschichte, das Ensemble aller Wesen, die sie einmal war – ihre vollständige Vergangenheit.

Niemals ist jemand ja im Augenblick ungeteilt als er selbst da. Wer er war, was ihn ausgemacht hat, die Prägung eines Charakters, das Sonderbare im Gesetz eines Lebens, lässt sich, unzulänglich genug, allenfalls dann umrisshaft erfassen, wenn man den Blick den Hergang seines ganzen Lebens entlanglaufen lässt. Das Ich und seine Bahn (auch die Wege, vor denen es bewahrt worden ist) – fällt am Ende eines Lebens in eins. Von diesem oder jenem, was besonders bezeichnend war für diesen Menschen, mag man womöglich erzählen. Doch wird dann, was sich doch irgendwie einmal Bahn gebrochen hat, versunken sein, im Gestern und Vorgestern abgelegt, binnen kurzem überhaupt nicht mehr aufzufinden jene individuelle Anwesenheits-Zeit, jener rätselvolle Zeitbehälter, die Zeit-Kapsel, die einmal ein „Ich" wie ein eigenes, für sich stehendes Gleichnis des Lebens war. Von heute auf morgen wird dann auch das Andenken an sie unzuverlässig und ihre Vergangenheit nicht mehr lesbar. Wer mag ihr nachblicken? Lautlos kriecht ihre Zeit ins Unauffindbare. Der Schein dieses Menschen, der doch einmal umrissen und unverwechselbar war, zerrinnt in einer weißen Landschaft. „Ob man mir nachblickt, nicht mehr mein Raum".[342] Wohin entweicht das Leben? Urtümliche Frage. Dieser Mensch: eine gewesene, aber wie von einer Unbarmherzigkeit fortgehauene, dann ohne große Umstände erinnerungslose, vergessene Eigentlichkeit. „Kommt ein Mensch um – wo ist er?" (Hiob 14,10) Unermüdliche Zersetzungsarbeit des Vergessens. Bleibt am Ende: „Geschah es (sehr langsam), dass Gott sie allmählich vergaß".[343]

Diese Gertrud. Wo ist sie? Im Staub und in etwas Erinnerungsstaub, nicht allzu viel, flüchtig, ein Seufzer, in ein paar Bildern zur Erinnerung geronnen (schnell schmaler werdende Erinnerungsstreifen). Leichthin hat die Zeit ihr Leben, ihre Augenblicklichkeiten, weggeräumt. Sie war ja ein Wesen, „leichtfertig in seinem Grund, von der Natur des auffliegenden Staubes".[344] Ist denn die Zeit nichts als Fliehkraft des Jetzt? Und Menschen, augenblickhaft, haben vorübergehend und

---

342 Benn, s. Anm. 27, 55.
343 Brecht, s. Anm. 198, 252.
344 Franz Kafka, Nachgelassene Schriften und Fragmente I, hg.v. Malcolm Pasley, 1993, 344.

spärlich Teil an diesem geheimnisvollen Jetzt? So dass nichts bleibt, als sich zurückzunehmen: „Gehe Schritt vor Schritt; nimm, was sich aus den Zweigen langen lässt; wolle nie mehr, als was der Tag dir gibt"?[345]

Und das Dasein Jesu Christi? Wer er ist, lässt sich auch bei ihm einzig über seine Geschichte verstehen, über seine im Neuen Testament wiedergegebene und im Alten Testament vorgezeichnete Geschichte. Wo ist sein gelebtes Leben hin? Ins Ehedem verschlungen wie alle Lebensgeschichten, wie auch dann, mag sein, durch unsere Wiedererinnerung ein wenig zu aktualisieren? Sofern wir aber nur fehlerhaft oder gar nicht dazu in der Lage sind, bleibt es vergangen? Man muss also im Gestern ermitteln? Ist auch er, wie allem Lebendigen auferlegt, ein Fortgerissener?

Nein. Sondern auferstanden, wiedererscheinend, gegenwärtig, nahegehend auf berührende Weise, heilig, im Heiligen Geist lebendig. „Der Herr ist nahe" (Phil 4,5) – nahe: Moment für Moment unvermittelt bevorstehend in der Fülle der Weisen seines Zugegenseins, der Wendungen, Szenen und Narrationen dieser ewigreichen, nicht mehr widerruflichen Nah-Geschichte. Nichts aus seinem damaligen Leben ist vorbei. Alles existiert, „west an" (Heidegger), dringt an, brandet an und bleibt gegenwärtiges Geschehen. Was er gewesen ist, wohnt unter uns, hält sich unter uns auf. Bei den Toten ist es nicht zu suchen. Es erhebt sich aus sich heraus zum Jetzt. Es wird auch Zukunft sein. Um ein Vergangenes handelt es sich, das in sich eine Gegenwart mit Zukunft war. Christus ist der „Herr der Zeit" (Barth),[346] der Herr des Seins, zeigt sich auch als solcher. Sein Leben war nicht exklusiv nur sein eigenes Leben, seine Zeit nicht nur seine eigene Zeit. Die Zeiten, Vergangenheit, Gegenwart, Zukunft, als solche ewig unzugänglich füreinander, entriegeln sich in der Christus-Zeit, spannen sich auf und zeigen sich, beziehungsreich, beieinander, ineinandergelaufen und ineinandergefügt.

„Christus-Zeit"? Eine Zeit, die nicht vorüber ist. „Es war einmal." „Es ist." In eins geblendet, hinein in die einzigartige Szene „Jetzt", finden sich die jeweilige Gegenwart und das Einstige seines Weges. „Christus-Zeit" verhält sich als Zusammensprechungs-, Engführungs-, Akut- und Synchron-Zeit. Jesus Christsus gestern und heute und derselbe auch in Ewigkeit (Hebr 13,8). Von dieser Zeit her werden dann – bis tief in Tage, Stunden und Augenblicke hinein – alle anderen Zeiten, Vergangenheiten und Zukünfte, begrenzt und bestimmt und eingehegt.

Denn er selbst, sein Dasein, wie er sich aufhielt in der Welt, sein gelebtes Leben, ist auferstanden.

Er selbst ist auferstanden – in der ungeheuren Fassungskraft seines Namens: als Erniedrigter und Erhöhter, Gezeichneter und Erhobener, in der Fülle des Geschicks seines Lebens, in Seinsfülle und -überhang seiner Geltungen. „Der Überschuss,

---

345 Benn, s. Anm. 37, Bd. 2, 169.
346 KD III/2, 524ff.

gleichwie, er ist der Grund."[347] Was er war, versöhnender Zeitenlauf, Lebens- und Todeslauf der Liebe selbst – das ist noch. Es ist. Und es wird sein. Es trifft ins Heute, zeigt sich heutigen Tages ein weiteres Mal „mitten unter uns" (Lk 17,21): als seine Eigenzeit, sein sprechendes Sein von Bethlehem bis Jerusalem, bis zur Einschwärzung des Himmels, der Umnachtung der Welt, bis zur Herrgottsfrühe am dritten Tag, am „klaren Tag", mit der Ereignisfolge der Zeitstaffelungen, mit allen Widerfahrnissen, mit jedem Wort. Zugleich ist es dort, in jenem Ehedem – und auch, von keinem Dunkel gehalten (vgl. EG 16,4), hier und jetzt. Dort – und auch für das Hier aufgesperrt. Damals, gestern – und auch augenblicklich. Von überallher. Darin liegt das Mysterium seines Lebendigseins, das niemandem außer ihm zukommt: im „An-wesen" und Andringen seines Lebens voll Unerschöpflichkeit: über die Zeiten hin, immerwährend, sogar in der Zeitgenossenschaft wie mit den Toten so mit den Kommenden und Ungeborenen.

Der Auferstandene wird zum Mitmenschen, zum Zeitgenossen aller Menschen, sie mögen es wahrhaben wollen oder nicht, gleichauf mit ihnen, den in Liebe Gemeinten, in Überblendung von Vorzeit und Jetztzeit. Der Hergang seines Lebens: was er für uns war, was er für uns gesagt und getan, gedacht und unterlassen, erlitten und erfochten hat, wird den Lebensgeschichten aller Menschen synchron. Umgekehrt: Sie werden der seinen zeitgleich, mit ihr kurzgeschlossen, eingefaltet, einverleibt. Er lässt mich in sein Leben. Beides. „Ich bleibe in euch, ihr bleibt in mir" (Joh 15,4-8; 1. Joh 4,13). Wir, eingeräumt in seine Geschichte. Seine Geschichte, eingefügt in uns. „Du bist nun mein, und ich bin dein, dir hab ich mich ergeben" (EG 473,3). Allen präsentiert sich der Auferstandene als Herr, Gefährte und Bruder, sterblicher, abgängiger Mensch mit ihnen, Schulter an Schulter. Auf sie zu. Für sie. „Von ihm her, durch ihn, zu ihm" (Röm 11,36).

In Begegnungen im „Dunkel des gerade gelebten Augenblicks"[348] treffen wir den Anderen in seiner je momentanen Gestalt an. Wenn die Umstände danach sind, in charakteristischem Moment, doch jedesmal nur, wie er sich hier und jetzt befindet (mag die Kenntnis seiner Vergangenheit nicht unerheblich mitspielen). Nicht so das geheimnisvolle Leben des Auferstandenen. Er ist allemal in Vollständigkeit da. Ungeteilt, im Geist seiner Geschichte, kommt er uns entgegen: immer ganz als er selbst, mit der Offenbarung der Gerechtigkeit Gottes (Röm 3,21f), mit diesem gewaltigen Auseinanderbersten der Schalen des Zorns (Offb 16), dem Sprach- und Ereignis- und Gestaltenreichtum seiner Geschichte.

---

347 Kolbe, s. Anm. 71, 26.
348 Ernst Bloch, Tübinger Einleitung in die Philosophie I, 1963, 12.

17.4 Der Gang des Offenbarers

Ich fasse es noch einmal formelhaft zusammen (freundlich dogmatisch), möchte es dann im nächsten Kapitel weiter zu erläutern versuchen.

Wer ist er? Er ist sein Weg, der Weg der Zeichen und Wunder, der Gang des Offenbarers. Seine Person – das ist seine besondere, unwiederholbare Geschichte, der Zeitengang seines Lebens, die Christus-Zeit, deren Bogen sich spannt von Weihnachten bis Pfingsten. Mit ihm, da er sich selbst als lebendig erweist, ist aber gerade sein Weg anwesend. Christus ist ein wunderbar Anwesender. Der Heilige ist auferstanden und stirbt hinfort nicht mehr (Röm 6,9). Auferstanden – und sie stirbt nicht mehr – ist die Spanne der Lebens- und Todesgeschichte Christi: also österlich wiedererschienen, anwesend, gegenwärtig, heutig, zugegen, andringend, jetzt.

Dort, in der Grund-Begebenheit der „großen Taten Gottes" (Apg 2,11), finden sich aber weder unbedeutende Episoden noch ausgesparte Stellen ihrer Geschlossenheit. Allemal sind es die letzten Dinge und werden nicht weniger als die Seinskämpfe ausgetragen. Jedesmal lässt er, über alles hinaus, was Menschen erreichbar ist, den „köstlicheren Weg" der Liebe erkennen (1. Kor 12,31), jedesmal begegnet er Menschen, indem er ihnen ungeteilt sein Gesicht und ganzes Wesen, die Liebe, entgegenhält. Niemals spricht er, damals wie heute, über die bedürftigen und gepeinigten Menschen hinweg. Eine Essenz des Daseins Christi muss man darum nicht eigens ausfindig machen, weil alles in ihr zählt. Irgendeine Unbeachtlichkeit gibt es nicht. Kein Detail bleibt stumm, wenn der unfassbare Bilderzug der Evangelien in bevorzugte Augenblicke Christi springt, wenn Bedeutungen sich bewegen: direkt auf ihn zuhalten, ihn überfließen und sich dadurch erneuern, erweitern und geradezu ermächtigen. Ein Sprachwechsel, ein „Sprachereignis".[349] Hier verhält sich alles als Aufleuchten, als Bewandtnis, als geheimnisvoll von der Liebe artikulierte Welt – mag der althergebrachte Sinn der Wörter in der Luft zerspringen, weil sie jetzt erst, wie geboten, zu ihrer eigentlichen Bedeutung finden. Wie in einem Gemälde von George de la Tour Gesichter aufstrahlen und sich scharf abheben aus tiefstem Dunkel, tun sich im Blick auf ihn Worte und Nennungen auf: „Langmut" und „Freundlichkeit", „Wahrheit", „wahres Erdulden" etc. (1. Kor 13).

Die große Begebenheit, die Wunderwirklichkeit, Fuge der Liebe, erweist sich als die wesentliche Zeit, integrales Menschheitsdrama und -thema. Eine Klärungs- und Verdeutlichungsgeschichte des heiligen Ernstes und der heiligen Freude. Die Zeit kristallisiert sich (Gal 4,4), zu neuer Stunde, zur Zeitfülle. Zeithell (nicht weniger als das) wirft sich diese Geschichte über die Welt, über ihre unbedeutenden

---

349 Ernst Fuchs, Zum hermeneutischen Problem in der Theologie. Die existenziale Interpretation (= Gesammelte Aufsätze I), 1965², 281ff.

oder weitläufigen Geschichten (in die wir unrettbar verklammert sind), über die Mehrstimmigkeit und die Serien der Ereignisse und Widerfahrnisse, wie sie uns in den Weg treten.

Sie kommt, „wie ein gewappneter Mann" (Spr 24,34), umso mehr über unser geschichtliches Heute: über das pathologisch gute Gewissen der Gegenwart, über die Utopien und Fortschrittserzählungen, denen wir seit langem verfallen sind, denen gemäß wir es angeblich „so herrlich weit" gebracht haben.

Denen diese Begebenheit zugestoßen ist, den Ergriffenen, zeigt sich, dass dieser durchscheinende Zeit-Kristall nicht weniger als Gotteszeit aufscheinen macht: die unverborgene, offenbare Geschichte Gottes mit den Menschen aller Zeiten, mit jedem Menschengeschick. Dass die Christus-Zeit also, wie damals stattgefunden, sich auch heute und hier durchsetzt wie auch, in neuer Schöpfung, machtvoll gegen das Widrige aufkommt. Außer Frage steht natürlich, dass „Bethlehem", „Nazareth" und „Golgatha" auch Vergangenheit waren, sie sind jedoch, wiederum wunderbar, jetzt von dringlicher Aktualität und stellen unausgesetzt für alle Menschen ausgezeichnete Gegenwart bereit. Gegenwarts- und Jetzt-Helligkeit. Als andauernde Zeit. Als langwieriger Augenblick. In Erklärungskraft, Grundlegung und Tragweite aufgeladen mit endzeitlicher Bedeutung. In Geltung aufrechterhalten durch die Zeiten. Aufrechterhalten als ausgedehntes Jetzt aber von Gott, nicht von menschlicher Vergegenwärtigung.

Als Einfürallemal wird sie nicht ohne weiteres von allen erkannt, ist aber unwiderruflich die Jedermann-Geschichte: Initiation aller Bedeutungen, Adlerhorst, Geltungszentrum der Welt wie auch Entstehungsort der vielen Entgegenkommen, Schenkungen und Gnadenerweise Gottes.

Denn in Christi Lebens- und Todesweg hat Schritt um Schritt Gott selbst, der Wortführer, das Wort ergriffen. Der Sturmwind dieser Geschichte ist nicht weniger als direkte göttliche Rede, das Werk der großen Passion Gottes (Joh 3,16) – mit ihren Worten, aber auch ihrem Verstummen, der Vollmacht und dem Ausgesetztsein, mit dem Leben aus dem Tod.

Gott, „dessen Weg in Wetter und Sturm ist" (Nah 1,3) – in welcher Sprache spricht er zu uns? In der Sprache des Geschicks Jesu Christi. Dieser Sturm ist es, „der sein Wort ausrichtet" (Ps 148,8). Wird seine Lebensgeschichte erst in eine Sprachgeschichte umgebrochen? Nein, sie ist es von vornherein. Die Christus-Zeit, in allen Einzelzügen, redet, erzählt, erinnert, mahnt, tröstet, verheißt. Weil sie selber das Wort Gottes ist. Der Weg Christi ist das Selbstwort Gottes für Jetzt. Im Weg der Wahrheit, dem Königsweg, führt Gott selbst direkt das Wort. Man kann „Christus" erzählen. Mit der Geschichte Christi beantwortet Gott die (vergessene) Frage der Welt.

Auf Fragen, die gar nicht gestellt werden, schicke die Theologie unerbetene Antworten in die Welt? Ja, desto schlimmer für eine Zeit, die nicht einmal mehr in der

Lage scheint, die Frage, die sie selber ist, zu erkennen, ihre eigene Fragwürdigkeit, Unlösbarkeit, Antwort- und Ausweglosigkeit.

17.5 Im Atemraum Christi

Das Körperliche, die „eigene Haut", erweise sich als die letzte Instanz von Unmittelbarkeit (Nietzsche)? Nein. „Ich lebe – und ihr sollt auch leben!" (Joh 14,19). Diese Zusage ist es, die dich ihrerseits antrifft, von außen, ab extra, das unverfügbare Widerfahrnis, das dir nahe ist wie nichts sonst. Worin besteht deine „Seinsverfassung" (wenn man so reden will)? Du hast sie nicht, sie kommt dir von woanders her zu. Vom Segen, dass Christus unsichtbar bei dir bleibt. Die Treue Christi, sein Beisein, zeigt sich als dein Sein. Du bist, was dir von ihm her widerfährt, von der heiligen Begebenheit Christi.

Für das ewige Leben sei der Mensch nicht gedacht? Vom Auferstandenen genau dafür gedacht. Weil er dich mit seinem behütenden „Ihr auch" zu seiner ewigen Beute gemacht hat (Jes 53,12), du ihm zufällst und auch dein gelebtes Leben von der Geburt bis zum Tod auferstehen wird, du selber, der du ein einmaliges Wesen bist. Du selber: „gerettet, doch so wie durchs Feuer hindurch" (1. Kor 3,15).

Wo bist du, wenn du gegangen sein wirst? Beim „Sturz durch den Wirbel des Todes"?[350] Wo bist du jetzt schon, wenn in Momenten eine überbordende Beglückung dich mit Fingerspitzen berührt, die „Herrlichkeit des Lebens"?[351] Wenn du aber immer aufs neue mitten in den Atemraum Christi gebracht werden musst, dein Leben in belanglosen Wiederholungen verrinnt: du denn doch ständig in denselben dreckigen Fluss steigst. Schlimmer, unheilvoll: wenn du in der nächsten Zeit im finsteren Tal wandern wirst, nach dem niederschmetternden Befund, wenn du die neue Situation vollständig erfassen musst (wenn dich aber vielleicht jemand tröstet: „Du wirst da nicht allein durchgehen müssen"). Wenn Totenstille dich in die Irre führt. Wenn ein Etwas totenhaft auf dich zukommt und du den schweren Weg gehen musst. „Still, Alles still, als wär die Welt tot" (Büchner, Woyzeck).[352] Wenn du nicht mehr leugnen kannst, was du angerichtet hast und was dir daraufhin bevorsteht. Wo bist du?

Wo immer: nicht in dem dem Schöpfer gestohlenen Raum der Sünde. Im Land jenes heiligen „Auch" vielmehr darfst du dich aufhalten und ein Leben lang sogar seinen Raum ein wenig abschreiten: beheimatet „in der Liebe", „im Heiligen Geist", „in Christus" (wie ja im Neuen Testament häufig gesagt wird), im Rettungsraum, entkommen den Erstickungsmächten, in Nähe und Obhut, im „Atemhaus" (Rose

---

350 Tranströmer, s. Anm. 25, 7.
351 Kafka, s. Anm. 74, 866.
352 S. Anm. 36, 147.

Ausländer), weithin in neuer Atem-Welt: demjenigen unmittelbar, dem jeder Atemraum gehört, der Lebensgrund, die Unterströmungen, auch das Farbglück, auch das graue Licht, die stumpfe Sonne, jede liebesabgewandte Erstorbenheit und Todessphäre. Wo bist du und wirst du bleiben, da doch Sterben in dir umgeht? Entgegen allem: in neuem Daseinsstand, aufgetaucht in freier Luft, in der Region der Segnung: in der Gottesgegend und Gotteszeit, in der Geschichte Christi, in seiner Königsherrschaft, von allen guten Geistern, allen guten Texten umzogen und umfriedet. Du darfst „in der Schrift stehen", fest stehen, dich umsehen, Luft holen, die Brust weiten. Die Texte atmen ja Auferstehung. Dort bist du überall bemerkt, gemeint und gewollt – als genau dieser Mensch, als der genau auf den Stand seiner Einzelheit Geführte.

Hoffentlich wirst du einmal befriedet sterben können – sogar im bemerkten Beisein des Versöhners. Gewiss: nicht versöhnt mit deinem Leben in allen seinen Zügen, vielmehr uneins mit dir (Mt 12,25), weil etliche Wunden des Lebens sich nicht mehr schließen – aber, allein von Bedeutung, versöhnt mit deinem Schöpfer. Endgültig wirst du niemals mit dir ins Reine kommen können, doch wirst du mit ihm zusammenkommen: der dich das Vaterunser gelehrt hat, der dich gelehrt hat, dich zu trauen, „Abba, lieber Vater" zu sagen.

Du glaubst an ihn. Seinen Blick nimmst du ernster als alles andere, ernster als dein verworrenes oder sich wie ein Tier aggressiv aufstellendes Gewissen (das dir von Zeit zu Zeit einen Stich ins Herz gibt). Du denkst groß von Christus – mit dem die Versöhnung auf die Welt gekommen ist, die allerfremdeste, weil bejahende Größe des Seins. Du beherzigst ihn. Lediglich folgt deine Hoffnung dann seinem Geschick – findet Eingang in eine unauflösliche Schicksalsgemeinschaft mit dem Gekreuzigten und Auferstandenen. Du folgst ihm. Du, ein Wesen des Auch, wirst „auch leben".

Nebenan atmet dieser Herr und Gott, machtvoller Schirmherr, machtvolle Liebe. Du befindest dich mitten darin: in den verschiedenfarbigen Weisen und Sphären seines Seins: in den Szenen, über und über, den Ereignissen und Widerfahrnissen seines Lebens (sie könnten unterschiedlicher nicht sein). Dich rechnet er sich zu, seiner flutenden Geschichte, auch ihren unerwarteten Angriffen, dem mächtigen Lebensatem des Ewigen, in dem du dich aufhältst, weil er es gewährt, in deren Sturmwind, deren Dünung oder Windstille. Er ergreift Besitz von deinem Leben – von dessen verschiedenerlei Laufplanken, Übergängen und Abbrüchen, Stürzen und Monotonien. Du bist dort ja bereits vorhanden und gemeint, in der Ur-Zeit der „Gnadenwahl" (Röm 11,5), im Zwiegespräch zwischen Gott und Mensch, bist dort schon bedacht, zum Guten hingekehrt, in den Verlauf seines Weges vom Tod zum ewigen Leben hineingestellt, in die freie Jetztwelt Christi entlassen, gerettet nicht vor dem Tod, aber aus dem Tod, zur vollkommenen Freude berufen (Joh 15,11). Seine Geschichte verhält sich als deine eigenste Geschichte. Mit diesem Nächsten bist du in einem Atem zu nennen.

Im dir übergeworfenen (1. Kön 19,19), buntgefiederten langen Mantel der Wahrheit stürmst du den Weg entlang, in Josephs buntem, regenbogenfarbigem Rock (1. Mose 37,3), dem Stolz deines Herzens, in guter Zeit – mag sein, du weißt es nicht einmal recht – in einer Art Besitzerstolz auf das, was du gar nicht besitzt, was dir aber zugekommen ist. Der Schöpfer hat dich ja grade und aufrecht wachsen lassen. Wenn es um den Glauben an den Schöpfer, den Versöhner und Erlöser geht, dann sei so unbescheiden und fest und hochgemut wie möglich, und geh eben grade und aufrecht. Du lebst ja als der Gesehene – im Mysterium, in der „christlichen Situation", im „Augenblick Christi", des Königs der Augenblicke. „In ihm leben, weben und sind wir." (Apg 17,28)

18. In eins geblendet

Ihr werdet die Kraft des Heiligen Geistes empfangen. (Apg 1,8)

18.1 Geistesgegenwart, eine Liebe später

Ausdrücklich in die Hände des Vaters befiehlt der Gekreuzigte nach Lk 23,46 seinen Geist, sein Leben, seine Lebensgeschichte, die große Begebenheit. Befohlen in die Hände des Vaters, ist sie aber ewig und allgegenwärtig, jederzeitig, ein für allemal, ein Urgeschehen, in einem fließenden Jetzt. Die Christus-Geschichte, Lebens- und Todesflutung, geschieht und geschah. Seit sie vonstatten ging, ist noch keine Sekunde vergangen. Über die Zeit und in die Geschichte hinein hat sich das Jetzt dieser Begebenheit gespannt. Pfingsten, Geistesgegenwart, neue Erscheinung der Liebe, eine Liebe später, war nicht lediglich einmal, es ist unausgesetzt: zeigt sich als in den fauchenden Zeitwind als das Währende und Überdauernde eingegeben, über die Gezeitenströme hin, vom Heiligen Geist in Geltung gehalten, für jeden Menschen unverbrüchlich.

Ostern, Stiftung einzigartiger Klarheit, greift durch auf Pfingsten, auf den anderen Deutlichkeits-Tag – das österliche geht in ein pfingstliches Wiedererscheinen über. Und was sich als Oster- und als Pfingstwunder ereignet hat, drängt dann auch in jedes Jetzt. Nicht etwa liegt seine Zeit zurück. Immer aufs neue wird sich nach Pfingsten eine Atem-Welt auftun (wo man „Auferstehung", brennende Nähe und Hoffnung atmet, geradezu neuen Seins-Atem, Geistesgegenwart, pfingstlich und dann sonntäglich). „Geistesgegenwart" – womöglich das schönste Wort der deutschen Sprache, der Sache nach das Glücklichste, was Menschen widerfahren kann. „Der deutschen Sprache die Peitsche geben"?[353] Schon wegen dieses Anwesenheits-Wortes nicht. Dass die Augenblicke des menschlichen Daseins, die Kontinuitäten und Lebensentwicklungen Christus zugehören, sein Eigentum sind und er einen Anspruch auf sie hat, kann er jetzt auch erkennen.

Ein neues Wiedererscheinen der Liebe, eben eine Liebe später, tritt ein. „Als der Tag der Pfingsten erfüllt war" (Apg 2,1), widerfährt den Auch-Wesen, den Ebenfalls-Wesen, ein abermaliger Anhauch. Jetzt reißt der Himmel auf, und der Auferstandene mit seiner Geschichte, im Reichtum dessen, was ihn ausmacht, atmet sich als Heiliger Geist weithin allen Zeiten zu. Nicht alle werden sogleich lesen

---

353 Rimbaud, zitiert bei: Tim Trzaskalik, „Die vermeintliche Unlesbarkeit dieser Gedichte ist ein Mythos", F.A.Z. 4.1.2019.

können, was für sie bestimmt ist und wofür sie selbst vorgesehen sind. Doch schreibt sich die Überschrift „für euch" über Lebenszeichnungen und Lebensbücher aller Menschen (repräsentiert von den Menschen aus aller Herren Länder: Apg 2,9-11).

„Was will das werden?" (Apg 2,12), wird angesichts des Pfingstwunders gefragt. Antwort: Dieses „will werden": dass jetzt der Geist Christi, sein Geschick ohnegleichen, der Lebensatem seiner Auferstehung, über die Welt geweht wird (vgl. Mt 5,45), über diese entgeisterte, atemlose, oftmals überwältigend schöne, doch ebensooft elende, zerklüftete, bedenkliche Welt, über das Leben in seiner „ganzen armseligen Blöße",[354] in der das Niederträchtige und das Erhabene, das Gesunde und das Wuchernde nebeneinander liegen, ineinandergeschnitten und -gedrückt, ununterscheidbar mitunter, das Furchtbarste bei den Edelsten und das Edelste bei den Scheusalen. „Was will das werden?" Bestimmen wird die Geistesgegenwart und das Jetzt Christi den Lauf der Dinge (Mt 28,18): für die Nahen und die Fernen, die Großen und die Unscheinbaren, die von den Straßen und Zäunen (Lk 14,23), die „in Mesopotamien, Judäa und Kappadozien" (Apg 2,9-11), in Europa und in den übrigen Kontinenten.

Die christliche Gemeinde aber, aufmerksame Atem- und Inspirationsgemeinschaft, Wolkenwirbel der Geistesgegenwärtigen (Hebr 12,1), darf ausdrücklich wahrnehmen, „was das werden will". „Werden" nämlich will er, der Auferstandene, aufkommen gegen das Widrige, will Kopf, Hand, Herz erreichen und befreien.

Was den Jüngern, indem der Anhauch Christi die Stirnen streift, am Ostertag widerfährt (Joh 20,22), die Ernennung zu Gemeinten, zu Gezeichneten, Gebetenen und Eingeforderten, zu nun auch bewussten Auch-Wesen, nimmt vorweg, was für die ganze christliche Gemeinde und von ihr aus für alle Welt bestimmt ist: das Übergossenwerden mit heiligem Feuer, mit dem heiligen Feuer seiner Geschichte – die brennt und tröstet, die begeistert und heilt wie auch gegen Eigenmacht und Götzendienst wütet und „Adam" Mal um Mal gnädig verzehrt.

Zu Pfingsten trägt sich Sammlung und Aussonderung vom Himmel her zu, Berufung, Abtun der Treue zum Tod, Beauftragung, Zumutung. Über alle Zeiten zieht der Sturm des Hergangs seines Lebens – der, wo und wann Gott will (*ubi et quando visum est Deo*), das angemaßt Himmelhohe niederlegt, das Behäbige aufschreckt, das Verlogene umwirft. Eine sehr andere „lichte Lohe" (Hiob 41,13) springt nieder, springt über, setzt in Brand: das Pfingstwunder, das flammende Geschehnis.

Nicht irgendeine namenlose, sondern eine benennbare „Kraft aus der Höhe" (Lk 24,49) findet sich ein in der Welt, nämlich wiederum derjenige, der, auferstanden, in den Himmel gefahren ist und sich von dort her selber „in einem Brausen wie eines gewaltigen Windes", „in Feuerflammen, wie in Zungen zerteilt" (Apg 2,2-3),

---

354 Kleist, zit. bei Blöcker (s. Anm. 115), 87.

universal mitteilt, hingebungsvoll und kritisch, schonungslos, heilend und tröstend. Sich selber mitteilt, selber redet, Sturm der Liebe. „Ein Wort – ein Glanz, ein Flug, ein Feuer / ein Flammenwurf, ein Sternenstrich."[355]

Dort im Heiligen Geist, entäußert, sind Menschen dann sie selbst (Luther: *nos extra nos*) – in Flammen. Nicht in sich und aus sich heraus. Nur „auch" und „ebenso". Über sich. Außerhalb ihrer selbst.

„Gieß aus dein heilig Feuer!" (EG 136,1) Christus wirft einen Brand auf die Erde (Lk 12,49). Nicht etwa Lebenskraft an sich oder Werdensmacht, unpersönliche Energie, Dynamik oder Elan an sich kommt über die Pfingstgemeinde. Vielmehr: Der schon offenbare Christus erscheint erneut, gibt sich in neuer, unvergleichlicher Präsenzform. Wiederum ist er selbst da, ereignishaft, gegenwärtig unter fragloser Aufbietung all dessen, was er ist. „Ich komme zu euch" (Joh 14,18), hat er verheißen – sobald nämlich der „Geist der Wahrheit" kommt (14,17; 1. Joh 4,6). Die Inspirationsflamme, der Heilige Geist – das ist noch einmal Christus, Christus-Geist. Schon, eine andere Erscheinungsform und Seinsweise, ein anderer Modus des Wirklichsten, aber er selbst, die Fortsetzung einer alten Liebe und Treue in neuer Dimension, ihre vollständige Präsenz. Abermals zugegen – und auf ihre Weise abermals ankünftig – verhält sich die Christus-Zeit, das ausgedehnte, göttliche, schiere Jetzt, seine kompromisslose, versöhnende Lebens- und Todes- und Auferstehungsbahn. Sie legt sich dar, trägt sich vor, äußert sich in unabsehbarem Überhang (indem sie, wie im nächsten Abschnitt auszuführen sein wird, in Wort und Sakrament des Gottesdienstes eingeht, je anders, von Situation zu Situation). Als Stunde manifester, sich deutlich abzeichnender Wahrheit zu definiter Zeit, in konkreter Örtlichkeit, ist der Gottesdienst dann dafür vorgesehen, von der Christus-Zeit, dem Neubeginn, flüsternd oder laut den Herzen zu erzählen.

Wie die Propheten das Sprechen Gottes in der Geschichte Israels hören und das Vernommene, manchmal nur einige schnelle Sätze, in die Zeit schleudern, so leitet der Heilige Geist nicht in irgendeine Wahrheit, sondern in die Wahrheit dieser Geschichte Christi – als der Geschichte Gottes mit allen Menschen (Joh 16,13). Der großen Begebenheit redet er das Wort und gibt ihr die Ehre – dem heiligen Zeitengang des Wahrheitsmenschen Jesus Christus, seiner Lichtbahn. Sein Gang durch die Zeit, der Weg des „Gottes im Fleisch", bekräftigt sich, präsentiert sich als jetzt erst recht da – vergangenheitshell in seiner heiligen, ungestümen Geschichte, die, vorher gesondert in einzelnen Begegnungen, sich nunmehr als Geistesgegenwart, als ein neuer Jetzt-Himmel, über die Welt spannt. Und der christliche Glaube? Reise, Erhobenwerden, hinauf auf die Höhe dieser Gegenwart.

Auch in besonderer Abweisung bringt er sich nochmals zur Geltung: gegen die Verwesung alles Lebendigen, gegen die Zeit – als wollte deren Reißstrom Christi

---

355 Benn, s. Anm. 12, 198.

Leben, doch erst recht seine Auferstehung, im düster Gewesenen verlieren lassen und sie in Unwiederbringlichkeit verbannen, in die Krypta, ins Beinhaus (so dass diesem zusehends weiter entschwindenden Toten Liebe allenfalls nachgetragen werden kann).

18.2 In seine Zeit eingesegnet

Eben das, was Jesus „das Meine" nennt (Joh 16,14), was seine Person ausmacht, die ewigreichen Bilder seines Lebens, Sterbens und Auferstehens, gibt der Heilige Geist ins Herz und ins Gewissen hinein: in die Engramme des Gedächtnisses, in das Denken und die Hoffnungen, nicht zuletzt auch in den unentwegt bilderwerfenden Lauf der Phantasie, in magisch poetische oder intuitive Erkenntnis. Der Geist Christi verhält sich dann als Beglaubigung, als Erkenntnisgrund wie auch als Erkenntnisblitz für die Zugehörigkeit zur Liebe. Ein wunderbares Angerührt- und Angesprochen-, Überführt- und Gesandtwerden von dem Gottes- und Menschensohn können sie von nun an ausdrücklich erfahren. Inspiriert vom göttlichen Geist werden Menschen nicht etwa zuerst mit Einfällen, Gedanken, Deutungsangeboten etc., sondern mit den vielgestaltigen Bildern des großen Liebenden und Getreuen.

Anders gesagt: Für die harten Herzen wird die Geschichte Christi aufgeschlossen. Es ist, als ob der österlich und pfingstlich Wiedererscheinende die Arme ausbreitete und aufforderte: *„Nehmt hin meine gesamte Geschichte! Ich reiche und schenke euch das alles. Ihr steht darin geschrieben. Ich übergebe euch, was ich für euch getan habe. Ich versehe euch mit Glauben, Liebe, Hoffnung, diesen dreien. Ich überwerfe euch mit meiner Geschichte wie mit einem neuen Gewand (2. Kor 5,2-4) und fasse euch mit ihr ein. Es ist ja alles nicht nur gewesen. Es ist alles ewig, jederzeitig, jeweilig. Ihr selbst kommt darin vor. Es ist alles heute: Sprache, Atemhauch, Wehen, Sturm der Liebe, der sich zu Pfingsten wunderbar erhoben hat. Jedesmal in noch und noch liebesfeindlicher Zeit. Vollständig widme ich euren Geschichten den Hergang meines eigenen Lebens. Sie werden jetzt von meiner Geschichte beschlagnahmt, wie im Flug genommen, erobert und angeeignet. Ich mache sie mir zu eigen, spreche mich hinein, wecke sie auf, segne sie, mache sie wahr. Es zeigt sich von nun an alles als gegenwärtig, zeitgleich mit eurem Leben, dem Lachen und Weinen, dem Haben und Hoffen, mit euren Stürzen und mit euren Träumen."*

Wie hineingenommen in ein „ewig strahlendes Gewölbe / dies unangreifbare",[356] in die Christus- und Geist-Sphäre, wird von den Ergriffenen, denen es „durchs Herz geht" (Apg 2,37), dann auch ihr Leben erfahren: als geheimnisvoll in den Zusammenhang Christi aufgenommen und eingefügt. Auf Veranlassung und in

---

356 Benn, s. Anm. 12, 217.

Kraft des Geistes glauben sie sich und blicken sie sich ihrerseits von Mal zu Mal in seine Geschichte hinein – weil er sich abermals und abermals zu fühlen, zu verstehen und zu lieben gibt. „Wir sind Christi teilhaftig geworden" (Hebr 3,14), sind jetzt „Christenmenschen" (Luther), existieren im Übereinkommen mit seiner Geschichte, von ihr zehrend, mit ihr enggeführt, in sie eingeboren und eingesegnet. Sie geht auf uns über. Christus segnet Menschen mit seiner Gegenwart.

Da ist wieder und wieder Wasser und Feuer der Verlorenheit – aber auch die Hilfe Christi von überallher. „Wenn du durch Wasser gehst, will ich bei dir sein, und wenn du durch Ströme gehst, sollen sie dich nicht ersäufen. Wenn du ins Feuer gehst, wirst du nicht brennen, und die Flamme wird dich nicht versengen" (Jes 43,2).

Längst atmet neben dir die Liebe, Nacht für Nacht, Tag für Tag. „Ist auch dir zur Seite, still und unerkannt. Dass er treu dich leite an der lieben Hand", maintenant, handhaltend, jetzt. „Immer geht die Hand des anderen mit."[357] *Längst ist das Große da. Stets nur in seinem verborgenen Beisein kommen ja deine noch so zerrissenen und zerstückten Stunden herbei. Christus ist hier. Von sich aus. Er hält sich auf, wo du dich aufhältst. Weil du zu ihm gehörst.*

„Er steht mir zur Rechten, so wanke ich nicht" (Ps 16,8), heißt es. Und wenn du in die Irre gehst, so geht er auch dann mit, „auf allen Wegen", „ein und aus" – auch dann, wenn du einmal jäh den Mut verlierst (im schwarzen Zelt der Schlaflosigkeit), überfallen hinterrücks vom Unverständlichen, von den vernichtenden Fragen, von quälender Anfechtung (ob und wie weit es denn alles wirklich so sei), wenn das Herz in der Brust zerrt. Vielleicht macht er dich gegenüber den Anfechtungen einfach taub und stumpf? Auch nicht, um Gottes willen, in Erstorbenheit und Todesatem, wenn die Welt dich im Stich lässt, wird sich diese Gegenwart entziehen und wirst du „versickern im dunklen Straßengrund".[358] *Sowenig in den Fortgängen wie den erschrockenen Abbrüchen deiner Lebenstage weicht der Herr der Zeit von deiner Seite, bleibt vielmehr eine jetzige Gegenwart bis an der Welt Ende (Mt 28,20).*

Mag sein, dass du Begleitung und Begegnung seit deiner Kindheit gespürt hast und sagen kannst: „Du bist meine Zuversicht, meine Hoffnung von meiner Jugend an" (Ps 71,5). Oder sie geht dir jetzt auf. Oder demnächst. Keine Angst! Du musst keine Eile haben. Es wird rechtzeitig sein, im Kommen begriffen: bei gutem Momentum. Wenn es darauf ankommt, wird dich der Sohn Gottes, der „Eingeborene, der in des Vaters Schoß ist" (Joh 1,18), nicht im Stich lassen, sondern jetzt schon – aber auch noch vor Gottes Thron, noch im Jüngsten Gericht – zu dir stehen. Sobald niemand mehr auf dich aufpassen kann, wird er es tun. Du musst nicht mit allem allein fertig werden und „dein Leid in dich fressen" (Ps 39,3). Als Begleitungs- und Beschützer- und Begegnungsgeschichte erzählt das Neue Testament ja eine Liebesgeschichte – als

---

357 Kunze, s. Anm. 211, 35.
358 Kafka, s. Anm. 167, 294.

auch deine Geschichte. Du kannst da nicht fortgezogen werden oder herausfallen. In Momenten kannst du auch Obhut und Abschirmung vielleicht intuitiv spüren, womöglich zumindest einige starke Herzschläge lang. Doch ist es unaufhörlich wahr. Wie, wenn du der zottige alte Hund im Film ‚Toni Erdmann' wärst? Als der im Garten jämmerlich verendet, die eine Pfote über den Kopf gezogen, schlägt Winfried neben ihm sein Nachtlager auf.

19. „Christus ist hier."

Christus ist hier. (Römer 8,34)

Von der historischen Fremdheit der Auferstehungsbotschaft ist ihre sachliche Fremdheit zu unterscheiden. Wenn gelten soll „Christus ist hier", kann nur Letztere ernsthaft Thema sein. Erstere beruht auf einem Scheinproblem (das aber nicht übergangen werden darf).

19.1 Ungegenwart und Tigersprung

Seit mindestens zwei Jahrhunderten herrscht in der evangelischen Theologie ein ungutes Übergewicht des Historischen, einer Ungegenwart – die auch auf den emotionalen und rhetorischen Gestus und desto mehr auf den Inhalt der Predigten durchschlägt. Als ob es nämlich einzig auf einen immensen Sprung ankäme: auf den Tigersprung des Schriftauslegers wie auch des Predigers über den breiten Graben der Geschichte. Auf breitem Rücken nimmt der Prediger die Gemeinde mit: erst einmal in die Traditionstiefe des Textes (womöglich meint er sogar, damit sie nicht allzu selbstverständlich erscheinen, historische Ferne, ein abweisendes, irritierendes Flimmern, in die Texte tragen zu müssen). Dort liegt, was es einst irgendwie gegeben hat. Und dann von dort zurück in die Gegenwart. Ein zunächst entrücktes Damals, eine, so wird energisch versichert, allerdings kräftig nachhallende Geschichte, soll in Jetzt überführt werden.

Nein. Noch einmal: Was mit der Auferstehung Christi vor sich geht, erhebt diese gesamte Begebenheit, den Lebenslauf der Liebe – in seiner ganzen Sonderheit – zu einem ein für allemal Geschehenen (Barth), zur Weltinnengeschichte. Es lässt das damalige Leben Christi, seinen Weg bis zur Auferweckung, als ein nicht erst im Nachgang zu „übersetzendes", nicht erst zusätzlich ins Heute zu holendes und zu aktualisierendes, sondern als vorab und in sich bereits hiesiges und jetziges Geschehnis erkennen.

Dieses Gestern „ist da", es überformt und bestimmt und begründet das Hier und Jetzt. Ehedem und Heute verhalten sich wunderbar durcheinandergeworfen – als Christus-Zeit. In Erscheinung tritt ein Zeitengang ohne Vergleich: in dem alles Vergangene seines irdischen Weges lebensmächtig umso mehr in jedem denkbaren Jetzt spielt. Ein Wieder und Wieder. Nicht indifferent gegen äußere Umstände, so dass es sich unzeitig der Zeit vorenthält und verweigert. Sondern gerade heutereich, in jedem Heute und allemal bezogen auf die menschlichen Führungen, Episoden, Affären, Aufenthalte, gebrochenen oder geraden Schicksalslinien.

Die Kirche als „Erinnerungsgemeinschaft"? Predigen im Zuge ausgebildeter Gedächtniskultur? Erinnerung an etwas Gewesenes, Erinnerungsscherben (wohl nicht mehr als das), Blicke in das Einstige eines Lebenslaufs? Zunächst einmal: Keine Frage, der Hörer weiß, wie maßlos vergangen die Texte eigentlich daherkommen. Dass nahezu jedes Wort, zum Beispiel ein von zweitausend Jahren verfasster Brief, eigentlich historisch gelehrter Erläuterung bedarf. Reichen aber jemals, mag gefragt werden, unsere Kenntnisse aus, um diese antiken Texte so genau zu verstehen, dass sich aus ihnen nicht nur Interessantes, sondern Verbindliches herleiten kann? Nur darum kann es ja gehen. Sodann: Wer bin ich denn als Prediger? Ein Fortsetzer alter Traditionen? Der weit in das Einstige ausholt, der das dort Schlafende wachruft. Oder Wanderer zwischen entfernt voneinander liegenden Welten, Christophorus – überquerend reißende Flüsse, unterwegs auf langer Strecke, von dort nach hier (und ohne ihn käme Christus gar nicht zu uns durch)?

Eine christliche Predigt definierte sich dann zuerst als ein Akt von Archäologie und Vergangenheitspolitik, als das Resultat von „Wiedervergegenwärtigung" und „Verheutigung" eines ursprünglich Vergangenen, als das Ergebnis einer „Über-Setzung" (mit gesprochenem Bindestrich), der Überwindung des geschichtlichen Abstands (wie zu einem fernen Pompeji). Die neutestamentlichen Autoren hätten dann nicht an sich schon „gegenwärtig", geistvoll, geistlich, geschrieben. Sonntag für Sonntag wäre sich weiter entziehende zeitliche Ferne zu überbrücken, der Text hinüberzuretten, wohlüberlegt in die Gegenwart zu dirigieren und dort passend einzuhängen – als gehörte der dort Bezeugte in seiner Geschichte ursprünglich verlorener Zeit an, aus der er jedesmal erst herausgekannt, herausgehoben und übergesetzt werden muss. Man hätte ihn nicht entdeckt und vorgefunden, wie er sich als der Lebendige längst selbst herbeigeführt hat und jetzt als bereits Zeitgleicher offenbart, hätte ihn vielmehr, rückwärtsgewandt, zuerst als Vergangenen und dann nachträglich Heranzuziehenden entworfen. Wenn man ihn aber nicht heranzöge, fataler Konjunktiv, bliebe er tot. Mag sich die Verkündigung auch als Christus-Predigt verstehen – vorausgesetzt wäre der vom Prediger überzusetzende und rückzugewinnende Christus, mit einem Blick in den Dunsthauch der Geschichte, mit einer Botschaft an die Nachwelt. Die Predigt ließe dann wohl doch an ein Requiem denken (vielleicht mit erheblicher Nachtrauer, selber nicht dabei gewesen zu sein).

Allerdings hätte die christliche Verkündigung mit solchen nachträglichen Anläufen ins Heutige ihre geistliche Verfassung eingebüßt – einen bereits ursprünglichen, unbedingt vorangehenden Ton des Akuten. Ihr Ansatz wäre geistlos, geistesabwesend, im Grunde auf die Vergangenheit ausgelegt, deshalb vorab ungegenwärtig. Einen Unterschied ums Ganze macht es, ob ich, im gespannten Bewusstsein der Gegenwart Christi, erkläre: „Christus spricht: …" oder mich in das Vergangenheitsbuch Bibel werfe, zurückblicke und eine Erinnerung wachhalten will, die verlorenzugehen droht: „Jesus (leider tot) hat mal gesagt: ..." Das sei aber heute noch sehr wichtig, zweifellos sei es nicht zu bitterer Asche zerfallen, sondern brenne, wenn wieder angefacht, irgendwie bis heute fort.

„Die Toten", so Joseph Conrad, ja zunächst mit gutem Grund, „verfügen nur über genau jenen Grad von Lebendigkeit, den die Lebenden ihnen zugestehen."[359] Christus verfügt über genau jenen Grad von Lebendigkeit, den die Verkündigung ihm zugesteht – die auf diese Weise dann zur Herrin der Lebendigkeit Christi wird? Die Verantwortung für Gleichauf und Jetzt Christi läge beim Verkündiger? Ihm müsste zur Bedeutung verholfen werden? Nein. Es wäre der reine Hohn. Es hilft nichts: Die Verkündigung hätte dann den Lebendigen bei den Toten gesucht. Christus, als ausgelagert in einem Einstigen vorgefunden, würde hergeholt. Es handelte sich um ein Nachleben und um Nachbilder, um Überlieferung, irgendein Herüberragen – und denn doch eine Art Totengespräch? Nein. Ausgeschlossen.

Diesem entgeisterten Ansatz gemäß scheint irgendeine Gegenwartsbedeutung erst mühsam erarbeitet werden zu müssen: abgerungen einem von Haus aus Gestrigen. „Die Bilder werden blasser, / entrücken sich der Zeit".[360] Der Predigttext, so hört es sich an, ächzt in den Fugen vor beschwerlicher Tiefenvergangenheit und Alterung (*„Das ist alles schon so lange her!"*). Und dann ächzt die Predigt ebenso. Über die Schulter blickt sie angestrengt zurück, doch nicht nach oben (von wo aus der Text in Wahrheit redet; mag ja sein, dass die Augen noch trübe sind). Der Gottesdienst, in umschattetem Gedächtnisraum, wird zu einer Zeitreise, einem Leichenbegängnis (*„Was bleibt von ihm?"*) mit womöglich glückendem, aber auf jeden Fall schweratmendem Sieg der Erinnerung an etwas Bedeutendes, mit als aufgebahrt vorgefundenen, von der Verkündigung erst zu erweckenden Bibeltexten im Vergangenheitsstau. Eine Zeitlang verhält sich der Hörer dann wie ein Gast im zeitweise – zwischendurch einmal – bereisten, als immer noch irgendwie erheblich behaupteten Gestern, diesem Erinnerungsherd.

Beklommene Frage zu Beginn der Predigt (oft gehört): „Hat das überhaupt Bedeutung für heute?" Wo uns doch der Text so fremd ist (die Gemeinde ahnt es: Es wird sich schon ein Weg zeigen). Wenn der Prediger im letzten Drittel der Predigt dann endlich fragt „Und was bedeutet das nun heute", hat sich bei der erschöpften Gemeinde längst der Verdacht eingestellt, dass jetzt auch nicht mehr viel zu erwarten ist. Irgendwie scheint das Ganze doch in erster Linie und ursprünglich ein Sepia-Foto zu sein. (*„Sollte man es nicht bei den Schatten bleiben lassen? Es hat ja wohl kein eigenes Blut. Das muss ja jederzeit der Prediger spenden."*) Mehr als einmal hat der Prediger halblaut „noch" gesagt oder unterstellt (*„Können*

---

359 Zit. nach: Renate Wiggershaus, Joseph Conrad. Leben und Werk in Texten und Bildern, 1990, 33.
360 Benn, s. Anm. 12, 168.

wir das noch glauben?") – fürchtet er für ein vormals angefertigtes Produkt die Überschreitung eines Haltbarkeitsdatums?

„Für ein doch irgendwie Verjährtes", hat dann der skeptische Hörer wohl längst gedacht, *„für eine allzu schattenhafte Figur, die Tag für Tag vergangener und entlegener wird und deren Vergegenwärtigung allem Anschein nach zunehmend Mühe kostet, habe ich keine Zeit und auch nur selten Lust auf Geschichten, deren Überlebtheit wächst und die man sozusagen aufwendig ausgraben muss. Wer ins Vergangene will, muss ja ohnehin abwärts, tief in den ‚Brunnen der Vergangenheit' (‚Sollte man ihn nicht unergründlich nennen?'). Aber so weit? Natürlich haben sich deren, na ja, Spannungsmomente in der langen Zwischenzeit radikal verflüchtigt. Staub kann ja irgendwann sogar bösartig werden. Sollte man nicht auch dieses Tote in seinem Brunnenschacht einfach nur ruhen lassen?"*

Solcher Rückblicks- und Zeitreisen-Theologie ist eine Jetzt-Theologie scharf entgegenzusetzen: eine geistliche Theologie, die den christlichen Gottesdienst durch den Heiligen Geist Christi definiert sieht. Durch das aktuale, je heutige, kreatorische, endlich Dringlichkeit annehmende Wirken des Heiligen Geistes. Durch Sprachermächtigung: sooft der Auferstandene sich selbst durch seine Inspiration an Predigttext und Verkündigung weitergibt und sie auf diese Weise ermächtigt. Weil der Heilige Geist Christi niemals nur ins halbverschwommene Ehedem gehört, sondern als heutiges Glutnest, als Nachdrücklichkeit, Jetzt- und Akut-Geist, Hier-Geist. Nicht andernorts und zu anderer Zeit, sondern auf ewig gestellt und, gerade daher, ein für allemal, fortwährend synchron und deshalb jedesmal ursprünglich heute, dieser Tage. Denn Christi, des wahrhaft Ehrwürdigen Gleichzeitigkeit mit uns – darum auch die des Predigttextes – ist ja Ereignis. Die italienische Redensart „Was war, ist nicht" (*Quel che fu non è*) gilt hier nicht. Er, der in seiner Geschichte bei uns ist alle Tage, verhält sich längst gegenwärtig. Direktheit gilt, in der er uns – indem er biblische Worte zum Wort Gottes werden lässt – heute schon gegenübersteht, Zwischenraum wie auch Zäsuren bewirkt, Grund bietet und immer aufs neue Anlässe, gegenwartsmächtig zu leben, von jetzt auf dann, „Licht an Licht".[361] „Evangelium" ist, wenn es jetzt ist – nicht allzu verschieden von der Einstellung, dass am Ende des Films der Hauptdarsteller direkt ins Kameraauge blickt, auf „mich"; passender und zwingender noch: der Darsteller wie in Woody Allens Film *The Purple Rose of Cairo* aus der Leinwand in den Zuschauersaal tritt.

Demgegenüber muss jener „Historismus" als eine Fluchtbewegung angesehen werden. Der tatsächlichen, andringenden Gegenwärtigkeit wird ausgewichen – in der Absicht, sich vor ihrem Zuspruch und Anspruch Aufschub zu verschaffen. Barths „Stell dich an deinen Ort!" heißt aber: „Sieh, dass du keinen Aufschub brauchst!" „Siehe, jetzt ist die willkommene Zeit, siehe, jetzt ist der Tag des Heils!"

---

361 Matthias Storck, Ungedruckte Predigt, 2.8.2020.

(2. Kor 6,2). Wann also ist das? *"Das tritt nach meiner Kenntnis ... ist das sofort, unverzüglich"* (Günter Schabowski, bei anderer Gelegenheit). Kirche ohne dieses „sofort, unverzüglich" wäre ein Totengedenkverein (vielleicht mit angeschlossener Abteilung für Moralkunden und *social healing*).

19.2 „Tode und Tore"

Die historische Fremdheit hier – aber die sachliche Fremdheit dort: dass das Todestor aufgestoßen worden ist und offensteht. Wie soll man es begreifen? „Tode und Tore"?[362] Ja, ausnahmslos alle Schattenlinien werden vom Auferstandenen durchbrochen, von sich aus dringt er durch die „verschlossenen Türen" (Joh 20,19). Auch die gleichsam ontologisch verfugten Barrieren, die Vergangenheit, Gegenwart und Zukunft gegeneinander abdichten, beraubt er vollständig ihrer Macht. Er lässt triumphieren: „Die sollen dem Herrn danken für seine Güte und für seine Wunder, die er an den Menschenkindern tut, dass er zerbrach eherne Türen und zerschlug eiserne Riegel" (Ps 107,15f; Apg 12,10). Er ist derselbe in Ewigkeit, ohne Kluft zwischen Gestern und Heute (Hebr 13,8). Plötzlich ist die Zeit aus ihrer Routine gebracht. Geradeheraus, ohne Absperrung durch eherne Türen und eiserne Riegel, verhält sich seine Geschichte jedesmal auf den Menschen zu. „Zu ihm" sind alle Dinge (Röm 11,36): Unmittelbar zu ihm hin orientiert (heute, hier) ist auch jedes Individuelle, Konkrete und Unwiederholbare.

Tode und Tore. Wie kann er eintreten? In mein Gewissen? Mein Herz, „so wandelbar, bodenlos und augenblicklich",[363] *mein Sünder-Herz will sich ihm entziehen – durch eingewurzeltes Misstrauen und hässlichen, niederen Trotz. „So ist es nun einmal, so geht die Welt, so geht es doch jedem", habe ich achselzuckend gesagt. Tritt er trotzdem ein? Bei verschlossener Tür, dem schartigen, schwarzgeräucherten Holztor meiner tiefen Verzagtheit, welche nichts mehr an mich heranlässt? Eine nie bewältigte Trauer, die Ruhelosigkeit der Bewegungen des Herzens hat mich in Träumen bedrängt (in denen ich zuverlässig mich selber träume, mir anwesend bin und mich keineswegs abschütteln kann). Irgendeine Wand des Unwissens zwischen mir und mir habe ich doch gebraucht. Ohne bewachte Sperr- und Sonderzonen ist es nicht gegangen. Was durfte alles nicht „rauskommen" (Geheimgeschichten, bei denen man sich, sooft man ihnen zu nahe kommt, auf die Zunge beißen muss)? „Fehlstellen in meinem Leben"? Die von Schuld, von einem giftigen Insekt, angestochene Biographie? Aber die „Hurenstirn" (Jer 3,3) wurde in ihrem verschiedenen Wuchs nicht sichtbar. Die sterbenskranke Lebenslüge, festgesetzt hinter solcher Stirn wie der Aussatz*

---

[362] Dylan Thomas, s. Anm. 73, 355.
[363] Benn, s. Anm. 12, 310.

(2. Chron 26,19f), konnte sich zu einem bedrohlichen Lebens-Tier auswachsen. Hat sie mich nicht gehetzt? Bin ich, so habe ich mich gefragt, mit ihr verwachsen? Jedenfalls hat sie sich in mein Leben tief eingeschwiegen. Niemand soll daran rühren. Womöglich ein Verschweigen ins Grab hinein. Und die schamvollen Geschichten einer Familie, eines Dorfes, einer Epoche? Nicht darüber reden, dann ist es gar nicht wahr gewesen. Vererbte Sprachlosigkeiten.

Tode und Tore. Durch die schweren, „verschlossenen Türen" meines Herzens tritt er ein, ungehindert von dessen Schattenlinien, Blendwerken, Verdüsterungen. „Dein Werk kann niemand hindern" (EG 361,4).

Auch die Absperrungen der Weisheit dieser Welt (1. Kor 1,18ff) hindern ihn nicht. Die Philosophen auf dem Athener Areopag (Apg 17,32), mutmaßlich mit allen Wassern der Theorie gewaschen, geübt in milder Toleranz und prinzipienstrengem Realitätsbewusstsein, schlagen (hätte man früher gesagt) mit der Faust auf den Tisch und hüllen sich, nach anfänglichem Interesse, von neuem in ihre wallenden Philosophenmäntel und – von Ionien bis Jena – steigen hier endgültig aus: *„Unsinn. Das geht gar nicht."* Subjektive Wertgefühle kann man ungefähr gelten lassen, aber nicht die Botschaft von der Auferstehung, dem Wiedererscheinen und dem gegenwärtigem Leben des gekreuzigten Jesus von Nazareth. Weltanschauliche Neugier ist eines (Lk 17,19-21), der Umsturz des Seins etwas anderes. Unbedingt ist diesseits der züngelnden Feuerzone zu bleiben. Näherzutreten hieße ja, sich einem auf das ganze Leben niedergehenden Sturm auszusetzen – der Denken und Sein erfasst, Mögliches und Unmögliches, Leben und Tod. *„Soweit kommt es noch! Das sei ferne!"* Weisheit der Welt. Gott selber, schreibt der Apostel, „hat die Weisheit dieser Welt zur Torheit gemacht" (1. Kor 1,20).

Und das Vordringen durch die verschlossenen Türen, die Tode und Tore urtümlicher Feindseligkeit? Derer, die „Unrecht saufen wie Wasser" (Hiob 15,6). Denen der Feind wie ein Gespenst ins Herz springt. Die sich Zug um Zug in der von ihnen heraufbeschworenen Unrechtsfinsternis verlieren. Die verraten und verleugnen. Die von Rechts wegen verloren zu geben wären. Deren Bußfertigkeit dahinsteht, auf sich warten lässt oder ausbleibt, weil der Ruf zur Buße allemal anschlägt an ein kompaktes, unzugängliches Selbst. Sünder (Röm 5,8) und Feinde Gottes (10), die ihrerseits als Gott auftreten und verfügen wollen über Herz und Bauch, Denken und Sein, Leben und Tod, Böse und Gut. Von sich aus dringt er durch die „verschlossenen Türen" der Gottes- und Christus-Feindschaft.

Tode und Tore des Nichtswürdigen und Niederträchtigen: der Einzelnen, der Gesellschaft, der Epoche? Vor dem Auferstandenen ist es alles nicht sicher. Umfassungsmauern werden zum Einsturz gebracht. „Es ist das Herz ein trotzig und verzagt Ding; wer kann es ergründen?" Antwort: „Ich, der Herr, kann das Herz ergründen und die Nieren prüfen" (Jer 17,9f): der Einzelnen, der Gesellschaft, der Epoche.

"Als es aber jetzt Morgen war, stand Jesus am Ufer" (Joh 21,4), am Ufer des Lebens, am Ufer der Zeit. Und (Joh 20,19f): *"Am Abend aber dieses ersten Tages der Woche, da die Jünger versammelt und die Türen verschlossen waren aus Furcht vor den Juden, kam Jesus und trat mitten unter sie und spricht zu ihnen: Friede sei mit euch! Und als er das gesagt hatte, zeigte er ihnen die Hände und seine Seite. Da wurden die Jünger froh, dass sie den Herrn sahen."*

20. Die gottesdienstliche Predigt, die andere Predigt

Wir danken Gott ohne Unterlass, dass ihr das Wort göttlicher Predigt,
das ihr von uns empfangen habt,
nicht als Menschenwort aufgenommen habt,
sondern als das, was es in Wahrheit ist, als Wort Gottes,
der in euch wirkt, die ihr glaubt. (1. Thess 2,13)

20.1 Was bringe ich in den Gottesdienst mit?

Vieles verstehe ich nicht. Bleibe bei mir, auch wenn ich wieder und wieder frage und bete und hoffe! Mag sein – ich hoffe es – dass ich einmal werde sagen können: „Alle Fragezeichen begannen vom Dasein Gottes zu singen".[364]

Was bringe ich in den Gottesdienst mit? Was schleppe ich an? Auch alle Fragezeichen. Weshalb bleibt die Frage nach der Liebe zwischen Partnern fortwährend unbeantwortet: was sie ist, wie sie verläuft und wie wenig oder wie viel sie sein kann? Was tun wir einander an? Kann man einander zum Schutzengel werden? „Du, Geliebter, ich und alles, was auf uns zukommt – warum ist es so unsicher, und wir überspielen es, warum, bitte, muss es denn flackern, wieder und wieder?" Weshalb muss sich nicht selten der Strom eines guten gemeinsamen Lebens in einem trockenen, sandigen Landstrich verlieren? Bittere Fragen bringe ich mit: Wo bist du, Herr, und wie wirst du helfen, wenn es heißt: „Hin geht die Zeit, her kommt der Tod" (EG 530,1), wenn der Tag in die lange Nacht fließt, wenn ihr zusehends schuldhafte Vergangenheit zuwächst, weil in ihr unentwegt ein Fluss des Unheimlichen tost. Und die erschütternde Vergänglichkeitsklage derer, die lediglich dazu vorgesehen scheinen, „vom Tod geweidet" zu werden (Ps 49,15): „Heute nur heute / Bin ich so schön; / Morgen, ach morgen / Muss alles vergehn! / Nur diese Stunde / Bist du noch mein; / Sterben, ach sterben / Soll ich allein".[365] Um Gottes willen, nein. Nicht „allein": Du, Herr, bist gegenwärtig, mitten im Sterben. Lass mich doch gewiss werden, dass du überall, im zerklüfteten und zerfallenden Dasein, bei denen bleibst, die „sich müde geschrien" haben (Ps 69,4), in Situationen, in denen du, in den Schutzmantel deiner Unsichtbarkeit gehüllt, auf sie zugehst. Zur Seite stehst auch im Lebens-Hader, in der Trauer um verlorene Liebe (ihre spitzen Messer). Im so oder so durchfurchten Lebensfeld, durchfurcht vom Makel, von dem von Beginn an krude Vermischten und Fehlgelaufenen, von der brüchigen

---
364 Tranströmer, s. Anm. 25, 61.
365 Theodor Storm, Am grauen Meer. Storms gesammelte Werke, 1962, 68.

Identität, dem unreinen Ich. Im panischen Weltgefühl, als färbte es mich schwarz. In finsterer Melancholie. Wenn ich versuche, mich bereit zu halten für den Moment, da ich gehen muss. Wo bist du?

Was bringe ich in den Gottesdienst mit? Auch das erfahrene, flutende Glücksgefühl (die in der Nähe des Meeres verbrachten Tage; den Anblick der Delfine, deren Heiterkeit beim Spiel unter und über dem Meeresspiegel, dem metallisch grauen Wasser). Die Dankbarkeit, dass es mir mitunter gelungen ist, ins Freie zu treten und aufzublicken. Auch die allereinfachste Freude am Leben, wenn ich mich nur umgeblickt habe in meinen Wirklichkeiten, im irgendwie auf merkwürdige Weise guten Gestöber der Daseinsmöglichkeiten. Dass ich womöglich tatsächlich ein wenig die Liebe eines anderen geweckt habe. Dass mir, mag sein, tatsächlich ab und zu, selten, eine kleine Freude für einen anderen gelungen ist. Dass ich das „Glück" erfahren habe, „von mir aufatmen zu dürfen",[366] mich ein wenig von mir wegzuatmen und gelegentlich dann sehr dankbar sagen kann: „Ich kann wieder frei atmen". Dass bereits das Am-Leben-sein selbst manchmal eine eigene lebhafte Stimme hat. Umso mehr die erfahrene Freude an Gott (Ps 104,34).

20.2 Zuerst Grünewald

Konzentrieren wir uns auf die aufgrund eines biblischen Textes gehaltene Predigt, die genuin christliche Wahrheitszumutung (die Ansprache eines Imam in einer Moschee kann von ihrem Selbstverständnis her keine „Predigt" sein). Ihrerseits enden ja die Texte offen, geben sich frei für die christliche Predigt, gleichsam fließen sie zur Predigt hin. Wird mit ihnen dann ein geistlich lehrreiches, vorbildliches oder abschreckendes Personentableau vor Augen gestellt? Damit vor allem die in der Bibel so wandlungsreich gezeichneten Menschen gesehen werden, ihre Einstellungen und ihre Vorstellungen, ihr Unglaube und ihr Glaube? Nein.

Orientieren kann vielmehr Matthias Grünewalds Kreuzigungsbild, die zeigende Hand von Johannes dem Täufer. Er ist nichts als Zeuge. Verweist er auf sich selbst? Er zeigt auf Christus, auf die Selbstanzeige Gottes, auf das Ende der entsetzlichen „Wegbereitung für die Schlange".[367] Er folgt dabei der Bibel, er trägt sie in der Hand. Entsprechend: Die biblischen Autoren, sagen wir Paulus und Johannes, verweisen gezielt. Zuerst auf Gott, auf Christus, auf die Offenbarung. Von sich selber, ihrem Herzen, ihrem Glauben – als käme es vor allem darauf an – ziehen sie die Aufmerksamkeit gerade ab. Als ob sie indiskrete Fragen gar nicht erst zuließen. Sparen sich insofern selbst aus. Geben lediglich energische Winke. Zeigen nur und benennen:

---

366 Kafka, s. Anm. 31, 133.
367 Kafka, s. Anm. 74, 824.

mit Worten und Gesten, mit Liedern, Erzählungen und theologischer Reflexion – zielen auf etwas ab, das unendlich größer ist als ihr Herz, als ihr Auffassen insgesamt, ihr abgerissenes Denken, ihr Glaube, ihre Religion. Bezeugen, was von Gott aus aller Welt widerfahren ist und widerfährt, stehen dafür ein, nicht gefügig, aber hingebungsvoll und freigekommen, nicht in irgendeinen Selbstverlust gestürzt, aber selbst-entlastet.

Als bedeutungslos zeigt sich am Ende die „Sprecherposition" oder ihr persönlicher Glaube („Wer spricht und mit welchem Recht?"). Ausschlaggebend ist, was sie glauben, worauf sie verweisen, der Gegenstand und die Sache des Glaubens, ihr persönliches Gegenüber. Als Apostel Jesu Christi (Röm 1,1) versteht Paulus sich, als Verweiser, predigend auf keinen Fall sich selbst (2. Kor 4,5) – dem vielmehr lediglich aufgegeben ist, ein lebendiges Werkzeug zu sein, Durchgang und Vehikel. Das Geheimnis lässt er hervortreten, indem er hinter ihm zurücktritt. Als der „Selbstausdruck" seiner Person wären seine Texte grob verkannt. Für ein Psychogramm sind sie ganz ungeeignet. Noch während er von sich spricht (gelegentlich), zieht er sich zurück, bleibt im Schatten und verweist seine Person ins Unrühmliche (1. Kor 15,9; Gal 1,23). In eines Anderen Sache spricht er. Das Evangelium wurde ihm vorgesprochen und zugeworfen und vor Augen geführt (1. Kor 15,8). Seine Ehre ist es, gebraucht und aufgebraucht zu werden, gehandhabt, verwendet, eingesetzt. Das Werkzeug hat kein Selbst, das darüber hinausginge – „weil ich mich zum Verbrauchen ihnen anbiete. Dazu ist man da" (Robert Walser, vollkommen ruhig).[368] „Never trust the artist trust the tale" (D.H. Lawrence). Und Benn: „Ich vertrete nicht den Standpunkt des Autors, sondern den Standpunkt von Problemen, die auf des Messers Schneide stehen."[369]

Die christliche Predigt will es dann nicht besser wissen als die Texte. Schon gar nicht – als sei das das Entscheidende – stellt der Prediger exemplarisch seinen eigenen Glauben aus. Entsprechend zeigt dann auch eine Predigt über einen paulinischen Text lediglich auf etwas hin, das, in seiner Mächtigkeit, selbst diesen Auferstehungszeugen unvorstellbar übersteigt: wo auch der Apostel niemals hinreicht. Das seinen Blick zerrissen und ihn dann sehen und verweilen gemacht hat (Apg 9,1-19). Das ihn jedoch von sich aus umfängt und trägt. Das ihn gewiss werden lässt – und dann gegen Widerstände hoffen und auf Leben und Tod auf die Wege des Wassers, auf Straßen, Länder und Kontinente der Missionszüge ziehen lässt. Etwas Überbordendes, Wesensfülle, ein Gesicht, ein heller Schein … zieht dem Apostel voran. Ihn will er seinerseits in seinen Briefen augenfällig machen.

---

368 Robert Walser, Geschwister Tanner. Romane und Erzählungen, Bd. 1, 1984, 328.
369 S. Anm. 27, 80.

20.3 Er will sich die Predigt zu eigen machen.

Die christliche Predigt erwartet ihre Bewahrheitung. Aus Gnade, womöglich, so Gott will – kann dann die andere, die eigentliche Predigt vor sich gehen, der Hauch des Christus-Geistes, die „Offenbarung der Wahrheit" (2. Kor 4,2). Offenlegen kann sich das Menschenwort „Predigt" als Gotteswort, zu eigen gemacht von ihm, übernommen von ihm, so dass es Macht gewinnt, Vollmacht – „der Welle gleich, die das ganze nachdrängende Meer hinter sich hat".[370] Dank menschlicher Bezeugung und seiner Wahrnahme durch Gott findet sich dann die Gemeinde in der Geschichte Christi.

In sich kraftlos, weist die christliche Predigt auf eine andere Autorität: findet darin ihren Stolz, ihn, den eigentlich Vollmächtigen, so klar es geht, auszusprechen, ihn, um die Augen Vieler zu betören, vor Augen zu malen (Gal 3,1), in die Augen zu spielen und zu Ehren zu bringen, den Gang seines Lebens in seinen Augenblicklichkeiten, Szenen und Situationen, in seinen Verheißungen und Weiterungen zu erzählen und schließlich, „an Christi Statt" (2. Kor 5,20), darum zu bitten, dass jene Einberaumung in seine geistliche Zeit, das Gemeintsein, auch wahrgenommen wird. So dass, wenn Sprache im Inneren des Menschen spricht, tief in der Seele zaghaft oder laut nach dem Vollmächtigen gerufen werden kann. So dass die Autorität Christi angefochtenen Menschen „über die Seele geht" – die nämlich die Anfechtung, wenn sie irre an ihm zu werden drohen, keineswegs selber niederkämpfen oder die Tür zuschlagen können. So dass Christus selbst zu einer Stimme und einem wirkenden Bild des Inneren wird, das Wort nimmt, sich, als einnehmendes inneres Machtwort, einmischt und dazwischenkommt, wenn Sterbliche zu sich selbst sprechen. So dass er dem Groll und den Selbstvorwürfen (wenn Reden gegen sich selbst gehalten werden, Gerichtstag, Verwünschungen, Bezichtigungen, Schläge) rigoros oder sanft widerspricht wie auch, von Fall zu Fall, die alles fortreißenden inneren Gedanken-, Sehnsuchts- und Zeichenflüsse umleitet.

Gewinnt dann jede christliche Predigt erst als Christus-Predigt Eindeutigkeit? Ja. Wie sich ja auch sämtliche Feste des christlichen Kirchenjahres als Christus-Feste verstehen. Will die Predigt dann emotionale Vervollständigungen, religiöse Vernunftergänzung oder die Erweckung von Sicherheits- oder Welt- oder Gottes- oder Selbst-Gefühlen? Nein. Vielmehr: *„Ihr sollt meine Zeugen sein (Apg 1,8). Man soll euch aufrufen können: als meine Zeugen und Herolde, Überbringer der Botschaft meiner Versöhnung, meiner Erlösung zum Leben, meiner Zukunft."* Mal um Mal in der Christus-Predigt – wenn ihr Wahrheit zukommt – wird Augenfälligkeit und

---

370 Proust, s. Anm. 5, Bd. 6, 578.

Deutlichkeit dieser Zeugenschaft erzielt: denkbar direkt und geradeheraus, unverstellt, doch durchaus auch, in unabsehbaren Lesarten und Facetten, in indirekter Rede, vielstufig, hintergründig, vielsagend.

Die Predigt, die viel besagt, begreift sich dann als ihrerseits selbstfrei, als schiere inhalts- und substanzlose Form, als das dienende, einfältige und demütige „Menschenwort", das aufgebraucht werden soll – das jedoch gehört und aufgenommen werden kann als das, was es „in Wahrheit" ist, „als Gottes Wort" (1. Thess 2,13). Das Eine – als das Andere. Das Eine, der Wortvordergrund, die Oberfläche, das Menschenwort: vielleicht sogar ein schmutziges Vehikel, vorläufig, auf Widerruf, als Form und Vorstoß, aber gotteszuversichtlich, auf Bewahrheitung wartend, auf deren Zuwurf. Das Andere: „in Wahrheit". Das Andere: die Substanz.

Von der Predigt wird dann der Predigttext nicht „vergegenwärtigt" oder „ins Licht der Gegenwart geholt", sondern für das jeweilige Heute lediglich wiederentdeckt. Die Predigtarbeit ist Erkundungsarbeit, ein glückliches Auffinden, ist Ermittlung, Freilegung und dann auch einfache Unterwerfung. Auf einmal steht der Text im Jetzt, in das er gehört. Im einzelnen, Text für Text, führt die Predigt vor, inwiefern wir Gegenwärtigen dort, in der Geschichte Christi, bereits vorhanden und aufgehoben sind. Die Geschichte Christi kommt dann auf. Mit einem Mal, so Gott will, zeigt sich die Predigt voll geistlicher Wirklichkeit, die Hülle ist zerrissen.

Jede an Christi Statt bittende Predigt, wiedergeboren aus Wasser und Geist (Joh 3,5), kann zu einer solchen pfingstlichen Predigt werden, zu einem nun überhaupt erst geistlichen Widerfahrnis, zeigt sich also als schlechthin auf die „andere Predigt", die „von oben", die des Heiligen Geistes, angewiesen und hofft auf diese Bewahrheitung. Christus, wo er sich von sich aus in ihr herbeiführt, verleiht der Predigt Stimme – so dass sie erst dann, nicht mehr geistesabwesend, die Herzen der jetzt angeredeten Gemeinde nicht mehr verfehlt. Form und Wurf der Predigt sind nichts als Hülle, Gefäß und dunkles Zauber-Medium für das Eigentliche, für den Lebensatem des Geistes Christi, seine evangelische Geschichte, und darin für die Zusage des ewigen Lebens, des anderen Ostern, der Auferstehung der Welt.

„In, mit und unter" menschlichen Worten (so Luthers prägnante Formulierung) erscheint die Predigt Christi selbst, seine Seelsorge und Verheißung. Sicherlich, in allzu menschlichen Worten – aber dort wirksam, beruhigend oder aufstörend und umwendend. Der Geist betreut und unterlegt und rettet die Predigt. Zuversichtlich spricht der Prediger, der Evangeliumsrufer, seine Worte gleichsam dem Wort Gottes entgegen. Gepredigt wird erwartungsvoll auf die „andere Predigt" zu, die Predigt Christi selbst. Wenn jene jedoch ohne unser Zutun – im Vermögen des Geistes – auf uns zukommt, uns anweht, in Fluss bringt, wenn sie die Stunde oder den Tag bewegt, die höhnischen Gedanken („was die lange Todesnacht mir auch für Gedanken macht"; EG 526,1), den inneren Sinn, das Lebensgefühl – dann findet unsere sichtbare samt unserer unsichtbaren Geschichte Aufenthalt, Bewährung, Beheimatung (Phil 1,21): im Hergang des Lebens Christi, in der Grund-Begebenheit, der Weltinnengeschichte.

Für in dieser Weise bewusste und gestimmte Predigten, glaube ich, wird eine eigentümliche Ruhe kennzeichnend sein – die sich einer letzten Unzuständigkeit verdankt. Weil Christus selber verheißt, das an sich leere, von sich aus geistlich leere, konkave Gefäß der christlichen Predigt, diese Hülse und irdenen, zerbrechlichen Wort-Krug, mit sich selbst zu füllen: „Wir haben solchen Schatz in irdenen Gefäßen" (2. Kor 4,7). Dieser kunstvolle, herrliche, unvergleichliche Schatz, die evangelische Predigt Christi selbst, das Wort Gottes selbst, gibt der Predigt überhaupt erst Sinn, spricht die jetzt erst „evangelisch" zu nennende Sprache und füllt mit Leben den aufnahmebereiten Raum der gottesdienstlichen Verkündigung als der schlichten, unscheinbaren irdenen Hohlform. Überhaupt nur in der Fülle und eigentlichen Lebhaftigkeit der „anderen Predigt" findet die an sich grund- und gehaltlose, die an sich nicht wirklich substantielle Predigt Grund und Gehalt. Unbedingt verlangt sie deshalb nach dem „Schatz" und lebt von der Hoffnung, dass der lebendige Christus Predigttext und Predigt in seinen Lebensatem hineinnimmt, sie sich zu eigen macht, sie Auferstehung atmen lässt, sie inspiriert – so dass ihnen dadurch Leben zufällt, Aktualität, innere Genauigkeit, geistliche Kraft, Geradlinigkeit des Menschlichen, des Christus-Menschlichen, Gottesgewissheit, endgültige Gewissheit des Christus-Gottes.

Darum, dass er selber die Verkündigung bewahrheitet, dass er selber sich evangelisch in ihr einfindet, wird Christus dann vom Prediger auch ausdrücklich im Gebet angerufen werden.

Wie und wann kommt Christus in die Verkündigung, wie vorher schon in die Heilige Schrift? Inspiration der Bibel, auch der Predigt? Unbedingt ja. Doch aktual, je ganz heutig, je neu, kreatorisch. Eingeatmet wird ihnen der Geist Christi, aus der Nähe, von fernher, von heute und zugleich von anderswo: aus einem „Reich nicht von dieser Welt" (Joh 18,36). Beizutragen, dass es dazu kommt, ist der Prediger völlig außerstande. Er braucht es aber auch nicht. Für die tatsächliche Pointe und geheime Autorität seiner Worte, die seiner Predigt möglicherweise dann innewohnt, ist er nicht mehr verantwortlich. Die Sorge dafür kann er „auf den Herrn werfen" (Ps 55,23). Nicht funkelnde Karaffen, sondern unscheinbare, karge, rohe irdene Gefäße umschließen ja den Schatz – „auf dass die überschwängliche Kraft sei Gottes und nicht von uns" (2. Kor 4,7). Weil er von solcher Unzuständigkeit weiß, können sich seine Predigten durch einen notorisch unaufgeregten und fraglos-ruhigen Ton auszeichnen. Es genügt, wenn er sich, in aller Sorgfalt und unter Aufbietung aller Kräfte, an der Choralzeile ausrichtet „verricht das Deine nur getreu" (EG 369,7) – als ein Knecht, über Wenigem getreu (Mt 25,21). Er wird es wagen, als Gebrochener ungebrochen zu reden, weil er zu den Bevollmächtigten gehört: „die Gott wert geachtet hat, sie mit dem Evangelium zu betrauen" (1. Thess 2,4).

Von dieser besonderen Hilflosigkeit und Dürftigkeit, ja Bedeutungslosigkeit der Predigt weiß sie durchaus selbst. Doch kann sich ihr (schon ihrer Anfertigung) umso mehr die Hoffnung auf die verheißene „überschwängliche Kraft" Christi einprägen. Erwartungsvoll, wie durstig, spricht sie sich dann auf Christus zu, zu ihm hinüber, der erhofften Inspiration entgegen. Kann man ihr dieses Bewusstsein anmerken – dass sie sich für die Bestätigung durch den Heiligen Geist bereithält: ihrem Ton, ihrer Haltung und Eindringlichkeit, den in ihr eingehaltenen Grenzen, Hegungen und Konfrontationen, also dem, was sie sich und der Gemeinde zumutet?

Unbedingt schließt sie dabei das Gebet um Bewahrheitung und Beglaubigung ein, um die Beendigung ihrer ursprünglichen Geistesabwesenheit (aus der sie eben herauswachen soll). Ihre Beglaubigung durch den Hörer aber, keineswegs die erste Sorge, wird ihr dann (Mt 6,33 gemäß) „überdies zufallen". Vor allem wird sich der Stimme des Predigers eine betende Unterstimme unterlegen, die Bitte um die Transparenz des irdenen Gefäßes wie auch um das Zutagetreten und das Leuchten der überschwänglichen Kraft – ein Suchen, Bitten, Anklopfen (vgl. Mt 7,7), der dringliche Ruf des Verkündigers: *„Komm, Schöpfer Geist! Veni, Creator Spiritus! Komm in meine Predigt. Lass diese weiße Lichtspur in sie schießen, die geistliche Ausstrahlung der Wahrheit. Heiße gut, was evangelisch in ihr ist. Doch alles andere tritt aus wie einen hochgefährlich aufflackernden Brand. Bevollmächtige das Gesagte und sprich es frei – und mach es wahr, als wahrhaft evangelisch ausgeformt, überformt und überkleidet (2. Kor 5,2.4). Das Widerspenstige und Ungehorsame aber, das so wenig folgen und verstehen und sich aufbrauchen lassen will, nimm beim Kragen, schlage es in den Wind oder ersäufe es, taufe es hinüber zur Freude: im Weißwasser, im Bad der Wiedergeburt. Gegebenenfalls dreh es mir im Munde um und lehre die Gemeinde wie das ‚Zurechthören' so auch das ‚Dazuhören': das ‚sich etwas Herausnehmen', so dass sie dann – zur Ehre Gottes – womöglich gehört haben wird, was ich gar nicht gesagt habe. Es ist ein Vorrecht ohnegleichen, in einen richtigen Hörer verwandelt zu werden. Komm, Schöpfer Geist! Veni, Creator Spiritus!"*

21. Perfekt. Punkt. Basta. Sela, Psalmende. Amen.

> *Wo zwei oder drei in meinem Namen versammelt sind, da bin ich*
> *mitten unter ihnen. (Mt 18,20)*

21.1 Hiergeblieben!

Ohne seine geistliche Verfasstheit – die Begegnung von Gott und Mensch – wäre der christliche Gottesdienst eine beliebige Kulturveranstaltung. Vielmehr verdankt er sich der Verheißung „Wo zwei oder drei in meinem Namen versammelt sind, da bin ich mitten unter ihnen" (Mt 18,20). In all seinen Vollzügen wird der im Namen des dreieinigen Gottes gehaltene Gottesdienst lediglich auf dem bestehen, was sich von Gott her begibt und begeben hat – und auch dabei anreden gegen die unentwegten Ausweichversuche des Herzens: des ewigen Flüchtlings ins Nicht-Hier und Nicht-Jetzt, ins „Möglich" und „Nein", in ein sich abwendendes „Aber-ich-nicht" oder triviales „Keine Ahnung". Vielmehr stellt er sich diesem Gott: seiner Bejahung, seiner absolut rätselvollen „Freundlichkeit und Menschenliebe" (Tit 3,4). Er nimmt seinen Anfang „Im Namen Gottes …", er betet zum Dreieinigen, singt absichtslos sein Lob, segnet in seinem Namen. Alles Entscheidende, Befriedung, Richtungsvorgabe, Aufruf zum zeichenhaften Mitkämpfen, ein Unterwegs zum Ankunftsland, hat schon stattgefunden, bewährt sich auch Mal um Mal und braucht nicht mehr in Frage gestellt zu werden, wird vielmehr bereits geleugnet, wo man es auch nur als fragwürdig und problematisch behandelt.

Der du rätselhafterweise in diesem Gottesdienst nicht bemerkt und schon gar nicht gemeint sein möchtest – hiergeblieben! Christus ist mitten unter uns. Hiergeblieben: bei Gott in Christus, bei der Versöhnung, der Weltwandlung und Umbesetzung, dem Umsprung der Situation – dem Lebensfrieden, Sterbensfrieden, Seelenfrieden, der Verheißung der Überfahrt. Gemeint ist ja deine tiefste Angst, bist du als armes Sterbewesen – weil dieser Friede die Todesgrenze überrannt und die Grenzbefestigung zu Asche verbrannt hat, weil auch du über Abgestorbenheit und Tod hinaus den Versöhner zum Nächsten hast, den Lebendigen „von Ewigkeit zu Ewigkeit", den „Ersten und Letzten", der „die Schlüssel der Hölle und des Todes" innehat (Offb 1,17f). Wie jedermann kommst du doch von der Erwartung auf einen großen Schrecken her: von der Erfahrung, dass Anderes sich als das widerlich Nächste verhält, unvermittelt nah, wie ein unvermuteter Überfall schnell auf dich zukommt: der seit eh und je sprungbereite Tod, der von anderer Ebene kommt, vom untersten Land, vor dem du zurückbebst und den du anzuherrschen versuchst: „Geh vorüber und rühr mich nicht an!" Der sagt dann aber: "Hier hilft kein Weinen und kein Beten. die Reis musst alsbald antreten." (Hugo von Hofmannsthal, Jedermann).[371] *Jedermann ist in diesem Gottesdienst gemeint.*

Du kannst es wissen: Der Andere, Christus, der sich selbst mit der ewigen Strafe beladen hat – der ist mitten unter uns und rührt mit seiner Gnade die immerwährend Sterbenden an. Ja, es gibt einen Auftrag, sich dort auch zu wissen, wohin man gestellt worden ist und wo man ist. Hiergeblieben! Sag nur ein paar Worte: "Christe eleison. Komm! Lass dich sehen! Ich möchte ja hierbleiben und nicht flüchten und nicht weglaufen und mich nicht jedesmal aufs neue davonstehlen. Ich will ja nur feststehen, einfach so."

Ich bleibe. Mehr nicht? Nein. Aber das ist schon alles. „Lass dir an meiner Gnade genügen!", wird dem Apostel zugesagt (2. Kor 12,9). Verheißen wird: „Ich bin gekommen, dass sie das Leben und volle Genüge haben sollen" (Joh 10,10). Entsprechend (2. Kor 9,8): „Gott kann machen, dass alle Gnade unter euch reichlich sei, damit ihr in allen Dingen allewege volle Genüge habt". Kol 2,9 spricht vom Seinsüberhang, der Fülle der Gottheit, wie sie leibhaftig in Christus beschlossen ist, sowenig einer Überbietung fähig wie einer Ergänzung bedürftig, das ebenso Verschwenderische wie Überschießende, das doch nicht ins Allzusehr übergeht. Allein in ihm, in den Epiphanien seines Lebens und Sterbens, tritt in den Weg und gibt sich zu verstehen: die Fülle der Bejahung, der Vernunft, der Großmut, der Gnade (Joh 1,16) – so dass unverrückbar gilt: „In Christus liegen verborgen alle Schätze der Weisheit und der Erkenntnis" (Kol 2,3). „Gottesfülle" über alle Maßen (Eph 3,19), der unausforschlich ewig reiche Christus (Eph 3,8), zeigt sich als mit seiner Liebe mitten unter uns. „Uns", sagen wir mit Bert Brecht, „fortdauernd reichlich gewogen".[372]

Ich allein bin mir genug? Nein. „Solo dios basta – Gott allein genügt".[373] Und Jochen Klepper: „Hab nur in ihm Genüge, in seinem Wort mein Glück" (EG 452,3). Nur in ihm. Dieses Genügen. Er selbst. Perfekt. Punkt. Basta. Sela, Psalmende. Amen.

Jeder Bestandteil des Gottesdienstes, die Liturgie in jedem Zug, heißt dann: Änderung des Richtungssinns. Zu ihm hin. Verhält sich doch Christus selber als ein endgültiges „Basta" (das italienische Wort für „genug"), als Gottes Festlegung, als kategorischer Indikativ. Natürlich, haben wir bitter gelernt, drängen ununterbrochen die anderen zerstörerischen, hochideologischen „Bastas" heran, die widerlich nach Herz und Gewissen tasten, in deren Zeichen durchaus glühend und selbstlos und opferbereit „geglaubt" wird. Die Ideologie wächst ja in die Seelen ihrer Anhänger hinein, und ihr Virus steckt dann alles an, was sie berührt. Über den

---

371 Hugo von Hofmannsthal, Ausgewählte Werke in zwei Bänden. Bd. 1: Gedichte und Dramen, 1957, 368.
372 Bertolt Brecht / Helene Weigel, Briefe 1923–1956, hg.v. Erdmut Wizisla, 2012, 11.
373 Teresa von Avila, Gott allein genügt, 1999.

Leichtgläubigen macht sie sich her, macht ihn kurzerhand zur Beute und beansprucht erbarmungslos seinen Lebensatem. Die Bastas schreien oder wispern sich heran oder schießen dann hart auf den Anfälligen los. *"Rette sich, wer kann! Sonst schlagen sie dir die Seele ein."*

Die Ideologie des schrankenlosen Materialismus. Ein gigantischer Finanzplatz hat sich eröffnet und dehnt sich selbstverständlich über die ganze Welt. Auf ihm: der Geister-Tanz der Milliarden. Unerschütterliche Wissenschaftsgläubigkeit. Kurzzeitige, fragile, höchst trügerische Sicherheit durch atomare Abschreckung. Glaube an die Angst – die auf Teufel komm raus ein Versagen der Abschreckung verhindern muss. Ist „Angst" verlässlich, die monströse Angststeuerung der Epoche zweifelsfrei sicher?

Wenn der Heilige Geist die Geister unzweideutig unterscheiden lässt oder verschärft gegeneinander stellt (1. Kor 12,10), ist es allerdings jedesmal vorbei mit den blutigen, verheerenden Basta-Gespenstern (die überdies den Mammon- und Technik- und Abschreckungs-Gläubigen täuschen werden, ihn den Folgen seines Versagens aussetzen und über kurz oder lang mit ihren Konsequenzen über ihn kommen werden).

In bezug auf die zentralen Aussagen des Neuen Testaments ist genau dieses insistierende, gelegentlich förmlich jubelnde „Basta" angebracht: „Er ist wahrhaftig auferstanden! Und wiedererschienen! Wirklich! Basta!" – ein wunderbares Basta, nicht imperativisch fordernd und rigide, aber von unbändiger, berückender Mächtigkeit. Vor dem man in die Knie gehen kann. Knapp und schneidend legt es das Genügen des Glaubens dar, seine Unbegehrlichkeit, komme, was da wolle, eine Form geistlicher Armut und Zufriedenheit (Mt 5,3), sie stillen die ungesättigte Seele. Basta. Luther nannte das Heilsgewissheit.

21.2 „Wahrlich, wahrlich ..."

Am Schluss der Predigt das „Amen". Ein finales Wort der Entschiedenheit – wir hören es abschließend. Immer einmal wieder allerdings redet Jesus auf ungewohnte Weise anders. Nicht selten beginnt er herausfordernd und gleichsam raumfordernd eine Rede mit einem „Amen" (Luther übersetzt mit „Wahrlich"), ab und zu sogar in doppelter, emphatischer Bestimmtheit: „Wahrlich, wahrlich, ich sage euch: Ihr werdet den Himmel offen sehen" (Joh 1,51). Als ob ein Jüngstes Gericht des Beginns, ein Anfangsurteil, ein dezidiertes Basta schon eingangs allem voranginge. Als der, der im Anfang war (Joh 1,1; 1. Joh 1,1), bringt er das endgültige Wort „Amen" schon mit. Er hat schon gesiegt. Auch sonst kennt ja das Neue Testament das „Gewaltige" seiner Worte (Mk 1,22). Nicht nur reißt dieses ungeheuerlich vorweggeschickte „Amen" ein Ausrufungszeichen nach vorn. Indem es den Worten streitbar vorausleuchtet, lässt es umso mehr etwas unermesslich und unhintergehbar Voraussetzungsvolles sichtbar werden: die Klarheit des Herrn seit Beginn der Zeiten. „Ehre sei Gott in der Höhe" – das ist schon gesichert. Über Segen und Fluch ist längst entschieden.

Als vorangehende Segnung lichtet sich die Wahrheit Gottes: die des Souveräns über Ja und Nein. Jesus Christus war nicht einmal Ja und einmal Nein, „sondern es war Ja in ihm" (2. Kor 1,19). Wie Licht in jede Richtung geht, so deckt sich diese Bejahung „am dritten Tag" umfassend auf. Doch beherrschte sie schon die Zeit-Logik des Anfangs. „Im Anfang war das Wort" (Joh 1,1) – das Fleisch wurde (1,14), das Ja-Wort des frühen Gottes, Ur-Wort und Erst-Wort, das in gewaltiger Adresse jederzeit auch den Nein-Menschen meint und ruft und sich an den Sünder und Gottesfeind als denjenigen wendet, der wie nichts sonst fraglose Fürsprache und Bejahung braucht. Im Anfang war schon das Ja, Urwort der Sprache, Bejahung bis auf den Grund, gleichermaßen früh und unlängst und jetzt. Im Anfang war die Gnade. Aus unbegreiflicher, früher Güte „ist" Gott in Christus (2. Kor 5,19), in einem hingebungsvollen menschlichen Ich. „O welch eine Tiefe des Reichtums", jubelt Paulus auf dem Gipfelplateau des Römerbriefs (Röm 11,33), als wären das die letzten Worte seines Lebens, die es zusammenfassen und beschließen.

21.3 Basta-Predigt und Gelassenheit

Allem zuvorgekommen – Amen – ist das Entscheidende: unverlierbare Geborgenheit, Gottes Basta. Am Anfang (Joh 1,1): das Wort, das Ja. Am Anfang war das Ja, der Ratschluss Gottes (Eph 1,9). Gleich zu Beginn bricht die Zeit des starken, untrüglichen, absoluten Segens vor. Hervorgeholt wird Gottes Ratschluss, offenbart sich im Sein Christi, drängt dann in die Bibel hinein, von dort aus in die christliche Predigt, von dort aus in die Zerfahrenheiten und Gemengelagen unseres Lebens, in all die relativen, die zutreffenden oder ins Leere gehenden Auffassungen des Fühlens, Wollens und Denkens.

Ihren Platz haben dann Amen und Basta der Sache nach seltsamerweise nicht am Schluss, sondern zu Beginn des Gottesdienstes und zu Beginn der Predigt – wie ein alles bestimmendes, unabgeleitetes Vorzeichen. Mehr als ein ausgeführtes konkretes „Liebe Gemeinde!" braucht es eigentlich nicht: nur die Basta-Zurede an Menschen in heimatlichen Stadtlabyrinthen, Bergdörfern und Seestädten, auf vielbeachteten Kirchentagen und in bescheidenen Andachten. Man kann das vielleicht als die ausgeruhte Basta-Predigt und den ausgeruhten Basta-Gottesdienst bezeichnen. Dirigiert und festgelegt ist beides durch den Indikativ, entsprechend durch zielbewusste, einfache, vorgängige Entschiedenheit. Nur dem, was von Gott her vorangegangen ist, kommt der Gottesdienst ja nach. Von der frühen Klarheit des Herrn kommt ihm das Unverbrüchliche. *(Frage: Enthält meine Predigt dieses*

Basta, auch nur ein Moment von Unabänderlichkeit, die direkte Zusage des göttlich Definitiven, dessen, was gut ist und genügt?)

Durch die Festsetzung Jesu Christi könnte die Gottesdienstgemeinde dann gestimmt werden: „Dir sind deine Sünden vergeben. Du bist zur Freiheit befreit. Basta." Was geht vor sich? Eingeschüchterte, vom Unglück überschwemmte Menschen, Todesfürchtige, von einem schweren Leben Gebeugte, die nicht geradeaus blicken können, doch auch aneinander Glückliche, Uneitle, Erfolgreiche, werden von ihm in das frühe „Amen" hineingesprochen. Jetzt hat dieses gute Basta auf sich aufmerksam gemacht, jetzt ist dem Menschen für Zeit und Ewigkeit geholfen, er kann sich dieser zugesagten Freiheit ergeben (EG 66,8 u. ö.). Basta. „Beglänzt von seinem Lichte, hält euch kein Dunkel mehr" (EG 16,4). Das Unglück trifft ihn, kann ihn aber nicht mehr halten. Er kann sich ausstrecken (Phil 3,13) und gehen lassen ins Helle. Basta. Er kann, sagen wir, Heideggers „Gelassenheit" üben und sich über sich selbst beruhigen.

Weil das Untrügliche nicht mehr in Frage steht, was in der Welt dringend ist, nicht mehr gesucht werden muss – was könnte sogar folgen, und wofür gäbe es Raum? Unter unbekannte Sterne versetzt werden, auf schwierige, holprige Wege. Stellen der Welt ausfindig machen oder in sie geführt werden, die noch nicht von Bedeutung besetzt sind (1. Mose 12,1), deren Sinn noch nicht gefühlt werden kann. Liebe für das Unbestimmte. Der Funkenflug der Ideen. Windstille Ecken zu ungestörtem Nachdenken, eine Hütte im Weinberg (Jes 1,8). Eine Hütte der Abschirmung gegen die Gotteslästerung (Offb 13,6). Meinungsvielfalt ohne Gehässigkeit, Verschiedenheiten und Verwerfungen ohne Hass (1. Mose 13,8f). Neue diskursive Arenen entdecken und neue Wahrheiten hervortreiben. Überhaupt: Entdeckerlust entwickeln. Für jede Antwort eine neue Frage aufspringen lassen. Unabschließbare Reflexion. Geistiger und geistlicher Mut, der den Namen verdient (ohne Rücksicht auf Diskursschranken). Sogar „Verwegenheit" (Franz Overbeck)? Ein bedürftiger Leser werden. Lebenspraktische Vernunft und List walten lassen (1. Mose 31,35). Hochgefühl und Glück der freien Hände, das Pulsieren, die Bewegtheit des Herzens. Selbstrelativierungen, hundert christliche Argusaugen, Skepsis, völlige Desillusionierung. Das alles hat jetzt erst freie Bahn.

22. Auf den Tod schießen

22.1 Der herrliche Stoff „Jetzt"

In den Träumen der Maler, mehr als hundert Jahre ist es her, steigt Tunis auf, eine schimmernde Fata Morgana, Schönheit von Palmen und Orangengärten, sehnsuchtsgetränkt, Mal um Mal die meerblau und kreideweiß getünchte leuchtende Stadt; ausgeglühte Luft, „die Farben fließen ins Meer".[374]. Dann reisen sie dorthin, ein Franzose, Louis Moillet, und die beiden Deutschen Paul Klee und August Macke. Eingetaucht finden sie sich in ein Licht, über das wohl ein rätselhafter Lichtmaler verfügt haben musste, mit der Farbpalette eines anderen Kontinents. Ein nicht gekannter Himmel wölbt sich über dem Gewirr der Dächer: in Tinten der Sehnsuchtsfarbe „Sommerblau". Andere Flächen, Schatten, Nuancen der Helle, helllichte Tonabstufungen. Himmelgetränkt trifft man die Welt an. Dann bringen sie entsprechende Bilder mit, Aquarelle, kleine Farbwunder. Tönungen sind ihnen in den Weg getreten, hatten einander gegrüßt, waren ineinandergeflossen. Auf ihren Leinwänden leuchtet jetzt Tunis in südlichem Sonnenfeuer, am schönsten wohl bei Macke. Ein Farbsturm fegt durch diese Bilder; na ja, „ein Mistral", bemerkte Moillet. Nicht Gegenstände und Landschaften wollten sie abbilden, sondern deren farbige Seele im Jetzt auffangen.

Genügt es für Augenblicke, dass uns das Schöne selbst, in seiner wunderlichen, salamandrischen Ruhe, gegenübertritt, uns anredet und anblickt, so dass wir unwillkürlich stehenbleiben (und eine lastende Lebens-Schwere sich mindert)? Mal um Mal kann ein Undurchdringliches reden, ein Verweis, ein Gleichnis. Jedesmal scheint die Begegnung glückhaft, ein unwahrscheinliches Widerfahrnis: bei großer Musik: der Stille zu, mit der jeder Ton, sobald er erklungen ist, sich von neuem verschließt, um aufgehoben zu sein im nächsten, bei einem Bild und seiner Macht über Farbspiel und Schattierung. Als verfügten die großen, raren Meisterwerke der Malerei, als wären sie Personen, über eine eigene Freiheit des Blicks: vor uns hinzutreten, ihrerseits den Blick zu erwidern und sich zu schenken, ihre Schönheit nach außen zu offenbaren, ihre Freude weiterzuschenken oder auch sich nicht erkennen zu geben, verborgen und verschlüsselt zu bleiben und weiter ihre eigene Bahn zu ziehen. Darf die freie, wilde Schönheit, die von ihnen ausgeht und die sie uns womöglich entdecken mag, als ein Widerschein der Liebe Gottes gelten? Wo das Licht der Schöpfung ein eigenes Leben führt, aus zweckloser Schönheit und Gnade. Lust am Schein? Wo alle „Far-

---

[374] Benn, s. Anm. 12, 69.

ben singen".[375] *Von Engeln dann und wann über die Mauer des Paradieses zu den Ausgewiesenen hinübergeworfen?*[376] *Des Paradieses – weil außer Frage steht, dass das wahrhaft Schöne allemal im Recht ist: andringend, bezwingend, wenn es uns entgegenfliegt, und Hingerissensein und Entzücken aus der Nähe schenkt. Weil es einer Grenzregion Gegenwart verleiht, die Rätsel aufgibt, weil sie sich an den Rändern unseres Aufnahmevermögens bewegt – als wolle es darüber hinaus.*

Vielleicht trafen sich die Lichtmaler später noch einmal und brachten ihre Bilder zu diesem Treffen mit. Und dann erklärte einer: „Diese Bilder sind unsere Lichtkinder. Als ob sie sich am Licht freuen. Etwas strahlt in sie ein, von auswärts, ein Geheimnis, sie reflektieren es, sie halten Kontakt. Mit Farben haben wir auf den Tod geschossen – um sein unvermeidliches Zugreifen wenigstens für eine kleine Weile zu bannen. Wir, Hüter einer besonderen, unfassbaren Zeitform, des Augenblickhaften, malen in dem grandiosen Stoff ‚Jetzt', in der einzigen Deutlichkeit, die es gibt, der Deutlichkeit des Anwesenden. Alles geben wir auf den Bildern in der Zeitform ‚Jetzt' wieder. Schon vergangen ist dabei das Motiv im Moment seiner Bildwerdung."

Bilder als Lichtkinder. Eine schmale farbige Jetzt-Leinwand – doch ein Widerschein außergewöhnlichen Lichts. Kann man das übertragen? Kann es dazu bei Menschen auch kommen? Zu einem kleinen Widerschein, dem Geheimnis einfallenden Lichts? Der kurze Text aus dem Epheserbrief will genau das abermals zusprechen.

Die ihr wart früher Finsternis – jetzt aber seid ihr Licht in dem Herrn.
Wandelt als Kinder des Lichts! (Eph 5,8)

22.2   Der in Liebe fällt

Reine Kinder des Lichts? Kann das denn sein? Kafkas tief erstaunlicher Satz „Der begrenzte Kreis ist rein"[377] – meint er die ganze Person? Kann der Kreis unserer ganzen Person vor Gott „Kind des Lichts" sein?

Doch eher wohl, von uns aus gesehen, „Kind vieler Schatten". Mit den Verdüsterungen, die uns bedrängen. Den Blessuren, dem alten, hässlichen Narbengewebe über Brust und Rücken (Geschichten darin eingewoben). Mit den Gedanken an die von Krankheit überschatteten Jahre, an die überhängende Wand, als die Zeit

---

375   Henri Matisse, zit. bei: Pierre Courthion, Chatting with Henri Matisse. The Last 1941 Interview, hg.v. Serge Guilbaut, Los Angeles/London 2013, 334 („Toutes les couleurs chantent ensemble.").
376   Marie Luise Kaschnitz, Liebesgeschichten. Ausgewählt und mit einem Nachwort versehen von Elisabeth Borchers, 1986, 159.
377   S. Anm. 74, 581.

ihre Drohungen türmte, an die *stroke-unit* (als er auf dem Bett saß und mich tapfer anlächelte). Mit den Lähmungen durch die versperrte, sich verdunkelnde Zukunft, durch die Nachtgedanken, die mitunter in den Tag hineingekrochen kamen – weil mit Manchem ja keineswegs von Grund auf gebrochen werden kann, eine uns eingeschriebene Erinnerung nicht überschrieben, eine langgehegte, aber jetzt aufgebrauchte Hoffnung nicht von neuem aufgeweckt werden kann. Wohin wird die Zeit sich wenden? Wer wüsste noch irgendeine Zukunft?

Ja, „Kind des Lichts", dennoch. Sofort muss dann der Gedanke an die Liebe aufgerufen werden, an das zweifellos machtvollste Widerlager. Bastion und wehrhafte innere Festigung. Kann man von ihr aus sogar auf den Tod schießen? Welche Liebe?

Der in Liebe fällt (*to fall in love*, ein schönes, ein unheimliches Wort) – stürzt er in ein Zukunfts-Licht? Wenn die Erfahrung der Liebe nur eine Ahnung anwehen ließe, wenn sie sich als Anklang manifestierte, als Ouvertüre, Vorgefühl, Gleichnis, wenn sie ihrerseits nichts als Versprechen wäre und geheimnisvolle Zusage? Mag sein, dass ein Mensch, wenn er sich geliebt weiß, langsam wieder aufgerichtet wird und ihm im Moment sogar der Tod, weil auf ihn geschossen worden ist, weniger gewiss erscheint – wenn er ein wenig Liebe aufgefangen hat, wenn ihm ein schützender Mantel umgelegt wird, wenn jemand ihm Wunderbares in die Hand versprochen hat: „Ich werde bleiben. Mein Herze, Windsbraut. Vielleicht kann ich dich ein bisschen behüten. Vielleicht kann ich meine Hand über dich halten. Ich will es versuchen. Ich will alles tun, damit es dir richtig gut geht. Ich möchte, so gut ich kann ... ich möchte für dich da sein."

Mit der Liebe auf den Tod schießen? Der normale Wahnsinn der Liebe. Bleibt vielleicht ein wenig Traurigkeit? „Stell auf den Tisch die duftenden Reseden, / Die letzten roten Astern trag herbei / Und lass uns wieder von der Liebe reden, / Wie einst im Mai".[378] Zumindest dann ein wenig Stillung des Verlangens nach Zuneigung? Das kann ja immer noch als überwältigend erlebt werden, wenn uns die Liebe, unbegreifliche Bewegerin des Größten, nur streift und anrührt, mit zarter Hand, einem Wink oder einem Blick. Wird das ausreichend sein? Das muss es vielleicht auch nicht. Wir kennen ja einzig ein bisschen Liebe. Für einige Zeit. Mit dem ehernen Gesetz der Asymmetrie, einem Rest Unbetroffenheit und je besonderer Einsamkeit, nicht ohne eine ganz leise Trauer. Empfiehlt es sich eher, dass sich das Herz, „ein einsamer Jäger", in anspruchslosen Verhältnissen einrichtet, in einer unbedenklichen, kleinen Beziehungskiste? Womöglich braucht es gar nicht viel – schon ein bisschen Liebe wird eine Seele umwandeln, so dass sie sich stolzer bewegt und ein wenig leuchtet. „Fragt einer, was die Liebe sei, so ist sie nichts als ein Wind, der in den Rosen rauscht und sich dann wieder legt. Oft aber ist sie

---

378 Hermann von Gilm zu Rosenegg. Zit. bei Peter von Matt, Wörterleuchten. Kleine Deutungen deutscher Gedichte, 2009, 96.

auch wie ein unaufbrechbares Siegel, das ein Leben lang hält, bis zum Tod. Gott hat sie verschieden gemacht und hat sie bleiben und vergehen sehen".[379] Zwei alte Rosensträucher umwachsen einander und dehnen sich überraschend als neues undurchdringliches Dickicht aus. Junge Schicksale verknüpfen sich untrennbar miteinander.

Doch für immer „Kinder des Lichts"? Unverlierbar? Wenn geheilt werden soll, „was das Herze kränkt" (EG 361,1), das „schlimme Herz" der Sünde, wenn endlich abgebrochen werden soll, was wir Gott jedesmal aufs neue antun, was uns darum in die Tiefe der vielen Verlorenheiten zieht. „Kinder des Lichts"? Doch eher absolut herzlose „Kinder der Sünde", die wir uns fortgesetzt munitionieren und als feindlich und aufgerüstet entwerfen und betätigen – die wir uns seit langem von sehr anderen Vätern und Müttern haben adoptieren lassen und unmündige „Kinder der Waffen" geworden sind, der Schöpfungszerstörung, des geheimen Wunsches, sich wegzuwerfen, der Zeit ein Ende zu machen (die Sehnsucht nach Übertretung, das Welttodesverlangen).

Nein, dann erst tritt für das schlimme Herz Heilung ein von den letalen Kränkungen der Gottes- und der Menschen-Feindschaft, wenn mit der Liebe Gottes auf Tod und Sünde geschossen wird. Gott schießt. Ich selber kann es nicht, ich brauche es nicht – der ich doch nur ein sich vergeblich rüstender, faktisch waffenloser, kranker Jäger bin, auf der Jagd nach Zukunft, Nimrod, Kain, einstmals „jenseits von Eden", nur scheinbar aus den Augen Gottes gerückt, scheinbar einsam dastehend oder gedankenlos ins Leere und ins Schweigen laufend, in Vertriebenheit von Anbeginn, schlecht geboren, nur sich selbst abarbeitend in der Folge, so unbedingt mit mir allein, als wäre ich gar nicht vorhanden.

Gar nicht vorhanden? Sehr vorhanden. Weil das Mysterium Gottes, das Licht der Welt, die Lichtung des Jetzt über mein Leben spielt. Weil ich, Kind dieses Lichts, in seine Liebe falle (ja, wirklich, ein schönes, ein bedenkliches, unheimliches Wort), in die „großen Taten Gottes" falle, in die Geschichte Christi, die absolut lebensvolle und notwendige, für mein Leben mehr als notwendige Begebenheit. In die Jedermann-Begebenheit. In das „brüderliche Licht".[380]

22.3 Er wird uns vor Augen gemalt.

Die biblischen Maler: die Evangelisten, die Psalmen, die Propheten, stellen diese Kindschaft vor Gott deutlich vor Augen. Paulus begreift sich selber als ein Maler:

---

379 Knut Hamsun, Victoria. Eine Liebesgeschichte. Aus dem Norwegischen von Alken Bruns, 2019, 112.
380 Hölderlin, s. Anm. 7, Bd. 1, 760.

„Ich habe euch Christus vor Augen gemalt" (Gal 3,1). Ein Portrait bietet er dar, in dem der Dargestellte den Betrachter einfach nur direkt anblickt, als ein dann (wo und wann Gott es will) lebendiges, atmendes Jetzt-Bild. Alle neutestamentlichen Texte entwerfen, skizzieren, bilden ab, porträtieren, zeichnen. Sie malen im Sturm der Variationen, gefügt aus Schatten und Halbschatten und Licht, filigran, wahlweise auch mit breitem Pinsel, den lange verheißenen, doch dann die Verheißung noch einmal unendlich überbietenden Christus – mit neuer Farbpalette, weitläufig oder in Miniaturen, zumal aber eben in nie gesehenem Licht, dem der Auferstehung von den Toten.

Zauberglanz und Schein einer neuen Welt stellen sie dar, eines anderen Himmels, seiner Bläue, anderer Flächen, flutender Schatten, unwägbarer Nuancen der Helligkeit, Farbtöne des Lichtes der Welt. Die Welt – himmelgetränkt. Nun erst in Wahrheit. Morgenglanz der Auferstehung. Weil Gott auf den Tod geschossen hat. Sprachwunder springen auf, Dichtung als Wahrheit: wie in der unvergleichlichen Dichtung des Hoheliedes der Liebe in 1. Kor 13, wie in der Lyrik und Prosa der jetzt von Christus her verstandenen Psalmen, der Bergpredigt (kein Satz dort ist vorhersehbar), der Passions- und Auferstehungsgeschichte, Sprachmacht, vollendete sprachliche Kunst, Gestaltwerdung von Überraschung, durchaus auch überlegener, hoher Gedankenflug (sagen wir: Albatros Paulus mit sensenscharfen Flügeln gleichsam, mit Flügeln des Lichts; furchtlos bis zum Anfang fliegender Adler Johannes, der weiteste Schwingen ausbreitet).

Auch du wirst gezeichnet: als in die Liebe gefallen, in die Lichtung gespielt, als erblickt vom sehenden Gott. Jetzt schon, so sagen sie dir zu, jetzt schon bist du Kind des Lichts in der Stadt auf dem Berge, die nicht verborgen bleibt (Mt 5,14), jetzt schon hast du Tunis zum Gleichnis, die illuminierte Stadt, die daliegt wie eine unverhoffte Überraschung, wie die magische Vision eines Malers. Zieh das Bild an dich! Vor dir liegt das neue Jerusalem (Offb 3,12; 21,2.10), „des großen Königs Stadt" (Mt 5,35), hochgebaut, ein nicht gekannter Himmel (Offb 21,1), die neue Schöpfung dessen, der eben nicht „Historiker am Tage des Jüngsten Gerichts" sein wird (Canetti, ironisch),[381] *sondern erlösender Schöpfer. Jetzt schon bist du durch Liebe in Gewahrsam genommen.*

Doch wird am Jüngsten Tag die Liebe vollendet sein, die vom Schöpfer sehr gut Erschaffenen werden vollständig ins Recht, ihr Leib in Verklärung (Phil 3,21) gesetzt werden. Dann wird das Entzücken aus nächster Nähe herrschen, der äußerste Vordergrund, die menschliche Anrede an den Hohen: „*Du bist der Heilige Gottes. Du bist der Geliebte und der Gefürchtete, dem Ehrfurcht gebührt, der jetzt da ist, der da war seit eh und je und der in Vollmacht kommt. Du bist, was niemand ist.*"

Das Licht von Ostern bricht sich in dieser biblischen Malkunst, diesem Anfangszauber, dem das Auge nicht widerstehen kann. Die ganze Bibel wird dann

---

381 S. Anm. 98, 150.

zum Inbild von andringender sprachlicher Farbigkeit – als wäre sie vom Licht des von Gott in die Wolken gesetzten Regenbogens benetzt worden (Offb 4,3; 10,1; 1. Mose 9,12ff). Auch absonderliche Farbdunkel des Schlechten und des Bösen bringt sie zum Vorschein, aber umso mehr blendende Helligkeit, das tatsächliche Vorkommnis des Guten und seine Zukunft. Man kann es deshalb nur feiern, dieses unergründliche Buch, seine Schönheit und Magie und Vorausweisung. Durch ihre Blätter fegt der Sturm des Heiligen Geistes.

23. Der gottesdienstliche Mensch

Er hat uns versetzt in das Reich seines geliebten Sohnes. (Kol 1,13)

23.1 Ein Schiff hält auf mich zu.

Die große Begebenheit gebiert den gottesdienstlichen, den fortgesetzt im Gottesdienst konstituierten, den, wie Botho Strauß es nennt, Dativ-Menschen (wenn mir, Dativ, das Entscheidende widerfährt).[382] Sie überkleidet die schattenhafte Person mit der Christus-Zeit, widerruft ihn als Täter seines Seins – indem sie ihn, den Höhlenbewohner (EG 361,6), an einen einzigartigen Ort versetzt. Sie stellt seine „Füße auf weiten Raum" (Ps 31,9), nach draußen hin – und beansprucht ihn damit vollständig: seine Rührungen und Gedanken, die das Leben aufschließenden oder verschüttenden Mächte, die Hunde im Souterrain (die geifernden, tollwütigen Selbst-Hunde, die immer nur gegen die Liebe die Zähne fletschen), die Schluchten des Unbewussten und die zahllosen Zeichensysteme und Traumwelten (die, weil sie ihr zugehören, mit der ganzen Person dereinst erlöst und zum Guten gewendet werden sollen), das innere Gesichts-und Vorstellungsfeld, die Lebensstimmung, in der er sein Sein zu fühlen bekommt, die ureigenen Stimmungslandschaften. Der Geist „macht lebendig" (Röm 8,2.10).

Für den manchmal in innere Beschuldigungen, Angriffe und Bloßstellungen Verlorenen „öffnet sie die finstern Schluchten und bringt heraus das Dunkel ans Licht" (Hiob 12,22). Eingreifen, wenn er sich selbst gnadenlos verhandelt, kann sie in die Selbstgespräche: „Sprich zu mir: ‚Ich bin deine Hilfe!'", fleht der Beter im Eingeständnis seiner Angewiesenheit (Ps 35,3). Gott wird gebeten, in die Seele des Menschen hineinzusprechen, ihm ins Wort zu fallen und ihn dort, wo er mit sich allein ist, umzustimmen. Noch so aufrichtige Selbstjustiz, das endlose Verzeihen, das wir uns selbst entgegenbringen, reicht ja nicht weit, die feige Nachsicht (sich selbst schnell vom Haken lassen).

Von Mal zu Mal erlegt Christi Geschichte diese Verwandlung auf. Dass immer aufs neue „die Gnade unseres Herrn Jesus Christus und die Liebe Gottes und die Gemeinschaft des Heiligen Geistes" (2. Kor 13,13) widerfährt. Im Medium der Predigt will sie Menschenschicksale durchdringen und durchherrschen, deren Rätselhaftigkeiten, das Taghafte und Umnächtigte, die zwischenmenschlichen Verwerfungen,

---

382 Die Unbeholfenen. Bewusstseinsnovelle, 2007, 51.

umso mehr die Ausweichunternehmen, das Beidrehen zur Falschheit, zur ungenierten Schmeichelei und zum Scheinheiligen hin. In unterschiedlicher Weise werden dann, wo und wann Gott es will, die verschiedenen Züge des Zeitengangs des Lebens Christi in die Wechselfälle unseres Lebens vordringen.

Ein Schiff mit bunter Fracht, mit geheimnisvoller Wahrheit, Schiff des ewigen Lebens mit unermesslichem Eingangsreichtum, ist ja längst ausgelaufen und hält auf den sehnsüchtig am Ufer Stehenden zu (ich hatte es von weitem noch für ein Totenschiff gehalten).

Sooft aber das Wort der Predigt den Hörer erreicht (1. Thess 2,13), nehmen die Szenen des Lebens Christi den Weg in Kopf und Herz, statten es aus mit der Sehnsucht, teilzuhaben und mitgenommen zu werden. „Lass mich zu dir kommen auf dem Wasser!", ruft Petrus (Mt 14,28). Mag dann die Begegnung nur ein leises Wehen sein, ein Nachtwind, unmerklich, ein verborgenes Wunder (Apg 16,14: die Seele wird aufgetan, das Herz in Aufruhr versetzt), oder aber ein Sturm, so heftig, dass er den Atem raubt. Womöglich wird dann, gegen kurzsichtige Absichten, das Lebensschiff auf Seewege gelenkt, wohin man am wenigsten will (Joh 21,18).

Christus spricht hinein in das lärmige, schrille oder gespensterhaft flüsternde Stimmengewirr meines Lebens, lässt es Lebensdeutlichkeit gewinnen, nur ein wenig womöglich oder sogar dauernde. Seine Geschichte und meine schneidet er in Engführung ineinander. Im hellen Licht der evangelischen Geschichte Christi finde ich meine eigenste Geschichte. Eingefaltet in sie, wie in ein Buch, finden sich Mal um Mal die epischen, romanhaften, dramatischen, lyrischen, sachhaltigen Seiten meines Lebens. Ihr hinzugefügt, dem Herrn beigesellt. Enthüllen sich dort als lesbar, jeweils an anderer Stelle. Finden sich vor in einem mächtigen, phantastischen Sinn- und Bedeutungsraum, den er für mich erschlossen hat. Atem geht in mein Leben ein, der nicht der eigene ist. Endlich komme ich wirklich zu Atem. „Hier bin ich", sage ich, „bei dir." In sein Leben kann ich übergehen, ohne mich zu verlieren, förmlich können Gehalt und Beschaffenheit meines Wesens eingeschmolzen werden.

23.2 Vom Mal zu Mal.

Gottesdienstliche Erfahrungen. Jedesmal andere Gnaden des „ewig reichen Gottes" (EG 321,2) kann der Gottesdienst sehen lassen. Immer anders wird der ewig reiche Christus vom Hörer, dem Gottesdienstmenschen, „persönlich genommen" (der bemerken kann, wie die eigene Geschichte wunderbar in die seine hineinragt). Ein ums andere Mal scheint er ein anderer zu sein, ein Besonderer, der Eine und doch Viele, je ein neues Mysterium. Einmal als der, der Menschen überraschend die Gerechtigkeit, die vor Gott gilt, wissen lässt. Ein anderes Mal tröstlich als der

Künftige, der die Adams-Tränen, dieses „harte Wasser",³⁸³ abwischen wird von den Augen (Offb 21,4; Jes 25,8; 65,19), der die Tränen sammelt (und, ohne Zweifel: „du zählst sie"; Ps 56,9).

Mit Hilfe einer christlichen Predigt kann von mir, diesem Menschen dieses Gottesdienstes, entdeckt werden, in der Christus-Zeit bereits vorhanden zu sein, schon aufgegriffen, abgeholt, herausgerissen, mitgenommen und mitgerissen. Von der Lebensbahn der Liebe, der Lichtader, Zug um Zug. Hier ist das Kind auf der Flucht nach Ägypten – ich darf dieses Mal guten Gewissens fliehen und mir ausdrücklich „Flieh, mein Freund!" (Hld 8,14) zurufen lassen. Dort sieht er den Satan vom Himmel fallen wie einen Blitz (Lk 10,18), den Welten-Blitz aus heiterem Himmel – ich kann gewiss sein, dass er das Satanische meiner Zeit stürzen lassen kann und wird, und kann beten „Dein Wille geschehe". Das eine Mal ist er der für mich Dahingehende und Sterbende – es wird deshalb für mich keine Gottverlassenheit geben. Ein anderes Mal ist er der Auferstandene in seiner Jetzt-Herrlichkeit – der teilgibt und tröstet und verheißt.

Jedesmal verhält er sich als ein anderes Geheimnis, und jedesmal vergegenwärtigt er sich auch als dieser Andere: Er berührt Sieche und Kranke, er ist nahbar und anfassbar. Hier schützt, umarmt und segnet er seine Freunde, die Kinder, „in leichtem Umfangen",³⁸⁴ trägt sie vielleicht auf den Schultern und freut sich an ihrem Weltenhunger, ihrer unersättlichen Neugier und Energie des Ungestümen. „Kinder, verbannt aus der Sonne / Kamen zu seinem Munde."³⁸⁵ Zeigt er, dass Menschen für Umarmungen geboren sind? Ich stelle mir vor, dass er Menschen, Kinder ohnehin (Mk 9,36; 10,16), wann immer es dran war, in den Arm genommen hat, besonders dann aber Unberührbare und Versehrte, Besessene, Aussätzige. Und dort schleudert der Gepredigte dem Sünder seine Erbitterung entgegen: mit rauhem, zornentbranntem Zugriff, ein lebendes Gericht („Ihr Otterngezücht!" Mt 3,7; 12,34; 23,33), mit Wut, sich mit den Geistern zu schlagen (Eph 1,21; 2,2). Ein anderes Mal wiederum lacht er, jubelt – um heilige Freude mitzuteilen – im Heiligen Geist (Lk 10,21). Zu dieser Stunde, heißt es, frohlockte er im Heiligen Geist und sprach: „Ich preise dich, Vater und Herr Himmels und der Erde, dass du solches den Weisen und Klugen verborgen hast und hast es den Kindern, denen mit einem kindlichen Geist, offenbart". In der Seele Jesu Christi – unbegreiflich – wohnt dieses Jauchzen offenbar von Beginn an.

„*Was hast du gesehen, dass du so selig bist?" „Ich sah den Satan vom Himmel fallen wie einen Blitz" (Lk 10,18).*

---

383 Benn, s.. Anm. 12, 127.
384 Hölderlin, s. Anm. 7, Bd. 1, 262.
385 Dylan Thomas, s. Anm. 73, 141.

Gottesdienstliche Erfahrungen. Im Vermögen des Geistes nimmt er den Weg in das menschliche Gewissen, seine Qualen, seine Fesselungen, umso mehr in seine Befreiung. Wenn er uns aber in seinen Anwesenheiten vor sich hinstellt, dann stets in Bejahung, in jeweils anderer Bejahung: zugekehrt ausnahmslos der Situationsfülle unseres Lebens, ihrer Not, ihrer Fröhlichkeit, ihren unstet wechselnden Gestimmtheiten, ihren Unsicherheiten, doch auch ihrer Zweifellosigkeit, ihrer vielleicht aufreibenden, gleichförmigen Alltäglichkeit und der endlos wiederkehrenden Taktung des Tages oder auch ihrer Herausgehobenheit in Feier und Aufführung und Ehren- und Festtag. Nicht selten ergeben sich die Situationen sogar zu erkennen: als ihm gnädig zugekehrt. Weil unsere Geschichte – in seine hineingeströmt, ihr eingegeben und zugewiesen – sich in seiner als in endgültiger Heimat aufhalten und dort ihren Verlauf nehmen darf. Weil wir „wandeln" können „in seiner Wahrheit" (Ps 86,11). Wahrheit und Logik seines Lebens teilen sich dann Mal um Mal als kategorische Zusage mit: in Kritik und Absage, in Stärkung, Ansporn und Auftrieb, Dynamik und Elan. Ausdrücklich zu unserer Beheimatung und Befreundung, zum Bleiben, zu unserem Versöhntwerden (2. Kor 5,20), enthüllt sich der Hergang seines Lebens.

Ich, der Gottesdienstmensch, kann dann, auf mich selbst meistens gar nicht gefasst, von Mal zu Mal in seiner Geschichte wahrgemacht und mir auf diese Weise selbst ausgesetzt werden, unauffällig womöglich und insgeheim. Doch kann ich meine eigene Wahrheit, Leben im Leben, in der Vielfalt der Texte auch meinerseits wiederfinden. Ich, ich, hocke am knisternden Feuer der Nacht, die Schwärze auf Armeslänge nebenan, auf der Gegenseite. Ich verleugne den Herrn und weine bitterlich (niemand sieht es). Ins Herz treffen mich Flammenschübe der Reue über die fortwirkende Schuld, die ich mir nie verzeihen kann. Abbitte kann ich im glücklichsten Fall leisten, doch nicht die Wunden heilen, die ich geschlagen habe. Auch wirkliche Einsicht, eine die Seele anfallende, versehrende Reue, „das reinste Wasser der Vergegenwärtigung",[386] *ist nicht geeignet, so begreife ich jetzt, das Unrecht aus dem Leben zu waschen: das Begangene („Ihr gedachtet es böse zu machen"; 1. Mose 50,20), das Unterlassene („Ihr habt mich nicht besucht"; Mt 25,43), den verfluchten Selbstruhm („Ich gebe den Zehnten"; Lk 18,12), all das gegen jede Absicht und unbemerkt Angerichtete, wenn ich nicht wiedererkenne, was ich, wie ich weiß, doch gesagt habe, wozu ich doch fähig war – das Ertrunkene und Tote in meinem Leben. Das Bethlehem meiner Kindheit scheint herauf, lichtüberflutet. Vielleicht ruft es mir zu: „Fürchte dich nicht vor der großen Freude! Der hier geboren wird, wird dein herzlicher Nächster sein, dein Mitmensch." Die Bergpredigt, der Weg nach Jerusalem, die Passion, die Auferstehung – rücken an, ohne Umweg, geradewegs auf mich zu. Vor allem: Ich erlange einfache Menschengröße, indem ich zum Namensbewohner seines Namens werde. Ich bete: „Denk du in mir, o*

---

386 Botho Strauß, Herkunft, 2016, 17.

Jesus, dann denk ich licht und klar! / Sprich du aus mir, o Jesus, dann sprech ich mild und wahr!" Der Lobgesang der Maria (nicht der „gnadenreichen", vielmehr der reich Begnadeten) spricht sich zu und bahnt sich den Weg in meine Mutlosigkeit, wie sie auf mich zugreift. Ein „großer bunter Adler" (Hes 17,3.22), flügelschlagend, Christus selbst, erhebt sich, um mich mitzunehmen, ausgerechnet mich, den Schweren und durch eigenes Versagen Verdrehten, der, von sich selbst überfordert, trotzdem nicht von sich lassen kann, der manchmal in sich verfällt, der, aufgehoben jetzt von ihm, auf ein neues Gelegenheitsfenster der Bewährung wartet (die dann womöglich Vergangenes vergessen macht). Den zu einem Nein Gestauchten und Zusammengekrümmten stellt er gerade (Lk 13,11). Kritisch hinein in meine treuherzige oder böse Besserwisserei, welche Gefühle nicht duldet, deren ich selbst nicht fähig bin, spricht die Bergpredigt, ruhige Verdeutlichungs-, doch auch harte Zornesrede. Denn ich, ich, der kuriose Wichtigkeitszwerg (der meint, schon mit seinem Erscheinen tue sich etwas), diskutiere wütend mit dem Nazarener und will um jeden Preis recht behalten mit der lügenhaften Gesetzlichkeit der „Werke", meiner Werke (Röm 3,27; Lk 18,9ff). Ich kreuzige ihn (EG 81,3). Mir selbst, wenn ich sie an mich herankommen lasse, werde ich bei dieser Einsicht zum Ungeheuer. Doch auch mich lässt er hören, dass er Fürsprache eingelegt hat. Eine Begegnung mit meinem See Genezareth, wo Schläge den See peitschen und die Wellen eine harte Sprache gegen die Schiffswand schlagen. Mit dem Feld vor Jerusalem, das den Blick freigibt auf die düstere Zukunft, die vor mir liegt – wo er, der das Künftige sieht, seine Tränen über mich nicht verbirgt. Mit Golgatha, dem Ort der fauligen Gebeine (Hes 37,2; der wohl entsetzlichste Widerspruch gegen Hes 37 tut sich furchtbar in Katzenelsons Großer Gesang vom ausgerotteten jüdischen Volk auf),[387] als er nur noch aus Schwäche besteht, in der doch die Kraft Gottes mächtig ist (2. Kor 12,9), als in Wahrheit auch mein Tod am Kreuz hängt, als mein Schändliches von Gott in dieses Sterben gezogen wird, zum Abgeräumtwerden. Eine schneidende, lautlose Begegnung mit dem Sterben Christi, wenn ich allezeit sein Sterben an meinem Leibe trage und wenn dann tatsächlich gestorben sein will (2. Kor 4,10).

Der in mir ist und sich in mir verhält, bleibt allerdings mein absolutes Gegenüber (theologisch: in mihi extra me). Vereinnahmen kann ich ihn nicht. Unzählige Male wird es schmerzen, an die Grenze hart anzuschlagen oder an sie geworfen zu werden: wenn meine jämmerliche Überheblichkeit zum Erliegen und meine Engstirnigkeit zutage kommt – sooft es in aller Strenge heißt: „Bis hierher sollst du kommen und nicht weiter; hier sollen sich legen deine stolzen Wellen" (Hiob 38,11). Grenzzug Christus, Bruchlinie Christus, Zäsur bis auf den Grund. Wunden, die Christus schlägt (Mt 5,29). Leid, das, wegen unbedingter, selig zu preisender Friedensschaffung (Mt 5,9), ertragen werden muss. Und umso mehr wird gebetet werden: „Gib uns Beständigkeit, dass wir

---

387 Jizchak Katzenelson, Dos lied vunem ojsgehargetn jidischn volk. Großer Gesang vom ausgerotteten jüdischen Volk, 1996.

/ *getreu dir bleiben für und für, / auch wenn wir leiden müssen"* (EG 130,3), und auch diese Leidtragenden sollen getröstet werden (Mt 5,4).

Heute und Damals ineinandergefaltet. *Seine Geschichte gleichsam in gottesdienstlicher Rufweite. Ich in seiner Rufweite. So weit, dass es mein Leben offensichtlich einbegreift, erstreckt sich „das Reich seines lieben Sohnes" (Kol 1,13). In sein Geschick, auf seinen leuchtenden Pfad bin ich gestellt – und kann dieses Aufenthalts auch innewerden, darf zu danken lernen, dass meine kleine, krumme Geschichte in seiner großen ihren Grund findet.*

„Sie sahen niemand als Jesus allein" (Mt 17,8) – zu dem man allerdings in allen Perspektiven, von jedem Standort her, in allen Zeiten die Augen aufheben kann. Christus allein. Wo er sich verhält, verhält sich das Reich Gottes. Wo er ist, ist der Himmel. Die Begebenheit Christi zeigt sich als meine Zeitheimat. Gottesdienstliche Erfahrungen, kleine Lichtblicke: Tausenderlei aufblitzende, versprengte Lichtfunken stieben in menschlichen Worten in die Zeit, Sonntag für Sonntag. Ein Strom der Predigten, ein Atemstrom. „Und der es zuletzt erzählt hat, dem ist der Mund noch warm."

24. Der Fürst des Festes

24.1 Nach der Tiefe zu

Das Herrenmahl ist Christus-Wort, Ankunftsraum Christi, Vollzug seines Dienstes nach der Tiefe zu, erst nachgeordnet Dankes-Feier der Christus-Menschen („Eucharistie"). Subjekt des Geschehens ist nicht die Gemeinde, sondern der Herr. Wenn im Neuen Testament das Abendmahl „Mahl des Herrn" (1. Kor 11,20) am „Tisch des Herrn" (1. Kor 10,21) heißt, muss seine Bedeutung ausdrücklich aus dieser Wendung ausgefaltet werden: als Mahl des Königs, des Festherrn, des „Fürsten des Festes",[388] der zu sich einlädt, zu seinem Weg, seiner Wahrheit und seinem Leben, zum Frieden mit Gott.

Zudem: „Die Herzen in die Höhe!" heißt es bei dieser Huldigung der Gegenwart Christi – aber nicht: „Die Herzen hinüber zu denen mit dem gleichen religiösen Gefühl." Verstanden als Gemeinschaftsmahl der Gleichgesinnten, die religiös einheitlich fühlen, einander anschauen und lebendig anregen, die sich vornehmlich einander gegenwärtig zeigen, würde es sich beim Abendmahl um einen Ritus zu Steigerung und Aufschwung menschlicher Möglichkeiten, aber nicht um das „Mahl des Herrn" handeln.

„Mein Leib, mein Blut" – das heißt „Ich selbst", „Ich selbst als die große Begebenheit" – zur Vergebung der Sünden (Mt 26,28). Christus, dem gegeben ist alle Gewissensgewalt, bringt das Gewissen zum Schweigen, weckt jetzt die Reue, fordert den Willen heraus, wiedergutzumachen und das Verwerfliche keinesfalls beizubehalten oder fortzusetzen, schickt denjenigen, dem vergeben wird, in die Räume eines Tag für Tag neu wiederzuentdeckenden Friedens mit Gott.

Eine der Besonderheiten des Herrenmahls besteht nun darin, dass gerade der Einzelne gerufen wird und als Einzelner gemeint ist. Dem, der Gast ist auf Erden (Ps 119,19), Vorübergehender, Zeitweiliger, „Wanderer, ans Tor gekommen auf dunklen Pfaden",[389] dem Heruntergebrochenen und als unvertretbar Einzelner „zum Tode Geforderten" (Luther)[390], dient der Herr, übereignet er sich, sagt sich zu, mit allem, was er für ihn war, ist und sein wird.

Er meint unbedingt mich. Er will mich finden – gerade als den Einzelnen, der ich bin. Ein leiser Ruf in sein Jetzt soll mich erreichen. Auf mein Gewissen geht der Herr im Herrenmahl zu, auf mein Erwähltsein, auf meinen Willen oder Unwillen, mich

---

388 Hölderlin, s. Anm. 7, Bd. 1, 362.
389 Trakl, s. Anm. 226, 58.
390 S. Anm. 85, Bd. 1, 271.

senden zu lassen, auf die ertrunkenen, klagenden, bösen Stimmen meiner Seele, die es mit gutem Grund auf mich abgesehen haben, auf das ‚Ungelöste" meines Herzens,[391] *meine persönliche Finsternis (4. Mose 32,23; Ps 40,13). So dass auch die Scham über mich herfällt: jetzt, beim Kyrie, beim Empfang von Brot und Wein, bei der Zusage der Vergebung. Die dann wunderbarerweise weiter reicht als alles, was ich selber von mir weiß (weil ich in Wahrheit noch nie gewusst habe, was ich tue; Lk 23,34; Röm 7,15). Ich bin aber gewiss, dass umso mehr er, der Herr des Abendmahls, mich in diesem Moment findet, dass er weiß, was ich tue, dass ich ihm jetzt geben und aushändigen darf, was ich verrückterweise noch habe: „Schenkt ihm eure Sünden, weil ihr nichts anderes habt".*[392] *„Werft sie hinauf!", kann man wohl ergänzen. Welch eine Erkenntnis und welch ein wunderbarer Rat! Auf mein eigenes unverwechselbares Kyrie eleison kann ich dann unmöglich verzichten. Ein mächtiges Gefühl „in reiner Helle*[393] *kann sich dann ereignen, Angesprochen- und Hervorgerufen- und Beanspruchtwerden, Glaube, Aufwachen, Anwesenheitsgewissheit, Gemeintsein, Hoffnung.*

Hoffnung für die zum Tode Geforderten, die Sterbe- und Schuldwesen, denen jetzt vergeben wurde – immer weiter verzweigte, reichere Hoffnung (Röm 15,13). Bei jeder Feier des Herrenmahls, so erklärt Paulus, verkündigen wir Christi Tod, „bis dass er kommt" (1. Kor 11,26). Sein Dienst geht fort, bis ins ewige Leben. „Ich werde von nun an nicht mehr von diesem Gewächs des Weinstocks trinken – bis an den Tag, an dem ich von neuem davon trinken werde mit euch in meines Vaters Reich" (Mt 26,29). Jetzt schon zieht das Mahl des Herrn das Bild eines künftigen großen Festes auf (in Veroneses *Die Hochzeit zu Kana* schaut der Fürst des geradezu rauschenden Festes mich an, mich, den staunenden Betrachter). Geschaut wird beim Herrenmahl in die Höhe: zum kommenden Christus-Fest, zu den zur Vollendung gekommenen prophetischen Lebensgängen, Mose und Elia (Mt 17,3), Abraham und Isaak und Jakob (Lk 13,28-29). Dann wird sich der „Fürst des Festes" vollendet offenbaren.

Bestürzend geradezu wird diese Offenbarung beschrieben:

Selig sind die Knechte, die der Herr, wenn er kommt, wachend findet.
Wahrlich, ich sage euch:
Er wird sich aufschürzen (er wird sich den Schurz umbinden,
den der Sklave beim Tischdienst trägt) und wird sie zu Tisch bitten
und zu ihnen treten und ihnen dienen. (Lk 12,37)

---

391 Rainer Maria Rilke, Briefe an einen jungen Dichter, Insel Bücherei Nr. 406, 1929, Brief Nr. 4.
392 Aichinger, s. Anm, 97, Bd. 1, 75.
393 Trakl, s. Anm. 226, 58.

Nach Luther erfüllt sich das ewige Leben darin, „dass ich in seinem Reich unter ihm lebe und ihm diene".[394] Hier, bei Lukas, finden wir eine Fortführung von Mk 10,45 in die Ewigkeit hinein: „Des Menschen Sohn ist nicht gekommen, dass er sich dienen lasse, sondern dass er diene" – als Sklave wiederum am Tag des Jüngsten Gerichts, umgürtet mit der Schürze dessen, der aufwartet, noch einmal und nun für alle Zeit am „Tisch des Herrn", dem weißgekleideten Tisch des bedingungslos Demütigen. Der Niedrige, „der Allerverachteste und Unwerteste" (Jes 53,3), stirbt nicht und steht von den Toten auf, um dann am Jüngsten Tag als makelloses, himmlisches Ideal, als „seliger Genius", „gerührt von glänzenden Götterlüften", wiederzukehren (vgl. Hölderlins *Hyperions Schicksalslied*).[395] Schon Thomas erfährt es denkbar anders (Joh 20,27). Die Wundmale erzählen eine Todesgeschichte, sie bleiben dem Gekreuzigten auch aufgeprägt, der jetzt angeredet wird mit „Mein Herr und mein Gott!" (Joh 20,28). Auch der Erscheinung des zur Rechten Gottes Erhöhten bleibt Verderben und Tiefe seines irdischen Lebens eingeschrieben. Anzusehen bleibt dieser Herrlichkeit, wogegen sie erstritten wurde. Seine Erhöhung (Phil 2,9) schließt nicht aus, dass er aufrechterhält, als Sklave demütig zu dienen.

In der unerhörten Erzählung der Fußwaschung sehen wir den Herrn als Knecht, den wahren Gott: der seine Erhabenheit darin beweist, dass er den Sklavenschurz anlegt (Joh 13,4), um für die da zu sein, die ihn verlassen und verleugnen und verraten, die sich gegen ihn auflehnen und „aus der Welt drängen".[396] Doch nach dieser beispiellosen Verheißung aus dem Lukasevangelium steht auch noch das ewige Leben im Zeichen des Dienstes Christi – der sich in erneuter Aufnahme der Fußwaschung auch ein andermal das Sklavengewand umtun wird. Der Herr als Knecht, der Knecht als Herr. „Er wird ein Knecht und ich ein Herr – das mag ein Wechsel sein!" (EG 27,5) Ein Vers aus einem Weihnachtslied, es könnte auch aus einem Passionslied stammen – und sogar aus einem Lied, das vom Jüngsten Tag handelt, vom Tag des Herrn, vom Tag des Knechts. Die Wiederkunft Christi – zum Dienst, irdisch derb. Der Weltenrichter mit der Sklavenschürze.

24.2 Rechts vom Herrn

Finden sich entsprechende Darstellungen der Kunstgeschichte? Von der Wiederkunft zum Gericht kennen wir viele, am bekanntesten wohl die gewaltigen Gemälde von Michelangelo und Rubens. Auf der einen Seite, „rechts vom Herrn", Menschen, die in das ewige Leben gerückt werden, auf der anderen, erst eigentlich in den Bann

---

394 EG 806.2 (Erklärung zum 2. Artikel des Glaubensbekenntnisses; der schönste Satz in deutscher Sprache).
395 S. Anm. 7, Bd. 1, 744.
396 Bonhoeffer, s. Anm. 93, 534.

ziehend, ungleich fesselnder, abwechslungsreicher, malerisch ergiebiger, klebrige Klumpen von Fleisch, die in die Hölle stürzen. Christus aber, oben, verhält sich ersichtlich als der Repräsentant des selektierenden Zornes Gottes (Röm 1,18-3,20; aber ohne 1,17 und 3,21).

Überwältigende Kunst der Menschheitsgeschichte – doch der Sache nach entsetzlich verfehlt. Nahrung für Gerichts- und Höllenangst. Als wären die Gerichts-Texte von den Künstlern aus ihrem neutestamentlichen Zusammenhang herausgeschnitten worden und als hätten sie, gleichsam verstockt, vorzeitig abbrechend, sich der unbedingt zu folgenden und einzuhaltenden Entwicklungslogik, der Prozess- und Bewegungsgewalt des Neuen Testaments verweigert. Doch laufen die Texte auf die Rechtfertigung gerade der Gottlosen zu. Paulus ist gewiss, „dass Christus für uns gestorben ist, als wir noch Sünder waren" (Röm 5,8), und dass „wir mit Gott versöhnt sind durch den Tod seines Sohnes, als wir noch Feinde waren" (Röm 5,10). Definitive Rechtfertigung also und definitive Befriedung der Sünder und Feinde: der mit Schwärze Gefüllten, der Adam, Kain und Judas – alle jetzt „rechts vom Herrn", Solidarität mit den Menschen „im Augenblick ihres Sturzes": der furchtbarsten Tiefe zu, dem demütigen Christus zu.

Die Einzelworte aus den Gleichnissen Jesu (die Qual des reichen Mannes, Lk 6,23 das „Heulen und Zähneklappern" von Mt 8,12; 13,42.50 u. ö.; die ewige Pein von Mt 25,41.46 etc.) dürfen nicht herausgerissen werden aus ihrem neutestamentlichen Gesamtgefälle – das, um Gottes willen, nicht unterbrochen werden darf. Weil die Evangelien auf das Kreuz Christi als dem letzten Akt der Stellvertretung zulaufen, auf seine Fürbitte und seine Auferweckung als der Offenbarung des Sieges der Liebe – auf eine vollständige Aufhellung erst am Schluss. Erst dort wird klar, was hätte eintreten müssen (Gottverlassenheit für die Sünder; Hölle, Verwerfung) – was dann aber über alle Maßen anders tatsächlich geschehen ist. Gottlosigkeit, Verlorenheit, Umsichschlagen, Brudermord – sie müssten, müssten eigentlich, von sich aus, in ihre eigenen Konsequenzen stürzen, in die Verzweiflungsfolgen, in das zeitliche und ewige Inferno. Er, Adam, bereits in sich selbst Zerwürfnis, wäre dann nur „dahingegeben" an sich selbst, der geschworene Gottesfeind, der Gott ersetzen, sich einverleiben und fressen will (der sich allerdings eher zu einer Schlange oder zu einem Ungeziefer wandeln würde, als dass er tatsächlich würde „wie Gott").

Anschaulich machen die entsetzlichen Vorstellungen, wie es hätte sein müssen, was der Sünder verdient hätte, wie die Zukunft nach ihm hätte schnappen müssen – wenn der Gottessohn nicht stellvertretend die Sünde der Welt trüge und der „Schuldbrief" nicht an das Kreuz geheftet wäre (Kol 2,14) und wenn Gott der Vater den bedingungslos Liebenden nicht von den Toten auferweckt hätte und seine Bitte „Vergib ihnen, denn sie wissen nicht, was sie tun!" (Lk 23,34) nicht erhört hätte. Müsste, hätte, wäre ... ein mächtiger Irrealis. Das bereits Niedergeschlagene wird benannt. Es war einmal und ist vorbei. Es ist aber ins Verhältnis zu setzen. Eben: müsste, hätte, wäre. Jene Vorstellungen erweisen sich als unzeitig, überholt, abgetan, für alle Zeit erledigt, als unvermeidliche Bilder dessen, was hätte sein können und müssen, woraus der Herr als Knecht aber durch seine Hingabe, durch seine eigene Höllenfahrt, gerettet hat – als er für sich (damit an ihnen endgültig der Kelch vorüberginge) „unsere Verwerfung wählte" (Barth),[397] die der Sünder hätte erleiden müssen, den unentrinnbaren Fluch (Gal 3,13), das tierische Heulen und Aufeinanderschlagen der Zähne, das Verstummen des Gotteslobs.

Also folgt die Zumutung: Nicht den Zusammenhang zerreißen! Nicht verweilen, nicht stocken, abbrechen und den einzelnen Text herausschneiden (das Herausgeschnittene, die „Perikope") und als Fund drohend in die Höhe halten! Die Angst wüchse unermesslich. Stattdessen: Unbedingt die Berechtigung jener Bilder anerkennen, ohne die es keinesfalls abgeht – aber ihrem Davoneilen zur Passions- und Auferstehungsgeschichte folgen und insofern jedesmal, erleichtert und erschrocken zugleich, über sie hinausgehen. Ein unbedingt weitergeleiteter Blick. Niemals vergessen, aber weitergehen. Weiterlesen. Lesen im Kontext. Ohne dieses Weiterlesen müsste man an der Botschaft des Neuen Testaments irrewerden. Nicht nachgegangen wäre man dann dessen eigener Anleitung, aber damit auch dem Weg Christi selbst nicht gefolgt. Eigenmächtig hätte man die Nachfolge auf diesem Weg abgebrochen und die letzten Kapitel der Evangelien herausgerissen und weggetan. Sein Weg muss aber – noch einmal: unbedingt – vom Ende her gelesen werden, desto mehr die Schreckensbilder (die einer Bedeutungskette angehören, unhintergehbar in einem zwingenden Bedeutungsverlauf stehen und, weil sie nun einmal nicht für sich stehen, aus einem Vollzug und einer Folge nicht herausgestochen werden dürfen).

Denn selber kommt er in die Situation des Lazarus (Lk 16,19-31), der arme Lazarus-Jesus, die gepeinigte Majestät. Man schlägt ihm ins Gesicht. Man kostümiert ihn höhnisch als den reichen Mann. Man kleidet ihn mit Purpur und setzt ihm eine Krone auf. Er leidet wie der reiche Mann in der Flamme. Er wünscht, dass ihm jemand die Zunge kühlt (16,24; Joh 19,28). Er tritt ein in seine eigene prophetische Erzählung vom reichen Mann und armen Lazarus, in unvermittelte, tödliche Prophetie. Er hat in Wahrheit von sich selbst gesprochen.

So nun auch in den anderen auf die Ostertatsache zufließenden und dort mündenden, aber nicht auf sich einzugrenzenden Texten: Niemals sind sie das abschließende Wort. Jeweils – wie im Rückblick nach Kreuz und Auferweckung dann eingesehen – verwindet der Gekreuzigte das dort genannte Unerbittliche und Entsetzliche wie einen scharfen Schmerz.

„Wer ist der König der Ehren?" Wer zeigt sich als der Herr des Weltgerichts? Der gekreuzigte Gott. Bei denen im Höllensturz, ganz unten. Christus ist dort, der letzten Tiefe zu, wenn wir uns in die Hölle stürzen wollen (Ps 139,8). Bis zuletzt

---

[397] KD II/2, 179.

behält der als Einziger zum Urbösen Gestürzte seine Solidarität bei. Dort wartet der Gott mit dem Sklavenschurz, um ihnen, den Stürzenden, in Ewigkeit zu dienen. Von keiner Macht der Welt kann mehr umgeworfen oder niedergestoßen werden, dass dieser Herr, Untertan und Sklave, ihr Nächster ist. Die Majestät hat sich erniedrigt (Phil 2,8). Ja, „je höher man steht", heißt es, „desto tiefer kann man sich neigen." Die Fallhöhe des Gottessohnes, die Neigung, die Schmach (Hebr 11,26), ist ungeheuer. „Dein Recht", weiß der Psalm (Ps 36,7), er kann aber nicht ahnen, was er sagt, „ist wie eine große Tiefe". Sein Recht, das Recht Jesu Christi, die Versöhnung von Gott und Mensch – eine Woge von Lebenssinn und Bedeutung, eine gewaltige Zuflutung – füllt den unendlichen Raum des Nichts.

25. „Du bist es!"

> „Mein Herr und mein Gott!" (Joh 20,28)
> Alle Kinder Gottes jauchzten. (Hiob 38,7)

25.1 Siehe! Schau auf!

Ich muss es sehen! Sagt er denn nicht „Siehe!" Zu wem bete ich? Ich muss es sehen! Oder gebietet ein uneingeschränktes Bilderverbot meiner Einbildungskraft Einhalt? Aber die Vorstellungen im Inneren? Die zahllos vielen inneren Welten? Ihre Spontaneität und Unwillkürlichkeit, ihre Unwiderstehlichkeit, ihre Läufe und Schwünge. Dass ich mir regelmäßig etwas dazudenke, das noch so Abstrakte mit Vorstellungen und Anschauungen fülle und mir unablässig ein Bild mache. Zu wem bete ich? Nicht zu Christus als einer weißen Wand. Jedesmal bete ich nach Maßgabe von konkreten, anschaulichen Bildern, eben meinen eigenen, unverwechselbaren.

Ich bete. Ich schaue auf. Ja, du bist's. Über mir. Über mir: eine gewaltige Szenerie. Die heilige Begebenheit Christi, die Christus-Zeit. Sie leuchtet. Sie ist dringlich gegenwärtig. Dort, in der Höhe: Menschwerdung, Gott selber wird Leib und Fleisch, Passion, Auferstehung, Pfingsten. Ein Wunder. Mein Herz schlägt. Ein offenes, freigegebenes Jetzt wölbt sich über mir. Ein grenzenloses, bewegtes, buntes Firmament, ein vielgestaltiges Himmelsdach aus Zeit und Zeiten Christi, aus den Ereignissen und Widerfahrnissen und dann aus Vorstellungen und Träumen, aus Sprachbildern und Liedern, Szenen und Gedanken. Ein wunderbar diamantenes Gewölbe, in der Höhe der letzten Instanz. Ich lebe unter dem Dach der Christus-Zeit mit seinen unendlich vielen starken Streben, mit blitzendem Feuer.

Eine leuchtende Geschichte, auf das Schärfste geschnitten. Zugleich eine Arena der Auseinandersetzungen auf Leben und Tod. Was für ein Wunder, dass es sie gibt! Ich sehe einzelne Szenen und Ereignisse, Mal um Mal, ein weit verzweigtes, hundertfältiges Drama, hinunter in die Hölle, der Tiefe zu, hinauf in den Himmel, mit Sünde und Vergebung und Versöhnung, mit schmutzigem Blut und Justiz-Mord, mit Liebe und Siechtum und Kampf und Besessenheit. Da reicht etwas denkbar weit – weit über den Tod hinaus. Sturm, Stillung des Sturmes, Sonnenfinsternis, ein Schrei, das Licht von Ostern, Wucht des Lichtes. Das Drama von den Untiefen. Ich höre Stimmen. Sie lachen und sie weinen. Manchmal, ganz anders, entwickeln sie ein Gewebe hochstufiger Gedanken. Erzählende Abschnitte bestürmen mich, auch konzentrierte, ausgehärtete Reflexion, auch apokalyptische Sprachbilder vom Weltenbrand und neuer Schöpfung, die sich vor meinen Augen aufschlagen. Was für ein Wunder! Eine maßlose Szenerie

– über mir. Sie kommt mir entgegen. Sie schlägt mir entgegen. Sie gewinnt betörende Gewalt über mich. Mein Herz wird angerührt.

Unablässig brandet Gegenwärtigkeit an, dringt an, fasst auch zu. Geistesgegenwart, eine Liebe, jetzt. Eine wunderbare Nah-Geschichte kommt auf mich zu, beides: ganz hoch, diamanten – und ganz nah. „Der Herr ist nahe", jetzt. Das göttliche Jetzt, göttliche Aura, Lichtung. Zwingend ist seine Geschichte anwesend. Die große Begebenheit will sich mir in ihrer Tiefenschärfe vor Augen malen und unbedingt einleuchten. Ich muss sie sehen! Sie ruft nach mir. Sie will sich meinem Herzen erzählen und mich ganz überkommen. Ich will sie hören! „Du bist's." Mein Jammerschrei: Herr erbarme dich!

Es ist aber, als ob der Auferstandene die Arme ausbreitete und mich aufforderte: „Siehe! Nimm hin meine ganze Geschichte! Ich versehe dich tatsächlich mit allem, was ich für dich getan habe. Es ist ja alles nicht nur gewesen. Es ist alles ewig, jederzeitig, jeweilig. Sieh, es ist alles heute, Atemhauch, Luftstrom, Sturm des Zorns, Wehen der Liebe jedesmal. Mit meiner Geschichte bin ich bei dir alle Tage, bis an der Welt Ende! In den Fortgängen und Abbrüchen deiner Lebenstage bin ich bei dir, du sitzt oder stehst, du fliehst oder bleibst, du fährst gen Himmel oder bettest dich in der Hölle, du nimmst Flügel der Morgenröte, du lässt von Finsternis dich decken – ich bin bei dir, bis an der Welt Ende."

Für die Einbildungs- und Vorstellungskraft, für die, sagen wir, Schwingenbreite eines auffliegenden Gebets ist im Neuen Testament ein gewaltiger Freiraum geschaffen, ein ausgedehntes Gebiet freigekommener Bildlichkeit. Die Begebenheit Christi, die höhere Welt, gibt ja die Möglichkeit, im Gebet in ihre ungeheuerlichen, hellen Bildräume und die weitgezogene Darstellung der unzähligen Anwesenheiten Christi einzutreten. Sich in ihnen aufzuhalten und zu bewegen. Sich gemeint zu finden in der Aufforderung „Siehe!", wie überwältigt von Christus-Geschichten, Christus-Vorgängen und -erscheinungen. Sich Mal um Mal dann auch seinerseits ein Bild zu machen. Es in seinem Innern festzuhalten. Sich wach zu träumen und auch in Wachheit zu halten. Eben in immer neuen Abwandlungen kann ich mich an Christus wenden, an den im Neuen Testament so unterschiedlich vor Augen Gemalten, an den ewig Reichen – der sich in so unterschiedlichen Weisen gegenwärtig zeigt: in seinen Szenen, Auseinandersetzungen, Auftritten, Worten, Gleichnissen, Momenten des Schweigens.

Welche Vorstellung stellen sich in deinem Inneren ein, wenn du zu Gott-Vater oder zu Christus betest? Bietet sich regelmäßig dasselbe Bild – in jeder Lebenssituation dasselbe? Das unbeweglich festsitzt? Weißt du, wie und wann es zu dieser Prägung gekommen ist? In der Kindheit? Ein Märchenbuch, eine Kinderbibel, ein Kirchenfenster?

Steht dir beim Wort „Gott-Vater" vielleicht dein eigener Vater vor Augen? Der dich beschützt hat, in dessen starker Anwesenheit du das Gefühl hattest, nicht sterben zu *können (Benn über seinen Vater).*³⁹⁸ *Oder an den du nicht denken möchtest, der dich geschlagen oder gequält hat (und du kannst es nicht vergessen)? Und wenn du an den Auferstandenen denkst – welches Bild kommt auf? Wenn du an den „barmherzigen Samariter" denkst oder auch an das Wort „letztes Abendmahl" oder den Satz „das Wort ward Fleisch"? Oder an den Engel (seine mächtigen Schwingen in deinem alten Liederbuch?). Meinst du denn, das sind alles unveränderbare Vorstellungen, für das ganze Leben eingeprägt? Oder doch beweglich und keineswegs einfach gläsern starr? Womöglich kannst du Manches davon langsam umbesetzen: wenn zum Beispiel das Bild deines eigenen Vaters dir das Bild Gottes des Vaters verdirbt. Kennst du einen väterlichen Menschen?*

Kannst du einmal darauf achten, was dir bei deinem Gebet, aber auch bei jedem Gedanken des Glaubens vor Augen steht und an welcher Vorstellung du hängst? Das muss ja nicht alles so bleiben, wie es sich zuerst präsentiert hat. Ausgeliefert bist du nicht. Du musst dich nicht tyrannisieren lassen. Es gibt doch die lebendige, kräftige Quelle deiner Phantasie, aus der du Neues schöpfen kannst, jene Einbildungskraft, ihre Bilderwelt, Serien von Szenen, Beispielgeschichten.

25.2 „Ein liebliches und lächelndes Gebet"

Bis in jede Tiefe werden Menschen, bildhungrig, von ihrer Phantasie bestimmt, von der Fähigkeit zu rasch entworfenen oder sich nach und nach aufbauenden Visionen. Sie werden versklavt oder entfesselt – von der „mächtigsten aller menschlichen Freuden",³⁹⁹ dem Produzenten einer Unzahl abgerissener oder überschwänglicher Imaginationen, wohltätigen oder verderblichen Scheins, einem Reigen der Bilder und Szenen, der Vergleiche und Leuchtzeichen, der Denk- und Stilfiguren, der Utopien und Gefühlsbilder – die kommen und gehen. Bild über Bild schichtet die Einbildungskraft auf oder löscht sie aus, lässt Bekanntschaft mit Traumempfindungen, Traumgestalten und -silhouetten machen (Mt 2,19ff), einem Zugleich von Dichte und Verschwommenheit, entwirft und bewahrt Anschauungen, augenscheinliche Geschichten und Botschaften (die Träume des Pharao, 1. Mose 41; die unreinen Tiere im Leinentuch, Apg 10,11f), aus Elementen der Wirklichkeit errichtete Bildräume, Schmerzensbilder, schöne Phantasmen (das silberfüßige Einhorn), scharlachfarbene, blitzend weiß und filigran gezeichnete Träume, die uns bei Tag und Nacht durchqueren oder über uns hinweggehen, doch auch Bildverluste und für alle Zeit verwüstete Vorstellungen, Überfälle schmerzhafter oder kranker

---

398 S. Anm. 179, 168.
399 Chesterton, s. Anm. 281, 52.

Erinnerungsbilder, die, auf den Augenblick gestellt und in ihn gebannt, unter Umständen nur ein paar Sekunden anhalten, in die man jedoch stürzen kann, hinein zum Beispiel in das befremdliche Ich, das man einmal war (Phil 3,13), in dem man sich aber nicht mehr zurechtfindet. Bildgedächtnis und Bildwissen reichern sich an, von Kindheit an, glücklich oder verheerend.

„Der offne Tag ist Menschen hell mit Bildern", heißt es bei Hölderlin.[400] Hell mit Bildern: der Tag, aber nicht weniger „die offene Nacht": mit Versäumtem und Unabgeschlossenem, mit Veranschaulichungen, Übertragungen, Warnungen, Hilferufen (Apg 16,9). Beständig trägt ausholende Phantasie den Flüchtenden davon, auf und davon, oder bannt den Ungeschützten in den gegenwärtigen Moment.

Auch die innere Ausstattung eines äußerlich noch so unbewegt erscheinenden Menschen beherbergt ein Bilderarchiv, eine allemal unübersichtliche, verworrene, überaus lebhafte, unfriedliche Wörter-, Bilder- und Szenenwelt. In jedem Unbewussten oder Bewussten strömen, brennen, lauern, beglücken, berühren, orientieren die Bilder, konkret oder weit entrückt, zerbrochen, eingekratzt, dämonisch oder hilfreich, im Leben wie beim Sterben. Umso mehr schwimmt die Gesellschaft der Gegenwart in einer Bilderflut, schieben sich häufig Mal um Mal die Bilder der Medien vor die eigene Erfahrung, weil man sich dort Lebensvorstellungen bequem kaufen kann.

In das Bild des Gekreuzigten, so Luther, nachdem man es sich in der letzten Stunde vor Augen gehalten hat,[401] kann man hineinsterben, eintreten wie in ein fertiges Haus. Tiefe Geborgenheit finden kann der Hingehende womöglich im Bild des segnenden Christus, des Fragenden „Hast du mich lieb?" und der anrührenden Antwort des Petrus (Joh 21,16f), des Anredenden „Maria" (Joh 20,16), des am Morgen am Ufer Stehenden (Joh 21,4), des Fährmanns, der zur großen Überfahrt ruft.

Wenn ich zu ihm bete, kann ich ihn in durchaus verschiedenen konkreten Szenen und Situationen vor Augen haben. Wenn ich sage „Du bist es!", wenn ich dem Herrn danke, ihn in meiner Angst anrufe (Ps 18,7), ihn um Bewahrung und Behütung meiner Nächsten bitte, richte ich mich nicht an ein anonymes Prinzip, an eine dunkle Tiefe oder einen trüben oder gespenstischen Denknebel, der einem alle Anhaltspunkte nimmt (auch „Anhaltspunkte" stelle ich mir allerdings bildhaft vor). Ihn rede ich an, in den Gott hineingestürzt ist, ihn, der wahrer Gott und ein wahres menschliches Wesen nicht allein in seinem Leben von Bethlehem bis Golgatha war, sondern der menschlich fortlebt, der als der „zweigestammte Held" (EG 12,3) auch als Auferstandener fortbesteht – und der als ein solcher auch vor Augen gemalt werden darf. Wen sehe ich? Die Anrede an ihn darf nicht unscharf und vage bleiben. Ich bete zu dieser

---

400 S. Anm. 7, Bd. 1, 931.
401 S. Anm. 85, Bd. 2, 21ff.

Person Jesus Christus. Noch einmal: Wer ist er? Er ist seine Zeit, die Christus-Zeit: in der Fülle der Weisen seines Zugegenseins. In jeder dieser Weisen, in den unterschiedlichsten Anwesenheitsarten, in vielen Gestalten werde ich mit ihm konfrontiert, hebe ich mich ihm mit meinem Gebet entgegen – demjenigen, der sich niederbückt und mit dem Finger auf die Erde schreibt (Joh 8,6.8), der laut ruft: „Lazarus, komm heraus!" (Joh 11,43), der stirbt mit den Worten: „Es ist vollbracht" (Joh 19,30), den man auf all das gezielt anreden darf, bildgewordene Person, der Gekreuzigte, der heute Lebendige, der spricht, der die Hände und Füße, die Seite vorweist, den die Jünger mit Augen sehen, der mit ihnen isst (Lk 24,40.43), dem man die Hand in die Seite legen kann (Joh 20,27). Ich bete zu ihm, der so verschieden gegenwärtig sich verhält, danke ihm, der mir in so unterschiedlicher Weise Anlass zum Dank gibt, rufe ihn an, sehe ihn in dieser oder jener Szene, weiß aber jedesmal in seiner Person Gott selbst.

Zu wem bete ich? Was sehe ich? „Soll ich zur weißen Wand des Marmors beten?" (Alkmene in Kleists Amphitryon)[402] *Auch aus der weißen Wand lehnen sich allerdings binnen kurzem Dinge oder Personen heraus. Womöglich ein furchtbarer Blick, der nach dir späht. Eine erschreckende Fratze? Als mein eigener Blick? Wie, wenn ich mich an „das Unendliche" wende, an „das Göttliche" oder irgendein „Drüben"? Unbedingt unpersönliche Größen – aber zwangsläufig wird auch mit ihnen irgendeine Vorstellung verbunden. Welche? Anhalten lässt sich die Arbeit der Vorstellungskraft nicht. Ohne Unterbrechung arbeitet sie in mir an einem je individuellen Bilder-Labyrinth, angelegt bereits in frühester Kindheit, ausgebaut, aber nur manchmal von einem Faden der Ariadne geleitet.*

Ich, das Bilder-Wesen, durchsetzt und wie ein farbiges Geflecht durchwirkt von Bildern, darf mir alle Momente der Christus-Zeit vor Augen halten – und die unfassbaren Bilder an mich ziehen. Ins Herz wird mir geschrieben, wie er Mal um Mal aus Bild- und Lichtlosigkeit hervorleuchtet (Joh 1,5). Meinen Augen wird gestattet und nahegelegt, ihn im Blick zu haben und diesem Sehen auch zu trauen.

Der Glaube, bilderbefrachtet, ist ein Hinblick, das Neue Testament bietet genug Anhalt, Vorstellungs-Verbote kommen zu spät, dem Christus-Menschen radikale Bildlosigkeit abzuverlangen, ist sinnlos. Unweigerlich späht dann das entgeisterte Gebet nach anderen Bildern als denen der Christus-Zeit – die dann vielleicht irgendwie heraufziehen, aus irgendwelchen Erfahrungen herbeigezerrt werden oder in die Vorstellungswelt zufällig einfallen. Werden die aber besser sein? Eher für Erwachsene geeignet? Ich kenne keine. Ich kenne nur Verluste und Einbußen.

Für die Lebendigkeit und Bestimmtheit der Anrede an Christus bleibt die personale Vorstellung unverzichtbar: das unersetzbare Bild eines Menschen, zugehörig unserer Atem- und Sinnes- und Schöpfungswelt. In Ruf- und Flüsterweite, in Gedankenweite, weiß der Betende, hält er sich auf. Weil er sich eben auf vielerlei

---

402 Amphitryon. Ein Lustspiel nach Molière, 2. Akt, 5. Auftritt.

Ebenen gegenwärtig zeigt, in abgewandelten Weisen darum vor Augen gemalt wird, in einem weiträumigen Gefilde der inneren Bilder und Vorstellungen – kann sich ein wirklich lebendiges Gebet erheben, ein, wie Paula Modersohn-Becker die Anrede an Gott und den Lobgesang der Seele feiert, „frommes Gebet, ein jauchzendes Gebet, ein liebliches und lächelndes Gebet".[403]

25.3 „Auf seinem Gewand und auf seiner Hüfte"

Es ist, als ob Gerhard von Rad 1943 in einer Predigt zum Himmel aufschaute. „Lobgesang", hält er unbeirrt fest, „war vor aller Zeit und wird sein am Ende der Zeiten".[404] Schon zu Beginn der Welt – so gibt der Prediger das gehärtete Wissen Israels wieder, das Wissen *de profundis* (Ps 130,1) – lobten die „Morgensterne" den erhabenen, herrlichen Gott, und „alle Kinder Gottes jauchzten" (Hiob 38,7), die ganze ungeheure Schöpfung, Himmel und Erde, das Sichtbare und das Unsichtbare. Musik vor aller Musik, „Musik der Kreatur".[405] In Bethlehem dann öffnet sich der Himmel, und wiederum offenbart sich, dass zuerst und allen voran die himmlischen Heerscharen Gott loben (Lk 2,13; vgl. Jes 6,3 u. ö.).

Aber, furchtbare Paradoxie: „Der Mensch lebt in einer Welt, in der ein brausender Lobpreis zu ihrem Schöpfer ergeht"[406] – aber er hört nichts. Er lässt ja die Schöpfung auch sonst nicht gewähren. Schon gar nicht vernimmt er, dass das geschöpfliche Sein, das Lied der Welt, nichts als Erwiderung auf die Stimme der göttlichen Gnade ist; schon gar nicht ist ihm klar, dass sich der Bundespartner Gottes in dem Maße selbst abtut und abtötet, in dem er das Gotteslob ersterben lässt. Statt aufzuschauen, sich an jenem leidenschaftlichen Preislied zu beteiligen und es auch als Vorspiel zum wahrhaft Menschlichen zu verstehen, bleibt er unversöhnlich, lässt Gotteslästerungen aus dem Mund fallen, schickt er die Sprache auf Höllenwanderungen.

Durchaus wird nun aber genau dieser wissende Lobgesang auch für menschliche Stimmen freigegeben – in aller Ausdrücklichkeit, zu bestimmter Zeit, an zugemessenem Ort. Die Frauen am Grab „schlagen die Augen nieder" (Lk 24,5). Der Allmächtige lässt es aber nicht dabei. „Wer seine Augen niederschlägt, dem hilft er" (Hiob 22,29), zu dem sagt er, angesichts des Auferstandenen, ein unvergleichliches „Siehe!". Tatsächlich wird jetzt geholfen wie noch nie auf der Welt, kann jetzt der Blick erhoben und aufgeschaut und bebend und voller Freude in den „brausenden

---

403 Zit. in: Habt alle ein schönes Fest und einen warmen Ofen. Weihnachtsbriefe berühmter Frauen und Männer, hg.v. Petra Müller und Rainer Wieland, 2018, 142.
404 Gerhard von Rad, Predigten, hg.v. Ursula von Rad, 1972, 25.
405 Kolbe; s. Anm. 71, 27.
406 von Rad, s. Anm. 404, 112.

Lobgesang" eingestimmt werden. Aufgrund des Wunders der harten Zwiesprache Gottes mit den bösen, in sich verklammerten Zwillingsgeistern, mit Sünde und Tod, mit Kriegsgeschrei und Unversöhnlichkeit.

„Ich will euch wiedersehen", hatte er zugesichert, „Eure Freude soll niemand von euch nehmen. Eure Freude wird vollkommen sein" (Joh 15,11; 16,22; 17,13). Hölderlins Ausruf „So tobte die Freude in mir"[407] kann auf die Zeugen der österlich-pfingstlichen Wiedererscheinung Christi übertragen werden, namentlich auch auf Paulus (2. Kor 2,3; 7,4 u. ö.), der den Korinthern „Mitarbeiter ihrer Freude" sein will (2. Kor 1,24). „Da wurden die Jünger froh, dass sie den Herrn sahen" (Joh 20,20). Ein „Siehe!"! Sie freuen sich an seiner neuen Gegenwart. Man kann sich an ihr „satt freuen",[408] die armen Augen können sich endlich satt sehen (Ps 17,15). Einander können sie zurufen: „Freuet euch in dem Herrn allewege, und abermals sage ich: Freuet euch!" (Phil 4,4). Eben als besondere „Kinder Gottes", die „jauchzen" (Hiob 38,7) – weil ihnen jetzt das Herz voll ist und der Mund übergeht (Mt 12,34). Eben wie „die Morgensterne" rufen und jubeln sie ihrerseits: „Du bist es!" (vgl. Joh 20,28; Lk 24,31). Thomas wird angesprochen: „Reiche deine Finger her und sieh meine Hände, und reiche deine Hand her und lege sie in meine Seite, und sei nicht ungläubig, sondern gläubig!" (Joh 20,27). Und er gibt zurück: „Du bist es, der doch tot war! Dein ist das Reich und die Kraft und die Herrlichkeit in Ewigkeit! Mein Herr und mein Gott!"

Die Auferstehungsbotschaft, das Wort vom Erscheinen, zieht auf als erschütterter Erkennensruf angesichts eines Allernächsten, eines äußersten Vordergrundes: des unvermittelten „Anwesens" des Gegenübers, das wiederkommt aus äußerster Ferne, aus Tod und Hölle. Der Name – „so nahe" jetzt, Wunder aus der Nähe gegenüber (Eph 2,13). Es ist nicht weit. Und er zeigt sich als einer von uns. „Wir verkündigen deine Wunder, dass dein Name so nahe ist" (Ps 75,2). „Du bist's."

Das Gotteslob der reinen Anbetung ruft in die Nähe. Rühmung, Ehrerweisung, der große Gesang des Geheimnisses, ein emphatischer, gedrängter Hymnus – zu ihm hinüber-, zu ihm hinaufgesprochen. *Extra me*, sagt die Dogmatik, außerhalb meiner, mir gegenüber, über mir. Er ist nicht weit, aber ganz und gar unverfügbar. Er „trägt einen Namen, geschrieben auf seinem Gewand und auf seiner Hüfte: König aller Könige und Herr aller Herren" (Offb 19,16).

Wurde die menschliche Sprache dem Feind immer schon unterworfen? Nein. Nicht diese mitunter nur murmelnde oder flüsternde Sprache – in der Machtvolleres liegt, als die vielleicht allzu menschlichen Worte zu erkennen geben. Die sich nach oben reckt, mag sein nach oben freigegeben wird, entworfen, hinaufgeworfen zu Räumen über den Räumen, wie losgelöst von der Schwerkraft nur irdischen

---

407 S. Anm. 7, Bd. 1, 669.
408 Hölderlin, s. Anm. 7, Bd. 2, 635.

Bedeutens. Die bergaufwärts strömt, aus eigenen Kräften ins Große geht und nicht nur auf ihre Aufhebung ins Wahre, sondern auch auf unvorhergesehene, indirekte, korrigierende oder überbietende Antworten warten darf.

25.4 Verneigung

Ein doppeltes „Du" schlägt an: „Doch du, du bist / zum klaren Tag geboren".[409] Der Wiedererscheinende, zum klaren Tag geboren, darf angesprochen werden. „Du bist es. Mein Herr und mein Gott!" Und jetzt desto mehr: „Gelobt sei der Herr, der Gott Israels! Denn er hat besucht und erlöst sein Volk" (Lk 1,68). Und, „mit lauter Stimme": „Gelobt sei, der da kommt, der König, in dem Namen des Herrn!" (Lk 19,37f). „Hochgelobt" wird „der Name des Herrn Jesus" (Apg 19,17).

Die Osterfreude will den Hymnus. Bestimmte Einsichten, so schon das alte Israel, bedürfen des Hymnus, der Huldigung als der gehörigsten Anrede, der anbetenden Rede zu Gott (um derentwillen die Rede von Gott überhaupt nur sinnvoll ist), dieser Sprache unmittelbarer Freude, der lichtesten Möglichkeit menschlicher Worte. Der Lobgesang, ein Flügelschlag, das glorifizierende Gebet, im Alten Testament, besonders in den Psalmen an einer Fülle von Stellen aufgerufen, preist Gott um seiner Freiheit und Liebe, seiner Allmacht wie seiner Herrlichkeit willen, betet nur an – in Worten voller Sprachglanz, wenn durch sie die herrliche Ahnung dessen weht, was einmal endgültig wird gesagt werden können. „Du bist es", ruft die Anbetung jetzt schon, aufgefunden von ihm, definiert von ihm – ein durch Berührung des Heiligen Geistes zum Aufklingen gebrachtes helles Glas (die durchsichtige Substanz, das verdichtete Licht).

Dieses Lob, die Verneigung, die keinem Zweck dient und die nichts mitteilen, schon gar nicht irgendeinen Beweis erbringen will, die keiner Begründung oder Erklärung bedarf, unternimmt es, einen Moment lang herauszureißen aus dem Stimmengewirr des Suchens, der Ansprüche und heiseren Anschuldigungen. Sie will uns – in Sätzen oder Bildern, die unsere Verhältnisse noch weit übersteigen – öffnen jener Freude entgegen, die größer ist als Kopf und Herz. Es will uns für diesmal hinwegheben, von uns selbst ablenken und entrücken: nicht in Enteignung und Ich-Auslöschung, aber in Ich-Entfesselung, Selbstfreiheit und Selbstvergessenheit, positiv: in Wahrheitsgefühl und Wahrheitsliebe, in eine jedesmal neu gewährte Freiheit für Gottes Erhabenheit, für die majestätische, auch harte Schönheit und Bewegtheit seiner Offenbarung. Gewiss, ausnahmslos ist es Grenzgesang, Lobpreis über der Tiefe (Ps 130,1) – deren Anblick dafür sorgt, dass nicht vergessen werden kann, wogegen der Hymnus gesetzt wird, diese Anbetung eines Stärkeren, stärker

---

409 Hölderlin, s. Anm. 7, Bd. 1, 826.

als der Feind. Anbetung über gestaltloser Untiefe: wohin der Feind die Stimmen des Gotteslobs untergehen lassen will. Weil doch unzweifelhaft scheint, dass zumindest die Toten ihn nicht mehr loben (Ps 115,17).

Anbetung Gottes – wenn die Zeit ausdrücklich nur noch Hysterisierung, Selbstlob und Selbstgier des Menschen zulassen will, sein Selbstfest, seine ausgeprägte Bereitschaft zu sich selbst.

Freue ich mich an Christus? Verneige ich mich auch durch den Gedanken, durch den Traum, die Phantasie, die anschauende und hellhörige Vernunft? Ich, der Schwerblütige, der Traurige und ewig Schwindelige, der Leichtfertige und Freche und Ermüdete. Wie gehe ich ohne jede Selbstbehauptung Christus entgegen? Ich bin mir selbst das Eschaton? Ich heute, mit meinem unverkennbar heutigen Selbst – wie sage ich meinem lächerlichen Selbst- und Eigenlob ab? Ich, ich. Mich selber preisgeben? Kann ich in dir Selbstfreiheit gewinnen? In deinen Raum hinein kann ich mich vergessen. Nicht mein Name, mein Reich, mein Wille. Geheiligt werde dein Name! Dein Reich komme! Dein Wille geschehe wie im Himmel so auf Erden!

Ja. Du bist es! Hosianna! Schlagt froh in die Hände, alle Völker! (Ps 47,2) Alles, was Odem hat, lobe den Herrn! Du bist es, von dem her, durch den und zu dem hin alle Dinge sind, der im Anfang war, der sich Niedrigkeit zu eigen macht, in dem die Wahrheit sich eine Lebens-, eine Todes- und eine Auferstehungsgeschichte gibt, die dahinstürmt, die Menschen mitreißt, die Schuld- und Abgestorbenheits- und Todesgeschichten zersetzt und zerbersten lässt, auf dessen Angesicht die Herrlichkeit Gottes leuchtet, in dem Gott ins Offene tritt, in dem das Geheimnis einer Lichtsetzung in großem Stil vonstatten geht, das Aufklaren Gottes und des Menschen, Klärung bis auf den Grund, in dem das fremde Licht in der Finsternis scheint und die Finsternis diese ungeheure Bejahung nicht begreift, der sich selbst zu verstehen gibt, der bei denen wohnt, die zerschlagenen und demütigen Geistes sind, die in so außerordentlicher Weise die Festigkeit jenes Segens nötig haben: dass der Gott des Friedens den Geist samt Seele und Leib unversehrt bewahrt (1. Thess 5,23), der die Menschen zur rechten Zeit liebt, in dem ein Jauchzen lebt, der an allem schuld sein will, in dem sich der Wille Gottes als lebendig erweist, vor dem Gott sein Angesicht im Augenblick des Zorns ein wenig verborgen hat, der den Fluch zerfetzt, auf dass wir Frieden hätten, der das Rückgrat des Leviathan zerbricht, dem wir eine Unmöglichkeit wert sind, der auferstanden ist, der die Toten nicht im Tode lässt, der uns glücklich versöhnt hat, der den Glauben anfacht, den großen Frieden in uns, dem wir sein Leben glauben, der in die Offenbarung einweiht, der, Inbegriff des Hingebungsvollen, uns zuwirft, was er ist, es hinüberfließen lässt, der Atemraum und mit ihm ein magisches Raum- und Weitegefühl eröffnet, ein Wahrheitsgefühl, auch einen Emotionsraum, der Hauch und Ansturm des Geistes widerfahren lässt, dessen Bejahungen, Begleitungen und Behütungen verborgen sein mögen, aber gewiss sind, durch den uns der Sieg gegeben ist, der Fährmann, der uns die Überfahrt gewinnen lässt, der wiederkommen wird zu richten die Lebendigen und die Toten, der unseren nichtigen Leib verklären wird, bei dem wir sein werden alle Zeit, der das andere Ostern heraufführen wird, den Tau der Lichter, der die Zeit aufspringen lassen und alles Einstige bergen wird in der Auferstehung der Welt. Du bist es. Du warst es, du wirst es sein, der Erste und der Letzte und der Lebendige. Gelobt sei Jesus Christus! In Ewigkeit.

Müssen meine Worte nicht hilflos zurückbleiben? Stürzt bei dieser Verneigung jedesmal mit mir die Sprache um? Nein. Selbst dem bescheidenen, hilflosen, törichten Lobpreis des Auferstandenen wohnt ein innerer Lauf inne, eine Entfernung, fort von mir und über mich hinaus und hin zu diesem Du. Nur scheinbar kommt er an den Grenzen des Sagbaren zum Stillstand. In Wirklichkeit hält sein Sinn weiter auf Christus zu – indem es womöglich hindurchgeht durch die Banalitäten, durch die magischen, überwirklichen Zwischenreiche (2. Kor 12,2), durch die Ordnungen des Übernatürlichen, durch den wilden Lobgesang und das Lebenslied der sichtbaren und der unsichtbaren Welt (Ps 19,2; Phil 2,10f), hin zum endgültigen Lobgesang aller Zungen, aller Sprachen, nach der ewigen Sprach-Brandung, ihrer Bezauberung, den weißen Köpfen der brodelnden Gischt, ihrem zukünftigen Anprall beim Menschen.

Lobend und dankbar schaut der Anbetende zum Auferstandenen auf, bleibt insofern offen: nicht lediglich zum „ganz Anderen" (das wäre ein gar nicht einzuhaltendes Verbot), sondern zum Schöneren, Reicheren, als wollte er sich mit Flügeln, über die Erlebnisgrenze des Auges hinaus, zu noch ungesehenen Bildfolgen und Zeichenflüssen erheben. Er streckt sich ein wenig aus, zeichnet ein wenig vor, ruft, damit dem Herrn einstmals „ein neues Lied" gesungen wird (Ps 96,1), nach universaler „vollkommener Freude" (Joh 15,11), hinauf zum Wunder Christi.

26. Ich – noch ehe ich geboren war

Lobe den Herrn, meine Seele! (Ps 103,1)

„Lobe den Herrn, meine Seele!" Jemand redet seine eigene Seele an und fordert sie zur Verherrlichung Gottes auf. Dazu scheint sie von Anfang an da zu sein. Von welchem Anfang an?

Hast du dich jemals gefragt, was mit dir war, bevor du zur Welt gekommen bist? Ich weiß, eine sehr ungewöhnliche Frage. Kann das sein: „Jeder Mensch trägt eine handgearbeitete Seele in sich"?[410] Deine von Gott „handgearbeitete" Seele war längst da, vor deiner Geburt (EG 37,2)? Dir kam Sein zu, du hast in der Fülle begonnen und warst schon bei Gott? Kann man sich eine solche Frühe denken? „Ich kannte dich, ehe ich dich im Mutterleib bereitete", wird Jeremia beruhigt (Jer 1,5) – mit der Erinnerung an die von vornherein unerhört gesegnete Ursprungsgeschichte seines Ich (das alte griechische Denken kann hier, im schroffen Gegensatz dazu, von einem frühen Unrecht sprechen).

Zeichnen wir die Szene nach: Mit deiner Seele hat Jesus Christus gesprochen, bevor sie in die Welt gestürzt kam. Er redet dich an (wir wagen es, seine Stimme wiederzugeben).

„Gnade wird dir zuteil, Menschenkind, eine Schickung: eine Lebensspanne. Nicht etwa sollst du einer Examensprozedur unterzogen werden, ob du genügst oder dein Leben fehlschlägt. Sondern es soll dir Unausdenkbares geschenkt werden, Geheimnisvolles, Größe in vorläufiger Unvollendung, von Gott zu Vollendendes. So wirst du auf die Welt hinausgestellt. Ein Visum für die Zeit. Ein geheimnisvolles Leben wartet auf dich. Ein Privileg, eine extreme Unwahrscheinlichkeit: Du wirst eine der Schöpfungswürfe und Menschenerfindungen des Schöpfers sein. Aus einem Sternenhimmel unendlicher Möglichkeiten ausgewählt. Niemand wird dasselbe Gesicht tragen wie du. Niemand wird dieselben Erfahrungen machen, derselben Emphase oder Mattheit der Gefühle ausgesetzt sein, dieselben Gedanken hegen, denselben sonderbaren Stoff der Träume in sich aufhäufen. Was immer du tust, niemand wird es dir gleichtun. Ein pulsierender, pochender, dringlicher Körper wirst du sein, Stimme, Sprache und Geschlecht, eine ganz eigene, sonderbare, einmalige Seele. Erlebnisfülle vielleicht, ein paar außerordentliche Momente lang – oder Ausgelaugtheit der Tage. Trost oder Kitzel, Schocks oder Tränen – es wird in deinem Leben stets auf neue ausgehandelt. Lust wirst du manchmal haben, ein Ich zu sein.

---

410 Friedrich Sieburg, Gott in Frankreich? Ein Versuch, 1929, 18.

Du wirst dann Unfassbares erleben: dass das Leben einen wundervollen, überwältigenden Lichtstreif kennt: die Gunst des Augenblickhaften, die Gegenwart, eine herrliche, freigebende Lichtung, ein plötzliches Auftun, ein ungeheuerliches, unbegreifliches ‚Jetzt‘: Moment und Augenblick, Aufleuchten und Blitz. Als Jetzt wirst du durchs Leben gehen, fortgesetzt auf pochende Präsenz gestellt, in einer Augenblickswelt.

Du hast nur dieses eine Leben. Verstehst du, wie kostbar und wertvoll es ist, ein Wunder. Doch zutiefst gefährdet bleibt es gleichzeitig, anfällig, ein flackernder Docht, ein geknicktes Rohr. Ab und zu wirst du der Brüchigkeit deines Lebens innewerden können. Hinweggleiten über deinen Kopf, unmerklich meist, wird der Schatten eines plötzlichen Todes."

„*Hilf mir!*", bekennt dann wohl deine Seele, „*Hilf mir, das begreife ich alles nicht.*"

„Du wirst es alles erleben. Du wirst sehen können und hören, fühlen und schmecken. Du wirst etwas spüren und etwas berühren, auch im Innersten bewegt und aufgewühlt werden. Du wirst Vorstellungen nachhängen, denken können, auch einmal den Wunsch hegen, bestimmte quälende, dich drangsalierende Gedanken und Trugbilder, ‚einwärts gebogen',[411] abstellen zu können. Früh wirst du einen eigenen Willen entwickeln. Einstellen wird sich ein unaufhörlicher Lauf der Einbildungskraft – der Phantasie auch, die sich zu anderen Menschen hin bewegt. Dir wird Zeit verliehen werden, dann und wann der reiche Augenblick, zusammengesetzt aus Empfindung und Erinnerung (wenn du die endlosen Treppen der Zeit auf und ab gehst). Womöglich findest du die eine Aufgabe, für die du auf der Welt bist, den einen Stern, dem du folgen sollst. Stürmen wirst du nicht entgehen können, deren verschiedene Charaktere du zu beurteilen und die du zu bestehen haben wirst.

Kein Mensch kann sein, was du bist, mit dem, was dir gegeben ist: ‚Geist und Sinn, Herz, Seel und Mut'. Daraus erwächst deine Verantwortung. Auch zum Hüter deines eigenen Lebens bist du bestellt. Bewährungsproben wollen durchgestanden werden. Mag sein, dass dich das Leben hin- und herwirft. Es irgendwie zu meistern wirst du dich bemühen, dich dabei aber als ein Akteur in einem Spiel finden, dessen Regeln er erst begreift, wenn es vorbei ist, ein Schauspieler, der auf die Bühne muss, ohne je geprobt zu haben. Sich zurechtfinden in einer frisch verschneiten stillen Landschaft, in die du dich gestellt siehst. Ein nicht eben schwindelfreies Hinaufklettern an einer Strickleiter ins Dunkle. Du wirst wollen, dass dich jemand versteht. Nicht erspart werden kann dir dabei die Erfahrung, dass du Lebensgefahren rettungslos erliegen und in einen Schiffbruch gerade hineinsteuern kannst. Eines ganz Sicheren kannst du aber gewiss sein: dass dein Leben nicht gänzlich fehlschlagen kann. Es ist ja Geschenk und Aushändigung, vom allmächtigen Gott gewollt, gesehen, zum Ziel geführt, es gehört dir nicht, du kannst es nicht zugrunde

---

411 Kolbe; s. Anm. 71, 21.

richten, seine Neuschöpfung verweigern, der Allmacht und verwandelnden Kraft des barmherzigen Gottes entziehen.

Du wirst ein Kind sein, und dann wirst du heranwachsen, Zeit erfahren und ausdrücklich empfinden, sprechen und schweigen lernen. Schon das ein Wunder. Vielleicht wirst du eine gute Mutter haben (die ihr Kind behutsam mit seinem Ich vertraut macht und ihm hilft, das Leben zu erlernen) oder wenigstens früh, rechtzeitig, mütterliche Frauen erleben, einen guten Vater oder zumindest einen väterlichen Menschen. Jemanden, der dir gut ist, der möchte, dass du Glück im Leben hast, der an die Zerreißungen nicht glauben und sie von deinen Wegen fernhalten will. Wohl ein Leben lang wirst du an diese Menschen denken. Mag sein, dass du später weinen wirst, sooft du an sie denkst. Möglicherweise wirst du Geschwister haben, nahe und ferne Verwandte – mit Ähnlichkeiten und Befremdlichkeiten. Den Kampf mit den Menschen wirst du aufnehmen müssen. Ein Jugendlicher wirst du sein, ungeduldig auf das Leben warten, in Lehrjahren der Empfindung, wenn du die gefährlichen und erhebenden Gefühlsgewalten der Welt entdeckst, auch ihre Zersetzung – im noch richtungslos wie ein Falter taumelnden Ich. Dich auszudehnen wirst du dich bemühen, dir selber deutlich zu werden und mit deinem Charakter und den neuen Körperlichkeiten klarzukommen und auszusöhnen (*libido*, das sprunghafte, schöne Biest). In diesem Alter, wenn du selbst das Wagnis des Lebens beginnst, kann man dir leicht wehtun. Du willst dann die Welt anders haben. Du wirst dein Herz für dies oder jenes entdecken, es festhalten oder hinter dir lassen, Neues finden. Rasch werden die rätselhaften Schatten deiner selbst heraufwachsen und sich um dich sammeln. Womöglich wirst du deinen eigenen Umriss spüren. Wirst du einen ‚guten Charakter' ausbilden? Und der Überfall einer ersten richtigen Liebe, wenn sie auf dich zugeflogen kommt? Als wäre es die erste Liebesgeschichte der Welt. Wer weiß, vielleicht wirst du die Liebe eines Anderen wecken. Wenig wird euch wohl voneinander ablenken. Vielleicht wollt ihr ein Versteck oder ein Zuhause.

Kinder werden dich anschauen. Wer weiß, sogar eigene Kinder. An die du kein Unglück heranlassen möchtest. Deren Leben bewahrt werden muss. Die du eines Tages ziehen lassen musst. Hast du auch ihr Schweigen gehört? Unter Umständen machst du die weibliche Erfahrung, dass in einem schwangeren Menschen zwei Herzen schlagen und du sagst: ‚Ich freu mich schon auf dich.' Du wirst dich später an die Zeit erinnern, als deine Kinder noch klein waren, vielleicht mit einer heftigen Gefühlserinnerung, die dich überfällt. Gelegentlich wird auch Fremdheit an ihnen sein, werden sie dir auf die Nerven gehen, und manches an ihnen wird dir vielleicht sogar sehr schwer sein. Das Beten wirst du sie lehren. Hoffentlich werden sie dein Herz erobern und dir das Herz erfüllen. Womöglich kannst du in ihrem Leben ein wenig die Freiheit wecken und vermehren. Du wirst sie wohl ein Leben lang im Herzen tragen, wirst die ‚Elternwunde' zugefügt bekommen. Immer wirst du dir um sie Sorgen machen.

Schaust du mitunter ein wenig hinein in ein Glück, das dich überkommen hat – mitten hinein? Als wäre es ein eigenes umfriedetes Reich: wenn die Augenblicke und die über die Welt geschütteten heißen Farben glänzen, wenn du die Zeit festhalten möchtest. Ein Reich, wie erobert: jene Schönheit, Magie und menschliche Attraktivität, die allemal eine eigentümliche Befangenheit aufkommen lässt, das Spiel von Reichtum und Aussparung, unbegangene Traumorte, ein Zugleich von unwirklichem Reiz und fragloser Zugehörigkeit, tief verwurzelt in deinem Herzen.

Die Daseinsfeier, der feiertägige Aufzug, die Schöpfungsbuntheit und ihre lustvolle Ungebundenheit, wenn der Schöpfer die Bühne für die große Begebenheit bereitstellt. Die Schöpfung: grandiose Theaterbühne. Ihr Anruf – indirekt redet sie immer schon von dem aufzuführenden Stück, der heiligen Begebenheit. Eben von ihr, der Geschichte von Versöhnung und Befriedung, wird jene Bühne bespielt.

Womöglich wirst du eines Morgens, vom eigenen Lachen geweckt, aus einem Traum erwachen. Vielleicht wirst du eine starke Kraft zum Lachen bekommen. Ein strahlender Morgen im Sommer. Der Sommergeruch, sein Duftäther, der zur Sonne steigt, der einsamen und glanzvollen. Zum Beispiel als Nordmensch irgendwie vertraut sein mit der Stimme des elementaren Ereignisses, des unsteten, schlaftrunkenen Meeres, mit seinen silbrigen Reflexen bis zum Horizont, seinen Weiten, von Lichtzonen besucht, seinen beweglichen Farben. Die donnernde Brandung, die ihre ‚weißen Hunde den Strand hinaufhetzt'.[412] Die Möwen krächzen im salzrauhen mächtigen Wind: der räuberische, klagende Schrei der Seevögel. Flügelschlagen. Scharflinige Konturen der Warften, die sich wie Scherenschnitte vor dem Hintergrund des Meeres abzeichnen. Hohe Wellenkämme, die in ein äußerstes Licht ragen. Atmen des Ozeans bei seiner unendlichen Arbeit.

Ja, auch Schattenjahre, eingefrorene Traurigkeiten vielleicht, wird dein Leben kennen. Wenn es schwerfällt, das Gleichgewicht zu halten, für längere Zeit womöglich. Wenn deine Seele, nicht mehr auf der Lebensspur, Hilfe braucht. Um dich herum vergittertes Eisenwerk oder schalltote Leere, die auf dich übergreift. Wenn du das Gefühl hast, man könne das Leben sein lassen, dann endlich hätten Anstrengung und ‚Angst des Aufrechtstehens'[413] ein Ende. Nahe genug liegt dieses Gefühl für viele Menschen. Mag sein, dass du dich ohne jedes Zögern aufraffen und Hilfe holen musst. Oder, das kann ja auch sein, es tritt überraschend Besserung ein, in sachten Schritten oder unvermuteten Schüben. Die Zeit heilt dann oder, wenn sie schon die Ursachen nicht beseitigt, deckt wenigstens zu oder kapselt ein. Zur rechten Zeit sind Menschen da, die dir etwas zutrauen. Wie eine Stimmung mag sich unerklärlich eine zerrissene, finster gewordene Seele aufhellen und können womöglich die jagenden Wolkenfetzen abziehen. Eine schnell vergehende Nacht?

---

412 Camus, s. Anm. 173, 11.
413 Kafka, s. Anm. 49, 629.

Du wirst dem vorübergehenden, zeitweiligen oder langdauernden Angriff von Schmerzen ausgesetzt sein, wirst das Verratenwerden kennenlernen, den Wortbruch und vielleicht den Ehebruch, die Auflösung der Familie, die hallende, leergeräumte Wohnung, Fotoalben im Sperrmüll, die erloschene Sprache zwischen denen, die doch umeinander gezittert haben und meinten, zusammenzugehören, aber jetzt ‚genervt' oder ‚enttäuscht' einander totlaufen und dann ausblenden. ‚Drum wein ich, / Dass bei Deinem Kuss / Ich so nichts empfinde.'[414] Verkümmerung. Adieu, Liebe. Sie steht schutzlos in der Zeit. Wie kann so wenig übrig bleiben. (‚Wie schön sie ist. Wie schön es mit ihr wäre. Wie schön es mit ihr war.') Den anderen zu verlassen, erweist sich vielleicht als ein tödlicher Angriff. ‚Unser Herz ist wie leergefegt.'[415] ‚Ich wollte aber doch für beide leben, für mich und für sie.' Soll es das gewesen sein, wirst du fragen: ein für hell angesehener Mensch, vorübergeweht in einer Sturmwolke von Dunkelheit?

Bewährungen des Charakters wirst du wohl kennenlernen. Oder dein eigenes Versagen, eine Jämmerlichkeit im entscheidenden Moment (und, mag sein, sie wird dir nicht verziehen werden). Vielleicht ist eines Tages aus dem stürmischen Kind ein feiger Erwachsener geworden, hinterrücks und eitel, vor dem, hätte es ihn gekannt, sich das Kind gefürchtet und für den es nur noch Verachtung übrig gehabt hätte. Wird deine Liebe erwidert werden? Du wirst darum bangen. Profilierungssucht? Stiche der Entbehrlichkeit deiner Person wirst du erfahren. Man wird dich deine Ersetzbarkeit fühlen lassen. Keineswegs hatte man auf dich gewartet. Den Kollegen wirst du nicht wirklich fehlen. Schuld wirst du auf dich laden. Sie muss nicht sein, doch sie wird sein. Weil du dich mit irgendeiner Schlechtigkeit und Verfänglichkeit eingelassen hast. Weil du nicht selten vor dem Gehässigen abdankst. Womöglich wird dich sogar jemand, den du geliebt hast, mit gutem Grund verfluchen. Schuld qua Menschsein? Keineswegs. Schuld qua Sünde. Mag sein, dass du im entscheidenden Moment versagst. Das Böse wirst du hineinlassen in dein Leben, kurze Zeit, lange Zeit – aber das Böse. Es steht allen offen und ist keinem treu. Komm dann zu mir, sooft du es merkst! Komm unbedingt! Und sag ein paar ernsthafte Worte, sag: ‚Erlöse mich von dem Bösen, konkret von diesem Schändlichen!' Du kannst auch einmal für lange, für immer, eine Tür hinter dir zuschlagen. Gelegentlich geht das. Der Moment, ‚wo alles Grenze wird'?[416] Den Stärkeren aufbieten gegen den ‚schwarzen Hund' der Depression, gegen das Gefühl der vollkommenen Lebenserschöpfung, wenn dem Leben nichts mehr abgerungen werden kann. Stufen, heraus aus der dunklen Zisterne. Nicht ausgeschlossen, dass

---

414 Else Lasker-Schüler, Gesammelte Gedichte, 1917, 42.
415 Tschechow, Tagebücher. Notizbücher, hg.v. Peter Urban, 1983.
416 Tranströmer, s. Anm. 25, 138.

du herausgezogen wirst aus Bitterkeiten der Erkenntnis, einer Verbannung oder Daseinstraurigkeit – wie ein Kind aus dem Mutterleib, blutig und voll Schleim.

Fröhlichkeit, Lachen und Kummer wird dieses Leben bereithalten, Gutes und verschlafen Dummes und Einsichtsloses. ‚Schlaflos in Hamburg.' Sehnsuchtsströme, ziehende, mitreißende Gefühle. Kraftfelder und Schmerzgrenzen des Herzens, Wendekreise, mal scharf gezeichnet, mal ungenau getuscht, wird es ausmessen. Magst du ab und zu einen Zuruf hören: ‚Halte nicht ein bei der Schmerzgrenze / Halte nicht ein / Geh ein Wort weiter / Einen Atemzug / Noch über dich hinaus / Greif dir im Leeren / Die Osterblume'.[417] So phantastisch verhält sich die Welt, die auf dich wartet, gekleidet in tausend verschiedenfarbige Gewänder. Sie klingt und fasst sich an, schmeckt, riecht. Unter Umständen läuft dann unvorbereitet irgendwann deine Seele über von guten Erinnerungen.

Vieles in diesem Leben wirst du nicht verstehen. Du wirst fragen: Ist es Gott, der all das Schreckliche auf der Welt bewirkt? Kein Mensch begreift es. Sobald du wieder bei mir sein wirst, später, später, dann werde ich es dir erklären und das ‚Buch mit den sieben Siegeln' brechen und aufschlagen. Vertrau mir bis dahin! Ich bitte dich um dein Vertrauen. Stell dich schon einmal in meine Obhut. Stell dich unter wie unter ein groß zugeschnittenes, schützendes Dach."

„Das klingt alles wie ein unvorstellbares Wunder", erwidert die Seele. „Ich hoffe, ich werde es einmal ein bisschen verstehen. Wenn ich aber leide, wenn ich ein unglückliches, verlassenes Kind bin und wenn ich einen grausamen Schicksalsschlag nicht begreife, ihm aber Antworten entreißen will – gibt es dann dafür überhaupt Worte und Benennung? Kommt es von ungefähr? Kann ich es dir dann bekennen?"

„Du wirst dafür eine Sprache haben. Eines Tages wirst du solche Worte kennenlernen. Kann sein, dass du sie jeden Tag beten wirst. Du kannst mit ihrer Hilfe Aufrichtigkeit lernen. Kaum wirst du eine offenkundige Lüge beten können. Wenn du betest, wirst du dich nicht mehr verstellen müssen und dich ganz und gar mir anvertrauen dürfen. Es ist ein Sprechen ohne Umwege. Aber ich werde dich auch ohne Worte verstehen."

„Und wenn ich mich freue und dir danken möchte?"

„Das ist dann das Atemholen. Dann kannst du als erstes sagen ‚Lob sei dir, o Christe! Lobe den Herrn, meine Seele!' Und dann wird dir schon einfallen, wofür du dankbar bist und was du nennen willst.

Doch nun noch einmal das Älteste und Glücklichste, das Schwergewicht in der Tiefe. Die Liebe. Ihre eigenen Ekstasen, Rührungen und Melancholien. Ein Gefühl von Überhang und Fülle. Nein, nicht ‚die herrlichste aller Illusionen' gibt sie ab. Vielmehr wird das Gewicht der Welt von ihr durch die Zeiten getragen. Von ihr bezaubert kann man einmal durch den Tag stürmen. Hoch im Hals schlägt das

---

417 Marie Luise Kaschnitz, Überallnie. Ausgewählte Gedichte 1928–1965, 1999³, 261.

Herz. In ungezählten Spielformen – wie das verworrene Gewebe der Linien in der menschlichen Hand – ergreift sie das Leben. Als die Liebe zu einem Ehepartner oder zu einem Gefährten an deiner Seite – mag doch sein, eine auf dich neugierige Liebe weiß dich ihrerseits zu finden: ‚Beide, so frei und stolz und wach und blühend und glänzend an Seel und Herz und Auge und Angesicht, beide so in himmlischem Frieden.'[418] Als Mutterliebe (von ‚ihrem geheimnisvollen Ernst, der allerdings keineswegs ohne Lächeln war').[419] Als die bewährte Freundschaft. Als traurige und hoffnungsvolle Liebe zu einem Enkelkind. Als eine sich spät ergebende Vater-Sohn-Beziehung. Ein unerhörtes Glück, das Herz des Anderen zu verstehen (und nicht allemal nur sich selbst zu meinen), aber auch sich verstanden zu fühlen. Überhaupt nicht zu begreifen ist die erwiderte Liebe. Als wäre sie im Grunde doch undenkbar. Schneidend wird sie wehtun, wenn sie zerreißt. Die Liebe ist das größte Geheimnis der Welt, überaus gefährdet, auf schmaler Höhe, sie redet mit Menschen- und mit Engelszungen, sie redet wie ein ernster Erwachsener oder wie ein Kind, sie albert herum, sie murmelt, sie schluchzt, sie singt.

Hoffentlich, weil du denkst, dass nach Belieben noch zahlreiche bessere kommen, missachtest du die besten Tage des Lebens nicht. Vielleicht wirst du oft eingestehen müssen: ‚Ich nehme das ganze Leben viel zu selbstverständlich. Ich vergesse eine wirkliche Dankbarkeit – mit der ich doch der Schöpfung und der Versöhnung endlich etwas Gerechtigkeit erweisen könnte.' Mag sein. Also hoffentlich nicht.

Doch kannst du gegenwartshungrig werden und hin und wieder einen Moment lang innerlich nur stillhalten. Weil du bei einem geheimnisvollen Jetzt angekommen bist und es ein wenig belauschen kannst. Als ob du in diesem Moment, aus richtungsloser Ferne, aus unerklärlicher Befangenheit und Jetzt-Unfähigkeit herausgeholt worden wärest. Unter Umständen kannst du es einmal in den Augen, in den Händen, in den Schultern fühlen, das Geheimnis deines Lebens: dieses Einfache und zugleich schwer Denkbare – dass du am Leben, dass du vorhanden bist. Verbrenn nicht die Zeit, so dass kostbares Jetzt in Rauch aufgeht. Deine Zeit ist jetzt. Nutze den Tag. Womöglich, wer weiß, ist dir sogar mitunter nach der sofortigen Umarmung dessen, was ist.

Besser verstehen, wie sich das verhält und was das ist, Zeit, wirst du dann wohl als alter Mensch: deines armseligen Körpers müde, nicht mehr imstande, das Unkraut tyrannisch gewordener Gewohnheiten auszureißen, sobald du dich von dir selbst zurückziehst oder dich desto mehr selber spürst, wenn du die zerrinnenden Umrisse deines Lebens fester nachziehen willst. Kaum wird dein Leben dann einem geraden Weg geglichen haben. Vielleicht bist du dann gegenwartsmüde, in nicht

---

418 Hölderlin, s. Anm. 7, Bd. 2, 779.
419 Schreibt Conrad von seiner früh verstorbenen Mutter. Joseph Conrad, Über mich selbst. Einige Erinnerungen, dt. 1965, 13.

zu begreifenden Zeitläuften, in böser Zeit. ‚Habe ich sie gewürdigt und genutzt?' wirst du wohl kopfschüttelnd fragen. ‚Habe ich meine Stunden ein wenig geklärt, sie aufmerksam und sorgsam behandelt?'"

„Aber – *das geht mir zu schnell* – *nach dem wehen Herzen und seinem Aufruhr möchte ich noch einmal fragen. Wenn mich, über Nacht oder mit einem Mal am Tag, von einer Stunde zur anderen, jeder Mut verlässt.*"

„Ja", antwortet er, „das Bittere, der Riss, der durch die Seele geht, das Widersetzliche und die halsstarrigen Renitenzen. Manches will dann nur tapfer geschultert werden – wenn das Leben dich anschreit und stürzen will und es allein darauf ankommt, nicht umgeworfen zu werden wie ein plötzlich umschlagendes Boot."

„*Ich werde auch dann nicht allein sein* – *nie ohne dich?*"

„Ja, ich werde lebenslang dein Nächster sein. Ich bin bei dir am Abend und am Morgen und ganz gewiss an jedem neuen Tag. Ich verspreche es. Verborgen bin ich anwesend, manchmal, als ob ich schliefe, in irgendeiner Maske der Abwesenheit. Als sähest du mich, wirst du mir aber jeden Tag trauen und dich in allem, was du tust und fühlst und denkst, an mich halten dürfen. Wirklich allein sein wirst du nicht, um nichts auf der Welt. Niemals gottverlassen. Fort und fort werde ich um dich sein. In wechselndem Licht und auf abgewandelte Weisen werde ich deine Seele anrühren, deine Empfindungen, dein Weltempfinden insgesamt, dein Urteil, deine Entschlüsse, hart neben dir, befreundet nebenan, nur einen Atemzug abliegend: nichts als ein Gebet weit entfernt. Aber auch wenn du meinst, nicht beten zu können, wenn die Hände nicht zueinanderfinden, werde ich deine Gegenwart sein.

Ich bin ja der einzige, der wirklich von deinem Herzen weiß. Du wirst dann glauben dürfen an mich. Du wirst frei heraus ein vertrauensvoller Christ sein dürfen, bescheiden und stolz. Mit jenem Freimut, der sich weder seiner Furcht noch seiner gelegentlichen Waghalsigkeit schämt. Ein Christ auf Sicht, auf Fernsicht, vor allem auf Sicht nach oben. Licht wird dir ja vor den Weg gelegt, und zu beten bist du frei. Wird geistige Unerschrockenheit dich auszeichnen? Vielleicht. Stolz wirst du sein, wenn etwas gelungen ist, und von Herzen dankbar sein, aber auch beten in der Bitternis von Weltmüdigkeit und Verzweiflung, wenn du nicht mehr weiterweißt, weil Gott dir ‚den Pfad ringsum verdeckt hat'. Du wirst aufschauen dürfen – und das bis zum Ende."

„*Mein irdisches Leben wird ein Ende haben.*"

„Du kannst ruhig sein. Du kannst auf das geheimnisvolle Schiff der Rückkehr warten, auf die Überfahrt, mag sein, vielleicht, am Ende in gelassener Lebensmüdigkeit, so dass du das Ende so selbstverständlich empfängst wie einen willkommenen, in Stille eingelassenen Traum. Keine Angst jedenfalls! Vergehen wird nur der äußere Mensch, der innere aber als neue Kreatur, nun in großem Stolz, hervortreten. Dann, nach dem irdischen Ende, wirst du von neuem bei mir sein – unfassbar bereichert, gefestigt, durchwirkt und erfüllt von gewonnener Dankbarkeit, eine nun mit Farbgewalt geflutete Leinwand, begierig hat sie immer neue Farben und schwimmende Schatten getrunken, wie alte Hinterglasmalerei: ausgegossen ein lebendiges Licht, geborgen dann in der vollkommenen Liebe, wie man in einem Haus ein Refugium findet, in dem man beieinander lebt, im vertrauten Daheim, in einem weiträumigen Garten eines bunten Festes, und Musik dringt aus den weit geöffneten Fenstern. Lass dich nicht einschüchtern. Fürchte dich nicht. Durch leise Berührung und einen verhaltenen Ton werde ich bei Gelegenheit deine Angst heilen."

„*Zurück ins Licht? Geborgen dann in der vollkommenen Liebe. So liebst du mich also – selbst über mein irdisches Leben hinaus. Wirklich? Aber warum?*"

„Warum ich dich liebe? Ganz einfach: weil ich es bin, weil du es bist. Das ist schon alles. So verhält es sich in der Liebe immer, einfach so: Du bist es, ich bin es. ‚Kennt auch dich', so heißt es im Kinderlied, ‚und hat dich lieb.' Dich, der du von Zeit zu Zeit so ausgelassen lachen kannst. Dich – mit dem Schaudern, der geisterbleichen Angst und dem Todesgrauen in deinen Augen. Der du deinen Namen verringern und vielleicht manchmal endlich ganz zum Abklingen bringen möchtest. Der, musst du aber wissen, von Gott mit einem ihm lebenslang unbekannten, allein für ihn vorgesehenen, wunderbaren, eigentlichen Namen bedacht werden wird: in dem enthalten ist, wer er eigentlich war und sein wird. Von Anbeginn ist dieser Name, der einmal offenbar werden wird, dir eingeschrieben. Du, dieser einmalige Mensch, du bist der liebenswerte Mensch. Musst du wissen, musst du wissen. Ich lasse dich in mein Herz vor. Ich habe dich ja von alters her geliebt, ‚je und je'. Noch ehe du geboren warst. Ich habe mir auf dich den frühen Blick bewahrt und werde nicht ablassen, dich mit diesem allerersten Blick anzuschauen. Wenn ich dir dann unmittelbar begegne – später, im ewigen Leben, wenn die Nacht dem glanzvollen, vollendeten Tag, dem ‚Tag des Herrn', in die Arme sinkt – dann wirst du mich wiedersehen, du wirst Gott den Vater sehen von Angesicht zu Angesicht. Du wirst hören, sagen wir himmlische Musik: die man mitsingt, nach deren Rhythmus man denkt, nach deren mitnehmendem, entführendem Sang man glaubt. Himmlische Sprache, hineingesprochen die Stimme auch deiner Mutter, womöglich das Kinderstimmchen deines Sohnes, deiner verlorenen Tochter. Aber – Lieber, Sterblicher! meine Liebe! – aufgelöst von Weinen, ich sehe das, der Tod wird nicht mehr sein." –

„Man ist richtig froh, auf der Welt zu sein", freute sie sich. „Man hätte ja auch danebenfallen können", erwiderte er heiter. „Es war aber kein Fehler, als Mensch geboren zu sein. Nein, ich hätte mich wirklich nicht besser als Panther oder als Möwe geeignet." – „Kann ich niemandem danken für das Geburtstagsgeschenk der Geburt?" (Chesterton, auf einem seiner Husarenritte der wesentlichen Abschweifung)[420] – Verzweiflungsvoll Imre Kertész: „Ob es mir beim Sterben hilft, dass ich nie gelebt

---

[420] S. Anm. 281, 91.

habe?", aber auch von der Pflicht des Menschen, „glücklich zu sein", spricht er gelegentlich.[421] – „Da ich noch nicht geboren war, / da bist du mir geboren und hast mich dir zu eigen gar, / eh ich dich kannt', erkoren" (EG 37,2). – *Ehre sei Gott in der Höhe! Und lobe den Herrn, meine Seele, bis „die Erde voll sein wird von Erkenntnis der Ehre des Herrn, wie Wasser das Meer bedeckt" (Hab 2,14; Jes 11,9), vom Geheimnis im Kern der Erkenntnis, von Licht auf den Wassern, dunkelglänzendes, farbdunkles, smaragdgrünes Glas.*

---

421 Zit. bei Hubert Spiegel, Ich habe stets gearbeitet, als würde ich ein Attentat begehen, F.A.Z. 8.11.2013; zit. bei Beat Mazenauer, Ein glückliches Leben, Literaturkritik.de, Febr. 2017.

27. Gott arbeitet – „dass ihm die Haut raucht".

Mir hast du Arbeit gemacht mit deinen Sünden und hast mir Mühe gemacht mit deinen Missetaten. (Jes 43,24)

Wir versuchen, die Behauptung der Zumutbarkeit der Wahrheit noch einmal in einer anderen Hinsicht zu erläutern. Wiederum muss von Jesus Christus und entschieden vom Bösen die Rede sein.

Eine Institution eigenen Rechts: die Universität, seit langem Ort betriebsförmiger Verfasstheit, der Laboranlagen und Untersuchungen, der sachlichen Wortwechsel und des wissenschaftlichen Streits um Verbindlichkeiten, der intellektuellen Gedankenexperimente und Zumutungen, der organisierten Skepsis, der zensurfreien Rede, der tatsächlichen und der angeblichen Fortschritte, auch Ort neuzeitlichen Weltversprechens und erklärter menschlicher Selbsterhöhung (mit den Gründungsaugenblicken der beginnenden Vermessung der Welt, den verdeckenden Genies des 17. Jahrhundert, dem Geburtsfehler, von dem die Moderne heute eingeholt wird; als das Gewebe zu wuchern und die Lebenswelt zu umwachsen begann; als die ersten Erfolge sich einstellten: als die ersten zornigen Krähen in Hitchcocks Film *Die Vögel* krächzten).

27.1 „Die Wahrheit ist dem Menschen zumutbar."

Worin besteht das Unverwechselbare eines theologischen Beitrags? Die Antwort kann nicht überraschen. Das Eigentümliche aus gerade dieser Fakultät ist, sehr einfach, die Rede von Gott – die allerdings, genau genommen, die tiefste Fremdheit ausmacht, die sich denken lässt. Weltfremdheit? „Weltfremdheit kann auch eine Ehre sein, wenn die Welt danach ist!"[422] Dazu ist die christliche Theologie da – zwar womöglich besonders von Unruhe überlaufen, durchsetzt von Ambivalenzen – doch unterscheidbar und eindeutig, unbekümmert, so hoch wie bescheiden, christlich von Gott zu reden. Sie darf nicht dumm werden.

„Die Wahrheit ist dem Menschen zumutbar", erklärt Ingeborg Bachmann.[423] Die Wahrheit der Rede von Gott, so möchte der Theologe den Satz aufnehmen, ist dem Menschen, der Universität und der Gesellschaft zumutbar. Mehr noch: Diese Wahrheit kommt ihr zugute. Wohlgemerkt, das ist keineswegs das eigentliche

---
422 Rudolf Bultmann, Marburger Predigten, 1956, 195.
423 Werke 1–4, hg.v. Christine Koschel u. a., 1993, Bd. 4, 275.

Ziel (das besteht darin, Gott die Ehre zu geben), zeigt sich aber als ein faktisches Ergebnis. Gerade indem sie Gott allein die Ehre gibt, dient sie dem Menschen.

Denn bereits in sich enthält sie eine heilsame, beständig erforderliche Relativierung. Sie spricht von Brandmauern und insofern vom möglichen Affront, von einem unverrückbaren Maß, sagen wir es mit Dietrich Bonhoeffer: Sie setzt, wenn sie bei der Sache ist, ein Vorletztes und ein Letztes voneinander ab[424] und formiert insofern eine Art Grenzwissen. Eben diese Grenzwahrung (im einzelnen nie ohne Risiken durchführbar), die wachsame, gewissenhafte Unterscheidung zwischen dem wirklichen und dem angemaßt Heiligen, dem Heiligen und dem Weltlichen, kommt der noch so säkularen Gesellschaft zugute. Weil sie dann nämlich, nüchtern geworden (1. Kor 15,34; 1. Thess 5,6), bei Verstand und Besinnung bleibt und endlich aufhört, sich für das Böse blind zu machen. Weil sie nicht selber ein Letztes, ein Ungehindertes, Vertikales und Ideologisches werden muss. Die Gefahr, dass dies eintritt, wie die Gezeichneten des 20. Jahrhunderts erlebt haben (und wie es m. E. hinsichtlich des aggressiven „Projekts Moderne" erst noch bewusst werden muss), ist beträchtlich.

Keine Frage, dass die Erinnerung an dieses Letzte und Erste, die wirkliche Vertikale, an den lebendigen Gott, sofort befremdlich wirkt. Keinesfalls darf sie jedoch gemieden werden. Sie ebenso freimütig wie dezidiert zur Geltung zu bringen, ist der Theologie durchaus aufgetragen. Mag mitunter der Eindruck aufkommen: „Die Theologen verhalten sich überaus umgänglich, die haben keine gefährlichen Absichten, die sind ja gar nicht so." Doch, doch – die Theologen sind so. Der Gesellschaft, meine ich, ist mit richtiger Theologie gedient, nicht mit unschlüssiger, ausgefranster und konturloser (die ihr Gesicht nicht durchhalten kann und die Züge zerlaufen lässt).

Desto mehr muss man erwarten, dass sich auch die christliche Kirche verbindlich und scharfumrandet darstellt – statt dass sie in gut gemeinten Appellen wiederholt, was ohnedies jeder weiß, was gerade von sich reden macht (und was dann nur so vorüberzieht). Gibt es etwas, was nicht ohnedies jeder weiß? Mit irgendeinem Neuigkeitswert – den die unscharfe Propagierung humaner Werte und menschenfreundlicher Beweggründe sicher nicht vorzuweisen hat? „Wenn die Posaune einen undeutlichen Ton gibt, wer wird sich zum Streit rüsten?" (1. Kor 14,8) Man muss sich aber zum Streit rüsten und manchmal auch unbedingt gewinnen wollen.

Aufgabe der Theologie, so verstanden, sehr anspruchsvoll verstanden, könnte es sein, die Gegenwart ein wenig auf andere Gedanken zu bringen, wohl auf ganz andere, bzw. die Gegenwart etwas umzustimmen, wohl sie tiefgreifend umzustimmen. Es gilt jedenfalls, den Blick zu erheben. Das wäre viel. Gesprächsfähigkeit allerdings, die diesen Namen verdient, erweist sich dabei am unmissverständlichsten, sooft

---

424 S. Anm. 81, 137–162.

das Besondere eingebracht wird, sei es denn die Befremdung, sei es denn eine Opposition in einem Grundwiderspruch. Zu Wort meldet sich eine Fakultät mit anhaltend sonderbarem Ton, wie man im Tierreich befremdliche Stimmen hört, also etwa die eines Esels (als ob Türflügel in verrosteten Angeln ächzen).

27.2 Dem ist nichts hinzuzufügen.

Dass alles, das Vorletzte und das Letzte, in der Theologie unter einem einzigen, alles ordnenden Gesichtspunkt zu betrachten ist, hat schon der große mittelalterliche Theologe Thomas von Aquin mit Recht eingeschärft: Alles, weil unter dem Himmel des großen Gottes, sei unter der Maßgabe Gottes zu behandeln.

Kritisch fragt Theologie in diesem Sinne nach möglichst anfänglichen Voraussetzungen oder Eingangsirrtümern. Sie bemüht sich, früh anzusetzen. Weil grundlegender als Wissenschaft, stellt sie sich m. E. in ihren erheblichen Bereichen nicht selber als Wissenschaft auf (wie authentische Philosophie auch nicht). Mögen dabei die übergroßen Fragen erdrückend erscheinen: die nach den Ansätzen, Theorievorgaben und Vorentwürfen, umso mehr die nach dem geschichtlichen Standort, seinem zerrissenen Himmel und seiner unverhohlenen Hölle, den Zeitfenstern, ihrem zerbrochenen Glas, den blinden Spiegeln. Was wird den Gesetzen welcher Rahmenbedingungen unterworfen? Vielleicht kann dann solche Arbeit geeignet sein, unerkannte Besinnungslosigkeiten zu markieren (gepanzerte Fraglosigkeiten, denen ins Wort zu fallen niemandem in den Sinn kommt, weil der Fall eindeutig zu sein scheint) oder Fundierungen oder Rahmungen in Frage zu stellen, wenn nicht gar zu tilgen.

Christlicher Theologie lässt sich dabei eine unbedingte Priorität vorgeben, ein in jeder Hinsicht Vorgängiges – das unabänderlich, eschatologisch Perfekte, also denn: die „Arbeit" Gottes, seine Tat, sein Werk. Die Rede von Gott im Perfekt – das heißt: Zurückkommen auf ein Hinreichendes, Abgeschlossenes, sogar Überschwängliches. Etwas für Zeit und Ewigkeit vollkommen Genügendes – Theologie redet in diesem Zusammenhang von der Versöhnung von Gott und Welt – hat sich schon zugetragen und ist nicht mehr aus der Welt zu schaffen. Gott selber – absolute Sinnschwere, Inbild des mehr als Notwendigen, die Liebe, die Freiheit – ist zur Welt gekommen. Das menschliche Handeln hat dem nichts mehr hinzuzufügen.

Paradoxerweise muss dabei allerdings gegen das uralte, quälende Begehren des Menschen (Röm 7,7; 13,9) angearbeitet werden, auf Gedeih und Verderb sich selbst Voraussetzung und Maßgabe sein zu wollen. Diese Würfe bedingungsloser Selbstbegründung wie auch die Vorstöße, sich ganz nach oben hinaufzureden und hinaufzulügen und von dort „Macht" auszuüben, greifen allerdings in Wirklichkeit nach unten, zum Unterirdischen: unter neuzeitlichen Bedingungen zum „Willen zur Goliathsmacht", zum ständig Erniedrigenden, Menschen- und Weltverachtenden, zum ordinär Totalitären aus der Tiefe (der Eigenmord, der Welttodeswunsch). Muss alles in den Vollzugswillen und die Überhöhungen des modernen Goliaths, in seine Pragmatik und rücksichtslosen Lebenstüchtigkeiten hineingerissen werden? Aber alles unter der Maßgabe Gottes? Natürlich nicht. Für immer soll die Vorstellung „Gott" wie ein angefaultes Möbel in die Spinnwebkammern unerleuchteten vorneuzeitlichen Aberglaubens geräumt und aus der modernen Welt herausverachtet werden.

27.3   Der Arbeiter-Mensch

Der Anti-Thomas? Allerdings repräsentiert die Welt von Handeln und Arbeit mit dem *homo faber* als ihrem Exponenten nicht lediglich ein Segment unserer gegenwärtigen Welt (so dass ihr eine „Freizeitwelt" entgegengestellt werden könnte, zu der dann wohl auch die Ziergärten „Kultur" und „Religion" gehörten). Vielmehr weist das Wort „Arbeit" im weiten Sinne (in einer Arbeitswelt ohne jede Relativierung) auf einen Fluchtpunkt hin, auf den hin neuzeitlich ausnahmslos alles funktionalisiert wird. Dort gilt eben der Anti-Thomas, nämlich: *„Alles ist unter dem Blickwinkel der Arbeit zu behandeln, des allemal Pragmatischen: vernunftgeleiteter Praxis, der Brauchbarkeit und Verwertungslogik, der ,Wahrheit' immer nur auf der Suche nach Anwendung, nach Anwendung aber sofort mit der Frage nach Perfektionierung. Wir brauchen vorrangig die differenzierte, sagen wir: um Seelisches angereicherte, die ,beseelte' Aktion."*

Ich versuche, in größtmöglicher Schärfe das Gesetz dieser Arbeits-Welt zu profilieren. Zunächst (mit Eberhard Jüngel)[425] eine einfache Verhältnisbestimmung, zwei Fragen: „Was ist getan?" und „Was bleibt zu tun?" Der theologische Ansatz trägt den vollen Akzent auf der ersten Größe. Was ist von Gott her schon getan? Ein Letztes. Dass der allmächtige Gott sich in dem Menschen Jesus Christus ganz herwendet. Dass sich in ihm die Liebe selbst zur Erscheinung bringt. Eine neue Geburt des Seins. Dass man sich an seiner zu allen Zeiten jetzigen Gnade genügen lassen kann und es kein Darüberhinaus braucht.

Unvereinbar damit erweist sich, was nun seinerseits „ein Letztes" repräsentiert: der Aktionismus, Praktizismus, Operationalismus der Neuzeit: immer „darüber hinaus" zu wollen (*plus ultra*), über buchstäblich alles und jedes „hinaus" – was heißt, den Menschen als erobernden Arbeiter, Agierenden, Praktiker, Operator zu entwerfen, alles Entscheidende noch vor sich zu haben, grundsätzlich das Sein als Bereich der Arbeit vorzufinden. So dass – in Hinsicht auf das, was zählt – unabsehbar viel zu tun bleibt und der „Handlungsbedarf" immer nur anwächst.

---

425 Unterwegs zur Sache. Theologische Erörterungen I, 2000, 234–245.

Was war, was schon so oder so getan ist – ernstzunehmen ist es für diesen Willen allenfalls als Untermauerung und mehr oder weniger stabile oder morsche Vorstufe. Sofort werden dann moral-politische Fragen laut und setzen sich in Antriebe und Zwänge um: Ist denn die Welt in Ordnung, ist etwa nichts Wesentliches zu optimieren, ist Humanität im entferntesten realisiert, sind wir denn nachhaltig gesund? Dürfen wir deshalb auch nur in Momenten „die Hände in den Schoß legen"?

Beim In-der-Welt-Sein des prinzipiell erobernden Menschen kommt „Welt" nur als Rohmaterial in Betracht, als ein System des endlos zu Bearbeitenden und zu Aktivierenden. „Welt" wird in ein bedingungsloses Vorwärts geschleudert, in den Betrieb, in rasende, totale Aufwärts-Mobilisierung. Sie eröffnet und entbirgt sich als eine in seiner Vielschichtigkeit kaum übersehbare, doch im Entscheidenden einheitliche Sphäre. Als Werkstatt. Als zusehends hektischer arbeitendes Labor oder ständig größer werdende Baustelle, die ihre Vorhaben forciert vorantreibt und voranarbeitet und Fertigstellungen allenfalls im einzelnen findet. Als Raum dessen, was, immer umso mehr, zu tun bleibt. Durch eine spezifische Offenheit zeichnet sich ja diese Arbeits-Welt aus, als allseitige Verbesserungsoffenheit. Als ein allseits formbarer, disponibler Raum. Als Welt der Machtförmigkeit, der Praxis, der Einflussnahme, der Regie und des Kommerzes, des Könnens, des Machertums, des Pragmatischen, der Optimierungen, der Mathematisierungen und Digitalisierungen, auch der Stimmungslenkungen: der Modellierung von Impressionen und Affektlagen (an einem neuen Lebensgefühl arbeiten), der Selbststrukturierungen – als Welt anzupassender, zeitgemäßer Ethik- und Moralpolitik. Sie markiert ein Vorhaben und Projekt – als ob „Welt" und „Sein", ihrerseits herrisch und bald tyrannisch, lauthals immer nur nach Bearbeitung riefen. Dieser immer lauter werdende Ruf provoziert die wirbelnde Bewegung, die Dynamik und dann die Wucht des Weltgeschehens.

Auf allen Ebenen wird die Welt daraufhin menschlichen Entscheidungen unterworfen, seinen Durchgriffsphantasien: wird sie unter eine einzige Unermesslichkeitsperspektive gebeugt: als Material, Stoff und Potential der „Gestaltung" (magisches Wort), als wäre sie ein riesiges Zellgewebe, zu einem Teil selbstwachsend, jedenfalls totipotent und expansiv.

Der Mensch? In seinem gegenwärtigen In-der-Welt-Sein nicht nur dem Rasen der Zeit ausgesetzt, es vielmehr betreibend. Als Arbeiter- und Eroberer-Mensch entwirft und manifestiert er sich, als das gegenwartsarme, vorwärtsdrängende, robuste Energie- und Aktivitätssubjekt, das bereits anders hört und anders sieht als vordem, das sich ausagiert, das tätig und dann kurzerhand auch tätlich wird. Er wird – eben auf Veranlassung jenes übergeordneten Welt- und Seins-Rufs – zum Bearbeiter und Macher der Verhältnisse. Zum Arzt der todkranken, niederbrechenden Erde (daher die geläufig gewordene Sprache der Therapie). Zum Architekten, Ingenieur und Verrechner der neu zu konstruierenden Schöpfung. Zum gesellschaftsplanerischen

Ideologen. Und neuerdings, folgerichtig, qua Biotechnologie, zum Formatierer wie Designer seiner künftigen Evolution – wenn er, absonderlicher orientalischer Teppichhändler, sich selber wie einen kostbaren Teppich schon einmal in die Zukunft ausrollt (es wird ein widerlicher Schmutzlappen sein).

Heran drängt und wütet dann ein mächtiger, tyrannischer Zug, der durch die Zeit geht, sich in die Zeit peitscht, der Zug der „Un-auf-halt-sam-keit" (elende Formel mit Bedeutungspausen nach jeder Silbe, das zerhackte, wirkungsmächtig blutige Wort und die überzeugte Handbewegung, mit der der Ausdruck jedesmal begleitet wird). Ein Zwingherr, dessen Richterspruch man sich beugen muss. „Vielleicht sind wir heutigen Menschen alle so etwas wie Sklaven, beherrscht von einem ärgerlichen, peitscheschwingenden, unfeinen Weltgedanken".[426] Sklaven, denen man die scharfe Peitsche überzieht: Wir müssen alles machen; wir müssen alles machen wollen. Ein „Etwas" zieht uns am Nasenring durch die Manege.

Der neue Weltlärm zeigt sich als noch nicht zu Ende geschrien. Gefordert und überfordert, in der gewaltigen Echokammer der Neuzeit, als Projekt-Mitarbeiter in Welt-Werkstatt, Welt-Labor und grenzenloser Vision, gibt der Adamit auf die Frage „Was bleibt zu tun?" auf der Stelle atemlos zurück: *Eigentlich alles bleibt zu tun, nämlich alles Ausschlaggebende. Ich bin noch nicht zu Ende geboren. Verwirklicht, so alt ich geworden bin, habe ich mich nicht. Desto weniger genügt die Welt (die Zivilisation, die Gesellschaft, ihr Umgang mit der Natur etc.). System motorischer Mächte, seitdem die Motoren unter uns sind, ist sie immer noch in jeder Hinsicht zu unbeweglich. Allerdings: Schon sie auch nur am Laufen zu halten, erfordert seit dem 20. Jahrhundert menschheitsgeschichtliche, schweratmende Anspannung der Kräfte – mit ungewissem Ausgang, auf Leben und Tod. Die Dämme müssen erhöht und befestigt, Haltelinien endlich eingehalten, Kippunkte dürfen keinesfalls erreicht werden. Der Weg am Abhang wird steiler, der Absturz wahrscheinlich. ‚Die Weltgesellschaft muss etwas tun. Totale Mobilmachung! Wir müssen nur wollen.'"*

Ein Gesellschaftszwang bleibt darum unbedingt in Geltung: die Flexibilitäts- und Mobilitätsgier weiterhin bedienen (sonst erleidet man bei den nächsten Wahlen krachende Niederlagen), nur nicht bremsen, nicht innehalten! „Immer will man weg".[427] Beraubt scheint die Gesellschaft auch nur der Möglichkeit zu Verzögerungen, gar zur Unterbrechung, als könne Mobilmachung niemals ein Irrtum und müsse jedesmal geboten sein.

Schon wahr, vernünftiges Zögern, „halbe Fahrt" machen etc., wenn es denn gewollt wäre, will ausgehalten sein. Zurückhaltung müsste man sich sehenden Auges auferlegen, und Aufhören müsste man überhaupt können und zuerst wollen. Nichtstun und Inruhelassen bedeutet für den neuzeitlichen Menschen jedesmal

---

[426] Robert Walser, Jakob von Gunten, Romane und Erzählungen, Bd. 3, 1984, 76.
[427] Canetti, s. Anm. 98, 9.

eine maßlose, nur *faute de mieux* getätigte Kräfteanspannung – die er sich in aller Regel erspart.

Ein sich in autoritären Reflexen ergehender, befehlshungriger technokratischer Imperativ kommt auf: Was gekonnt wird, muss auch gemacht werden. Zu fürchten ist bei solcher totalen Aufwärts-Mobilmachung, dass wir machen werden, was wir machen können. Dass wir machen werden, was wir machen können, nämlich alles. Dass wir machen werden, was wir machen können, nämlich alles, nur nicht halt. Eine „klimapolitische Vollbremsung"? Angesichts der vielen „unknown Unknowns"? Klimapolitik, Klimaregime? Entwicklungen zurückdämmen? Nicht weiter mobilisieren? Moratorien, Entschleunigungen, Straßenschwellen in weitem Sinne? Im besten Fall gut gemeint. Seit langem ist kritischen Gedanken keine Zeit mehr gelassen worden, mit den Mobilisierungen Schritt zu halten. „*Die Entwicklungen kommen kaum mehr zum Stehen. Hilfe, wir dürfen die Kontrolle nicht verlieren! Sie darf uns nicht aus der Hand gleiten.*" Zu spät. Zutage kommt der geknechtete Wille, wenn er die entgleitende Welt richtigstellen und gegen sie anrennen will, um Geschichte und Natur zu „übernehmen". Ist neuerdings Panik in Geschichte und Natur eingeschrieben? Beides scheint gerade desto unkontrollierbarer zu werden, je durchgreifender es überwacht werden soll – überwacht und kontrolliert eben mit dem Blick des irren Lokführers, der sich im anscheinend endlosen „Tunnel" auf den Raum zwischen den dahinjagenden Gleisen verengt hat.

Der neuzeitliche „Glaube" in großem Stil erweist sich als reiner Machbarkeitsglaube, als schon im Grundsatz konstruktivistisches Denken. Auf jeden Fall und unter jeder Gefahr: Machenwollen, die „tiefe Technik" („*deep tech*", die verbreitetste Religion, die es je gab). Nach längerer Vorbereitung hat sich mit dieser Religion der räuberische Neuzeit-Narr, was den vormodernen Narren nur sehr eingeschränkt möglich war, dann auch die Möglichkeit seines eigenen vollständigen Untergangs erbeutet.

27.4 „Aber weh!"

Schon vor über zweihundert Jahren hat Hölderlin dem Gedanken einer selbstbezüglichen Arbeitswelt, ebenjener Blase von Riesenhand, prophetischen Ausdruck verliehen. Da heißt es:

> *Aber weh! es wandelt in Nacht, es wohnt, wie im Orkus,*
> *Ohne Göttliches unser Geschlecht. Ans eigene Treiben*
> *Sind sie geschmiedet allein, und sich in der tosenden Werkstatt*
> *Höret jeglicher nur und viel arbeiten die Wilden*

Mit gewaltigem Arm, rastlos, doch immer und immer
Unfruchtbar, wie die Furien, bleibt die Mühe der Armen (Der Archipelagus).[428]

Um 1800 empfunden, inzwischen mit bedrängender geschichtlicher Anschauung befrachtet: der krallenscharfe Angriff des Schmerzes, gegen den man wehrlos ist, der wie ein Pflug die Tiefe aufgräbt, die Strömung menschheitsgeschichtlicher Verdüsterung, die Halt- und Maßstablosigkeit, der neuzeitliche Autismus des *homo faber* in der Werkhalle, im Mordhaus, das Zwanghafte, der Steinschlag der Unaufhaltsamkeit, Lärmwüste, vibrierender Brut- und Lärmkessel, akustische Überwältigung und Qual einer eitlen Zeit, die sich in gespreizten Pfauenrädern und bösen Lächerlichkeiten verausgabt, Canettis „Befehlsstachel",[429] Willenssätze, der Druck des Vergrößerungsbefehls, des kategorischen Komparativ, man kann ihm nicht entlaufen, weil er sich als in den Rücken der Akteure eingebrannt erweist und vorwärtsdrängt. Die menschliche Gesellschaft, die um ihr Leben arbeitet, sich selbst unabkömmlich. Am Ende die Unhaltbarkeit der Welt.

„Mit gewaltigem Arm, doch immer und immer unfruchtbar": das damals wie heute Absurde, „wie im Orkus", die technizitären, technikaffinen Scheinwelten und Simulationen heute, Clownereien von schwarzen Pierrots. Die schwarzgemalten Münder und sich die Blässe des Todes anschminkenden Gesichter (man kann sich aber leicht wieder abschminken). Um die eigene Angst zu verschrecken, geben sie sich totenhaft oder wollen sich blutig sehen. Die Flucht in die heiß-kalten Drogen, die Nadel und die zerstochenen oder, wenn man sich lebendig fühlen will, geritzten Knochen-Arme. Wo doch – wenn ich es nur wissen und wahrhaben will, dass ich ein Schöpfungsgedanke Gottes bin ... – wo doch „ein kostbares Geschöpf in meinen Knochen"[430] wartet.

Andererseits: die lachhaften errechneten Allmachtsphantasien der Moderne (bei unterstellter All-Beherrschbarkeit; Stichwort „Wir arbeiten daran"). Sich selbst beeindruckend und verstärkend, muss sie nicht „etwas", wahlweise „jemanden", sondern gleichbleibend sich selbst und ihre Unumgänglichkeit bezeugen und sich verhalten wie der antike „Psaphon", der die Vögel lehrte, seinen Ruhm zu verbreiten.[431]

„Doch immer und immer unfruchtbar." Die geisterhafte, öde Lebensleere. Die ungezählten toten Fische, aber auch die Raubfische im Phrasenstrom. Oberflächengekräusel und Nullsatz („Wir leben in einer pluralistischen Gesellschaft"), unernst meist und obenhin dahergesagt (nur mitunter reißt die Oberfläche und

---

428 S. Anm. 7, Bd. 1, 302.
429 S. Anm. 98, 170.
430 Dylan Thomas, s. Anm. 18, 167.
431 Vgl. Martin Walser, s. Anm. 88, 124.

gibt den Blick auf das Totalitäre frei). Die „Benutzeroberfläche", die unzählig viele frei zugängliche und verfügbare Optionen bereithält. Die bloße Betriebsamkeit: die Bemühung, die Schraube zu drehen, doch sie stößt auf keinen Widerstand. Die von einer ungelösten Frage umzäunte Welt, jedesmal nur erwidert sie auch auf dringendste Ersuchen mit einer Grimasse. Ein Nichtendes, stumm Aggressives, eine Achtlosigkeit (die nicht einmal irgendetwas verabscheut). Die bangen Fragen des Menschen und dass sich die Welt ausschweigt. Aber was kann das noch sein, „die Welt", wenn irgendeine irgendwie bedeutsame Sprache aus ihr verschwunden ist? „In das Schweigen hineinschreien" (Christoph Schlingensief)?

Die „Hoheit" des Absurden, das seine Gründe nicht nennt? Nein, „Hoheit" kommt ihm nicht zu, so zweifellos seine Macht voll Entsetzen unaufhörlich auf jeden Menschen eindringt und durchschlägt. Es ohne Hilfe auch nur auszuhalten, kann nicht gelingen.

27.5 „An allem ist etwas zu wenig", heißt es.

Ein gereiztes Ungenügen durchsetzt diese Welt der Arbeit. *„Es ist einfach nie genug."* Alles lässt auf sich warten. Immer beißt den Unzufriedenen der Hunger, der Weiteres oder Eigentliches will und der ihn verdammt, immerfort zu werden, aber niemals zu sein. Immer nur ist er gezwungen, sich mit falschem Trost über irgendetwas hinwegzutrösten. „Kein Trost kann ihn trösten, weil es eben nur Trost ist",[432] In irgendeiner Lebensnische zur Ruhe kommen? Keinerlei Ziel unterworfen sein? Nein, unmöglich. „An allem ist etwas zu wenig", liest man bei Ingeborg Bachmann.[433]

Was immer sich zeigt, es ist, weil zu wenig, nicht wirklich anzuerkennen, also zu verbessern, also prinzipiell zur Disposition stehend, allemal Verwandlungszone. *„Das ist es noch nicht. Also: Fortbringen, Abservieren!"* Wer soll sich vor diesem Hunger behaupten? „Müßige Zähne" (Am 4,6), die irgendwo zubeißen wollen. Auf allen Ebenen plädiert die Neuzeit für selbstgemachte Perfektionierung. In ihr eigenes Prinzip hysterisiert sie sich hinein und gewinnt dann jeweils neue Wut. Wegen der sich dem Blick immer schnell aufdrängenden Unzulänglichkeit des Realen, der Mangel-Welt, scheinen Anspruchshaltungen, Ertüchtigungs- und Steigerungslogiken auch alternativlos. Gaben springen demgemäß sehr bald, manchmal sofort, in Aufgaben um. Die Furien der schieren Möglichkeit hetzen den Unzufriedenen, der alles anders haben will, wo doch Überfluss ihn erstickt, er aber nicht weiß, wohin mit sich. Jeweils tritt das Gute nur mit mehr oder weniger sichtbarem Makel

---

432 Kafka, s. Anm. 74, 851.
433 S. Anm. 423, Bd. 2, 68.

hervor. Denn niemals darf es das Bessere vergessen machen. Allerdings ist dem Traum von den Gelegenheiten und endlosen Menschen-Möglichkeiten auch die beste Wirklichkeit nicht gewachsen. Allein als Absprung zu Weiterem kommt sie in Betracht.

Und „mein Leben"? Irgendwie lauernd, verwartet, ungeboren, in keinem Moment wirklich ankommend. „*Bin ich, der ich hätte sein können? Kann ich es noch werden? Oder war es das jetzt?*"

Diese Fixierung auf den Mangel („Mantje, Mantje, timpe te" und das Ende wieder im „Pisspott") erzeugt einen permanenten Legitimierungszwang, so dass nicht einmal selten die Daseinsberechtigung dessen, was ist, in Zweifel steht („*Wie viele Kröten- und Schilf- und Hortensien- und Alraune-Arten, oder sowas, brauchen wir?*"; *an einem Tag verschwinden 150 Arten*) und sich deshalb jederzeit darüber ausweisen muss, worin sein „Stellenwert im Gleichgewicht der Natur", sein Nutzen für den Menschen, seine gesellschaftliche Relevanz o. ä. denn überhaupt besteht. Als Folge zeigt sich ein generelles giftiges Misstrauen (Kleist: die schwarze Sucht der Seele),[434] schärfer pointiert: eine Art unkontrollierte Wut gegen die Welt (die dann zum Beispiel nach vernichtenden Waffen greifen lässt). Jeweils, allem voran, richtet sie sich gegen den Menschen selbst und identifiziert ihn als unablässige Fehlerquelle – nicht ohne eine Überwindung dieses bedrohlichen Mangelzustandes wiederum von gesteigerten Aktivitäten und dem Umbau der unzulänglichen Konstruktionen „Mensch" und „menschliche Sprache" zu erwarten.

„Ganzheit"? Ein Auffüllen zur Ganzheit angesichts von Mangel und Einseitigkeiten? Zeigt sich wegen ihrer Unterbödigkeit und ihres Gefälles zum Totalitären als ungeeignet. Bereits Philoktet bei Sophokles führt bitter Beschwerde und klagt: „Ich sehe Bosheit an den Göttern selbst."[435] „Das Ganze" könnte auch das Grimmige sein, ein natternhaftes, bösartiges Welt-Tier. „Es gibt nur das Böse" (Benn gelegentlich, in grausamer Beiläufigkeit).[436] Vor ihm, das Menschen wahllos verschlingt, dem allein Gott selber sich gewachsen zeigt (das er in Stücke reißt), kann sich weder der Einzelne noch die im Entscheidenden allemal augenlose Autonomie der Menschheit durch geeignete Vorkehrungen selber retten (keine Möglichkeit zur „Selbsterweckung" der Gattung): zur Behebung des Mangels, der Unvollkommenheiten, zum Trockenlegen der Fehlerquelle „Mensch", zur endgültigen Perfektionierung. Mensch und Menschheit können sich nicht selbst kritisch zum Guten durchdringen. „Menschenhilfe ist nichts nütze" (Ps 108,13), wahrhafter „Exorzis-

---

434 Schroffenstein, 1. Aufzug, 2. Szene.
435 Antike Tragödien. Aischylos – Sophokles – Euripides (= Bibliothek der Weltliteratur. Aufbau Verlag), 1969, 290.
436 S. Anm. 37, Bd. 2, 245.

mus"[437] ist die Sache Gottes. Jedesmal muss dann gebetet werden: „Mache dich auf, Gott, und führe deine Sache!" (Ps 74,22).

Theologie redet demgegenüber, im Interesse einer wirksamen Relativierung dieses zu einem Unbedingten Aufgeworfenen, von „Genugtuung", also davon, dass alles Namhafte, alles für jeden Menschen Entscheidende, schon stattgefunden hat. Was von Gott getan ist, hinreichend für Zeit und Ewigkeit, kann unter keinen Umständen zurückgenommen oder im geringsten relativiert werden. Seinerseits relativiert es vielmehr alles andere. Menschliche Aktivität, Arbeit, ist nicht alles. Die Welt der Produkte ist nicht die ganze Welt. Ich bin kein Projekt, umso weniger ist es die Welt. Nicht alles ist erst noch zu erwarten.

27.6 Das Fell dampft, die Haut raucht.

Deutlicher noch einmal zeichnet sich das Unverkennbare der christlich-theologischen Rede von Gott ab, wenn wir das Originalzitat nennen, das oben im Titel erscheint: Christus steht „bei uns im Schlamm und in der Arbeit, dass ihm die Haut raucht" (Luther).[438]

Was sieht man? Ein unmäßig beladenes Lasttier, also etwa einen Esel, ein graues Zotteltier mit schwarzem Kreuz auf dem Rücken, das in der Kälte im Schlamm steckengeblieben ist. Es „arbeitet" verzweifelt, es keucht. Aus einer Wunde am Maul schweißt es, das Blut kriecht in wirren Spuren über das Fell zu den Hufen hinab. Es stampft mit den Hufen. Das Fell an manchen Stellen ist bis auf die Lederhaut abgewetzt. Vor Anstrengung beben die Flanken. Es droht in der Kälte zusammenzubrechen. Es geht um Leben und Tod. Das Fell dampft, die Haut raucht. In Schleiern weht der Rauch durch die Leere. Christus – ein schmutzig-graues Zotteltier. Christus – bei uns im Schlamm. Es geht ihm ans Leben.

Alles für unseren Zusammenhang Entscheidende ist in diesem knappen, bewegenden Bildwort beisammen. Das christlich Spezifische in der Rede von Gott findet sich in der christologischen Präzisierung. In der Tat kann ein „Letztes" und Genügendes festgestellt, Verbindliches erklärt werden, in geraden Sätzen, nämlich unter stetiger Berufung auf das Geschick Jesu Christi. Ebenjenes genannte Perfektum – es ist die Person Jesu Christi: der Hergang seines Lebens, den wir seine „Präsenz" nennen (die Begebenheit Christi). In dieser mit Macht herandrängenden, wie der Wellengang gegen eine Felsbucht anbrandenden, wahrhaft unendlichen Zeitenflutung liegt jenes genannte Vorgängige.

---

437 Käsemann, s. Anm. 177, 193 u. ö.
438 WA 4, 608.

Christus steht „bei uns im Schlamm und in der Arbeit, dass ihm die Haut raucht". Überall dort: Zugegensein Christi, Vielfalt der Gnade, Welt für Welten zuhauf, die „bunte Gnade Gottes" (1. Petr 4,10) – in der christlichen Predigt zuzusagen, in je neuem Licht, in entfaltet sichtbarer Signatur, konkret.

Christus unter uns, „in der Arbeit": bereits im schnellen Gang der alltäglichen Gedanken, mitten in der Taktung der Tage. Deren Räume begehen die christlichen Predigten in tausend Schritten, in unzähligen Blickwinkeln und Ausblicken. Jedesmal üben sie sich in der Kunst, den Boden zu berühren. So wirklichkeitsbewusst und lebensklug wie möglich tasten sie nach Gestalt und Architektur der Welt, nach den Zügen und unterschiedlichen Silhouetten des Menschen in dieser Zeit. Nach Kräften – in Gefolge und Vollzug der Texte, unter der Maßgabe Christi – lassen sie nichts unversucht, auch den Alltag des Menschen ernstzunehmen, sein Tages- und sein Nacht-Ich: mit den Schluchten und Paradiesen seines Unbewussten, der flammenden Nacht, den Regionen gefrorenen Meeres, dem harten Wasser, den harten Flutungen.

Desto mehr: Christus mitten im Leiden, in den Fragen nach dem Unbegreiflichen. Christus „bei uns im Schlamm". Schon der rauhe Menschheits-Jammer des alten Psalms, wenn das Herz Klage schlägt, spricht vom Versinken:

Gott, hilf mir, denn das Wasser geht mir bis an die Seele.
Ich versinke in tiefem Schlamm, da kein Grund ist.
Ich bin im tiefen Wasser, und die Flut will mich ersäufen.
Ich habe mich müde geschrien,
mein Hals ist heiser. (Ps 69,2f; vgl. Ps 40,3)

Wann schreie ich mich wund, hadere, schreie mir die Entsetzlichkeiten aus dem Leib? „Wer, wenn ich schriee, hörte mich denn?"[439] An Gott kann ich mich kehren, in abgerissenem Ausruf, an ein machtvolles, allmächtiges Gegenüber – das sich zu erkennen gibt: „*Siehe, hier bin ich* (Jes 58,9 u. ö.). *Hier bin ich, hier, wenn irgendwo: in deinen Verlassenheiten, den schwelenden und brennenden Begierden, den Verkümmerungen und Auszehrungen, den Eifersüchten, den Hilferufen.*"

27.7 „Du hast mir Mühe gemacht mit deinen Missetaten."

Ausdrücklich genannt wird Gottes Arbeit in einem bezeichnenden Satz des Alten Testaments. Der nimmt indessen eine unvorhersehbare Wendung. Die Stimme Gottes erhebt sich (Jes 43,24): „Ja, mir hast du Arbeit gemacht", und dann wird

---

439 Rilke, s. Anm. 110, 441.

fortgesetzt: „mit deinen Sünden und hast mir Mühe gemacht mit deinen Missetaten." Am Bösen, das sich auch in das Beste einmischt, an der Sünde des Menschen, muss sich der allmächtige Gott abarbeiten. Wie geschieht das? Antwort: Christus steht bei uns im Schlamm und arbeitet, dass ihm die Haut raucht.

In doppelter Weise ist also zu präzisieren: christologisch, wie auch in Hinsicht auf das Böse. Mit diesen beiden – immer miteinander vorzunehmenden – Hinsichten sind diejenigen Bestimmungen genannt, die seit jeher ausmachen, dass die christlich-theologische Rede seltsam fremd steht unter allen anderen Behauptungen und Einlassungen. „Christus allein", sagt sie. Nichts darüber. Sie redet – leider Gottes, weil es sein muss, aus Not – von der stets entflammbaren Sünde, einem bei Gelegenheit hochschlagenden verheerenden Feuer. Mit beiden Themen, weil es anders nicht geht, wird sie gegenwärtig immer wieder nachhaltig ihren Ruf ruinieren und wird das hoffentlich unbekümmert um diejenigen tun, denen man es erst dann recht machen kann, wenn man das Weltentscheidende unerwähnt lässt oder bagatellisiert. Die christliche Theologie ist ja gar nicht so? Doch – jedenfalls, wenn man sie von nahem ansieht. Wir waren allerdings gewarnt: vor der Fakultät mit der Eselsstimme, mit dem Befremdlichen als unverzichtbarem Konstitutionsmerkmal (das man aber womöglich mit der Theologie auf einmal auf sich zukommen sieht).

27.8 Der Esel Balthasar stirbt.

Der Regisseur Robert Bresson hat 1966 einen Film gedreht *Zum Beispiel Balthasar* (Andreas Kilb hat gelegentlich darüber berichtet). Da sieht man den Esel Balthasar sterben, auf einer Almwiese inmitten von Schäferhunden und Schafen, die ihm mit ihren Glocken das Totengeläut geben. Balthasar verblutet an einer Schusswunde, er sinkt in die Knie, dann neigt er langsam den Kopf zur Erde, und die Kamera bleibt ungerührt ein paar Meter entfernt von ihm stehen, bis sein Auge gebrochen ist. In all der Zeit hört man keinen Laut aus dem Maul des Esels. Nichts als das Gebimmel der Schafe und Klaviermusik von Schubert begleiten seinen Todeskampf. Mit dem Auge des Esels Balthasar, diesem dunklen, sanften, unendlich geduldigen Auge, schaut Bressons Film den Zuschauer selber an, und es kostet mehr Mühe, als man denken mag, diesem Blick standzuhalten. Wenn man anschließend aus dem Kino kommt, möchte man sehr lange keinen Film mehr sehen – jedenfalls keinen, der weniger schlicht und demütig ist als dieser.

Der kleine *burro*, das graue Zotteltier, Trag- und Arbeitstier, trägt das Los des Kreatürlichen. Ein Hinweis bietet sich: als sichtbare Lehre dessen, was im Leiden Jesu Christi vor sich geht, im nun allerdings vollständig anderen, im absoluten Leiden des Gottessohnes, der das Haupt neigte nach dem Todeskampf. Gott kommt zur Welt – und wird in todbringende Konsequenzen gesetzt. Gott hält Einzug ins Sterben, in die Sonnenfinsternis, in die Gottesfinsternis (Mt 27,45). Er nimmt die

Sünde der Welt in sich auf. Er trägt, was sonst niemand tragen könnte. Zerbricht, um die Tragödie abzuschließen, am Ende der Feind die Schultern des Gottessohnes? Nein.

Als er den Auferstandenen erkennt, deckt sich dem Apostel dramatisch auf, dass die göttliche Liebe nicht nur alles über sich ergehen lässt, sondern alles „trägt", alles bewältigt, durchsteht, wie einen Schmerz verwindet, den Verfluchten das Böse entreißt, den Fluch auf sich zieht und, um ihn niederzutreten, ihn bei sich selbst einräumt.

Ein merkwürdiger Befund. Gottes „Arbeit" wirft sich auf das Böse. Sie besteht in seiner Sichtbarmachung (in seltsamer Überdeutlichkeit kehrt sich das Unwürdige hervor) und dann, mehr noch, im stellvertretenden Erleiden der Konsequenz des Teuflischen. Christus: „Es ist ausnahmslos alles meine Schuld."

27.9 Ein armer Esel wird zum Gleichnis.

Nicht etwa, anders als Bloch es unterstellt, beschwört christliche Theologie ein „Oben, worin der Mensch nicht vorkommt".[440] Nein. Der lebendige Gott – nicht etwa nur ein Weltprinzip, abstrakte Transzendenz, von feinem Nebel getränkt, oder ein Hintergrundrauschen, dicker blauer Dunst – der Gott der Großen Offenbarung, der Sohn, macht sich vielmehr jene Niedrigkeit zu eigen, in der der Entwürdigte und Beleidigte, die arme Kreatur, unbedingt „vorkommt". „Ich wohne in der Höhe und im Heiligtum und bei denen, die zerschlagenen und demütigen Geistes sind", heißt es (Jes 57,15). Das erfüllt sich ja in überwältigender Weise: sobald eintritt, dass dieser Gott in Gestalt des einen Menschen Jesus Christus das menschliche Leiden, das Zuschlagen des Todes, ungemildert erfährt – so dass ein geschundener zottiger Esel, umgeben von einem lebendigen Lichthof von Hunden und Schafen, ein trauriges, herrliches Gleichnis für den abgibt, der als König, seiner Passion entgegen, demütigen Geistes auf einem Esel reitet (Joh 12,15).

Sichtbar wird im Kreuz Jesu Christi der vom Menschen geschlagene Gott, weggestoßen von Unversöhnlichkeit, die totale, unverzeihliche Schuld. Zug um Zug berichtet die Passionsgeschichte von jenem Hasskrampf, dem verfluchten menschlichen Gottesekel. Sichtbar wird Christus selbst: Gott von Gott, Mensch unter Menschen – der nicht aus Schwäche, sondern aus Liebe an allem schuld sein wollte, der sich in allem ins Unrecht setzen ließ, in dem das Geheimnis der Rettung liegt, das Geheimnis seiner „Todesarbeit", seiner „Arbeit der Stellvertretung".

---

440 Ernst Bloch, Atheismus im Christentum. Zur Religion des Exodus und des Reichs, 1968, 98.

27.10 „Gott wird durch Muße gedient."

Dem Tun Gottes, seiner besonderen Arbeit, entspricht nun nicht etwa zuerst die Arbeit des Menschen, so dass, was sich nahelegen könnte, vom Tun Gottes ohne Umweg auf das Tun des Menschen zurückzukommen wäre. Das wäre ein fataler Kurzschluss.

Wiederum hat Luther treffsicher formuliert. In einem Brief an Melanchthon fragt er sich, wie Gott gedient wird und antwortet denkbar überraschend: „Gott wird durch Muße gedient". Sogar fügt er hinzu: „durch nichts mehr wird ihm gedient als durch Muße" und folgert: „Darum hat er auch gewollt, dass der Sabbat so streng eingehalten wird".[441] Der Ergriffene, zuallererst nichts als wahrnehmend, nur empfangend, schickt sich an, von dem, was er seinerseits getan hat, loszukommen, von den so oder so zu schreibenden oder zu fälschenden, erfreulichen oder desaströsen Bilanzen seiner Lebensleistungen. Er kommt, erkennt Luther, von seinen „Werken" los. Nicht mit dem, was er getan hat, ist er identisch, vielmehr mit dem, was für ihn getan worden ist. Gleichsam einen starken Nehmer gibt der auf Gott ansprechende, der ihm entsprechende Mensch ab, der Wahrgemachte, stigmatisiert vom Widerfahrnis der Christus-Zeit. In vollkommener Ruhe nimmt er hin und an, was Gott getan hat. Zu erwartungsvollem Vernehmen gibt er sich Zeit. Er ist der gerade nicht wie eine Arbeitsratte auf Teufel komm raus Tätige (Röm 4,5).

An anderer Stelle hat Luther in einiger Komik dieses Andächtig- und Stillesein vor Gott beschrieben: weil nur noch empfangen werden soll. Er spricht zunächst von einem „wankelmütigen Herzen". „Unser Herrgott kann ihm nichts geben", so heißt es, „denn ein solches Herz ist wie ein Gefäß, das wackelt. Oder wie wenn einer einen Hut aufhielte und ihn ohne Unterlass rüttelte und ihn nicht stillhielte, so dass, wenn ihm einer tausend Gulden da hineingeben wollte, könnte er sie nicht hineinschütten, und er würde sagen: Halt doch den Hut still!"[442] Mit anderen Worten: Erwartungsstille, Bereitschaft zum Empfangen, die alte Weisheit der Muße vor Gott, der Dank – all das hat Vorrang, gehört an den Anfang, kommt unvermeidlich vor aller menschlichen Arbeit zu stehen. Damit die tausend Gulden hineingegeben werden können.

27.11 Der Sonntag ist der Christustag.

Und die menschliche Arbeit selbst? Der Theologe glaubt, Gründe zu kennen, warum er beim Thema, ein wenig paradox, bis zuletzt eben gerade nicht unmittelbar von der

---

441 WA.B 5, 317 (dort lateinisch).
442 WA 37,146 (dort z. T. lateinisch).

menschlichen Arbeit spricht. Vielmehr sollte allem voran von der Arbeit Gottes, von diesem Ein-für-allemal, und dementsprechend von der menschlichen Rezeptivität die Rede sein. Auch in diesem Schlussabschnitt wollen wir die eingehaltene Linie nicht verlassen.

Die grundlegende „Arbeit Gottes", die Erschaffung der Welt? Was ist denn „die Krone der Schöpfung"? Am sechsten Schöpfungstag, so der Schöpfungsbericht, wird der Mensch erschaffen. Was allerdings die Schöpfung krönt – ist der Sabbat. „Gott", so heißt es (1. Mose 2,2f), „ruhte am siebten Tag von allen seinen Werken. Und Gott segnete den siebten Tag und heiligte ihn."

Nun ist allerdings der Sabbat gerade der erste Lebenstag des Menschen. *„Es begann des Menschen Existenz damit, dass Gott jenen Tag segnete und heiligte. Es war der Mensch nicht auf einen Weg gestellt zu einem erst zu heiligenden Sabbat hin, sondern von einem schon geheiligten Sabbat her: aus der Ruhe heraus hinein in seine Arbeit, aus der Freiheit heraus hinein in den Dienst. So hätte jede Woche statt eines mühsamen Aufstieges nur ein freudiges Heruntersteigen von der Höhe des Sabbats werden dürfen." (Barth)*[443]

Vom christlichen Sonntag, dem ersten Tag der Woche, dem Auferstehungs- und Christustag, wäre nun noch zu sprechen. Für unseren Zusammenhang ergäbe sich freilich dasselbe Bild: Die Arbeitswoche des Menschen wird heilsam unterbrochen; dann und wann soll er den Kopf erheben. In seinem Sein definiert als *homo faber*, wäre er seiner Natur nach das Wesen der Anstrengung und Überanstrengung, der Forderung und lebenslangen Überforderung, der zusammengebissenen Zähne. „In einem Land", so heißt es bei Kafka, „betet man nur zu einer einzigen Gruppe von Gottheiten, man nennt sie die zusammengebissenen Zähne. Ich war gestern in ihrem Tempel."[444] Nicht in Erlaubnis, sondern immer nur im Abverlangen eines nicht zu Leistenden oder dann in rigorosen Strafmaßnahmen wäre die Welt gearbeitet (wie in Kafkas *Prozess* oder *In der Strafkolonie*). Durchherrscht würde sie von „Mächten und Gewalten" des Zwanghaften, Verbohrten und Krampfenden.

Hier das Fürchterliche, dass für den unverkrampften, unangestrengten Menschen kein rechter Ort mehr auf der Welt zu haben ist (wie soll man denn das Viele, Gleichgültiges oder Bösartiges zuhauf, an sich vorbeilaufen oder einfach nur aufs neue irgendwie zurückstürzen lassen?). Aber dort die Freiheit eines Christenmenschen, die Fähigkeit zu vielfacher Relativierung. Sich unterbrechen lassen und dann aufhören: in der Anrufung der Macht, im Willen zu aggressiver menschlicher Selbstherrlichkeit (sie heizt die Unmenschlichkeit an). In geeigneter Weise, an manchen Stellen wenigstens, aussteigen. Ja, sicherlich, dafür ist dann ein Preis zu zahlen. Definitiv haltmachen, auch dort, wo sich Unterbrechbarkeit und Aufhaltsamkeit

---

443 KD III/2, 549f.
444 S. Anm. 35, 348.

keineswegs von sich aus anbieten. Regelmäßig geht es auch anders, als alle Welt glauben machen will.

Im Sinne des Ersten Gebots eine Bitte, ein Flehen, eine Anrufung: „*Über die neuweltlich waffenförmige, wie eine riesige Schere alles zerschneidende, den Menschen als solchen sakralisierende, hysterisierende Moderne hinaus! Sobald wie möglich muss ihr das ‚stahlharte Gehäuse' ihrer unbedingten Überzeugungen, die ‚ewige Feste', die menschliche Selbstgläubigkeit, zerschlagen, muss sie in Befolgung des neutestamentlichen Nüchternheitsgebots in ihrer widerlichen Trunkenheit ausgenüchtert werden.*"

Doch desto mehr: „Du sollst den Feiertag heiligen. Was ist das? Wir sollen Gott fürchten und lieben, dass wir die Predigt und sein Wort nicht verachten, sondern es heilig halten, gerne hören und lernen." (Luther, *Kleiner Katechismus*, EG 806.1) Nicht jedoch „den Menschen" fürchten und lieben. Den christlichen Gottesdienst – Zeichen, Manifestation, Darstellung des Letzten – nicht geringschätzen. Nicht nur ist der Feiertag Aussetzung, sondern in sich Aufmerksamkeit, Raum der Gegenwart Christi (Mt 18,20), der ausgesprochenen Zusage und Verheißung, der Ruhe, der Freude. Und dann: vom Sonntag zum Werktag. Eine Seinsrichtung gibt sich vor, ein schöpfungsmäßiges, lebensmäßiges Gefälle und dann auch eine emotionale Logik, eine Chronologie, die, so Gott will, am Ende das Zeitliche zu segnen erlaubt. „Aus der Ruhe heraus hinein in die Arbeit" (Barth). Von hier – nach dort. Dann erneut, ein- und ausatmend: Ruhe und Freiheit und Freude. Die Arbeit aber – mittendrin.

28. Pharisäer und Zöllner, heute

Er sagte aber zu einigen, die überzeugt waren, fromm und gerecht zu sein, und verachteten die anderen, dies Gleichnis: Es gingen zwei Menschen hinauf in den Tempel, um zu beten, der eine ein Pharisäer, der andere ein Zöllner. Der Pharisäer stand und betete bei sich selbst so: Ich danke dir, Gott, dass ich nicht bin wie die anderen Leute, Räuber, Ungerechte, Ehebrecher oder auch wie dieser Zöllner. Ich faste zweimal in der Woche und gebe den Zehnten von allem, was ich einnehme. Der Zöllner aber stand ferne, wollte auch seine Augen nicht aufheben zum Himmel, sondern schlug an seine Brust und sprach: Gott, sei mir Sünder gnädig!

Ich sage euch: Dieser ging gerechtfertigt hinab in sein Haus, nicht jener. (Lk 18,9-14)

Wir sollten sie als reale Menschen verstehen, Pharisäer und Zöllner, finsterer Lästerer und Raubtier, als Bilder der Verhältnisse, in denen wir uns befinden, Innenansichten von Modernen, von Neuzeit-Protagonisten. Lesen wir sie als lebendige Personen! Sie sprechen denkbar verschieden, aber gegenwärtig – mit der Gattungsstimme. Unterschiedlicher könnten die Stimmen nicht sein. Kehren sie sich an Gott? Auf maßlos unterschiedliche Weise. „Gott" und Gott. Gottesverachtung und Christus-Gott.

28.1 Was wütet in seinem Kopf?

Es steht schlimm um ihn. Der Pharisäer hat sich innerlich ruiniert, sein religiöser Einsatz ist verrückt. Paulus wird präzise auf den Begriff bringen, was Jesus in diese Geschichte gefasst hat. Der Pharisäer „eifert um Gott – aber total verfehlt". Er eifert, als solle er ertrinken, ein Taucher, der an die Luft will und nicht kann. Trotzdem überheblich über alle Maßen. „Er erkennt die Gerechtigkeit nicht, die vor Gott gilt, sucht seine eigene Gerechtigkeit aufzurichten und ist so der Gerechtigkeit Gottes nicht untertan" (vgl. Röm 10,3). Er will unter keinen Umständen wahrhaben, dass Gott gegen ihn recht hat und er ihm absolut nichts entgegensetzen kann. Mit seinen guten Werken schlägt er um sich, schlägt er auf Gott ein. Er möchte Nietzsche heißen und rufen: „Gott ist tot! Wir haben ihn getötet. Ihr und ich."[445] Welchen Gott will er aber zu Grabe tragen? Welchen Gott will Luther im Kloster umbringen? Was wütet im Kopf des Pharisäers? Und was steht ihm als eine letzte Genugtuung vor Augen?

---

445 S. Anm. 15, Bd. 3, 481.

Er ertrinkt im Pathos seines Ethos, in einem Kältebad. Kälte und Geringschätzung seines Herzens sind zum Fürchten und machen frieren. Die Frage ist nicht: Was hat er getan? Sondern, verwickelter, doch ungleich wichtiger: Was fängt er an mit seinen „guten Werken"? Selbstergriffen, von seinen Werken ergriffen (ein Würgegriff), setzt er sich mit ihnen in Szene. Er hat sich auf die Hinterbeine gestellt, er richtet seine eigene Gerechtigkeit auf, maulaufreißend, schauerlich der Ton, den er Gott gegenüber anschlägt, er rühmt sich vor ihm. Käme er nicht glänzend ohne ihn aus? Er besteht auf sich. Solcher Selbstruhm ist böse. Seine Gotteslästerung erschreckt. Hinterrücks schreit er seinem Gott Geringschätzung ins Gesicht. Weil der, kommt es ihm vor, so leicht zum Applaus zu bewegen ist und dann zu schweigen und auch in Schweigen zu erstarren hat. Der bedingungslos demütig sein soll (Mi 6,8), übt sich im Blick einer Bestie, mit dem er seinen Gott herausfordert und zu verstehen gibt, welches Nichts er für ihn ist.

Kann allerdings der wahre Gott überhaupt angeredet sein, wenn gemeint wird: „Gott muss mit mir zufrieden sein, mehr als zufrieden". Nein, unweigerlich läuft der Selbstruhm auf die Nichtung Gottes hinaus – der dadurch, auf kaltem Wege, aus der Welt verachtet werden soll. Eine Wahl bleibt diesem Gott nicht, er muss akklamieren – meint der von sich selbst Gesättigte und Gottesmächtige. Das ist verrückt. Mit dem Handrücken fährt er sich verächtlich über den Mund – in lachhafter geistlicher Frechheit, geistlich reich, unförmig, verfettet (vgl. Mt 5,3; Hiob 15,27), noch einmal: mit einer Ungeniertheit, die erschreckt.

Seine guten Werke trägt er vor sich her, mit ihnen bietet er, in angemaßter Ich-Letztlichkeit, einem Moral- und Gesetzes- und Aufpasser-Gott die Stirn. Vor dem wahren Gott würde er es auf den Tod nicht aushalten – der nämlich nicht den erlöst, „der immer strebend sich bemüht" oder gar allen Ernstes meint, „unsträflich" zu leben (Phil 3,6), sondern der die Gottlosen gerecht macht (Röm 4,5). Er fälscht ihn aber um und entwirft ihn, auf Leben und Tod, nach eigenem Interesse: als jemanden, vor dem er nicht als Sünder erscheinen muss, nicht einmal als Geschöpf (das alles vom Schöpfer empfängt). Es verfängt, denkt er, wenn er sich mit seiner Lebenspraxis, mit seinen „Werken", behaupten kann. In Wahrheit tötet er sich für Gott ab und macht sich unerreichbar für seine Gnade – die er nicht zu brauchen meint. „Ich bin es!" (Jes 47,8.10), giert er nach sich und wird er immer begehrlicher, „ich, ich – und du bist es nicht."

Insofern bildet er Größeres ab. Denn jedesmal genau dies geschieht bei der Entfernung Christi aus der Welt durch die Totmacher. Weil in die Degradation und den Sturz Gottes immer bereits hineingerissen, zeigt sich dann die Verachtung Anderer als die notwendige Folge. „Du bist es nicht!" gilt dann auch für die „Vielen". Er kennt dann nur die fremde Schuld. Mit bösem Blick schlägt und blickt er folgerichtig auf den Nächsten ein (die bösen Augen sehen mich häufig aus dem Spiegel an). Nicht nur Verhaltensweisen verabscheut er (das mag ja unter Umständen das einzig Richtige sein) – er verachtet Menschen. Ihm entgeht allerdings, wie er sich dadurch fortlaufend weiter zersetzt. Weil Verachtung, auch das Hinunterschauen in aller Heimlichkeit, an einem Menschen frisst, als inneres Ungeziefer.

28.2 Paulus: aufgehörter Pharisäer

Wäre der „Pharisäer" ein realer Mensch, dann bestünde tatsächlich noch Hoffnung. Denken wir an den Lichtsturm, den Christussturm, von dem Paulus umgeworfen wurde. Womöglich könnte dieser Pharisäer – wenn man dem Gedanken weiter folgt – eine ähnliche Zukunft vor sich haben. Der Apostel war ja auch einmal ein Pharisäer gewesen, in Gesicht und Wesen ebenso verzerrt, ein religiöser Fanatiker – der buchstäblich über Leichen ging (Apg 9,1). Gegen Jesus, den wahren Gott, hatte er sich abgetötet und sich ihn verbissen. Aber – dann stürmt der Auferstandene auf ihn ein. Lauterkeit tritt ihm entgegen, eine unerhörte Bejahung, vorgängig, unbedingt. Doch muss er jetzt auch mit sich selbst Ernst machen. Mit dem härtesten Dennoch der Welt greift Begütigung und Fürsprache ihn an. Aus der „schmutzigen, zuckenden, krallige, fahrigen, unsicheren, heiß-kalten Hand"[446] schlägt sie ihm die „Selbstrechtfertigung", die „eigene Gerechtigkeit", an der er sich auf Leben und Tod festkrallt.

Alles spricht dagegen, dass ausgerechnet den Fanatiker – der sich, dass er gut und treffsicher tötet, als Verdienst zurechnet – die verzeihende Liebe trifft, eine Gutheißung, Christustrotz, Rettungszauber jetzt und dann, Bewahrung für die Ewigkeit. Glaubhafte Liebe tritt dem verblendet Eifernden in den Weg – und dreht ihn vollständig um. Ein Spion wird umgedreht. Von nun an schreckt er jedesmal auf, sooft sich ihm die Fratze des Selbstruhms entgegenstreckt. Denn von nichts versteht er mehr. Nichts ist mehr zu verabscheuen als diese schmutzige, zuckende, krallige, fahrige, unsichere, heiß-kalte Sünde. Zuletzt geht es gar nicht um Gesetzeserfüllung oder die Vorweisung guter Werke (die er ja umfassend aufzuweisen hat; „unsträflich" sei er gewesen, schreibt er, ein perfekter Erfüller des Gesetzes, freilich des „Gesetzes der Werke", Röm 3,27). Nicht mit den Verstößen gegen das Gesetz, sondern mit dem Vorbringen seiner Erfüllung greifen die hundert starken Tentakel und Fänge der Selbstrechtfertigung zu.

28.3 „Lasst mich eine Fratze malen!"

Und wenn der Selbstruhm seine jüngste, die terroristische Fratze annimmt (*Nine Eleven*; dreitausend Tote), bei den modernsten, schauerlichsten Pharisäern, die ihre

---
446 Kafka, s. Anm. 31, 59.

"religiösen Gefühle" bewaffnen? Wiederum: Wir wollen nicht Menschen verachten – ihre Taten allerdings. Fanatische Pharisäer können von Gott umgedreht werden. Von Gott.

Doch Halt. „Ich danke dir, Gott, dass ich nicht bin wie einer dieser Attentäter" – das kann es ja nicht sein. Muss ich nun in einer dunklen Ecke meines Herzens – als meinen eigenen wissenden Dämon – den Terroristen in mir selbst aufspüren und ihn als mir eingeschrieben „zulassen". *„Ich habe an ihren Feuern gesessen. Ich verstand ihre Sprache. Ich hätte es selbst begangen, wenn mir nicht etwas zuvorgekommen wäre. Nur eine glückliche Wendung des Lebens, die mich tatsächlich daran vorbeigeführt hat?"* Wirklich? Mich „einfühlen" und sie irgendwie „verstehen"? Als Terrorversteher. Charles Manson, der vielfache Zerstückler: „Schau auf mich herab, und du siehst einen Narren. Schau zu mir auf, und du siehst einen Gott. Schau mich an, und du siehst dich selbst."[447] Wirklich? „Ich habe nie von einem Verbrechen gehört, das ich nicht hätte begehen können"?[448] Wie ernst mag Goethe es gemeint haben? „Indem wir den Anteil Ratte in uns bejahen, werden wir wahrhaft human", sagt die Rättin des Günter Grass.[449] Das kann es ebensowenig sein.

Keine Frage, dass die Achtung vor Personen, schwierig genug manchmal, nicht schon Annäherung an ihre Ansichten und Taten gebietet. Manche Unterschiede dürfen nicht heuchlerisch oder selbstquälerisch eingeebnet werden. In jenen Fällen ist der Täter der Täter und das Opfer das Opfer, der Täter soll auch nicht wie das Opfer aussehen, und Ungleiches ist ungleich zu behandeln. Fragen werde ich schon, wie viele Schritte mich von diesen Taten trennen, vom geheimen „Bruder Hitler".[450] Schon, irgendwie: „Ich bin dabei (*j'en suis*)". Vornehmlich aber: Vor Gott, der ins Verborgene sieht (Mt 6,4; Röm 2,16; 1. Kor 14,25), wenn ich meine krralligen Waffen-Hände hinter dem Rücken verbergen will (Sauls Hand mit dem auf David, eigentlich auf Gott, geschleuderten Speer; 1. Sam 19,10) – vor Gott stehe ich als sein geschworener Feind (Röm 5,10), der Gottesfeind, in der Reihe der Unentschuldbaren (Röm 3,22-24), tätowiert mit dem Brandmal, dem Kainszeichen des Beutemachers und Fanatikers, der über Leichen geht. *„Er, Breivik, war einer von uns."* Will ich wissen, wieviel mich von ihm trennt? Ein Blickwechsel zeigt, dass nicht in der Welt, aber vor Gott sich die Unterschiede noch einmal nach dem Maß seiner Gerechtigkeit sortieren und aufstellen.

---

447 Zit. bei Lucy Fricke, Lars Eidinger scheint auf der Berlinale überall zu sein, Berliner Morgenpost, 13.2.2015.
448 Möglicherweise Goethe. So bei Thomas Mann wiedergegeben (Lotte in Weimar. Roman, Fischer Bücherei, 1965, 289). Bei Goethe nicht nachzuweisen.
449 Günter Grass, Die Rättin, 1986, 480.
450 Thomas Mann, s. Anm. 69, 253ff.

28.4 „Ich gehöre hinunter."

Der andere – könnten wir es selbst sein? einige von uns? – der Zöllner legt den Blick nieder, wie man Waffen niederlegt. Er ist am Boden. Er ist wohl im Begriff, sich selber das Verfluchte ganz zuzurechnen, was aus tief Innerem ausbricht, aus unbedingt seinem eigenen Inneren: Haben und mehr Haben (Jes 57,17; weite Teile des Amos-Buches). In die eigene Tasche wirtschaften, dabei immer mit dem Gejammer des Gewinnsüchtigen, Wucher (Neh 5,7), brachiales Geldeintreiben, Schutzgeld, Beutezüge, Türeintreten, Märkte aufteilen, Schmiergelder, klebrige goldene Handschläge, Beschlagnehmen, Berauben, Bereichern in wimmelnden, schmutzigen Geschäften, „Angebote, die man nicht ablehnen kann", die den Tod mit sich führen. Blutcoltan. Blutige Profite. Was hier angehäuft wird, ist dort weggenommen worden. Die Gewinne, wie frisches Quellwasser, „sprudeln". Sich „armrechnen". Unbedingt unterwirft er sich der Logik der Weltwirtschaft, folgt der Spur des Geldes. „Hinter Gewinn läuft sein Herz her." (Hes 33,31) Der aufgehäufte Reichtum westlicher Gesellschaften, das obszöne Großvermögen Einzelner. Regelmäßig erweist sich, um Interessen durchzusetzen, Geld als der überhaupt längste Hebel. „Sie verkaufen die Unschuldigen und treten den Kopf der Armen in den Staub" (Am 2,6f), die Heuschrecken, die die Felder verheeren, bei denen die Macht sitzt, das die Ausgeplünderten vor sich her treibende marodierende Kapital. Ist er eins mit seinem Geld?

Jedesmal stellen wir ihn uns wohl kleingewachsen vor (wie Zachäus), den Pharisäer aber von hohem Wuchs – und wenn es anders wäre? Sagen wir also: das große Raubtier „Zöllner", in schwerer Fleischlichkeit, seine ganze „Freiheit" steckt im „Gebiss" (Kafka, *Ein Hungerkünstler*),[451] eine Meute aufgeregter bissiger Hunde um ihn herum, mit heiserem Gebell. Wenn er heute lebte, schirmten ihn, in einem sichernden Kreis, bewaffnete Leibwächter ab.

Schießt ihm jetzt das Blut in den Kopf? Zur Erde schaut er, aus der er gemacht ist und zu der er werden wird. Den sozialen Tod ist er vermutlich schon gestorben. Welcher Schmerz fällt ihn jetzt an? Dass er sich – vor Gott, im Tempel, *coram Deo* – restlos ins Unrecht gesetzt sieht. Dass er keinen Abstand mehr von den begangenen Verbrechen aufbringen kann – die, ganz sein Eigenes, längst immer schon in seinen Gedanken vorhanden waren, sich irgendwann hervorgetrieben haben, gegen deren Wildheit und Trauer sich zu stemmen er aber längst aufgeben musste.

Später, heute (der Zöllner bildet das Räuberische schon ab), geht genau dies im großen Stil vor sich. „Ein Planet wird geplündert",[452] Ressourcen werden verschlungen,

---

451 S. Anm. 167, 349.
452 Herbert Gruhl, Ein Planet wird geplündert. Die Schreckensbilanz unserer Politik, 1982.

Stücke aus dem Leib der Welt herausgerissen, Gier frisst den Wald, verspeist unersättlich „Flächen". Die Zukunft wird ausgebeutet. Die brennende Selbstgier dessen, der meint, etwas coram Deo zu sein (Gal 6,3), bringt das Selbst nicht etwa zutage, zehrt es vielmehr auf. Geschäftsinteressen lassen die „Lunge" der Erde bedenkenlos in Rauch aufgehen. Afrika wird kapitalistisch ausgeraubt, seinen Eingeweiden Schätze entrissen. Mehr noch: „Werte", „Grundwerte", „Eigenwerte", „Normen", aber auch „Spiritualitäten", „Wahrheiten", „Religionen" (häufig mit schmaler Aktualitätsspanne) ... gehorchen dem Verwertungszyklus der Medien, werden aufgeworfen, in Gebrauch genommen, emporgefeiert, abgefeiert, durch andere, sobald durchgescheuert wie dünner Stoff, ausgetauscht und auf jede Weise ruiniert, zerlegt und verzehrt.

Der Zöllner rechnet sich zu, was er angerichtet hat. Wie kann es dazu überhaupt kommen? Die Zachäus-Erzählung im folgenden Kapitel und ein vorangehender Vers in Kap. 15 erklären es der Sache nach. Vielleicht darf man die Texte einfach zusammennehmen und sogar unmittelbar miteinander verschränken? Lk 15,1: „Es nahten sich ihm aber alle Zöllner und Sünder, um ihn zu hören." Und Lk 19,1-10: Jesus kehrt ein in das Haus des Zöllners Zachäus (der nicht hoffen konnte, von ihm auch nur gesehen zu werden). Die Bestürzung des kleinen Mannes auf dem Baum muss außerordentlich gewesen sein. Zachäus wird mit der „Liebe im unbedingten Ernstfall" konfrontiert, so dass ihm wie Hiob die Augen aufgetan werden („Ich gebe auf und bereue in Staub und Asche"; Hiob 42,5f). Er hat Vollmacht angetroffen (das Überhäuftwerden mit Liebe, die ungeheuerliche Begrüßung des Vaters, Lk 15,20), machtvollere Wahrheit, stärker als sein Gewissen. Wie Paulus, dem vom Auferstandenen und jetzt Erscheinenden gesagt wird „Was verfolgst du mich?" (Apg 9,4), ist er dem wissenden Blick begegnet, der ihn bis auf den Grund durchschaut hat, der alles von ihm wusste – und ihn in Liebe angeschaut hat. Sich selbst kann er sehen, wie er „im Fürchterlichen" war – das ihn jetzt mit immer noch bösem, aber jetzt machtlos gewordenem Blick anblickt. Eine aufgestaute Wucht von Reue und Buße kommt frei.

Der Zöllner des Gleichnisses flüstert ein Gebet. Allein die Erzählung hört es. Die Illusionen über sich selbst kollabieren, die Ausreden helfen nicht mehr („Die Anderen sind auch nicht besser"). Er wünschte, es gäbe eine Geschichte von ihm zu erzählen, die nicht von seinen Verbrechen wüsste. Doch findet er sich abgestürzt und dunkel, als der Eingeschwärzte; er steht „fern". „Eine große Kluft" (Lk 16,26), eine grelle Flammenwand (Jes 29,6), trennt ihn von Gott. Trennt Gott sich von ihm? In einem Wunder der Einsicht kommt er der Wahrheit nahe. Es geht dabei hinab. „Gott, sei mir Sünder gnädig!", kann er nur noch vorbringen. „Ich will doch nicht dein Feind sein" (Röm 7,15). Verhält sich Gott als sein Feind? Der Zöllner sieht sich von seinem alten Ich abgestoßen und wird zum Namenlosen, zum Nichtswürdigen und Nichtigen (dem erst Gott einen Namen gibt).

Er hält sich aber nicht bei seinen Taten auf, er redet von seinem Sein. Unter allem, was er getan hat, zieht er sein Sein hervor. Seine Taten haben nur sein Sünder-Sein durchgeführt. Statt vor sich zu fliehen (wohin auch immer, jedenfalls auf und davon), geht er auf sich zu. Er legt sich offen und stößt sich tatsächlich zu: durch seine Taten hindurch – als „entsetzlicher Mensch" (Kleist, *Michael Kohlhaas*).[453] Durch seinen Blick steigt mehr als Reumütiges. Das Übergossenwerden mit „großer Traurigkeit" beginnt (2. Kor 2,7). Nicht lediglich gesteht er ein: Ich habe Unmenschliches getan. Sondern: Ich bin ein Sünder. Wie kann man mit dem Wissen, dass man Gift ist, weiterleben? Die Szene ist grauenhaft. „Selbstbildnis mit Ratte" (Wolf Wondratschek; ähnlich Zeichnungen von Horst Janssen).[454] Die sich beweglich haltende, fiepende Ratte, fünffingrig wie der Mensch.

Meint der Zöllner, was er sagt? Offenbar. *„Es dürfte mich nicht geben. Aus meinem Inneren schwemmt Schmutz auf. Der zieht aus meiner Seele auf – kommt keineswegs von außen, wird vielmehr nur in verschiedenster Weise von innen nach außen getragen. Herausgewaschen zu werden ist er nicht geeignet, nicht einmal durch Reue. Ich habe zynisch-realistische Augen, alt wie ich selbst. In meinem Herzen herrscht berechtigte Angst vor mir selbst.*

Bin ich aber auch noch irgendwie Anderes? Bei Gott? Weiß Gott mehr über mich? Gibt es mich also auch als einen ganz Anderen? Begnadigt? Der irgendwann auch über die Einsicht des Begnadigten verfügen darf? Dass ich einen anderen Nächsten habe und nicht immer nur meine Opfer meine Nächsten sind. Nur wenn der gnädige Gott mich anschaut, kann ich mich ertragen. Ich stehe in seiner Schuld. Gibt es mich – hinter dem habhaft vorhandenen Sünder?

Bei Gott gibt es mich. Gott sei Dank! Begnadigung. Wer bin ich? „Einsames Fragen treibt mit mir Spott. / Wer ich auch bin, Du kennst mich, Dein bin ich, o Gott!"[455] *Es ist jetzt totenstill in mir. Weil sich das furchtbare Wort des Propheten erfüllt, dass „du vor Schande deinen Mund nicht mehr aufzutun wagst"? Nein. Wunderbare Wendung. Mein Mundauftun zum Schuldbekenntnis. Weil ich es gehört habe: „Ich werde dir alles vergeben, was du getan hast" (Hes 16,63).*

28.5 Ich stoße auf das widerwärtige Tier.

Wenn ich mich umgrabe, so der Apostel, mich umpflüge, um Gründe für irgend Anerkennenswertes aufzutreiben, finde ich nicht lediglich Dunkelstellen meines Selbst, sondern nur Unrat (Phil 3,8), unheimlicher: stoße ich auf das widerwärtige Tier, das wieder und wieder aus meinen harten Augen herausschaut und jeden meiner Atemzüge für sich verwenden will. Entmächtigt werden muss ich – wegen

---

453 Michael Kohlhaas. Aus einer alten Chronik. Erster Satz.
454 Angeblich 2015 veräußert. In einer Auflage von einem Exemplar. An einen Fan.
455 Bonhoeffer, s. Anm. 93, 513f.

des in mir umgehenden Gespenstes, das an seiner Ichwerdung arbeitet. Was wird dieses Schemen über mich vermögen? Was für ein Wesen wartet in mir auf Vorwand und Gelegenheit, brütet, steigt auf, wächst blitzschnell heran, kaum dass ihm freie Hand gelassen worden ist, und kehrt sich wieder und wieder hervor. Was wird dieser innerste Feind noch alles aus mir hervortreiben?

Die Sünde, als hätte sie gierig Körper und Seele gekapert, „wohnt in mir", erkennt Paulus (Röm 7,17). Nach „Damaskus", nach der Erfahrung der Klarheit, war diese Einsicht überfallartig über ihn gekommen und hatte ihn als Zersprungenen und eigenartig Umgeschaffenen zurückgelassen.

Der Zöllner, ganz unten, ausgesetzt seiner eigenen niederschmetternden Wahrheit – wie billige Schminke läuft ihm ekelhaft die Illusion das Gesicht herunter. Was für eine Kraft: Zu einem schwachen Teil kann er sein endlos Böses vielleicht ertragen. Ungeteilt sicher nicht. Aufnehmen gegen das ureigene Schandbare kann er es nicht. Mag er es zeitweilig mühsam unter Verschluss gebracht haben. Es wird wiederkommen. Es braucht auch nicht viel dazu. „Ich gehöre hinunter".[456] „Das Gewicht dieser Welt lässt sich nur tragen, wenn man niederkniet".[457]

Der Zöllner hält sich an den Christus-Gott, er denkt groß von Gott. Er tötet sich nicht für ihn ab. Er fleht den Allmächtigen um ein gewaltiges Trotzdem an, um Gottes-Wahrheit, gegen die eigene Wirklichkeit. Dass Gottes Blick ihn, den Zöllner, diese konkrete Person, von seinen wohl kaum mehr menschlichen Werken unterscheidet.

Allein Gott ist imstande, den auf den Tod Schuldigen, gegen sein Gewissen, gegen dessen Schläge, in Schutz zu nehmen. Wie kommt es dazu, das auszusprechen: „Gott, sei mir Sünder gnädig!"? Kann man die Gewissensbisse heilen? Manchen Menschen sind sie anzusehen, wie ins Gesicht tätowiert oder eingekratzt. Wie wird uns die brutale Modernität, wie werden uns die Waffen aus der Hand geschlagen? Wie werde ich zu einem vor Gott Gebeugten (was sich mit einem ansonsten ungebeugten Charakter gut vereinbaren lässt)? Kann ich meine ureigene Sünde in ein Gebet bringen? Was wird dann aus ihr?

28.6 Krokodilstränen, Adamstränen

Kann ich Spätmoderner, Zugehöriger, Vater, Mutter, Großvater, Großmutter der Kommenden, dem Verhalten dieses Zöllners im geringsten nahe kommen? Ist denn nicht Ähnliches wie dieses Wunder – dass der Gottessohn in das Haus des Zöllners einkehrt – mehrfach förmlich auf mich eingestürmt? Das richtig Wunderbare an

---

456 Kafka, s. Anm. 74, 636.
457 Dávila, s. Anm. 65, 18.

den Wundern, lacht Chesterton, ist ja, dass sie bisweilen wirklich geschehen.[458] Ist mir denn nicht wiederholt wirklich „Erbarmung widerfahren" (EG 355,1), ein wirklich Wunderbares? Kann ich überhaupt je ein solches ersterbendes Gebet flüstern – durch das ich mich bis auf den Grund „ehrlich mache"? Kann ich mich Gott gegenüber zu dem bekennen, was ich sehenden Auges angerichtet habe?

Und erzähle ich etwa die neuzeitliche Aufrüstungs- und Mammonsgeschichte? (*Aus welchem Grund, bitte, erwähne ich sie nicht? Und wenn, dann sehr nebenbei.*) Inmitten von Waffen geboren und ihrem Anblick ein Leben lang ausgesetzt, halte ich unbekümmert und dreist mein Gesicht ins Leere. Unwiderstehlich war doch, rede ich mir zurecht, zum Beispiel die beruhigende Metapher „Schutzschirm". Und gegen den Koloss, den überlebensgroßen Kaventsmann „Gesellschaft", das träge Beharrungsvermögen und die Tyrannei der Umstände und Verhältnisse („sie sind nicht so") – war nicht anzukommen. (*„Doch, wäre manchmal anzukommen gewesen."*) Generation „Ich"? Ja und nein. „Ich" ist immer ein Sonderling? Selten. Gesellschaft ist jedesmal vor dem Subjekt und überspielt es meist mühelos. Allemal schon empfinde und denke nicht ich, sondern empfindet und denkt sie in mir (nicht unwiderstehlich, aber vorab). „Unaufhaltsamkeit" (und „also kein Rückweg"), „Weitermachen" und „Weitermüssen" steckte mich an wie ein Gift, es gab kein Gegenmittel, ich war nun einmal nicht immun. Konnte ich denn je anders? (*„Ja, du hättest nicht selten auch anders gekonnt."*) Musste ich in meinem Leben immer schon stürzen und hetzen wie die sich ausrasende Zeit? Chinesisches Sprichwort: „Wer auf dem Tiger reitet, kann nicht herab." Muss aber.

Bin ich, auf verrückte Weise bewandert im Umgang mit großen und kleinen Täuschungen und Verleumdungen, zu Seelengeiz und innerer Korruption regelrecht geboren, früh vermauert in die Krypta der Wahrheitsunfähigkeit, zeitig aufgenommen in die hohe Schule der Realitätsumwandlung – weil niemals je unerbittlich aufrichtig mit mir selbst? Plünderer, unmäßig korpulenter Wohlstandsbürger („fette Kuh", Am 4,1), marodierender Zivilisationsgewinnler, der ich bin, weine ich Krokodilstränen, Adamstränen (über die Kinder, Hunger im Gesicht, die auf den Müllhalden Brauchbares suchen). Als hätte ich den Mund voller Blut und könnte nicht sprechen, schweige ich mich aus: genau über das durch meine Lebensgewohnheiten ringsum anwachsende Verhässliche und Verderbliche. Wo ist denn die Niedertracht, die von sich selber weiß? Man kommt so schwer heraus. Und bleibt unfähig, zuzugeben, dass man eigentlich angefasst und unsanft herausgerissen und an gänzlich anderen Ort verpflanzt werden müsste. An welchen Ort?

Schuldgefühle, womöglich in krassen Tagträumen vervielfältigt, wenn sie mit Anfällen von Atemnot überfallen, lassen sich möglicherweise therapieren. Aber echte Schuld? Ist ohne Gott nicht denkbar. Lässt sich weder therapieren noch

---

458 Zit. bei Dylan Thomas, s. Anm. 73, 163.

als Irrtum ausgeben. Ihre Wirklichkeit, das verfluchte Etwas, schlägt unvermutet herein und bricht den Schuldigen auf. Unzählige Male, menschlich aussichtslos, verschafft sich dann der Feind Eingang ins Leben, Luzifer, der das Licht nicht trägt, sondern davon- und fortträgt, mindestens abdeckt und verhängt, das Böse, das Seelen schwärzt und das Menschen, unterworfen der rätselhaften, urtümlichen Fluchbeladenheit menschlicher Taten, unversehens zu Teilnehmern der Mammons- und Aufrüstungsgeschichte werden lässt.

Selten wird sogar unzweifelhafte Schuld als Sünde erfasst, als Vorbereitung, Einweisung, Planung des Widerlichen, Gott- und Menschenfeindlichen, als abschüssige Bahn zum Luziferischen. Vertuscht wird sie, wenn sie lediglich als in die Seele eingeprägter Makel genommen wird, entsprungen einem „kranken Hirn", oder gar nur als Unvollkommenheit (die man dann, wenn es beliebt, wiederum dem Schöpfer auflasten kann). Wie lebt man aber damit, etwas begangen zu haben, das nicht mehr gutgemacht werden kann – für das man wird büßen müssen? Wenn einfache Feigheit einen Nächsten zerbrochen zurücklässt. Eltern, die in ihren Kindern Spuren hinterlassen haben, die sich wie Brandspuren nie werden tilgen lassen. Der Theologe, der die „Amtsbrüder und -schwestern" bespitzelt und ans Messer geliefert hat, in die jahrelange Stasi-Haft. Der Planer und Vollstrecker „operativer Vorgänge". Der Verantwortungslose und Unbelehrbare, der vorab die Nachfahren verknotet in Schuld und Schulderbe, Versäumnis, Mittun und Verstrickung. Die unwissentlichen oder schamlosen Profiteure von den Gewissenlosigkeiten, den latenten oder manifesten, ausgewachsenen Verbrechen der Vorfahren – ein dicker Knoten aus ungezählten rätselhaften Fäden.

28.7 „Ihr habt es doch alles gewusst!"

Die nach uns Kommenden (Ps 71,18), in deren Schuld wir stehen? Wenn sie auf die Vergangenheit sehen, auf unsere Zeit, wie wird sie ihnen vorkommen? Als Versagens- und Manipulations- und Unterdrückungsgeschichte des Gewissens. Unbestreitbare, harte, schlagende Worte dann.

„Ihr habt es doch alles gewusst! Ihr seid doch alle beteiligt gewesen oder wart mehr oder weniger willfährige Augenzeugen. Sicher, ihr wurdet hineingeboren, habt euch dann aber einmontieren lassen in das Gesetz einer binnen weniger Tage zerstörbaren, zuschanden zu machenden, womöglich in rasender Eile zerberstenden Erde. Alle eure Tage waren schon eine Art von Gewalt. Und wenn ihr einmal schnelle Überblicksflüge unternommen habt? Dann über Areale, die bereits von eurer Kriegs- und Schuldmaschine verheert worden waren oder darauf nur zu warten schienen, über eine fiebernde, zusehends weiter überhitzte Erde, über die davon unmittelbar betroffenen Länder mit den Opfern der Fluten, mit den Flüchtenden, weil der Lebensraum verlorenging. Über riesige schwimmende Müllinseln und Müllstrudel. Ihr habt es doch alles

gewusst: zu viel Plastik unterwegs, überflüssiger Komfort im Übermaß, von Wenigen exzessiv in Anspruch genommen, Reisen von ungeheurem Luxus, ungebrochene Wegwerfmentalität, dabei kleine Gartenlauben, in denen sich das Gewissen womöglich zeitweise ruhigstellen konnte. Vom Mangel andernorts hat sich ein absurder Überfluss hier genährt. Nicht gesehen? So? Habt ihr denn dazu nichts zu sagen?

Und die ‚Zeitumstände‘, die euch umklammert haben, in denen ihr euch versteckt habt („der Westen", „die Zivilisation")? Die Scham über die Zugehörigkeit zu einem weltweiten schreienden Unrecht, die nicht zu leugnen war, die anzunehmen ihr euch aber konsequent geweigert habt (indem ihr den eigenen Anteil kleingeredet habt). Wie soll man denn Situationen umgehen, habt ihr gesagt, von denen alle, die an ihr teilhaben, ob sie es wissen oder nicht, wegen ihrer Mittäterschaft oder einfach wegen ihres Schweigens entwürdigt werden?

Entsetzlich zu denken, habt ihr manchmal gemeint, dass die Krisen, die Geißeln der Menschheit erst Anlauf nehmen könnten. Erweisen sich einige Virenarten, habt ihr gefragt, als Menschenfeinde, evolutionär unendlich viel älter als der Mensch, getrennt bisher von seiner Geschichte und der seiner Vorfahren? Haben sie sich zu uns verirrt? Nicht zu leugnen, habt ihr verstanden, dass fremde Lebewesen an die Tür klopfen – um krank zu machen und wahllos zu töten. Menschen, war die Einsicht, sind ja allem Anschein nach für sie ein besonders brauchbarer Wirt. Wirte und Versuchstiere (mehr als sieben Milliarden Menschen) für Mutanten, zahlreich wie noch nie, mobil wie noch nie. Eine pandemische Phase der Menschheit, selbstverschuldet? Die Bedingungen waren bekannt (u. a. rücksichtsloses Zurückdrängen des Lebensraums vieler Tierarten, Missachtung ihrer Schutzbedürftigkeit). Natürlich habt ihr es im Grunde gewusst: Was man anrichtet, kommt zu einem zurück. „Was der Mensch sät, wird er ernten" (Gal 6,7), einfach so. Was hattet ihr seit langem gesät (die Schöpfer-Vergessenheit) – und seid darin unbeirrt einfach fortgefahren? Habt ihr denn dazu nichts zu sagen?

Ihr wart zu weiten Teilen die Zöllner- und Piranha-Menschheit. Ihr habt es doch alles gewusst! Mit der Anrufung „Mammons", der verbrecherischen Gottheit, wenn alles zu Silberlingen wird, der alles überstrahlenden Gestalt der Macht, wenn das organisierte Geld brüllt und Menschen, weil es über ein zäheres Leben als sie verfügt – totbeißt. Mit dem Vorwand „Zähmung des Kapitalismus" (der, bei aller Beweglichkeit seiner Vorlieben, nun einmal über alles den Profit liebt und ziemlich alles in Kommerz auflöst). Mit der lächerlichen Warnung, sich vom Geld („Mörderkohle", Schatz und Herz, Mt 6,21), der Vergegenwärtigung der Machtmitte, dem Allesbeweger, nicht „abhängig zu machen". Es sich jedoch, machtgeschützt, mit „gesundem Beißreflex", weiterhin schamlos gutgehen zu lassen und seine „Lust" zu suchen: in den Komfortzonen der Welt, im bei Ausbeutung Anderer gewonnenen Wohlstand, zwischen den flehentlich ausgestreckten Händen der Bettler, bei ungeheurer Verlustangst, im Verwöhnungsghetto der anstrengungslos Erbbegünstigten, im system of fat cats, bei deren wachsendem, ungeniertem Verdauungsbehagen und Wohlsein. Und, nebenbei, wie stand es um den „Tier- und Pflanzenbestand", die „Biomasse" der Welt (schmähli-

che Benennung)? Um das Brüllen des geängsteten und gequälten Viehs, wenn es zur Schlachtung gezerrt oder geprügelt und schon beim profitablen „Tiertransport" durch den halben Kontinent geschunden und misshandelt wurde? Tierquälerei als Teil von Geschäftsmodellen. Stürzende Tiere und fallende Menschen. Kann es das denn nicht geben: der Mensch – nicht nur in der Brüderlichkeit der Schuldhaften, sondern aller Kreatur brüderlich?

Wir Späteren stehen auf euren Schultern – nicht von Riesen, sondern von Besessenen, besessen, am Schlimmsten, von wahnsinnigen Aufrüstungen, vom scharfgestellten Willen zur Macht. Man braucht das nur zu nennen. Ausführen muss man es nicht. Ihr habt es doch alles gewusst! Habt ihr denn dazu nichts zu sagen?"

Böse Entgegnung der Scharfmacher: „Euch Rede und Antwort stehen zu müssen und von euch zur Verantwortung gezogen zu werden, brauchen wir nicht zu fürchten, ihr werdet ja nach uns geboren und seid von uns genauso weit entfernt wie die Toten der Vergangenheit. ‚Trotz' bieten und heutige Schwerter zu heutigen Pflugscharen umschmieden? Heutige Blutgerüste (Abschussrampen) abbrechen? Die Aufrüstungsspirale nicht weiter hochschrauben? Das Spiel hat sich doch bewährt, oder? Und warum die Ressourcen der Nachgeborenen nicht jetzt schon verbrennen. Sollen sie zusehn, wie sie zurechtkommen. Generationengerechtigkeit? Ach was. Sehr zu wünschen – aber wie realistisch ist das Programm einer Entwöhnung und einer ‚Befreiung vom Überfluss'?[459] Stattdessen: ‚Lasset uns essen und trinken, denn morgen sind wir tot' (1. Kor 15,32). Unbedingt irgendwie beizubehalten, nicht wahr, ist doch das Schlürfen des Wohlschmeckenden und das Wohlstandsniveau von heute. Neben uns die Sintflut, nach uns ohnehin. Jetzt betrifft sie uns nicht. Und dann werden wir nicht mehr dazugehören."

Fazit: „Wir verhalten uns wie Kolonisatoren kommender Generationen. Wir berauben sie ihrer Freiheit, ihrer Gesundheit, womöglich sogar ihres Lebens ... Wir bürden künftigen Generationen uns selbst auf ... Wir plündern unsere Enkelkinder aus, wir berauben unsere Kinder, wir vergiften unsere Nachkommen." (David Van Reybrouck, F.A.Z. 10.9.2022) Kindermord. „Ein gewaltiger Schmerz, / Die ungebornen Enkel".[460] Und wie, wenn ein Mensch aus dem „finsteren Mittelalter" herbei käme und voll Entsetzen fragte: „Wie konnte es so weit kommen? Ihr Christen, konntet denn nicht wenigstens ihr, wenn schon sonst niemand, hinter der bösen Zeit zurückbleiben?"? Nein, wir haben nichts zu sagen.

---

459 Nico Paech, Befreiung vom Überfluss. Auf dem Weg in die Postwachstumsökonomie, 2014[7].
460 Trakl, s. Anm. 226, 95.

28.8 Wie also anders?

Wie also anders? Nicht nur ein neues In-der-Welt-Sein, sondern endlich ein In-der-Schöpfung-Sein: im Angesicht des Schöpfers? Um keinen Preis, wird allerdings regelmäßig vorausgesetzt, unter keinen Umständen darf für die moderne Welt eine Verlustrechnung aufgemacht und lediglich Schadensabwicklung und Rückbau beabsichtigt werden. Wie? Kein permanentes Aufsteigen? Wie soll das gehen? Rückstoßung? Eine konsequente Rückzugs- und Abgangsmentalität? Rückzug in ein geeignetes „Schneckenhaus"? Schrumpfen? Zurückrudern? Von der Aussichtslosigkeit, weiterzulaufen, darf allenfalls irgendwie im Allgemeinen die Rede sein. Aber „Rücktritt" des Menschen? Also ein Abklingbecken für die Technokratie, nicht für alles und jedes, aber für den Weg von Galilei zur Gentechnologie, für das Techno-Humanistische? Dass es zurückgefahren wird oder sich von sich aus zurückfährt und sich von der Erde abzieht? Das ginge an die Substanz. Da hört der Spaß auf. Wo geht der Spaß los? Bei der Besinnungslosigkeit, die sich nichts „bei denkt" (ohne auch nur einen halbwegs schmerzhaften Gedanken; sitzend, mit kreisender Fußspitze, sie greift sich erschrocken an die Perlenkette). Vergnügen heißt: „nicht daran denken müssen",[461] nicht wissen wollen, welchen Angelhaken die gegenwärtige Gesellschaft im Maul hat (ihre Waffen). „Jeder Augenblick scheinbarer Ruhe: abgründige Heuchelei".[462]

Die „das Gelüst nach Göttlichkeit im Herzen des Menschen" pflegen,[463] die sich deshalb Gott verbeißen, die seit langem „tauschen die Herrlichkeit Gottes gegen das Bild eines Ochsen, der Gras frisst" (Ps 106,20), die ohne den Herrn das Haus bauen und die Stadt jedesmal nur selbst behüten wollen (Ps 127,1), die, unvordenklich, so hochmütig wie aufgetrieben, im Inneren des babylonischen Turms hocken und ihn nunmehr endlich zu Ende bauen wollen, die aber vielleicht um ihr rastloses, schnellschlagendes Herz wissen – lässt sich ihr Hilferuf überhören?

Buße? Die sich dann allerdings ideenreich, mit intellektueller Schärfe, durchschlagend, verheißungsvoll darstellen müsste. Die ein ungeheures Beiseitelassen und ein ungeheures Sichversagen menschen-möglich machen müsste. Die dann das als unverzichtbar Ausgegebene durchschneiden, zum Streit aufrufen und ein sofortiges Beidrehen des furchtbaren Gefährts „menschliche Selbst-Religion" signalisieren müsste, ein gründliches, tapferes Zurücklenken. Wie viel Verzicht auf (dumme) Freiheit und (egoistische) Unabhängigkeit, auf Selbstverwirklichungen im weitesten Sinne, auf hemmungsloses Wegkonsumieren (nehmen – benutzen

---

461 Max Horkheimer / Theodor W. Adorno, Dialektik der Aufklärung. Philosophische Fragmente, Fischer TB, 1981, 130.
462 Canetti, s. Anm. 98, 275.
463 Camus, s. Anm. 59, 121.

– mit vollen Händen wegwerfen), wie viel „radikalen Konsumverzicht" und „prekäre Existenz" (Christian Geyer) schulden wir einander? Und wer findet sich als Überbringer dieser Botschaft? –

Die Erzählung „Pharisäer und Zöllner", wohl ein Weheruf mit schrecklicher Treffsicherheit, tritt uns womöglich zu nahe. „Verlerne dich",[464] fordert sie, ein Standhalten im Christussturm. Erwartet werden aufrichtig demütige Worte, die einzige Gebetssprache, ehrfürchtige Sprache, die sich unwürdig weiß und gerade deshalb nach oben hebt, Freitreppe, steigender ihr Weg.

Was soll sein? Notruf, Klage und gute, offenen Auges geübte Resignation. Der Zöllner, der große, schwere, reiche Mann (sagen wir, der „reiche Jüngling" ist sein Sohn), fleht um Begnadigung: bittet darum, nicht in der Stichflamme des eigenen Bösen verzehrt zu werden. An Gott wendet er sich, der die Gottlosen gerecht macht (Röm 4,5). Die Gottes-Wahrheit ist ihm über. Nicht tief genug kann die Buße gehen. Furcht und Zittern. *Wären heute doch Einige wie er. Oder wir. Wäre ich doch wie er.* Er wird Konsequenzen ziehen, aber auch in sie stürzen, sicher wird ihn der Fluch der bösen Tat einholen. Er kann aber vor Gott bestehen. Er ging gerechtfertigt davon.

---

464 Benn, s. Anm. 12, 110.

29. Wie, wenn ich schon gestorben wäre?!

Mit Christus seid ihr begraben worden in der Taufe. Mit ihm seid ihr auch auferweckt durch den Glauben, aus der Kraft Gottes, der ihn auferweckt hat von den Toten. Und Gott hat euch mit ihm lebendig gemacht, die ihr tot wart in den Sünden. (Kol 2,12-13)

29.1 „Komm mit durch meinen Tod!"

„Etwas ist damals in die Brüche gegangen", sagst du vielleicht in einem nächtlichen Gespräch, wenn du ins Dunkel redest, wenn die Worte doppelt wiegen. Auf einen Vertrauensbruch, der nicht geheilt werden kann, schaust du zurück, auf den Abschied von dem geliebten Menschen, der dich hintergangen oder verraten hat – den zu verlieren du für unmöglich gehalten hast. Etwas ist niemals zurückzunehmen. „Damals ist etwas in mir gestorben."

Wenn dieser Satz jedoch, ganz anders, einfach Ausdruck von Freude wäre? Etwas Furchtbares ist „in dir" gestorben, und du warst es tatsächlich los. Etwas ist niemals wieder schlechtzumachen. Etwas „in dir"? Irgendein Ich zerbrochen? Eine Ich-Umwandlung? Lösen eines Krampfes? Zwangsheirat mit sich selbst? Ich bin mir genommen? Dass ich mich beiße? Niemals mehr will ich dieses Ich in meinem Leben haben. Weil es mich in meine Einsamkeit einkrampft.

Du bist dir als dein eigener Nächster gestorben, als der grotesk in sich Verschlungene, als der böse Witz. „Jeder ist sich selbst der Nächste": vermutlich die geläufigste, trivialste Faustregel der Selbstsucht, die wir kennen, das Adam-Prinzip, Ich-Verfesselung, Nähe- und Ich-Falle, unzählige Male schnappt sie zu. Selbst-Menschlichkeit, Selbst-Ethik? Heillos bist du auf dich selbst losgelassen, schließt und krampfst dich immer weiter in dich ein, sooft du hineingerätst in die Selbst-Verwirrung und allein „das Deine" suchst (1. Kor 13,5; Phil 2,4). Ein Schloss schnappt zu. Regelmäßig bist du mit dir selbst überfordert, mit Selbsttröstung und Selbstversöhnung und der Herstellung von Frieden mit dir selbst.

Ganz in die eigenen Sachen verloren, selbstisch und einsam in sich zusammengezogen und mit sich selbst verklebt sein (gut kaschiert womöglich) ist der Normalfall des Sünders. Von Kafka, prägnant wie wohl bei niemandem sonst, wird der Sache nach Luthers Bestimmung der Sünde als *incurvatio in se ipsum* aufgenommen: wenn er von sich selbst als einer Faust spricht, „in deren Innern die Nägel in das Fleisch gehen". Oder wenn es heißt: „Er hat das Gefühl, dass er sich dadurch, dass er lebt, den Weg verstellt."[465] Was hat es mit diesem „Weg" auf sich? Wohin führt er? Verzweifelt eingestanden wird das Scheitern am Selbstsein (als Anrennen gegen ein massives Hindernis, das sich nicht abreißen oder abtragen oder einfach ignorieren lässt). Von mir aus kann ich mich nicht von mir abtun. Aber mich raffiniert und nahezu unmerklich in mich verbeißen und mich in mir festziehen, kann ich sehr wohl. Was öffnet mich dann noch?

Wenn das dumme Bemühen permanenter Selbstpaarung beendet werden soll, muss einer in dieser Konstellation von Ich und Ich verabschiedet und in die Flucht geschlagen werden – damit „der Weg" frei wird. Wenn die Nägel nicht mehr in das Fleisch gehen sollen und die Verkrümmung und Selbstverunstaltung ein Ende haben soll, muss ein anderer, mir überlegener, mich heilender Nächster her – mit Tröstung und Versöhnung und Frieden. Damit die Seele nicht von eigener Hand stirbt.

Kann dir diese falsche Nächstenschaft gesperrt werden, so dass du entlassen werden kannst: aus dir selbst, aus dem Selbstarrest mit den vielen Verhauen von Unzugänglichkeit, Mitleidlosigkeit, zynischer Abtötung für die Not Anderer? Wenn nun erzählt werden könnte: „Ich bin froh, dass damals etwas – etwas Rätselhaftes, das Vordringen allertiefster Einsamkeit – in mir gestorben ist, das mir, alt wie ich selbst, immer bekannt und selbstverständlich gewesen war." Schwer vorzustellen, abwesend von sich selbst zu leben?

Du bist dir dann selbst abhanden gekommen, hast dich von dir emanzipiert – bist als dein eigener Nächster untergegangen. Gerissen ist die absurde Selbstfesselung, der Strang, den Mal um Mal die Sünde um dich legt. „Du" bist dann da ohne „dich". Was ist das aber für ein „Ich"? Ist das noch ein passendes Wort? Ja und Nein. Ein anderer, für dich gekreuzigt, für dich von den Toten auferstanden, ist genau an diese Stelle getreten und nun für Zeit und Ewigkeit dein Nächster. Er verhält sich als die unmittelbare Wahrheit neben dir. Dein „Ich" wird unvermitteltes „Sein im Beisein Christi", ein „Sein, indem Christus sich naht". Ich-Umwandlung. Von diesem Beisein zehrst du im Leben. Zu nichts Furchtbarem auf der Welt kann es dann für dich kommen, das er nicht schon auf sich genommen hätte, von dem er nicht schon wüsste, das er nicht selber, am eigenen Leibe, an der eigenen Seele, von Grund auf erfahren hätte. Wenn dich aber etwas davon überfällt, so wird jederzeit er, der Lebendige, verborgen mit dabei sein, deine Sünde nicht festschreiben bis zum Jüngsten Gericht, sondern sie jetzt schon zertreten, „wie Stroh in die Mistlache getreten wird" (Jes 25,10).

---

465 S. Anm. 51, 90; s. Anm. 74, 849.

„Ich bin verheiratet. Ich bin mit mir selbst verheiratet", heißt es in einem Roman von Cees Nooteboom.[466] Die Eheschäden dieser Zwangsheirat sind fürchterlich. Doch bist du dir als dein eigener Ehepartner, dein eigener Tyrann und Feigling, gestorben. *„Damals ist mein dreckiger innerer Schweinehund verendet. ‚Die Krone der Schöpfung, das Schwein, der Mensch' (Benn, infernalisch).*[467] *Damals bin ich als Schwein abgetreten. Damals bin ich als Sünder gestorben."* Als der Gestockte und zutiefst Einsame, der zur Seite schaut, sooft es ernsthaft um einen anderen Menschen geht. Der meist ausgerechnet dann ichlich lebt, wenn es darauf ankommt, den anderen „höher zu achten" als sich selbst (Phil 2,3). Für dummstolze Eigenliebe und zeitweiliges Behagen zahlt ja regelmäßig ein anderer den Preis (wohl meist in seiner Nähe).

Damals ist nicht nur „etwas" in dir, damals bist du selbst gestorben: als dein eigener Feind, Wahrheitsfeind, Opfer deiner selbst, zugleich Täter wider deine Person. Doch brauchst du es nicht mehr zu sein, weil du wissen kannst, dass in der Vollmacht Christi der Sünder, der du bist, gar nicht mehr zu dir gelassen wird. Sogar kannst du diesen Verunstaltungen deiner selbst deinerseits abschwören. Unterbleiben kann der Zirkelschlag um das Ich – der nicht weniger als den Verrat an der eigenen Seele darstellt. Eben: Ich-Umwandlung. Du hast es womöglich nur noch nicht bemerkt. Entkrampfung. Du bist gestorben, damals. Bei welchem „Damals"?

Jemand erzählt: *„Die Sünde war nicht aus mir herauszuschneiden. Ich wurde im ganzen untergetaucht. Es nahm mir den Atem. Ein Schreien unter Wasser. Ich erstickte. Ich war tot. Er – auch. Einen Pakt hatte er mit mir geschlossen. Wir sind damals gemeinsam gestorben und auch gemeinsam begraben worden. Ich und er, Christus, der Herr, mein Bruder. ‚Komm mit durch meinen Tod', hatte er gesagt, ‚ich gebe dich frei für das ewige Leben.' Es war ein neuer Ruf in die Nachfolge. Ich starb ihm dann nach (Joh 12,24). Doch wurden wir gemeinsam auferweckt. Ich wurde dazugeholt. Ich war ihm nachgefolgt. Es war ja ein Pakt über die Lebenszeit hinaus. Wir haben sogar noch eine grenzenlose gemeinsame Zukunft, er und ich, sie bricht jetzt schon an."*

Eine surrealistische Erzählung? Ja, real und überreal, nicht Löschung, sondern Verdichtung und Kristallisation des Realen. Kol 2,12 erzählt es: „Mit ihm wurdet ihr begraben durch die Taufe." Und Röm 6,4 ebenso: „So sind wir ja mit ihm begraben. Durch die Taufe. In den Tod."

„Seitdem lebe ich. Woher ich das weiß? Ich habe mich in der Zusage der Bibel finden können. Sie war tatsächlich, ich weiß das, für mich gedacht. Als mir das klar wurde,

---

466 Philip und die anderen. Roman. Aus dem Niederländischen von Helga van Beuningen, dt. 2003, 14.
467 S. Anm. 12, 14.

kannte ich mich allerdings selbst nicht wieder. Kann ich mein Leben jetzt lesen? Immer noch nicht richtig? Nun gut, egal. Und wenn schon. Das besagt nicht viel. Ich bin zu alt, ich muss nicht mehr alles verstehen. Dinge tauchen auf, die nachzuvollziehen ich mich am besten gar nicht erst bemühe. ‚Ich dachte ihm nach, dass ich's begreifen möchte; aber es war mir zu schwer'. Es ist trotzdem so, entgegen allem, das Ausschlaggebende steht außer Zweifel. ‚Dennoch bleibe ich stets an dir' (Ps 73,16.23). Zu hören in der Bibel ist ja mitunter auch das Rufen und der Flüsterton einer geheimnisvollen Zaubersprache – die man ebensowenig wirklich versteht. Es trifft ja nicht zu, dass die Bibel immer nur verständlich, greifbar oder einfühlsam werbend daherkommt. Ferner, es stimmt ja: ‚Wir verstehen die Welt deshalb nicht, weil das nicht unsere Aufgabe auf Erden ist'.[468] *Ich bin nun aber mit ihm begraben in den Tod, in die Auferweckung. Ich komme einfach mit."*

29.2 Wie vorbei das alles ist!

Kein Sonnenaufriss? Nichts Neues unter der Sonne (Pred 1,9)? Aber ja, sehr Neues. Eine Situation ohne Vergleich ist mit der Auferstehung Christi eingetreten. Das Spiel ist gewonnen, das Ödland durchquert, die hasserfüllten Parolen abgesungen, Feindschaft, verzweifelt gestrige, tatsächlich zum Erliegen gebracht und Versöhnung geschaffen. Ein Weg ist ausgegangen. Der Gegner mattgesetzt, er sieht es nur noch nicht und sucht einen Gegenzug. Frieden geschlossen, nur dass ein paar Versprengte noch weiterkämpfen. Wenn man, geht der Kinderwitz, einem Dinosaurier montags in den Kopf schießt, wackelt er freitags immer noch mit dem Schwanz. Die Uhr aus Großmutters Zeiten abgelaufen, auch wenn das Pendel noch ein paarmal weiterschwingt. Weil die Zeit abgelaufen ist. Man kann ihr beim Verklingen zuhören. Abspann. Wie vorbei das alles ist. Angelangt am Ziel der Laufstrecke, das Zielband zerrissen, nur noch sind ein paar Meter auszulaufen.

Das Teuflische steht unmittelbar vor dem Aus. Bereits manövriert es überständig, geisterhaft, in seiner Nachgeschichte. Nekrose. Wenn das Pferd tot ist, sagt man, sollte man absteigen.

Steig ab! Du stehst jetzt schon auf einer Schwelle. Du bist ein Durchgangsmensch und Schwellenwesen. Vor dir ungeahnte Geräumigkeit des Lebens, Atemraum. Noch nicht die hohe See, doch die vorgelagerte Lagune erreicht, deine Seele ist noch nicht „ein weites Meer" (EG 37,4). Die verlässlichen Seezeichen erblickt. Deine Zukunft hat längst begonnen. So ist es vorgesehen. Du bist, was du sein wirst – mit einem Vorsprung, den du dir voraushast, den du aber jetzt schon reichlich ausleben und ausagieren kannst.

---

468 Imre Kertész, Der Betrachter. Aufzeichnungen 1991–2001. Übersetzt aus dem Ungarischen von Heike Flemming und Lacy Kornitzer, 2016, 19.

Einem guten Ende neigst du dich zu – am Vorabend. Im Werden erwachst du, in einem Präludium eigener Art. Du bist heutigen Tages ein hoffentlich leidlich würdiger Vorgänger deiner selbst: schon ein Christus-Mensch, der sich selbst vorausgeht, in treibender Kraft, schwanger mit deiner eigenen Tendenz, authentisches Subjekt im Kommen, beinahe schon angekommen. Ein Künstler, der ein Meisterwerk bereits in sich trägt. Du brauchst auch nichts weiter zu sein, doch sollst du nicht etwas anderes tatsächlich leben, als du bist. Deine Gegenwart ist dann eine Art voreilige Form deiner Zukunft. Der du weißt, dass dein Erlöser lebt, wirst mit deinen Augen Gott schauen dürfen – wonach sich dein Herz in deiner Brust verzehrt (Hiob 19,25-27). Du wirst mit Jesus Christus sprechen, dem Herrn, dem Freund. Dahin geht der Weg. Du hast das Schauerliche bereits hinter dir. Du bist ja schon begraben. Durch das Weißwasser, die Taufe. In den Tod. Dir kann nichts mehr geschehen. Das Entscheidende steht nicht noch aus, ist nicht erst noch anzustreben und zu verwirklichen. Es ist dir widerfahren – im „Tal der Entscheidung" (Joel 4,14). Im Tal der Entscheidung hast nicht du die Entscheidung gefällt, sie hat dich gefällt. Alles, was der Rede wert ist, zeigt sich als für die Welt vollbracht, für alle Zeiten, für uns, für dich. „Es ist vollbracht" (Joh 19,30).

Was folgt daraus? Dein unverlierbares Dabeisein. Du bist in der Begebenheit Christi mit dabei, eingenommen von ungleich Größerem, eingeblendet, als wärest du ein schwacher Schimmer, in den lichten Hergang seines Lebens als auch deine friedvolle Lebens- und Zeitlandschaft. Der Glaube nimmt es wahr, weiß davon, findet sich in die Realität geschickt. Er ist nur in der Wirklichkeit angekommen. „Mit ihm", heißt es dreimal im Text Kol 2,12f: „mit ihm begraben", „mit ihm auferstanden", „mit ihm lebendig gemacht". Du bist aufs neue das gute, indirekte Wesen, das zu sein du berufen bist – frei, weil indirekt. Zwischen dir und dir ist nichts mehr? Doch, du bist mit Christus vermittelt. Nicht mehr in scheinhafter Direktheit mit dir selbst. Nicht zuerst dir selbst unruhig benachbart, in allemal nur wiederholtes Zurückkommen auf dich selbst eingesperrt, sondern in seinem, dich über dich erhebenden Beisein. In dieser ewigen Geschichte kannst du dich entdecken – sobald du siehst, dass im Neuen Testament deine eigene Lebens- und Sterbensgeschichte im göttlichen Ton des Trostes, der Versöhnung und des Friedens erzählt wird: im Zuge der unermesslichen, sie beherbergenden, in sie eingebetteten versöhnlichen Geschichte Christi. Wo du doch, der kleine Einzelne mit seinem jederzeit schnell verdämmernden Menschenlos, der Daseins-Verlegenheit (die nicht weiß, wo sie hinsehen soll) oder einem beschwerlichen armen Leben, nur wie ein haltloser Zwischenruf wirkst, ein flüchtig und momentan hingemachtes Menschlein. „Der kleine Ruinenbewohner, horchend ins Geschrei der Dohlen, von ihren Schatten überflogen".[469] Von Wesen umschart, beobachtet und besichtigt, die nichts verlauten lassen. Am Ende wie nie gewesen, zerflossen in der Zeit.

---

469 Kafka, s. Anm. 74, 19f.

Mit ihm wurdest tatsächlich du selbst begraben. Mit ihm wirst du auferstehen wie ein Neugeborenes. „Von oben" geboren (Joh 3,3).
Die Tiefen und Dimensionen deiner individuellen Geschichte werden dort erzählt. Du stehst dort geschrieben, dein künftiges schweres oder leichtes Sterben, dein offen zutage liegendes oder ganz verhülltes, unterirdisches, auch dir selbst unsichtbares Unglück (die Zerrissenheit früherer Jahre, sie lässt sich keinesfalls bezwingen, indem man sie beiseitelässt), eingebrannt ins Unbewusste, das Nichtoffensichtliche, deine Todverfallenheit von Beginn an (mitunter überfällt dich das Wissen darum), deine Taufe, deine Auferstehung, manchmal die Windstille des Glücks, dein Glaube, deine Sünden und ihre Vergebung, deine ekelhafte Schuld (hin und wieder steigt der Gedanke an sie in die Kehle, mit würgendem Halsgriff), dein lebenslanges Angefragt- und Angeklagtwerden, das Vorgerufenwerden zur Verantwortung, weil es auf jeden Fall massive, dir vielleicht unbekannte Handhaben gegen dich gibt, und am Ende dein endgültiger Freispruch. In alledem: dein unveräußerlicher Anteil an Christus, „des Gesetzes Ende" (Röm 10,4). Dein Dabeisein. Dein Auch. Dein Mit.

Dass du aber dabei bist, dir gestorben, dass das Vermögen der Liebe, ihre ruhige Ereigniskraft, bemerkt oder unbemerkt, das dir überhaupt Nächste geworden ist, bedeutet Rettung. Wenn du noch Sünder bist, stirbt er für dich. Als durchaus Gottlosen und Christusvergessenen greift er dich auf und greift er dich an – um dich zu rechtfertigen (ein ums andere Mal wird dir dieser Weg vom sündigen zum gerechtfertigten Menschen gebahnt; die dramatische Energie des Kapitels Röm 7 führt es vor). Jedesmal zeigt sich jenes als die Ausgangssituation, dieses als der Zielpunkt. Du wirst, damit du ins Licht hinüberläufst, gerechtfertigt durch den Tod Christi, der du doch deinerseits, von der Sünde alle Augenblicke gegen Gott aufgebracht, als unerbittlicher Feind (Röm 5,8.10) um dich schlägst und selber Gott sein willst.

Uns Verdorbene und Verlöschende spricht er dem ewigen Leben zu: die wieder und wieder sich und die Welt und Gott Verfluchenden, gerecht und Sünder zugleich, erstorben in den Sünden und lebendig gemacht: Immer aufs neue werden wir von dort nach hier geworfen, in einem lebenslangen Konflikt- und Kollisionsgeschehen – wenn er uns Tag für Tag „herausreißt aus dem Leibe dieses Todes" (Röm 7,24). „Ich", das ist ein „Sünder-Ich"? Ja und nein. Ich bin umso mehr ein mit Gott versöhntes Ich.

Eine erschütternde Bitte wird vom Apostel geäußert, er bittet an Christi Statt: „Lasset euch versöhnen mit Gott!" (2. Kor, 5,20). Er kennt darum Tränen und Jubel der Erleichterung. Darüber, dass Gott in Christus die ihm feindliche Welt versöhnt hat (2. Kor 5,19) und dass der Bitte tatsächlich von den Glaubenden nachgekommen werden kann – die dann erkannt haben, dass Gott die Unwahren und Unversöhnlichen in die Lichtung der Wahrheit stellt, in reine Helle: in die Lichtung des Wortes von der Versöhnung.

Nimm du mich in Gewahrsam. Ich möchte mit dir zusammenkommen – damit die Schatten nicht von neuem einfallen. Ich weiß, es wird geschehen, es widerfährt mir jetzt schon. Vergib. Statt zu atmen beiße ich, mich und andere, ich weiß nicht wie. Heile auch den Gewissensbiss. Er soll mich doch nicht Tag für Tag quälen. Ich weiß, es kommt aus mir und zugleich über mich, ich will mich aber doch nicht ganz in mein schlechtes Gewissen verwandeln müssen. Meine absurde Selbst-Menschlichkeit möchte ich dir auferlegen. Nimm sie doch fort. Gott bewahre! Sprich mich von mir los. Nimm mich mir. Dräng mich von mir ab. Sprich dich selbst mir zu. Zeitige mich. Fang mich neu an. Lass mich dann nicht mehr zu mir! Christe eleison.

30. Die Lichtung des Bergpredigers

30.1 „Der Bergprediger ist die Bergpredigt."

Der Auferstandene und Lebendige – selber zeigt er sich als der lebendige Anspruch Gottes. Zwar gilt, dass sein ganzes Leben fordert und bittet, beauftragt, verfügt, zuweist – mit dem, was er tut und unterlässt, zeigt, verschweigt und mit sich geschehen lässt. Doch verdeutlicht sich, was er erwartet, noch einmal ausdrücklich – indem der Bergprediger in die Nachfolge ruft: zu sich, zu seiner Person, zur Christus-Menschlichkeit. Dabei breitet er in der Bergpredigt (Mt 5-7) nicht etwa im einzelnen oder gar umfassend aus, wie gelebt werden soll und kann, sondern führt – beispielhaft für ausgewählte Themen – den Geist und den besonderen Atem dieser Christus-Menschlichkeit vor Augen.

Prägnant formuliert Eduard Thurneysen: „Der Bergprediger ist die Bergpredigt."[470] Aufs Ganze gesehen: Dieser Tröstende ist der Trost, dieser Helfer selber die wirkliche Hilfe, dieser Retter zeigt sich als die Rettung, dieser Bote als die eigentliche Nachricht. Der Offenbarer selbst – ist die Offenbarung.

Nicht nur wird er mich leben lassen, er wird mich lieben, mich schützen, mich in seine Zukunft mitnehmen. Doch zugleich erhebt dieser Freie einen Anspruch auf meine Freiheit (die ich gerade festhalten soll) und legt mir eine restlose „Neuerung des Sinnes" auf (Röm 12,2). Weder erzwingt er Gehorsam noch lädt er lediglich dazu ein, sondern er ordnet an und erlegt auf und gebietet und befiehlt. Sozusagen fährt er zu auf mein Anderswollen, meine Herzensträgheit, meine Dummheit, mein Gedankenelend. Er legt mich fest, er will etwas von mir. Was? Das Bleiben in der Freiheit, das Wandeln im Geist (Gal 5,25), eine unverrückbare freie Stirn, ihr „Versiegeln" regelrecht (Offb 7,3): dass ich „in der Liebe eingewurzelt und gegründet" bleibe (Eph 3,17), auch dass ich mir dann sehr wohl selber Verpflichtungen auferlege. Dass das Herz auf das Richtige, auf die Freiheit festgelegt bleibt, verlangt er dem an sich Unzuverlässigen ab – und dann, bei erst jetzt freigekommener Hand, die unendlichen Auffächerungen der Nächsten- und der Feindesliebe, den Widerstand gegen den Teufel (Jak 4,7). Jetzt – die Freigabe der Welt. Denn erst, „sobald unser Herz festgelegt ist, haben wir freie Hand".[471]

„Gibt es auf Erden ein Maß?"[472] In das man einlenken könnte? Ohne weiteres nicht. Auf Erden nicht. Ohne eindeutige Antwort bleibt seit Menschengedenken

---

470 Die Bergpredigt (= Theologische Existenz heute, Nr. 46), 1936, 4f.
471 Chesterton, s. Anm. 281, 120.
472 Hölderlin, s. Anm. 7, Bd. 1, 908.

die Frage, „wie man zer Welte solte leben".[473] Eine überraschende, heitere Stimme, Janosch („*Oh, wie schön ist Panama*"): „Um anständig zu bleiben, muss man aber zunächst anständig sein. Das kam noch nicht vor."[474] Allerdings: „Es ist dir gesagt, Mensch, was gut ist" (Mi 6,8). „Vorgekommen" ist es durchaus schon: prophetisch angekündigt im Alten Testament; in unvorhersehbarer Erfüllung dann, tatsächlich, leibhaftig, im Neuen Testament. Es ist dir gesagt, wer gut ist und, mehr noch, wer als Ursprung und Quell alles Guten angesehen werden darf. Ernsthaft muss nicht mehr gefragt werden (selbst im vollendeten, anrührenden Gedicht nicht): „Ich habe mich oft gefragt und keine Antwort gefunden, / woher das Sanfte und das Gute kommt, / weiß es auch heute nicht und muß nun gehn".[475] Der Gute und Sanftmütige (Mt 5,5), diese Person, Christus, markiert die Begrenzung des Menschen: durch einen gegenzügigen Willen, der seinerseits zum Baum des ewigen Lebens geleitet (1. Mose 2,9), der Freiheit und Versiegelung der Stirn gewährt. Mit ihm, dem neuen Adam, erhebt sich die ruhige Gegenstimme zum Geifern oder Zischen der großen Schlange – die die Christus-Menschlichkeit totsagen und, mit ihren gewaltsamen Umschlingungen und verrückten Versprechen, Selbst-Menschlichkeit aufrichten will. Dabei ringt er nicht um Vollmacht – er hat sie. Das andringende, offensive Zugegenseins Gottes selbst ereignet sich in seinen Worten. „Er redete mit Vollmacht und nicht wie die Schriftgelehrten" (Mt 7,29).

In dieser Predigt auf dem Berg – auf dem neuen Sinai, im Sinne des neuen Bundes – deutet Christus sich selbst aus. Der Wille Gottes, gegen jede Form des Anderswollens, ist seine „Speise" (Joh 4,34). Sein Wollen strömt Gott dem Vater zu. In der Agonie von Gethsemane stößt ihn dabei die Vaterunserbitte „Dein Wille geschehe!" (Mt 6,10) in höchste Todesnot, in die Tiefe seiner Existenz (Mt 26,39).

30.2 „Das Maß lächelt."

Wort für Wort müssen diese drei Kapitel gegen das Licht gehalten werden, gegen den lebendigen Bergprediger selbst, das „Licht der Welt", das lautere Geheimnis, in dem sich alles Licht fängt, fluktuiert, spielt, flutet. Durchlässig, ein Zwischengeflecht, stellen sie sich dann dar, transparent und Mal um Mal aufscheinend – für Ihn, unbedingt für Ihn. Im Maße der Wahrnahme ihrer Durchsichtigkeit dürfen sie als verstanden gelten. Wenn er die Sanftmütigen selig preist, so ruft er zu sich, denn er selbst ist der Sanftmütige (Mt 11,29), der wahrhaft reinen Herzens ist, der hungert und dürstet nach der Gerechtigkeit. Zum Hineingenommenwerden in sein Sein ruft

---

473 Walther von der Vogelweide, zit. bei Conrady (s. Anm. 26), 113.
474 www.janosch.de.
475 Benn, s. Anm. 12, 301.

er. Indem die Seligpreisungen ihn artikulieren, lassen sie überhaupt erst erkennen, wie Sanftmut verfährt, was das reine Herz bewirkt, was das Verfolgtwerden um der Gerechtigkeit willen bedeutet. *"Lernt von mir!"* (Mt 11,28f), ruft er, *"nämlich die geistliche Armut und die Friedfertigkeit und die Barmherzigkeit. Her zu mir! Kommt. Gerade ihr Mühseligen und Beladenen."*

Auf keinen Fall voneinander isoliert werden dürfen also diese Predigt, auf der Höhe der Welt, und dieser Prediger, auf der Höhe Gottes. Von hier nach dort ergibt sich ein Gefälle, eine unumkehrbare Sinnrichtung. In jenem umfassenden neutestamentlichen Vorgang, demgemäß Jesus Christus sich wunderbarerweise selbst erklärt, Vertrauen erweckt und Vertrautheit gewährt, stellen diese Kapitel nicht das einzige, aber ein unverzichtbares Moment dar. Als die magische Botschaft zeigt sich der lebendige Bergprediger selber – noch nicht ersichtlich als der Allmächtige (Mt 28,18), doch erlebbar jetzt als der, dem nicht nur die Gewalt über die Bestimmung von Gut und Böse zukommt, sondern der sie jetzt auch gnädig in die Welt wirft. Abstrahiert aber von dieser Person, büßt der Text seinen besonderen, sich aus ihrem Geheimnis erst beziehenden, evangelischen Sinn ein: wird zum blindlings zu vollziehenden Gesetz oder gar zur bloßen Meinungsäußerung eines Sonderlings über einige von ihm aufgeworfene Lebensprobleme. Für sich genommen, nicht gegen das Licht, sondern lediglich gegen uns gehalten, neben beliebige menschliche Erlebnisse und Erfahrungen, verliert er seine evangelische, christologische Leuchtkraft.

Dem Licht der Person Christi ausgesetzt, zeichnet sich dann allerdings nicht etwas bereits zuvor halbwegs Eindeutiges ab, sondern tritt unbedingt Neues in Erscheinung. Mit ihm ist der massiven Finsternis des Bösen eine Lichtung abgetrotzt. Man kann sie beschreiben. Mt 5-7 zeichnet sie vor. Dank einer gewaltigen Flutwelle ist etwas losgekommen und auf das hohe Meer getragen worden, was seit Adam rettungslos festgefahren war – die Liebe. Anders gesagt: In der Höhlung der dummen Sünde, des Tohuwabohu, der Finsternis, die nichts begreift (Joh 1,5), weil sie nicht weiß, was Gut und Böse ist (sich das nur einbildet), im Äon der unsinnigen Feindschaft gegen die Liebe – lichtet sich der Bergprediger. Kenntlich macht sich aber in ihm, so dringlich wie liebevoll verkörpert – der Wille Gottes. Des lebendigen Jesus Christus innezuwerden, heißt dann, mit dem seinerseits lebendigen Anspruch des allmächtigen Gottes bekanntgemacht zu werden.

Nicht mehr lässt sich dann der Wille Gottes gleichsam als Paragraphenwerk oder Gesetzbuch darstellen, als irgendwie anpassungsfähig gemachte Summe von Vorschriften, Geboten und strafbewehrten Verboten. Die Bergpredigt faltet sich aus, das ist gleich: Der heute lebendige Bergprediger verdeutlicht sich. Der heute lebendige Bergprediger verdeutlicht sich, das ist gleich: Die umfassende Beanspruchung des Menschen durch Gott selbst – über die Zeiten hin, jeweilig, heutig – deckt sich auf. Das aber heißt: Der Wille Gottes offenbart sich als lebendig. In Unvorhersehbarkeit. Als jeweilig und situativ. Bei guter Zeit. Nicht einfach vorwegzunehmen. Nicht unvermittelt in ihrem Wortlaut trifft mich also die Verbindlichkeit der Bergpredigt, vielmehr nimmt sie Satz für Satz ihren Weg über Jesus Christus, über seinen Trost, seine Hilfe, die von ihm vollbrachte Rettung vor dem Zorn, gleichsam durch das alles hindurch. „Es hat alles durch Christus hindurchgemusst",[476] durch das Kristall seines Seins. Es ist alles Christus-Menschlichkeit.

Aus der Vollmacht des Bergpredigers gewinnen die Worte ihre Gültigkeit. Von ihm wird Gott selber ausgelegt (Joh 1,18). Niemand vermag deshalb hinter den Bergprediger zurückzufragen. Nichts Übergeordnetes kann aufgeboten werden, an dem er zu messen wäre. Umgekehrt liest sich von ihm her Breite, Länge, Höhe, Tiefe (Eph 3,18). Selber ist er Spannung und Definition und Formulierung und Maßgabe.

Aber, wunderbar: Das Maß „lächelt".[477] Unablässig kann man in den Augen Christi lesen, sehnlich danach dann verlangen, seinen Willen zu tun und seinen Blick in jede Situation mitzunehmen, ausgesetzt jedesmal dieser immer aufs neue hilfreichen Frage: „Was würde Jesus dazu sagen?" (Martin Niemöller). Nicht nur „würde", sondern: „Was sagt er dazu?" Er will Bestimmtes und Unterscheidbares – von mir, in diesem Moment, jetzt. Er ruft in Einsicht und Bereitschaft und reißt mich mit. Angesichts des Anspruchs Gottes wird mir jeweils neuer Gehorsam, Hören ohne Verzug, ein Nachkommen abgefordert – das sich in diesem in der Bergpredigt abgesteckten Rahmen halten kann.

Es ist, als gäbe Jesus Christus uns im voraus – noch vor allen einzelnen Weisungen für die je spezifische Situation – den Geist seines Gebietens zu verstehen, den Heiligen Geist seines Gebietens: *„Weisungen dieser Art werden dich erreichen",* so scheint der Bergprediger anzukündigen, *„in diesem Geist wirst du handeln können. Dies macht den Grundsinn aus, den künftige Ansprüche weder überschreiten, noch auch unterbieten werden, ihren überall vorauszusetzenden Richtungssinn. So bin ich, wenn ich die Weisungen Gottes gebiete, in einem solchen Geist kannst du zu Atem kommen. Versteh sie zuerst als meine Selbsterklärungen. Nimm sie, um dich mit mir vertraut zu machen. Auf diese Weise stellst du dich dann auf mich ein. Und dann lebe eine augenblickliche Existenz, eine entschiedene Beziehung zu Gegenwart und Jetzt, ein Leben in meinem Blickfeld: bereit, sehr konventionell oder auch sehr unerwartet in meine Nachfolge zu treten, geführt zu werden unter Umständen in ein Dunkelfeld, aufgefordert zu Nachtflügen, in schwere Konflikte, in Verflechtungen von Schuld und Verhängnis, von Unwillen und Lethargie, bereit, mein Zeuge zu sein, auffällig, wenn nötig, oder ganz unauffällig – sooft Lärm und Qual, Anmut und Pracht der Welt hereintreiben, hereinschlagen in dein Leben. Doch allemal in meiner Gegenwart."*

„Ja, weise mir, Herr, deinen Weg, dass ich wandle in deiner Wahrheit" (Ps 86,11).

---

476 Dietrich Bonhoeffer, Nachfolge (= DBW 4); hg.v. Martin Kuske und Ilse Tödt, 1989, 93.
477 Camus, s. Anm. 59, 244.

Unnötig zu sagen, dass dabei nicht ethische Optionen einem Autonomen zur Prüfung vorgelegt werden. Dann wäre ja ein weiteres Mal der Sünder die oberste Instanz, spräche Sinn zu oder ab, verliehe Bedeutung, wertete und entschlüsselte, deutete und prüfte seinerseits „mit Vollmacht" und säße zur Rechten Gottes, als Götze und Phantom seiner selbst (der nach Belieben, im Rausch der Befindlichkeiten, Entschuldigung: die Sau raus- und die wütenden Hunde von der Kette lässt), ein furchtbarer Jurist, ein Groß-Ethiker. Er hat hier aber nichts mitzureden. So, als Selbst-Ethik, schleudert sich gerade der säuische und hündische „Fluch des Gesetzes" (Gal 3,13) auf den Selbstmächtigen und erdrückt ihn.

30.3 Hans Adam, John Adam, Ali Adam

Wie Erschaffung und Erhaltung der Welt, wie die Sonderung von Licht und Finsternis, von Strahlendem und Schrecklichem, so ist auch die Unterscheidung von Gut und Böse Privileg Gottes. Tödlich überfordert sie den Menschen, wenn er sie an sich reißt, wenn Adam sich – vermeintlich unbedingtes Subjekt – krampfhaft bemüht, eine menschen-gemachte, menschen-autonome Ethik aufzurichten (die noch dazu, starker Fliehkräfte in verschiedene Richtungen zufolge, durchzusetzen nie gelingt). „Gibt es auf Erden ein Maß? Es gibt keines."[478] Zu wirklicher Maßgabe ist Adam nicht imstande. Es gibt in Wahrheit nur das mächtige, göttliche Christus-Maß.

Göttliche Ethik wird dem ewigen Adam entgegengesetzt – in der Vorgabe des Willens Christi als des Willens der Liebe. Die Bergpredigt nimmt dem Adam-Menschen (Hans Adam, John Adam, Ali Adam), dem Sünder von Anbeginn, aus der Hand, was ihm nicht zukommt und was bei ihm in den falschen Händen ist. Was überdies, wenn er es nicht aus den Fängen lässt, seine Krieger-Hände (an denen Blut klebt), die Kains- und Pilatus- und Judashände, regelmäßig „versagen" lässt (Ps 76,6). Stattdessen legt sich ihm mit der Bergpredigt eine freundliche Hand leicht in die eigene und lenkt deren Taten: treibt, steuert, gibt vor, leitet und geleitet, hält und stößt zurück, gibt frei.

Katastrophal überhebt sich Adam. Warum meint er, sich in diesem so Krankmachenden wie Todbringenden üben zu müssen? Er will sein wie Gott – und also von sich aus wissen, was „ethisch" ist oder „unethisch", und diese Unterscheidung als handhabbar in die Hand bekommen. Selber muss er unhintergehbarer Ethiker sein, die erste, doch dann auch die Berufungsinstanz. Doch kommt ihm das Böse zuvor, sein eigenes Böses, die arge Zeit. Unbeirrt ist es ihm vorangegangen – und wendet sich zuweilen nur entsetzlich um und greift zu.

---

478 Hölderlin, s. Anm. 7, Bd. 1, 908.

Gott gleich sein zu wollen, soviel wie Gott (und ihm über) sein zu wollen, ist nicht das Adelsprädikat des Menschen, sondern seine ursprüngliche Verwahrlosung und Seelenverderbtheit – die das Fluchwürdige ausbrütet und dann auch noch die Brut hegt, großzieht und zur Herrschaft gelangen lässt: Glaubensfeindschaft, Erkalten der Liebe, die alte Verführung zu den Gräueln vor Gott, ein sträfliches Vergessen der guten, der bescheidenen Verhältnismäßigkeit des Menschen. Freiheit und Liebe, die Wesenszüge Gottes, kann Adam nur simulieren. Er will sich Gott einverleiben und entstellt sich dabei.

„Wie das zugeht, dieses Grausige, die Sünde: dass es den Menschen unvorhersehbar, aber unaufhaltsam und jederzeit ins Böse dirigiert? Niemand weiß es."

Aber warum? Warum und wozu die Sünde? Der Falsche fragt, der Sünder. Dieser Falsche, Adam, der Einzelne oder die groß-adamitische Menschheit, das Gott-Monstrum, kann keine Antwort erwarten. Umso weniger stellt er auch nur die richtigen Fragen. Die zuerst an „mich selber" zu richten wären und dann an „mir selber" auflaufen müssten. Ich kenne mich aber nicht. Ich bekenne nicht: „Gott, sei mir Sünder gnädig!" Ich komme nicht vor mich (ist doch Gott meiner Seele verhasst).

30.4   „Ich aber sage euch ..."

Jedesmal wird hart Geltendes radikal verworfen: „Ihr habt gehört, dass zu den Alten gesagt ist ... Ich aber sage euch ..." Immer wird mit der Heiligung des Namens Gottes (Mt 6,9) resolute Entheiligung gefordert, Entweihung, Absage, Zurückweisung. Nicht nur redend und redend (bettelnd und drohend) ist ja jederzeit die furchtbare Gefährtin, die Sündenmacht, gnadenlos dicht neben uns hergelaufen. Sondern längst hat sie „in mir" ihren Platz erstritten (Röm 7,17). So dass nicht nur etwas mir Äußerliches, sondern regelmäßig „ich" selbst konsequent entheiligt werden muss, entweiht und zurückgewiesen. *„Ich aber sage euch ... Ich. Und ihr mögt jetzt einmal vollständig schweigen! Ich verbiete euch den Mund."*

Was ist denn heute „gesagt", nicht von den Alten, aber von den Modernen, als Kommando der Zeit, als nicht weiter zurückführbare Vorgabe oder zwingende, zukunftfordernde Unumgänglichkeit – gesagt oder gedroht oder versprochen? Die großformatigen offensichtlichen Vorentwürfe, rotzig-schonungslos, die geheimen Maßgaben und Indizes des Willens, nach denen die Menschen gegenwärtig faktisch leben, der Krach der Totschlageworte – wie lauten sie? Wo sind wir? Wie heißt der an dünnen Fäden über der Zeit aufgehängte, schwere fürchterliche Titel? Jede Zeit „hört", dass Unverrückbares „gesagt ist", dass überwölbende Titel gelten, gibt das Eisenharte vor, den Fels, an dem sich der Spaten biegt. Sagen wir es gleich: „Gesagt" ist die größenwahnsinnige, sich an der Vorstellung des „Menschen als solchem" mästende Menschen-Religion.

Wo also tritt heute „das Mächtige" in Erscheinung, das in der unauffälligen Maske des Altbekannten auftretende, riesige „Mächtige, das in der Luft herrscht", das zuschlägt gegen die Geschöpfwelt, gegen Versöhnung und Erlösung, das hungrige Tier mit dem großen Maul (Offb 13,5), das sein wütendes Gefechtsgeschrei, ein Vernichtungsgeheul, erhebt wie eine Waffe: als wütendes, erdrückendes Propagandageschrei (eine Wortmaschine, die aus dem Stampfen nicht herauskommt). Wen trifft das neue Erste Gebot in der Gegenwart an, das Christus-Gebot? Wem will es die Last des lange schon aufgesammelten Hochmuts von den Schultern nehmen? Wen in Gänze beanspruchen? Den neuzeitlichen Bemächtiger, Fundamentalethiker, Zeit-Verbrenner, Plünderer und Alles-Konsumenten (zwischen Konsumkult und Konsumnot), der vieles weiß, nur nicht, was Buße ist – unterworfen dem jahrhundertealten, fugenlosen Kontinuum des bewaffneten, fauchenden Willens zur Macht (inzwischen allerdings gerade noch zu einem Minimum imstande: der Aufrechterhaltung lebbarer Verhältnisse).

Mit eigener, sehr anderer Macht spricht sich das „Ich aber sage euch …" dem offenen Aufruhr entgegen, mit der sich eine Verformung zum Fratzenhaften in das Gesicht der Moderne eingebrannt hat – wenn es um den „Aufbau der endlich vergöttlichten Menschheit" gehen soll (Camus, mit heftigem Abscheu):[479] wenn jenes fluide, konturlose, lächerliche „höhere Wesen, das wir verehren",[480] „der Mensch" selbst geworden ist. Von Paulus wird allerdings ein anderes Gesicht genannt: „Nun spiegelt sich bei uns allen die Herrlichkeit des Herrn in unserm aufgedeckten Angesicht" (2. Kor 3,18). Als ob eine kraftvolle Hand über das Angesicht des Menschen ginge und die Verhässlichung zum Verzerrten und die Entstellung zum Bösen zurücknähme – so dass es nur noch „widerspiegelt" und die „Herrlichkeit des Herrn" aufleuchten lässt und ihm die Ehre gibt als demjenigen, der an unserer Stelle, zu unseren Gunsten, entscheidet: über Gut und Böse, Segnung und Verfluchung, Himmel oder Hölle. Der die Spiegel-Menschen darum in Schaudern und Seligkeit entlässt, in einfache Unbedachtsamkeit, die unbeachtet lassen kann, was der Menschen-Krach befiehlt. „Dir ist gesagt, Mensch, was gut ist". Genau deshalb kann meine Seele „stille sein zu Gott" (Ps 62,2), geistlich wunderbar bitterarm geworden, kann aufhören mit der versuchten Umfangvergrößerung und der Angeberei, immer nur groß-moralisch zu „grunzen".[481] Die Erste Seligpreisung erweist sich als der Text, an dem die lärmende, sich souverän und tobsüchtig gebende Neuzeit wie an einem unüberwindlichen Widerstand aufläuft.

Es führt in die Irre, in erster Linie „auf sich selbst zu hören", jedesmal zuerst „dem eigenen Herzen zu folgen", ausschließlich zu tun, „was sich gut und stimmig

---

479 S. Anm. 59, 143.
480 Heinrich Böll, Doktor Murkes gesammeltes Schweigen (1958), 2013.
481 Nietzsche, s. Anm. 15, Bd. 5, 196.

anfühlt" – als ob Adam (Kain und Judas), der danach giert, zu „übernehmen", sich selbst überlegen sein und, um dann scharfgemachter Gewalthaber über die Welt zu sein, sich zu sich selbst ermächtigen könnte, zur Dominante, Überspannung und Überwölbung seiner selbst.

In der Höhe zu Hause, in die ich ja gnädig von Gott gehoben worden bin, finde ich jene Selbsterhöhung zum großen Ethiker lächerlich. Ich hebe mich empor? Nein. Jeder Größenwahn macht klein, dieser, schlimmer, liefert sich aus und schuldet sich der Würgeschlange, gibt ihrer harten Umarmung nach und erniedrigt sich unter sie (1. Mose 3,5).

30.5 Ein „Riesenschritt der Menschheit"?

Als der Fluch in die Welt gefahren ist. Die Würgeschlange, die Sündenmacht, der Sündenfall. Er sei „ein Riesenschritt der Menschheit", der Mensch habe sich selbst freigegeben, sei erst jetzt „frei und moralisch" geworden (Schiller, der sich auf Kant bezieht; häufig wird es inzwischen nachgesprochen).[482] Die Heilung des unterdrückten Menschen von Blickverführung und Verblendung der naiven Gottbefangenheit? Zur moralischen Autorschaft und Autonomie gefunden? Man brauche die bösen Gedanken, um die guten von ihnen zu unterscheiden? Gott bewahre! Nein. Nein. Ein grandioses Missverständnis.

In Wirklichkeit versteht der Text den Sündenfall als das Immerschwarze, als die Zerstörung einer ursprünglichen Gottsichtigkeit, der antwortenden Liebe zu Gott. Was handelt sich der Sünder ein? Den nicht nur fortan möglichen, sondern zwingend folgenden Brudermord, dann den Turmbau, dann Feuer und Schwefel von Sodom und Gomorrha, Pilatus, Judas, Krieg und Gewalt – den Einbruch des Bösen und gerade Unfreien, das Zerplatzen der Halsschlagader. Das Grauen kommt über die Welt, dehnt sich horizontweit, das Böse, das den Menschen vorher nichts anging. Adam stürzt die Welt in ihre Verkehrung, in eine fatale Bestimmung zum Abbruch, und sistiert sie dort. Er wird seiner Orientierung beraubt, er findet sich nicht mehr zurecht. Er ist nirgends mehr. Freiheit kann die Schlange ihn nicht lehren, in keiner Hinsicht, am wenigsten das Gott sei Dank Unmögliche, selber Gott zu sein. Schlecht und aufdringlich hässlich und unrühmlich geht es aus: Extrem anfällig für die eigenen Interessen, wird der Sünder zu jenem komischen Eingekerkerten, der nur scheinbar frei herumläuft, der, in seine Willkür losgelassen, ihr unterworfen, nur dazu ausholt, die eigenen, selbstbezogenen Eingebungen auszukosten oder abzuwehren (sind es überhaupt „eigene"?). Er liegt fortan an der

---

482 Etwas über die erste Menschengesellschaft nach dem Leitfaden der mosaischen Urkunde, in: Friedrich Schiller, Werke in zwei Bänden, Bd. 2, 1954, 970f.

rasselnden oder leise klirrenden Kette seiner selbst, kann sie schütteln, kann sich aber seiner selbst nicht erwehren und sich nicht gegen sich selbst stemmen – muss sich deshalb, wie um sich selbst geschart, „hündisch umlaufen" (Kafka; sein Werk ist das definitive Ende des Idealismus).[483] Ein „Riesenschritt" und Triumph?

„Der Mensch" habe sich „zu sich selbst" vorgebissen? Zu sich selbst? Ja, wie ein „unsauberer Geist" (Mt 10,1 u. ö.) ist er in sich selbst gefahren und hat, Schlangenmetaphorik, nachwachsende Zähne in sich selbst geschlagen.

Die Sünde, der schuldschwere Eindringling, ist des Menschen, wie Gott ihn erschaffen hat, unwürdig. Zu „sein wie Gott", „gut" und „böse" zu erkennen, habe der neidische und missgünstige Gott (mit einer Schlange im Maul) dem Menschen ursprünglich vorenthalten – so dass er es sich selbst nehmen und rauben und greifen und sich seiner bemächtigen musste? Kann der Mensch das wirklich wollen? Offenbar, ja. „Des Menschen Wille ist seine Hölle" – zeigt sich als sein Wille zur Macht über „Gut und Böse" als der bedingungslosesten Seins-Bemächtigung.

Seine Hölle. Die Sünde schlitzt die Seele auf. Menschen werden zu Unfassbarem fähig. Fortan wird die Welt in Aufruhr, wird das Hereinschlagen des Bösen die neue Verfassung sein, geistliche und geistige Umnachtung, dann eines Tages sogar erklärte, ausdrücklich gottlose Menschen-Religion. Von nun an – weil der Mensch eine Verbindungstür aufgestoßen, sein ganzes Wesen dem Bösen geöffnet und sich preisgegeben hat – scheint „alles" „jederzeit" menschen-möglich (unmensch-möglich). Alles, jederzeit. Die Hölle auf Erden. Und nichts versteht sich mehr von selbst. Als ob jemand noch vom Paradies her, fragte: „Warum seid ihr Tote geworden – Gottesmörder und dann Brudermörder, ewige Mörder?" Ungeniert wird Adam sich vervielfältigen und Moral-Meuten mit tödlichen Moral- und Ordnungsrufen bilden („Kreuzige ihn!"). Nahezu ein ganzes Volk kann versagen, kann dann eines Tages wie ein Rudel Hunde auf Menschen scharf gemacht werden, auf Untermenschen, Juden, Sinti und Roma, Homosexuelle.

„Dies hätte nicht geschehen dürfen", klagt Hannah Arendt voll Entsetzen an.[484] Erreicht, mit bislang unbekannter Menschenverachtung, scheint der tiefste Punkt, auf den die Menschheit jemals gesunken ist. Der „Heißhunger" der „vollgefressenen Viehwaggons", „sie wollen Juden fressen". „Frisst der Schweinehund Dein Herz?"[485] Elend und Misere der deutschen Geschichte, das Schlachthaus der deutschen Zeit, als Deutschland zum Feind der Menschheit geworden war.

Keinesfalls lassen sich die Folgen des Hörens auf die Schlange als „Preis der Freiheit" erklären, umdeuten, verharmlosen, abtun (der Sündenfall hätte dann noch etwas Gutes). Vielmehr stellen sie das Ende des schöpfungsmäßigen, gottoffenen,

---

483 S. Anm. 74, 608.
484 Elemente und Ursprünge totaler Herrschaft, 1993³, 704.
485 Katzenelson, s. Anm. 387, 52.55.59.

freien Menschseins des Gartens Eden dar, den Verlust der Fähigkeit des Menschen zur Freiheit, bedeuten Enthemmung und grenzenlose, ungesäumte Hysterie, keineswegs den Gewinn der Wahl zwischen Gut oder Böse (ausgerechnet die zerreißende Unfreiheit zu wählen verdient nicht, Freiheit genannt zu werden). Keineswegs ist also die Unterscheidung von Gut und Böse einfach gegeben, ausdrücklich muss um sie gebetet werden (1. Kön 3,9).

Zahllose Straßen gibt der Schöpfer dem Geschöpf frei, durchaus zu allen möglichen unentdeckten Menschen, Frauen und Männern, Erfahrungsmöglichkeiten, Erkenntnissen, Einsichten, bietet in ungeahnte Richtungen sich öffnende, unterschiedlichste Freiheiten der Einstellungen und der Taten – zu denen die schlechthin unverstehbare Sünde, Unfreiheit und Geducktheit, die Bleikammer, aber gerade nicht gehört. Dieses Gute bedarf, um es selbst zu sein, keineswegs des Bösen (wo die Barriere gegen die „Zeit der Ratten" niedergelegt wird).

Am „Tag der Sünde" starrt Adam sich willentlich an sich selbst blind, gottesblind, lebensblind. Sein Sehen zerreißt. Die Stunde seiner „Selbstvergottung", mittels derer er sich, wenn man es so nennen will, vertikal macht und vermeintlich ins Absolute hebt, macht seinen Blick sofort zuschanden. Adam bewaffnet die Augen. Gott zu lieben liegt fortan außerhalb seiner Möglichkeiten, ihn auch nur anzusehen vermag er nicht mehr (1. Mose 3,8). Den Blick des Schöpfers, der aufmerksam und liebevoll auf ihm ruht, fürchtet er, er versteckt sich, er schämt sich, die berechtigte Scham über sich selbst lässt ihn sich umdrehen und treibt ihn von Gott weg. Die Sünde hat ihn dann vollkommen unscheinbar gemacht. Adam, das nackte Tier, will es nicht gewesen sein. Gern zieht er allerdings bei allen möglichen Gelegenheiten dann selber die Moralkarte. Sein entblößtes Dasein, das kurze moralische Mäntelchen, sein Schurz gegen die Schamlosigkeit, ist lächerlich.

Ein „Riesenschritt der Menschheit"? Vielmehr vollzieht der Sündenfall, reaktionär wie nichts sonst, einen jeweiligen Rückfall in das Tohuwabohu des ursprünglich von Gott Verneinten, in das Menschenböse und Menschheitsunheil. Zutage kommt er dann in der je neu und eigenartig vollzogenen Wahl innerer Vergitterungen des Menschseins – und dann in den Halskrallen, den Stacheldrahtrollen, den Weltkriegen und Vernichtungslagern, neuerdings in der jedesmal höher und höher geschraubten Spirale im Vernichten ertüchtigter, jedesmal tödlicherer Waffen. („*Mit jeder Runde des Spiels lernen wir dazu.*") Geradezu scheint diese Spirale sich aus sich selbst fortzusetzen. Und zusehends greift dieser „Riesenschritt" weiter aus – nimmt eine Besessenheit fieberhafte Fahrt auf.

30.6   „... entwindet dem Herrn die Peitsche ..."

Uns selber führen wir vor, so erklärt die Bergpredigt, sooft wir der Begierde folgen, unsere eigenen und unserer Nächster Richter zu sein. Dass Gott Gott ist, der seinerseits vorgibt, „was gut ist", scheint nicht zu genügen. Bei aufgerissenen Augen, unrettbar argwöhnisch, denkt Adam kleinlich von ihm: als ob Gott ihm etwas hätte vorenthalten wollen – was dann eigenmächtig an sich zu reißen war. Adam ist das sich für selbstvermögend haltende, doch nur in der anmaßenden Gebärde, aber nicht wirklich kreatorische, vermeintlich neuparadiesische Geschöpf – das sich anmaßt, was ihm nicht zukommt: Quelle, Limit und Ziel seiner selbst zu sein, sich selber verbindlich, sich selber vertikal.

In hektischer Eile aufeinander folgen dann, nahezu nach Tageslage, die Entwürfe seiner eigenen Ethik, werden allerdings bald innerlich morsch wie wurmstichiges, faules Holz. Über kurz oder lang können sie dann jedesmal ihre Ausgedachtheit und Gesetztheit nicht mehr verbergen, zumal wenn er sie mit „neuen Werten" auflädt und, mit der gängigen Zeithast, auf den Schnellzug der Tagespolitik aufspringt. Sie legen ja nicht wirkliche Pflichten auf, spiegeln und vergrößern und intensivieren ja immer nur ihn selbst und seine innere Unzulänglichkeit und Schuld. Faktisch entwirft, richtet, beurteilt, wertet, deutet er sich auf der ethischen Kommandohöhe ins Nirgendwo. „Ha, die ewigen Höhen sind nun unser Besitz geworden!" (Hes 36,2), meint er.

Wer von jenem seltsamen Baumwesen isst (1. Mose 2,17), muss wie in letalem Fieber – nichts als sich selbst verzehrend, an der eigenen Leere, von innen her – umkommen. Dies geschieht. Seinem Leben schreibt Adam das Todesprogramm des Fluchtodes ein. Er überhäuft sich mit diesem hässlichen Tod.

Der Imperativ der Bergpredigt „Richtet nicht" (Mt 7,1; 1. Kor 4,3-5) trifft also die menschliche Seinsverfassung, trägt Befehlsform, zeigt sich jedoch umso mehr als die Zusage des Evangeliums, schärft ein und fordert: *„Du bist nicht Richter, auch nicht Richter deiner selbst. Der Bergprediger ist es. Wirf die Last von den Schultern."* Zuletzt ist der Gekreuzigte Richter: „der Richter als der an unserer Stelle Gerichtete" (Barth).[486] Dem Anmaßenden muss die Zuständigkeit bestritten und aus der Hand genommen, die Verrückung zurechtgerückt werden: weil nämlich Schauerliches Mal um Mal vonstatten geht. Erneut ist es Kafka, der ein Bild schrecklicher Prägnanz findet: „Das Tier entwindet dem Herrn die Peitsche und peitscht sich selbst, um Herr zu werden."[487]

Die Bergpredigt widerspricht in jeder Hinsicht. Der Christus-Gott ist nicht der strafende Gott, dessen Rolle man durch Selbstbestrafung einnehmen kann (in keiner Hinsicht, nicht einmal im kleinsten). Er ist ein sehr anderer „Herr". Und kein Mensch kann darum seine Menschengestalt verlieren und zum „Tier" werden. Niemand muss sein eigener Richter sein, sich selbst geißeln, sich selbst entwürdigen, verurteilen, verfluchen. Auch Selbstbestrafungen, genau genommen,

---

486 IV/1, 231–311.
487 S. Anm. 35, 344.

können Weisen der Selbsterhöhung sein, Bemächtigungen, das schlaue Gesicht einer findigen Bereitschaft zu sich selbst.

30.7 Böse aus Vergessen

Das Handeln, das der Bergprediger auferlegt (zum Beispiel kompromisslos „Frieden schaffen", Mt 5,9), ist keineswegs unser selbständiges Werk, für dessen Gelingen wir einzustehen hätten, sondern ist Dienst, in dessen Vollzug wir getragen und gedeckt sind. Bei seinem Werk sind wir nur dabei. Keinesfalls haben wir unsererseits irgendein Gelingen zu garantieren oder müssen uns Misserfolge als Versagen anlasten (niemandem kann man so leicht ein schlechtes Gewissen machen wie den Pfarrern und Pastorinnen). Im letzten erfährt das Handeln Entlastung: *„Sorget nicht! Die Folgen eures gehorsamen Handelns lasst nur seine Sorge sein. Verrichtet das Eure nur getreu!"* Nichts anderes als die dritte Bitte des Vaterunsers gilt: „Dein Wille geschehe!" Dabei kommt es nicht etwa auf die „Gesinnung" des Handelnden, sondern auf den Willen Gottes an.

Abgenommen wird uns die Bürde der Bewältigung „des Letzten". Eine All-Verantwortlichkeit für die „Bewahrung der Schöpfung", für alle Not der Welt? Auf sie scheint „Ethik" (oder moralischer Eifer) gegenwärtig hinauszukommen. Ihr Radius hat sich erweitert, über alle Horizonte hinaus, in weltweit ausgespannten Handlungsraum. Denn vor einem ihrer Geschöpfe, dem vermessenen Menschen, müssen Schönheit und Trauer der Natur (Röm 8, 19-22) inzwischen geschützt werden. Erhoben hat sich, wie noch nie in der Geschichte, eine spezifisch moderne, zerkratzte Stimme der Sorge, die mit einem Mal nicht weniger als „alles" verlangt, nur appelliert und jedesmal bitter feststellt, dass „wir" hinter dem Notwendigen weit zurückgeblieben sind (bereits hinter den notwendigen Aufarbeitungen des schon Angerichteten).

Indessen, wie weit reichen menschliche Verantwortungskapazitäten? Verantwortung für die Schöpfung im ganzen? Unmöglich. Unvollziehbar ist bereits irgendeine Empathie im Großen, mitzufühlen, Verständnis aufzubringen, innerlich beteiligt zu sein oder gar ihren Bestand dauerhaft zu sichern.

Zum Übermächtigen verkehrt sich der Appell an die „Verantwortung für den Erhalt des Lebens auf der Erde" und muss zum Absturz in tiefe Entmutigung oder Verdrängung führen, wenn ihm nicht die Vorgabe der souveränen Verantwortung des Schöpfers für seine Schöpfung vorangestellt und dieser Appell dadurch zum Verhältnismäßigen umgebrochen wird. Selbst dann wird dieser Appell noch dringlich sein – freilich zur Hauptsache dann ein Ablassen fordern, Stilllegung, Disziplin, Einstellen, Machtverzicht, Rücknahmen der Scharfstellungen. Kann die bittere Notwendigkeit eines umfassenden Aufhörens geleugnet werden, wo doch, wann immer Modernisierungsschäden auftreten, nur nach mehr Modernisierung (mit absehbar größeren Schäden) gerufen wird? Wo sich zusehends weiterfrisst, was doch erkennbar „so nicht weitergehen kann". Wie hochmütig und unbedarft muss man sein, immer noch zu meinen, es werde schon irgendwie gutgehen.

Selbstverständlich aber kommt, wie es bereits die Psalmen wussten, die Erhaltung der Schöpfung zuallererst dem Schöpfer selber zu. „Die Erde mag wanken und alle, die darauf wohnen, aber ich halte ihre Säulen fest" (Ps 75,4; vgl. Ps 96,10), spricht der Herr. Wiederum die menschliche Selbstgefälligkeit ist es, die jenen Subjektwechsel unter der Hand erzwingen will – und die das Gebet zum Allmächtigen, zum eigentlichen Subjekt, unerträglich entwertet (vgl. Hiob 21,15). Der Mensch: böse aus Vergessen, unter der „dunklen Decke der Vergessenheit" (Weish 17,3). Als das Elend zeigt sich die Schöpfer-Vergessenheit. In Wirklichkeit besteht aber fort und bleibt in Geltung: „Du, Herr, hast selbst in Händen / die ganze weite Welt, / kannst Menschenherzen wenden, / wie dir es wohlgefällt" (EG 133,8; vgl. 408,1).

Dessen „Gnade reicht, so weit der Himmel ist" (Ps 108,5) – wann wird er Halt gebieten und schon die totalitäre Disposition des Menschen löschen? Er „macht es uns zum Unrat" (Hes 7,20), dass wir uns an seine Stelle setzen wollen. *Herr, erbarme dich!* Und uns von uns und unseren maßlosen Dispositionen zu erlösen, ist sein Arm keineswegs zu kurz (Jes 50,2; 59,1).

Genügt es denn nicht, „den Stein der Schöpfung zu tragen",[488] eben den je eigenen Stein, die begrenzte Verantwortungslast, schwer genug? Sind wir etwa inzwischen auch noch „Atlas", mythenalt, die ganze Erde liegt uns auf, auf verkrampften Schultern? Zeit der Krämpfe. Atlas, Adam, Groß-Adam, die Menschheit (beispielsweise Elisabeth I von England, die auf Stichen des 16. Jahrhunderts ihre Hand herrscherlich auf den Weltglobus legt). Menschliches Wirken ins Große, überhöht, gesteigert von Generation zu Generation? Zug um Zug auf weiter Bahn an sich gerissene Zuständigkeit für „die ganze Welt", für „die Schöpfung" (samt Mond und Mondrückseite und Mars und immer mehr Weltraumschrott), und regelmäßig mehr „Verantwortung" – beim hemmungslosen, entsicherten Fortgang hetzender Wissenschaft und Technik, der fatalen Einheitsfront. Das Wort „Verantwortung" sollten wir vielleicht doch lieber fortlassen (die häufige Verwendung, jeden Tag dreimal, signalisiert überdeutlich den Bedeutungsschwund).

Bestürzt wird dann festgestellt, dass sich die Welt, enorm verwundbar inzwischen, als „unregierbar" erweist. „Zunehmende Fallhöhe trifft auf zunehmende Instabilität" (Nico Paech, Kritiker der Wachstums-Ideologie).[489] Ungerührt, wahlweise besorgt, jedenfalls „weltbewegend" – weitermachen und fetter werden, einfach so?

---

488 Else Lasker-Schüler, Prosa. Das Hebräerland (= Werke und Briefe. Kritische Ausgabe 5), hg.v. Karl Jürgen Skrodzki und Itta Shedletzky, 2002, 118.
489 S. Anm. 459, 8.

Oder, anders, die große Stellschraube betätigen? Den Maschinerien die Stecker ziehen? Welche?

Wirksame Selbstbeherrschung, Selbstmacht – sich bis in die Tiefe zu verfassen – ist menschlichen Gesellschaften nicht möglich, auch dem Einzelnen nur marginal. Mit sich selbst, weil nicht gefeit gegen sich selbst, sind sie überfordert. Der Appell an Adam, an die ganze Menschheit „Du musst radikal dein Leben ändern" hat keine Aussicht auf Erfolg. Es ist ja jedesmal nur der Sünder, Plural: die Meute, die auf die Welt losgeht. Hysterisch sich selbst ausgesetzt, aber sich selbst nicht gewachsen, sollte der Sünder sich selbst über sich bringen und sich selbst überspringen?

Adam ist es, der Großkönig, Khan und Rattenkönig, der seine Zeit immer nur an aufgereckten Schöpfer-Hochmut verliert, an Treulosigkeit und dumme, langbeinige Lügen, der „sich in den Tempel Gottes setzt" (2. Thess 2,4), der, in furchtbarer Folge, thront „auf einem Göttersitz, mitten im Meer" (Hes 28,2; vgl. Jes 14,13f), als Spätmoderner: reitend auf dem Rücken des gut gefütterten, vielhundertjährigen urwüchsigen Reptils (Technik und Waffen), das gefügig zu halten und nach Belieben zu dirigieren er unvermindert geeignet zu sein meint (an der paulinischen oder lutherischen Anthropologie und Sündenlehre waren die frühen Befürworter einer „friedlichen Nutzung der Kernenergie" offenbar nicht orientiert; vor der Möglichkeit des Bösen haben sie konsequent die Augen geschlossen). Oder bildet dieser Großkönig inzwischen überhaupt nur noch ein Anhängsel im Selbstlauf der Systeme? Überträgt er, was auf dasselbe hinauskommt, die letzte Befehlsgewalt den (allerdings von ihm selbst programmierten) Großcomputern, denen, versteht sich, ihrerseits immer nur die Moral von Machbarkeit und Macht eingegeben werden kann?

Stattdessen: Endlich, man kann nur erschrecken, diese Selbstermächtigungsgeschichte als eine große Verlustrechnung entdecken. Die „Geschichte von Europas Hochmut",[490] Geschichte von Hybris und Fallsucht der Zeit, des ins Kalkül einbezogenen, potentiellen, immer bevorstehenden „Schlagabtausches". Also zurück? Schon wahr: Wer zurückfährt, muss alle Kurven noch einmal nehmen. Wer schreibt einmal, als kleine Anleitung dazu, eine Geschichte der sich ja durchaus anbietenden wohlüberlegten, zielgenauen Rückwärtsbewegungen? In der Renaissance, im Humanismus, in der Reformation, in der Romantik, bei Heidegger, bei Barth.

Konsequenz: Rückbau des jedesmal aufs neue loslärmenden alten Weltwagens, des „großen Fahrzeugs", das ohne Rücksicht auf Verluste wütend und mit tiefer Räderspur durch das neuzeitliche menschliche In-der-Welt-Sein rast. Abtakelung des in der Technikdämmerung gekenterten Riesenschiffs, aus dem weiterhin das Wasser zu pumpen seinen Sinn verloren hat, des namenlosen heidnischen Narrenschiffs, voll blinkender Lampen, vollgelaufen, voller Leichen. Vorsichtige, aber

---

490 Camus, s. Anm. 59, 13.

entschlossene und rigorose Schadensabwicklung. „Er muss zurück, und wenn die Lunge reißt".[491] Einsicht in die Aussichtslosigkeit und den Verderb der Versuche, in der Logik der neuen, neuzeitlichen Todsünden einfach weiterzumachen. Selbstbescheidung. Entlarvung des dummen Fortschrittsversprechens, Aushungern des Fortschrittspathos und seines jederzeit bewaffneten Selbstbewusstseins (auf die Hinterbeine gestellt und das Sturmgewehr über der Schulter). Die ihm gegebenen, erzwungenen Loyalitätsversprechen brechen. Provokation durch Lustlosigkeit und Anachronismus. Der Wahrheit zur Tarnung einen bunten Narrenrock anziehen und eine gezipfelte Schellenkappe aufsetzen. Das Niederhalten des absoluten Tons. Götzendämmerung: endlich nicht mehr Wesens um „den Menschen" machen. Ihn kühl lagern. Mit weniger ist nicht geholfen. Demütigend? Nur scheinbar.

„Ich aber sage euch …" – ein Satz, der Sperrung und Abbruch befiehlt, auch einmal Stillstand (von der Moderne bitter gehasst und regelmäßig sofort niedergemacht) oder gar (Todfeind, Todeskuss) Rückwärtsdrehung und Zurücklenken. Sich zurückfallen lassen. Wer heute allerdings „zurück" sagt (zum Beispiel Heidegger will den „Abstieg in die Nähe des Nächsten", in die „Armut der Ek-sistenz des homo humanus"),[492] hat schon verloren. Also, *horribile dictu* – treten wir trotzdem in Ruhe einen Schritt zurück und haben unbesorgt verloren. „Fürchte dich nicht, entsetze dich nicht!" (Hes 3,9) Wir dachten, wird in Kafkas *Schloß* erhofft, „dass in der Reihe der vielen Besucher endlich doch jemand kommen werde, der Halt befiehlt und alles wieder zu einer rückläufigen Bewegung zwingt." Und in einem Brief, er könne dazu gebracht werden, „nicht nur für Soldaten, sondern für alles [!] den Rückzug zu predigen."[493] Eine moderne Gesellschaft – auf dem Rückzug vor ihren Waffen?

30.8 Der Bergprediger wird sich offenbaren.

Man muss allerdings von Mt 5-7 aus weiterlesen und darf deswegen nicht vorzeitig abbrechen, weil in der Bergpredigt das abschließende Wort des Neuen Testaments noch nicht gesprochen, die Herrlichkeit des Angesichts des Menschgewordenen noch nicht offenbar ist. Sehr schön, wie Rudolf Landau die Texte zusammenführt: „Als er aber das Volk sah, ging er auf einen Berg und setzte sich, und seine Jünger traten zu ihm, und er tat seinen Mund auf, lehrte sie und sprach: Siehe, ich mache alles neu."[494]

---

491 Kafka, s. Anm. 51, 291.
492 Wegmarken, hg.v. Friedrich-Wilhelm von Herrmann, 2013, 182." – Auf die Weise der Kunst muss Proust „zurück" in die nur scheinbar „verlorene Zeit".
493 Franz Kafka, Das Schloß, hg.v. Malcolm Pasley, 1982, 321; s. Anm. 49, 55.
494 Sein groß Lieb zu zeigen an. Predigten, 2008, 156.

Christus-Menschlichkeit – und Christus-Göttlichkeit. Vollends aufgetan sehen die Evangelien das Angesicht des Bergpredigers ja erst „am dritten Tag", im Licht der Auferweckung des höllisch Gekreuzigten – sobald er auf der Höhe Gottes buchstäblich ersichtlich wird, die „Herrlichkeit Gottes in seinem Angesicht", wie nichts sonst schwimmt es in Licht (2. Kor 4,6; vgl. Offb 1,16). Schließlich liest sich dieses Antlitz – in dieser Sprache der Liebe – als Anblick der Wahrheit selbst. Erkennbar wird in dieser Herrlichkeit, dass die Liebe weltgewaltig alles trägt (1. Kor 13,7). Schon vorher (für die, die Augen hatten zu sehen) war bis zuletzt Liebe in seinem Gesicht zu lesen – gefährdete, wild bestrittene und absichtlich verkannte zwar. Jetzt aber ist in diesem Angesicht die Vollendung ersichtlich (1. Kor 13,10), die Verwindung des Fluchs, Schönheit über die Maßen und Majestät, überirdisch, die Verklärung, die neue Schöpfung – auch ein letzter Anspruch und auch die Beauftragung zur Wahrheit. Auch die Bergpredigt markiert nur einen Durchgang, sie eilt vorwärts: läuft auf Ostern zu, darf dort erst die Augen aufschlagen. Denn dort findet sie das neue Erste Gebot, das Christus-Gebot – das eben ihn zu Gegenstand hat, das lautet: „Er muss herrschen!" (1. Kor 15,25).

31. Das Christus-Gebot und die Schlange

Ich bin der Herr, dein Gott! Du sollst keine anderen Götter haben neben mir! (2. Mose 20,2f)

31.1 Christus allein

Nennt mich Adam! Ein Davonschleichen von Gott, Vergitterung meines Willens, für den es keine Spielräume mehr gibt – finde ich allemal schon vor. Ich bin schon Adam, ich bin schon Kain. Ich will auch nicht beleidigt sein, wenn ihr mich so nennt. Habe ich nicht – heute, jetzt – jederzeit schon meine Nachtzähne geschärft und stapfe in die Dunkelheit? Habe ich nicht Nachtwald und Dickicht geerbt und konnte das Erbe keinesfalls ausschlagen? *„Ich schleiche mich davon, um im Wald meinem Satan zu begegnen. Ich schärfe meine Nachtzähne und, mit Fackel und Bibel bewehrt, stapfe in die Dunkelheit, die schon zu sündigen begonnen hat"*.[495] War es de facto jemals anders, und ich besaß Unabhängigkeit genug, mich ernsthaft zu „entscheiden"? Wann? Ich gebe „mir selbst" das Gesetz meines Lebens? Als ein zunächst unbeschriebenes Blatt? Also ursprünglich unschuldig? Wann war das? Also mit freiem Willen? Wie formiert sich ein „Wille"? In unverdorbener Welt? Die keinerlei Einfluss genommen, die mich keineswegs vorab geprägt hätte? Oder denn doch in „Dunkelheit, die zu sündigen schon begonnen hat", in verseuchtem Umfeld, in der Reuse ohne Zurück? Nicht nur heute und jetzt, sondern jederzeit komme ich schon aus der „Knechtschaft des Willens" (Luthers *De servo arbitrio*). Weil auch ich wie jedermann – unseligerweise, unbegreiflicherweise – „meinem Satan begegnen" will. Ich kann die Knechtschaft auch nicht einfach beenden und versuche eben immer nur von dort aus, bereits bis auf den Grund korrumpiert, mir mein Gesetz zu geben. Weshalb zeigt sich mein Wille böswillig, wieder und wieder (Röm 7,15)? Keinesfalls kann ich ihn lenken, ihm nach Belieben Richtung oder Stoßrichtung geben, ihn auch nur anfachen oder dämpfen. Was soll das denn sein: den Willen haben zum Wollen, zu ausgeprägten Absichten, Vorhaben und Bereitschaften? Jedesmal entwirft sich und agiert mein Wille denkbar voraussetzungsvoll (welchen Vorentwürfen aber eben immer das Böse beigegeben ist).

Paulus spricht vom Seinsgift, vom Gesetz meiner Sünde und meines Todes (vgl. Röm 8,2). Dessen Ende ist Christus (Röm 10,4; 7,4). „Es ist, als wäre irgendwo in

---

[495] Dylan Thomas, s. Anm. 73, 349 (dort leicht verändert).

einer Waldlichtung der geistige Kampf"[496] – den Christus führt, geführt hat und beendigt hat.

Ihm, dem auferstandenen Gekreuzigten, niemand anderem, ist gegeben „alle Gewalt im Himmel und auf Erden". „Er muss herrschen!" Niemand und nichts kann einen letzten Gehorsam verlangen, totalen Respekt, Unentrinnbarkeit, Unaufhaltsamkeit. Ebenjener Wald brennt ab (der „wandelnde Wald" in Shakespeares *Macbeth*). Alles ist Christus-Land. Er ist die Beendigung der Knechtschaft, ein Abbruch, das Ende der Schärfung der Nachtzähne und des Stapfens in die Dunkelheit, eine lebendige, unabgeleitete Verbindlichkeit, ein lebendiges, evangelisches, weißes „Erstes Gebot": in einem Menschen aus Fleisch und Blut, sogar aus Leben und Tod. Andere Notwendigkeiten als zuvor gibt er dann den Gehorsamen und Veranlassten ein. Weder ist „Christus allein" also lediglich eine theologische Formel, noch ist das paulinische „Ich hielt es für richtig, unter euch nichts zu wissen als allein Jesus Christus, ihn, den Gekreuzigten" (1. Kor 2,2) eine Reduktion – sondern beides sind Ausrufe der Begeisterung über das, was ist.

Worin besteht das Gebot? Im Gewahrwerden der Gewalt Christi, in Anerkennung und Bekennen, im getreulichen Ansetzen, Bleiben und Vollziehen, in Wahrnahme seines Seins, im Sein-Lassen im emphatischen Sinne des Wortes. „Er muss herrschen!" Es dabei bewenden lassen, nur die Folgerungen ziehen, nur sich den Willen bestimmen lassen und es dann entschieden selbst wollen, dass mit dem Auferstandenen immer aufs neue die Welt einer Grundspannung und Gegenläufigkeit ausgesetzt wird, einer von ihm überallhin gezogenen Vertikale. Und einfach dem Gebot folgen und, gefragt oder ungefragt, predigen, „dass er der Herr ist" (2. Kor 4,5).

31.2 Der „Wille zur Christus-Macht"

„Es sind die Reiche der Welt unseres Herrn und seines Christus geworden, und er wird regieren von Ewigkeit zu Ewigkeit" (Offb 11,15). Treffend spricht Käsemann emphatisch von „Herrschaftswechsel".[497] „Er muss herrschen!" Das Kalb aber wird zermalmt, zu hartem Staub zermahlen (5. Mose 9,21). Wiederum begreift das evangelische Erste Gebot die Verwerfung des Götzenhaften ein: „Du sollst nicht andere Götter haben neben mir!" (deren Schatten und Umrisse nämlich jedesmal Erde und Himmel bedecken). Das Gebot, wenn zielgenau eingesetzt, wirkt wie ein Skalpell. Dem, der herausgerufen wird (der zur *ecclesia* gehört), gebietet es, sich scharf herausschneiden zu lassen – weil er andere Götter nicht mehr nötig hat.

---

496 Kafka, s. Anm. 74, 520.
497 S. Anm. 177, 194 u. ö.

Der mit Leben, Sterben und Auferstehen herrscht im Himmel wie auf Erden, relativiert und kritisiert und entmächtigt damit alles andere – fällt nicht zuletzt über „mich" her, das goldene Kalb meiner selbst. Der ich mich selbst „zur Ehre der Altäre erhebe". Der ich der Machthaber (über mich und Andere), der „Richter Adam" sein will. Der ich mich unter keinen Umständen abrüsten will. Der ich, ich leugne es zwar, dunkle, gespenstische Mächte, seinslose Dämonen des Widersetzlichen und Widerwillens in mir beherberge. Dem das Aufrichten eines Selbstgesetzes, die eigene Gerechtigkeit, an der die Seele von eigener Hand stirbt, alle Augenblicke aus der Hand geschlagen werden muss. Das neue Erste Gebot stellt mich aber zur Rede. Es fährt mich an. Sehr wohl verlangt es mir eine Bereitschaft und einen Willen zur Macht ab, aber nicht den Willen, sich mit allen Mitteln und unbedingt zur rekrutieren, nicht den neuzeitlichen Rüstungs-Willen – sondern Bereitschaft und „Willen zur Christus-Macht". Es ist voller Zusage, voller Freiheit und ewiger Verheißung – zugleich ein tief beunruhigender Streitsatz, von fluchträchtiger Härte, die mich, wenn ich getroffen werde, nur sprachlos macht.

Wird also auch von mir noch eine andere Geschichte als die mir bekannte zu erzählen sein? Stoße auch ich mich, wie die Frauen (Mk 16,8), in jeder Hinsicht „eilend" von der Totengruft ab, fliehe voll Entsetzen, ein jetzt endlich verheißungsvoller Ewigflüchtender, wie „Könige entsetzt davonstürzen" (Ps 48,5f), habe also nichts Eiligeres zu tun, als zu einem gegen die Todesmacht Revoltierenden zu werden und mich zu einem Leben herausfordern zu lassen, das mir nicht gehört? Wegen der neuen Inbesitznahme der Welt, der Welt ohne den Fluchtod (vgl. Jes 27,1). Weiß ich und beherzige ich, dass das „Auch" Christi durchaus schon nach mir gegriffen hat und ich ihm als Beute zugefallen bin (Jes 53,12)? Biete ich Trotz gegenüber den Verbindlichkeiten und eingebildeten Unentrinnbarkeiten? Kehre ich ihm, der mit Vollmacht eben dieses „Auch" gesagt hat, nun meinerseits mein Gesicht zu, wende mich um, zu sehen nach der Stimme, die mit mir unmissverständlich redet, gewaltig „wie großes Wasserrauschen" (vgl. Offb 1,12.15)? Falle ich ihm zu Füßen wie ein Toter (1,17)?

31.3 Konkurrenz der Nützlichkeiten

Es gilt die vorbehaltlos ehrfürchtige Huldigung Christi: ihm allein die Ehre zu geben. Sind aber kleine Dammbrüche in Kirche und Theologie zu beobachten? Mit winzigen Haarrissen kündigen sie sich an. Von der „Geringschätzung Christi", schreibt Barth, „die da sofort anfängt, wo man ihn nicht mehr eins und alles sein lässt, das heimliche Ungenügen an seiner Herrschaft und an seinem Trost."[498]

---

498 KD I/2, 320.

Geringschätzung Christi. Anderes tritt in den Vordergrund, womöglich unmerklich oder bald dann offenkundig. „Wozu ist es gut? Was bringt es mir?", ist dann die unverhohlene Frage. Wenn man sie aber nicht zufriedenstellend beantwortet bekommt, „ist es aus". Vorrangiges wird geltend gemacht oder unausdrücklich vorausgesetzt: der Nutzen von Religion hervorgehoben, die Dienlichkeit des Evangeliums für etwas eigentlich Gewolltes, die höhere Zweckmäßigkeit des christlichen Glaubens – der für etwas zuletzt Gewünschtes etwas abwirft und sich auszahlt? Vor allem, versteht sich, muss jedesmal für entscheidend angesehen werden, was „dem Menschen" zugutekommt, was ihn überhaupt an Religion interessieren kann, für welchen Bedarf sie „nachgefragt" wird – usw.

Worum handelt es sich? Um einen Treuebruch. Um Funktions-Glauben, um Zweckmäßigkeit und Nützlichkeit des Vertrauens auf den Gekreuzigten und Auferstandenen für Anderes (bloßes Mittel zum Zweck, bloßes Vehikel, Bauelement), um Schleppnetz-Religion, das Abfischen humanitärer „Werte" (gegen die als solche, als Untergeordnetes, mag sein, gar nichts einzuwenden ist). Herhalten und verzweckt werden soll die Wahrheit Christi dann für Übergeordnetes, das dann auch publizistisch vorgezeigt werden kann, also etwa für bestellbare Trostkapazitäten oder für Besänftigung und Sinnstiftung im Sinnvakuum der kapitalistischen Gesellschaft, für die Herstellung emotionaler Integrität, die Stillung humanen Farbigkeits- und Ornamentenbedarfs, den Ausbau von Bewusstseins-Potentialen, die Erlangung von „Selbstdurchsichtigkeit", für den Mut, „sich den eigenen Ängsten und Gelüsten zu stellen", Menschen in ihrer Selbstfindung zu unterstützen, gesellschaftliche Fliehkräfte einzuhegen, am Ende, aufs Ganze gesehen, für Wertevermittlung (oder Sinnhuberei).

All das ist indessen ein Beifang, zweitrangig, mitgegeben, nachgeordnet, an sich nicht wichtig zu nehmen, willkomme Folge womöglich, aber nicht das eigentlich Gewollte (das ist: Christus eins und alles sein zu lassen, ihm nachzufolgen und damit Gott die Ehre zu geben). Es wird uns als Zugabe und zersplittertes Schwemmholz, von den Gezeiten an den Strand gespült, nach Gelegenheit „auch noch zufallen" (Mt 6,33). So wie ich den geliebten Menschen liebe, weil er es ist, aber nicht deshalb, weil er zahlreiche Eigenschaften auf sich vereint, die mir zustatten kommen. Sooft man sie aber ernsthaft mit Erwägungen über ihre Nützlichkeit zu untermauern sucht – wird Liebe bodenlos. Jeder Begründung geht sie voraus. Der ganze Mensch liebt den ganzen Menschen. Den Glauben an Christus begründen zu sollen, empfindet der Christ aber, mit Verlaub, als eine entwürdigende Frechheit.

Und, entsprechend: Von diesem fatalen, atheistischen, Gott nicht ehrenden Funktions-Glauben wird alles für austauschbar und auswechselbar gehalten. Unersetzlich scheint Christus dann ganz und gar nicht. Die Treue zu ihm wird zuschanden gemacht. Er wird Dienstleister. Trost und Sinnfüllung und Kontingenzbewältigung, was auch immer, kann man nämlich auch mühelos woanders bestellen.

Der christliche Glaube mag ja gelten – bis auf weiteres. Bis Besseres zur Verfügung steht. Man muss, nicht wahr, die Bälle in der Luft halten. Alles Mögliche lohnt sich ja, vermittelt irgendwelche Werte, permissive oder konservative, Gebrauchswerte oder Nutzwerte – unter Zuhilfenahme vielleicht der irgendwie irgendwo zusammengeschaufelten, ausprobierten, akzeptierten oder verworfenen religiösen „Potentiale". *Wenn es keinen weiteren Vorteil bringt oder die Leistung nicht stimmt, muss allerdings umgehend eine andere Dienstleistung her.*

Wenn so geredet wird, ist eine Angebotsreligion vorausgesetzt, die heilige Warenförmigkeit der Konkurrenzwirtschaft *(„Achten Sie auch auf unsere Sonderangebote!")*, in welche, wie anscheinend nicht lange erklärt werden muss, ohne große Umstände, geschmeidig, auch der christliche Glaube eingefügt wird. Bewirtschaftet und ins Gerede gebracht wird dann, zur Besitznahme, von der christlichen Kirche ein nützliches Sortiment von attraktiven Sinn- und Dienstleistungsangeboten auf Bestellung.

Wobei die Funktion des Rohmaterials „Religion" („Glauben lohnt sich"; „Gott" als therapeutische Ressource etc.) gut geeignet ist, in Teilfunktionen zerlegt zu werden, um daraufhin, der herrschenden Überbietungslogik gemäß, das funktional Gleichwertige zu optimieren. *„Trost" als solcher, irgendein „Glauben" – scheinen schon an sich nützlich, aber wo zeigen sie sich als besonders lohnend? Im Christentum? Wirklich? „Spiritualität? Erweist sich im Buddhismus vielleicht als noch anspruchsvoller ausgebildet. Zen? Möchten Sie das kombinieren mit Christlichem? Können Sie sich einen, sagen wir transzendenten Erlebnisurlaub vorstellen? Ozeanische religiöse Tiefenentspannung, wellnessmäßig, zum Runterkommen."* „Religion" oder Erlebnishysterie, muss man zugeben, können die Esoteriker auch.

Was ist die Folge, wenn so ungeheuer falsch gefragt wird? Das penetrante Bemühen, „Systemrelevanz" oder wenigstens Nützlichkeit irgendwie nachzuweisen, mehr oder weniger glaubhafte Wichtigkeits-Bekundungen oder -Anmaßungen, Unterdrückung oder Übergehen der Torheit des „Wortes vom Kreuz" (1. Kor 1,18), unwürdige Selbstempfehlung, instrumentell eingesetzter Dauer-Enthusiasmus und angestrengte Grundfröhlichkeit, das funktionslogisch werbende Anpreisen eben eines Vordringlichen und Lohnenden („Quo vadis – wem nützt das?", fragte der im Lateinischen nicht ganz sichere Walter Ulbricht),[499] einhergehend mit bekümmerter Verteidigung, Rücken an der Wand, mit „toleranter" (in Wirklichkeit vergleichgültigender), peinlicher Selbstverharmlosung und -verbeamtung und -verzwergung, indem man sich, in Rivalität und Konkurrenz der Nützlichkeiten, wohlfrisiert und einladend gemacht, „anderen Religionen" usw. an die Seite stellt.

Wann reden wir aber wieder von Gott selbst und nicht nur von menschlicher „Religion" und deren Segnungen (die allerdings von ihren lodernden Bränden

---

499 Ein Ondit.

nicht zu trennen sind). Ein subjektives „Ausstrahlen von Gewissheit", „ein erlöstes Aussehen"? Das aber, wenn versucht, immer peinlich verunglückt.

Gott selber. Erinnern wir uns? Retten wir entschlossen, was diskriminierend „dogmatische Richtigkeit" genannt wird. Keine Geringschätzung Christi. Nichts Übergeordnetes.

31.4 Die Marktdynamik wird es richten.

Noch einmal allgemeiner gesagt: Der die abrufbaren Potentiale sucht, erhebt Konsumansprüche. In einem weiten Sinn. In einer Welt der Waren werden dem sich ermächtigenden Möglichkeits- und Optionsmenschen unter anderem Sinnangebote unterbreitet: „Orientierung", ein „Wertesystem", „passende Begrifflichkeit", „Religion". Für Angebote hält er Audienzen, Besichtigungen und Messen ab. Die Anbieter umwerben und umkämpfen ihn. Er ist sofort beleidigt, sooft man sich nicht dringlich um ihn bemüht (zum Beispiel durch „Niederschwelligkeit"). Man muss sich ihm entgegenbiegen. Mindestens möchte er sich (mit kleinen Werbegeschenken) gut behandelt fühlen.

Keine Frage, dass sich auch, unter hundert Namen, mehrwertige Ethik-Optionen präsentieren: Verbindlichkeiten, Modelle, Verhaltensmuster, nach Intensität und Intention unterschiedliche Appelle, Lebenslehren der Kälte oder käuflicher, mindestens kalkulierter Wärme (wie man „glücklich" wird). Das ihnen Gemeinsame ist jedesmal ihr Angebotscharakter, nicht nur gelegentlich dann auch ihre Verkäuflichkeit. Bei den Playern der Wertschöpfungsketten und der „Märkte" (gehören Kirche und Theologie dazu? ernsthaft?) entbrennt ein Kampf um „Bewusstseinsanteile". Sollten im Wertekurs nicht auch „religiöse Werte" ihren Platz haben? Auch Ethik entwirft sich marktförmig, als Potential und Ressource. Allzumal präsentiert sich die Matrix „Angebot und Nachfrage" als Mutter allen gesellschaftlichen Seins, in umfassender Verwertungswelt. Die Marktdynamik wird es richten (auch, nur zum Beispiel, auf dem Angebotsmarkt des „assistierten Suizids"). Die Optionsgesellschaft – sie schläft lange schon mit den „Märkten" (mit dem „chinesischen Markt" ohnehin, aber auch mit den Sterbehilfevereinen; weltweit mit dem Organhandel usw.).

Das seit langem vorgefertigte Format ist die Großfigur „Angebot und Nachfrage". Was spottet überhaupt noch des Gesetzes der Markt-Matrix, der Logik des Marktgetriebenen (wenn allem ein Preis gegeben wird)? Was lässt sich denn etwa nicht bewirtschaften? So macht der Zeitgeist Verbraucher aus uns allen – und hungriges und gieriges „Potential" aus allem (das, in immer neuen Abwandlungen, Energien und Optionen entfesselt und in Gang setzt). Und bereitet für den Optierenden und Nutzer „Werte" und „Religionen" geschäftsmäßig auf – doch wie Charybdis: die die Schiffe anzieht, zerlegt und als Trümmerhaufen wieder ausstößt.

Das hässliche, teigige „Gesicht der Epoche"? Ist die kaufinteressierte Zeitvisage der Vorteilsnehmer. Kann man sich noch weigern, Wahrheit für Marktförmigkeit dranzugeben, für die längst von der Kette gelassene „Markt"-Ideologie?

Der umkämpfte potentielle Käufer lehnt sich zurück und prüft kritisch. Wer testet die ethischen Optionen? Prüfung müsste eigentlich sein. Gnade findet vor ihm jedenfalls nur, was künftige Aufkündigungen erlaubt. Auch wählt er aus, wofür und inwieweit er Verantwortungen an sich ziehen möchte, und behält sich vor, die Ware zurückzugeben, eine neue zu wählen, eventuell mehrere zugleich, ein Ethik-Sortiment. Dabei müssen die Anbieter ihre Ware so erscheinen lassen, dass man auf seine Rechnung kommt. Sie müssen „einladend" und dürfen nicht „ausgrenzend" reden. Kirche und Theologie? Bei welchem Grad von Angebotsförmigkeit, so möchte man fragen, werden sie zum Spott. Wie billig muss „Gnade" werden. Wie bekömmlich „Religion".

Ist die Wahl auf eine „christliche" ethische Option gefallen, dann gibt es immer noch die Einzelentscheidungen zu treffen, welche der ungezählten in der Christentumsgeschichte bereitliegenden, in seinen Traditionen auf Abruf gestapelten Möglichkeiten am besten gefallen und am brauchbarsten erscheinen. Rekrutieren kann man dabei aus der Problemgeschichte, dem Depot und weitläufigen Vorratshaus der ethischen Potentiale – das Nützliche. Durchaus mag die Bergpredigt dabei sein … Jedenfalls im persönlichen Verhalten … Hin und wieder … Aber doch nicht in der Politik … Sozusagen kann sie dann froh sein, gewählt worden zu sein.

Indessen bleibt bei alledem die Frage, wie viel „Ethik" man sich leisten kann (wenn „übergeordnete Interessen" durchgreifen). Interessenlage schlägt Wertesystem. Immer. Gezogen wird, sooft es ernst wird, dann doch die Machtkarte. Wiederum jedesmal. Schon die längste Zeit lässt sich der Begriff „Wert" nicht mehr ungebrochen verwenden. Werte, die zuerst vor Bedeutung nicht laufen konnten, lahmen und verfaulen dann über Nacht. Etwas (die „Natur"), sobald es um Hilfe schreit, scheint dann geeignet, zum „Eigenwert" aufgeworfen, doch, bei Bedarf, wenn es still geworden ist und sich nicht mehr rührt, natürlich auch wieder zurückgenommen und notfalls zurückgerissen zu werden. Bereits liegt im Vorgang des Zusprechens und Zuerkennens eines „Werts" die Möglichkeit des Entzugs. Wer „sich an etwas bindet", kann diese Bindung auch wieder lösen. Wer fügt, kann genauso gut trennen. Alles steht offen zur Zurichtung und Wertschöpfung durch „die Gesellschaft". Neue Konformismen, ein Kommen und Gehen, Steigen und Fallen, Abstoßen und Herankriechen. Werte sind kursabhängig, sie steigen oder sinken. Doch handelt es sich jedesmal um Werte des Willens zur Macht (der Gesellschaft oder des Einzelnen) Natürlich gibt es Nutznießer, doch auch die Schreie derer, die den Interessen in die Quere kommen (die auf ihren Inseln wohnen bleiben wollen, die gezwungen werden, die Organe ihrer Kinder zu verkaufen etc.).

Bei Bedarf streift die Würgeschlange des unbedingten Willens, bei der nächsten Häutung, die bisherigen Werte ab wie eine schrumpelige Schuppenhaut. Auch hungrig muss sie nicht bleiben. Zur Verfügung steht ihr ja ein abwechslungsreicher Fraß aus den Fässern der heiligen Bücher oder der Ethik-, der Sinn- und der Religionspotentiale.

31.5 „Beiß zu!"

Eine Stimme: „‚Ich bin der Herr, dein Gott! Du sollst keine anderen Götter haben neben mir!' (2. Mose 20,2f) Christus allein ... Das Christus-Gebot und die Schlange ... Die Werte des Willens zur Macht und die Schmach Christi ..." Ihm nachfolgen ... „Dieser war auch mit dem Jesus von Nazareth ..." (Mt 26,71) „Die Schmach Christi für größeren Reichtum halten als die Schätze Ägyptens ..." (Hebr 11,26)

Eine üble andere, tobende Stimme: „Das Letzte, was ich will: mich vom Dunkel der Schmach Christi zeichnen lassen. Ich verachte das. Vielmehr liebe ich die glänzenden Schätze Ägyptens, ihre reichen, mitreißenden Rüstungs-Potentiale, die glänzenden ‚Waffen aus Ägypten',[500] *die neueste Vernichtungstechnologie aus China, Russland, den USA, England, Frankreich, Deutschland. In denen sich meine Schande bloßlegt, die ‚Schande meiner Blöße' (vgl. Offb 3,18; Jes 20,4)? Nein, keine Schande. Ich ‚schlafe mit der weißen ägyptischen Ratte'.*[501] *Nennt mich nur Adam, Kain, Judas! Ich tue, was ich will. Ich schlafe, mit wem ich will. Vorschreiben lasse ich mir– nichts. Ich behaupte – mich. Ich bin selber das Heilige und Unbelangbare. Die ‚Reiche der Welt und ihre Herrlichkeit' (Mt 4,8f) nehme ich in Besitz. Ich bin mir selber das Böse und das Gute. Und von Fall zu Fall knie ich vor mir selber, selbstverbindlich. Ich bin der Herr, mein Gott. Ich dulde keine anderen Götter neben mir."* –

Die höchste Aufstufung des Tobens dieser Stimme hat Nietzsche (der die deutsche Sprache nicht selten zur Weißglut gebracht hat) erschreckend zum Ausdruck gebracht: „Schaffen wollt ihr noch die Welt, vor der ihr knien könnt: so ist es eure letzte Hoffnung und Trunkenheit."[502] Der ethische und religiöse Technokrat – wie verzweifelt muss er sein, sich an eine solche letzte Hoffnung klammern zu müssen, an sich selbst, an seine Machenschaft, an die eigene Welt-Schöpfung, an das Werk seiner eigenen Hände (gegen Ps 138,8). Aus der Flasche seines Selbst berauscht er sich. Sturzbesoffen reckt er die Arme nach oben, um noch „das Heilige", die gültige Verbindlichkeit, die ihn vielleicht auf die Knie zwingen könnte, selber zu phantasieren, zu erfinden, zu denken, zu bauen.

Der im Begriff ist, sich „alle Gewalt im Himmel und auf Erden" anzueignen, will jederzeit nur sich selbst als Gott, sich mit sich selbst überspannen und irgendwie

---

500 Dylan Thomas, s. Anm. 18, 171
501 Benn, s. Anm. 3, 53 (Zitat leicht verändert).
502 S. Anm. 15, Bd. 4, 146.

vor sich selber in die Knie sinken. Der Gott der Bibel ist ja „tot" – meint der von sich selbst Zugedröhnte in „letzter Hoffnung und Trunkenheit" und lallt: „Zaw-law zawlaw kawlakaw kawlakaw" (Jes 28,10.13), lallt also: „seinwieGott – derMenschdemMenschendashöchsteWesen – schonimmerhatderMensch – UnaufhaltsamkeitundkeinRückwegundWeitermüssen – manmussnurverantwortlichdamitumgehen – dieVerheerungderWeltriskieren – robusteAbschreckungdurchVernichtungstechnologie – willstdudennzurückindieSteinzeit". Man bekommt Ohrensausen, wenn man es immer aufs neue hört. Die Einsicht in das Gemachte von Setzung und Widersetzung und Aussetzung etc. legt den Zynismus verzweifelt nahe: dass höchste „Werte" wie „das Heilige" ein- und umgeschmolzen werden können, selbst der „Boden unter unseren Füßen" ein Konstrukt sein und man sich selbst „unbedingt" machen kann. Können ihm wiederum übergeordnete „nicht-zynische Werte" entgegengesetzt werden? Das sind freilich neue Setzungen. Man gerät in zusehends dichtere Umkreisung. Der Raum wird enger und ausweglos. Denn als Voraussetzung, wenn so gedacht wird, zeigt sich bei alledem immer nur der Setzende, das Subjekt der Setzung, als wäre er der plastische Chirurg eines Werteplasmas – das man sich zurechtoperieren kann.

Je nach Umständen und Interessen steckt sich der Setzer der Werte (Individuum oder Kollektiv) sein eigenes Gelände ab, verfasst sein eigenes Gut und Böse, wirft es sich voraus und kommt ihm nach, legt fest, wann es einsetzt, wie weit es reicht, wann das Gebiet „jenseits von Gut und Böse" seinen Anfang nimmt etc. Allerdings wird er (wiederum Individuum oder Kollektiv) nie ernsthaft respektieren können, was er selbst gesetzt hat, und wird es gegebenenfalls, wenn es heikel oder gefährlich wird, umsetzen oder umprogrammieren oder löschen. Bereits indem er Werte „setzt", nimmt er potentiell ihre Geltung zurück.

Unausweichlich konfrontiert sich das neue Erste Gebot dem Modernen, dem Begeisterten des Selbst (sich selbst ein mal präpotenter, mal kläglicher „Gott"). Dem Richter, dem Fundamentalethiker in großem Stil. Der seit langem auf „Werte", „Sinn", „Ethik", „Spiritualität", „Religion" übergreifenden tyrannischen Technokratie (der Zugänglich- und Verfügbarmachung von allem). Versöhnung mit dem Baal in seinen vulgär promiskuitiven Formen oder gehobenen Abwandlungen kann es aber nicht geben: mit den Mächten und Gewalten (Eph 1,21), wo sich sogar Schatten und Gelichter miteinander vermengen, übereinander herfallen und nicht auseinandergehalten werden können, wo (Eph 2,2), statt natürlicher Wolkenbänke, giftige, radioaktive Ungeheuer am Himmel aufziehen, sich wahllos ausschütten und herunterstürzen.

Vielmehr soll – im Widerspruch zu all dem – der Beauftragung zur Wahrheit des Auferstandenen gefolgt werden. Wie wird konfliktbereiter Theologie, allemal unabgeschwächt, dann zu einer gegensinnigen, widerständigen, aber auch vorsichtigen Sprache verholfen, so dass in ihren Äußerungen Festigkeit, Unbestechlichkeit, gesteigerte Schärfe, aber auch Raumgeben, Fernhalten, Zurückschrecken vor dem einen wahrhaft Heiligen zutage tritt. Dann auch ein genereller Sinn für Unantastbarkeit, für leidenschaftliche Genauigkeit der Metaphorik, für die Bemühung, Grenzlinien zu wahren und die Zunge zu hüten (Mt 12, 36), um sich vor der Aufrichtung eigener Heiligkeiten, Erheblichkeiten und Wesentlichkeiten, vor den eigenen selbstischen Beweggründen – zu fürchten.

Symptom jener Menschen-Vergottung aber ist die Fokussierung auf eine riesige, zu überschreitende neue Grenze: auf das Unternehmen, aus dem Material der „Sorge" eine schöne „neue Welt" zu bauen, auf die Herstellung von bio-technischen Organoiden zur Abschaffung des Todes. Eine von krank gewordenen Gedanken bedrängte Forschung soll das Himmelreich auf Erden auf dem Wege biopolitischer Gesamt-Optimierung erzwingen („morgen noch viel herrlicher" Jes 56,12). Aber: „Die Götzenmacher sind alle nichtig; woran ihr Herz hängt, das ist nichts nütze" (Jes 44,9). Die sichtende, hochaufgerichtete Kobra der menschlichen Selbstvergottung ist auf Beute aus. In furchtbaren vertikalen Windungen schnellt sie auf die Götzenmacher zu.

Wer durchbohrt sie (Hiob 26,13)? Antwort: Der unerwartete, unvorhersehbare, unvergleichlich jähe und zugleich endlose Blitz des heiligen Gottes. Nur er. „Menschenhilfe ist nichts nütze" (Ps 108,13). Für uns Gegenwärtige wäre bereits ein zeitweises Niederhalten ein Wunder: auch nur den Fuß auf sie zu setzen. „Sehet, ich habe euch Vollmacht gegeben, zu treten auf Schlangen und Skorpione" (Lk 10,19; vgl. Ps 91,13), Schlangen und Skorpione im Kopf.

Auf welche Weise kommt die Abgott-Schlange zu Tode? In geradezu entsetzlicher Bildkraft spricht Nietzsche,[503] ohne es zu wollen, auf das genaueste von Christus: In der Höhe der Nacht bemerkt „ein junger Hirte" voll Entsetzen, dass sich eine herbeigekrochene schwarze Schlange in seinen Rachen festbeißt. „Beiß zu!", ruft es. Er beißt zu, speit den Kopf von sich und lacht, geschüttelt von Grauen. Der Auferstandene.

---

503 S. Anm. 15, Bd. 4, 201f.

32. Beauftragung

> „Mir ist gegeben alle Gewalt im Himmel und auf Erden. Darum gehet hin in alle Welt und lehret alle Völker und taufet sie auf den Namen des Vaters und des Sohnes und des Heiligen Geistes! Und lehret sie halten alles, was ich euch befohlen habe. Und siehe, ich bin bei euch alle Tage bis an der Welt Ende!" (Mt 28,20)
> „Ich sende euch wie Schafe mitten unter die Wölfe." (Mt 10,16)
> „Dieser war auch mit dem Jesus von Nazareth." (Mt 26,71)

32.1 So geht Macht.

Vor allem also er selber. Christus jetzt. Der Auftraggeber. „Ihm sei Ehre in Ewigkeit!" Er selber soll gepredigt werden: der zum Himmel fährt, der sitzt zur Rechten Gottes, der in der Kraft der Auferstehung von den Toten einen ungeheuerlichen Anspruch erhebt: „Mir, mir ist gegeben alle Gewalt!" (in dieser Betonung) und: „Alle Dinge sind mir übergeben von meinem Vater" (Mt 11,27). Allerdings: „Jetzt sehen wir noch nicht, dass ihm alles untertan ist" (Hebr 2,8). Was zweifellos der Fall ist, wird jetzt noch nicht wahrgenommen.

Auf diese Frage nach „aller Gewalt" hat jedoch keinen Moment lang jemals eine Antwort auf sich warten lassen. Aber die Allmacht nun gerade des Christus? Warum scheint es so unsinnig, sich auf sie zu verlassen?

Weil anderes der Normalfall ist: die Lebenslüge der Moderne, die robuste kriegsideologische Struktur von Zeit und Lebensgefüge, mühsam gebändigte Kriegsbereitschaft, invasive historische Tiefengewalt – die die Welt mit Verdüsterung flutet. Einer ganz und gar urzeitlichen Hinterlassenschaft, aus dem Stoff und der Raserei des Tohuwabohu (1. Mose 1,2), wird Gegenwart verliehen. Vertrauen auf Drohung und Abschreckung, verkörpert in gigantischer, lauernder Macht, in milliarden- und billionenschweren, unbedingt abrufbereit und augenblicklich, von einer Stunde auf die andere „gewillt" zu haltenden Höllenmaschinen, wild darauf aus, die Hölle auf Erden auch tatsächlich auflodern zu lassen. Vor ihnen sind alle gleich. Alle sind höllenwärts. Eben Anderes zeigt sich als der Normalfall: die verbreitete, alles umwerfende Vortäuschung der „Unaufhaltsamkeit" (ein Verblendungsbegriff, ein „weißgetünchtes Grab", ein grauenhaftes, ein Teufelswort), die drängende, zwangsläufige Fortsetzung des Schändlichen, seine durchschlagende Wirkungssicherheit, seine Erfolgsgewöhnung – das Übel als einen vorwärtstreibenden Sturm im Rücken. Landauf, landab brüllen und johlen die Gewaltgottheiten, die rabiaten Mächte der Anstachelung zum Götzendienst und der Verhunzung Christi (Gal 3,1), ein vielstimmiges „*Uns ist gegeben alle Gewalt. Wir sind an der Macht. Sooft wir uns ‚Verteidigung' nennen oder besser ‚Selbstverteidigung' oder ‚ultima ratio' oder ‚der Feind hat ja zuerst ...', verfängt das in der Regel unbesehen – und sehr bald jedesmal auch bei den selbsternannten Menschenfreunden. Lernt also und lehrt also auf jeden Fall und in aller Welt – das Aufhetzen! Und wir, die Mächte, sind bei euch alle Tage.*"

Bei jedem rationalen Licht können sie bestehen und zeigen sich jedem Grad rationaler Aufklärung gewachsen. Unbeirrt, während nur die Staffagen sich ändern, spielen sie die alten Rollen fort. Sie bevölkern die Welt mit Dämonen, mit Hunger- und Kriegstoten, mit tödlichen Strahlen, überziehen sie, wann immer für „Sicherheit" gesorgt werden muss, mit „Kampfmoral", mit schwerer Armierung und allseitiger maßgeblicher Rüstungs- und Maschinenförmigkeit.

Jeder Tag, an dem Menschen dem Missbraucht- und Erschlagenwerden ausgeliefert werden, bestätigt, dass das Wenige, das man nicht mit Gewalt erreichen kann, sich dann doch mit mehr und überschießender Gewalt durchsetzen lässt, mit besserem, vielleicht raffinierterem Hauen und Stechen. So geht Macht. „Gewalt ist kein Mittel. Niemals." *„Eben gerade doch."* Die Zeit leugnet das auch gar nicht, ruft es vielmehr aus, allen ins Gesicht (besonders denen, die sich an die Bergpredigt halten), schreit sich aus bis ans Ende der Welt, schreit sich ins Recht, ein wildes Tier, und produziert unzählige neue Tätertypen und einverstandene Mittäter – die womöglich jedesmal noch mit der verlogenen Gebärde der Unschuld und des Gutgemeinten die Szene betreten.

Lieben, Arbeiten und Töten. Viele können töten, irgendwie immer schon, oder lernen es oder veranlassen, dass getötet wird, oder nehmen es hin, nicht zu reden von den Schlächtern und Marodeure mit ihrem Vernichtungswillen und der Lust am Töten um des Tötens willen (die sich befriedigt, wenn Menschenleben nach Belieben fortgeworfen werden). Beschreibt Canetti die Moderne zutreffend: „Es ist möglich, dass das Tun vom Töten überhaupt nicht mehr zu trennen ist"?[504] Erkennbar gibt es „uns" gegenwärtig nur tätig und gewalttätig. Benn: „Handeln heißt, die Niedrigkeit bedienen / der Schande Hilfe leihn."[505] Und die „Lesbarkeit der Welt"?[506] Wer soll diese Höllenwirbel- und Höllenmaschinen-Welt lesen können? Menschenwesen nicht, die doch nur aus Fleisch und Blut sind. Reicht die Kunst der geistig Umnachteten an sie heran? Sicher nicht. Ist es überhaupt vernünftig, das Verrückte entziffern zu wollen? Wie soll denn unterschieden werden, was zu

---

504 S. Anm. 98, 32.
505 S. Anm. 12, 215.
506 Hans Blumenberg, Die Lesbarkeit der Welt, 1986.

benennen und was ohne Worte zu lassen ist, was als unleserlich stehenbleiben muss und wogegen die Sprache aufbegehren wird?

Untergründig schreibt sich in hässlichen Großbuchstaben die Gewalt des Feindes in die Schriftzüge dieser Welt ein, ein durchlaufender Subtext, nicht anzuhaltende Laufschrift unter den Bildern: die unverschämte Allgegenwart des Fluchtodes (weil mit dem natürlichen Tod Unzertrennbaren), der Nichtigkeit. Deren Überfall und Zustoß wir manchmal womöglich einen Herzschlag lang ahnen. Von deren herannahender, uns anwehender Eiseskälte wir geschüttelt werden. Sie scheint zur Rechten Gottes zu hocken, mehr noch: selber Gott zu sein als die „alles bestimmende Wirklichkeit", selber feindseliger Geist, Ungeist des Niedermachens und Beseitigens unter vielmöglichen Namen, wo die befehlsgewaltige, empörende Sinnlosigkeit nahe und noch näher kommt. Sie scheint „bei uns alle Tage bis an der Welt Ende". Zu keiner Zeit tritt sie von ihren Ansprüchen zurück. So viel Tod liegt ja in der Luft. „Haben die Dinge denn noch irgendeinen Ernst?"

In Wirklichkeit glaubst du an „jenen ‚widrigen modrigen Schlund' (Hesiod), darin die Erde sich öffnet, und Mensch und Nichts steigen herauf wie ein Paar":[507] *auch in Zukunft paarig, auf ewig verklebt.*

Das andere wissen wir nicht und müssen es ein Leben lang neu einsehen und dürfen „uns nicht den Mund stopfen lassen" (Ps 40,10) – und sollen es lauthals predigen. Auch hässliche Großbuchstaben können über Nacht in der Kraft dessen unleserlich werden, der „zur Rechten Gottes steht" (Apg 7,55f), dessen Angesicht darum leuchtet, „wie die Sonne scheint in ihrer Macht" (Offb 1,16), der niemals unleserlich, uneindeutig oder problematisch werden kann. Ausgerufen sind deshalb Kampf und Widerstreit – gegen die „Mächte und Gewalten" der geradezu lechzenden Weltannektierung (Eph 2,2), der der Speichel aus dem Mund leckt, gegen die „Throne oder Herrschaften" (Kol 1,16), gegen den Gegenmächtigen und seine Verbündeten und Interpreten, gegen den letzten Widersacher, das absolute Unheil, den Fluchtod, den die Sünde verhängt, indem sie die gute, schöpfungsmäßige Befristung und Laufzeit allen Lebens vergiftet (1. Kor 15,26; Röm 6,23).

Was jedoch universale, kosmische Vollmacht „im Himmel und auf Erden" im einzelnen besagt und bis wohin es mit ihr gehen wird, was in ihrem Zuge entmächtigt wird, entwirft sich präzise nach dem Bild Jesu Christi, der Christus-Menschlichkeit. Ausführlich zeichnen die Evangelien ja dieses Bild. Erfüllt zeigt sich die Verheißung: Gott „wird den Tod verschlingen auf ewig" (Jes 25,8). Genommen und verschlungen hat er ihn „in den Sieg" Christi (1. Kor 15,54).

---

507 Strauß, s. Anm. 128, 143.

32.2 Schafe mitten unter den Wölfen

"Ihr werdet die Kraft des Heiligen Geistes empfangen", so verheißt er. "Denn bei mir", so mag er vielleicht sagen, "bei mir und nicht bei den herrenlosen Gewalten, bei den finsteren Mächten, nicht bei den verdammten Waffen-Götzen, nicht bei der Menschen-Vergottung, nicht bei euch selber, am wenigsten bei jedem Einzelnen – ist das Bleibende zu finden. Denn wenn der Platzregen herabschüttet und die Wasser kommen und die Stürme an das Haus schlagen, dann fällt es in sich zusammen, und sein Fall ist sehr groß. Mir, mir ist gegeben alle Freiheit, alle Liebe im Himmel und auf Erden. So sollt ihr Zeugen und Überbringer meiner Wahrheit sein. Erschreckt nicht. Ich verknüpfe euch in der Weise der Freiheit und der Liebe mit der Welt. So war mein eigener Weg auch."

Wir wehren uns, weil wir sofort an den Tod denken. Wir schweigen vor Abgestorbenheit und Tod. Erlischt das Gebet? Vor unsäglichem Dämmer, vor gerade noch beherrschter Angst versagt und ertrinkt die Stimme. Als stünde der Übermächtige, immerfort gierig, schon in der Ecke. Er zwingt uns sein eigenes Schweigen auf, er schreit und flüstert uns zunichte, er schweigt uns tot. Immer handelt er sich neue Macht ein – wenn wir, festgefahren, unter Schweigen und Gebetsverstummen, uns wehren und widerstehen.

"Nein. Du hast keine Macht, das Gespräch zu beenden. Mir, dem Herrn, aber nicht der jähen, allemal leicht wachzurufenden Angst und nicht dem Tod – mir ist gegeben alle Gewalt im Himmel wie auf Erden. Mir, dem Lamm. Die Macht liegt bei mir. Ihr werdet die Kraft des Heiligen Geistes empfangen. Ich will aus dem Verstummen und aus der Herzangst herausführen. Unmittelbar sollt ihr auch erfahren, ,dass ich der Herr bin'. Es soll für alle dann offenbar werden, wer allein würdig ist, das Buch mit den Siegeln aufzutun."

Der Glaube sieht es vor sich (und er erschrickt noch einmal): Das Lamm allein, das schwache Lamm, ist würdig, zu nehmen Kraft und Reichtum und Weisheit und Stärke und Ehre und Preis und Lob (Offb 5,12). Das geschlachtete Lamm, die „klapprigen Beine"[508] brachen ihm weg. Dem „erwürgten" Lamm ist gegeben Hoheit und Zukunfts-Mächtigkeit. Dem Menschen, der nicht hatte, wo er sein Haupt hinlegen sollte, wo doch Füchse ihre Gruben und Vögel unter dem Himmel ihre Nester haben (Mt 8,20). Dem Gekreuzigten, verdreckt und zertreten und verrückt im Kopf. Der sein Gesicht verloren hatte. Dem armen Jesus, mit der Krone aus Hohn und Herabwürdigung. Dem Menschen aus der Verwerfung und dem Höllensturz, wie er als einzigem ihm zustößt: dem von Gott Verlassenen, dem aber nicht etwa Verworfenen, am Kreuz „niedergefahren zur Hölle", niedergefahren zur

---

508 Dylan Thomas, s. Anm. 18, 193.

Finsternis, wo das Gotteslob schweigt. Auferstanden. Wiedererschienen. Dann eine Liebe später. Dann viele Lieben später.

„Erschreckt nicht! Allein vor mir hat der Vater sein Angesicht einen Weltaugenblick verborgen. Niemals sollt ihr mein Vorgehen in der Welt ersetzen. Ich muss herrschen. Ein wenig sollt ihr mitgerissen werden: indem ihr von Fall zu Fall das Böse mit Gutem überwindet. Das genügt, es ist viel.

Ich beauftrage euch mit Wahrheit. Wie einen Mantel lege ich sie euch um. So will ich euch haben: angetan mit den Waffen des Lichts. Ich fasse euch mit mir zusammen. Manchmal schlage ich euch mit Liebe. Ich sende Freiheit und Liebe gegen den Tod. Ich sende euch wie Schafe mitten unter die Wölfe."

Wir schrecken zusammen. „Was tust du, Herr?", antworten wir. „Was traust du uns zu. Das kann ich nicht. Ich bin doch der Kriegsknecht. Ich elender Mensch! Ich bin nicht verrückt genug, als Schaf mitten unter die Wölfe zu laufen. Soll ich ihnen denn die Kehle bieten? Ich wäre sofort verloren. Ich bin nicht so. Ich bin mal brutal, mal weichlich und dabei nicht selten einfach nur gemein. In meine Seele hat sich gesenkt und in mir haust die mir nur zu bekannte Christus-Vergessenheit, ein obszöner Selbstruhm. Einen schauerlichen Feind trage ich in mir, in versteckter Kaverne oder Höhle. Ich elender Mensch!" Und wir fügen leise hinzu: „Ich bin selber Wolf und Wolfskrieger, Allzerstörer, Kriegsknecht, Bellizist, Waffengläubiger" und schweigen, weil wir wissen, dass uns „das Maul gestopft werden muss" (Ps 107,42), so dass wir nicht weiter „wagen, vor Schande den Mund aufzutun" (Hes 16,63). Weil wir wissen, dass „ein Wolf das Söhnlein frisst" (Christine Lavant; schon Trakl: „da ein Wolf mein Erstgeborenes zerriss").[509]

Da hören wir es abermals: „Ihr habt keine Macht, das Gespräch zu beenden. Meint ihr denn, ich weiß nicht, wer ihr seid? Wölfisch müsst ihr nicht bleiben. Von Raub und Schande durchwirkt, seid ihr trotzdem, siehe!, eine neue Kreatur, in neuer Schöpfungssituation. Traut mir. Mir ist das Schöpferische gegeben. Ich entlasse in Verwandlungen, in äußere wie innere. Meint ihr denn, Liebe und Freiheit haben keine Durchsetzungskraft, und ich könnte, in gewaltiger Überführung, dem Wölfischen nicht Einhalt bieten, es nicht außer Kraft setzen und völlig austilgen? Ihr werdet die Kraft des Heiligen Geistes empfangen. Ihr werdet gebraucht und werdet womöglich aufgebraucht werden, ihr selbst und euer vorläufiger Schatten. Ich zeichne euch aus, ich sende euch, mitsamt der Schatten, die euch jetzt überhängen und überkommen. Ihr könnt nicht wissen, wofür ich sogar sie brauchen werde.

Betet also: bittet in weltweiter Fürbitte angesichts einer besessenen Zeit, konfrontativ, erbittet Überschreitungen, erbittet Maßloses. Erbittet für euch und für die Welt die Befreiung von den Götzen, heute, jetzt, erbittet den Glauben, den Herrschaftswechsel,

---

509 Christine Lavant, Zu Lebzeiten veröffentlichte Gedichte (= Werke in vier Bänden, Bd. 1), hg.v. Dorin Moser u. a., 2014, in dem Gedicht „Wieder Nacht"; Trakl, s. Anm. 226, 249.

dass ihr eingesenkt werdet in geräumigere Zeit, in die wildbewegte Begebenheit Christi als in eure eigene Lebens- und Zeitlandschaft. Für euch und für die Welt – in der Arena der Zeit – erbittet Entheiligung, durchdringenden Unglauben, Abrüstung ‚des Menschen', Befreiung von den fatalen Religionsversuchen und der Selbstgläubigkeit. Dass die Totschlägerreihe unterbrochen wird. Dass Schwerter zu Pflugscharen umgeschmiedet werden. Dass heute, jetzt, die Macht dessen zutagekommt, ‚der den Kriegen ein Ende macht in aller Welt, der Bogen zerbricht, Spieße zerschlägt und Wagen mit Feuer verbrennt'.

Betet: in sehnlichem Verlangen, in genauer Fürbitte – die mit schärferem Zusehen und mit entschiedener Bereitschaft, den Nächsten zu verstehen, jeweils herauskennt und herausfindet, was für ihn nötig ist, für den Hochmütigen und für den Lügner, den Heiteren und umso mehr für den, der manchmal in sich zusammensinkt. Womöglich findet eine wachsame Liebe allmählich heraus, aus welchem Grund er um Luft ringt.

So sollt ihr meine Boten sein, Boten von Trost und Buße. So soll man sagen: ‚Dieser war auch mit dem Jesus von Nazareth.' Ihr werdet die Kraft des Heiligen Geistes empfangen. Geht also hin, geht in alle Welt, zeichnet euch selbst ein in die aktuellen Stimmungslagen, in die pulsierenden Wirklichkeiten und Möglichkeiten, in jeweilige Augenblicklichkeit, ihre Seinsfülle und ihren Seinsüberhang. Geht hinaus in alle Welt! Und ebenso: Geht in die armseligen Bezirke, in denen niemand sonst ist, in die furchtbaren alten, weitläufigen Schächte und Tiefen der Welt hinein! Denn auch aus dem Inneren der Welten hört man den Ruf: ‚Komm herüber und hilf uns!' Bietet auch christliche ‚Schläfer' auf, die unauffällig auf den Einsatzbefehl warten, bis die Stunde gekommen ist. Lasst Menschen auch innerlich ins Freie gelangen. Helft, dass ihnen die Augen aufgehen für ihre Geschöpflichkeit, so dass sie sich als Geschöpfe Gottes und nicht zuerst als Macht empfinden. Verlockt sie zur Kindlichkeit vor Gott. Lasst sie sehen, wie der Satan wie ein Blitz vom Himmel stürzt. Lockt sie hinein in jene Unabhängigkeit, wo Spiel und Zauber aufeinander zulaufen, in die herrliche Freiheit der Kinder Gottes. Lockt sie in das heitere Licht, den Abglanz der Macht der Freiheit.

Ich habe aber Macht auch über die Träume, die über euch herfluten, die auf euch zufahren, die ihr aber eurerseits verliert oder verratet, oder, ganz anders, die euch vielleicht unbegreifliche Leichtigkeit zuspielen, Macht auch über die Schlagschatten, die tiefnachts andringen und sich in die Seele eingraben, auch über das Wolkendunkel, das niemand jemals kennen kann, das Dämmern der Welt. Baut also an den Träumen, denn es brennen in jedem die Bilder: ihr unerschöpflicher, farbiger Traum. Menschen sehnen sich ja nach guten Träumen. Tauft ihre Träume mit guten Bildern und häuft, damit man ihnen nachhängen kann, solche Träume in ihrem Inneren an. Eines Tages werde ich die Gefangenen Zions erlösen, dann werdet ihr wiederum sein wie die Träumenden, dann wird endgültig euer Mund voll Lachens und eure Zunge voll Rühmens sein. Ich verschenke das schlechthin Überraschende: die wahre Freiheit, die Unbeschwertheit, den leichten Atem. Denn ich lebe, und ihr sollt auch leben – in ewigem Leben dereinst.

Betreibt also die ferne und die ganz nahe Mission, ein eigenes Eifern, die äußere und die innere Mission, auch womöglich das Zeugnis eines langen Lebens. Versteht doch: Mission ist ja Lockung und Aufschließen einer unglaublichen Höhe. Sie zehrt von der Botschaft der vollkommenen Freude, vom berückenden, hinreißenden Evangelium – das nämlich auch das dringende menschliche Verlangen nach Freundlichkeit stillt. Vergebt ihnen ihre Sünden in Gottes Namen so vollmächtig, dass kein Grund mehr ist, sie zu leugnen. Sprecht ihnen auf diese Weise ihre Vergangenheit vom Halse. Tauft sie also mit der Liebe! Tauft sie auch, indem ihr die Hand der Barmherzigkeit nach ihnen ausstreckt. Tauft sie mit Wasser und mit dem Heiligen Geist – so dass sie dem Verhängnis entrückt werden und freikommen aus der Preisgegebenheit an Verödung und Sinnlosigkeit und Unlesbarkeit. Missioniert trotzig gegen den Tod an. Tauft sie gegen den Tod. Stellt ihm tröstlich die Auferstehung entgegen. Zu jeder Zeit und unaufhörlich. Ihr werdet die Kraft des Heiligen Geistes empfangen.

Lacht mit den Lachenden und weint mit den Weinenden. Harrt bei ihnen aus. Gebt ihnen Zeit, sich zu erklären. Oder schneidet ihnen auch einmal das Wort ab. Erspart ihnen, wenn möglich, die Scham. Gewinnt mir die Herzen, so wandelbar, bodenlos und augenblicklich. Erobert mir Menschen und Lebensgeschichten und gehet hin, wirklich in alle Welt – in die hellen Welten der Dankbarkeit, doch auch in die Unterwelten, auch in die Todesgedanken zur Stunde des Wolfs, in den erkalteten Schmerz, die Vereisung der Gefühle, in die Härten des Unerbittlichen, das im Menschen schweigt, das keiner Anrede mehr zugänglich scheint, in die Sphären der schieren Angst, die sich im Laufe der Jahre ein immer tieferes Bett gegraben hat. Gebt acht, dass ihr nicht kalt werdet. Doch übersehet nicht ein womöglich über Nacht eingetroffenes Glück, eine kleine Musik oder die Seufzer der Erleichterung. Gewinnt es alles für mich. Überschreibt es alles mit meiner Geschichte. Gewinnt die Gefühle für mich, die unerfüllten Sehnsüchte, die Gestimmtheiten – die ja die Lebenserzählungen so entscheidend mitzählen.

Verlockt die Menschen zu einer Dankbarkeit in voller Freude. Macht aufmerksam auf die abenteuerlichen Erlebnisse der Sinne, auf Innigkeit und Magie der Welt, deren Pracht, weil sie Bereitschaft für die Vollendung verrät, hin und wieder den Atem verschlägt. Gewinnt für mich auch die Glut der Seele und das Augenmaß, die Aufschreie, die Gedankenwelten, den Verstand, auch den Alltagsverstand, das öde, urtümliche Daseinsgrau, das kalte, fischäugige Grau in Grau der Theorie, die verschossenen Farben und auch das Morgenrot gelehrter Utopie. Bietet alle Vernunft für mich auf, kehrt das Dumpfe ins Vernünftige und Informierte. Doch glaubt weder an ‚Vernunft und Wissenschaft' noch an die ‚Schönheit', an die Macht an sich und schon gar nicht an ‚den Menschen'.

Sofern aber ein Leben durchzogen ist von einem Schattenstrom von Versagungen, Müdigkeiten und Ungenügen an sich selbst, wo die Nacht in Wellen den Schmutz heranschwemmt, wo in einer Seele die Düsternis steigt wie die Flut, dann erbeutet dieses Leben erst recht zurück – mit leisen, verhaltenen Tönen und mit unendlicher Behutsamkeit. Wiederum mit der Liebe gegen den Tod. Wo nur möglich, haltet der

Abgestorbenheit die Liebe entgegen, damit Menschen noch im Spiegel des Nichts ihre Würde bewahren und ablassen können vom Furchtbaren – gegen die ‚Methoden des Teufels', gegen ihre quälenden Gedanken über ihren Lebenswert, wenn sich Wunden über ihre Seele ziehen und entstellende Narben bilden. Wenn niemand mehr ihr Herz erreichen kann. Ausbreiten kann sich dann aber manchmal eine Stille, umfänglich genug, um das höllische Getöse der Zeit aufzunehmen, verhallen und sich totlaufen zu lassen, auch den Strudel der bedrohlichen, bebenden, lautlosen Stimmen von innen, die Selbstbezichtigungen, die Beschwerden und bittern Anschuldigungen, die auch noch einander ins Wort fallen. Wirksam werden kann ein durchaus starker Widerstand der Stille, des schützenden Unberührt- und Unbeteiligtseins, des eisernen, unbeeindruckten Schweigens, das sich zu keiner Zustimmung zum Unmenschlichen pressen lässt.

Noch einmal: Ich sende euch in die unmenschliche, waffenförmige Zeit, in Kriegsgeschrei jedweder Art, in den Tumult der tatsächlichen oder vorgeschobenen ‚Verteidigungen'. Seid selig als Zeugen meines Friedenswillens, indem ihr ausdrücklich und kompromisslos Frieden bringt. Seid dabei so klug wie die Kinder der Welt: klug wie die Schlangen und ohne Falsch wie die Tauben. Aber seid keine Waffengläubige und Kriegsknechte und Wölfe. Und füttert sie, sooft ihr sie in euch selber antrefft, nicht noch mit der verlangten Kreide. Wer eine Gläubigkeit großzieht, eine Vergottung, ein Gewese oder Gespenst, diese besudelte Anwesenheit, den bringt es nun einmal um. Schenkt mir euer Herz, mir!"

„Ja, Herr", so mögen wir antworten. „Du hast uns ja längst gewonnen, du hast uns ja das Herz schon hingenommen. Nun ist aber das Herz ein trotziges und verzagtes Ding."

„Ich helfe dir mit einem Geheimnis – mit meiner Gegenwart. Lieber, meine Liebe – ich werde da sein in Augenblicken der Dankbarkeit und auch in Momenten furchtbarer Unheilserwartung. Es wird sein, als wärest du ein Kind, das zitternd aus Angstträumen erwacht. Dann ist die Mutter da, sie atmet. Sie flüstert nur ‚Ich bin ja da' und nimmt mit ihrem Atmen die Angst von der Seele."

„Und wirst du denn mit deiner Liebe und mit deiner Stimme auch bei uns bleiben?"

„Ja, ich bin bei euch alle Tage."

„Und wie lange, Herr."

„Nicht lange – nur bis an der Welt Ende. Sehr lange – bis an der Welt Ende."

33. Umso mehr Buße im Großen. Verlust- und Untergangsbereitschaft

> *„Das alles will ich dir geben, so du niederfällst und mich anbetest." (Mt 4,9)*
> *„Er gebietet den Menschen, dass alle an allen Enden Buße tun." (Apg 17,30)*
> *„Wenn aber deine Hand oder dein Fuß dich verführt, so hau sie ab und wirf sie von dir! (Mt 18,8)*

Buße im Großen? Wie kommen Umkehr und Buße über die Kirche? Eine besondere Betrübnis. Eine gottgewollte geheimnisvolle Traurigkeit. Eben „die Traurigkeit nach Gottes Willen" ist es ja, die „eine Umkehr wirkt, die niemanden reut", eine Umkehr „zur Seligkeit" (2. Kor 7,10).

33.1 „Die abendländische Gottlosigkeit"

Um oben bereits Genanntes (Kap. 0.6) zu vertiefen, sei noch einmal an einen provozierenden Text Bonhoeffers erinnert, an den Abschnitt *Erbe und Verfall* in der *Ethik*.[510] Selten wird er zitiert. Als ob man ihn lieber löschen würde. Bonhoeffer hat diese Überlegungen nicht abschließend für den Druck bearbeitet. Eine Einschränkung ihrer Prägnanz und Stichhaltigkeit ergibt sich daraus jedoch nicht. Es handelt sich um harte Zumutungen voll überraschender Einsichten, präsentiert in jenem Zugriff mit fester Hand, den man von Bonhoeffer kennt. Sie bedrängen in ihrer Unmittelbarkeit – desto mehr nach einem halben Jahrhundert verheerender, aufgrabender, den Abgrund zusehends weiter aufreißender Vernichtungswaffen. Ärgerlich für die Ohren Vieler, damals wie heute, identifiziert Bonhoeffer im Blick auf Jahrhunderte der europäischen Bewusstseinsgeschichte, einem ohnedies zerklüfteten Massiv, einen bestialischen Grundzug: die „abendländische Gottlosigkeit",[511] inzwischen, heute, auf Weltformat gebracht. Es ist ein Weheruf – Bonhoeffer sieht die Unvermeidlichkeit einer großen Buße.

Weltweit werden Menschen von Texten Bonhoeffers getröstet. Allerdings geht dort auch eine scharfe Luft. Keinesfalls nur Defensive herrscht, sondern unerwarteter Angriff und Vorrücken – auf den überalterten, spätmodernen, auf den

---
510 S. Anm. 81, 93–124.
511 S. Anm. 81, 113.

hässlichen Menschen. Wenn – unausdenkbar, allein von Gott her möglich – ein hochgetriebenes Weltgefühl und dessen Logik zu Boden zu werfen und, als bestünde es aus Schlangen und Skorpionen, zu zertreten ist. Wenn gewollt werden muss, dass gar nichts so weitergeht. Weil der Fuß, das Auge oder die Hand weggerissen werden müssen (Mt 18,8f). Weil wir in einer Gesellschaft leben, mit der wir nicht einverstanden sein, mit der wir nicht befreundet, sondern nur noch zerfallen sein können – die einen Skandal darstellt (Mt 5,29f). Was ist nichts als Verderben und dauert schon zu lange? Was lassen wir uns gedankenlos, tatenlos und gebetslos gefallen? Kann man sich abseits halten oder gar von Vielem abstoßen? Wann gewöhnen wir uns ab, grundsätzlich Platz zu machen und jedesmal nur zu sagen: „Da muss man mit dem Neuen nur ‚verantwortlich' umgehen" (wenn der nächste Triumph der Technik oder die nächste Waffengeneration ausgerufen wird)?

Ausbreiten und durch das rissige Land ziehen wie eine Pandemie oder wie ein über ein weites trockenes Grasland laufendes und nach allem Lebendigen greifendes Großfeuer kann sich die Epochen-Sünde – die uns gierig Tag für Tag aufsucht. Wenn Gott im Menschen zu Nichts wird, der Mensch sich aber hysterisch zum Gott aufsteigern und verdichten will. Wenn „die Vielen" sich vor dem Götzen zu Boden werfen. Wenn sich der dröhnende Chor erhebt, in dem eine Wut die andere befeuert. Wenn Kollektivschuld (bei der der Anteil des Einzelnen unsichtbar bleiben will) größer erscheint, als man sie noch wahrnehmen könnte, und uns, nicht anders als die individuelle Sünde, „über den Kopf wächst" (Ps 38,5).

Erbe und Verfall geht zunächst von einer schon damals unzählige Male getroffenen Feststellung aus: In der Neuzeit kommt es „zu dem unvergleichlichen Aufstieg der Technik." „Dabei handelt es sich", fährt Bonhoeffer dann allerdings fort, „um etwas in der Weltgeschichte prinzipiell Neues",[512] also nicht lediglich, wie allemal bis heute treuherzig versichert, um Weiterentwicklung herkömmlichen Werkzeuggebrauchs. Heidegger spricht von dem überall vorausgesetzten, allerdings reichlich vordergründigen „instrumentalen" Verständnis der Technik[513] (der Hammer, ein Melancholiker, klagt: „Ich bin nichts als Werkzeug, ich will doch nur helfen."). Ganz und gar hätte sie verkannt, wer das „prinzipiell Neue" der modernen Technik übersähe, den zugrundeliegenden mathematisch-operativen Entwurf der Natur, die Härte und Unangreifbarkeit der Zahlen, die Vereisung durch das Funktionale und Instrumentelle, die Eingriffstiefe und in alledem ihren Bemächtigungscharakter.

Für Bonhoeffer ist dabei eine so nicht gekannte „Dämonie" am Werk. Etwas schleicht sich in die Welt, wuchert in ihrem Fleisch und Geist, ein ebenso neu wie eigenartig heraufgekommenes Böses, eben die spezifisch „abendländische

---

512 S. Anm. 81, 106.
513 S. Anm. 48, 8ff.

Gottlosigkeit"[514] – die sich einwächst und das Ganze an sich bringen will. Der Wurf dieser Götzen-Variante „ist selbst Religion, Religion aus Feindschaft gegen Gott." Der wahre Gott soll von ihr zurückgestoßen, mehr noch: unter die Füße getreten werden, so dass umso leichter ein eigener Gott, unbedingt direkt auf seiner Leiche, aufgereckt werden kann. Welcher? „Ihr Gott ist der neue Mensch."[515]

Unnachahmlich Benn: „der neue Mensch, das letzte Lügenfieber aus dem vom Abgang schon geschwollenen Maul".[516] Das kurzatmige, penetrante Geschrei wiederholt sich: „Hier ist der Tempel des Herrn" (Jer 7,4), hier, beim Neuentwurf des Menschen, bei dem zu prägenden neuen „Typ", erhebt sich der eine unantastbare, heilige hohe Tempel. Was tritt ein? Die unverhohlene, totalitär neu-religiöse, durchaus auch in pluralen Formen ergehende „Vergottung des Menschen" (so Bonhoeffers Formulierung),[517] Menschenseligkeit in allen gesellschaftlichen Planungen, in den motivierenden Antriebslagen, in den individuellen Lebensentwürfen (jedem Menschenwesen, meint man, steht nicht die Wahrheit Christi, sondern seine eigene letzte Wahrheit zu). *Homo Deus*. Groß-Phantom. Adam, in desaströsem Narrenspiel, spielt sich als Gott auf, als hätte er Gott verschluckt. Die sich seit Jahrhunderten zusehends weiter aufsperrende Idioten-Falle. Die „Mensch"-Blase (*„Setzen wir endlich die Nadel an!"*). Seit langem tut sich „der Mensch" als Messias groß, möchte über den Wassern schweben und sagen: „Es werde ...!" Anscheinend ist er vollends irre geworden.

Füreinander sind wir die Paradieses-Schlange und rufen einander zu: *„Unser machtvollstes Potential heißt: Wir werden sein wie Gott; wir ziehen die Eigenschaften Gottes auf uns; wir üben uns in ‚Gott'; unsere eigene Kraft machen wir zu unserem Gott (Hab 1,11); unser Atheismus reicht uns als Gegengabe etwas herüber und schenkt uns etwas Kostbares: uns selber, uns selber als Gott; nur vorläufig wird sich noch das Diesseits weigern, zu unserem ureigenen Paradies zu werden."* Noch der Himmel soll – damit dort endlich Adam und niemand anderer thront – vom adamitischen Gewese, von den Wütenden als von tollwütigen Hunden, angefallen und annektiert werden (vgl. Hiob 20,6f), von den „neuen Menschen", den Goliaths.

Allerdings wird diesem Geschrei von der Stimme der Bibel etwas entgegengerufen, nämlich: „Buße", „Traurigkeit nach Gottes Willen" (2. Kor 7,10), „Neuerung des Sinnes!" (Röm 12,2), Niedertreten des abgründigen Selbst- und Götzen- und Todes-Sinnes – Wandlung zu einer sehr besonderen Verlust- und Untergangsbereitschaft. Sich jedesmal gerade weigern, Gott zu sein. „Jeder sagt dem anderen, er sei nicht Gott",[518] er selbst nicht, der andere nicht. Ungehörter oder überschrieener Zwi-

---

514 S. Anm. 81, 113.
515 S. Anm. 81, 113.
516 S. Anm. 3, 125.
517 S. Anm. 81, 114.
518 Camus, s. Anm. 59, 248.

schenruf? Vielleicht. Schon von der Forderung, diesem Geist abzuschwören, sich zu ergeben in Verlust und Untergang, möchte der moderne Menschen-Messianismus allerdings unbehelligt bleiben.

33.2   Bete dich selbst an!

Ich versuche, Bonhoeffers zornigen Gedanken aufzunehmen: von den gegenwärtigen Machtworten und bitteren maßlosen Zugehörigkeitsforderungen her, wie sie sich nach einem halben Jahrhundert verschärft und noch unmissverständlicher an den Tag gelegt haben. Beides kann dabei vor Augen treten: die Selbstvergottung des Menschen, gattungsweit, aber auch die des Einzelnen (der Selbstgott; *homo homini deus*). Weihrauch jedenfalls, so oder so, für Gott II, für den Affen Gottes. Im, wie die moderne Zeit meint, „goldenen Zeitalter des Menschen", der Weltergreifung und „Königsherrschaft" des Menschen, in Wahrheit den Zeitläuften der „Wegbereitung für die Schlange"[519] – gibt sich der Mensch als solcher schlangen-gemäß. Versucht, eine passende eigene Sinn-Häutung herzustellen. Formiert sich als Maßgabe, Ziel und Zweck von allem, als den höchsten Wert. Versucht sich als sein eigener Schutzengel, als heilige Kuh und Goldenes Kalb, als der starke *Minotaurus* Picassos (des Malers von *Guernica*, des Bildes der geschundenen Kreaturen, des Sehers und Malers der Dämonen, die den Menschen hassen und ihn zerstückeln möchten), ist dann aber auch seine eigene Bestie, das kretische Ungeheuer. Er preist sich selber selig, in dreifachem Amt, als König, Priester und Prophet. Des wahren Schöpfers und Versöhners und Erlösers beraubt, meint er, unmittelbar zu sich selbst zu sein – ausgeliefert dann dem umstandslosen Direktverlangen nach sich selbst, ein unbezüglicher Knoten, den man keinesfalls lockern kann. Verkauft hat er sich an sich selbst, an den Abraum seiner selbst – kann auch nicht genug von sich bekommen, die Linke von der Rechten, die Rechte von der Linken, wenn er sich selbstzufrieden, nach Erfindung wieder einer neuen Waffengeneration, die Hände reibt. Menschengläubigkeit ergreift Besitz von ihm, ein „Dämonengeist" (Offb 16,14), an dem die Räude frisst. Nicht in seiner programmatischen neuzeitlichen Form, aber im Grundsatz, weiß vom modernen götzenhaften Menschenbild schon der Psalm und schreit um Hilfe (Ps 9,20): „Herr, stehe du auf, dass die Menschen nicht Oberhand habe!"

Der Adamit, der Mensch höchstselbst, mit eingebildeter Oberhand, radikalisiert sich auf die verschiedenen Weisen, heiligt seinen eigenen Namen (der ihm gar nicht gehört). Bedeutenderes, meint er, tritt nicht auf im Himmel und auf Erden. Nur auf zweierlei kommt es dabei an: auf starke Identität (Binnenglück, Selbsthaftigkeit

---

519 Kafka, s. Anm. 74, 824f.

in möglichst ausgedehntem Selbstfeld; es folgt das Selbst-Palaver) und auf das Einfahren ökonomischen Erfolgs (als Inszenierungsmittel und wiederum sichtbaren Selbstbeweis). In beidem empfindet er alles und sich selbst – als Macht. Jeder Einzelne verhält sich als „sein eigener Herr", als sein eigener Segen oder Fluch, als verbindliche Selbstdefinition, sich selbst Eschaton. Wunder über Wunder – über dem „Ich". „Wenn ich nur mich habe, so frage ich nichts nach Himmel und Erde". Bei der Selbstsuche sucht er dann Halt bei der eigenen inneren Tiefe, oder schlägt (Theaterszene), um sie überhaupt erst zu ermitteln, mit langer, schwarzer Peitsche auf den Schatten ein, den er an die Betonwand wirft. Er hat sich in sich hineingelebt, eine begehbare Tautologie (ganz man selbst sein und bei sich selbst sein und von sich selbst aus sein). Er weidet nur noch sich selbst (Jud 12; Hes 34,2). Am liebsten hört er das Geräusch der eigenen Schritte und umso mehr den vertrauten Pulsschlag des eigenen Blutes, das eigene Seinsrauschen. Folglich bleibt er, der Nervenmann, zuletzt mit sich allein, gefrorenes Meer, begehrt ins unruhig Gestaltlose hinein (das er nun einmal selber ist), wird womöglich im Prozess erregter, unbeherrschter Lebensgier zusehends weniger, stirbt den Kältetod.

„Sinn" setzt jeder sich selbst, in Eigenvermessung. Angeblich werden Architektur und Bau des Lebens vor allem von mehr oder weniger resoluter Selbstbefürwortung getragen – die allerdings von jeder Böe der Herzensangst, der Einsamkeit, der Furcht vor Abwegigkeit und innerer Auflösung umgeworfen werden kann. Das vordringliche Gebot, kommt es ihm vor, ist das der „Selbstliebe" (nach dem in jüngster Zeit gängigen Missverständnis, als ob sie im Neuen Testament ausdrücklich geboten sei), der gemäß ich mich, selbst-empathisch, von Grund auf liebenswert finden und mich mir bestätigen, mich vor allem zu mir bekennen muss. „Dreifachgebot" der Liebe? Faktisch rangiert die Eigenliebe dann allerdings jedesmal als das Erste. „Sich selbst lieben zu lernen – das ist die größte Liebe von allen" (*Learning to love yourself / It is the greatest love of all*), sang Whitney Houston. Ich setze mich auf die Spur des eigenen Ichs, rede mir gut zu und baue mir zweckmäßige, gut funktionierende Selbstbestätigungs-Filter. Allerdings muss ich mich von mir Tag für Tag neu überzeugen, wie auch mich immer von neuem mit mir selbst beseelen (Selbstmission). Die mit Abstand interessanteste Frage der Welt scheint die nach dem authentischen Ich („Wer bin ich? Im Tiefsten. Zeige ich mich besonders authentisch, zum Beispiel im unkontrollierten Gefühlsausbruch?"), nach Selbstverlust und Selbstermächtigung (Selbstfindungsideologie und sich selbst erteilte Vollmacht). Bin ich authentisch genug (die wärmende Fiktion des Authentischen)? Ein hinreichender Selbstflüsterer? Statt der (*oldschoolish*, altvornehm, jedesmal sofort unter Verdacht gestellten) Zurückstellung der eigenen Person, des Verzichts auf Selbstschonung und der Unbekümmertheit um den persönlichen Vorteil – „Ich und nichts als Ich" (nur das ist ehrlich). Sich selbst etwas abverlangen? Dem Anderen einen geschützten Platz verschaffen und selbst den gefährdeten einnehmen? Nein. Gutfühl-Wolkenbank statt der Bezwingung seiner selbst. „Wen ich am meisten liebe? Meine bekannte Bescheidenheit verbietet es mir, darauf zu antworten. Unter mir fallen allerdings, komm es mir vor, Hals über Kopf die Minderbegünstigten qualitätsmäßig in Stufen ab."

„Vermählen darf man sich nur mit sich selbst", so schon der (insofern moderne) Montaigne.[520] Liebesheirat: Vor 50 Gästen hat sie sich selbst den Ring angesteckt, sich selbstverliebt das Jawort gegeben, Treue gelobt und sich versprochen, an guten wie an schlechten Tagen für sich zu sorgen. Der Erste, der auf dem Weg nach Jericho am halb Toten vorbeilief, war der ganz Heutige. „Ach", bedauerte er, „ich, ich-ich, mir selbst der Nächste, liebe mich selbst noch nicht genug, eigentlich gar nicht" – und ging vorüber.

Die Selbstbestimmung und Selbstmacht des höheren Menschen, des Übermenschen, tritt an die Stelle des Gebotes Gottes – der ja längst „tot" ist, getroffen vom schnellen Gerät, vom blanken Fallbeil der Autonomie, der angeblich großen Errungenschaft der Moderne. „Nun wollen wir, dass der Übermensch lebe",[521] das bedingungslose, souverän werteschaffende und -setzende Subjekt: wenn sich der bisherige Mensch in operativer Selbstverwandlung über sich hinausgetrieben hat, im Wurf, sich selbst das Gesetz zu geben und seinen Grundbestand in endlich verbesserter Ausgabe zu liefern. Wenn er seine Statur vergrößern und sich in Wesen und Selbstmacht aufsteigern will, über die Verfassung hinaus, in der er sich schöpfungsmäßig aufhält, kann allerdings das Ergebnis nur das totenhafte, das verfluchte Monstrum sein. Hinein ins Gewimmel. Ein Grauen. „Rattenmenschen", „Menschenratten" werden die kindgroßen Ungeheuer bei Günter Grass genannt (*Die Rättin*). „Die Kommenden!" Die Anrückenden. „Sie sind blauäugig."[522] Einzug in die Seele hält dann ein „unreiner Geist", Schwaden von fettem Qualm und Ruß. Peristaltik des alten Äons.

33.3 Peristaltik des alten Äons

Gehirne nachbauen und Köpfe transplantieren will er ja neuerdings, der vollends verrückt Gewordene – angetrieben von den Schlägen der späten Moderne. Der doch dem Tod schon angehört, giert – damit nie wieder seine eigene Zukunft im rasselnden Atem Anderer an sein Ohr schlagen muss – nach selbstgemachter, selbstvermögender Unsterblichkeit. In welchen Schlingen zappelt der Qualgeborene und unausweichlich Erlöschende bei solchem Toben? Er verknotet sich. „Sein Herz tobt wider den Herrn" (Spr 19,3). In Wut auf Gott und im Rückfall auf sich selbst

---

520 Zit. bei Rüdiger Safranski, Einzeln sein. Eine philosophische Herausforderung, 2021, 47.
521 Nietzsche, s. Anm. 15, Bd. 4, 102. – Eine letzte Exekution der Autonomie des Übermenschen in einem der eindrücklichsten Texte Koeppens (*Landung in Eden*; s. Anm. 297, Bd. 4, 274f).
522 S. Anm. 449, 424.

will er durchs Leben gehen – sich selbst, vor lauter Ich, eine krampfhaft versuchte Zusicherung seiner selbst (die immer nur Hoffnung auf sich selbst züchtet). Nicht im geringsten wird er allerdings mit sich selbst fertig. Der Sünder, an sich selbst verloren, namenlos zu sich selbst entschlossen („Ich bin, der ich bin", überhebt sich die aufgeladene, heiße erste Person), steigert sich auf zum unumschränkten Herrn der Welt, zum hässlichen Gegen- und Überschöpfer. „Die Herzen in die Höhe": zum Menschen, dem Ausrufer seiner selbst. Er setzt zum diabolisch hochmütigen Sprung an – „besorgt", keine Frage, indem er die Furchen im Gesicht noch etwas tiefer legt, „vorsichtig nachdenklich" (indem er einfach die „Schwarzseherei" beiseite schiebt). Desto tiefer sein Fall.

Der „Unrecht säuft wie Wasser" (Hiob 15,16), der sich selber säuft, der Identitätspolitik betreibt, dessen Herz „sich überhebt, als wäre es eines Gottes Herz" (Hes 28,2.6), vermeintlich, um sich mit Gott zu messen, auf dem Olymp, in Wahrheit der maßlose Meister des Bösen, der darauf aus ist, mit „stolzen Augen" (Ps 18,28) zum Selbstschutz Umfassungsmauern zu errichten (sie bleiben indessen lückenhaft und brandig), der letzte Mensch – eben: Er „vergottet" sich.

Nach dem Selbstmord hängt ihm die geschwollene Zunge aus dem Hals (Conrad, *Ein Vorposten des Fortschritts*).[523] Schneidend Nietzsche, mit der Nennung des uralten Wunschtraums Adams: Der „Übermensch" soll leben![524]

„Gott ist tot. Sag ich jetzt mal. Sozusagen. Glaub ich zumindest. Ist ja irgendwie auch egal. Und übrigens, mir geht es auch nicht so gut." Sagen vielleicht die vulgären „Umherstehenden" in *Der tolle Mensch*. An anderer Stelle heißt es dann bei Nietzsche, diesem Zeitdiagnostiker ohnegleichen: „Gott ist widerlegt, aber der Teufel nicht."[525] Ausgeführt hat er diesen furchtbaren, unabsehbaren Gedanken allerdings nicht.

Immer, sagen wir, kommt es, da Gott tot ist, „auf den Menschen an". Jederzeit, jedesmal? In ungezählten Fällen schon, aber, um Gottes willen, nicht im Letzten. *„Ich bin mein Eigentum. Meinem Eigentum bin ich nichts schuldig."* Ein absolutes Selbstbestimmungsrecht? Wer wird es sich wegnehmen lassen wollen? „Freie Selbsttötung" als Inbegriff von Autorschaft und Autonomie (in Wirklichkeit ihr Ende). „Der Mensch dem Menschen das höchste Wesen" (Marx und Feuerbach). Exakt bezeichnen die Stichworte die regierende gottlose Denk- und Gefühls- und Lebensverfehlung.

Nein, es kommt zuletzt auf Gott an. „Du sollst nicht andere Götter haben neben mir!" Immer, lässt man ihm seine Wucht, zeigt sich das Erste Gebot als voller Zusage und ewiger Verheißung – oder von unglaublicher, fluchträchtiger Härte. Du selbst, so

---

523 Joseph Conrad, Ein Vorposten des Fortschritts, in: Geschichten der Unrast, dt. 1963, 125.
524 S. Anm. 15, Bd. 4, 102.
525 S. Anm. 15, Bd. 11, 625.

ist zu verstehen, bist nicht der Gott deiner selbst. Du gehörst dir nicht (der Satz ist für die modernen Ohren eine fundamentalistische Unverschämtheit). Kein Augenblick, der nicht ihm, Christus, gehörte. Du bist gar nicht in der Lage, dich zu fassen, geschweige denn, dich selber restlos zu begreifen, brauchst dich aber auch gar nicht in allem zu befestigen – kannst dich vielmehr getrost selber entlassen und dahingestellt sein lassen. Prägnant zum Beispiel Gerhard Polt: „Man ist sich selber ein Geheimnis, und ich will es auch nicht wissen."[526] *Oder: „Ich muss nicht wohin, ich bin schon da." Selbsthass, womöglich kaum auszuhalten, der nur hoffen lässt, dass der Schmerz irgendwann aufhört, ist furchtbare Krankheit, Selbstverweigerung und Selbstekel, dass es einen schüttelt, allerdings mitunter vonnöten (auf den Hinterhöfen, auf denen man sich im Verborgenen mit sich selbst trifft). Ob du lebst oder stirbst, du bist „des Herrn" (Röm 14,8). Vornehmlich vor dir selbst musst du bestehen können? Zufolge deiner ursprünglichen Selbstwahl und des unverbrüchlichen Treue-Eides zu dir selbst? Nein, „suche dich nur in Christus und nicht in dir, so wirst du dich auf ewig in ihm finden" (Luther).*[527]

Und der „Makro-Egoismus" gegen Pflanzen und Tiere (deren „Lebendmasse")? Die ohnehin niemand richtig begreift. Zeigt sich überhaupt noch Platz neben dem verrückten menschlichen Ego? Für Korallen, Nashörner, Ozeane, Urwälder, für die Luft, die Gletscher, das Polareis, den Boden? „Der Frevel, den du am Libanon begangen hast, wird über dich kommen, und die abgeschlachteten Tiere werden dich schrecken" (Hab 2,17), die schutzbedürftigen Kreaturen mit ihren mitleidheischenden und dann verloschenen Augen. Canetti, satirisch: „Vor den Thronen der Tiere standen demütig Menschen und erwarteten ihr Urteil."[528] Oder Erich Fried: „Einmal von mir gerettet / muss keines mehr sterben / Alle werden sie kommen / zu meinem Begräbnis."[529]

Nein, niemals darf menschliche Selbst-Ethik an die Stelle Gottes treten, das auszubildende, zukunftfordernde und steuernde „Weltgewissen", international geweitet, mit den Irrläufen polytechnischer Verfügungsträume, die planetarische Neu-Ethik-Kommission, die auf das breite Einverständnis zielende supranationale ethische Übereinkunft (regelmäßig, versteht sich, an den Ethik-Markt delegiert, in unvermeidbar unscharfer Mittellage, auf ein handliches Format zurechtgestutzt, instabil). Selbstverständlich muss man „Gott mehr gehorchen als den Menschen" (Apg 5,29). Der Einwand, niemand wisse so genau, was denn sein Wille sei, ist ein durchschaubares Ausweichen. Sehr wohl kann man das wissen. So dass sich eine umstandslose Unterwerfung unter jene Vorgaben verbietet, für die der Mensch „das höchste Wesen" ist.

---

526 Zit. bei: Reiner Stach, Kafka. Die frühen Jahre, 2014², 242.
527 S. Anm. 85, Bd. 2, 23.
528 S. Anm. 98, 223.
529 S. Anm. 106, 103.

Welches Menschenbild aber hat der Teufel (mit Leichtigkeit hat er die Modernen mit ihrem angelaufenen Spätbewusstsein glauben gemacht, dass es ihn nicht „gibt"), welches Teufelsbild der Mensch? In Dostojewskis *Die Brüder Karamasoff* sagt „Iwan": „Ich glaube, wenn es den Teufel gar nicht gibt und ihn folglich der Mensch nur erdacht hat, so hat er ihn nach seinem eigenen Bilde geschaffen."[530]

Macht der Vergottung, Feind der Welt, führt er den modernen Menschen „auf einen hohen Berg", den Olymp des Selbst, auf ein gewaltiges, unregelmäßig geschichtetes, vielfach ausgehöhltes Spiegel-Ungeheuer, eine Welt der Doppelbelichtungen, der Ungestalt von Riesenhand, der Zerr- und Spottbilder, hineingedreht in den Teufelskreis wechselnd aufgemachter Perspektiven und optischer Täuschungen. Wo der böse Blick herrscht, das kranke Auge. Denn „alles, auch das Schuldlos-Reine zieht / Fürs kranke Aug' die Tracht der Hölle an".[531]

Er verschafft ihm Einlass in das Spiegelverlies, in die neuzeitliche Menschen-Vergottungs-Ganzheit, lässt ihn schauen und befiehlt: „*Lach dich an, mit letzter Liebe. Vermehre die Meute der Ratten durch deinen Blick.*[532] *Lerne den Blick der Selbst-Religion, so dass ihn dann niemand mehr aus deinen Augen herausspiegeln und den Star stechen kann. Sei niemals Spiegel der Herrlichkeit Christi. Trau, Spiegel-Mensch, deinem selbstgefertigten Spiegel-Schliff. Erkenn vor allem deine eigenen Augen an. Ruf dich selbst an, liebe den eklen Widerhall, dann hast du auf kürzestem Wege mich angebetet – der ich auf dem Grund der bewegten, dunklen Spiegelung warte. Ich bin, was du siehst.*"

Auf einer Radierung Max Klingers hält die Schlange Eva einen Spiegel hin. „Die Menschheit lebt vor dem Spiegel" (Ricarda Huch, schon 1919).[533] Die Welt – ein Menschen-Irrsinns-System von zusehends schärfer geschliffenen Nach- und Gegenbildern, die ewige, beständig sich aufstufende Verspiegelung des Gleichen, das in eisenhartem Eis (der *Kokytos* bei Dante)[534] allein auf sich selbst trifft. Und deshalb, im Kleinen und im Großen, eine Zwangsgemeinschaft mit irgendeinem promiskuitiven authentischen Selbst (dem Adam-Selbst, der Ich-Konstruktion, einem in wolkiger Tinte schwimmenden Selbst, das aber die Welt bedeuten will). Hauptsache selbstisch, Hauptsache „Selbst" (ein maßgebliches Wort der Neuzeit). In ihm ist Heil, zu ihm kann man „die Verbindung verlieren" (allerdings hat noch nie jemand mit eigenen Augen gesehen, wo es eigentlich hockt). Doch können auch Spiegel „irren".[535]

---

530 Fjodor Michailowitsch Dostojewski, Die Brüder Karamasoff, Fünftes Buch. IV: „Empörung".
531 Kleist, Schroffenstein, 1. Aufzug, 2. Szene.
532 Kafka, s. Anm. 74, 571, 912.
533 Zit. bei: Tilmann Spreckelsen, vor dem Spiegel, F.A.Z. 31.10.2017.
534 34. Gesang.
535 Michael Krüger, Umstellung der Zeit. Gedichte, 2013², 9.

„Blutet der Spiegel, in den ich schau?", fragt Martin Walser.[536] Werde ich aber, wenn es so wäre und er Blut verlöre, noch gerne in ihn schauen wollen? Oder kann man hindurchdringen und die andere Seite erforschen? Oder kann es ungespiegelte menschliche Existenz geben, die an der genauen, randscharfen, unfassbaren Gottebenbildlichkeit genug hat?

Der Teufelspakt, eine alte, verführerische Teufels-Möglichkeit, eine „Lust für die Augen" (1. Mose 3,6), lockt und wird auch geschlossen: das moderne Übereinkommen „des Menschen" mit sich selbst. Ode an Adam, Adam dreimal ummauert oder eingeschlossen in einer gläsernen Fruchtblase wie in Hieronymus Boschs *Garten der Lüste*, „als hätte er schon im Mutterleib zu sich gebetet".[537] Der verrückte Handschlag der Rechten mit der Linken, folglich die verkrümmte, sich in sich zurückbiegende Abmachung jedes Einzelnen mit sich selbst – der nie an etwas geglaubt hat, das größer wäre als er selbst, der, in sich verhakt, sich keinesfalls von sich ablenken lässt, der meint, er wisse, was er tut, so „mündig" wie „autonom" (das Wort, nicht zufällig, in jüngster Zeit allerdings vorwiegend hinübergewandert zu quasi-subjekthaften, „autonomen" Waffensystemen). Ein Ich, das es unternimmt, sich in eine für erstrebenswert gehaltene Direktheit zu sich selbst hineinzureißen, sich mit einer unsinnigen Nabelschnur nur an sich selbst anzuschließen. Der kurze Weg vom eigenen Mund zum eigenen Ohr: „Halten" will er sich nur an die Vorhaben, die, mag manchmal der Gaumen bluten, „aus seinem eigenen Munde kommen" (Jer 44,17). Das Ergebnis (wenn es darauf ankommt) ist der Maulheld Gott gegenüber (den schon das Alte Testament zur Genüge kennt und verachtet), der Gottesfeind von morgens bis abends, die gemeine, bis zum Hals in der Banalität feststeckende, nicht nur je tatsächlich, sondern systematisch ideologische Nein-Bestie, brachial wie das Leben selbst.

Wenn der vermeintlich „den Lauf der Geschichte" Bestimmende, der Sünder „Mensch", sich aber im Fortgang der Neuzeit zu seiner abwegigen, verspiegelten Selbstanbetung schon einmal hingekniet hat, schwerfällig oder nach fieberhaftem Sprung weg vom guten Weg, dann folgen binnen kurzem die Verwerfungen, die todbringenden, blickdicht schwarzen Ideologien. Seelengierig, gierig nach der Formung und Anrichtung der Gewissen, fressen sie Menschenseelen. Dann folgen die Liquidationslisten, die Gitter der niedrigen, dreckigen Verhörkeller, die äußerste Erschöpftheit dort, das äußerste, hoffnungslose Verlangen nach Ruhe, aufgrund dessen man denn doch unterschreibt, der Terror, das Lager, die Rampe, die totalen Kriege, die aufstehen, keine Ursachen haben, aber um Vorwände nie verlegen sind, die Zunahme der Tödlichkeiten, das bereitgehaltene Auslöschungswissen, die sich

---

536 Martin Walser, Das dreizehnte Kapitel. Roman, 2012, 97.
537 Canetti, s. Anm. 98, 188.

wie ein Flächenbrand fortfressende Austilgungstechnologie, die wissenschaftsgestützte Form der Menschenverwerfung, die mörderischen Waffen (eingesetzt nur ‚notfalls', nur ‚als *ultima ratio*', keine Frage; lateinisch klingt es auch irgendwie besser).

Fortgang der Neuzeit. Gekränkt von angeblich falschen Verdächtigungen, (dass sie es nicht im Grunde doch gut meinten), stammeln die Vernichtungsmittel: *„Wir sind nur Hilfsmittel und Werkzeuge für die absolute ‚Wert-Treue'. Wir meinen es doch nicht böse. Wir wollen doch nur dabei helfen, Werte und Identitäten und Lebensformen usw., für die kein Risiko zu groß ist, zu verteidigen. Ja eben: für die kein Risiko zu groß ist! Nur beistehen möchten wir doch, behilflich und dienlich sein – zum Beispiel auch mit Hilfsmittel und Werkzeug der atomaren Abschreckung. Wenn es schiefgeht, täte es uns sehr leid. Niemand wird es gewollt haben. Was ist uns aber die westliche Freiheit wert, die westliche Demokratie, die freie Wissenschaft, was sind uns unsere Hauptsachen und Ideale und Ideen und Höchstwerte und Lebensformen wert? Schon, ja, das Risiko des nuklearen Winters, der Auslöschung allen Lebens auf der Erde."*

Den Hilfsmitteln und Werkzeugen und ihren entsetzlichen Ertüchtigungen irgendwie entkommen? Können dabei Selbstheilungskräfte des „gesamtmenschlichen Bewusstseins" ihre Wirkung tun? Nicht in bezug auf das Böse. „Was wird das Bild helfen, das sein Macher gebildet hat, und das gegossene Bild, das da Lügen lehrt?" (Hab 2,18), das Großlügen lehrende, wachsen und gedeihen lassende rissige Bild „Mensch" (das, mit Leichtigkeit aufs Schrecklichste heraufbeschworen, aus dem Dunkelgrund heraufgefahren ist). Der Neuzeitmensch gibt sich Mühe, es sich zu verschleiern, dass auf Teufel komm raus eben daraus nichts werden kann, wenn er sich selbst als Sünder wirklich unähnlich zu werden und den Sumpf seiner selbst trockenzulegen unternimmt. Umso weniger zeigt sich irgendeine „Gesellschaft" als geeignet, auch nur das Gestrüpp und Dickicht ihrer strukturellen Gewalt zu durchdringen, ihrer eigenen Vehemenz zu entkommen oder wenigstens sich selbst einigermaßen zu sortieren. Weder kann sie auf die eigene Scheitelhöhe gelangen (von der aus sie wirklich überblicken könnte, was sie anrichtet), noch eine halbwegs realistische Bestandsaufnahme vornehmen, schon gar nicht unerbittlich Gerichtstag über sich selbst halten oder auch nur sich selbst und den eigenen Befehlen irgendwann einmal ernsthaft ins Wort fallen.

Regelmäßig gibt sich der krächzende böse Kakadu, Hanswurst und Dummkopf als Gott aus, zerschießt und verhöhnt den Gott des Ersten Gebots und greift nach der Hand des Teufels. Schämt er sich? Eine Art Menschen-Grundierung bereitet einen trügerischen Boden für das Leben auf der Erde – untergräbt es in Wahrheit, lässt im verdorbenen Grund wurzeln. Giftiges, galliges Grundwasser sickert ein. Delirium und Idiotie wird von jenen wie Wasser gesoffen, die Idioten sind und Idioten zu bleiben wünschen, von uns, die wir in dieser Hinsicht die Wahrheit kennen und die Verblendung wählen, deren verdrehtes Gesicht offenbar gar nicht vermag, jemals von sich fort und nach außen oder nach oben zu schauen.

Wenn aber die Kirche Christi sich einmal trotzig zeigte und der neuweltlichen Macht-Idiotie das Evangelium entgegenhielte: „Und wenn alle – dann doch ich nicht!" (Mt 26,33)? *Si omnes – ego non. Ecclesia non.*

33.4 „Unaufhaltsamkeit", Totschlagewort

Zurück. *Erbe und Verfall* – ein Text, den man besser unerwähnt lässt? „Vergottung des Menschen"? Soll man eingestehen: „Da hat selbst Bonhoeffer sich einmal verrannt. Keine Frage, was er da schreibt, ist unhaltbar." Wirklich? Ich fürchte, im Gegenteil, er hat nur zu sehr recht. Dieser durchdringende Geist hat etwas zu sagen, was sonst kaum jemand aussprechen mag.

Sooft Adam vergottet wird und für sich selbst „entbrennt" (Hes 23), wird die Würde des Menschen zertreten „wie Dreck auf der Gasse" (Jes 10,6). Mit „Humanismus" hat solche Selbstweihung nichts zu tun. Wunderbar schreibt Luther: „Wir sollen Menschen und nicht Gott sein, das ist die Summa, es wird doch nicht anders. Oder ewige Unruhe und Herzeleid ist unser Lohn."[538] Herzeleid, wenn ich „schreie vor Unruhe meines Herzens" (Ps 38,9) – und Unheilvolleres als Herzeleid. Es erweist sich aber als eine Gnade, für Gott ein Mensch zu sein (*homo Deo homo*), für Menschen ein Mensch zu sein (*homo homini homo*).

Durch die Moderne brennt sich die tödliche Grausamkeit ihrer Waffen. Mit Vernunft ist sie von Anbeginn nicht gesegnet, vielmehr ausgerüstet mit der wachsenden und sich festigenden Fähigkeit, nunmehr im großen Stil und Zuschnitt zu verrichten, was einmal, harmlos noch, „Schlachtmesser" und „Mordhandwerk" hieß. Reiß-Zähne setzen wir uns ein, bis wir ersticken. Unbedenklich wird der Wahnsinn in die Wissenschaft gekehrt. Die mit Abstand intelligentesten, teuersten Apparaturen, über die wir verfügen, sind Höllenmaschinen, an die die Menschheit sich festkrampft und an die sie ihre Kräfte ausgibt – die allerdings zweifellos bislang unbekannte Höllen aufmachen. Rüstung verschlingt Geld. Ja, man muss aber beim Wort „verschlingt" den Dämon vor Augen haben. „Normale" Politiker, Menschen wie du und ich, geben sie in Auftrag, verwalten Massenvernichtungsmittel und setzen sie gegebenenfalls in Gang (kann man beruhigt sein, wenn Mehrere beteiligt sind?). Menschliche Normalität scheint gegenwärtig sterbenskrank. Allseits inszeniert sich die Moderne als eine Rüstungs-Moderne. Wer ihr Betriebsgeheimnis ausplaudern will (man wird ihm aber über den Mund fahren und sofort „extrem einseitig" rufen), braucht nur „Rüstung" zu sagen. Die Zunge hängt ihr heraus, nach Waffen. Aus eigener Schwungkraft, nach eigenem Gesetz, läuft sie weiter, gleitet sie, furchtbarer: stürmt sie – in den blanken Irrsinn.

---

[538] WA 5, 415.

Ist das alles „unaufhaltsam"? Nicht selten will betrügen oder jedes Weiterdenken sperren, wer „unaufhaltsam" oder „unentrinnbar" sagt. Wer alles daran setzt, gedankenlos zu bleiben und die Klopfzeichen und Vorbeben nicht zu spüren, verwendet diese Sprachroutinen gern. Als handele es sich bei jenem Fortschritt um die altgriechische Schicksalsgöttin, die Unabwendbare, um augenlose, triebhafte Wucht und entsprechende Unwiderstehlichkeit. Es gibt auch aus dem Dreck geborene, mit Schrecken vermischte Sprache. „Worte, vollgesogen wie Wanzen",[539] Gesindel in der Menge der Wörter. Nicht alles verdient, „Sprache" genannt zu werden. Die Sprache militärischer Abschreckung kennt Krampfworte (zum Beispiel die sich ironisch und überlegen gebende Wendung „der große Knall").

„Unaufhaltsam" – wer schlägt das Totschlagewort tot, veranlasst einfach, dass es sich selbst zerfrisst (Mk 3,26). Als Argument verwendet, wirkt das Wort jedesmal als ein Faustschlag. Diffuse, sengende Unglückserwartung, Resignation und geheime Bewunderung schlagen einen Knoten: verketten sich und streiten sich – in diesem Ausdruck der Lebenslüge der Neuzeit. Wird so zugeschlagen (meist mit Bedeutsamkeitsmiene), dann scheint sich jedes weitere Wort zu erübrigen. Nichts im harten Lauf der Dinge, wie 1989 vorführt, ist allerdings unaufhaltsam. Allein Gott ist unaufhaltsam. „Es wird regiert!" (Barth)[540] Einfach ablesen aus dem Weltgeschehen wird man das freilich nicht können.

Zu fürchten ist bei alledem keine Dunkelheit Gottes selbst (*absconditas Dei*), seines Herzens, seiner Liebe – doch auszuhalten eine manches Mal von weitem wie undurchdringlich aussehende Trübnis vieler seiner Werke (*opera Dei abscondita*). Will er „im Dunkel wohnen" (1. Kön 8,12), der Löwe von Juda (Offb 5,5), in der Finsternis seiner Allmacht, wie sie uns erscheint? Oder hat er sie, von der Nähe Christi aus gesehen (und wie denn anders), nicht „doch erhellt" (EG 16,5).

33.5   „Steh auf, Herr! Gott, erhebe deine Hand!"

Wir brauchen keine neuen Berichte (Requiems des Verlöschens) über Klima, Artensterben und das Abschmelzen der Polkappen, über die gequälte Erde („Planet in Lebensgefahr"). Wir wissen das alles zur Genüge. Nach der Schätzung des *World Wildlife Funds* starben durch Buschbrände in Australien 2019/2020 drei Milliarden Tiere. Der „ökologische Fußabdruck" der Milliarden Menschenfüße zeigt seit langem, wieviel totgetreten worden ist und was der Erde bevorsteht. Die „Erhaltung" von Tier- und Pflanzenarten: im Bettelstatus der Armenfürsorge, ein herablassend

---

539 Canetti, s. Anm. 98, 272.
540 Zit. bei Busch, S. Anm. 160, 515.

gewährtes Almosen? Das Belächeln von „Eisbärenfreundlichkeit"? Der Kampf gegen die menschengemachte Klimakatastrophe (Greta Thunbergs tapferes *„I want you to panic"*) ist verloren. Das gut gemeinte, wiederholte Bekanntmachen hilft nicht weiter.

Muss man also sagen: „Wir haben kein Erkenntnisproblem, wir haben ein Umsetzungsproblem. Wir wissen es besser, haben es mühsam gelernt, tun es aber nicht. Wir müssen nur wollen!"? Nein. So früh befinden wir uns nicht mehr. So leicht ist es nicht. Wir können nicht – wollen. Längst sind in der Menschheitsgeschichte gänzlich andere Willensfeuer angefacht worden, Feuer des Willens und des Widerwillens, Brände, lebendig wie Tiere, emphatische, aufflammende Leidenschaften, das heißlaufend Fanatische, das entscheidet, was in Flammen aufgehen oder was sich als Wert oder Unwert in Einstellungen und Mentalitäten einbrennen soll. Welche Art von Bereitschaft und Willen hat die Neuzeit in sich großgezogen? Weiß sie, was sie will? Will sie denn? Nein. Ebensowenig wie das Individuum verfügt sie nach Gutdünken über ihren Willen. In den Bilanzen erscheint gar nicht erst, was sich längst auch in die Blicke gestohlen hat, was alles an Vorentwürfen, Vorzeichnungen und Voraussetzungen zwar das menschliche In-der-Welt-Sein bestimmt, aber, wie meist, durchaus im Dunkeln bleiben soll.

„Wir tun es eben einfach nicht", heißt es, „trotz zwingenden Handlungsbedarfs auf Leben und Tod. Wir müssen es also irgendwie durchsetzen, müssen der Entwicklung in den Arm fallen." Also eine Öko-Diktatur, weltweit? Mit ihr wäre dann die aktivistische Aufladung, die eingreifende Täterschaft der Moderne, auf die Spitze getrieben, wäre dann auch im Großen nur noch technizitär und in Kategorien des „Machens" gedacht (Machbarkeitsanalysen, Klima- und Geo-Engineering, um- und gegensteuern, Schubumkehr in unserem Verhältnis zur Natur organisieren – und so fort). Grundsatz: „Ich handle, also bin ich." Überdies wären beim „Herausmodernisieren" aus einer gegenwärtigen Gefahrenzone, nicht wahr, wären aber natürlich (natürlich) die Errungenschaften der technischen Welt unbedingt beizubehalten, wäre das Anwachsen der Gewinne und wären die Triumphe des Fortschritts, des Vorwärtsfressens, zu verstetigen. Das Entscheidende bliebe unangetastet. Eine Öko-Diktatur wäre Exponent der Krise, gegen die anzugehen sie vorgibt.

Laufrichtungen energisch umkehren? „‚Du musst nur die Laufrichtung ändern‘, sagte die Katze zur Maus und fraß sie."[541]

Nicht so (sie könnten unterschiedlicher nicht sein) die eingesehene unbedingte Notwendigkeit einer Buße im großen Zuschnitt. Die „christliche Zumutung" geht an die Substanz. Apg 17,30: Gott „gebietet den Menschen, dass alle an allen Enden Buße tun." Alle an allen Enden. Jona 3 – Erzählung eines unerhörten Wunders.

---

541 Kafka, s. Anm. 35, 343.

Kann man darüber, nun als Buße erklärtermaßen für heute, Bestimmteres sagen? Ja. Das gefällt aber Vielen ganz und gar nicht. Wenn die Substanz der Selbstsicherung „des Menschen" abgegeben werden soll.

Einwand, *ad personam* (das ist immer am leichtesten): *„Panikmache. Hysterie. Schwarzseher. Fortschritts- und Technikfeind, der sich zum Gespött macht. Willst du nicht gleich in der Fußgängerzone auf der Kiste mit einem Plakat um den Hals vor dem Weltende warnen? Und die modernen Errungenschaften?! Bedenkenträger. Lächerlicher Reiter der Apokalypse. Pessimist. Der sich als die große Unruhe aufspielt. Der die notwendige politische Anstrengung scheut und den Willen der Gutwilligen lähmt. Kleiner morbider Endzeitprediger. Untergangsprophet, der schwarzen Schaum abläßt …"* Antwort: „Nun gut. Das sind alles so Worte. Mach es dir nur weiterhin bequem, ‚furchtlos also unwissend / ruhig also überflüssig / heiter also unbarmherzig' (Enzensberger). Wenn du nicht hinsehen willst. Doch schnaub nicht so verächtlich über einen angstvollen Menschen, der bei Gott Schutz sucht, und über die christliche Kirche, die vor allem anderen den Allmächtigen um Rettung und Gnade anfleht!" *„Die Anrufung Gottes bringt doch nun gar nichts!"* „Doch." *„Du taugst also bloß als Scherz. Man sollte dich gelegentlich am Nasenring durch die Manege ziehen. Man kann dich nur auslachen."*

Anrufung Gottes. Wer Hände hat, soll beten. Ja, Erstes Gebot, Hilferuf an Gott: „Steh auf, Herr! Gott, erhebe deine Hand!" (Ps 10,12). Uns gleitet ja alles aus der Hand. Also das Fürbittgebet der ohnmächtigen weltweiten Christenheit. Sonntag für Sonntag das Gebet der ohnmächtigen gottesdienstlichen Gemeinde, wenn der Blick sich wunderbar weitet (auf die Geschlagenheit der Welt, auf die Nahen und richtungslos Fernen, die Glaubenden und die Gebetslosen). Das Gebet der ohnmächtigen Einzelnen. Bitte um Gnade, Hilferuf an Gott – um Gerettetwerden aus schwerer Seenot, durch die ungezählten Rettungsboote Christi, geeignet jedes für ein Entkommen aus den vielen Havarien. Mag es das teerschwarze „Floß der Medusa" sein oder ein gedrungener, schwankender Kahn, der aus Überhebung und Verdüsterung herausgesteuert wird, oder das Königsschiff einer Barke, das triumphieren macht, weil es zweifellos auf die Heimat zuhält, oder ein Leichter und Lastkahn, der die aufgehäufte Schuld wegräumt.

Und „ich"? Sobald ich kollabiere und nur noch hilflos bin, werde ich unversehens schon auf dem festgebauten Fährboot sein, für alle Zeit, kaum dass ich Vergangenheit geworden bin – aber vor Gott ein ganz neues Jetzt und ganz und gar lebhaft geworden bin. Mit meinem ganzen bangenden Leben, das einmal in diese Existenz geworfen wurde, das die Zeit in Dankbarkeit genutzt und gepflückt oder totgeschlagen hat – mit meinem ganzen Leben werde ich neu und verwandelt gegenwärtig sein: überführt, ein Jetzt „bei dem Herrn" (1. Thess 4,17; Phil 1,23).

Der Mensch „stecke seinen Mund in den Staub; vielleicht ist noch Hoffnung" (Klgl 3,29) – auf das Ende zu. Oder ist schrecklich an Jer 11,11 zu erinnern: „Und wenn sie zu mir schreien, so will ich sie nicht hören"? Und: „Er hat sie dahingegeben" (Röm 1,24.26). Er hat „vergessen, gnädig zu sein und sein Erbarmen im Zorn verschlossen" (Ps 77,10)? Darf auf eine verzeihende Gnade gehofft oder auch nur an sie gedacht werden? „Wer weiß, ob Er nicht doch noch einmal verzeiht?" (Joel 2,14; Jona 3,9) „Vielleicht wird er gnädig sein" (Am 5,15), der Zeit die Besessenheit austreiben und die Widerstrebenden dahin führen, wohin sie keinesfalls wollen (Joh 21,18), in die gottgewollte Traurigkeit, in nie gekannte Wehrlosigkeit, Schwachheit, Kargheit, Entsagung.

Keine Rede aber von einem Raubtiersprung zur All-Beherrschbarkeit. „Widerstand – und Ergebung" (Bonhoeffer). Die willige Ergebung auch. Die ernüchternde Einsicht, dass ich keineswegs allemal mit allem irgendwie „umgehen" kann (das neuzeitliche aktivistische Täterwort). Das Abtun jeder Selbstmächtigkeit. Ich bin machtlos. Gott bitten, dass ich hinnehme, statt immer nur wissen zu wollen, was zu tun ist.

Und dann Aufruf zum Streit, davidisch, Christus allein, gegen Goliath. Nur dieser eine feste, genaue Blick hilft: „Sie sahen niemand denn Jesum allein" (Mt 17,8). Ja, dieser Blick zeigt sich als die Erfüllung des Ersten Gebots. Durch ihn wird die tödliche menschliche Selbstanbetung weggefegt. Denn sie ist es, die „auf uns liegt, dass wir darunter vergehen. Wie können wir denn leben?" (Hes 33,10). Nichts anderes heißt Buße, als Gott die Ehre zu geben (Offb 16,9), dem Sohn, dem Auferstandenen, dem Herrn, dem wahren Gott … sehr schlicht dadurch die Ehre zu geben, dass man ihm nachfolgt.

Umso mehr Buße im Großen? Vernichtende Buße des alten Adam, der „Ich" oder „Du" oder „Menschheit" heißt? An dem man nur verzweifeln kann. Sein gottloser, arroganter Geltungsdrang. Die *Doomsday Clock*, die Weltuntergangsuhr der Zeitschrift *Bulletin of the Atomic Scientists* zeigt es. Ersaufen soll jene Unaufhaltsamkeit, All-Beherrschbarkeit, Macht-Idiotie, Selbst- und Adam- und Goliath-Religion.

Notwendig ist dann allerdings gezieltes Kopfabschlagen der Großmächte: der Überfütterungen und Fettleibigkeiten, der starken Gewohnheitsmächte und Verwöhntheiten, Herzensträgheiten, Stereotypen – wegen der furchtbaren Vielköpfigkeit der Sünden-Hydra. Nicht allein, aber zuerst eben: „Erschlagt den Goliath in euren Herzen!",[542] den ungeschlachten, raffinierten, aggressiven, machtlüsternen. *„Dann werdet ihr alle geköpft, hoppla, vor allen Leuten … Das wird eine Überraschung!"*

---

542 Aichinger, s. Anm. 97, Bd. 1, 78.

34. Abgeräumt wird das alte Regime

Ihre Füße eilen, Blut zu vergießen; auf ihren Wegen ist lauter Schaden und Herzeleid. (Röm 3,15f)

34.1 Während der Leviathan im Zimmer liegt oder Das Gebet als Gefecht

Technik, was bist du in der Moderne hässlich und verderblich geworden. Im riesigen Eiskanal, basierend auf neuzeitlicher „Erkenntnis ohne Liebe"[543]*, auf Methodik als Bemächtigungsverfahren, auf Galileis Vorentwurf der Natur und auf Bacons programmatischer Überbietungsformel „plus ultra", also auf mathematischer Naturwissenschaft, auf grundsätzlicher Beutewissenschaft und prinzipiellem Herrschaftswissen, das menschliche Allmacht errechnen will, im Dienst der Algorithmen der Macht (die immer nur „Potentiale" entdeckt, erstellt und abruft), der Waffenförmigkeit (je deutlichere Waffenförmigkeit allerdings desto niedriger der Zivilisationsgrad). Weil darum dieser Weg zu Ende gegangen werden muss? Nein. Wie zeigt sich die Welt als grausam verkehrt. Wie werden in der Folge die Lebensgrundlagen zusehends verheert und wird sich hysterisierende und sich grausig ertüchtigende Waffenförmigkeit heraufgezwungen. Weil „ein schnurgerader Weg von Galilei zur Atombombe führt",*[544] *zur Mathematik der Weltzerstörung.*

„Gestern ein Paradies, heute verdorrt, morgen unbewohnbar", heißt es. Aus welchem Grund muss die Erde verkommen zu einer Mülldeponie. Der rissige Boden vom Bösen vergiftet, Wut, Trauer und Lebensfeindlichkeit vielerorts gleichsam mit eingegraben in den atomar verseuchten Grund, das sterbende Meer, blei- und ölfarben, verseucht zu einer gigantischen, zugemüllten Lache (wann wird es aus mythischer Frühe über Nacht zu Stein erstarren, wann wird die kranke Atmosphäre sprunghaft in undurchdringlichen Ruß verwandelt).

Zum Vorschein kommt in alledem die Propagierung und Errichtung der „Königsherrschaft des Menschen". Pharao „Mensch", Gottkönig, zum Niederknien, allerdings bald zu mumifizieren oder gleich in den qualmenden Abfall der „Rättin" (Günter Grass) zu räumen. Frech und triumphal, von oben herab, vom Müllberg herab, spricht sie mit dem modernen Menschen. Entsprechend eine Theaterszene:

---

[543] Carl Friedrich von Weizsäcker, Die Geschichte der Natur. Zwölf Vorlesungen, 1979[8], 126; später öfter z. B. s. Anm. 180, 235.
[544] von Weizsäcker, mehrfach, z. B. s. Anm. 180, 355.

Um Widerstand und Halt zu finden, krallen sich die Protagonisten an ihrem eigenen wilden Müll fest. Der drängt eben auf die Ratten zu. Werden die uns überleben?[545] Nur vorgeblich hat diese Zeit eine hohe Meinung vom Menschen. *De facto* tritt Anderes auf: das Individuum in medialen Verströmungen, die digitale Flucht aus dem Körper, die Maschinisierung und Prothetisierung der fleischlichen Hülle. Der technische Mensch mit seinem Maschinendenken ist zum „Maschinenkomplizen" geworden,[546] in den Geleitzug ihrer Dynamik und ihrer Sachzwänge einfach eingeordnet. Angeschlossen als ihr Erfüllungsgehilfe an seine eigenen Artefakte, denen er in vielen Fällen nicht mehr gewachsen ist. Mit seinen Geräten allein. Womöglich unter ihnen begraben. Verkommen, wie es scheint, zu einer neuro-chemischen Fabrik, zu einem Zellhaufen, einem Datenstrom von unerhörter Flutung (Daten: der neue Goldstaub). Ausscheidend, nach galliger Verdauung, Haufen von elektronischem Schrott (den man aber immer noch nach Nigeria exportieren kann). Mitunter springt dabei das Bewusstsein sarkastisch voran. Nicht zufällig kommt ein ironischer *science-fiction*-Satz auf: „Ich bin eine Maschine. Lass mich in Ruhe."

Ich bin eine Maschine und ein hilfloses Kind. Schon im Märchen Georg Büchners bin ich nur noch das „arm Kind": „Und wie's wieder auf die Erd wollt, war die Erd ein umgestürzter Hafen." Oder er schreibt: „Ich bin ein Automat."[547] Und: „Die Erde hat sich ängstlich zusammengeschmiegt wie ein Kind, und über ihre Wiege schreiten die Gespenster".[548] Oder sperrt sich die Erde auf und verschlingt in wenigen Jahren den Zerstörer vollständig, das Kind, den Automaten, wandelt alles zur bösen Beute um, so dass „der Fluch die Erde frisst" (Jes 24,6)? Muss dieses Weltunheil sich ausrasen? Wird es das jemals? Wendet der allmächtige Gott den Fluch noch einmal in Segen (Neh 13,2)? Auch diesen Fluch der Selbstzerstörung namens: „wir gegen uns", namens: der Mensch nimmt „sich selbst zur Beute"?[549] Auch den „Welttodeswunsch", auch den „Selbstvernichtungstrieb der Gattung" (spätmenschlich, weil der Mensch, bereits geringer geworden, sich nicht mehr lange halten wird)?

Einwand: „Dass Gott den Fluch in Segen verwandelt? Nein, es kommt, wie es kommen muss. Bereits befindet sich die Zivilisation im freien Fall und wird erbarmungslos aufschlagen."

Nur der Gedanke der Weltherrschaft des allmächtigen Gottes ist gegen diesen Einwand aufzubieten, gegen die Rede von einer Unaufhaltsamkeit dieses Zukunftstaumels, dieses erst in der Moderne aufgekommenen, programmatischen

---

545 Ernst Fuchs, Marburger Hermeneutik, 1968, 15: „Das 21. Jahrhundert könnte sich durch Arzneimittelbedarf auszeichnen, falls das die Ratten zulassen."
546 Botho Strauß, Der Untenstehende auf Zehenspitzen, 2004, 75.
547 S. Anm. 36, 168f; Bd. 2, 378.
548 Büchner, S. Anm. 36, 115.
549 Nietzsche, s. Anm. 15, Bd. 4, 372.

„wissenschaftlich-technischen Fortschritts" (im Prinzip edel, hilfreich und alternativlos). Ein sich selbst kritisch gegenlesender „Fortschritt"? Gibt es nur sehr oberflächlich. Jünger berichtet von einem anderen Fortschritt: von einem Traum, in dem er in ein „Schlemmergeschäft" eintritt, in dem Menschenfleisch angeboten wird. Er verabschiedet sich schließlich vom Verkäufer: „Ich wusste nicht, dass die Zivilisation in dieser Stadt schon so weit fortgeschritten ist."[550] Führt ein Weg heraus aus dieser Stadt mit ihrem Schlemmergeschäft?

Den geschichtlichen Neuanfang wird Adam, der alte Adam, jedenfalls nicht aus eigenen Kräften herbeiführen, schon gar nicht herbeirechnen. Er agiert ja „verstrickt in dem Werk seiner Hände" (Ps 9,17), gefesselt an das, was er bereits angerichtet hat, auch allemal in Mitschuld, indem er immer nur sich selber als den unbelehrbaren Sünder einbringt oder dem Wahnsinn der Anderen die Hand reicht.

Sind unsere Hände also untauglich? Ja, aber unbedingt auch nein. Nicht die betenden Hände, nicht das Gebet im Namen Christi. Beten wird man, dass sich die Zeit, das hungrige Tier mit dem riesigen Ausmaß, auf Gottes Zuruf gleichsam kräftig schüttelt. Auf Gottes Zuruf. Beten zuerst für die nach uns Kommenden, die eine fluchwürdige Erbschaft antreten, die sie nicht ausschlagen können, beten, angesichts sich verwahrlosender Zeitläufte, um einen geschichtlichen Neuanfang. „Man muss nicht in die Hände spucken, ehe man sie faltet", schärft Kafka ein.[551] Nicht in die Hände spucken (was die praktizistische „Vernunft der Handgriffe" allerdings herrisch befiehlt). Nicht dem Irrtum verfallen, dass wir als Geschichtssubjekte von uns aus den Gang jenes Übermächtigen unterbrechen könnten. Die Hände falten – und sich gerade auf diese Weise, „unter der Hand", ein wenig in Stellung bringen, vorrücken, drängen, ringen, Gott bestürmen um seine Intervention, um Antworten auf die übergroßen Fragen, in Bitte und Klage angehen gegen die Entstellung der Erde zur Unbewohnbarkeit, dagegen anbeten, so entschieden wir können. Das Gebet als Anschreien mit gefalteten Händen gegen das Übermächtige, als Gefecht – so dass die Auseinandersetzung nunmehr „von vorn" geführt wird, dort, wohin sie gehört. „Gelobt sei der Herr, mein Fels, der meine Hände kämpfen lehrt und meine Fäuste, Krieg zu führen" (Ps 144,1). Zuerst will gebetet werden und Gott angerufen: „Nimm deine Rechte aus dem Gewand und mach ein Ende!" (Ps 74,11) Denn ich bin es (das Ich in jeder Form), der rauh angeredet wird: „Soll um deinetwillen die Erde veröden und der Fels von seiner Stätte weichen?" (Hiob 18,4).

„Mach ein Ende!" Wir beten um einen gnädigen Abbruch, weil die böse Geschichtsfigur nicht fortgeschrieben werden darf: nicht der plündernde, selbstverständlich gewordene Lebensstil, nicht das Tottreten der Artenvielfalt, am wenigsten der Grund für all das, die jämmerliche Selbstermächtigung des Menschen „über

---

550 S. Anm. 233, 184.
551 S. Anm. 35, 31.

Gott hinaus". Militant beten in all unserer Hilflosigkeit ist das Erste. Als Einzelne, ausgenüchtert (1. Kor 15,34; 1. Thess 5,6) und ausgeschlafen (Ps 4,9). Doch erst recht als die in dieser Weise zu Felde ziehende Kohorte Christi, als *ecclesia militans*.

Beten – als Einzelner, im Gottesdienst der Gemeinde, in der weltweiten Christenheit – während die Zeit der Bewohnbarkeit der Erde durch die Sanduhr rieselt. Während der Leviathan im Zimmer liegt, verfluchter Gebieter über den Systemkollaps, man aber nicht über ihn redet. Allein Gott kann sie niedertreten, die lediglich durchzuvollziehende zynische Weltanschauung der menschlichen Gesellschaft als eines Haufens potentieller Liquidierung durch die götzenhaft aufgestellte oder tief in die Erde gelagerte oder auf Schiffen beweglich gemachte Vernichtungstechnologie, den grinsenden Irrsinn, der Abtreibung allen Lebens auf der Erde. Zweifellos wird ja modernste Technik die ungeheure Hand sein, wenn das rasend gewordene Zeitalter seine Selbstbestimmung zu Ende bringt und Hand an sich legt. Deren Rüstungs-Logik tötet ja jetzt schon.

Geworfensein, Aufenthalt in eskalierender Rüstungs-Geschichte. Vermag ich, Kind meiner Weltzeit, in diese Welt gestellt, arm Kind, Automat, mich ihr zu entziehen: mich in einer schuldhaften Gesellschaft schuldlos zu halten („und ich begehre, nicht schuld daran zu sein"[552])? In ungerührter, äußerster Härte Kafka: „Tanzt ihr Schweine weiter; was habe ich damit zu tun?"[553] Kein richtiges Leben im falschen? Zu spät, sich vom Tanz fernzuhalten, wenn man doch in diese Geschichte hineingeboren ist? Doch unbedingt in sie hineinbeauftragt.

34.2 Aus der Totschlägerreihe herausspringen

Gewalt. „Die als Herrscher gelten, halten ihre Völker nieder, und ihre Mächtigen tun ihnen Gewalt an." (Mk 10,42) Gelegentlich kennzeichnet Jesus Kopf- und Herzenskerker, erbarmungslose Erfahrungsordnungen, Zwangsläufigkeiten, in denen sich Menschen verhakt haben und festhängen, „gefangen in Zwang und Eisen" (Ps 107,10). Verdammte Schlüsse ergeben sich, fatale Folgerichtigkeiten, sich wie von selbst aufwärtsdrehende Gewaltspiralen. Die fest gefügte, uralte „Totschlägerreihe":[554] „Wer das Schwert nimmt, wird durch das Schwert umkommen" (Mt 26,52). Das ist keine Drohung, beschreibt vielmehr nur die innere Logik einer überschießenden Gewalt, wie sie durch die Menschheitsgeschichte als ein tobendes Bitterwasser flutet. Kräftig davon zu trinken scheint für den Einzelnen allerdings

---

552 Matthias Claudius, Sämtliche Werke, 1968, 236.
553 S. Anm. 74, 522.
554 Kafka, s. Anm. 74, 892

allemal die beste Schulung für die Bewältigung der Wirklichkeit – weil sie anscheinend zuverlässig begreifen lehrt, wie die Welt funktioniert. Also, übertragen auf Völker und Staaten: Der Griff zu den mehr oder weniger „schweren" Waffen. Man kann sich dabei auf seinen Realismus viel zugutehalten: wenn man auf Selbstverteidigung und Prävention setzt (wegen Freiheit, Demokratie, Gerechtigkeit, Selbstbestimmung – oder gleich wegen Öl, wirtschaftlicher Interessen, Außenhandelsabhängigkeiten, freier Handelswege). „Gefangen in Zwang und Eisen", der sichtbare oder unsichtbare Käfig von Gewalt- und Kriegsmentalitäten.

„Die Waffe", die von Sündern mehr oder weniger zuverlässig verwaltete, die womöglich alles ausmerzende, die böse, doch absolut treue Geliebte der modernen Technik – die entstellte Hoffnung der Neuzeit ergießt sich in sie. Schamlos stellt bereits ihr Vorhandensein die Zeit bloß: verhehlt nicht, dass bei ihrer Exekution der blaue Planet in ein paar Tagen verwüstet sein wird. Wenn man ihr nur unvoreingenommen zuhört, schreit dann allerdings herzzerreißend die Seinsangst aus ihr (die man, heißt es, in Kauf nehmen muss). Desto mehr wird die Gewissheit regelmäßig niedergeschlagen, dass „der Schoß immer noch fruchtbar" ist, „aus dem das kroch": dass das Trächtige, Niederträchtige, gewaltig Katastrophenträchtige, nicht nur fortbesteht, sondern, nach aller Voraussicht, jahraus, jahrein anders, mit jedesmal noch unheilvollerer Leibesfrucht niederkommen wird. Jahraus, jahrein anders, anders teuflisch. Wissende Volksweisheit: „Der Teufel tritt jedesmal zu einer anderen Tür herein." Durch die Pforte anderer, stärkerer Sachzwänge, Sekuritätsbedürfnisse, Gerechtigkeitsvorstellungen, Verteidigungskriege, Berufungen auf das Völkerrecht etc. Immer erscheint dabei das Verbessern der Waffen so irgendwie zwangsläufig wie irgendwie unausweichlich wie irgendwie unaufhaltsam. Nie waren Menschen höher und tödlicher und auswegloser vernichtungsförmig gerüstet. Erkennbar ist das Erfordernis der Perfektionierung von Waffen bedingungslos geworden, folgt lediglich einem infernalischen Vorwärts, macht Plausibilität und Evidenz schon aus dem menschheitsgeschichtlichen Herkommen geltend, kommt allem Anschein nach alt wie die Welt daher, war „immer schon so", ist dabei maßlos steigerungsfähig, gebiert immer größere Ungeheuer aus dem Geburtskanal rüstungsförmiger Wissenschaft und „rast um den Erdball".[555]

Gleichgewicht des Schreckens? Es habe sich bewährt? Nein. Äußerste Labilität. Fragiles angebliches Gleichgewicht: auf des Messers Schneide. Aber wie lange noch? Der Dämon hat Zeit. Womöglich nur eine kurze Weile braucht der tollwütige Hund abzuwarten. Nur so lange, bis die Abschreckung versagt. Wann wird das sein? Unbedingt muss ihr immer mögliches Versagen allerdings tabuisiert werden, unbedingt. Es ist zum Verrücktwerden. Ist der Wahnsinn überhaupt noch zu stoppen? Eine

---

[555] Martin Heidegger, Überlegungen XII-XV (Schwarze Hefte 1939–1941), (= GA 96), hg.v. Peter Trawny, 267.

absolut gottlose Situation. Da schreit die Stimme eines menschheitsweiten Irrsinns. Irgendwie sind wir es selbst, irgendwie. Wir selbst. Wir modernen Menschen, mit Gier nach immer tödlicheren Waffen, seit langem. Kann das sein, dass wir uns inzwischen für das Gefühl des gigantischen Schreckens abgestumpft und abgetötet haben? Schämen wir uns zu Tode? Ist die Menschheit denn verrückt geworden? Sind wir verrückt geworden? Ja. Noch nie waren wir solche Idioten.

Aus jeder neuen Waffengeneration spricht ja zweifellos noch einmal höher getriebener Wahnsinn, weil zweifellos noch viel umfassendere Tödlichkeit. Die Kirche? Die Christen? Wir? Mitmachen, in Hinnahme und Beförderung und Hochschrauben der Aufrüstungsspirale, der gigantischen Waffenmaschinerie? So dass wir an ihr irgendwie teilhaben. Wir sollen dabei sein, einfach so, und ihr, so oder so, immer noch besser zuarbeiten, wenigstens ein wenig, vielleicht unauffällig, als gerissen in einen angeblichen Sog, als kleines Schräubchen, als Glied der Totschlägerreihe. Die Kirche? Die Christen? In der Reihe? Bis zu welcher Grenze gehen wir mit? Weiter und weiter? Bis zum nächsten Verteidigungskrieg (kein Zweifel manchmal, dass es sich um das „völkerrechtlich verbriefte Recht auf Selbstverteidigung" handelt – aber was sagt das? Ist das „Völkerrecht" eine letzte Größe? Wer hat es erfunden und beschlossen?)? Wann hören wir auf, zuzustimmen oder mitzumachen? Wann geben wir der Waffen-Idiotie den Abschied? „Morgen"? Überhaupt nicht? Widerlager, Ausscheren, Ausklinken, Nein ohne jedes Ja. Endlich nicht mehr mit den Wölfen heulen. Wann?

Sofort. Weil sich das ausschließt: der sich immer nur aufsteigernde und befeuernde Irrsinn dort – und die Nachfolge des Gekreuzigten hier. Der Bergprediger fordert die ihm Nachfolgenden auf, sofort herauszuspringen (Mt 5,38-48), sich aus der sich höherdrehenden Gewaltspirale entschlossen auszuklinken. Offenbar muss, wenn Christus nachgefolgt werden soll, die sich Mal um Mal erweiternde und robuster werdende Totschlägerreihe verlassen werden – eben jetzt, eben sofort, nicht „beim nächsten Mal". Unter den Bedingungen der Atomwaffen wird es wohl beim nächsten Mal zu spät sein.

„Mit der Bergpredigt kann man nicht die Welt regieren." *„Sollen denn überhaupt die dem Bergprediger Nachfolgenden, die sich nicht der Welt Gleichstellenden (Röm 12,2), die Fremdlinge (1. Petr 1,17; 2,11), ‚die Welt regieren'? Oder nur ‚Salz der Erde' sein?"*

Stößt der waffenförmige Weltverkehr, wie er heute nahezu ungehindert durch die Menschheit und den Einzelnen hindurchgeht, bei den christlichen Kirchen auf ernsthaften Widerstand? Zum Nennwert? Ein Weheruf über die Perfektionierung der mörderischen Waffen, der Vernichtungstechnologie mit ihren inzestuös gezeugten, wilden Mehrlingsgeburten immer neuer „Waffengenerationen" (obwohl dieses Vieh erst 75 Jahre alt ist)? Perfektionierung, das ist: ein Huschen, ein Rascheln, ein Umzug des Rattenvolkes in größeren Herrschaftsbereich.

Dagegen die Bergpredigt, einfältig wie nur eines. Ein Weheruf. Unterbrechung der verdammten Schlüsse. Sach 4,6: „Es soll nicht durch Heer oder Kraft, sondern durch meinen Geist geschehen, spricht der Herr Zebaoth." Nicht das Schwert ziehen (Mt 26,52). Der „verträumte, weltfremde Pazifismus" (wie es heißt) weiß aber sehr gut, dass schweres Leid droht (Mt 5,9 in notwendiger Verbindung mit 5,4), er ist in keiner Hinsicht ein Erfolgsrezept, vollzieht nur den „einfältigen Gehorsam", von dem Bonhoeffer spricht.

Und die siamesischen Zwillinge, Geist vom selben Geist, Leib in Leib: neuzeitliche Wissenschaft und Rüstungsforschung, bis in die inneren Organe und Antriebslagen miteinander verwachsen? Auf allen Ebenen, seitdem die Zeit begann, sich zur Moderne hochzurüsten, wird die Wissenschaft von Rüstung durchschossen, vom Rüstungs-Tod. Über kurz oder lang erweist sich ja das Erforschte als rüstungs- und kriegsrelevant (oft ist das überhaupt das Erste; schon bei Galilei).

34.3 Von Rüstung durchschossen

Und die aus dem Ruder gelaufene, in Teilen wildgewordene, Tag für Tag lautstark auftrumpfende Wissenschaft selbst – bei unbestreitbaren Notwendigkeiten im Einzelnen, bei offensichtlichem Kontrollverlust aber im Ganzen, in einer Gegenwart, die im Wesentlichen die Beherrschung verloren hat? Rasender Gang. Ethische Schranken und ernsthafte Hemmungen kann zum Beispiel die Biowissenschaft zuletzt nicht kennen. Am Weitermachen, weil sie sich zweifellos am Zuge meint, hindert sie zuletzt weder ihre „Selbstregulierung" noch ihre gelegentliche Warnung vor sich selbst (etwa wenn es um genetische Umqualifizierungen in Keimzellen geht). Schon die Atomphysiker vor Jahrzehnten haben dringlich, im Nachgang, vor ihren eigenen Entdeckungen gewarnt.[556] Natürlich blieben die jedesmal unverbindlichen „Warnungen" folgenlos. Darf also sehenden Auges weitergeforscht werden? Ist womöglich von Kirche und Theologie das Erste Gebot mit seiner scharfkantigen Unterscheidung als ein hartes Thema offensiv aufzustellen – nicht zu oberflächlichem Wohlergehen, doch zu unserem Heil?

Keinesfalls, hört man heute wieder, dürfe ein „Missbrauch" als Argument für die „generelle Diskreditierung" dieser oder jener Forschungsrichtung dienen. Faktisch ist das Missbrauchspotential mittlerweile allerdings monströs geworden, Gebrauch und Missbrauch meist gar nicht mehr zu unterscheiden. Beispiel: Hätte man grundsätzlich umdenken müssen, wenn man schlüssig hätte nachweisen können, dass das Coronavirus seinen Ursprung in einem Hochsicherheitslabor im chinesischen

---

556 Dargestellt z. B. vielfach bei Friedrich Wagner, Die Wissenschaft und die gefährdete Welt. Eine Wissenschaftssoziologie der Atomphysik, 1969^2.

Wuhan gehabt hätte? Die Sicherheitsstandards einiger Labore wären erhöht worden. Was treibt in ihnen weiterhin „hochsicher" sein Wesen? Längst wird, so gut wie ausnahmslos, dem Geschoss des Fortschritts, seiner Laufrichtung wie seiner Durchschlagskraft, im öffentlichen Bewusstsein selbstverständlich zugestimmt.

Unter Umständen ist die Verkehrung der Welt nicht so schnell erkennbar. Es ist aber dieselbe machtbesessene Figur des Unbedingten und Alternativlosen, die sich nur verschiedenfarbige hässliche Mäntel umhängt: die Lebenserschaffungs- und die Lebensvertilgungstechnologie (der Behinderten, der Ungewünschten, der Suboptimalen, in manchen Ländern der Mädchen). Solange diese einheitliche Figur nicht erkannt ist, bleibt alle Rede von „Ambivalenz", die billige Einerseits- und Andererseitsbalance, so abgespielt wie öde. Besonders geeignet, wenn man es auch sprachlich bequem liebt.

Bei alledem: der Anhauch des Grausigen, der zunehmend leichteren Eingriffe ins Erbgut, praktiziert in Menschenerschaffungslaboren, in amerikanischen Garagenfirmen und chinesischen Hochsicherheitszentren, im gedankenlosen, skrupellosen *pursuit of happiness* oder zum Erreichen politischer, wirtschaftlicher, kultureller Dominanz im Kampf der Systemrivalen. Die Vorstellung sträubt sich. Mit unserer Macht ist nichts getan? Auf die gegenteilige Formel bricht es der heutige Mensch herunter: „Mit unserer Macht ist alles getan, das Sein wohnt in ihr", triumphiert und kreischt er – um sich damit ausdrücklich dem eigenen Hochmut, der eigenen Trägheit und Lüge zur Verfügung zu stellen.

Doch fügt sich die eiserne Unentrinnbarkeit der Zeit des alten Äons in andere Gesetze als in die Zeit-Logik des Auferstandenen. Die geht, allerdings auf ihre Weise, umso mehr bei eklatantem Systemversagen der Fortschritts-Ideologie, auf Aussetzung und Neubeginn. Deshalb kann, im Namen von Ostern, im Namen des Christus-Gottes, um Unterbrechung gefleht werden, um ein Ende des katastrophalen Vergessens (der Christus-Vergessenheit).

Unterbrich die vermeintliche Unaufhaltsamkeit einer entfesselten, nichtsehenden Wissenschaft – die Gründe hat, die Augen zu verschließen. Zeig uns das Verderben, das sich uns entgegenkrallt, und dann den erforderlichen schweren Stoß, ein Kehrtmachen zu dir hin, einen radikalen Haltungs- und Begriffswechsel, einen Frontwechsel auch der Wünsche – eine unvorstellbare Umwälzung. Unbedingt brauchen wir neue Lebensmodelle. Statt der modernen Rüstungen gib uns „die scharf geschliffenen Waffen der ersten Christenheit". Die schönen, aufblitzenden. Gegen die niemand anzukommen vermag. So dass wir uns nicht mehr so jämmerlich einschüchtern lassen. Wir sind so hilflos. „Ich bin wohl zu klein, meine Zeit steht mir bis zum Halse".[557] *Womit anfangen?*

---

[557] Kurt Tucholsky, „Gruß nach vorn", in: Kritiken und Rezensionen. Gesammelte Schriften (1907–1935), 1926.

Wann wird Gott selbst Halt gebieten: Bis hierher und nicht weiter! „Herunter! Setz dich in den Staub!" (Jes 47,1)

34.4 „Bis in die Träume flackert sein Gelächter."

Muss also so oder so, weil sich niemand entziehen kann, dieses Vorwärtsstürmen, der rasende Gang, einfach nur in Notwehr bedient werden – in sich selbst fortsetzender „böser Zeit" (Gal 1,4; Eph 5,16; 1. Joh 5,19)? Sind es blicklose, ausgestochene Augen, die genau dies zur Folge haben: einen rasenden Gang, die Gewalt um der Gewalt willen, das Einbrennen von Militarisierungen in die Lebenswelt, Vollführungen und Exekutionen des Prinzips „Rüstung"[558] in immer neuen Abwandlungen, die Stoßkraft, die Logik, die Denklinien und die harten Schnitt- und Verweisfolgen der unaufhörlich wuchernden Waffenförmigkeit? Es braucht allerdings willige Helfer (mit Namen und Adresse), die sie bedienen und ihr in die Hände spielen. Die werden sich auch über kurz oder lang finden. Wie soll das aber gehen: Trotz, Umschmieden, Sichentziehen, Disruption?

Wie lässt sich die Abkehr von den bösen Wegen (Sach 1,4) denken: vom irregeleiteten Wollen, vom bedingungslosen Verfügungswillen als dem harten systemischen Selbstbegriff des modernen, nichts als machtklugen Goliath, der „Macht von unten" (Barth)[559], der Macht ohne Größe? Demgegenüber: Wie kommt angesichts von Härtung und Verstockung ein guter Wille in Fluss, ein vom Herrn „getriebener" Gesamtwille (EG 447,8)?

„Das Alte ist vergangen. Mit unsrer Macht ist nichts getan. Muss es auch nicht. Mit deinem Zauber und deinem Geheimnis, mit dem Heiligen Geist treib du unseren Willen! Übernimm ganz die Herrschaft über unseren Willen! So dass wir die Hände sinken lassen und zu dir zurückkommen."

„Richte du auch eine Bahn / dir in meinem Herzen an" (EG 12,4). Auch, schwer denkbar, eine Bahn im immer schneller schlagenden Herzen der Menschheit – der vielleicht eine sanfte Revolution abverlangt ist (der „sanfte Weg" des Judoka?), ein langsamer, geordneter Rückzug und Abgang, die Bahn eines vorsichtigen, entschlossenen „Abstiegs" aus der „Subjektivität".[560] Die doch in Wirklichkeit ruhig atmende Erde, die Schöpfung, in viel reicherer Lebendigkeit, die Natur, die Lebenswelt des Menschen – sie müssen nicht, als Potentiale, in den hektischen Willen zur Macht, in dessen Kalkül und Vollzugswillen oder in täuschende Lebenstüchtigkeiten hineingerissen werden. Zahllos Vieles kann auch einfach in unendlich

---

558 Z. B. Martin Heidegger, Besinnung (= GA 66), hg. v. Friedrich-Wilhelm von Herrmann, 1997, 28.
559 KD III/4, 448.
560 Heidegger, s. Anm. 492, 182.

vieler Hinsicht „gelassen" werden, wie es nun einmal ist und gerade so, wie es ist, abgeschirmt, unangetastet, unbegriffen, endlich verschont.

Wenn die Umstände danach sind, wann immer möglich, kann man sogar, aufgeschreckt und bange, „weitergehen", im Sinne jenes tapferen Satzes von Winston Churchill: „Wenn du durch die Hölle gehst, geh weiter".[561] Augen auf und durch. Im Tunnel der Aussichtslosigkeit, wann immer möglich, nicht resignieren. Weil immer noch ein zu Gott fliehender Traum lebt. Auch, wann immer möglich, hineingehen in die bedrohliche Geschichte, tapfer, nämlich beauftragt und geführt: „Er reißet durch die Höll, / ich bin stets sein Gesell" (EG 112,6). In äußerster Bedrängnis ruft Bonhoeffer: „Ach Herr, gib unsern aufgeschreckten Seelen das Heil, für das du uns geschaffen hast" (EG 65,2).

Also eine weitergerissene, affektiv sture, widerhoffende, weil für das Heil bestimmte Kirche? „Club der unnachahmlich Lebenden" (Benn, natürlich in einem anderen Zusammenhang).[562] Mit mindestens gelegentlichen Ausfallschritten ihrerseits, aus der Unwahrheit der Zeit heraus? Es gibt hinreichend Anlass, eben auf diese Weise zu reden – sooft nur genau geredet wird, österlich genau. Die Kirche, Hüterin der erblickten Wahrheit, darf das wissen und darf sich sogar, herausgerufen und herausgezogen, in die zutiefst unwahre Welt schicken lassen. Ein Nichteinmischungspakt aber dabei mit den „herrenlosen Gewalten" (Barth),[563] mit dem Halunkenkapitalismus, mit den „autonomen" Waffensystemen und dem Abschreckungs-Aberglauben, mit dem heillosen Machbarkeitswahn? Nein, ausgeschlossen.

Aufladung also mit Widerwillen und lebenslang Widerworte geben gegen den, der „groß Macht" hat und „viel List"! Wer ist das? „Bis in die Träume flackert sein Gelächter",[564] bis in die Entwürfe einer „schönen neuen Welt" schickt er sein Flackerlicht von unten hinauf. Zorn auf dieses Gelächter, Zornesklugheit, Tränen der Wut, Empörung, Erbitterung, Abscheu, der sich als Klarsicht erweisen wird, gesunder Christenekel (der sich krümmt angesichts der sich tief und tiefer einbeißenden Gen-Scheren, der Instrumente des „schönen neuen Menschseins", eines schauerlichen Haufens schmieriger, schadhafter Dämonen-Gebisse, wo Tier in Mensch einverleibt wird, wo Menschen verschweint, Schweine vermenscht werden). Theologenekel, der auch einmal ausführlicher werden kann, zum Beispiel angesichts pervertierter Intelligenz der Gentechnologie, deren absehbarer, katastrophaler „Missbrauch" nicht lange auf sich warten lassen wird.

---

561 „If you're going through hell, keep going." True origin unknown.
562 S. Anm. 27, 39.
563 Karl Barth, Das christliche Leben. Die Kirchliche Dogmatik IV/4, Fragmente aus dem Nachlass, Vorlesungen 1959–1961, hg.v. Hans-Anton Drewes und Eberhard Jüngel, 1976, 363ff.
564 Rudolf Hagelstange, Venezianisches Credo und andere Gedichte, 1981, 39.

Gute Früchte des Zorns sind zu ernten (Offb 14,19). Weil das Entscheidende getan ist, das Ja und Amen Gottes, die Auferstehung Christi, die alles tragende Liebe, das auf seine Weise kriegerische biblische Triumphgeschrei mit mächtiger Lunge (etwa am Ende von Röm 8 oder 1. Kor 15). „Ich sah den Satan vom Himmel fallen wie einen Blitz", ruft Jesus (Lk 10,18), der zürnende Gott. Und die Glaubenden, Gott sei Dank, sehen fortan visionär ihrerseits, im Bild von Bibel und Verkündigung, in Triumph und in Widerwillen, den ein für allemal und unabänderlich erfolgten Satansfall, den Trotz des allmächtigen Gottes. „Trotz dem alten Drachen!" (EG 396,3).

Kann ich denn meinerseits bis ins Letzte gegen ihn streiten? Nein. Das ist so unmöglich wie unnötig. „Es streit' für uns der rechte Mann!" Der wirft verachtungsvoll „seinen Schuh". Der sagt mit Vollmacht: „Meinen Schuh werfe ich auf Edom. Philisterland, jauchze mir zu!" (Ps 60,10)

Wann wird Gott selbst Halt gebieten? „Herunter! Setz dich in den Staub!" (Jes 47,1)

34.5   „Weh euch, wenn alle Menschen gut von euch reden!"

„Die Welt hasst euch" – die ihr nicht „von der Welt seid" (Joh 15,18f; 1. Joh 3,13). Und „Weh euch", ruft Jesus (Lk 6,26), und sehr selten findet man das zitiert, „wenn alle Menschen gut von euch reden!" Dann habt ihr ihnen ja wohl nach dem Munde geredet und euch anerkennbar zu machen versucht, habt „Skandal und Torheit" des Evangeliums (1. Kor 1,23) verraten und habt euch keineswegs in die Pflicht nehmen lassen, einfach nur als zu Wächtern bestellte Sklaven zu leben (Jes 21,11; Lk 17,10). Von Zeit zu Zeit – und häufiger, als es tatsächlich geschieht – ist zu sagen, was niemand hören will (was man dann allerdings, meist mühelos, durch Dethematisierung, ersticken kann). Was unter den Teppich gekehrt wird, wird freilich irgendwann den Teppich in Bewegung setzen. Sobald die Großechse darunter sich auch nur etwas rührt.

Mit Trauer zu beobachten: wenn der Glaube nur noch als Wohlfühlsprech (vgl. Jer 28) erscheint, als Gesprächsangebot, das vor allem niemandem, wie es heißt, „zu nahe treten", für niemanden unsympathisch sein darf und das auch politisch alles richtig machen will. Wenn aber Menschen es gerade nötig hätten, dass man ihnen endlich einmal übergriffig zu nahe träte – mit dem kraftvollen Evangelium, der frohen, der heilfrohen Botschaft, samt dem darin allerdings enthaltenen Ruf zu einer Buße, die das Verfluchte aus dem Weg und das Heilvolle einräumt? Und ihnen etwas auf den Kopf zu sagte. Dass wahr bleibt, was wahr ist, auch wenn sie „anderer Ansicht" sind. Dass sie, was sie allerdings nicht wahrhaben wollen, erkennbar schon von dem ernsthaften Gedanken an Gott gekränkt werden oder sich verletzt fühlen oder peinlich berührt. Dass sie lange schon nichts Unabgeschwächtes mehr gesagt, den Nächsten und Gott keines Wortes gewürdigt und sie dadurch verworfen haben. Dass sie Christus, über unsäglicher Eigenmächtigkeit, vergessen haben. Dass sie definitiv nicht danach sind, letztinstanzlich über Gut und Böse zu entscheiden. Dass wenigstens von einer doch stets zugrundeliegenden „besten Absicht" keine Rede sein kann. Dass sie aufgeben können, die Arme zu recken, um sich auf dem Beutezug des Lebens irgendwie Liebe zu besorgen, Dankbarkeit zu erzwingen, vollendete „Selbstdurchsichtigkeit" durch Ich-Design erreichen zu wollen, die eigene Freiheit auszuweiten, indem sie Spontaneität absichtsvoll und mit Fleiß einplanen oder sich gar, qua Kunst, mit ein wenig „Wahnsinn" impfen wollen. Dass sie von dem Vorhaben ablassen müssen, das Gattungszeichen umzuformatieren: sich selbst fortlaufend zu erhöhen und ihr Sein hochzubinden – in der Illusion, sich selbst zu überspielen, sich im Wesen selbst überschreiten zu können, das Organische mit dem Unorganischen, das Biologische mit dem Elektronischen zu verschmelzen und, modern-widersinnig, durch die Herstellung von bio-technischen Elixieren Unsterblichkeit zu erlangen. Dass das Evangelium uns zu nahe träte, angesichts des schwer geschundenen Planeten Erde, zu nahe träte uns, den verheerenden Planetenverwaltern im Großen – mit dem Ruf zu einer Strömungsumkehr, einer Abkehr von den überwertigen Ideen, von den bösen Wegen. Eines darf aber unter keinen Umständen eintreten: dass der moderne Mensch „sich schuldig, schmutzig und schlecht fühlt" (was wir aber leider sind).

Während mittlerweile eine Angstwelle die nächste jagt. Zu Zeiten der trügerischen Leichtigkeit der Bildschirmwelt wie der dadurch möglichen Anschauungen, der schrankenlosen Entfesselung des Zahlen- und Rechenhaften und der entsprechenden Kontroll- und Überwachungsmechanismen, der dunklen Ecken des Internet (das den anonymen Beleidigern, Hasskriminellen, Rufmördern, Kannibalen, Verrückten, Kinderschändern, Bombenbauern, Terroristen etc. Zugang und Stimme gibt und in dem man sich, sichtlich mühelos, kontaminieren und „radikalisieren" oder zum Alleshasser werden kann). Zu Zeiten der durchgreifenden Totalentwürfe und Experimente am Gesellschaftskörper, des netzaffinen, sich qua „soziale Medien" medialisierenden Menschen, der lieber Scheinwelten genießt als Wirklichkeiten erträgt.

Können sich Kirche und Theologie allein als begütigende Macht verstehen, dürfen sie überhaupt tief im Sessel hocken und die Arme auflehnen: grundsätzlich mit ihrer Zeit und deren Verfasstheit oder auch nur der jeweiligen kulturellen Hegemonie im Reinen sein – oder muss ihre Botschaft nicht in der Regel geradeheraus und konfrontativ zufahren und zugreifen, konsequent die Arbeit im Weinberg des Zeitgeistes verweigern, wenn dieser Geist, wie gewöhnlich, eine böse Drohhaltung einnimmt, die Tagesanbeter besticht und ihnen den bedingungslosen Einsatz für seine morbiden Vorlieben befiehlt (Geld und Waffen)?

Sind die wehrhaften und womöglich angriffslustigen Momente der Kirche und der Theologie (die sie durchaus einmal hatten) der Leisetreterei, dem Gutdenk oder zeitgeisttragender Unterwürfigkeit zum Opfer gefallen? Bewirken sie Unruhe (die unerwartete Christus-Verstörung, den Affront, die „christliche Zumutung")? „Das Salz darf nicht dumm werden" (Mt 5,13). Alles rosig und light. Biedersinn, Harmonie und Mandolinenworte, geschwisterliche Beschaulichkeit. Was leicht von den Lippen kommt. Was ohnedies auf der Hand liegt – verdoppelt. Überraschungsfrei. Blassbraun: „Die braune Liesel kenn ich am Geläute." Unbestimmtes, lasches Gutsein. „Nichts erlitten, nur gehopst".[565]

Finden sich aber Konfrontationen mit dem vergesellschafteten halbtoten Begriffsgefüge und Anpassungsmoralismus: durch das Erste Gebot, durch die unzähmbaren neutestamentlichen Zumutungen und Angänge, durch biblische Erinnerungen, die bislang Ungedachtes für die Gegenwart zutage fördern? Die, statt lediglich lauter moralisierten Begriffen entgegenzustürzen und sie binnen kurzem wieder zu verlassen, vom absehbaren Scheitern alles nur Gutmütigen berichten und zur Buße anleiten? Verheerende Folge der Vergutmütigung: Biedermann und die Brandstifter (Max Frisch), Biedermann und die Selbstmordattentäter. Biedermann und die Arbeitsplätze in der Waffenindustrie und die Rüstungsforschung. Biedermann und die Abschreckungsdoktrin. Biedermann droht glaubwürdig mit atomarer Vergeltung. Ist er auch bereit, sie zu üben? Er wird sich im Konflikt auch noch tragisch vorkommen.

Mit einem Mal stellt sich heraus, dass eine Art Systemwut, das ernsthafte Heranziehen des Ersten Gebots, dem Zentralnervensystem der Moderne hochgefährlich werden kann, dem dumpfen, bedingungslos rüstungsförmigen, totalitären Drang. Der neuzeit-skeptischen, betenden und immer wieder betenden Gegenwehr, töricht genug, gibt das ungeheuerliche Gebot dann eine Richtung. Überhaupt erst lässt es – sooft befolgt, ohne lange zu fragen – nachhaltig widerstandsfähig werden.

Oder können die Weherufe des Alten und durchaus auch des Neuen Testaments, diese Sturmzeichen, uns hochgerüsteten Modernen nicht zugemutet werden (von den Kanzeln kommt Entsprechendes doch nur sehr vereinzelt)? Da doch die Vorzeichen immerfort niederregnen und die Flut steigt. Für die Bibel ist die Frage nach dem Zumutbaren allerdings unmaßgeblich. (Allzu zumutbar, ungemein harmlos, wird „Jesus" von Nietzsche gezeichnet: als ein gefühlsweiches, zurückweichendes Gespenst, voll „Unfähigkeit zum Widerstand", ohne Verneinungswillen.[566]) Nicht so der Jesus des Neuen Testaments – der sich in seinen Weherufen denkbar anders darstellt. Er „ergrimmt" im Geist, im Zorn über den Tod (Joh 11,33), bezeichnet Menschen als „weiß getünchte Gräber", „innen voller Totengebeine und lauter Unrat" (Mt 23,27), und Kapernaum soll „bis in die Hölle hinuntergestoßen werden" (Mt 11,23). Nicht anders Paulus, der angesichts der Götzen „ergrimmt" (Apg 17,16).

---

565 Strauß, s. Anm. 382, 76.
566 S. Anm. 15, Bd. 6, 200.

Weherufe? Radikale Kulturkritik? Härter Botho Strauß: „Anstelle von Kulturkritik das rohe Verfluchen wiedererlernen."[567] Niemals das Verfluchen von Menschen (um Gottes willen!). Aber der Weheruf über das „Teufelszeug" im Wortsinn, die Gräuel vor Gott, über die gedankengewordene, dann dinggewordene Höllendrohung über der Welt. Die Vernichtungstechnik, mit Fluch aufgeladen, ist die Neuzeitschande, „der Fluch", der „die Erde frisst" (Jes 24,6). Es sind Bestien, die wir – bereitwillig, mit ungeheurem Aufwand, in Massen, noch und noch, mit vielen Opfern – hereinbitten und ins Haus holen. Die wir demütig, erwartungsvoll und besessen auffordern, uns bei der Herbeiführung oder der Erhaltung des „Friedens" beizustehen. Warum erscheint auch nur ihre Nennung jedesmal peinlich, und niemand will darauf angesprochen werden, dass er sich meist widerspruchslos der Höllendrohung anvertraut? Warum? Weil uns die Nennung, wenn ernstgenommen, niederschlägt.

Muss also jede heutige Zeitdiagnose vernichtend ausfallen? Unbeachtet lassen kann man jedenfalls Entzifferungsversuche und Standortbestimmungen, die, mit dem Rücken zur Gegenwart, vom Menschheitsschauer, von der modernen untergründigen Weltangst und deren Grund, nichts zu wissen vorgeben. Die die Gefahr vergessen machen wollen und meinen, die Höllendrohung nicht sehen zu müssen, ausweichen und, statt den Blick ein wenig über das Tagesaktuelle hinaus zu erheben, sich flach und niedrig halten. Orientierung oder Belehrung muss man von ihnen definitiv nicht mehr entgegennehmen.

Lassen Sie sich auch in dieser Hinsicht nicht „an der Zunge festhalten".[568] *Weil natürlich das Böse auch dann aufbrechen kann, wenn Sie ein Thema gar nicht erst aufkommen lassen oder schnell fallenlassen wollen. Besichtigen Sie nicht immer nur. Sagen Sie einmal etwas Ernsthaftes. Etwas zum Nennwert. Kommen Sie zur Sache, statt immer nur abzulenken. Unterlassen Sie das Aufsagen, Ihre arroganten oder servilen, überheblichen oder bald einknickenden, feigen, unterwürfigen, so oder so „nichtsnutzigen" Worte (Mt 12, 36). Es ist ja regelmäßig nur das alte uninteressante Gerede über „Ambivalenz", so dass Ihnen vermutlich der Mund schnell austrocknet und sich bei uns umgehend nur Langeweile und Überdruss einstellen.*

Wenn unerhörte Gräuel zu bewältigen sind, dem Blutsäufer, dem Teufel, in die Hände gearbeitet wird – wer benennt darin das Fluchwürdige, statt, wie gewohnt, gequält abzuwinken oder den Kopf resigniert unten zu halten, als wüsste man ohnedies Bescheid? Man hat dann längst alles aufgegeben und Gift genommen, in Form eines feindlichen, toxischen Beschweigens des Großthemas: des geschichtlichen Gefälles (verdeckt unter ahnungslosem, hochfliegendem Gerede und Gehabe und faulem Geschwätz; Eph 4,29).

---

567 S. Anm. 151, 171.
568 Franz Kafka, Briefe 1914–1917, hg.v. Hans-Gerd Koch, 2017, 112.

Von dem Versuch, der Ideologie des Gottkönigs „Mensch" und seiner Rüstung gedanklich beizukommen, wird sich allerdings diese Religion (die tatsächliche Herabsetzung des Menschen) so wenig beeindruckt zeigen wie von einer (gleichwohl dringend erforderlichen) theologischen Dämonologie des modernen Tötens (des modernen In-die-Grube-Schießens). Sie lässt ja überhaupt nicht mit sich reden. Sie lässt sich nur, unter Anrufung Gottes, verwünschen.

Wenn es aber in eigener Logik nun seinerseits nach Abhilfe und „neuen Tafeln" sucht (2. Mose 34) – welche Sprache spricht das große Phantasma selbst? Schon seit Jahrzehnten dieselbe: die unerbittliche Sprache zusehends härterer Forderungen nach einer kollektiven, menschheitsgeschichtlichen „Willensanstrengung" gegen die „moralische Trägheit", nach einem „Bewusstseinswandel", einem gezielt erzeugten „Leidensdruck", einer „Reifung"[569], der Aktivierung des „transzendenten Potentials" des Menschen und einer „Wiederherstellung des Heiligen",[570] einer „Katastrophendidaktik", einer Ökodiktatur. Sehr viel Anderes ist neueren Therapievorschlägen auch nicht eingefallen, wenn sie sich nicht sogar gleich auf einzelne Krisen beschränken („Klimawandel", „Flächenverbrauch", die „Erneuerbaren") – die, wenn bewältigt, an der verheerenden Grundkonstellation allerdings gar nichts ändern: die den Aktionismus unbehelligt lassen und weiter betreiben, die Technokratie, die „Machenschaft"[571] und ihren Exponenten: den scharfgestellten Willen zur Macht, ihre Folge: den Nihilismus *en marche* (den nach Nietzsche unheimlichsten aller Gäste),[572] – die unselige, dekadente Vergottung des Menschen. Es kann nicht anders sein, als dass über kurz oder lang dieser Hydra Köpfe nachwachsen werden.

Wann aber wird Gott selbst Halt gebieten? Bis hierher und nicht weiter! „Herunter! Setz dich in den Staub!" (Jes 47,1)

---

569 von Weizsäcker, s. Anm. 180, 425 u. ö.
570 Hans Jonas, Das Prinzip Verantwortung. Versuch einer Ethik für die technologische Zivilisation, 1984, 57.
571 Martin Heidegger, Beiträge zur Philosophie (Vom Ereignis) (1936–1938), hg. v. Friedrich-Wilhelm von Herrmann, 1994², 108f.
572 S. Anm. 15, Bd. 12, 125.

35. Vom Fährmann der Zeit

Er stieg in das Boot – und seine Jünger folgten ihm. (Mt 8,23)
Wo keine Hoffnung war,
hat Abraham auf Hoffnung hin geglaubt.
(Röm 4,18)

35.1 „Herr, zürne nicht so sehr!"

„Herr, zürne nicht so sehr und gedenke nicht ewig der Sünde!" (Jes 64,8) Nicht mehr als dies. Aber es braucht kein Mehr. Kein Zweifel: Er, mit Mysterien beladen, ausgestattet mit dem geheimnisvollen Weg aller Wege (Joh 14,6), der das Unerwartbare herbeiführt, das aussichtslos Erscheinende, wird sich auch jetzt als der Weg zeigen, wie in erbarmungswürdigen, ausweglosen Lebenssituationen so auch im Epochenbruch, der mit menschlichen Mitteln sichtlich nicht zu bewältigen ist, Wahrheit und Leben in fallenden Welten, in Seins-, in Christus-Vergessenheit.

Hoffnung gegen alle Hoffnung, auf den, der sich des Hoffnungslosen annimmt, Hoffnung, da nichts zu hoffen ist (Röm 4,18), gegen alle Erfahrung, *contra experientiam*.

Jesus Christus ist der Fährmann der Zeit, zunächst für den Einzelnen im allgewaltigen Grenzwasser, in der Zeitbrandung, hinüber zur Ewigkeit, zum „Jahr unserer Seele".[573] Nicht hinüber auf die grausige „Toteninsel" (Arnold Böcklin), wo die Ertrunkenen angeschwemmt werden, sondern in das Gangbare und Lebbare, in die Anderszeit, die auf uns zuhält, in neu erschaffene Zeit (2. Kor 5,17) – die aufs neue glänzt „aus Abend und Morgen". Eine Weile hält er die Abgeschiedenen im Verborgenen und überhängt und umschattet sie mit dem Geheimnis des Todes, entzieht sie der irdischen Zeit, reißt sie jedoch gnädig hinüber in die Unmittelbarkeit Gottes. Nicht in das Finstere hinein sterben sie. Unwegsamkeit und Sturz sind nur scheinbar.

Was wirst du sehen im unfasslichen Moment, sobald das Dahinstürmen der Augenblicke abbricht, der Schleier aus beißendem Qualm und Rauch zerreißt, der Strom erreicht ist und das Schiff an der Landestelle anlegt, an Hang und Böschung und Schwelle deines Zimmers – wenn es auf den Augenblick deiner Zeit langsam auftrifft? Wird dann alles zunichte? Nein. „In Wahrheit fängt etwas Großartiges an".[574]

---

573 Hölderlin, s. Anm. 7, Bd. 1, 295.
574 Péter Nádas. In einem Gespräch. Iris Radisch, Die letzten Dinge. Lebensendgespräche, 2015, 80.

Wen wirst du sehen zu Beginn der großen Überfahrt? Den gottgesandten Fährmann. „Kommst du zum Strom, da wartet ein Fährmann. / Zur Nacht läutet sein Herz übers Wasser. / Sein Boot hat goldene Planken, das trägt dich".[575]

Und die große Perspektive der Geschichte, die gewaltige gegenwärtige „Zeitmauer", der Trümmerwall, vielleicht von Schimmel geschwärzt, das „Schauspiel am Abgrund"?[576] Wenn der Mensch, worauf unzählige Zeichen hindeuten, aus dem historischen Raum heraustritt, dessen Gebäude rissig zu werden begonnen hat und deren Risse sich vertiefen – wo es unheimlich wird in der Unruhe eines Aufbruchs in großem Stil, in historischer, keineswegs aber mythischer Präzedenzlosigkeit, in neuen Lichtverhältnissen, einem neuen „Erdstil". Ein großer neuer Zyklus, ein Wellenschlag hoher Brandung – doch immer noch „dieser Welt", des ausgedehnten, mächtigen, verfaulenden „alten Äons", des Stroms historischen oder dann womöglich nicht mehr historischen Geschehens, der Erd- und Evolutionsgeschichte, der Seinsgeschichte.

Gogol in den „Toten Seelen": Russland als Troika auf rasender Fahrt, nicht zu sagen, wohin. Ein wortloser Übergang, eine Zeitschleuse oder ein Zeitwehr zwischen großen Zeitabschnitten – und wir werden „auf die Anfänge des Verstehens zurückgeworfen"?[577] Mit gesteigerter Schärfe Rudolf Bultmann, der entsetzt fragt, „wie dem reißenden Zuge einer besessenen Zeit Halt geboten werden kann."[578] Das, heißt es womöglich, sei eben die Situation in den stürmischen Tagen des letzten Jahrhunderts gewesen. Der Sturm habe sich gelegt. Wirklich? Kann man das ernsthaft meinen?

Die besessene Zeit. Der Mensch, zuverlässig am Lenkrad des Evolutionsgefährts? Ein verrückter Gedanke. Wie einzelne Menschen so können, wie wir gelernt haben, auch Völker und „Systeme" jahrzehntelang in die Irre gehen, sogar wie 1933-1945 Schritt für Schritt in den Irrsinn. Ist das auch für Jahrhunderte denkbar – die dann Monster gebären (Massenfertigung von Vernichtungswaffen, aus jeder tönt ein nie gekanntes Grauen heraus)? Ist mit dieser Wendung „ausdrückliche Vergottung des Menschen seit Jahrhunderten" also der eine ekle Schädel in den Blick gefasst, der unbedingt abgeschlagen werden muss? Ein schwer erträglicher Gedanke. Wenn nicht alles täuscht, müssen wir uns damit vertraut machen, dass Bonhoeffer beim Wort genommen werden muss und mit seiner genauen, ultimativen Feinderklärung „abendländische Gottlosigkeit" recht hat.

Kein Zweifel, dass wir Hilfe brauchen – in ungerührter, waffenstarrender, katastrophischer Zeit, der gefährlichsten der bisherigen Geschichte. „Wir gehen finstern

---

575 Günter Bruno Fuchs, Gemütlich summt das Vaterland. Gedichte, Märchen, Sprüche, 1984.
576 Ernst Jünger, Essays 2. Der Arbeiter (= SW 8), 1981, 465.
577 Bonhoeffer, s. Anm. 93, 435.
578 Glauben und Verstehen. Gesammelte Aufsätze, Bd. 3, 1965³, 78.

Zeiten entgegen" (Jürgen Moltmann, vor wenigen Jahren, 2020).[579] Rufe dieser Art seien „alarmistisch"? So? Man kann gar nicht alarmistisch genug sein (wenn sich zusehends deutlicher die schleimige, faulige Tiefe der Zeit hervorkehrt). Die Gegenwart? „Wir schmausen und lustwandeln auf ihrer Oberfläche wie Sindbad der Seefahrer mit seinen Gefährten auf dem Rücken des ungeheuren Fisches, den er für eine Insel hielt"[580]

Dem gegeben ist alle Gewalt im Himmel und auf Erden, er setzt über: wie in der Todesbrandung des Einzelnen, dem schweren Gewässer, so auch im Unheimlichen und Beängstigenden der Zeitgewitter und Verwerfungen. Er verhält sich – erkennbar oder tief verborgen, rätselhaft vielleicht und unkenntlich – als der Herr auch der „besessenen Zeit", der Versuche der Weltergreifung, der alles mitreißenden Strömung, der Strömungsumkehren, des Abrufs und der Schreckensherrschaft der Zeit.

Hoffnung gegen alle Hoffnung, Hoffnung, da nichts zu hoffen ist.

Vom Fährmann der Zeit, nicht von uns selbst (nicht dem Schiff mit den acht Segeln und den fünfzig Kanonen) erhoffen wir das Entkommen, nicht von Programmen, Methoden, Plänen, Neujustierungen, Reduktionen – nicht von menschlichen Maßnahmen als der bereits gefundenen, nur noch umzusetzenden Lösung der Probleme.

Der Kahn ist brüchig. Wir selber schlagen leck, der Einzelne, doch desto mehr die Menschheit, die blind, begebenheitsblind, in den Orkan gesteuert ist. „Herr, hilf, wir verderben!" (Mt 8,25), im bösen Seesturm, wir kommen um im menschenfeindlichen, mutwillig aufgesuchten hohen Wasser (Ps 125,5). Die Frage unserer Zeit, gestellt erneut in „großer Furcht" (Mk 4,41), lautet daher, „wer Christus heute für uns eigentlich ist?"[581] Wer ist der, „der im Meer einen Weg und in starken Wassern Bahn macht" (Jes 43,16) – „dass ihm Wind und Meer gehorsam sind". Was ist von ihm heute zu erwarten?

„Tut Buße! Und glaubt an das Evangelium!" (Mk 1,15) „Tut Buße, indem ihr an das Evangelium glaubt, an die Christus-Wahrheit!" Eben an das akute Jetzt-Wort Christi, im großen Ruf herausgetragen – und rauh, mit der Unerbittlichkeit des Ersten Gebots: „Glaubt an nichts anderes!" Nichts sonst ist wert, dass man sich ihm „im Meer und im starken Wasser" anvertraut.

Was sich überschießend gewaltig gibt und auch seinerseits Glauben einfordert, wird „vom Thron gestoßen" (Lk 1,52). Das Eine – und das Andere nicht. Galiläa oder Ninive. Woran glauben aber die Einwohner des heutigen Ninive? An sich selbst, an den Menschen, an die Selbstverbesserung der Sozietät „Menschheit", des mit

---

579 Jürgen Moltmann, Auferstanden in das ewige Leben. Über das Sterben und Erwachen einer lebendigen Seele, 2020², 99.
580 Ernst Jünger, s. Anm. 96, 147.
581 Bonhoeffer, s. Anm. 93, 402.

seinen Geräten ins immer noch Bessere ziehenden (in Wahrheit marodierenden) Nomadenvolks, trotz allem an den Fortschritt (unter dessen Sonne der christliche Glaube angeblich verdampft), an die Wissenschaft, an Rüstung und Aber-Rüstung, an die Macht, an den Tod.

Canetti spricht von „unserer Zeit, die an Macht erstickt."[582] Tod der Arten (meist unbemerkt sterben sie vor sich hin) durch Einschnüren ihrer Lebensräume und Übernutzung von Landschaften, Erstickungstod dann auch des *homo sapiens sapiens* (eine nicht ganz ernst zu nehmende Selbst-Dekoration). Angebracht wären nur Scham und Erschütterung bei jedem Durchbruch neuer Waffengenerationen. Erstickungsmächte fallen uns ein – in einer Situation, in der Zug um Zug, mit meist geringer Verzögerung, in furchtbarer Verweisfolge, von Erfindung zu Erfindung, von Nobelpreis zu Nobelpreis, von Machtgewinn zu Machtgewinn, die Fadenkreuze zuverlässiger und die Waffen mörderischer werden. Entdeckungen, Erfindungen, die man fürchten muss. Albträume, aus denen man nicht erwacht, sondern sich nur im je nächsten, entsetzlicheren findet. Die umgekehrte „russische Puppe": jede neue Figur größer und tödlicher. Gewonnene und doch verlorene Schlachten von Wissenschaft und Technik.

Menschenfressende Zeit. Eine Welt, auf die der Himmel hinunterzuschreien scheint. Wenn enthemmte Gewalt und Ausbeutung den giftigen Abfall und eine unwiederbringliche Naturzerstörung dorthin verlagert, wo die Nutznießer, „am oberen Ende der Nahrungskette", all das zunächst nicht zur Kenntnis nehmen müssen. Wenn unmöglich geworden ist, den Mikroplastik aus dem Schnee herauszubringen. Wenn nichts in Ruhe gelassen werden kann und die äußeren Lebensgrundlagen Stück für Stück weggerissen werden. Wenn die Völkerwanderung der Verlierer und der Beraubten bereits begonnen hat. Die Konsequenz lässt dann nicht auf sich warten: „Du hast viele Völker beraubt. So werden dich wieder berauben alle übrigen Völker." (Hab 2,8) Denn Gott „macht Völker groß und bringt sie wieder um; er breitet ein Volk aus und treibt's wieder weg" (Hiob 12,23).

Ohne Vorbild in der Geschichte ist dabei das Bedingungslose und Unbedingte dieser Großfigur „neuzeitliche Wissenschaft und Technik". Sie zeigt sich als „etwas prinzipiell Neues".[583] Vor den Altar ihres Anspruchs hat gegenwärtig jeder mit gesenktem Kopf zu treten. Hier der namenlose, unbedingte Aberglaube an menschliches Vermögen, an bedenkenlose Eingriffe in natürliche Vorgänge, deren weitreichende Folgen naturgemäß nur denkbar kurzfristig „abgeschätzt" werden können (der aber macht, dass die Welt von innen her abstirbt). Dort indessen die Fülle des österlichen Vertrauens, der Glaube ausdrücklich an diesen einen Menschen, Mensch und Gott gleichermaßen. Hier die Gewaltigen, die anderen

---

582 S. Anm. 98, 250.
583 Bonhoeffer, s. Anm. 81, 106.

Götter, das „andere" Evangelium (Gal 1,6), die schon stinkende oder noch in Teilen überschichtete, schwelende Fäulnis (Hab 3,16). Und dort die Erfüllung des Ersten Gebots. Bei Paulus – in diesem flirrenden, wilden, dekadenten, kaputten Korinth – finden wir ja die notwendige Anzeige und Verdeutlichung des Ersten Gebots: „Ich wollte unter euch nichts anderes wissen als nur Jesus Christus" (1. Kor 2,2), nur das Eine, nur den Einen, gerade dort. Darin bestehen Buße und Gebotserfüllung, nur ihn wissen zu wollen. „‚Eins ist not!' Ach Herr, dies eine [...]." (EG 386,1). Und „viel weiß der Fuchs, nur eines, das Wichtige, der Igel" (Archilochos von Paros).[584]

Bei zwei Sätzen widersetzt sich indessen der keineswegs bußfertige moderne Mensch sofort, atemlos und anfallsweise wütend, kaum dass sie jemandem auch nur auf der Zunge liegen. Zwei Sätze mit scharfer Schneide. Der eine: „Meine Gnade genügt" (2. Kor 12,9). Der andere: Luthers „Mit unserer Macht ist nichts getan". Und auf die Erwähnung zweier Wörter folgt das bekannte moderne „betretene Schweigen" (eine interessante Erscheinung; als sei etwas Schamloses gesagt worden): „Gott" (der den Menschen segnet) und „Massenvernichtungswaffen", unverhohlene Auftritte des Bösen (bereit, den Menschen kurzerhand wegzufegen). Ablesbar sind daran Unzugänglichkeit und Unbußfertigkeit, der Triumph der rücksichtslosen Bereitschaft zu unbedingter Macht, der Religion des Tötens. Beim Töten, entsprechend beim widerlich befriedigenden Gefühl des eigene Überlebens, schlägt das Herz der Macht, genauer: bläht sich ihr Eingeweide.

„Mit unserer Macht ist nichts getan." Unter neuzeitlichen Bedingungen gilt der Satz nur desto mehr und erweist seine rasiermesserscharfe Wahrheit weit über das Handeln der Einzelnen hinaus. Umso dringlicher ist an seine Geltung zu erinnern. Denn soweit das Auge reicht, im Großen nicht anders als im Kleinen, agiert die Moderne unförmig, machtförmig und operativ. Möglichst soll sich „Wissenschaft" jedesmal in Handgriffe und Tastaturbefehle auflösen. Wir wollen steuern, lenken und überholen, wir steigern expansiv, überbieten, machen uns breit und machen uns über alles her, maximieren, perfektionieren, optimieren, verrechnen, intensivieren, richten ein, gestalten und therapieren, führen Regie, laden auf, beißen, rüsten, ertüchtigen, erlassen eine Allgemeine Wehrpflicht, betreiben Hochrüstung (das gelingt am besten) – zu mehr und mehr Macht, zum besseren Töten, zur Dämonie der gierigen „Goliathsmacht" (Barth).[585] Nur für sie, als der sich forcierenden grauenvollen Aber-Macht, sollen auf allen Ebenen „Wachstumsbedingungen" geschaffen werden.

Zu einer Welt wollen wir verzweifelt Uneinsichtige es bringen, in der wir uns endlich als Allwissende und Allmächtige aufführen können. Ein Kiesel (1. Sam 17,49),

---

584 Die Fragmente der Vorsokratiker. 3 Bde., Griechisch und Deutsch von Hermann Diels, hg.v. Walter Kranz, 2004, Fragment 103.
585 KD III/4, 446.

*davidisch, kann uns allerdings fällen, ein „Wörtlein" (Luther). „Dann fliegt vor Einem geheimen Wort / Das ganze verkehrte Wesen fort".*⁵⁸⁶ *Der Zottelige gegen den Hochgerüsteten, der zottelige David-Christus gegen den waffen- und abschreckungsgläubigen Adam-Goliath.*

Hoffnung gegen alle Hoffnung, Hoffnung, da nichts zu hoffen ist.

35.2 Doppelwertigkeit. Doppelschlächtigkeit

Ein Schritt zurück. Ursprüngliche Unschuld und Neutralität der technischen Mittel, diesseits von Gut noch Böse? Die außerordentlich schlichte Neutralitäts- und Ambivalenz-These. Bipolarität. Zwiespältigkeit der gigantischen Menschen-Macht, herbeigezwungen durch Wissenschaft und Technik. Seite und Kehrseite, Kehrseite und Seite. Doppelschlächtigkeit. Einerseits, andererseits – straff aufgespannt. Chancen („Fortschritt im guten Sinne") und Risiken („Probleme sind Chancen"), schärfste Kehren womöglich. Flügelkämpfe von Segen und Fluch. Wo allerdings jedesmal – in Besiegungszwängen – beide Teile unmäßig siegen (der Fluch unvermeidlich auch), auch nicht aufhören können, sich gegenseitig zu steigern. Regelmäßig tritt die eine, nur eben gespaltene Persönlichkeit auf, Dr.Jekyll-Mr.Hyde, geheime Zwillingsfigur ihrer selbst. Nur hüpft dieser eine Titan von einem Bein auf das andere, seufzt oder triumphiert und wechselt das Standbein. Einander gegenüber liegende Schneiden derselben monströsen Schere. „Spaltungsirresein".⁵⁸⁷ Ambivalenz oder Schizophrenie, in die der Titan früh gefallen ist? Unsagbar unbarmherzig insgesamt zerren sie einander voran: Segens-Herr und Fluch-Herr, im Gefecht einer gegen den anderen, gegeneinander anrennend, in Wirklichkeit miteinander metallen verklammert. Beide zeigen sich ja seit Jahrhunderten als über alle Maßen erfolgreich, nur scheinbar in Kollision und in gegensätzliche Richtungen ziehend, *de facto* als lediglich gespreizte Einheit Desselben. „So geht es fort, man möchte rasend werden" (Mephisto).⁵⁸⁸

*„Hört doch zu fechten auf, ihr Herren".*⁵⁸⁹ Tretet, ihr Herren, doch beide aus dieser Geschichte aus!

Lässt sich eine Bilanz aufmachen, und das eine würde durch das Andere aufgewogen? Waffen gegen Komfort, wachsende Lebenserwartung und moderne datengetriebene Medizin (Dechiffrierung des Informationskosmos „Körper")? Oder fressen sie sich über kurz oder lang gegenseitig auf? Aus dem riesigen Kipp- und

---

586 Novalis, Schriften, Bd. 1: Das dichterische Werk, hg.v. Paul Kluckhohn und Richard H. Samuel, 1960², 344.
587 Benn, s. Anm. 37, Bd. 2, 246.
588 Faust I, Studierzimmer, 1371.
589 Kafka, s. Anm. 74, 641.

Umkehrbild das Positive scharf herauszuschneiden kann keinesfalls funktionieren. Die gängige, sich für differenziert und illusionslos haltende Ambivalenz-These, entgegengestellt der (allerdings nie ernsthaft vertretenen) These, technische Geräte an sich, Verfahren etc., seien bereits verwerflich („Technikfeindschaft"), ist nichts als ein allzu überschaubarer Gemeinplatz – und verschleiert auch nur die Frage nach Vorzeichen und Eigentümlichkeit der schizoiden Großfigur, erkennt sie gar nicht als solche und verdeckt sich dann auch deren furchtbare Unbedingtheit.

Die Figur in großem Stil, mit doppeltem Umriss, das hysterisch überzogene, in sich dialektische Paradigma, trägt verschiede Namen, meint aber immer dasselbe. Das „prinzipiell Neue" (Bonhoeffer). Das Neue an der Neuzeit. Die neuzeitliche Technik aufgrund mathematischer Naturwissenschaft. Der zivilisatorische Fortschritt. Usw. Also schwarz-weiß in einem einzigen „System", in einer einzigen Größe, trivial gesprochen: eine Art „Elster- oder Zwitter- oder Zentauren-These". Zutiefst ambivalent, scheinbar widerspruchsvoll, aber ein einheitlicher, gerader, in sich folgerichtiger Weg: der, noch einmal gesagt, „schnurgerade Weg von Galilei zur Atombombe".[590] Die Doppelgesichtigkeit oder Doppelzüngigkeit dieser Großfigur. Sie wieder und wieder hervorzukehren gibt sich als Einsicht aus, hält aber in Wirklichkeit allemal im vordersten Vordergrund fest, ist seit langem ausbuchstabiert und langweilt inzwischen nur noch.

Und wenn das schwarz-weiße „System" selber feindlich wäre, nicht nur sein Schwarz? Und sein Weiß ohne sein Schwarz gar nicht zu haben wäre? Eine widerliche Elster? Alternativlos? Neuzeitliche Wissenschaft und Technik – oder gar keine Wissenschaft und gar keine Technik (also Steinzeit)? Nein. Zum Glück finden sich auch völlig andere Weisen, in der Welt zu sein, sie zu sehen, von ihr gesehen und aufgerufen zu werden. Man muss Natur und Geschichte, Zeit und Sein, nicht angreifen, sich ihrer bemächtigen, sie immer nur an sich reißen, ihre absolute Bezugsmitte abgeben wollen.

Alternative: keine „bürgerliche" und schon gar nicht eine „kapitalistische", sondern eine „Allianztechnik"?[591] Immerhin ist dann das Gesamtparadigma im Blick. Doch bleibt auch diesem gärend-utopischen „Marxismus der Technik" mit dem angesteuerten Ziel „Naturallianz" nur desto mehr die Vergottung des Menschen eingeschrieben, das unvermindert Götzenhafte.

---

590 von Weizsäcker, s.. Anm. 180, 355.
591 Bloch, s.. Anm. 225, 802ff.

35.3 „Wir haben die Geschenke falscher Götter angenommen."

Allerdings hat der Götze allemal nicht wenig zu bieten. „Für nichts" wird niemand zum Götzendiener. Das äußere Bild muss nicht dämonisch sein. „Verführerisches Goldaufblitzen am Bauch der Schlange".[592] „Macht mir den Teufel nur nicht klein":[593] die vielmehr riesige, immer noch unerzählte, zu weiten Teilen verschwiegene, am Ende böse Geschichte unserer Zeit, der „tiefe" neuzeitliche Technologismus, seine den Planeten durchgeisternde, ihn ruinierende Strahlung, seine innere schändliche Metaphysik: die bedingungslose menschliche Anrufung der Macht. Zu keinem Teufelspakt kommt es, zu keinem Verkaufen der Seele – ohne Vergütung und großzügige Gegenleistung, mit freigiebiger Hand, in großem Stil. Die schönen Zuwendungen und lebenserleichternden Köder anzunehmen, braucht es auch nicht viel. „Wir haben die Geschenke falscher Götter angenommen".[594]

„Der Teufel ist nicht schwarz, wie er gemalt wird" (Dubslav von Stechlin, in Fontanes Roman).[595] Ausschließlich negativ kommt kein Götze daher. Jeder scheint vielmehr bereits in sich ambivalent. Jeder bleibt allerdings auch, was er ist, ein verheerender, zerquetschender, unheilvoller Pseudo-Gott, spreizt sich lediglich, womöglich in unübersehbar weiter Spanne – ein überschießend gewaltiges Spaltprodukt. Er möchte auch als solches beurteilt und gewogen werden – wenngleich am Ende doch mit Übergewicht des Nützlichen. Nur zuletzt – zuletzt zieht er denn doch widerlich und hässlich auf und zieht den Anbetern das Fell über die Ohren. Die vordergründige Ambivalenzthese ist richtig, aber falsch; allenfalls eine halbe Wahrheit, also gar keine.

Es herrscht der urtümliche Drache aus der Unterwelt, die Ungestalt, das gestauchte Chaosungeheuer – das auch nur in den Blick zu bekommen, heißt, von Abscheu und Ekel förmlich getötet zu werden. Allerdings gibt sich der Moloch (Jer 32,35; 3. Mose 18,21; 20,2-5) eben als eine Art Segen. Er hat viel zu bieten, von der Unterwelt bis zu den Sternen (von Auerbachs Keller bis zur Vision vom „freien Grund" und „freiem Volk").

Ein diabolischer Handel kommt zustande. Das Leben blüht, und Lebenserwartung und Komfort steigen vertragsgemäß von Jahr zu Jahr. Aber er kommt auch als Fluch über die Welt. Unverhohlen überredet er zum hässlichen Tod. Er liebt die Götter des Bösen, die unbedingt einsatzbereiten Vernichtungsmaschinerien (ein absoluter Schreckensraum um sie herum) – damit irgendwann, möglichst bald, aber mag sein auch später, jedenfalls irgendwann gewiss, viel oder alles ausgerottet werden und die Hölle los sein kann. Er zwängt in einen Höllentrichter ein. Zeitweilig haut er schon

---

592 Nietzsche, s. Anm. 15, Bd. 12, 348.
593 Zahme Xenien, Goethes Werke in zehn Bänden, Bd. 2, hg.v. Ernst Beutler, 1962, 408.
594 Christa Wolf, s. Anm. 145, 107.
595 Der Stechlin, Goldmann Verlag, 1992, Drittes Kapitel, 22.

einmal mit riesiger Pranke in das Land hinein – das dann für unabsehbare Zeit ein gewesenes sein wird (Reaktor und Umgebung von Tschernobyl). Er braucht Tag für Tag Menschenfleisch, er bekommt auch, wiederum vertragsgemäß, Kinder zum Verzehr, große Fleischstücke. Von den Kinderschändern, Abrichtern von Kindersoldaten (wenn Kinder zu Henkern gemacht werden), von denen, die Kinder verhungern lassen und martern in unvorstellbarer Weise, die, nun auf moderne Weise, „Kinder schlachten in den Tälern unter den Felsklippen" (Jes 57,5). „Er verhält sich eben beinhart ambivalent, zerfurcht, in zerspaltener Schwebform, verfügt auch, nicht zu vergessen, über nachdenkliche Seiten, hält Chancen bereit, birgt allerdings auch Großrisiken, er bedeutet Segen und Fluch", sagen halblaut wir sorgenvollen, ab und zu niedergeschlagenen, aber allemal unbußfertigen Stadtbewohner. Nicht selten erheben wir sogar den Anspruch, ein wenig (aber nicht allzu sehr) unglücklich über uns selbst oder ein wenig zerrissen sein zu dürfen. Regelmäßig wollen wir Schlimmeres verhüten. „Wobei: Wir haben das im Griff. Wir hegen ihn ein. Alles in allem gibt es mehr Vorteile. Auf die Dauer überwiegen sie. Wissen Sie etwas Besseres? Sollen wir uns denn in aller Welt von unserem guten Leben lossagen? Man müsste den Drachen zum Vegetarier machen. Den Fluch zurückdrängen, den Segen unbedingt befeuern. In Maßen gelingt das doch auch. Man müsste aber noch viel mehr ... Man hätte möglicherweise sogar von Anfang an radikal ... Wollen Sie denn auf die moderne Medizin verzichten. Es gibt kein Zurück." Wir ringen die Hände und heben die Arme, als wollten wir uns gegen einen unsichtbaren Geist schützen.

Durchaus findet er „Fürsprecher", manchem wird das Ungeheuer „fast lieb" (Kafka in einer Erzählung über den *Riesenmaulwurf*).[596]

Sind die Drachenbändiger und Drachenliebhaber erkrankt, an gieriger, systemischer Schizophrenie? Oder verhalten sie sich unter modernen Bedingungen einfach nur – normal. Seit Jahren plaudert die *science-fiction*-Literatur die neue Normalität aus, indem sie biblische Gerichtstexte aufnimmt, umsetzt und wütende Szenen aufzieht: von ehemals glänzenden, pulsierenden, bunten Städten, die zu Stätten der Verwüstung, zu Schutthalden und Schandmalen, „zu Steinhaufen bestimmt sind" (Hiob 15,28) und nur noch in ihrer „schmählichen Blöße" daliegen werden (Jes 20,4), „mächtig durch Menschenhand, als wären sie gleichgültig gegen das Lächeln des Himmels und gegen seinen Zorn, die grausam das Licht verschlingen".[597] Babylon? Das Datennetzwerk mit angezielter Informationsüberlegenheit über die Konkurrenten, die industrielle Wüste, das überwachungskapitalistische, das Lebenserschaffungs-, Robotik-, Cyber-, KI-Babylon.

Auch den Text 1. Mose 11,1-9 (wie viele andere biblische Texte) schreibt Kafka fort. Über die Stadt zu Füßen des „Babylonischen Turms" heißt es: „Alles, was

---

596 S. Anm 344, 200; 207.
597 Conrad, s. Anm. 202, zit. im Klappentext.

in dieser Stadt an Sagen und Liedern entstanden ist, ist erfüllt von der Sehnsucht nach einem prophezeiten Tag, an welchem die Stadt von einer Riesenfaust in fünf kurz aufeinanderfolgenden Schlägen zerschmettert werden wird. Deshalb hat auch die Stadt die Faust im Wappen."[598] Gilt also „Weh, weh, du große Stadt, Babylon, du starke Stadt, in einer Stunde ist dein Gericht gekommen!" (Offb 18,10)? Kennt Gnade auch die furchtbare Form einer Gerichtsverkündigung?

Sind, wenn man denn tiefer in die Zeit will, für dieses schmutzige Rätsel angemessene Denkmittel schon anderwärts gefunden? Oder liegen sie nicht doch allein im Bereich der Theologie vor (wenn nämlich von Gott und vom Furor des Götzen die Rede ist)? Unvermeidlich trifft ja alles Bedingungslose, das versteckt oder offenkundig Unbedingte, auf das Erste Gebot. Auf den Gott des Ersten Gebots. Auf den Christus-Gott, auf Christus selbst, auf sein Erstes Gebot. Dass er herrschen muss (1. Kor 15,25).

35.4 Entmächtigung und Abrücken

Wenn Grenzen sich aufrichten und die Gesellschaft von Müll und Macht und Waffen, dem Auswurf der allerletzten Neuzeit, zugedeckt wird – was ist (wie man sagt) zukunftsfähig? Sich herausarbeiten oder herauswinden aus dem Auswurf? Wer ist es denn, der dazu ausholt? Wer? Wie gedenkt er es zu tun? Was bringt er immer schon mit? Er kann sein neuzeitliches Sünder-Sein keineswegs abschütteln, das moderne Biest im Kopf: dass er das moderne Unbedingte seinerseits will, ihm in die Hände spielt, mehr und mehr Zulauf verschafft und sich keineswegs gegen seine Bedingungslosigkeit stemmt. Den allgemeinen Begrüßungstaumel für Hochwollen und Fortschritt bringt er mit (wie soll man sich ihm entziehen?), die Zugehörigkeit zu den unerschütterlichen Mehrheiten für ein prinzipielles „Weiterso" (bei kleineren Korrekturen).

Die Macht-Geister in die Flasche zurückzwingen? Die Flasche in Scherben zersplittern lassen? Ist das möglich? Nein. „Mit unserer Macht ist nichts getan, wir sind gar bald verloren." Keinesfalls ist dieses große Eingeständnis Luthers nun wiederum auf das Leben des Einzelnen einzuschränken.

Man könne also nichts tun? Doch. Schon einmal die jammervolle menschliche Schwäche anerkennen. Sich dafür bereithalten, dass die Kraft Christi mächtig werde, weil dessen Auferstehungsgnade genügt (2. Kor 12,9). An ihn wahrhaft zu glauben, wahrhaft – das ist bereits unser „Widerstand" gegen die Götzen und macht bereits aus, was Exorzismus genannt werden darf. Das Unbedingte und die Anmaßung tatsächlich weltweit zu entmachten, vermag aber allein der Vater Jesu Christi. Der

---

598 S. Anm. 35, 323.

erhöhte Gekreuzigte, der „rechte Mann", „den Gott hat selbst erkoren", streitet „für uns" (EG 362,2), fortwährend, Mal um Mal, in jeder Gegenwart. Hoffnung gegen alle Hoffnung, Hoffnung, da nichts zu hoffen ist.

„Nur noch ein Gott kann uns retten".[599] Nur noch Gott kann uns retten, Christus, der gekreuzigte Gott, der Fährmann.

Mag es, sooft man sich ein wenig in Stellung bringen lässt, ein unscheinbares Dabeisein geben. Jedesmal wird dabei allerdings alles wiederum durch das paulinische „als ob nicht" relativiert (1. Kor 7,29-31). Können wir Hilfsmittel nennen, Hinweise, Fingerzeige, Gesten, Behelfe, Krücken, kleine, freilich immer sehr unzuverlässige Atlanten „eines ängstlichen Mannes",[600] Ansätze, Notizen, Stichworte von todesängstlichen Menschen – zu Entmächtigung und Abrücken, zu einer Art Widersetzlichkeit, zu, wenn schon nicht sehr effektiven, so wenigstens zeichenhaften Gegenzügen. Wobei wir im voraus wissen, dass sie als solche nicht bringen werden, was annähernd zutreffend „Rettung" genannt werden kann. Alles Dabeisein und Mitkämpfen und Mithalten (wir wollen im folgenden sehr viele Einzelmöglichkeiten wenigstens stichwortartig vorschlagen) bleibt angewiesen auf das eigentliche, das vorangehende, weltentscheidende Gefecht, den Streit Christi – der überdies Menschen dann überhaupt erst motiviert, abhärtet gegen Enttäuschungen („enttäuschungsfest" werden lässt), zumindest weniger abhängig werden lässt von Erfolgsgeschichten.

Aus der Gnade Gottes, aus dem Vermögen Christi, „in den Schwachen mächtig" (2. Kor 12,9), wird die Zukunft gemacht. Ihm entspricht eben ein paradoxer Widerstand: Ermächtigungen gerade zu menschlicher Machtlosigkeit, schwierige Eingeständnisse eines vollständigen Debakels, tapferer Defätismus. Vorwiegend Unterlassungen werden folgen, Entmächtigungen, Absagen, Verweigerungen, sogar kluge Betäubungen und Verdrängungen, Lösungen aus der eisernen Klammer des bedingungslosen Verlangens nach Handlungsmacht, Stilllegungen – die die grobschlächtigen, brutalen Lebenstüchtigkeiten nach Möglichkeit untenhalten.

35.5 Mücke am Klebeband

Eine Metapher, die die gegenwärtige Lage gut erklärt (allerdings mit vehementem Widerspruch rechnen muss): die Mücke, mit einem Bein am Klebeband. Alles scheint verloren. Je wilder sie zappelt und kämpft und sich zu befreien und sich herauszuarbeiten sucht, desto vielfacher berührt sie das Band, verfängt sich in

---

599 Martin Heidegger, Reden und andere Zeugnisse eines Lebensweges (= GA 16), hg.v. Hermann Heidegger, 2000, 671.
600 Christoph Ransmayr, Atlas eines ängstlichen Mannes, 2013⁶.

ihm und klebt an anderen Stellen auch noch fest. Folgerung: Je mehr panische Aktivität entfaltet wird, je mehr Täterschaft, Machtwille, hektisches Eingreifen, Machenschaft, technische Innovation, fieberhaftere Wissenschaft, umfassendere Interventionen, invasivere Vorkehrungen und Maßnahmen und so fort und so fort – desto unausweichlicher verfängt sich die wissenschaftlich-technische Welt in ihrem Aktionismus, ihrem ureigenen fiebrigen Bewegungsgesetz, verschlimmert ihre Lage durch immer mehr Einflussnahme und Regie, indem sie „Gestaltung" an „Gestaltung" reiht (Machenschaft an Machenschaft, Drohung an Drohung) – und dann nicht mehr entkommen kann.

Die Mücke, womöglich zunächst nur mit einem Bein am Klebeband, zu Tode erschrocken, mit äußerster Anstrengung regungslos, stillhaltend, hinnehmend, ertragend, standhaltend – mag sein, es kommt ein kräftiger rettender Luftzug.

Die Metapher bezeichnet keine Verzweiflung an der Zukunft, sondern die Hoffnung auf den Heiligen Geist.

35.6 Ausweichbewegungen

Vielleicht eine Verhaltenslehre des Nichttäters, des Genug, des Zurücktretens und der Entwöhnung. Kraft zur Passivität. Wir müssen zurückkommen auf die Subversion durch Demut, nicht durch die verkrochenen oder heuchlerischen Demutsgesten, sondern durch die lebhafte, gestalterische, sein-lassende, warmherzige, hochgemute Demut – die sich vor dem Überwältigtwerden durch den Christus-Gott nicht fürchtet, vor dem Niederknien vor ihm, dem Eingeständnis, lauter Nichts vor ihm zu sein, mehr noch: ein Feind. Und dann auch Theologie aus dem Unterholz (was ein emphatisches Reden von Gott nicht ausschließt). Der niedrige Türsturz der Kirchentür, man muss sich bücken und krumm machen. Groß von Gott, aber klein von den menschlichen Möglichkeiten sprechen. Wohl ein gutes Mittel, um nicht weiter regelmäßig dummes Zeug zu reden.

Helden des Rückzugs (Beispiel: Gorbatschow), Helden im Halbdunkel, vielleicht voller Trauer. Direktheit und Unmittelbarkeit jedenfalls verbieten sich, die Geradehin-Einstellung, die meint, es irgend mit dem übermächtigen Gegner aufnehmen zu können. Auf halbem Wege kehrtmachen können. Sogar noch zuspitzen den Pfeil des linearen Widerstandes? Nein. Vernünftiger ist mitunter der Lauf im Zickzack, der mutwillige Schlingerkurs. Auch Rhizomartiges, sehr Indirektes, das Diagonalgeführte, Schräglaufige und Windschiefe, der Rösselsprung, die Synkope, das vorerst oder bleibend Uneindeutige und bis zur Gebrochenheit Vermittelte, das Kreuzen gegen den Wind, der sich gegen die Segel wirft, das mäandernde Verfahren – mag geeignet sein, ein wenig auszuweichen: dem Räuberischen und maßlos Gefräßigen des Übermenschentums, dem obszönen, idiotischen Genießen (wenn die moderne Zivilisation sich beim Aufzehren der Lebensgrundlagen auch noch die Lippen leckt), der Religion der Macht in den unteren Lagen, der von Macht und Abermacht, der Abgründigkeit der Waffen.

Die freie Stirn. Gedanken im Abseits. Manchmal das Undefinierte gerade als solches sichern. Dem Lassen Raum geben (dass Dingen und Menschen ihre Seinsverfassung ausdrücklich gelassen wird). Sich in vieles schicken, nur nicht in die Christus-Feindschaft. Das Schonen (nicht jedesmal lediglich sich selber schonen), das Ablassen, die Tatenlosigkeit, Hände in den Hosentaschen oder auf dem Rücken, wenn man abseits steht. „Ich sehe gern aus dem Fenster".[601] Schräggestellt in der Welt sein, schrägschultrig. Als ein leichtes Boot umgedreht am Ufer liegen, ein ehemals weißes Boot mit abblätternder Farbe, aber bereit, gebraucht und erneut ins Wasser geschoben zu werden. Ein alter Rettungsring am See gewesen sein, der irgendwann ungebraucht aussortiert wird, aber seinen Sinn erfüllt hat. Im Großen: Fabius Maximus, genannt „der Zauderer" (seine erfolgreiche Kriegsstrategie gegen Hannibal); Kutusow, der russische General, der sich, weil er genug Raum hat, der großen Schlacht gegen Napoleon nun einmal nicht stellt.

Das Abgetauchte. Seit Jahrhunderten freilich sind wir oben, auf dem Schiff der Niemandsflotte, auf dem fliegenden Holländer, wie Kafkas *Jäger Gracchus*; wir haben dort, an Deck, bereits das Gehen gelernt (anders eben Hos 11,3). Der Anker dieses verlorenen Schiffes? „Weit über der Tiefe, die Halt geben könnte." „Mein Kahn ist ohne Steuer, er fährt mit dem Wind, der in den untersten Regionen des Todes bläst."[602]

Also, noch einmal: Allem Anschein nach kann man nichts tun? Doch. Der Glaube hält zuerst zur Anrufung Gottes an. Er lebt als Gebetsglaube. Die Hauptsache darf nicht unterbleiben. „Ein Leben des Gebets führen" (Benedict XVI, aber auch, auf andere Weise, Luther). „Es sei vor ihm stille alle Welt!" (Hab 2,20) Ein neues Erlernen dessen, was die Reglosigkeit der gefalteten Hände besagen möchte. Dass man sie der Überforderung entgegenhalten kann. Der unmerkliche Einbruch des Unbetonten und Leisen. Tonlosigkeit. „Vernehmen statt Erklären".[603] Ein Tal, das als eine weiträumige Schale dichte Stille und Abgeschiedenheit versammelt (ich wohne darin). Zu einem Leisemenschen werden, der unbetont spricht und agiert, der aus der Defensive kommt. Wird man demjenigen, der die unbedingte Machtversessenheit für schlechthin verhängnisvoll ansieht, vorwerfen können, dass er davon abgelassen hat, sich durchzusetzen, und dass er verhalten spricht? Eine Haltung brüderlicher, geschwisterlicher Bescheidenheit bewahren (ist sie längst unrettbar verloren?). Sich kleiner setzen. Selbst durch den Verlust geht es noch in den Besitz? Jederzeit nur „Besitz"? Weniger ist mehr? Nein, weniger. Prinzip Unterbrechung.

---

601 Judith Hermann. In einem Interview 2021.
602 S. Anm. 74, 799; s. Anm. 344, 311.
603 Günter Klein, Vernehmen statt Erklären. Aufsätze zur neutestamentlichen Theologie, hg.v. Thomas Hübner, 2008.

Enttabuisierung von Schrumpfung und Verzicht. „Kraft zur Genügsamkeit", eine Ethik des Genug, wo doch „die Mehrheit prasst"[604] – die in grotesker Weise seit langem über ihre Verhältnisse lebt. Sich der unverschämten „schleichenden Anspruchsexplosion" widersetzen. Die Bereitschaft, sich gesetzlich viel verbieten zu lassen (eine Verbotskultur, ja – zweifellos dann gegen schärfste Widerstände). Womöglich, umgekehrt, im Zweifelsfall auch Bestrafungen hinnehmen.

Einen sicheren Instinkt für Seewege und Fluchtwege und auch für Furten, sogar für unterirdische Wege entwickeln. Ein Figurensystem von behelfsmäßigen vorläufigen Aushilfen, Unterständen oder sogar versteckten Tapetentüren nutzen. Notausgänge, Notlösungen, mit denen man sich behilft. Wenigstens die stabile Seitenlage. Das aus Bruchstücken Zusammengeworfene und Verknotete. In einer Scherbenwelt auf Stückwerk und Parzellen setzen (1. Kor 13,9). Der umso interessantere Flickenteppich. Scheinbar Unreines würdigen (das poröse, wunderbare Weiß Rembrandts). Unter seinen Möglichkeiten bleiben: zu jeder Unabhängigkeit entschlossen sein, aber, gerade aus Freiheit, Möglichkeiten, die sich aufgetan haben, ungenutzt lassen. Warum regelmäßig die Absichtslosigkeit niedermachen? Die Hinwendung zu jener unscheinbaren Welt, die kein sonderliches Aufhebens von sich macht (denn die armselige Geburt des unbezwingbaren Kindes in Bethlehem ist kein Irrtum, sondern der Wille Gottes, und die Überhelle der Engel löscht die elende Wirklichkeit eines Stalles nicht aus). Den biblischen Wegweisern folgen: ins Unerforschte der Erhabenheit und Tiefe Gottes (1. Kor 2,10), aber auch der wirklichen Menschengröße und Hochgemutheit.

Das Erzählen von Geschichten aus der unausgearbeitet und unbegradigt gelassenen Welt. Mut zu unabgelenkten Langsamkeiten. Die macht-dramatischen Situationen vermeiden. Sich aus der Bildfläche zurückziehen, klug zurückweichen, aber der Sache nach nicht im geringsten Platz machen, getröstet in den Schatten und in die womöglich lange Dämmerung treten. Wegbleiben. Im rechten Moment woanders sein, ein vorsätzliches Draußenstehen. Hinhalten, Stillhalten (wie bei Jesaja). Nicht allein die Möglichkeit, sondern sogar das Erfordernis, die Hände im richtigen Moment in den Schoß zu legen, auf den Händen sitzenzubleiben, statt sich hinreißen zu lassen und auch noch Beifall zu spenden. Nicht weiter, um davonzukommen, den Kopf unter das Joch der verordneten Kopflosigkeiten der Stunde halten (der hektische Aktionismus). Welch ein Ausruhen ist dem Glaubenden und in die Nachfolge Gerufenen möglich! Den Kaiser „nackt" nennen. Dann und wann zur Seite sehen, sich in Auferlegtes, ohne sich zu sträuben, hineingeben. Nicht immer nur „etwas für die Zukunft tun müssen", sondern, ganz überwiegend,

---

604 Nico Paech, in: Erhard Eppler und Nico Paech, Was Sie da vorhaben, wäre ja eine Revolution ... Ein Streitgespräch über Wachstum, Politik und eine Ethik des Genug, 2016, 136.

„etwas für die Zukunft sein lassen können". Keine bloße „Ethik der Tat", die Aufladung nicht nur mit Widerstand, sondern auch mit Ergebung und von neuem mit Ergebung. Damit die immer nur tätigen Hände nicht auch noch den Glauben zerbrechen.

Sich nicht im letzten einschüchtern lassen von den Staffagen und Drohkulissen. Dem *Standhaften Zinnsoldaten* in wechselnden Uniformen (dem es allerdings nicht gut ergeht) ein wenig nacheifern. Sich von Canettis „frommem Freund" trösten lassen („Er glaubt, dass es Engel gibt, die einem im rechten Augenblick die Ohren zuhalten").[605] Das Recht, auch sich selbst vor dem Lauten die Ohren zuzuhalten. Krebsgänge oder Winkelzüge. Sich ein Maulwurfsloch graben. Das grimmige Unternehmen (Enzensberger), „in die Lungen der Macht zu blasen / den feinen tödlichen Staub".[606]

Der christliche Glaube als mindestens beeinträchtigender filigraner Feinstaub. Der Gleichmut der Apostel vor dem Hohen Rat. Der Freimut (Mk 8,32; 2. Kor 3,12). Dann und wann, statt der zusammengebissenen Zähne, die schiere Tatenlosigkeit. Beharrlich auf der Stelle treten. Der Rüttelflug mancher Vögel. Sich dem Gewicht der Welt auch einmal entziehen (Elia flieht in die Einöde). Ausweitung der Ausweichzonen in aller Heimlichkeit. Beidrehen im rechten Moment. Doch auch die alte Seemannsregel, dass man sich den Problemen des Schiffs an Deck stellen muss. Die gotteslästerlichen Klabautermänner „zu den Fischen wünschen". Der harte Wellenbrecher. Die Aufforderung „Löwen, fresst mehr Wilderer!" oder „Stadtmusikanten, schlagt Lärm und vertreibt die Räuber!" oder „Simson, jag doch die richtigen 300 Füchse zu den Philistern!" Versagung der inneren Anteilnahme. Sich nicht zusehends weiter verstricken lassen. Eine schlaue Art des Unbeteiligtseins. Die Füße still halten. Nur dasitzen, reglos wie ein Rabe. Das auffällige Schweigen, doch nicht als Abwesenheit der Rede, sondern als Weigerung (Jesus verstummt vor Pilatus). Ignorieren als Macht. Endlich die Hand auf den Mund legen (Hiob 21,5; 29,9; 40,4). Ein betroffenes, vernichtendes Bußschweigen.

Ein wenig Desorganisation und Regellosigkeit? Ein lautes Anschreien: *„No pasarán (sie werden nicht durchkommen)!"* Verhaltene Anarchie? Sanfte Widersetzlichkeit ist zu nennen. Die sich wechselvollen Ausdruck gibt: als Stärkung von Alternativen, als Protest (womöglich mit kleinen, spitzen Kieselsteinen der Kritik und ohne Angst, als „Bedenkenträger" ausgegrenzt zu werden), als streitbereite und streitfeste Mischung aus Renitenz, Beidrehen, Streichen der allzu aufgeblähten Segel, Resignation (aus Einsicht), als Verweigerung der Begeisterung, Mäßigung und Ansichhalten, als die Kunst, im entscheidenden Moment einfach nicht da zu

---
605 S. Anm. 98, 157.
606 Hans Magnus Enzensberger, Gedichte 1955–1970, 1972, 13.

sein, einen kleinen Störfall abzugeben, kurzerhand seitlich durch die Wand zu treten, wo es gar nicht möglich scheint, das Wagnis, vieles gar nicht erst zu wissen, als die List des kleinen Mannes, die unangenehme Zwischenfrage, störrischer, tätiger Eigensinn an unerwarteter Stelle, aktive Desinteressierung, ein Denken auf eigene Faust (Kunze: „Auf eigene Hoffnung"),[607] sogar ein bisschen Waghalsigkeit, das Verweigern von Unterschriften, als Zögerlichkeit und Stolpern, das den nur vorgeblich guten Fortgang beeinträchtigt, als das innere Abenteuer des Ungebärdigen und des Unterlaufens, der Expeditionen ins Ungewisse, als die Kunst der hinhaltenden Gangart, nicht Raubfisch im Haifischbecken, überhaupt nicht Fisch, sondern ein völlig anderes Wesen: Meerespflanze, als die nicht feige, sondern vernünftige Flucht, häufig den Streit annehmen, aber nicht jeden Streit gewinnen wollen. Niederlagenlose Konfliktlösung. „Ich glaube an die Möglichkeit von Notausgängen".[608] Das Ausweichen vor den Wölfen. Denn die Wölfe, mit denen man relativistisch heult, fressen einen bekanntlich auch dann.

Eindrucksvoll jene *Geschichte vom Herrn Keuner*, in der jemand tut, wozu er gezwungen wird, aber nicht „Ja" sagt.[609] Keineswegs kommt das auf die Bereitschaft zur Unterwerfung hinaus. Tomas Tranströmer spricht vom Hissen einer bestimmten Flagge. Die zeigt an: „Wir ergeben uns nicht. Sondern wollen Frieden."[610] Oder Adorno: „Der Autor legt, soweit er es vermag, die Karten auf den Tisch; das ist keineswegs dasselbe wie das Spiel."[611] In berührender Wendung Koeppen: Das Kind „blickte ernst, wehrte sich nicht, gab auch nicht nach".[612] Trägt denn derjenige schon Schuld, der sich nicht wehrt? Soweit man es vermag: ein Tragen „auf den Schultern eine Last von Scheitern".[613] Schließlich: „Auf die Frage nach seinem Beruf pflegte Lampedusa bis zuletzt zu antworten, er sei Fürst. Es war die Weigerung, die Dinge hinzunehmen, nur weil sie übermächtig schienen. Aber noch weniger war er bereit, dagegen aufzubegehren."[614]

Wie weit wird man kommen? Nicht weit möglicherweise. Es bieten sich jedoch Erleichterungen: Nichtbefassung, weiträumige Umgehung von Blockaden und Verhauen, Unterwanderung von für zwingend gehaltenen Aufgaben, Geduld und Verweilen statt des fristlosen Vollzugs und der Sofortbefriedigung, nicht das

---

607 S. Anm. 211.
608 Alexander Kluge, Interview in der taz, 11.9.2021.
609 Bertolt Brecht, Geschichten vom Herrn Keuner. Mit einem Kommentar von Gesine Bey, 2020, 12.
610 S. Anm. 25, 72.
611 Theodor W. Adorno, Negative Dialektik. Jargon der Eigentlichkeit (= Gesammelte Schriften 6), 1996, 9.
612 S. Anm. 305, Bd. 3, 24.
613 Hölderlin, s.. Anm. 7, Bd. 1, 437.
614 Zit. bei Joachim Fest, Im Gegenlicht. Eine italienische Reise, 1988, 91.

Absolute und Unabgeleitete, sondern das Stufenweise, Verschonungen eher als Optimierungen, übergangsweise Duldung der Halb- und Zwielichtzonen, Vermeidung von Frontalbegegnungen mit dem, womit man es nicht aufnehmen und wogegen man nur verlieren kann, Tugend der Kampfvermeidung und des Unterlaufens, Einsicht in den Vorrang der List des Odysseus, Kritik des heroischen Gestus (zumal der Selbstheroisierung), Entwicklung eines ehrenhaften Verlierens, Infragestellung des kategorischen Feigheitsverbots (Archilochos von Paros), Verzicht auf vorauseilenden Gehorsam, Ausloten der Grauzonen zwischen Vorsicht und Feigheit, Wagemut und Leichtsinn, Kriegsdienstverweigerungen in jeder Hinsicht, „Nichtachtung jeglichen Befehls",[615] Zurücknahme bereits der Kriegsfähigkeit (Jes 2,4). Unter keine Fahne treten, keine entrollen. Dass der Gegner (der kein Feind ist) erleichtert sagen kann: „Ich sehe, du bist unbewaffnet!" Der Teufeleien, der Waffen, gar nicht bedürfen. Viele Dinge gar nicht erst können wollen und vieles einfach nicht begreifen wollen. Findet sich ein Jenseits von Sieg und Niederlage? Witzig Hermann Diem: „Ich habe immer auf das richtige Pferd gesetzt, obwohl ich wusste, dass das falsche gewinnt."[616] Eine „Aristokratie der Aufopferung" seiner selbst,[617] der Forderung an sich selbst. Uns aufgeprägt: das unverlierbare Wasserzeichen der Taufe. Aber auch: „mit vielen Wassern gewaschen" sein.[618] Neue Martyrien?

Bonhoeffers Gideon-Predigt von 1933 (wohl eine der bedeutendsten Predigten, die er gehalten hat) kann ein Vorbild abgeben.[619] „Gideon und nicht Siegfried" lautet dort die zeitgeschichtlich-politisch pointierte Alternative. Nicht Siegfried, nicht der Bezwinger und Triumphator, dafür aber die Kraft Gottes in der Schwachheit. „Spott Gottes über des Menschen Macht" lässt sich diese Predigt betiteln oder „Mit unserer Macht ist nichts getan". „Getan" ist es, endgültig getan, mit der Macht dessen, „der den Kriegen ein Ende macht in aller Welt, der Bogen zerbricht, Spieße zerschlägt und Wagen mit Feuer verbrennt" (Ps 46,10), mit der Macht des auferstandenen Christus.

Wann immer möglich können sich die Mitkämpfenden dann zu einer Unruhezone zusammenfinden: in welcher auf unterschiedliche Weise dem Wehr- und Waffenlosen rechtgegeben werden kann. Indessen erfordert solche Friedenserschaffung (Mt 5,9) einen Gleichmut, auch Wagemut und Tapferkeit, wie nur Liebe sie vergibt.

---

615 S. Anm. 423, Bd.1, 46.
616 Motto für sein Buch: Ja oder nein. 50 Jahre Theologie in Kirche und Staat, 1974.
617 Camus, s. Anm. 59, 119.
618 Bonhoeffer, s. Anm. 93, 38.
619 Dietrich Bonhoeffer, Berlin 1932–1933 (= DBW 12), hg.v. Carsten Nicolaisen und Ernst-Albert Scharffenorth, 1997, 447–454.

36. Heimat im Himmel

Unsere Heimat – ist im Himmel. (Phil 3,20)

36.1 Wenn mir die Welt geboren wird

Wenn ich es sagen darf: Ich denke es mir gut, nicht irgendwo, sondern in dieser kleinen Stadt begraben zu sein. Heimat. Etwas, „das allen in die Kindheit scheint und worin noch niemand war".[620] Kein Grund, das Wort zu meiden. Ein Geheimnis klingt. Vineta – die ernsten Glocken vom Meeresgrund, voller Trauer, als an einem Sonntag die See über die Stadt kam, bei Windstille, vom Unbewussten her (das ja seinerseits hört und sieht). Sie wehen herauf. Wo liegt Vineta? An einem Ort der Ursprünglichkeit. Ein Sehnsuchtswind trägt zurück und voran. Und auch der Klang der Kirchglocken, die über das Dorf und die Stadt, desto mehr aber hoch in der Luft gen Himmel läuten, zur himmlischen Heimat, Zelt aus Klang über der Gemeinde. Seltsam, ein lieber Ton. Vorahnung des Läutens einer alle und alles erweckenden Glocke. Ein Sonntag. Wehmut und Heimat. Nein, sie kehrt nicht zurück. Edgar Reitz' Filmchronik *Heimat*. Das Nest, aus dem ich stamme, das mir damals einen sicheren Hafen bot und in dem ich mich fraglos zu Hause fühlte. Als ich noch unsterblich war. Eine berührende, wehe Empfindung, ein warmer Klang, Andenken, uralte Vertrautheit, doch auch, sooft ich ein wenig Abstand nehme, die Trauer um diejenigen so gut wie Vergessenen, die schon damals zu sterben sich anschickten, umspült schon von wirbelnder Flut, in der fließenden, irgendwohin abrinnenden Welt. So geht alles dahin. Wie viele sind nicht mehr da.

„Wo die Nordseewellen trecken an den Strand, / wo die gelben Blumen blüh'n ins grüne Land, / wo die Möwen schreien, schrill im Sturmgebraus, / da ist meine Heimat, da bin ich zu Haus [dor bün ick to Hus]." „To Hus" – als teilte sich, sooft ich es ausspreche, die Ferne wie ein Nebel und ich sähe in eine wundervolle Nordlandschaft (meine Treue zu ihr), ausgebreitet das Meer, über das sich der Himmel neigt, weißgebauschte Segel bis zum Horizont, ausgegossen ein nordisches Licht, ein hartes, glänzendes Licht. Oder das wilde Naturgeheimnis: Das Meer ruht so still, als könne keine Gefahr von ihm ausgehen, einen düsteren Teil an der Kimm halte ich für einen fernen Küstensaum. Doch auch, ungemein nah, das schwankende „Boot, von den Wellen überflutet" (Mt 8,24), jähe, schroffe Klippen und die, ohne dass man sich versieht, plötzlich auftauchende Gefahr, die sich vom Horizont her

---

620 Bloch, s. Anm. 225, 1628.

zusammenzieht, die Deiche müssen erhöht werden, das Salzwasser zerfrisst die derben Hände der Fischer, Bilder von Emil Nolde, der brennende, hochgewölbte Himmel, das Leichentuch des kalten Nebels, der aus dem Wasser aufsteigt, undurchdringlicher als die Nacht, ein altersgraues Licht, „ein Grau aus den Flügeln von Möwen, die in alle Meere tauchten",[621] die bösartige, stöhnende See, die Gezeiten: ihr großer jagender Atem, gelbe Lauge, das elementar Außermenschliche und Menschenfremde, vielfältig, unverändert, selbstverständlich (wie es zur Schöpfung dazugehört; deren Rätsel uns nichts angehen). Ich denke an die Ertrunkenen, die großen Sturmfluten.

„Ich möchte nur einer von denen sein, die von Waldrändern kommen und hinter den Feldern die Stadt und den Fjord sehen und Stimmen hören."[622]

Heimat – Zeitbrandung, vielleicht auch ein Windstoß, wie ein Seufzer der Erleichterung, durchzogen von Gerüchen der Kindheit, warmen Stimmen, Ort früher Lieder und fließender Geschichten der andringenden Welt, des flackernden, sich langsam aufhellenden Ich-Bewusstseins, der Kinder-Witze und Kinder-Ängste, der zeitigen Unterscheidung des Eigenen und des Fremden. „I may sail on many a sea, her shores will always be home to me" (Harry Belafonte).[623]

„To Hus". Das Wort kann das Herz berühren. Heimat ist dort, sagt man, wo die Seele sich öffnet. Dort – ein Raum aus Zeit. Darf ich jetzt ganz persönlich reden? Erinnerungen steigen auf, aufgezeichnet in der Tiefe, sie haben keine Ordnung und kein Ende. Vater, Mutter, der kleine Bruder, die Großeltern. „Baumschulen". Züchtung von Rosen. Männer mit schweren Paddeln auf den Schultern. Die Kriegsgefangenen aus Russland sollen zurückkehren. Tage der Unschuld? An ein Bilderbuch aus Pappe erinnere ich mich, eine schwer heizbare kleine Wohnung, die Schönste auf dem Kinderfest, den See, wie er die Farbe der Tageszeit annahm und jedesmal schnell das Bild der Wolken und großen Weiden am Ufer vergaß. „Vertrau mir!", sagte mein Vater, ich hielt mich an seiner Hand fest, und wir stiegen am Steg in ein schlingerndes schweres Boot. Mein Herz hat es sich gemerkt. Die wunderbaren Jahre. Für das Kind öffnet sich die Welt überall neu. Das Nacht-Gewitter über der kleinen Stadt. Der unheimliche Wind in den Bäumen. Die erste Kirche, eine „Heiligen-Geist-Kirche", warm damals nach meiner Erinnerung, Trostgeschichten von Jahrhunderten in sie eingeschrieben, Geborgenheit in steingewordenen Gebeten. Der erste Pastor meines Lebens, auf der Kanzel, mit ausladender Geste. Die Lehrerin der Grundschule. Und dann die erste kindliche Liebe. Die Goldene Hochzeit meiner Großeltern. Ich war ein kleiner Junge und verstand nicht, warum meine

---

621 Benn, s. Anm. 37, Bd. 2, 349.
622 Satz auf Dänisch auf dem Grabstein des Schriftstellers Peter Seeberg (1925–1999) auf der Insel Röm.
623 Aus dem Lied „This is my island in the sun".

Eltern weinten, als die beiden auf dem Mittelgang hereinkamen. Ich hatte sie noch nie weinen sehen.

Allerdings – ich weiß, es gibt auch Heimatlosigkeit, ahasverisch, als lebenslange Suche, wenn der Boden unter den Füßen weggezogen worden ist. Menschen, die von einer Stunde zur anderen nicht mehr wissen, wo sie hingeraten sind. Die große, elende Armee der Entwurzelten. „Wir haben viel durchgemacht" – der Satz, früher unzählige Male gehört, heute in neuen Zusammenhängen.

Natürlich hat nicht jeder „Heimat" so erlebt, dass er gern daran zurückdenkt – weil man ausbrechen wollte oder musste. Und man kann auch aus der Heimat vertrieben werden und sich dann desto trauriger nach ihr sehnen, mag sein ein Leben lang, wie bei meinen Eltern. Vielleicht kommt man dann später zurück, von weither, betritt einen knarzenden Dielenboden, und dort riecht es noch genauso „wie damals", eine älteste Vertrautheit. Der Moment fühlt sich an wie früher, als vieles noch in Ordnung und beinahe alles unentschieden und unausgedeutet und alles noch mit allem Recht zu erhoffen war. Die vertrauten Geister in den alten Häusern. Erzählen sie auch unheimliche Geschichten? In dem großen Rauchfang klagt immer noch der Wind. Zweige klopfen hart ans festgeschlossene Fenster, der Eisregen stürzt an die Scheiben. Das Buffet mit dem angestaubten Deckchen, das vornehme Geschirr hinter Glas. Der Porzellanhund streckt sich, und die Spielzeuglokomotive will irgendwohin fort. Die Nachbarn mit üblem Nazi-Hintergrund in verruchter Zeit („man konnte aber mit ihnen später ganz gut leben"), dunkles Halbwissen. Magie und Schrecken der mit Vergangenheit aufgeladenen Dinge. Häufig ertrinkt die Stadt im Regen. Wie weit strömt mein vergangenes Ich in den gegenwärtigen Moment?

Aus weiter Ferne kann man nach Hause kommen, von Amerika, von „Übersee", in die enggassige kleine Stadt. „Die Nacht ist wieder heimwehkrank".[624] Land, vom Meer aus gesehen, sieht schon von sich aus heimatlich aus. Das Haus – wie finde ich es vor? Eine irgendwie modernisierte Fassade? Hölderlin spricht von „Heimkunft".[625] Die Mütter hoffen es meistens, dass die herzlosen Kinder, so schnell es geht, wieder nach Hause kommen. „Junge, komm bald wieder, bald wieder nach Haus", sang Freddy Quinn. Meine Schwiegermutter sang es mit, setzte aber den Namen ihrer Tochter ein.

---

624 Günter Bruno Fuchs, Das Lesebuch des Günter Bruno Fuchs, 1970, 20.
625 S. Anm. 7, Bd. 1, 319.368.

36.2 Wenn die himmlische Heimat versprochen wird

Heimat. Das Wort kann die menschliche Unbehaustheit aufrufen – aber auch noch etwas anderes heißen. Das führt nun weit hinaus. Zum unaufhörlichen Zuhause, der himmlischen Heimat. „Ich möchte heim", seufzten häufig alte Menschen in meiner ehemaligen Gemeinde in Schwaben, wenn sie fühlten, dass ihre Zeit gekommen war. Mag sein, dass die Sterbenden, sobald sie wussten, in welche Richtung es ging, dann jene innere Stimme gehört haben, ein Flüstern aus der Nähe, das versprach: „Vertrau mir. Ich halte deine Hand." Ich habe jedesmal innerlich ein bisschen gebetet, wenn ich es so gehört habe. „Auf Wiedersehen in Zion", verabschiedete sich ein Pfarrer. „Jene Stunde wird keine Schrecken haben, seien Sie beruhigt, wir werden nicht fallen, wir werden steigen".[626] Und Bischof Werner Krusche zu einem Thüringer Pfarrer: „Ich werde bald sterben. Aber keine Sorge, das werde ich auch noch überleben." In Ingmar Bergmans Film *Das siebte Siegel* tritt der Tod am Strand einem Ritter in den Weg. Auf die Frage, ob er bereit sei, antwortet der Ritter: „Mein Leib hat Angst, ich selbst aber nicht."

Es ist eine unbeschreibliche Gnade, wenn man, nach dem Todeswink, Christus entgegensterben kann, geradewegs auf ihn zu, wenn man ihm, gerade in dem Kampf, in dem man unterliegen wird, die Hand hinhalten kann. Ich kann dann, wenn es sein darf, mit meinem eigenen Tod zusammenfinden, „selig sterben", sobald sich über mir der Augenblick zu schließen beginnt. Alles zeigt sich dann als Begegnung und Antreffen, alles ist absolutes Empfangen. Ich, der unsinnige Angstmensch (Ps 31,10), der das Zittern von Atem und Stimme mitunter nicht bändigen kann, umso weniger seine Furcht vor dem Stürzen, dem Zerquetschtwerden, dem Ersticken. Ich fürchte mich, ich weiß, dass die Angst, die ich in mir trage, zwar immer nahe (Ps 22,12), aber nicht immer pünktlich ist und irgendwann später aufsteigen und mich dann unvermittelt hinterrücks überfallen kann. Aber – ich nehme einen Anfang. Denn ich, ich, werde erwartet, ich habe eine wunderbare Verabredung und halte mich daran: „Es wird nicht dunkel bleiben über denen, die in Angst sind" (Jes 8,23).

Fassen wir uns ein Herz, reden wir jetzt über die unverlierbare himmlische Heimat, über das zukünftige ewige Leben! *„Ich lebe – und ihr sollt auch leben!",* sichert uns der Auferstandene zu. Und dann ist es, als fügte er brüderlich hinzu: *„Ich spreche dir das ewige Leben zu. Hier hast du es. Vertrau mir. Es wird so sein, wie ich sage."*

Allemal ist es dann freilich, glaube ich, eine Sache geschenkten Zutrauens, sich auf die Bibel einzulassen, um – mit ihrer Hilfe, durch sie hindurch – denjenigen selber zu hören, der die himmlische Heimat zusagt: nicht weniger als Daseinserfüllung, tiefreichende Geborgenheit, Berechtigungen, Erlaubnisse, Gewährungen – die

---

626 Benn, s. Anm. 37, Bd. 3, 267.

freie Höhe. Man kann das Gemeinte übersetzen: Das ewige Leben wird sich als Glückseligkeit beweisen. „Ich möchte daheim sein – bei dem Herrn", wünscht Paulus (2. Kor 5,8).

Erdbestattungen kennen wir, Feuer- und Seebestattungen (wenn die Gladiolensträuße auf dem Meer treiben). Das Eigentliche jedoch ist das alles nicht. Das Wesentliche ist die Himmelsbestattung. Dass der Verstorbene bestattet wird hinüber in den Himmel, hinüber zum Herrn. „Wir werden bei dem Herrn sein allezeit" (1. Thess 4,17).

36.3 Wenn das irdische Glück zum Gleichnis wird

Denken wir zuerst einen Augenblick an das irdische Glück, an ein irgendwann einmal erfahrenes Aufatmen, an das man sich erinnert, an seltene Sekunden des jähen, überschwänglichen Jetzt in fortdrängender Zeit. Das Unbeschwerte und manchmal ganz und gar Schwerelose, der Glücksschauer. Nennen wir etwas Besonderes: Ich sehe zum ersten Mal das neugeborene Kind, lange erwartet womöglich und erhofft, „unser Kind": „Hier bist du, um geliebt zu werden". (*„Es tritt."* – *„Was tritt?"* – *„Das Baby."* – *„Welches Baby?"* – *„Du wirst Vater."* – *„Wie? Wo?"*)

Jeder könnte, wenn er sich trauen wollte, ein wenig vom Glück berichten. Manchmal wirft es sich zu, in einem überraschenden Wiedersehen, in einem geliebten, vertrauten Gesicht, in bewegender Musik, erinnerungsreichen Gerüchen, in Überwältigungen durch Magie und Schönheit als einer *promesse de bonheur*, in einem unerwarteten Zustoßen der jederzeit unvorhersehbaren Kunst im großen Stil. Die gewaltige Verzückung und Erhebung „Kunst" verhält sich ja als ein untrüglicher Mehrer der Wirklichkeit, weil sie die Seinsverfassung der Dinge zutage bringt[627] – dass sie Warteraum sind und Aufschub, dass die Welt auf Neuschöpfung gefasst ist. Weil aus dem vollendeten Kunstwerk eine sonderbare Bereitschaft zur Seligkeit zu sprechen scheint.

Schon Anklänge, auch nur Ahnungen, mitunter selbst die sinistre oder verwüstete Schönheit, berühren und belangen uns im Inneren, bespielen, so könnte man sagen, eine tiefe, mag sein flügelschlagende, uneingestandene Sehnsucht nach Leichtigkeit – wie eine ferne, die längste Zeit in Vergessenheit geratene, aber offenbar dann doch nicht unmögliche kleine Seligkeit. Die keusche Seligkeit. Banksys ausgelassener *Blumenwerfer*. „Damals lebte sein Herz; Sehnsucht war darin und wehmütiger Neid und ein klein wenig Verachtung und eine ganz keusche Seligkeit."[628]

---

627 Heidegger, s. Anm. 13, 1–75.
628 Thomas Mann, Tonio Kröger, in: Sämtliche Erzählungen, 1963, 266 (letzter Satz der Erzählung, u. ö.).

Das offen leuchtende Glück kommt auf uns zu und wirft sich über uns, doch auch die leise, behutsame Glücksempfindung, die lediglich anweht und berührt – das geistliche, aber auch der volle Anteil des weltlichen Glücks, in seiner Gewalt und Flüchtigkeit. Das gehört ja alles zusammen. Das verdanken wir ja alles dem Schöpfer, Versöhner und Erlöser. Ja, natürlich kommen auch die irdischen Hochgefühle aus seiner Hand (gut jedesmal, sich daran zu erinnern). Der wahrer Gott ist, berichtet das Neue Testament, kennt den wilden Schmerz und die Trauer, doch durchaus auch das Glück. Gelegentlich jubelt er im Heiligen Geist (Lk 10,21). Weil der Tod zerdrückt wird, ein widerliches Insekt. Der Herr der Welt, der Auferstandene, der Souverän über das zukünftige ewige Lebens – der hat auch das irdische Glück in seiner Hand, und von Zeit zu Zeit lässt er es uns spüren. Es kann dann ein Gleichnis für das ewige Leben abgeben.

Lob sei dir, o Christe, Herr des Glücks und des weiten Landes königlicher Seligkeit.

Auch das Glück ist nur schnelles Versprechen. Was ist denn hinter dem Glück? Die Seligkeit. Noch einmal ganz anders unbeschwert, heftig, auch innig und dann übermächtig wird die ewige Seligkeit sein. Alle Erfüllung der Welt ist erkennendes Vorgefühl, in Verschwommenheit und Unschärfe zwar, doch ein Vorbewusstes, Vortag und Verstehenshilfe, die Wunderbares in Aussicht stellt. „Es redet trunken die Ferne / Wie von künftigem großem Glück!"[629] Wer je ein bisschen von diesem trunkenen Reden erfahren hat, kann gut verstehen, was mit dem „ewigen Leben" gemeint ist – in welchem dann allerdings sogar dieses Verstehen noch einmal richtiggestellt und vollendet sein wird.

„Was sehen Sie?", wird Howard Carter gefragt (1922), als er im „Tal der Könige" in die unversehrte Grabstätte hineinblickt. „Wundervolle Dinge!" Das Leuchten eines lebendigen Glücks, von dem wir plötzlich erfasst werden, gleicht einem Lichtstrahl aus Schatzkammern, deren glänzendes Portal, aufgeweht, sich, flüchtig wie ein Seufzen, aufgesperrt hat – eine unvorhergesehene wunderbare Bresche in brandiger Ummauerung, Sinnbild des Künftigen. Dort wird sich Lebensraum aufspannen, nicht die Pracht eines Grabes (Tutenchamun), sondern die eine, die lebendige Schatzkammer im „Königstal" (1. Mose 14,17): die Herrlichkeit Gottes.

Vom „unendlichen Jauchzen in der Tiefe des göttlichen Wesens" spricht Karl Barth an einem der Höhepunkte seiner Gotteslehre.[630]

Reserve, Skepsis, Einwände gegenüber einer Bildlichkeit dieser Art? Gibt es viele. Darf man, wenn man sich „als Christ" dem „modernen Bewusstsein" verpflichtet zeigen will, über das ewige Leben, rigoros wunschabweisend, gar nichts sagen? Doch. Sind vor allen Dingen Vorbehalte geltend zu machen und, weil in der

---

629 Joseph von Eichendorff, Gedicht „Schöne Fremde", in: Mondnacht. Die schönsten Gedichte, 2020, 38.
630 KD II/1, 730.

durchgesetzten Hohen Moderne längst zerschossen, alle genauen Vorstellungen unerlaubt? Alles nur aus dunklen Ahnungen zusammengeweht oder zusammengeblendet? Schwerer Schleier des Nichtwissens? „Nach drüben ist die Aussicht uns verrannt" (Goethe)?[631] Nein. Wie häufig hört man das: „Man darf sich das nicht vorstellen, man muss sich jede Anschauung verboten sein lassen". Weshalb? Weil man den biblischen Texten denn doch nicht traut, die meisten für längst verbrannt hält und es besser zu wissen meint.

Eigentlich fragwürdig und verhängnisvoll ist Anderes: wenn unsere Anschauungen und Bildfindungen ausdruckslos und metaphernfaul bleiben. Umso weniger wird sich zum Beispiel eine Beerdigungspredigt zurücknehmen oder sogar, weil das ja „ohnehin kein Mensch mehr glaubt", in Hinsicht auf das ewige Leben verstummen – und auf diese Weise der Gemeinde die Botschaft von der Auferstehung vorenthalten, die Führerin auf dem dunklen Weg, die einzige unbeugsame, hochmögende Hoffnung, die den Tod jetzt bereits überwölbt. Die Predigt darf nicht dumm werden (vgl. Mt 5,13). Noch einmal: Hoffnung wider alle Hoffnung (Röm 4,18), die Axt für das gefrorene Meer in uns. Unbefangen kann man sich, in fester Bildtreue, von biblischen Anschauungen beistehen lassen, ihnen nachgehen und dort schon eröffnete, gleichsam freigegebene, einladende Bildräume ausschreiten. Meistens erlöst ja ohnehin das Denken in bildhafter Logik, das Spiel der Bild-Intelligenz, vom alten Gerede.

36.4   Wenn die Bibel groß geschaute Bilder aufzieht

Der Bibel, diesem Wendekreis, diesem Wirklichkeits- und Endbuch aus Grenze und Himmel, sind wir verpflichtet und nicht einer Bewusstheit *à jour* und deren fatalen Standards (die sich nämlich, gern unterschlagen, allemal aus verdammter absoluter Machtförmigkeit und Waffenförmigkeit herleiten). Unbeirrt redet das Neue Testament an zahlreichen Stellen vom ewigen Leben – in groß geschauten Bildern. Ohne sie bleibt die Hoffnung ahnungslos, gewinnt nichts Vorstellbares, am wenigsten eine verständige Auffassung vom Erhofften. Nicht anders als der Glaube sucht die Hoffnung das Verstehen (hängt dann auch Vorstellungen an und ist auf sie angewiesen). Hoffnung, mehr als in ein Leben passt: ein Voraus-Leuchten, sagen wir: ein Meeresleuchten im Ozean der Seele.

Welche Szenen werden uns vorgeführt? Ein geschlossenes Bild ergibt sich nicht, keine ausbuchstabierte Chronik der Zukunft, ebensowenig die Zeichnung eines einfachen Wiederauflebens, aber durchaus eindringliche Vorstellungen – in denen sich die Zukunft zahlreiche außerordentliche Namen gibt. Vor Augen geführt

---

631   Faust II, 5. Akt. Mitternacht.

werden sie von den Texten des Neuen Testaments, so schön es nur geht. So glücklich und beseligend wie möglich. Voller Bereitschaft für die neue Zeit. Bereits voll harter Widerständigkeit – auch gegen das Elend, das heute wie eh und je ungerührt über Menschen hinwegschreitet.

Das ewige Leben? Versiegt, wie die Bibel weiß, zeigt sich die schwarze Quelle, der die dunklen Szenen wieder und wieder entströmen, die Quelle des Grausigen, deren Wasser und Sintfluten sich Mal um Mal in entsetzlichen Kriegen über die Welt geschüttet haben. Die Tränen werden abgetrocknet – nach den Abschieden, dem Fortgehen, dem mitleidlosen Fortgeschicktwerden, den einschneidenden Versehrungen, nach den Hilfeschreien, die so sichtlich nichts brachten. Der Zustoß des Todes, Leid und Geschrei, die hart zugegriffen haben – werden nicht mehr sein (Offb 21,4). Hinter ihm, nach ihm, über ihm: Einsatz und Beginn der Vollendung. „Cello -Einsatz / von hinter dem Schmerz".[632]

Stattdessen wird sein: Genugtuung, Innewerden, Einsicht – sobald Menschen nämlich Christus endlich sehen werden „von Angesicht zu Angesicht" (1. Kor 13,12). Dazu sind die Augen der Toten bestimmt. Die eingesunkenen Augen der unzähligen gequälten und drangsalierten Lazarusse (Lk 16,20f) werden ihn einfach nur sehen, tränenverhangen (Ps 126,6), aber „vor seinem Angesicht erfüllt mit Freuden" (Apg 2,28; 3,20), wenn er ihnen geradewegs ins Gesicht schaut, wenn Blicke zueinanderfinden. Sie werden mit ihm vertraut sprechen, ihm ihr beschwertes Herz ausschütten und ihm „zu seinen Füßen" (Lk 10,39) begierig zuhören.

Eine Welt voll freigesetzter mächtiger Freude, voller Zuhause und Vertrautheit, über jede Bewusstseinsgrenze hinweg – für die Kinder: die Freude- und Welt- und Gotteskinder. Das Festmahl der Verschwisterung: Viele werden kommen vom Osten und vom Westen, vom Norden und vom Süden und mit Abraham und Isaak und Jakob zu Tische sitzen im Himmelreich (Lk 13,28-29), im Spielfeld gemeinsamen Lichts, am festlichen Bankett oder an einem Sonntag auf dem Lande, wenn ein Schifferklavier spielt oder eine Bouzouki und die Kinder herumlaufen und nervtötend lärmen. Banalität und Idyllik? Heimwehbilder der Vorväterzeit? Ja, auch. Verteidigen wir sie! Ein Wiedersehen mit den Unversehrten: mit den Vätern und Müttern, den Nächsten, den Bewunderten und von Herzen Verehrten, den Lieben – ein Wiedersehen im Guten, allezeit. „Wir werden, mein Kind, / nach dem letzten Schritt wieder beisammen sein".[633] Mozarts Trost im Brief an den Vater, als die Mutter 1778 in Paris gestorben ist: „nämlich dass sie nicht auf ewig uns verloren ist, dass wir sie wiedersehen werden, vergnügter und glücklicher beisammen sein

---

632 Celan, s. Anm. 8, 203.
633 Albrecht Goes, Gedicht „Die Schritte", abgedruckt bei Conrady (s. Anm. 26), 760.

werden als auf dieser Welt. Nur die Zeit ist uns unbekannt."[634] Und Luther in einem Brief an seinen Vater: „Unser Glaube ist gewiss, und wir zweifeln nicht, dass wir uns bei Christus wiederum sehen werden in kurzem. Das ist gewisslich wahr, es ist um ein Stündlein Schlafs zu tun, so wird's anders werden."[635] Aufs neue wird das Herrenmahl gefeiert (Mt 26,29). Und dort (man hält den Atem an): Christus selbst wird sich eine Sklavenschürze umbinden und uns dienen (Lk 12,37). Er uns.

Schließlich: Selbst Tod und Natur – so heißt es im Text des Requiems Mozarts – werden „staunen" („*Mors stupebit et natura*").[636] Staunen wird die Erde, das große in den unendlichen Raum gesetzte Kleinod, eigenes Geschöpf, Schmuckgebilde, der jetzt schon, sooft man ihn nur aufmerksam anschaut, so traumschöne, verheißungsvolle, rauch- und meerblaue Heimatplanet, die lautlose, glanzvolle Heldin, die man lieben muss (ihre Erhabenheit und Zartheit, auf den Fotos vom Weltraum aus erkennbar), ein Garten, eine Provinz, ein ungeheurer Ort im schwarzen Weltall – und ziemlich klein. Gehört der Sünder, mag man erschrocken fragen, in diese inzwischen so brutal versehrte Schönheit überhaupt hinein? Zeigt er sich widerlich als die Bruchstelle, an der die Verwüstung eindringt? Und ihre Schönheit und Magie stünde seinetwegen im Konjunktiv? Er teilte ihr seine Nichtungen mit?

Himmel und Erde, das Erschaffene, vorgesehen dazu, Menschenwelt zu sein, Versöhnungs- und Erlösungswelt: blutend, schonungsbedürftig, die große terrane Erzählung von Verletzbarkeit und tatsächlicher Versehrung, stöhnend, in Wehen (Röm 8,19ff) – sie wird dann vollendet aufgehen im Glanz (Offb 21,1).

Eingelassen gleichsam in die biblischen, groß geschauten Szenen des Künftigen ist die Aufforderung an die christliche Predigt, eigenen Bildfindungen freien Raum zu geben (die durch die biblischen Bilder nicht etwa erübrigt werden). Woran ist denn gedacht, wenn vom Künftigen gesprochen wird? Wie soll das möglich sein ohne innere Bilder, mögen sie rissig sein, auch Reflexionsbilder, mehr oder weniger gute „Begriffsdichtungen", Vorstellungen, Szenen etc.

36.5 Wenn Träume nach Hause zeigen

Warum wenden sich die meisten bei diesem Thema ab? Weil die Fragen noch selten Antworten und die Träume vielleicht nicht einmal in den christlichen Predigten eine Zuflucht finden. Kinderfrage: „Wie ist es denn da?" „Das Jenseits denkt sich jeder kindlich aus".[637] Ja, das auch richtig so. Denn, wiederum Strauß: „Zum Glück

---

634 Wolfgang Amadeus Mozart, Briefe, hg.v. Willi Reich, 1991, Brief aus Paris am 9.7.1778.
635 S. Anm. 85, Bd. 4, 111.
636 Requiem, III Sequenz – 2: Tuba mirum.
637 Botho Strauß, Lichter des Toren. Der Idiot und seine Zeit, 2013, 73.

bleibt der Glaube, zumal der Kinderglaube für Innovationen unzugänglich."[638] Noch einmal: Muss man die Frage abweisen oder die Antwort unbestimmt halten? Ich glaube nicht. Verteidigen wir das Recht der elementaren Wunschträume, auch der hellen Kinderträume, selbst der Jungbrunnen- und Paradieses-Vorstellungen der Alten, der Hoffnung auf „Seligkeit": auf ebenjene Beglückung der Liebe, die vielleicht weinen macht, in der „keine Furcht ist" (1. Joh 4,18) und der endlich niemand mehr das Recht streitig machen kann. Mag es gerade darauf ankommen, die Träume nicht zu vergessen, geradezu über sie zu wachen – indem sie nämlich dem allmächtigen Gott, dem in ihre Tiefe Schauenden, entgegengebracht und zur Richtigstellung übergeben werden.

Reicht unser Vorstellungsvermögen überhaupt aus, auch nur die richtigen Fragen zu stellen, also etwa die ins Persönliche gewendeten, die abgerissen vielleicht, die naiven, die Geheimes preisgebenden? *„Wie ist es denn da, im ewigen Leben? Kann man immer tiefer hineingehen wie in ein geheimnisvolles Land?" „Darf ich meine Puppe mit in den Himmel nehmen." „Sehe ich meine Mutter wieder, mein verstorbenes Kind?" „Blühen neu verwunschene Bäume, und spricht die Welt insgesamt von neuem farbenhaft? Beglückt noch einmal die erfahrene große Liebe? Und irgendwie dann auch die bei Lebzeiten verschwiegene? Glänzen die heimatlichen Landschaften, sehe ich die Sandbank draußen in Ufernähe wieder, die mit dem blendend weißen Sand?" „Und werde ich irgendwie als ich selber fortbestehen? Eine neue Schreibweise meiner Person? Bin ich also auch mir versprochen? Aber welchem Ich? In einem wiederum individuellen Leben: in Farben und Formen der Besonderung, allein mir bestimmt, sobald ‚dieses Verwesliche anziehen wird Unverweslichkeit' (1. Kor 15,53f)? Oder werde ich als einzelnes Menschenwesen ‚entwerden' und in Größerem, ohne Verlust, aufgehoben sein?"*

Wer eine Zeitlang sammelt – vornehmlich Kinder äußern sich noch ohne Scheu –, bekommt eine Ahnung davon, was sich die lebenslang Sehnsüchtigen vom „Drüben" erhoffen. Was weiß ich denn von den Bedrängnissen und Vorlieben und Herzenswünschen Anderer?! Vielleicht kann ich sie ermutigen, sich zeitweilig ihrem Begehren als ihrem nahen Gefährten zu überlassen, sich in ihre nur vermeintlich ausgefallenen Traumwelten und irgendwo aufbewahrten Geheimnisse zurückzuziehen – und „abzuhauen", fortgetragen dann von einem kräftigen Seewind zu „unerhörten Dingen". Zu öffnen die Begehrenshorizonte ihres Lebens. Hineinzuleuchten in von Licht benetzte, scheinbar noch so verstiegene Wunschtiefen. Die Geheimfächer ihrer Seele aufzuziehen. Auch deren Wildgebiete aufzusuchen. Das Überwucherte, Verschüttete und Unaufgerufene hervorzuholen. Wunderbar naives Bild der Liebe auf einem mittelalterlichen Mosaik: der „Gatte, der zur Zeit des

---

638 S. Anm. 79, 10.

Jüngsten Gerichts seiner Frau aus dem Grab hilft".[639] Und wie sähe das Sehnsuchtsland aus, die friedvolle Seenlandschaft oder die *Stadt der Kirchen* (Paul Klee) – in die mich ein Traum zieht, der über alles bisher Erfahrene hinausreicht? Schauplatz der Harmonie: dass ich auf einer Anhöhe lebe, die eine Flussschleife überblickt. Dass ich am Meer Teilnehmer eines morgendlichen Festes bin, Stimmen, Lachen, Musik, aber tonangebend ist die Stimme eines gewaltigen Bruders, die weiße Brandung. Ein Abend und eine Nacht im Schweigen des Theaters von Epidaurus auf der Peloponnes, Mittelpunkt weltlichen Friedens. Noch einmal anders: Klanglandschaften, der zweite Satz jenes Klarinettenkonzerts in A-Dur, das von anderen Zeiten erzählt. Sein Geheimnis braucht keine Lösung. Dass ich in einen Ort irdischer Vollendung eintauche, in ein Violinkonzert Mozarts aus dem Jahr 1775, in ein magisches, jedesmal geheimnisvoll siegreiches Gemälde der Kunst, mich verliere wie auch seltsamerweise alles dort finde. Dass ich, vollendet, in der geliebten *Ansicht von Delft* lebe, in der von dem Maler des Seins, von Johannes Vermeer, gemalten Sehnsuchtsikone (ein Jetzt, das in Jahrhunderten lebt, eine Bezauberung, deren Wahrheit ich nicht widerstehen kann).

Wenn der Glückstraum in dein Zuhause zeigt, vielleicht schwer, dörflich, bäuerlich. In manchen Stunden deines Tags klingt bereits eine innere Resonanz. Der „geglückte Tag".[640] „Wenn sanft der Tag vorbei mit Schönheit eilt!"[641] Dass es manchmal eine überwältigende, aus Freude, Rücksichtnahme und Vertrauen erschaffene Schönheit in Beziehungen gibt, in Partnerschaft und Ehe. Dass du, in der Mächtigkeit der österlichen Herrgottsfrühe, in den klaren Tag hineinlaufen kannst: Stunden des hellsten Lichts, traumverwandte hohe Mittage, in denen endgültig ganz zu Hause zu sein du dich sehnst. Träume, die sich sogar ins Vergangene hinein auffächern und vervielfältigen können. In die unverhofft dein ganzes Wesen hineinfährt. Gespräche mit den Eltern, als sie noch jung waren, mit dem Meister aus der Zimmermannslehre (Mk 6,3), der mütterlichen Freundin, dem verehrten Pfarrer. Die wiedergutmachende Liebe. Die leise, scheinbar zufällige Berührung der Ellenbogen. Beglückende Szene: Du sitzt im leichten Boot, ihre Schönheit dir gegenüber. Weihnachtsglück mit den Kindern (gestreift von unsichtbaren Flügeln). Der ganz persönliche Weihnachtsmoment oder ein Weihnachtsgefühl, ein Choral, eine zartgestimmte Glocke. Du träumst davon, dass das ewige Leben in Herrlichkeit glänzen wird und selbstverständlich auch noch alle Magie der Kunst in sich aufgenommen haben wird, umso mehr die Verlockung, die Pracht, das Ebenmaß, die Vollendung der unfassbar schönen Schöpfung. Alles präsentiert sich als verklärt, überführt und erkennbar. „Der Augenblick des Kristalls".[642]

---

639 Proust, s. Anm. 5, Bd. 4, 545.
640 Peter Handke, Versuch über den geglückten Tag: Ein Wintertagtraum, 1992.
641 Hölderlin, s. Anm. 7, Bd. 1, 919.
642 Benn, s. Anm. 27, 231.

Das ewige Leben hebt es alles zu sich auf: alle Seligkeit der Welt, den Jubel der Kinder, Übermut und Ausgelassenheit, den Moment der Vergebung mit den Tränen der Erleichterung, Zauber des Lichts, die hohe Flut, die Malven stehen hoch vor den Fenstern, den ruhelosen Nachtwind, einen südlichen Ozean, er schläft, das Rauschen der Meeresbrandung aus nächtlichem Raum (Sand und Meer und Sehnsucht von Prousts „Balbec"). Es ist dann alles noch da. Alles sammelt sich zu Schweigen und Traum. Das Getrennte wird in seinem Zusammenhang erblickt, die Welt als von alters her, seit je, in den Atem Gottes gestellt erkannt. Weil alles, als es geschah, schon von Ewigkeit durchatmet war, von unangebrochener Zeit. Als hätte, unmittelbar hinter dem noch so dramatischen und erfüllenden Glück, das eigentliche Glück sich auszubreiten schon begonnen.

Kann man sich leerträumen, über seine Verhältnisse hoffen? Nein. Darf man weit über sich hinausträumen – in einem gelegentlichen Aufschwung der Phantasie? Ja. „Ich erzähle eine wahre Geschichte", sagte er mit fester Stimme. „Ich habe sie selbst geträumt." Womöglich wird Gott unsere Träume, die mit eigenem Leben und eigenen Farben gefüllten Bildersäle, diese grenzenlos erfinderische Innerlichkeit, einmal für Wirklichkeit nehmen – so dass wir die Rose, die uns im berührungslosen Traum gereicht wurde, beim Erwachen tatsächlich in Händen halten.[643]

Darf das ewige Leben also szenenhaft gedacht werden? Als Folge von Klarheiten und Vollkommenheiten? Ja. Indessen wird die Vorstellung in dem Maße stark sein, in dem sie offen bleibt, geschützt offen: hin zum Schöneren und Bedeutenderen und dann über die Maßen Schönen (schön wie das Glück selbst), zum dann Wunderbaren und Entrückenden. Menschen stellen sich ausnahmslos alles vor – dank dieser nur glückhaft zu nennenden Fähigkeit. Ununterbrochen haben sie innere Bilder vor Augen. Gibt es dann jeweils die richtige, biblisch orientierte, von der Liebe her zugespielte Bildgebung? Ja, von denen bieten sich viele.

Jedenfalls: Das ewige Leben wird hinter den weltlichen Begeisterungen und Triumphen nicht zurückbleiben, sondern sie augenblicklich erfüllen und übererfüllen, wird unvorstellbar nachhaltiger berühren als jede irdische Daseinsheiterkeit. Überbieten wird es die welthafte Beglückung (nur auf schmaler Höhe oft und dann doch wie Geröll zersprengt), sogar das womöglich gelegentlich aufschießende heiße Gefühl einer Rettung aus Todesgefahr. Wird es jedoch nicht vergessen haben.

---

643 Samuel Taylor Coleridge, zit. bei Jorge Luis Borges, Inquisitionen. Essays, 1992, 19.

36.6 Wenn wir aufgeweckt werden

Versprochen ist ja die ewige Heimat, „dor bün ick to Hus". Ein wenig vorausgeahnt haben wir sie in den Empfindungen überbordender Freiheit. Ich sehe dann alles wieder, alles und alle. „Wir sehen uns dort oben".[644]

Nichts von dem, was gut war, ist verloren. Alles ist aufbewahrt. Keine Kraft vermag noch das Gute zu verneinen. Nicht etwa zerrissen wird das kräftige, unsichtbare Band des von Gott maßlos gut Erschaffenen, und alles wäre in jeder Hinsicht und restlos „anders" („*totaliter aliter*"). Doch wird alles noch einmal unvorstellbar besser kommen („*aliter*") als unter den unseligen Abtötungen der Seinsgifte. Es wird frei zugehen. Niedergestoßen ist die Sünde, Zutreiber der Hölle, giftiges Mitternachtsgewächs, Eindringling, der sich als eine Macht aus dem Inferno aufgeworfen, der sich in die Welt gepresst hat, der mich jedesmal in Hinterhalte von Schuld und Schuldzuweisung und Verhängniszusammenhänge lockt, mich ekelhaft an sich zieht, in seinen Käfig einsperrt – der das freie Leben vor Gott zerschlägt.

Endlich wehrlos geworden gegen die Freude, die nach Hause zeigt, werde ich leben in hohem Raum, eingehüllt in Geborgenheit, umlagert, befriedet, gesegnet von überallher. Meine hungrige Seele, nunmehr vom Geheimnis genährt, erhöht, unschuldig wiederum, wird mir zurückgegeben. Sie wird ihre Erstaunlichkeit zurückgewinnen, Herrlichkeit wird sich an ihr offenbaren (Röm 8,18). Was mich erwartet, ist ein Aufwachen, das behutsame Aufgewecktwerden des Kindes im Haus von Vater und Mutter. Das so oder so verletzte, gleichermaßen sich unverstanden fühlende wie seinerseits zum Verstehen ganz unwillige Ich, hingegangen, gerade gestorben, aber, weil ein Auferstehungs-Ich, „heute noch im Paradies" (Lk 23,43), wird dann einen Klang hören, die mütterliche Stimme eines Willkommens – vom Herrn des Wiedersehens, von dem, der mich abberuft. Die Liebe wird mich finden. Gott sei Dank, Christus selber ist es, nicht der Tod, der mich weckt und abberuft, Christus selber. Der flüstert, ein dunkler Laut: „*Dahin war es mit dir gekommen. Weit fort bist du gewesen, scheinbar unerreichbar, in Unversöhntheit und bitterer Untröstlichkeit, nicht selten verstrickt in Geschichten, in denen du dich heillos übernommen hast. Aber nun bist du da. Du bist jetzt angekommen. Ich nehme dich in den Arm. Ich will dich behalten. Ich lebe und du sollst auch leben.*"

Unsere Heimat – ist im Himmel, angekommen dann auf neuem Gegenwarts- und Jetztgrund. Mit geschundener, verschrammter Seele. Ja, aber gerettet.

---

644 Pierre Lemaître, Wir sehen uns dort oben. Roman, 2014.

37. Der Tau der Lichter

Alle Zungen sollen bekennen, dass Jesus Christus der Herr ist zur Ehre Gottes des Vaters! (Phil 2,11)

Ein Tag wird kommen, an dem die Menschen schwarz-goldene Augen haben, sie werden die Schönheit sehen, sie werden vom Schmerz befreit sein und von jeder Last, sie werden sich in die Lüfte heben, sie werden unter die Wasser gehen, sie werden ihre Schwielen und ihre Nöte vergessen. Ein Tag wird kommen, sie werden frei sein, es werden alle Menschen frei sein, auch von der Freiheit, die sie gemeint haben. Es wird eine größere Freiheit sein, sie wird über die Maßen sein, sie wird für ein ganzes Leben sein ..."[645]

37.1 Unter dem Scheiterhaufen meiner Sünden

Die Lebenswelle, Sturzsee. Wohin? Zum Gerichtstag, zum „Gericht nach den Werken" (2. Kor 5,10). Zur Durchführung der Gnade Gottes. Zum ewigen Leben, dem Reich des Aufhebens und des Bleibens. Zur vollen Geschichte.

Niederfallen in die Hand des Weltenrichters wird jeweils ein ganzes Leben, von Geburt bis Tod, Kindheit und Alter (jede Kindheit jedes Menschen, auch die der Schlächter; sollte nicht einmal sie vor dem Schöpfer Bestand haben?). Das Jüngste Gericht, Gericht vor dem Forum des Ja Christi (2. Kor 1,19), wird wie ein Sieb die Momente eines Lebens schütteln (Am 9,9), wie ein Feuer, das das Eine in Rauch aufgehen lässt und Anderes nicht angreifen kann, das die guten Werke zu Ehren bringt, die blutigen Stümpfe aber ausbrennt, die nichtigen menschlichen Werke (ja nur eine spezielle Art des Toten), das aber die Person selbst, die barmherzig von ihren Werken abzusetzen ist, errettet sein lässt (1. Kor 3,12-15; vgl. Off 20,13). Gnädig wird unterschieden: hier Strafe, Läuterung, Auslöschen, Verbrennen der Werke – und dort die volle Person selbst. Vollends wegzustoßen, was rechtens unbedingt verloren zu geben wäre, den entsetzlichen Kriegsknecht, die alte Hure Rahab, die sich anlangen lässt (Hebr 11,31; Jak 2,25), den unbelehrbaren Sünder, weigert sich der Jüngste Richter – weil er für immer etwas mit den Gerichteten anfangen kann. Den Absturz der Personen (früher auf riesigen Gemälden ausphantasiert), der an sich kein Ende finden dürfte, hält er auf. In Liebessturheit, in Gottestrotz, den kein Teufel und keine Teufelei brechen kann. Ja, wirklich: *Halleluja!*

---

645 Bachmann, s. Anm. 423, Bd. 3, 121.

Bei Christus werde ich allezeit sein (1. Thess 4,17), werde erlöst sein von der Schwere der Schuld, steige auf, bin bei ihm „im Paradiese" (Lk 23,43), lebe mit ihm. Vom „Phönix unter dem Scheiterhaufen meiner Sünden" spricht Dylan Thomas.[646]

Die Herrgottsfrühe, die gewaltige Macht, dringt vor, strömt herein, macht sichtbar, klärt und rückt zurecht, wird womöglich auch Schamvolles zuhauf überdecken, gänzlich verbergen, um für immer einen tiefen Schatten auf sie fallen zu lassen: Verhängniszusammenhänge, das tragisch Fehlgelaufene, das Niedere. Mag jemand seine Seele prüfen und über sich Gerichtstag halten. Mag er meinen, dass von seinem Leben nichts erheblich gewesen ist, und sich selbst ein unbarmherziges Urteil sprechen – der zuständige Richter wird darüber hinweggehen und es unbeachtet lassen. Weil dem Anmaßenden ein Urteil nicht zukommt, weil der absolut Falsche sein Leben zu bilanzieren ebenso krampfhaft wie vergeblich sich bemüht. Weil das Grauen des Gerichts, Anklage und Freispruch, Verurteilung und Vergebung, allein Sache ebenjenes Mannes aus Liebe und Feuer ist: die Sache Jesu Christi, des neuen Adam, des Gottessohnes. Der „mächtig ist an Kraft des Herzens" (vgl. Hiob 36,5), der sich in Ewigkeit gnädiger und barmherziger verhält als der Verbitterte und Nachtragende und Rachsüchtige: der alte, aschene Adam, der zu wirklicher Gnade unfähig ist, der, immer erschreckend strafsüchtig, die Strafe anbetet und Alle und Alles möglichst vor Gericht bringen will (die Atmosphäre von Kafkas *Prozess*).

37.2 Verherrlichung

Heraufgeführt wird vom Jüngsten Tag, dem anderen Ostern, die Auferstehung und vollständige Entbergung der Welt. Ihr ganzes Wesen wird dann offenkundig von der unmittelbaren Nähe Gottes umfasst. „Lichtgewinn",[647] ewig farbiges Lichtmeer, Schattenlosigkeit des Tages. Das Letzte Erscheinen. Alles ist licht. Alles präsentiert sich als mächtiger Überfluss der Gnade (Röm 5,20), alles ist fraglos gut. Ein neues Land hebt sich empor aus dem giftigen Ozean des alten Äons, der wütenden alten Totalwelt (Offb 21,1). „Endlich, endlich kommt einmal."[648]

Christliche Eschatologie entwirft sich vom lichten Christus her. „Er wird herrlich werden bis an die Enden der Erde" (Mi 5,3). Wie sein endzeitliches, apokalyptisches Wiedererscheinen „am dritten Tag" sein Licht zurückgeworfen hat auf sein Leben von Bethlehem bis Golgatha, auf die Rettungs- und Freiheitsverheißungen des Alten Testaments, auf den Anfang der Welt (Joh 1,1), so wird der Jüngste Tag die Wahrheit der vollen, unverlorenen Welt- und Seins- und Naturgeschichte hervorholen und

---

646 S. Anm. 73, 361.
647 Celan, s. Anm. 8, 116.
648 Johann Christian Günther, Gedicht „Trostaria", abgedruckt bei Conrady (s. Anm. 26), 201.

offenbaren. Würdig, das Buch mit den sieben Siegeln zu öffnen (Offb 5ff), ist allein das geschlachtete Lamm. Was ist denn „gewesen"? Christus selber – wunderbare Einsicht Karl Barths – „ist in seiner Person die Entscheidung darüber, was gewesen" ist.[649]

Von Christus wird die Welt, gesättigt mit dem Geschehen, in seine Auferstehung hineingezogen: in Gänze in sie eingeweiht. Ein Zugang zur ganzen Vergangenheit tut sich auf. Ein Licht zurück, zurück bis zum pochenden Anfang, ergießt sich auf Zeit und Zeiten: morgendlicher „Tau", „Tau der Lichter" vor Tage, wenn „die Leichname auferstehen" und „die Erde die Schatten herausgibt" (Jes 26,19). Was vergangen ist, ist keineswegs ewig verloschen. Die jetzt uneingeschränkt ersichtliche Klarheit des Herrn (Lk 2,9; Offb 1,13-16) führt Anwesenheit herauf und ruft in ein nie gekanntes Jetzt – für alles Einstige der so unterschiedlichen menschlichen Lebenswege und Lebensirrungen, für die Wanderstraßen von Kindheit und Alter, für alle Momente des ganzen gelebten Daseins. Gott verleiht ihnen eigene Erscheinungsmacht und eigenen Atem. Sie leben nicht einfach neuerlich als das auf, was sie waren, sie werden vielmehr „verherrlicht" (so, noch einmal, der große Karl Barth in einer wahrhaft leuchtenden Wendung).[650] Die Neue Herrlichkeit kommt an den Tag, wird sein und wird über die Maßen sein.

Nicht etwa sperrt sich ein Nachfolgeraum auf, irgendeine Fortsetzung, Zukunft aus noch ungeborenen Zeitläuften, „immer noch anders" als alles Bisherige (*totaliter aliter*), auf die dann nichts mehr zutrifft, was einmal war. Sondern die Flutung des Gewesenen mit der dramatischen Deutlichkeit Gottes tritt ein. Vergangenheitsbergung. Durchsichtigkeit der dahingegangenen, jetzt von neuem anwesenden Zeit. Wie der Christus-Mensch, von Christus getroffen, der anfänglich bereits Wahrgemachte war, der von Zukunft Durchsetzte – so gewinnt die gesamte Vergangenheit jetzt sichtlich wahre Gestalt, wird auch ihre traurige Dunkelheit durchdrungen („die immer schon zu sündigen begonnen" und zu sündigen nie aufgehört hat).[651]

Was wird Gott von dem, was durch mich und an mir stattgefunden hat, zurücknehmen und rückgängig machen (das Vermögen seiner Allmacht steht über jeder Ontologie). Üble Geschichten müssen rückläufig aufgehellt und abgeschüttelt, zurückgerissen, ungeschehen gemacht und neu erzählt werden. Was ist in zurückgehender, alles aufs neue aufsuchender Erzählbewegung einfach nur niederzustoßen und wegzuschaffen und auszutilgen? Er, Erneuerer, da die Zeit sich öffnet, zeigt sich ja als der Allmächtige, Herr meiner Zeit, Herr allen Seins, Neuerer meiner bewussten Erfahrungen wie auch meiner versunkenen, hervorgeholten Traumwelten. Er entzieht Geschichten deren böse Wirklichkeit, zerstört die fürchterlichen

---

649 KD II/1, 706.
650 Z. B. KD III/2, 771.
651 S. Anm. 73, 349.

Gebete, vollendet aber die liebevollen. Gott der Vollendung, Gott des Geheimnisses, der Faszination, der Menschenwürde, des Wiedersehens, der Herrlichkeit – Christus-Gott.

„Gott holt wieder hervor, was vergangen ist." (Pred 3,15) In unfasslicher Gnade kehrt er sich dem Gewesenen noch einmal zu. Wir werden dann unsere von Gott aufgehellte, offenbare Vergangenheit sein und gewesen sein – und also neu sein. Denn Christus verzehrt sich nach „meiner Seele Herrlichkeit" (EG 37,8), er will mich scheinen lassen. Er will den Menschen herrlich haben, den „hohen Menschen": mit unermesslicher, „kristallklarer Seele",[652] so dass der Schrecken aus Gesichtern und Herzen ganz und gar getilgt wird. „Nicht vergebens!", wird sich trotzig und tröstlich wie ein Titel über jedes Leben schreiben. Niemand wird das Geringste versäumt haben – weil „Gott mit uns unsere Vergangenheit, die zu uns gehört, wieder aufsucht".[653] In unvergänglich gewordenem Jetzt findet sie sich wieder. „Es wird nichts Verfluchtes mehr sein" (Offb 22,3), es hat genug hässlichen Tod gegeben, Hingang des bangenden Lebens und Umschattung, Angefasstwerden vom Nichts. Nicht mehr – „wie in einem Spiegel, in einem dunklen Wort" (1. Kor 13,12) – wird die Wahrheit mittelbar, vorbehaltlich, unvollendet bleiben und der Schönheit voraus sein. „Spiegel, dreh dich zur Wand."[654]

Damit nicht genug: Zuguterletzt wird der Welt ein Eintauchen und Einmünden in eine nie gesehene Ankunft widerfahren, in Lauterkeit, in den Lichtstrom, in das Aufscheinen, von dem das Neue Testament fürs erste noch eingeschränkt, allein im Hinblick auf den Einen spricht, das es jedoch im Voraus-Ton als neue Schöpfung verheißt, umfassend für die Welt. Endlich ans Licht kommen soll die Wahrheit über die Welt. Alles wird voller Wahrheit sein. Gott überhäuft, was war und ist, alles Sein, mit seiner Anwesenheit, mit seiner Unverborgenheit und einfachen Güte, mit Bergung und Freiheit.

Dann, zuguterletzt, wird die Lichtflut anbranden an alles bisherige Geschehen, an die Dinge, an das menschenfremd Elementare, an die erschaffene Natur (die natürliche Maßlosigkeit). Umso mehr wird das Andringen der Klarheit des Herrn die einstigen Menschen-Schicksale bestürmen, Umstände und Verfallenheiten, Verwerfungen und Rettungen, das unschuldige Leiden, Behinderungen und Versehrungen, die „Sternenkinder" der „stillen Geburten", die aus dem Mutterleib aus Not oder Willkür Entfernten. Christi „Gang ist lauter Licht" (EG 361,4), schöpferisches Licht, das das Vergangene nicht auslöscht, sondern eine phantastische Verwandlung vornimmt, es nicht lediglich bescheint, sondern neu mit herrlichem, glänzendem Schein von Innen, im Wesen, erfüllt.

---

652 Paul Klee, Tagebücher von Paul Klee 1898–1918, hg.v. Felix Klee, 1957, 314.
653 Bonhoeffer, s. Anm. 93, 245f. 430.
654 Ernst Jandl, mal franz mal anna. Gedichte, hg.v. Klaus Siblewski, 2012, 47.

Lumen gloriae, sagten die Alten. Gänzliche Unverborgenheit. Verklärung. Wunderlicht über allem, gesättigtes Licht, Weltkristall, die Lichtwelt. Sobald der Zauber der Anfänge, ihre hohe Magie, nicht mehr endet. Sobald wir bei Gott, im Haus des Vaters (Joh 14,2), in der fraglosen Heimat, in seinem Reich, „unter ihm leben und ihm dienen", auch, unvorstellbar, uns von Christus dienen lassen (Lk 12, 37), „in ewiger Gerechtigkeit, Unschuld und Seligkeit". Keine Vergangenheitstiefe wird der Name für eine Schuld gewesen sein. Sie hat mich damals nicht losgelassen? Jetzt aber lässt sie mich los. Die Erscheinung des Auferstandenen in Herrlichkeit, der Anmut der Macht, wird je unsere Auferstehung und je unsere Erscheinung, das kleine Elmsfeuer, nach sich ziehen – „so dass wir gleich werden seinem verklärten Leibe" (Phil 3,21).

Darum ist Christus jetzt schon um alles in der Welt zu denken, zu bekennen, von Herzen zu feiern. Bereits darf die christliche Kirche seiner innewerden und ihn preisen. Sie ist ja vorn. Die Christen sind die Frühen. Ein Brand von Leidenschaft und Ingrimm ist schon gelegt.

„Brannte nicht unser Herz?" (Lk 24,32) Hatte er sich nicht früh in unser Herz beschworen? Füll das Herz doch wieder mit diesem Brand!

Alle Menschen darf seine Gemeinde zum Bewusstsein dessen rufen, was ja für alle gilt. Darin liegen Privileg und Auszeichnung, und darin besteht die nun ganz eigentümliche Ehre der Frühwachen, als Erste rufen zu können: „Maranatha" (1. Kor 16,22), jetzt schon – weil es soweit ist – aussprechen zu dürfen, was einmal ausnahmslos alle Welt, alles Sein, in Erfahrung bringen und bekennen wird. Wofür dereinst das Sichtbare und das Unsichtbare, mit vollem Anteil, in tiefem Atem, danken wird – auch die den Herrn sehr wohl lobenden Toten (vgl. Ps 115,17), denen er ins verdorrte und zerfallene Gesicht sieht, derer er sehr wohl gedenkt (vgl. Ps 88,6). Umschlagen werden ja die Toten in Lebende– sobald Welt und Sein leuchten und brennen als ein Dornbusch, der nicht verzehrt wird.

„Maranatha. Komm schnell! Während in dieser alten Adams-Welt ein Seinsbrand wütet, tritt bald ein, Herr Christus, in die böse Waffen- und Todgeber-Zeit – die ein Schrecken ist, die mich eisern in der Sünde hält! Während ich selber meiner Selbstbehauptung und Leidensunfähigkeit nicht Herr werde und niemand sich für mich verbürgen kann: Sei du jetzt selbst mein Bürge bei dir – wer sonst soll für mich bürgen? (Hiob 17,3)"

Es ist die Geschichte auch unserer Zeit, die von diesem Namhaften erschlossen wird, es ist der Bruch, der durch die Welt geht und die Totenhaften aus ihrer hässlichen Abgestorbenheit und Todesgewissheit herausreißt, es ist die Herwendung Gottes, die Große Offenbarung, die das Arkanum der Welt an den Tag bringt, die Auskunft gibt über die Liebe; und weil in dieser von Gott betroffenen Geschichte alle „beschlossen wurden unter den Unglauben", damit allen Erbarmung widerfahre (Röm 11,32), braucht es die verehrungsvolle, zutiefst dankbare Sprache, um einen Ton zu finden, der sich soweit wie möglich an den Ruf des Paulus anschließt:

„Oh, welch eine Tiefe des Reichtums, beides, der Weisheit und der Erkenntnis Gottes! Wie gar unbegreiflich sind seine Gerichte und unerforschlich seine Wege!" (Röm 11,33).

Unser armseliges Sprachvermögen. Noch bewegt sich die Sprache wie verschnürt. Wie soll man mit ihr in solchem Zusammenhang zurechtkommen? „Herzen schlagen und doch bleibt die Rede zurück."[655] Immerhin kann manchmal gejubelt werden: „Thörig red ich. Es ist die Freude."[656] Ihn wenigstens anzuzeigen, es wäre viel, zeigt sich vielleicht jetzt schon die um Christi willen einfältige und törichte Sprache geeignet (1. Kor 4,10) – in Worten und Sätzen, die die Freiheit Christi wahren, von seiner Heiligkeit gezeichnet sind, seiner Selbstdeutung und Selbsterklärung nichts entgegensetzen, nach ihr vielmehr in aufrichtiger Freude rufen und ihr nunmehr unabhängig und töricht entgegenkommen – nach der Fesselung, nach der Erstarrung (wie der Starre eines in den Blick gefassten Beutetiers). „Sei klug durch Torheit, / Werd töricht und sei Christi Bruder."[657] Allein dieser Sturz durch die Sprache nach oben, Huldigung, Gotteslied allemal, widersteht dem Feind, dem Beutemacher. Bereits wem zu einer bescheidenen Gestalt solcher Worte verholfen wird, darf damit einen Fuß in das unbekannte Land der ersten Male setzen, in das Land der ersehnten Begegnung und der ewigen Gewissheit, wo sich das, was war, in unfassbare Richtigkeit überführt – in den Raum besonnter Lichtung, in die absolute Wahrheit der „sehr guten", jetzt zur Vollendung gebrachten Schöpfung (1. Mose 1,31), „wie eine Fläche von Saphir" (2. Mose 24,10).

Denn sie zeigt sich als das Ziel der Welt, der Advents-Welt: die jetzt noch auf den neuen Himmel und die neue Erde wartet. Dort wird Lichtschauer sein, die diademe Licht-Stadt – und in ihr Stimmigkeit: Einklang des großen Schöpfungsreichs in sich, ihrer pulsierenden Wirklichkeiten, der Kolonnen ihrer unendlichen Gottes-Möglichkeiten, ihrem Schein, tönend gemacht: in Übereinstimmung mit Christi Seufzen und Triumphieren, mit seinem Gebieten, seinem Bitten, seinem Schweigen und seinen Abweisungen, seinem Reden mit Mose und Elia.

Alles ist Chor der Höhe, helles „Lied des Lammes" (Offb 15,3), in das eingestimmt werden kann, als Bekenntnis, als Wahrheitsgemäßheit, als unser Lebenslied aus Dankbarkeit, Anbetung, Lust an der Verehrung, Gotteserkenntnis. „Das Land ist voll Erkenntnis des Herrn, wie Wasser das Meer bedeckt." (Jes 11,9) „Alle Zungen sollen bekennen, dass Jesus Christus der Herr ist zur Ehre Gottes des Vaters." (Phil 2,11) Die Sprache selber, wie neu gestimmt, jetzt endlich mit Gehalt, losgesprochen von der atem- und leblosen, erstickenden Weisheit der Welt, bekennt sich zu Christus, hält ihm Wort für Wort die Treue – im neuen Königreich demütigen

---

655 S. Anm. 7, Bd. 1, 322.
656 Hölderlin, s. Anm. 7, Bd. 1, 370.
657 Dylan Thomas, s. Anm. 18, 49.

Sprachgeistes. Kein Atemzug mehr außerhalb. Keine einsichtslose Widerrede mehr im Mund. Christi Geist hat meine Lunge und ihren Atem gefunden. Der Heilige Geist trägt mich in seinem Luftstrom. „Ich habe in den Lungen / die unaufhörliche Ferne."[658] – diese Ferne, den ewigen, guten Unterschied von Gott und Mensch, doch auch diese Nähe, gewährte Entsprechung, Nachbildlichkeit, Gottebenbildlichkeit, das Vorgesehensein zum Schauen von Angesicht zu Angesicht, wenn wir in Freiheit seinen Blick erwidern dürfen. *Maranatha!* (1. Kor 16,22) *Schnell! Amen, komm, Herr Jesus!* (Offb 22,20)

„Zur Ehre Gottes des Vaters." *Soli Deo gloria.* „Wahrhaft würdig ist es und recht, dass wir dich, Herr, heiliger Vater, allmächtiger Gott, zu allen Zeiten und an allen Orten loben und dir danken durch unseren Herrn Jesus Christus."

---

658 Johannes Bobrowski, Gedichte. Eine Auswahl, 1990, 32.

Personenregister

A

Achternbusch, Herbert 199
Adorno, Theodor W. 424
Aichinger, Ilse 89, 95, 278
Aischylos 42, 118
Allen, Woody 246
Anders, Günter 54, 187
Andersen, Hans Christian 423
Archilochos von Paros 413, 425
Arendt, Hannah 226, 351
Ausländer, Rose 234

B

Bachmann, Ingeborg 17, 153, 303, 311, 425, 441
Bacon, Francis (Maler) 171
Bacon, Francis (Philosoph) 393
Baldwin, James 21
Banksy 431
Barrault, Jean-Louis 211
Barth, Karl 14, 17, 66, 68, 72, 78–80, 92, 123, 165, 178, 191, 196, 200, 206, 212, 225, 229, 243, 246, 281, 318, 319, 353, 361, 389, 401, 402, 413, 432, 443
Baudelaire, Charles 99, 133
Beckett, Samuel 153, 161
Beintker, Michael 58
Belafonte, Harry 428
Benedict XVI 421
Benn, Gottfried 32, 34, 50, 97, 107, 120, 130, 140, 145, 159, 198, 199, 203, 209, 210, 212, 213, 228, 239, 240, 245, 247, 253, 265, 273, 285, 312, 334, 337, 344, 366, 370, 379, 402, 414, 428, 430, 437
Bergman, Ingmar 430
Bloch, Ernst 170, 230, 316, 415, 427

Blumenberg, Hans 370
Bobrowski, Johannes 447
Böcklin, Arnold 409
Böll, Heinrich 349
Bonhoeffer, Dietrich 88, 92, 93, 185, 211, 214, 279, 304, 327, 346, 377–380, 388, 392, 399, 402, 410–412, 425, 444
Borchert, Wolfgang 161
Bosch, Hieronymus 144, 386
Brecht, Bertolt 157, 171, 228, 260, 397, 424
Bresson, Robert 315
Breton, André 71
Brockes, Barthold 164
Bruyère, Jean de la 181
Büchner, Georg 50, 64, 108, 110, 124, 134, 162, 233, 394
Buddha 40
Bultmann, Rudolf 56, 67, 303, 410
Bürger, Gottfried August 225

C

Camus, Albert 91, 116, 133, 162, 296, 333, 349, 356, 425
Canetti, Elias 26, 96, 131, 132, 144, 186, 198, 207, 224, 269, 288, 308, 310, 333, 370, 384, 389, 412, 423
Carter, Howard 432
Cash, Johnny 65
Celan, Paul 26, 91, 132, 161, 169, 173, 184, 434, 442
Chagall, Marc 108
Chesterton, Gilbert Keith 164, 206, 285, 301, 343
Christo 223
Churchill, Winston 402

Claudius, Matthias   226, 396
Coleridge, Samuel Taylor   438
Conrad, Joseph   35, 37, 49, 57, 61, 91, 116, 118, 125, 134, 144, 153, 161, 196, 210, 221, 224, 245, 299, 383, 417
Courbet, Gustave   170
Cranach, Lucas   144
Cyrus, Gertrud   223

D

Dante Alighieri   43, 385
Dávila, Nicolás Gómez   82, 124, 193, 205
Descartes, René   33
Diem, Hermann   425
Dostojewski, Fjodor   385

E

Eichendorff, Joseph von   121, 432
Eisenman, Peter   176
Elisabeth I von England   355
Enzensberger, Hans Magnus   391, 423

F

Fabius Maximus   421
Fentzloff, Ulrich   174
Fest, Joachim C.   199, 424
Feuerbach, Ernst   383
Finck, Werner   79
Fontane, Theodor   416
Freud, Sigmund   34, 40
Fried, Erich   99, 384
Frisch, Max   405
Fuchs, Ernst   93, 231
Fuchs, Günter Bruno   410, 429

G

Gadamer, Hans Georg   189
Galilei, Galileo   393, 399
García Lorca, Frederico   132
Gauguin, Paul   190
Genazino, Wilhelm   210

Géricault, Jean Louis   391
Geyer, Christian   334
Giacometti, Alberto   121
Gilm zu Rosenegg, Hermann von   267
Goes, Albrecht   434
Goethe, Johann Wolfgang von   122, 124, 226, 324, 416, 433
Gogh, Vincent van   171, 190, 207
Gogol, Nicolai   410
Gorbatschow, Michail   420
Grass, Günter   324, 382, 393
Gruhl, Herbert   325
Grünewald, Matthias   252
Gryphius, Andreas   41
Günther, Johann Christian   442

H

Habermas, Jürgen   66
Hagelstange, Rudolf   402
Hamsun, Knut   268
Handke, Peter   34, 85, 111, 129, 194, 437
Heda, Willem   224
Hegel, Georg Wilhelm Friedrich   162
Heidegger, Martin   15, 16, 33, 55, 62, 89, 171, 213, 229, 357, 378, 397, 401, 407, 419, 431
Heine, Heinrich   27, 184, 211
Hermann, Judith   421
Herrndorf, Wolfgang   170
Hertzsch, Klaus-Peter   97, 99, 223
Hesiod   371
Hesse, Hermann   99
Heydrich, Reinhard   199
Heym, Georg   119
Himmler, Heinrich   197
Hitchcock, Albert   303
Hitler, Adolf   324
Hofmannsthal, Hugo von   160, 176, 260
Hokusai   195
Hölderlin, Friedrich   26, 86, 87, 99, 105, 122, 123, 126, 153, 160, 161, 168, 180,

209, 210, 212, 215, 216, 218, 225, 226,
268, 273, 277, 279, 286, 289, 290, 299,
309, 343, 347, 409, 424, 429, 437, 446
Horkheimer, Max   333
Horváth, Ödön von   65
Houston, Whitney   381
Huch, Ricarda   385
Hugo, Victor   200

J

Jandl, Ernst   444
Janosch   344
Janssen, Horst   327
Jens, Walter   151
Johannes XXIII   42
Jonas, Hans   407
Jung, C.G.   40
Jüngel, Eberhard   44, 112, 149, 166, 306
Jünger, Ernst   94, 207, 395, 410, 411

K

Kafka, Franz   16, 19, 42, 48, 50, 56, 63, 65,
69, 83, 96, 111, 112, 115, 131, 134, 147,
148, 151, 154, 162, 168, 173, 189, 197,
220, 226, 228, 233, 241, 252, 266, 296,
311, 318, 323, 325, 328, 335, 339, 351,
353, 357, 360, 380, 385, 390, 395, 396,
406, 414, 417, 421, 442
Kaléko, Mascha   195, 212
Kalf, Willem   224
Kant, Immanuel   72, 74, 350
Kaschnitz, Marie Luise   266, 298
Käsemann, Ernst   57, 136, 197, 313, 360
Käßmann, Margot   81
Kästner, Erich   88
Katzenelson, Jizchak   275, 351
Kazantzakis, Nikos   83
Keats, John   84
Kertész, Imre   301, 338
Kilb, Andreas   315
Klara von Assisi   122

Klee, Paul   221, 265, 437, 444
Klein, Günter   421
Kleist, Heinrich von   109, 115, 117, 126,
154, 175, 190, 238, 287, 312, 327, 361, 385
Klepper, Jochen   260
Klinger, Max   385
Klopstock, Friedrich Gottlieb   223
Kluge, Alexander   424
Koeppen, Wolfgang   60, 212, 424
Kolbe, Uwe   82, 121, 136, 195, 214, 230,
288, 294
Krüger, Michael   385
Krusche, Werner   430
Kubrick, Stanley   141
Kunert, Günter   195
Kunze, Reiner   164, 199, 241, 424
Kutusow, Michail   421

L

Lacenaire, Pierre-François   49
Lampedusa, Giuseppe Tomasi de   424
Lancaster, Burt   211
Landau, Rudolf   357
Lange, Horst   36, 52
Lasker-Schüler, Else   110, 168, 297, 355
Lautréamont   49
Lavant, Christine   373
Lawrence, D.H.   253
Lehnert, Christian   89, 226
Lemaître, Pierre   439
Leopardi, Giacomo   113
Lessing, Gotthold Ephraim   49, 73-75
Lethen, Helmut   170
Lewitscharoff, Sibylle   91
Luther, Martin   13, 20, 71, 87, 89, 92, 113,
126, 167, 185, 194, 215, 241, 261, 277,
279, 286, 313, 317, 319, 321, 359, 384,
388, 413, 414, 419, 421, 435

M

Macke, August 265
Mallarmé, Stéphane 180
Mann, Thomas 80, 165, 190, 246, 324, 431
Manson, Charles 324
Marx, Karl 33, 383
Marxsen, Willi 177
Matisse, Henri 266
McCarthy, Cormac 129
Mechthild von Magdeburg 103
Melanchthon, Philipp 317
Melville, Herman 359
Metternich, Klemens 52
Michelangelo 279
Miskotte, Kornelis Heiko 168
Modersohn-Becker, Paula 288
Moillet, Louis 265
Moltmann, Jürgen 411
Montaigne, Michel de 382
Mörike, Eduard 195
Mozart, Wolfgang Amadeus 168, 176, 434, 435, 437

N

Nádas, Péter 409
Niemöller, Martin 346
Nietzsche, Friedrich 34, 40, 42, 52, 67, 70, 72, 124, 134, 170, 171, 189, 223, 321, 349, 366, 368, 382, 383, 394, 405, 416
Nolde, Emil 428
Nooteboom, Cees 337
Novalis 208, 414

O

Oldenburg, Claes 41

P

Paech, Nico 332, 355, 422
Pascal, Blaise 196, 220
Paul, Jean 49
Perlitt, Lothar 37
Picasso, Pablo 75, 190, 380
Piranesi, Giovanni 44, 178
Plato 40
Poe, Edgar Allan 171, 414
Polt, Gerhard 384
Proust, Marcel 23, 28, 51, 91, 97, 119, 190, 208, 209, 211, 224, 254, 438

Q

Quinn, Freddy 429

R

Rad, Gerhard von 28, 288
Rainer, Arnulf 190
Ransmayr, Christoph 419
Reitz, Edgar 427
Rembrandt 78, 190, 422
Renoir, Auguste 224
Reybrouck, David van 332
Richter, Gerhard 223
Rilke, Rainer Maria 103, 215, 278, 314
Rimbaud, Arthur 49, 237
Rochefoucauld, François de la 127
Roth, Joseph 122
Rubens, Peter Paul 279

S

Sachs, Nelly 219
Sade, Donatien-Alphonse de 49
Sautet, Claude 129
Schabowski, Günter 247
Schadow, Johann Gottfried 176
Schiller, Friedrich 180, 350
Schlingensief, Christoph 311
Schubert, Franz 315
Seeberg, Peter 428
Shakespeare, William 15, 22, 110, 114, 127, 129, 196, 213, 360
Shaw, George Bernhard 122
Sieburg, Friedrich 293
Sokrates 192

Sophokles   69, 312
Spaemann, Robert   183
Stein, Peter   190
Steiner, George   64
Stendhal, Henri de   51
Stevenson, Robert Louis   82
Storck, Matthias   246
Storm, Theodor   251
Strauß, Botho   13, 86, 112, 114, 119, 120, 164, 205, 209, 274, 371, 394, 405, 406, 435
Stresau, Hermann   224

T
Tavernier, Bertrand   107
Taylor, Charles   73
Teresa von Avila   260
Thoemmes, Silke   167
Thomas von Aquin   305
Thomas, Dylan   14, 34, 83, 108–110, 122, 151, 156, 157, 168, 169, 171, 185, 199, 203, 247, 273, 310, 359, 372, 442, 446
Thunberg, Greta   390
Thurneysen, Eduard   343
Tour, George de la   231
Trakl, Georg   162, 171, 277, 278, 332, 373
Tranströmer, Tomas   41, 44, 89, 180, 188, 211, 214, 215, 225, 233, 251, 297, 424
Tschechow, Anton   297

Tucholsky, Kurt   131, 400
Turner, William   211

U
Ulbricht, Walter   363

V
Valéry, Paul   224
Velázquez, Diego   33
Vermeer von Delft, Johannes   176, 211, 437

W
Wagner, Friedrich   399
Wallace, David Foster   110
Walser, Martin   35, 91, 176, 310, 386
Walser, Robert   115, 116, 207, 253, 308
Weber, Max   319
Weizsäcker, Carl Friedrich von   141, 393, 407, 415
Werfel, Franz   35
Wolf, Christa   119, 416
Wolf, Ror   125
Wondratschek, Wolf   327

Z
Zurbarán, Francisco   27